BASTEI
LÜBBE

Von Johannes K. Soyener und Wolfram zu Mondfeld
erschien bei Bastei Lübbe:

14406  Der Meister des Siebten Siegels

# Johannes K. Soyener

# Teeclipper Roman

*mit Illustrationen*
*von*
*Axel Bertram*

BASTEI LÜBBE TASCHENBUCH
Band 14416

1. Auflage: Oktober 2000

Vollständige Taschenbuchausgabe
der im Gustav Lübbe Verlag erschienenen Hardcoverausgabe

Bastei Lübbe Taschenbücher ist ein Imprint
der Verlagsgruppe Lübbe

© für die deutschsprachige Ausgabe 1998 by
Verlagsgruppe Lübbe GmbH & Co. KG, Bergisch Gladbach
Umschlaggestaltung: Axel Bertram, Berlin
Satz: Kremerdruck GmbH, Lindlar
Druck und Verarbeitung: Elsnerdruck, Berlin
Printed in Germany
ISBN 3-404-14416-3

Sie finden uns im Internet unter
http://www.luebbe.de

Der Preis dieses Bandes versteht sich einschließlich
der gesetzlichen Mehrwertsteuer.

*Meinem Vater*
*zum*
*Gedächtnis*

# Inhalt

Personen .. .. .. .. .. .. .. .. .. .. .. .. .. .. .. .. .. .. .. .. ..    8

1. Im *Garraways*
   London
   1869 .. .. .. .. .. .. .. .. .. .. .. .. .. .. .. .. .. .. .. .. .. ..    14

2. Loch Assynt
   Cnoc an Droighinn – Scoury House – Oykel Bridge
   1832 .. .. .. .. .. .. .. .. .. .. .. .. .. .. .. .. .. .. .. .. ..    48

3. Whiskyschmuggler
   Scoury House – Lochinver
   1832 .. .. .. .. .. .. .. .. .. .. .. .. .. .. .. .. .. .. .. .. .. 112

4. Whiskyjäger
   Ardvreck Castle
   1832 .. .. .. .. .. .. .. .. .. .. .. .. .. .. .. .. .. .. .. .. .. 206

5. Cholera
   Northern Highlands
   1833 .. .. .. .. .. .. .. .. .. .. .. .. .. .. .. .. .. .. .. .. .. 262

6. WILD FIRE und SHAMROCK
   Irische See
   1834 .. .. .. .. .. .. .. .. .. .. .. .. .. .. .. .. .. .. .. .. .. 298

7. Im Schatten von St. Paul's
   London
   1833–1842 .. .. .. .. .. .. .. .. .. .. .. .. .. .. .. .. .. .. 330

8. Atlantik
Breite: 30° 30' Nord, Länge: 50° 20' West
1842 .. .. .. .. .. .. .. .. .. .. .. .. .. .. .. .. .. .. .. 366

9. Opium
London – Aberdeen – Kanton
1842/43 .. .. .. .. .. .. .. .. .. .. .. .. .. .. .. .. .. 468

10. Mackay und McKay
New York
1842–1845 .. .. .. .. .. .. .. .. .. .. .. .. .. .. .. 550

11. SEA WITCH und *Camellia sinensis*
Hongkong – New York
1850 .. .. .. .. .. .. .. .. .. .. .. .. .. .. .. .. .. 594

12. Goldrausch
Boston – New York – London
1850 .. .. .. .. .. .. .. .. .. .. .. .. .. .. .. .. .. 654

13. Excelsior
New York – Boston
1852/53 .. .. .. .. .. .. .. .. .. .. .. .. .. .. .. 690

14. Im *Garraways*
London
1859 .. .. .. .. .. .. .. .. .. .. .. .. .. .. .. .. .. 726

15. Die Herren des Windes
Glasgow – Foochow – London
1865/66 .. .. .. .. .. .. .. .. .. .. .. .. .. .. .. 742

16. »*Manu forti!*«
London – Assynt
1869 .. .. .. .. .. .. .. .. .. .. .. .. .. .. .. .. .. 808


Anhang

Karten .. .. .. .. .. .. .. .. .. .. .. .. .. .. .. .. 821
Danksagung .. .. .. .. .. .. .. .. .. .. .. .. .. .. 826
Quellen .. .. .. .. .. .. .. .. .. .. .. .. .. .. .. .. 827

# Personen

IN SCHOTTLAND

Scoury House – Clan Mackay und Angehörige

| | |
|---|---|
| Magnus Mackay | Chief der Scoury-Mackays |
| Barbara Mackay | seine Frau |
| Kenneth | |
| Morgan | } ihre Söhne |
| Angus | |
| Mistress | |
| Florence | } ihre Töchter |
| Catharine | |
| Donald Mackay | Pächter auf Achmore Farm |
| Munro Mackay | Pächter auf Achmore Farm |
| Neil Linkwood | Einwohner von Inchnadamph |
| Allen Tormore | Einwohner von Inchnadamph |

Ardvreck Castle – Im Dienste des Herzogs von Sutherland

| | |
|---|---|
| Donald Robertson | Verwalter des Herzogs |
| Andrea Levine | Robertsons Geliebte |
| Mary Anne | Küchenmagd |
| Christie Rogers | Küchenmagd |
| Jim Metts | |
| Ron Wright | } Whiskyjäger |
| Nick Ivey | |

Mark Fair
Greg Cooper
Tom Foley
Norman Collins
Bob Fitzpatrick
Edgar McGonigel
} Whiskyjäger

## Lochinver – Taverne *The Shank*

| | |
|---|---|
| David Cameron | Wirt, genannt »Käpt'n« |
| Janet Cameron | seine Frau |
| Emily | Küchenhilfe |
| Betsy | Köchin |
| Daniel | Schankgehilfe |
| James | Schankgehilfe |
| Henry Glenmavis | Whiskybrenner |

## Zollkutter VIPER – Besatzung

| | |
|---|---|
| John Mactaggart | Kapitän |
| Jack Burnside | Erster Offizier |
| William Harvey | Bootsmann |
| »Rote Augenklappe« | Leibwache Mactaggarts |
| »Vierfingerling« | Leibwache Mactaggarts |
| »Gesalzener Dudley« | Matrose |
| »Eiserner Edgar« | Matrose |
| Morgan Mackay | Freiwächter |

## Schmuggelkutter WILD FIRE – Besatzung

| | |
|---|---|
| Colin Morrison | Kapitän |
| Barry Bell | Erster Offizier |
| Jim Horn | Steuermann |
| Rick White | Offizier |
| Tom O'Conner | Bootsmann |
| Joseph McCoy | Segelmeister |
| Angus Mackay | Schiffsjunge |

IN DER FREMDE

*Garraways* / London – Börsianer und Besucher

| | |
|---|---|
| Pratt Jenkins | Broker, genannt »Bear« |
| James Kaellgren | Broker, genannt »Bull« |
| Isaac Cohn | Broker, genannt »Doctor« |
| John Keyworth | Jungbroker (›Servitor‹) |
| Harry Frost | Jungbroker (›Novice‹) |
| Thomas Mortimer | Jungbroker (›Pupil‹) |
| David Scott | Händler |
| Edmond Guillard | Händler |
| Lionel Robbins | Spekulant |
| Paul Sarnoff | Spekulant |

Personen in London und Aberdeen

| | |
|---|---|
| Magnus Mackay | Aktienspekulant |
| Leone Levi | Börsianer, sein Gönner |
| Kenneth Mackay | Magnus' ältester Sohn |
| Anna Leskowa | seine Frau |
| Morgan Mackay | Magnus' zweiter Sohn |
| Sarah Goldsmith | seine Frau |
| Malcolm (Budd) | Diener in Blackheath Paragon |
| Denise und Gisette | Huren |
| William Hall | Schiffbauer |
| Alexander Nicole | Schiffseigner |
| George Munro | Schiffseigner |
| *Alexander Hall & Sons* | Schiffbaugesellschaft in Aberdeen |

HMS SEA LARK – Besatzung

| | |
|---|---|
| Lucas Markham | Kapitän, Commander |
| Neil Sutherland | Erster Offizier, Leutnant |
| Morgan Mackay | Zweiter Offizier, Leutnant |

| Donald Baxter | Profos |
| Dr. Harold Fraser | Schiffsarzt |
| Patrick O'Shannachan | Steuermann |
| Peter Wallace | Zahlmeister |
| George Munn | Bootsmann |

## Brigantine DOLPHIN – Besatzung

| Captain Craig | Kapitän |
| Mr. Hobbs | Marineoffizier |
| John Sebbald | Steuermann |

## Sklavenbrigg NÉGRIER – Besatzung

| Marcel Hiob | Kapitän |
| Dr. Jean-Charles Ruffié | Schiffsarzt |
| Angus Mackay | Erster Offizier |
| Jim Horn | Steuermann |
| Robert Burell | Bootsmann |
| Duncan Campbell | Zweiter Steuermann |
| de Beaumont | Fähnrich |
| Claude Caldway | Fähnrich |
| William Branwell | Zimmermann |
| Carlos Diaz | Bootsmannsmaat |
| Ferreira Martins | Quartiermeister |
| António Maria Cordosa | Steuermannsmaat |
| Roberto Capelo | Steward |
| Brito Capelo | Matrose |
| Cesare Augusto | Matrose |

## Opiumclipper SCOTTISH MAID – Besatzung

| Morgan Mackay | Eigner und Kapitän |
| Kenneth Mackay | Eigner |
| Jack Moodie | Erster Offizier |
| Maxton Shaw | Navigator |
| Abraham Matheson | Drogenfachmann |

## In der Neuen Welt

Personen in New York und Boston

| | |
|---|---|
| Angus Mackay | Schiffbauer |
| Hillary | seine Frau |
| Sun Puyi | Hausgehilfe |
| Moses Grinnell | Reeder |
| John Willis Griffiths | Schiffbauingenieur |
| Donald McKay | Werftinhaber |
| Matthew Fontaine Maury | Leutnant der U.S. Navy |
| Robert W. Waterman | Kapitän |
| Josiah Perkins Creesy | Kapitän |
| John Land | Kapitän |
| Nathaniel B. Palmer | Kapitän |
| | |
| *Smith & Dimon* | Schiffbaugesellschaft in New York |
| *Brown & Bell* | Schiffbaugesellschaft in New York |
| *A. A. Low & Bros.* | Reederei in New York |
| *Howland & Aspinwall* | Reederei in New York |
| *Donald McKay* | Schiffbaugesellschaft in Boston |

Teeclipper Sea Witch – Besatzung

| | |
|---|---|
| Robert W. Waterman | Kapitän |
| Angus Mackay | Begleiter der Schiffswerft |
| Tom Fraser | Erster Offizier |
| Fred Dalton | Zweiter Offizier |
| Anthony Burghess | Dritter Offizier |
| Christian Grainer | Schiffskoch |

Teeclipper Torrington – Besatzung

| | |
|---|---|
| Morgan Mackay | Kapitän |
| Kenneth Mackay | Navigator |

## Vor dem Wind

### Teaping – Besatzung

| | |
|---|---|
| Donald McKinnon | Kapitän |
| Kenneth Mackay | Miteigner |

### Serica – Besatzung

| | |
|---|---|
| George Innes | Kapitän |
| Morgan Mackay | Miteigner |

### Ariel – Besatzung

| | |
|---|---|
| John Keay | Kapitän |
| Angus Mackay | Eigner |

### Fiery Cross – Besatzung

| | |
|---|---|
| Richard Robinson | Kapitän |

### Taitsing – Besatzung

| | |
|---|---|
| Daniel Nutsford | Kapitän |

| | |
|---|---|
| *J. Findlay* | |
| *A. Rodger* | } Britische Reedereien |
| *Maxton, Shaw & Co.* | |
| *J. Inglis* | Reederei in Pointhouse |
| *Robert Steele & Co.* | Schiffbaugesellschaft in Glasgow |
| *Alexander Stephen & Co.* | Schiffbaugesellschaft in Glasgow |

# I

## Im *Garraways*

London
1869

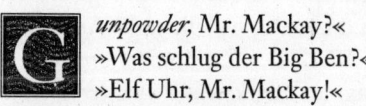unpowder, Mr. Mackay?«
»Was schlug der Big Ben?«
»Elf Uhr, Mr. Mackay!«

Magnus Mackay betrachtete kopfschüttelnd den Ring an seinem linken Mittelfinger, auf dem ein haselnußgroßer Nugget gleißte. Sein Kopf war hellwach, seine Augen weit aufgerissen, als wäre ein Gebot Gottes verletzt worden. Dann sah er der Gestalt, die ihm mit herablassender Stimme geantwortet hatte, ins Gesicht: »Sie sind eine Null, eine echte Niete!«

Die ungesunde Blässe auf dem Gesicht des Bediensteten wechselte ins Aschfahle. Magnus polierte mit dem rechten Ärmel bedächtig den Goldnugget, dann ließ er unerwartet die Faust auf den Tisch krachen, als wollte er das Gold vor Zorn in die Tischplatte aus Elfenbein rammen. Der Kellner wich einen Schritt zurück.

»*Gunpowder?* Um diese Zeit?« Magnus liebte jenen chinesischen Grüntee, den er zum Entspannen äußerst schätzte – allerdings nur in den Nachmittagsstunden. »Bring *Tarry Souchong – first flush!* Dazu Lammkoteletts und Röstkartoffeln.«

»Tarry Souchong! *First flush!* Lammkoteletts und Röstkartoffeln! Wie Sie wünschen, Mr. Mackay ...«, wiederholte der Bedienstete unterwürfig und entschwand eilig.

Magnus Mackay, Highlander, Nachkomme aus der Sippe »Angusis Eyg de Strathnaver« und vormals Herr von Scoury House, wartete im Kaffeehaus *Garraways* bei Tee und Brunch auf seinen schwarzen Diener Malcolm, der ausgeschickt worden war, seinem Herrn die Tagesausgabe der *Times* zu bringen.

Magnus' Puls schlug schneller, als er sich eines Beitrags in jener Zeitung erinnerte, von dem er hier im *Garraways* vor genau fünfzehn Jahren Kenntnis bekommen hatte. Es war ein Brief eben jenes französischen Diplomaten und Ingenieurs Ferdinand Marie de Lesseps gewesen, den dieser im November 1854 an Herrn Bruce, Agent und Generalkonsul Ihrer Britannischen Majestät in Ägypten, geschrieben hatte. Magnus hatte ihn seitdem so oft gelesen, daß ihm der Text teilweise wörtlich im Gedächtnis geblieben war.

Ein bedauernswertes Vorurteil, die Folge jener politischen Feindseligkeit, welche unglücklicherweise schon so lange zwischen Frankreich und England besteht, hat allein die Ansicht verbreiten können, daß ein Werk der Zivilisation und des Fortschritts wie die Eröffnung des Suezkanals den Interessen Großbritanniens zuwiderliefe ... Wenn man die Vorteile dieses ungeheuren Unterfangens einer unparteiischen Prüfung unterzieht und sich von seinem Einfluß auf die Wohlfahrt aller Völker genau Rechenschaft gibt, wird man es als eine Ketzerei ansehen, die Ansicht zu äußern, daß ein Unternehmen, welches die Entfernungen zwischen Osten und Westen um die Hälfte abzukürzen bestimmt ist, für England, der Beherrscherin von Gibraltar, Malta, der ionischen Inseln, von Aden, von bedeutenden Kolonien auf der Ostküste Afrikas, in Indien, Singapore und Australien, nicht erwünscht sei.
...

Die Mitteilung meiner Denkschrift und die mir vom König erteilte Vollmacht erspart es mir, noch einmal auf die Einzelheiten dieses Unternehmens einzugehen. Sie werden selbst einsehen, daß es hier nicht um besondere Privilegien für den einen oder anderen Staat, sondern einzig und allein darum geht, eine freie Gesellschaft zu gründen, an welcher sich Aktionäre aller Nationen unter gleichen Bedingungen beteiligen können ...«

Nicht allein der Geist, der aus diesen Zeilen sprach, war es, was Magnus fesselte, sondern das feine Geflecht aus Ursache und Wirkung, das ihn seit jeher fasziniert hatte.

18

Der Beginn des gigantischen Durchstichs der Landenge von Suez, als Schöpfung von Lesseps, wurde in jenem Frühjahr erwartet. Für Britannien bedeutete der Baubeginn Weltpolitik, für Frankreich eine unversiegbare Quelle fließenden, blanken Goldes, für die Werften eine völlige Umorientierung ihrer Schiffbauprogramme. Die großen Ereignisse kündigten sich im *Garraways* meist früher an als in der *Times*. Dort fand man sie zwar etwas später niedergeschrieben, doch dafür waren sie dann amtlich. Was der Leser allerdings nicht in der *Times* beschrieben fand, waren die Kontraste, die sich zwischen den Menschen ausbildeten: die Augenblicke der Ergriffenheit, des Jubels, der Leidenschaften und der Niederlagen. Nichts war fesselnder und dramatischer, als zu hören, wie die Besucher des *Garraways* die Ereignisse und Umwälzungen der Zeit drehten und wendeten. Oft falsch, paradox, manchmal auch zutreffend. Die Kunst für die Zuhörer bestand darin, dies herauszufinden.

Die Vielfalt der Meinungen spiegelte sich umgekehrt in der Einrichtung des *Garraways* wider. Es besaß einfach alles. Neben Büfetts, bemalten Stühlen, einzelnen Blumenpodesten, beweglichen Zeitungs- und Buchstellagen sah man langweiliges klassizistisches Mobiliar, plaziert zwischen teuren Möbeln bedeutender Londoner Kunsttischler, die in Mahagoni und Rosenholz ausgeführt waren.

Hinzu kamen die einzelnen Sitzecken. Die »Spekulantenecke« im linken vorderen Teil war in einem streng griechischen und maskulinen Charakter gehalten. Gleich gegenüber standen zwei Tische und Stühle im gotischen Stil. Die Ecke hieß »Parlatorium der Mönche«; dort nahmen vorzugsweise die Herren der Bank von England Platz. Dagegen hieß der Platz gleich eine Tischreihe davor die »Maklerecke«. Zwölf Stühle mit Lehnen in Form einer Lyra, mit sauber lackierten Bambusrohr-Sitzen, zu 14 Shilling das Stück. John Robins in der Warwick Street in Soho hatte sie angefertigt, bei dem auch Magnus Einrichtungsgegenstände zimmern ließ.

Zudem verfügte das *Garraways* im hinteren Bereich über eine Bibliothek mit einem angrenzenden Lesezimmer und einer zusätzlichen Kücheneinrichtung. Diese Räume blieben für Clubmitglieder reserviert. Die gesamte Einrichtung war von Taprell & Holland geliefert worden. Das Arrangement war derart elegant und angenehm, daß einige Ladies vehement gegen dieses Etablissement wetterten, da sie befürchteten, es würde ihre Männer von ihrem Familienkreis fernhalten. Die Mitgliedschaft im »Club Garraways« wurde nur an ausgewählte Herren vergeben und blieb auf die Zahl fünfzig beschränkt.

Magnus war seit zehn Jahren Mitglied, jedoch bevorzugte er in den Morgenstunden die »Halle«. In diesen Stunden war der Besuch moderat, der Lärmpegel mäßig, kurzum, zum Studium der *Times* ideal. Die vorgeschaltete morgendliche Teestunde genoß er daher besonders. Gleichzeitig betrachtete er zu gern die Nachbildungen zweier Aphrodite-Statuen, die den Eingang flankierten. Links die respektable, bekleidete Venus Genetrix, die Mutter Roms, und ihr gegenüber die kapitolinische Venus als heilige Dirne, die ihre Hände schützend vor Brust und Scham hält. Magnus lächelte verschmitzt. »Ladies der Broker« wurden sie genannt – vor und nach mißlungener Spekulation ...! Außerdem liebte er das durch den Nebel gebrochene Licht, wie es zu dieser Jahreszeit schräg durch die hohen, bogenförmig gestalteten Glasfenster hereinfiel, was ein Gefühl des Unirdischen, ja Mystischen erzeugte ...

Er scharrte mit den Füßen auf dem Flor des dicken Teppichs, der nur in jener Ecke des Kaffeehauses den hellen Marmorboden abdeckte, und blickte ungeduldig abwechselnd durch das linke und rechte hohe Fenster, das den Blick großzügig auf die leere Change Alley freigab. Es sah kalt und neblig da draußen aus. Die äußerst dürre Besetzung im *Garraways* um jene Tageszeit verhieß zudem nichts Gutes. Sicher belagerte die in Panik geratene Meute von Kaufleuten und Spekulanten gerade *Lloyd's Coffee House* im Obergeschoß des Gebäudes der Schiffsversicherung, das gleich um die Ecke lag, und fühlte schon mal vor, ob die verlorenen Millionen Pfund Sterling auch ersetzt würden.

Der Gedanke daran verstärkte seine Anspannung. Wenn die Nachricht in der *Times*, wie von ihm erwartet, heute schwarz auf weiß vorlag, so dürfte dies morgen schon erhebliche Auswirkungen auf das Empire haben. Die Börse würde heftig reagieren. Wenige Investitionen der letzten Jahre, sowohl in die Werften als auch in die Clipperschiffe, würden sich jetzt noch rentieren. Um das Vermögen seiner Söhne Morgan und Kenneth machte er sich wenig Sorgen; er hatte sie rechtzeitig vorgewarnt. Was seinen dritten Sohn Angus betraf, so hatte dieser so viel in die Geschäfte der Mackays investiert, daß der Clan heute zu ihm als seinem Chief aufsah; so ändern sich, dachte er mit einer Mischung aus Bitterkeit und heimlichem Stolz, die Zeiten. Doch was Angus' amerikanische Besitztümer betraf, so fürchtete er sie, wenn nicht schon verloren, so doch aufs äußerste gefährdet ...

Politik und Handel. Kein Handel ohne Krieg, kein Krieg ohne Beeinträchtigung des Handels. Warum sollte es morgen anders sein, vor allem gerade dort, wo sich gleich drei Erdteile treffen? Seine Augen wanderten an der geschnitzten, gotisch gestalteten Wandverkleidung entlang, die dem *Garraways* den Hauch einer Privatkapelle verlieh, bis sie an dem Portrait des Premierministers verweilten. Was verfolgte Gladstone mitsamt seiner Regierung? Warum überließ man Frankreich den Triumph ganz allein, den Pharaonen-Traum zu verwirklichen?

Im gleichen Moment stieg in ihm eine Erkenntnis auf, die sein schottisches Blut aufwallen ließ: Endlich war die alte egoistische Politik Englands ins Herz getroffen! Der längst im Griff geglaubte Haß kroch wieder hervor. Der Geist des Vertriebenen begann wieder nach Rache zu schreien.

Seit der Schlacht von Culloden, wo das Heer der Schotten vernichtend geschlagen worden war, herrschte im Norden ein englisches Schreckensregiment. Was jedoch mehr schmerzte als das Schwert des Feindes in der schottischen Brust, war die Erinnerung an die Zeit, als die Clanväter begannen, ihre Ehre zu verkaufen. Die führenden Häupter lechzten nach dem verschwenderischen Leben der englischen Landlords. Doch dazu brauchten sie Geld und immer mehr Geld, um deren Lebensstil zu kopieren. Die Lösung lag auf der Hand: Was nützten die *crofter* in den Highlands, die auf dem kargen Boden ein erbärmliches Leben fristeten, wenn man das Land gewinnbringend als Schafweide nutzen konnte?

Schafe statt Menschen, so lautete das erklärte Ziel der Oberhäupter der führenden Highland-Clans. Die Flüsse zum Meer glichen ein gutes halbes Jahrhundert lang reißenden Abflußrinnen, auf denen die Highland-Bevölkerung gleichsam hinaus in die Welt gespült wurde.

Wild und romantisch mochten den Städtern die Highlands erscheinen, doch Magnus empfand es anders. Er haßte die Heuchler aus London, die in den zerklüfteten Hügeln des Nordens Britanniens Alpen sehen wollten, eine Bühne für Schwärmerei und gesunden Sport. Für ihn war es die Heimat, die er nie vergessen konnte. Jedesmal wenn er hörte, daß die Highlander bereitwillig und selig auf die andere Seite der Welt segelten, war es, als fügte man ihm eine neue Brandwunde zu.

»Verleugnet nicht, daß ihr statt des versprochenen Paradieses ein Kreuz auf Schottland gestellt habt, unter dem die noch lebenden Kinder, Frauen und Männer nun arm und nackt sitzen. Ohne Nahrung, ohne Geld, ohne Hoffnung bleibt der Norden völlig zerstört!« hatte er erst unlängst einem englischen Offizier ins Gesicht geschleudert, der sich damit brüstete, in Indien Unruhen genauso im Keim erstickt zu haben wie seinerzeit unter den aufständischen Schotten.

Jede Niederlage Englands wertete er daher als gerechten Ausgleich für die Erniedrigung und Zerschlagung des Clans der Mackays sowie als Genugtuung für das Auseinanderbrechen seiner Familie vor nunmehr dreiunddreißig Jahren ...

Der Clan Mackay wurzelte tief an den Ufern des Loch Assynt. Sein Sippenverband glich einer Pyramide, deren Spitze der Chief bildete. Der vergab Land an seine Clansleute, die dafür bezahlten. Sie hatten keine geschriebenen Pachtverträge, doch der Verbleib auf den Flecken, auf denen von Jahr zu Jahr die karge Ernte eingebracht wurde, war durch Sitte und Tradition gewährleistet. War der Flecken groß genug, konnte der Pächter sich einen Subpächter nehmen. Ein verschwenderisches Leben war damit nicht zu führen, aber keine Versuchung unter der Sonne war stark genug, die Menschen aus diesem Teil der Welt herauszulocken.

Der Stolz der Mackays hatte nie von Reichtum und ihrer Stellung in den Highlands abgehangen. Magnus Mackay, als Chieftain von Scoury House, liebte die komplizierten, aber vertrauten Beziehungen zwischen ihm und seiner Sippe über alles. Sie waren eine mystische Einheit. Trotz der gnadenlosen und abschreckenden Zustände wollte Magnus das Dasein seines Clans keinen Veränderungen preisgeben. Ihre Lebensart und ihre Bindungen zu dem Land waren tief und stark und den harten Bedingungen bewundernswert angepaßt. Sie sprachen das *Gaidhlig*, die alte keltische Sprache, und wußten wenig von der Welt jenseits ihrer Hügel.

Doch die Bruderschaft innerhalb der Sippe begann zu bröckeln. Der kalte Hauch einer ungewissen Zukunft berührte ihren Clan …

Magnus' Aufmerksamkeit richtete sich auf eine Gruppe von zehn jungen Männern, die er durch das linke Bogenfenster beobachtete, wie sie aus dem Londoner Novembernebel heraus auf das *Garraways* zuhielten. Er erkannte die Brokergruppe sofort an ihrer Kleidung. Ihre Spitze bildeten zwei Männer, die man in diesen Kreisen nur ›Bear‹ und ›Bull‹ nannte. Der eine trug den Namen, da er den Pessimisten, den *bassiers* zugeordnet wurde, wogegen diejenigen, die *à la hausse* spekulierten, den »Bullen« zugeordnet wurden. Hinter den beiden folgten drei Jungbroker: ein *servitor*, ein *novice* und ein *pupil*.

Etwas abgesetzt von den anderen machte Magnus den *doctor* aus. Der Ruf eines »Doktors« war unter Brokern eine Auszeichnung der Unbeliebtheit, die nur demjenigen zuteil wurde, der es auf dem Spielfeld der Effektenspekulation auch verdiente. Er stand an der Spitze jener Hierarchie von erfahrenen Maklern, die mit Verachtung auf die anderen herabsahen, jedoch *novices* benutzten, um für sie selbst Geschäfte abzuschließen. So etwa verstanden die Broker von der Stock Exchange selbst ihre Hackordnung.

Als letzte der Gruppe stapften zwei Händler und zwei Spekulanten einher, die in der »City«, dem Börsen- und Finanzviertel von London, auch *dealer* und *jobber* genannt wurden, Männer die sich auf den Handel bestimmter Wertpapierklassen spezialisiert hatten. Sie stellten im »Zoo Garraways«, wie sie den Ort selbst bezeichneten, die gelehrigen Affen.

Vor zweihundert Jahren trafen sich im gleichen Käfig Elefanten, Löwen, Krokodile, Schlangen und Ratten. Da waren Pelzverkäufer, die für die *Hudson's Bay Company* ihre Geschäfte abwickelten, versteigerten gerissene Makler am gleichen Ort Fisch- und Walfang-, Küsten- und Handelsschiffe jeden Typs, einschließlich der Prisen- und Wrackschiffe, verhökerten Händler Kaffee, Gewürze oder auch Wrackwaren.

Später, als Thomas Garraway herausfand, daß Reeder, Kapitäne und Spekulanten statt an der Börse, deren Räumlichkeiten denkbar ungemütlich waren, ihre Geschäfte lieber beim »Kauffee« aushandelten, servierte er ihnen bald mit dem Kaffee die neuesten Depeschen aus der Handelsschiffahrt. Sie bevorzugten bald die seriöse und ruhige Atmosphäre eines Kaffeehauses, um die neuesten Nachrichten zu erfahren. Fortan wurden überall in der Stadt und besonders in der City Kaffeehäuser eröffnet. Dann brachten die Segler den Tee um das Kap der Guten Hoffnung.

Garraway selbst war in den siebziger Jahren des vergangenen Jahrhunderts der erste Mann in England gewesen, der an jener Stelle versucht hatte, Tee für £ 10 das Pfund an den Mann zu bringen, mit dem Versprechen, der Sud würde »die Heilung aller Krankheiten« bewirken. Seitdem war der *spirit of tea* in diesen Mauern zu Hause und Garraways »Kaffeehaus« nach wie vor wichtigster Treffpunkt der Schiffsmakler geblieben. Neu hinzugekommen waren Offiziere und Kapitäne aller Nationen, Spekulanten, Juweliere, Truthahnverkäufer, Drogendealer, Apotheker und Quacksalber; aber vor allem galt das *Garraways* als *der* Treffpunkt für die nach Neuigkeiten dürstende Meute aus den umliegenden Banken, der Börse, den Auktionslokalen und Lagerhäusern rund um die Leadenhall Street und den Teehändlern der Mincing Lane. Sogar die Herren der *St. Katharine Dock Company* fanden den Weg bis in die Change Alley nicht zu beschwerlich. Sie alle kamen, um an diesem Ort das »exzellente Kraut« zu trinken.

Zusammen ergab dies an manchen Tagen eine absolut verrückte Teegesellschaft – oder ein »echtes chaotisches französisches Durcheinander«, wie Malcolm, sein Diener, oft bemerkte. Mackay suchte zu jeder freien Stunde diesen Ort auf, und platzte auch das *Garraways* oft aus den Nähten, Magnus wich kein Teeblatt zurück! Er liebte dieses Flair. Hatte doch der Lärm und das Gewühl einen ganz anderen Charakter als in Glasgow oder Edinburgh. Dort war es oft der hervordrängende und sich breitmachende Dünkel. Im *Garraways* war es das Geschrei des Marktes.

Magnus Mackay hatte sich darüber hinaus an diesem Ort ein äußerst wichtiges Privileg erobert: einen festen Punkt im Universum. Zwar klagte er an seinem Lieblingsplatz immer über das schwache Licht, während er morgens die *Times* studierte. Doch in die Nähe der Fenster hinüberzuwechseln, noch dazu mit dem Rücken zum Glas, das lehnte er strikt ab. Ein wesentlicher Grund seiner Treue zum *Garraways*, der Blick durch die hohen Glasfenster hindurch auf »seine« Alley, wäre damit gleichsam gestorben. So überraschte er eines Tages seine Freunde und Gegner mit einem Stuhl, den er von Malcolm hereintragen und in der hinteren linken Ecke des *Garraways* abstellen ließ, von wo aus man den besten Überblick genoß.

Es war eine Sitzgelegenheit, die man sonst nur in Londons feinsten Bibliotheken zu sehen bekam: Auf der linken Armlehne sah man ein notenpultähnliches Gebilde aufgesetzt; die rechte Armlehne zierte ein Scharnier mit einem Arm, auf dem ein bronzener Kerzenleuchter prangte. Beide Vorrichtungen konnte er mit dem geringsten Druck beliebig näher bringen oder weiter entfernen. Es war der edle Bibliotheksstuhl der Firma *Morgan & Saunders*.

Nach anfänglichem Schweigen brach alles in Heiterkeit aus. Saßen oder vielmehr lagen doch einige der Gäste zu Hause selbst in solchen bettartigen Stühlen. Die Begeisterung über Mackays ausgefallene Idee fegte alle Einwände hinweg. Ab diesem Tage gehörten der Stuhl und sein Besitzer zum *Garraways*.

Die Gruppe Männer stoppte, ankerte plötzlich wenige Yards vor dem Eingang und stand kurz darauf wie ein Klumpen eng zusammen. Die Verzerrung der Geräusche durch die Fensterscheibe machte ein Zuhören unmöglich.

Mackay war berühmt für seinen Instinkt, Ereignisse vorauszusehen und die Reaktion der Menschen darauf richtig einzuschätzen. Sein Wissen um Kurse, Aktiengesellschaften und Renditen waren im *Garraways* Legende. »Mackay weiß nichts, aber er versteht alles!« hieß es in Kreisen der Broker, Schiffsmakler, Tee- und Goldhändler. So haßte er Kurse, Bilanzen, Umsatztabellen, Statistiken und sonstige Unsinnigkeiten. Sein Rüstzeug waren die Phantasie und das Gespür für unsolide Aktiengründungen, Scheingeschäfte und Spekulationskrisen.

Aus dem wilden Gestikulieren direkt vor dem Bogenfenster schloß Magnus, daß eine hitzige Debatte im Gange war. Die ernsten, gespannten Gesichtszüge ließen die sonst vorherrschende gute Laune zur Mittagspause vermissen. Die Gesichter der Männer deuteten jedoch etwas anderes an als Ernst oder schlechte Laune. Als weitere mögliche Deutung fiel ihm »Erstarrung« ein, wobei er deren Ursache in die Nähe seiner eigenen Befürchtungen rückte.

»Ihr Tee, Mr. Mackay!«

Magnus sah kurz auf, registrierte das Mahagonitablett, musterte das Teeservice darauf und erwiderte die Ankündigung mit einem knappen, knorrigen: »Danke!«

Im letzten Jahr hatte er erleben müssen, daß ein Kellner versuchte, ihm das falsche Teeservice unterzuschieben, was das Subjekt beinahe den Arbeitsplatz gekostet hatte. Für diesen speziellen Tee war ausnahmslos die Kanton-Schale mit dem Rosenmedaillon-Dekor, komplettiert mit Kanne, Zuckerdose und Sahnekännchen, vorgesehen. Magnus liebte diese seltene Art des Kantonporzellans, welches sich vom Exportporzellan, das im Dekor meist unterglasurblau gemalte Schiffe und chinesische Landschaften aufwies, deutlich unterschied. Die Unverwechselbarkeit war zudem gesichert durch die datierte Inschrift: *Laoda 1779*. Eine Transkription aus dem Chinesischen, was soviel bedeutete wie »Dschunkenmeister«. Jenes Teeservice war im *Garraways* nur ein einziges Mal vorhanden. In dieser Teekanne, dem kostbarsten Werkzeug im Umgang mit Tee, durfte nur der schwarze *Tarry Souchong*, der mit dem ausgeprägtesten Rauchgeschmack, serviert werden.

Magnus ließ es sich nicht nehmen, als erste Handlung den Deckel der Teekanne anzuheben, um das Innere zu inspizieren. Was er sah, stellte ihn zufrieden. Die Innenwand war braunschwarz gefärbt, die Kanne war demnach seit ihrer Existenz nur mit klarem Wasser gespült und danach mit abgehobenem Deckel an der Luft getrocknet worden. Wäre die Kanne nicht derart beschichtet, würde das Aroma des Tees nicht die gewünschte Stärke erreichen.

Der Genuß wäre dahin, auch wenn es einer feinen und geschulten Zunge bedurfte, den Unterschied richtig herauszuschmecken. Magnus Mackay war in dieser Hinsicht ein schwieriger Gast.

Glücklich, wer weit weg von der Börse weilt, ging es ihm durch den Kopf. Er schloß die Augen, und seine Gedanken versanken für einen Moment völlig im Inneren der Teekanne. Sie umschloß seine gustatorischen Empfindungen wie ein Schrein. Er versuchte den rauchigen Geschmack auf den Rändern der Zunge und dem Zungengrund vorzuspüren, schlürfte im Geiste schon aus der Schale und versuchte auch die Sensibiliät des Gaumenbogens und der hinteren Rachenwand mit einzubeziehen.

Er beugte sich herab bis zum Ausgußschnabel der Kanne und schnüffelte. Die erste Duftwahrnehmung verschaffte ihm den erwünschten Reiz. Sein Geruchskompaß war in jenem Moment ganz auf *Tarry Souchong* eingenordet. Er setzte behutsam die Schale an die Lippen.

Schon nach dem ersten genußvollen Schlürfen fühlte er sich vom Aroma des Tees wieder einmal gekapert.

»Wer Ägypten hat, hat Indien!«

Beide Türflügel flogen auf. Es war der Mann, den sie ›Bear‹ nannten, Pratt Jenkins mit bürgerlichem Namen.

Die wenigen Gäste, die verstreut an den Tischen saßen, schauten zum Eingang hin. Auch Magnus blickte mißmutig auf, da er den plötzlichen Radau als äußerst störend empfand. Der entstandene Luftzug verkürzte die Reizdauer des Teearomas auf seiner Gaumenfläche. Ärgerlich! Eine ähnliche Intensität würde er am gleichen Tage auf seinem Zungen- und Nasenareal nicht mehr empfinden können …

Damit war die Teezeremonie für Magnus an diesem Tage vorbei.

»Herrgott! In dieser Situation wird für lange Zeit kein Geld zu machen sein. England wird schneller in den Abgrund rutschen als zu Zeiten des Dreckskerls Napoleon! Die Effekten werden sinken! Mit wem ich auch gesprochen haben – überall Unsicherheiten über Unsicherheiten! Schuster, Schneider, Gastwirte, Astrologen, Matrosen, Fechtmeister, das gesamte Spekulationsvolk der Alley, ja nicht einmal die Genuesen und Mailänder sind bereit, auch nur eine Aktie zu riskieren.«

Das Lamento steigerte sich: »Keine Kontrakte, keine Spekulationen und somit keine Aussicht auf Gewinne! Die Glanzaktien werden zu gefallenen Engeln! Und der Profit bleibt sowieso auf der Strecke!« kam als Stakkato die Antwort von ›Bull‹ James Kaellgren.

Eine Springflut von weiteren acht jungen Männer drängte hinter ›Bear‹ und ›Bull‹ herein. Das Broker-, Händler- und Spekulantenrudel hatte hohe, steife Zylinder mit breiten Krempen auf, war glattrasiert und bis auf ›Bull‹ einheitlich gekleidet. Je heftiger die spekulativen Exzesse dieser Gilde, um so mehr büßte anscheinend ihre Kleidung an Farbigkeit ein, wie Magnus feststellte. Sie zählten zur »dritten Klasse« und stellten damit die zahlenmäßig größte Gruppe an der Börse und in den Kaffeehäusern. Obwohl dies kein Privileg war, versuchten sie wichtigtuerisch, das *Garraways* lautstark für sich zu erobern.

Magnus selbst zählte sich zur »zweiten Klasse«, und das seit nunmehr fünfzehn Jahren. Dies war die Gruppe der Kaufleute. Ein Teil von ihnen mied die Börse wie die Großkaufleute und Großkapitalisten, aus der sich die »erste Klasse« zusammensetzte. Man nannte sie »die Fürsten der Börse«. Sie besuchten diese niemals selbst, sondern überließen die Arbeit zuverlässigen Maklern. Die Effekten dienten der Anlage ihrer Kapitalien, und sie waren mit dem Zinsgenuß zufrieden. Die Kurse ihrer Papiere waren ihnen in der Regel gleichgültig. Magnus selbst kaufte und verkaufte Aktien wie andere Waren. Als Makler bevorzugte er die »Bären«, die Pessimisten, die auf fallende Kurse setzten.

»Geboren wirst du als Bulle und sterben wirst du als Bär!« hatte ihm 1837 Leone Levi bei seinem ersten Kauf von *Mines-d'asphalte-de-Pyrimont-Seyssel*-Aktien prophezeit. Levi war einer der erfolgreichsten Broker, der an der New Yorker, Wiener und Amsterdamer Börse genauso heimisch war wie in den Kaffeehäusern Londons. Er hatte damals den entwurzelten Highlander unter seine Fittiche genommen, als dieser zum erstenmal die Change Alley betrat, um seine letzte Chance zu ergreifen …

Das Leben sollte aus Geben und Nehmen bestehen, aber in den Highlands hatten sie nur genommen. Hungersnöte und Seuchen hatten die Highlander als Schicksalsschläge hingenommen. Doch die *clearances*, die Vertreibungen durch englische Großgrundbesitzer und die eigenen Lairds, hatten den meisten Clans den Todesstoß versetzt. Nur wenige Clansleute hatten in ihren armseligen Hütten ausgeharrt, um als Pächter dahinzuvegetieren, stets dem unbarmherzigen Druck der Schafzüchter ausgesetzt. Und die anderen, die nicht als Krämer und Wanderarbeiter geendet hatten oder hinter den mechanischen Webstühlen und in den neuen Eisenhütten von Glasgow verschwunden waren, zog es mit Macht und verführt von den Vertreibungsprämien der *Highlands and Islands Emigration Society* in die Neue Welt, um ihr Glück zu suchen.

Magnus Mackay hatte dagegen sein Glück in London gesucht, in der Change Alley, doch ohne Leone Levi hätte er es nie zu fassen bekommen. Die Wende war gekommen, als er sich auf der Straße nach etwas Blinkendem gebückt hatte – einem Penny, der in der Gosse gelegen hatte – und dabei fast mit dem Juden zusammenstieß, der dem gleichen Impuls folgte. Damals hatte Levi sich seiner angenommen, hatte ihm den ersten entscheidenden Hinweis gegeben. Die »Asphaltaktie« war die Vielgeküßte, war das goldene Kalb in jenen Wochen, um das sich alle Klassen, alle Konfessionen scharten. Die Menge spekulierte damals *à la hausse*, als wäre sie im Wahn …

Leone Levi hatte ihn damals eindringlich gewarnt, als er zum erstenmal seinen Fuß in die City setzte: »Zügle die unmäßige Gier! Sie frißt nicht nur die berufsmäßigen Makler, Händler und Spekulanten, sondern auch so was wie dich, der sich, statt soliden und nützlichen Gewerben nachzugehen, in Spekulationen stürzt und sich dadurch meist endgültig ruiniert.«

Magnus lernte schnell zu erkennen, daß reelle Kaufgeschäfte selten vorkamen. Dafür dominierten Differenzgeschäfte, bei denen nur fiktiv Aktien gekauft und zu einem vereinbarten Zeitpunkt wieder verkauft wurden, ohne daß die Bezahlung der vollen Kaufsumme vorlag oder überhaupt beabsichtigt war – und dies nicht nur an der Stock Exchange, der eigentlichen Börse. Magnus bezeichnete diese Art von Handel als »Geschäfte mit leeren Tassen«. Obwohl sie verboten waren, suhlten sich Makler, Händler, Spekulanten und das City-Publikum mit Wonne darin. »Warum sollten gerade die Fondsgeschäfte eine von den anderen Geschäften abweichende Behandlung erfahren?« hörte man die Verfechter der Legalisierung aller Termingeschäfte rufen. »Werden nicht fortwährend fiktive Kaufkontrakte abgeschlossen, die denen an der Fondsbörse analog sind? Unterliegt nicht Getreide, Baumwolle, Eisen und vieles andere mehr einem lebhaften spekulativen Verkehr?«

Die Regierung scheute die klare Linie, da Maßregelungen nach Sitte und Brauch unwirksam blieben und die Angst vor dem Verlust der Autorität des Gesetzes überwog. Die Aussicht auf leichten Gewinn fegte die Furcht vor Strafen und drohenden Verlusten hinweg wie ein Orkan das Herbstlaub. So wurde die Fondsspekulation in der City zu einem unvermeidlichen Hazardspiel, dessen einzig bestimmender Faktor der Zufall war.

Obwohl Magnus Mackay Differenzgeschäfte seit seinem Glück mit den *Mines-d'asphalte-de-Pyrimont-Seyssel*-Aktien haßte, so vergaß er nie, daß die »dritte Klasse« Schöpfer und Träger der Börsennachrichten war. Er war sich bewußt, daß sie in allen Ecken und Enden dieser Welt nach Informationen suchte, auf die er sich seit mehr als einem Jahrzehnt stützte, um selbst lukrative Abschlüsse zu tätigen.

Die wenigen Worte, mit denen sich sein erstes Effektengeschäft damals in der Alley anbahnte, hallten noch immer in seinen Ohren. Eine Aktie tönte besonders laut – vor allem Nachts in seinen Träumen. Und das seit 1837: »Ich gebe Ihnen die *Mines d'asphalte de Pyrimont-Seyssels* zum Wert von …!«

Hätte Levi ihm damals nicht geholfen, so wäre der endgültige Untergang der Mackays besiegelt gewesen. Die Familie war auseinandergerissen. Seine Töchter hatte er unter Wert verheiraten müssen. Nur seine Söhne waren ihm geblieben – bis auf Angus, den jüngsten, der in jenen Jahren als verschollen galt …

Damals aber begann sein Aufstieg in London. Die Handschläge kurz danach waren nicht mehr zu zählen. Für die Verlierer von Differenzgeschäften war das *Garraways* die Teufelsgrotte der Fondsspiele, in der die Klagen, Flüche, Schreie, Ekstasen tausendfach wie durch ein Labyrinth hallten, für die Gewinner war es das sichere Leuchtfeuer – hell auf tausend Klippen …

Magnus erinnerte sich an einen weiteren Grundsatz, den Leone Levi ihm wie Honig in die Furchen seines Gehirnes eingeträufelt hatte und der sein Überleben in der City garantierte:

»Die Summe der nicht wißbaren Umstände überwiegt unendlich die Summe der wißbaren.«

Levis Grundsatz wurde auch zu seinem Credo.

Die Stimmen des »Effektenrudels« brandeten bis zur Decke. Magnus ließ seinen Blick gelangweilt über alle hinwegschweifen, während die Gruppe noch unschlüssig nach einem geeigneten Tisch suchte. An der bleichen Stirn von ›Bull‹, die das Leiden der Ungewißheiten widerspiegelte, blieb sein Blick hängen. Ein verwelkter Jüngling, wie ein fleckiger Pfirsich, der schon mehrmals vom Tisch gerollt ist, ging es ihm durch den Kopf. ›Bull‹ bevorzugte noch einen rotbraunen Twine der vierziger Jahre, unter dem eine unpassende Weste, gefertigt aus einem Mackenzie-Tartan, hervorquoll. Sein fetter Bauch war die Ursache, und seine Erscheinung paßte zum nichtssagenden Motto der Mackenzies: *Luceo non uro*, was soviel bedeutete wie: ›Ich brenne nicht, ich leuchte!‹

Trotz seiner Häme gegenüber den Mackenzies mißbilligte Magnus jeden Faden davon auf dem fetten Bauch des Bullen. Er war kein Schotte!

›Bull‹ kam aus Manchester! James Kaellgren war Engländer!

Ein Frevel!

Kein Highlander käme auf die Idee, die Farben eines anderen Clans zu tragen. Magnus war sich sicher: ›Bull‹ kannte weder die schottischen Traditionen noch die Bedeutung der Tartanmuster. Hätte er sie gekannt, hätte er Mackenzie eher gegen den Tartan der Camerons getauscht; denn seinen Äußerungen nach war er Feuer und Flamme für das alte Motto der Camerons: *For king and country!* Alle anderen trugen die seit letztem Jahr beliebt gewordenen zweireihigen Sakkos: wenig tailliert und rundum sackartig geschnitten. Vielleicht waren darin Innentaschen verborgen für den Fall, daß je-

31

mals Aktienbündel in der Stock Exchange verschenkt werden sollten …

Die jungen Männer nahmen geräuschvoll am runden Zehnertisch Platz. Sie wollten Gehör finden – ein Umstand, den Magnus zeit seines Lebens äußerst zu schätzen wußte. Er ahnte, daß sie gleich loslegen würden, sich über Ereignisse der vergangenen und kommenden Tage auszulassen und ihre Schlußfolgerungen daraus zu ziehen. War Magnus für den Moment glücklich, weit weg von den Geschäften gewesen zu sein, so überhörte er nun den Lärm, um sich ganz auf den Zehnertisch zu konzentrieren.

›Bull‹ fixierte die Jobber, die respektvoll ein wenig Abstand von ihm zu wahren suchten.

»Keine Kontrakte! Und was bedeutet das, ihr *geeks*?«

Das allein war schon eine Unverschämtheit, denn *geek* war die abwertende Bezeichnung für einen aufstrebenden Jungbroker, für die gerissenen, ausgebufften Spekulanten jedoch eine grobe Beleidigung. *Servitors*, *novices* und *pupils* waren weitere, aber geduldete Bezeichnungen für Jungbroker, die sich offen mit der Faust auf der Straße gegen diejenigen wehrten, die *geek* allzu oft über ihre Lippen ließen. Betretenes Schweigen herrschte daraufhin für einen Moment am Tisch, das durch den *servitor* John Keyworth gebrochen wurde. Er überriß die Situation am Tisch nicht, wetzte unruhig auf dem Stuhl hin und her und stieß nach einigem Zögern heftig hervor:

»Einige sind seit heute durchgedreht, verbrannt und begraben!«

Kaum hatte er die Worte hervorgepreßt, brach der Damm der Zurückhaltung unter den anderen:

»Die Liquidität wird rasant kippen. Und ohne Liquidität haben viele Anleger für uns nur noch einen Tritt in 'n Arsch übrig!«

Sofort sprudelten am Tisch Argumente und Ansichten zwischen den Jungbrokern und den Händlern durcheinander:

»Das hat uns allen dieser Lesseps eingebrockt!«

»Ich will, daß der Kerl als Leiche den Nil runterschwimmt!«

»Das gibt Aufruhr in den teuren Kakerlakenpalästen rund um Grosvenor Square und die City!«

»Dann bringen wir eben die Kanalaktien unter die Leute! Ihr werdet sehen …«

»Da wird nichts daraus!«

»Ich hab' das Gefühl, eine Klippe runterzurutschen ...«, bemerkte Händler David Scott, der älteste unter ihnen.

»David, du *boy plunger*«, mischte ›Bull‹ sich ein, womit er sich schon wieder eine ausgewachsene Beleidigung leistete, »du läufst doch seit Tagen wie ein Blinder ohne Stock herum. Wo war das versprochene anlegefreudige Publikum?«

Scott sah den Hünen sauertöpfisch an.

»Was glotzt du so?« reizte dieser ihn weiter. »Du solltest endlich auf die besseren Informationen in der City achten. Ansonsten kannst du dein Geld schneller am Spieltisch verlieren.«

»Er verspielt sein Geld lieber mit Frauen!« rief der *jobber* Paul Sarnoff schadenfroh dazwischen.

Die Runde grölte vor Vergnügen.

»*South-Eastern, Lancashire & Yorkshire* waren doch gut gezeichnet!« versuchte sich Scott gegen die Anwürfe zu wehren.

Der ›Bear‹ höhnte ihn: »124 1/4 bis 124 3/4! Was ist das schon?« Etwas gemäßigter fuhr er fort: »Eisenbahnaktien sind derzeit nicht gut. Und wenn schon, dann bitte nur Obligationen. Morgen sind *Midland* und vor allem *Great Eastern* gefragt. Besser aber, du schließt *British Mines* ab!«

»Was empfiehlst du?« fragte der zweite *jobber* in der Gruppe, Lionel Robbins, mit knarrender Stimme zurück.

»Das sagt dir ›Bear‹!« rief einer am Tisch.

Jenkins hüllte sich in düsteres Schweigen. Seine Augen waren starr auf die Mitte des Tisches gerichtet. Immer wenn Magnus die beiden, ›Bear‹ und ›Bull‹, anschaute, hatte er einen Moment lang das Gefühl, doppelt zu sehen. Beide waren großgewachsen, ausgestattet mit beachtlichen Nasenlängen, Henkelohren und um die Augen Tränensäcke der zu früh Gealterten.

›Bull‹ stieß ihn an der Schulter: »Warum antwortest du nicht?«

»Du bist ein geborenes Schwatzmaul!« zischte ›Bear‹ zurück.

»He, he! Wir haben uns zusammengesetzt, *weil* wir miteinander schwatzen wollten, und nun willst du kein Wort herauslassen? Warum bist du dann überhaupt mitgegangen?«

Jenkins wand sich, atmete tief durch, dann knallte er die Faust auf den Tisch und preßte heraus: »Ich mag nicht, wenn jemand verspottet wird ...«

»Nein, nein! Niemand wird verspottet, James«, versuchte ihn ›Bull‹ zu beschwichtigen. »Ich wollte das nicht …« Übertrieben sanftmütig, mit dem Schmelz einer Chopin-Etüde in seiner Stimme, lockte er den »Bären«: »Was wir brauchen, sind deine Tips für morgen. Wir wissen, daß du ein genialer Broker bist.«

Keiner am Tisch wagte ein weiteres Wort. Nach einer kurzen Pause setzte ›Bull‹ nach: »Und nun zier dich nicht. Sieh nur, wir geben uns deinen Belehrungen völlig hin!«

Der Bär ließ sich die Ketten anlegen. Er ging brav in die vorgegebene Richtung: »*British Mines!*«

»Und welche?«

»*South Caradon* und *West Seton*!«

»*West Seton* gehen in Ordnung. *South Caradon* werden bei 345 stagnieren. Bis Dezember wird sich das nicht ändern!« mischte sich eine andere Stimme mit unverkennbarem Brooklyn-Akzent dazwischen.

Isaac Cohn, den sie in der City wegen seiner Gerissenheit und Klarheit den »Doktor« nannten, griff in die Diskussion ein. Ein kluger Börsianer, der alle Kniffe der Alley beherrschte, der die Dinge durchschaute. Eine Eigenschaft, die kaum einer gerne bei anderen sieht. Zudem war er Jude, ausgestattet mit einem verlogenen Charme und dazu häßlich wie die Nacht. Schön wurde er erst mit seinen Erfolgen, erarbeitet durch kalkulierte Herausforderungen, indem er seine Geschäfte auszureizen verstand wie kein anderer.

Fragte man ihn nach seinem Erfolgsrezept, dann ergoß sich ein Schwall von nichtssagenden Kürzeln: »Die Witterung behalten. Das Gegenteil von dem tun, was einem gerade vorschwebt. Den Fluß nicht umlenken wollen, sondern den Kahn darin steuern.« Er stand auf der Kommandobrücke und ließ seine armseligen *jobber* Tag und Nacht die Kessel heizen. Aber seine Wettervorhersage, was die Kurse von morgen betraf, war immer richtig gewesen. Was ihn auszeichnete, waren zwei Eigenschaften, die er auf das genialste verband: Bullenhörner und Bärentatzen!

Was für eine Verschwörung, ging es Magnus durch den Sinn. Es ist unbegreiflich! Alle Regeln gelten nicht mehr!

»*British Mines! British Mines!* Unsinn! Nur *American Railways* sind für die nächsten Wochen von Bedeutung«, versuchte ›Bull‹

seine Kompetenz herauszustreichen. »Aber bitte, wenn der Baissier und der ›Doctor‹ es so sehen wollen …«

Die Jungbroker am Tisch reagierten sofort und plapperten überschäumend ihr Wissen über den Tisch:

»Ich tippe auf *Atlantic & Great Western, N. Y.*!«

»Ach was! Nur Bonds der *Marietta & Cincinnati Railways* kommen in Frage!«

»Am schnellsten steigen zur Zeit die *New York Central $ 100 Shares;* 90 zu 100 standen sie gestern …«

»Mit 5,1 Prozent durchschnittlicher Verzinsung sind unsere Eisenbahnobligationen derzeit mit Abstand die ertragreichsten Papiere. Im fernen Westen dagegen gibt es nichts Neues!« stoppte der ›Doctor‹ das Durcheinander. »Die Papiere werden dort die Grenzen der Vernunft nicht überschreiten. Jedenfalls bis Ende des Jahres nicht. Amerika hatte noch Jahre für seinen sinnlosen Bürgerkrieg zu bluten. Eher versinkt England im Meer, als daß hier am Tisch etwas Gewinnträchtiges über *American Railways* gefunden wird. Und außerdem, wer kauft schon Aktien von einem Kontinent, der in seiner Entwicklung noch weit hinter Australien liegt? Daran orientieren sich nur *boy plungers* und *semisuckers*!«

Anscheinend hielt er die Vermutungen der Jungbroker für eine Räuberpistole. Oder wollte er nur von den guten Papieren der *American Railways* ablenken? Durch den Zigarrenrauch, in den er sich trotz Dauerhustens einnebelte, sah Magnus nur schemenhaft Habichtnase und Spitzkinn, während der ›Doctor‹ arrogant verkündete:

»Es bereitet mir im Grunde wenig Spaß, meine Meinung vor Ihnen auszubreiten. Aber ich bin heute guter Laune und will Ihnen etwas verraten.«

Daraufhin rückten die Börsenspieler, die Ohren spitzend, näher an den Tisch heran, während der ›Doctor‹ lässig seine Füße ausstreckte. Auch ›Bull‹ und ›Bear‹ gingen etwas näher an den Tisch heran. Für Magnus war es ein untrügliches Zeichen, daß auch er besser die Ohren spitzen sollte.

»Was darf ich den Herren bringen?« unterbrach der Kellner die eingekehrte Stille. Damit hatte er den Zeitpunkt richtig abgewartet, um eine Bestellung entgegennehmen zu können.

»*Gunpowder* für alle! Und einmal Kaffee mit Haut für mich!«

entschied ›Bull‹ ungehalten. Er selbst ließ sich gern den Kaffee mit Milch servieren, so daß sich beim Abkühlen eine Schicht darauf bildete. Nachdem sich kein Widerspruch regte, forderte er den ›Doctor‹ auf: »Also beginnen Sie!«

Dieser ließ sich etwas mehr Zeit als nötig, begann dann jedoch konzentriert:

»Nur wer die Entwicklung einer Sache auf mehrere Jahre voraussehen kann, kann davon viel profitieren. Es gibt ein Projekt, das vielversprechend in die Zukunft weist ...« Eine weitere Pause ließ die Ohren der Zuhörer wachsen. Der ›Doctor‹ hatte sie nun am Haken und kostete es aus, sie zappeln zu lassen:

»Gentlemen, es ist der Kanal. Nur wer auf Ägypten, Paris und den Suezkanal setzt, der wird in Zukunft fette Spekulationsgewinne einsacken können.«

»Ach was? Ihr Tip ist ja enttäuschend, ›Doctor‹!« unterbrach ihn ›Bull‹ augenblicklich. »Wie ich gehört habe, hat der Vicomte de Lesseps die Baukosten seines Kanals ursprünglich auf rund 160 Millionen Francs geschätzt – in Wirklichkeit überschritten sie, wenn meine Informationen stimmen, die kalkulierte Summe um knapp das Dreifache. Zudem rechnete er mit einer Bauzeit von fünf Jahren – und was glaubt ihr, wie lange sie tatsächlich dauerte?« Er blickte in die Runde, um sich die Antwort abzuholen:

»Mindestens doppelt so lange!« antwortete ihm Harry Frost mit leuchtenden Augen.

»Sehr gut! Und nun zum springenden Punkt, meine Freunde. 400 000 Aktien im Gesamtwert von 200 Millionen Francs wurden ausgegeben, von denen jedoch nur 286 000 Stück gezeichnet wurden. Wenn der ägyptische Vizekönig und das französische Parlament nicht im Laufe der Jahre weitere 214 Millionen beschafft hätten, dann wäre dort heute noch Wüste. Das geringe Interesse an den Aktien zeigt uns, daß das ganze Kanalprojekt nicht funktioniert, weil es nicht funktionieren *kann*. Der Kanal wird die Pleite des Jahrhunderts werden!«

»Und was funktioniert daran nicht?«

»Ganz einfach: Es glaubt keiner daran, daß neben ein paar Küstendampfern und einigen Daus sonst noch etwas darin baden wird. Die Clipper brauchen Wind und nochmals Wind – und diesen stetig. Das Mittelmeer gibt ihn nicht her. Die Dampfschiffe benötigen außerdem auf diesen großen Strecken ein sicheres Netz von Kohledepots, und das möglichst bis nach Hongkong! Da diese bis heute nicht existieren, ist hinter dem Kanal das Ende schon gekommen.«

»Wie steht es mit den Wasserpegeln?« versuchte Jungbroker Harry Frost ein weiteres Mal zu beweisen, daß er über alles im Bilde war. »Es heißt doch, daß der Spiegel des Roten Meeres fast dreißig Fuß höher liegen soll als der des Mittelmeeres! Es soll beim Fluten zur Katastrophe kommen.«

»Und ich frage mich«, klinkte sich John Keyworth, ein anderer Jungbroker, hastig ein, »warum wir überhaupt einen solchen neuen weltpolitischen Ansatz gegenüber dem alten Rivalen Frankreich widerstandslos hingenommen haben.«

»Hört, hört! Weltpolitischer Ansatz …?« höhnte die Runde.

»Nein, nein! Das ist alles ausnahmslos dicke Londoner Nebeltaktik«, beschwor ›Bull‹ die Männer am Tisch. »Unsere Regierung *wollte* diesen Kanal ganz einfach nicht, und unser Gesandter Stephenson sollte im Gegenzug eine von uns gelieferte und mit Kohle versorgte Eisenbahn vor Ort durchsetzen. Das wäre eine echte Lösung des Problems gewesen, denn der Kanal wird nie rentabel sein. ›Bear‹ kann auf Baisse spekulieren. Die Kanalaktien werden sinken wie der Wasserpegel von St. Malo bei Ebbe. Kurzum, liebe Freunde, das Ganze geht bankrott, bevor das nächste Jahr seiner Vollendung entgegensieht.« Herablassend richtete er sich an Isaac Cohn: »›Doctor‹, ich kann Ihre Auffassung über die Kanalaktien daher nicht teilen.«

Dieser ließ sich nicht provozieren, sondern entgegnete überlegt: »Mr. Jenkins, das Ziel benötigt die Vision, die euch allen fehlt. Ihr werdet daher die großen goldenen Spielbretter der Welt nie betreten. Tut nicht so, als würdet ihr das völlig neue Spiel des Nahen und Fernen Ostens verstehen.«

»Wenn alles so einfach ist, warum dann die ganze Aufregung heute in der City?« griff nun ›Bear‹ in die Diskussion ein.

»Leicht zu erklären, ›Bear‹!« riß ›Bull‹ gereizt erneut das Wort an sich. »Es gibt allzu viele Idioten, die dem Kanal aufgrund der rein rechnerischen Verkürzung der Seerouten nach Indien, Australien und China eine rosige Zukunft voraussagen. Das geht hauptsächlich gegen England, seine Clipper und damit gegen unsere besten Werften und Schiffbauer. Doch die Wirklichkeit sieht anders aus. Die Millionen werden dort unten weiter in den Kanal geschaufelt. Ein Pharaonengrab, randvoll gefüllt mit Francs. Der Suezkanal ist jetzt schon für Ägypten und Frankreich ein wirtschaftliches Fiasko. Obwohl ein großer Teil unserer Regierung und ein noch größerer Teil der Unternehmer und die besten Händler der Mincing Lane es richtig sehen, werden morgen die Investoren und Anleger panikartig reagieren. Beides zusammen erzeugt keine gute Stimmung in der City.«

›Bear‹ strich sich über das Haar, danach knetete er sein Kinn. Sein Blick wanderte zum ›Doctor‹, der sich jedoch zurückhielt.

»Wenn nun alles eine grandiose Täuschung ist, ›Bull‹?« sagte er. »Was ist, wenn du dich irrst? Was wird, wenn alle Welt ab morgen nur noch den Kanal benutzt?«

»Wart's ab! Sicher ist, die Clipper werden das windlose Mittelmeer meiden wie die Pest. Laß sie es meinetwegen mit Dampfern probieren, dann ist bei Aden der letzte königlich-britische Kohlebunker erreicht. Den Rest überlasse ich deiner Phantasie.«

Lionel Robbins, der Spekulant, hob mit sorgenvoller Miene höflich die Hand als Zeichen dafür, daß er eine Frage stellen wollte.

»Auf was sollen wir nun morgen setzen?«

»Auf alles, was mit Clippern, Clipperwerften und Frachten in Verbindung steht, du *semisucker*!« schleuderte ›Bull‹ ihm entgegen. »Sonst wirst du abgeschossen. Werde endlich zum Wolf! Die Lämmer an der Börse, die es nicht glauben, wollen von dir und mir geschoren werden. Sie betteln geradezu darum. Gib ihnen das Gefühl, daß ihre Wolle gebraucht wird, und sei überzeugt vom baldigen Versanden des Suezkanals!«

Im selben Moment flog erneut die Glastür auf. Magnus Mackay sah eine Horde von Männern, die wie ein Hurrican ins *Garraways* hereinwirbelten und auf die leeren Tische zustürzten. Mitten im Auge des Hurricans entdeckte er Malcolm, seinen treu ergebenen Diener, mit der emporgereckten rechten Hand die *Times* umklammernd.

Einen Augenblick lang hatte es den Anschein, die Change Alley münde als Rennstrecke direkt in das Garraways. Eine Woge von Menschen ergoß sich über die Teppiche und brodelte zwischen den Tischen dahin. Wie auf ein Signal hin begann ein Wettrennen zu den letzten freien Stühlen. Die erste Welle schwappte darüber hinweg und brach sich bei den Stehplätzen der langen Theke wie an einer felsigen Steilküste. Die zweite prallte schon am Eingang auf die stehende Masse Mensch, als wären sie Wellenbrecher im Sturm.

Schrill und grell drang ein Chor von Stimmen vom Eingang herüber an Magnus Mackays Ohr:

»Raus! Alles raus, was nicht hineingehört, ihr Kröten!«

»Alle Dealer und Händler raus! Solche wie euch machen wir fertig!«

»Scheißegal! Platz da! Macht Platz!«

»Was wollt ihr denn alle an dem beschissensten Ort der Welt?«

»Was ist dein Problem? ... Was hast du ausgefressen? ... Hau ab! ... He, da hinten ist unser Tisch!«

Magnus war sich sicher: Mincing Lane gemischt mit Leadenhall, das Ganze garniert mit Docksleuten.

Durch das Menschengewühl hindurch sah er, wie ›Bull‹, vor Wut schnaubend, von zwei weiteren Brokern samt seinem gekippten Stuhl über den Teppich zur Theke hinüber geschleppt wurde. Es schien, als wäre er mit Stricken an seinem Stuhl festgebunden, denn geschickt hinderte ihn ›Bear‹ am Abspringen. Sein Freund packte ihn an der Schulter und preßte ihn fest auf den Stuhl. Bullen- und Bärenhatz hieß das Spiel. Das Herz konnte einem stocken vor der erdrückenden Masse Mensch, die jede Gemütlichkeit aus dem *Garraways* vertrieb.

Magnus selbst tat, als kümmere ihn das alles nicht. Entspannt ruhte er zurückgelehnt in seinem Sessel und beobachtete das wüste

Treiben. Er spürte den Zeitgeist eine neue Richtung einschlagen. Er fühlte sich bestätigt: Immer gegen den Strom schwimmen! Das, woran alle glauben, damit werden Vermögen verspielt ...

»Sir, die *Times*!«

Malcolm, sein Lakai, stand plötzlich wie eine Basaltsäule rechts neben dem Sessel.

Magnus blickte langsam zu seinem virtuosen Diener hoch: »Du mußt dich ja wie ein Zirkusartist durch das Lokal geschwungen haben.«

Und als ob jener gerade zu dieser Stunde Audienz im schottischen Schloß seines Herrn hätte, so ehrfurchtsvoll überreichte er diesem die Zeitung mit den Worten: »Heute ist sie *Ihr* Glaubensträger, Sir.«

»Dann werden die Nachrichten wohl in Stahl gestochen sein, mein lieber Malcolm«, antwortete er diesem in wohlwollendem Ton, »wie es einer Bibel angemessen ist.« Sein Auge fixierte den obersten Rand:

THE TIMES
Friday, November 19, 1869

Eilig überblätterte er die langen Spalten der Rubriken MONEY-MARKET & CITY INTELLIGENCE, ignorierte den geliebten COTTON REPORT und nahm weder Rücksicht auf den TRADE REPORT noch Kenntnis von den Kommentaren und langen Tabellen der RAILWAY, MINING, AND OTHER SHARES. Seine Augen flogen die Spalten hinab und hinauf. Plötzlich umkrallten seine Hände die Seiten fester und zogen sie zum Zerreißen stramm:

»Den Tisch beiseite! Die Kerze! Das Pult näher!« erging der Befehl an Malcolm. Sein Diener verschaffte ihm mit kundiger Hand die gewünschte Leseposition. Magnus' Augen gingen näher an das Gedruckte heran. Er begann dort zu lesen, wo der Abschnitt mit den Worten begann: »*M. De Lesseps is a man of genius ...*«

Monsieur de Lesseps ist ein Genie. In der Verfolgung seiner großen Idee hat er einen unbezwingbaren Geist der Zähigkeit gezeigt. Entmutigung hat er nie gespürt. Müdigkeit hat er nie

gekannt. Bei seinem Fortschreiten hat er nie eine Pause einge-
legt. Und so wie er bisher gewesen ist, so scheint er auch jetzt
zu sein, wo seine Arbeit in allen wesentlichen Aspekten vollzogen ist und zur Ruhe einlädt.

Am Mittwoch abend gab es hohen Pomp und Festivität in
Ismailia. Der Traum von Jahren war Wirklichkeit geworden.
Die Schiffe zweier Ozeane trafen sich in dem Seehafen inmitten der Wüste, nachdem sie infolge ihrer doppelten Reise die
Landenge von einem Ende bis zum anderen durchquert hatten. Eine zahlreiche Flotte brachte kaiserliche, königliche und
illustre Reisende aus dem Mittelmeer zu diesem Rastpunkt auf
der halben Strecke zwischen den beiden Meeren. Gleichzeitig
mit diesen kam vom Golf von Suez eine Gruppe von Ozean-
Dampfschiffen. Die Durchfahrt des Kanals war damit vollzogen. Die Behauptungen, die mit so großer Zuversichtlichkeit
bis zum Vorabend des Mittwochs wiederholt wurden, daß
noch viele Monate vergehen und noch riesige Summen ausgegeben werden müßten, ehe die Durchfahrt gemacht werden könnte, wandten sich zum Mißkredit ihrer Autoren, als
die Vorhut der beiden Flotten einander auf dem See Timsah
salutierte. Der Triumph von M. de Lesseps war damit vollkommen.

Aber selbst in der Stunde seines Ruhmes blieb M. de Lesseps seinem Charakter treu. Inmitten des Jubels und der
Danksagungen wandte sich der Planer des Kanals von dem ab,
was bereits erreicht worden war, um die Hindernisse zu kriti-
sieren, die dem Wohlergehen seiner Arbeit noch im Wege
stehen. Die Feindschaft der Natur war besiegt worden. Die
Schwierigkeiten der mechanischen Wissenschaft waren überwunden worden. Die Eifersucht und Intrigen kurzsichtiger
Politiker waren vereitelt worden. Aber es blieben noch immer,
sagte M. de Lesseps, Hindernisse für seine Unternehmung.
Die europäischen Großmächte – sicher ohne die Absicht, ein
solches Resultat hervorzurufen – verhinderten die Entwicklung des Kanals und lähmten die Handlungsfähigkeit der Gesellschaft, indem sie die Eigenrechte vorbehielten, die ihnen in
den Territorien des Sultan eingeräumt worden sind. M. de

Lesseps rief zur Zusammenarbeit aller Männer des öffentlichen Lebens im ganzen Christentum auf, um Druck auf die jeweiligen Regierungen auszuüben und sie dazu zu bewegen, einer Abänderung ihrer Rechte zuzustimmen.

»Die Ecksteine der Existenz werden neu gesetzt«, dachte sich Magnus bei der eben gelesenen Hymne auf den Franzosen. Ein Schmunzeln umspielte für einen Augenblick seinen Mund. Das Lächeln war gleichzeitig Ausdruck seiner Bewunderung für die Formulierungskunst der *Times*:

Wenn uns die Feststellung etwas überrascht, daß sich die französische Regierung am hartnäckigsten gegen irgendeine Änderung des Systems sträubt, dürfen wir diese Aussage vielleicht mit einiger Genugtuung hinnehmen, da sie uns von irgendeinem besonderen Feindseligkeitsgefühl gegenüber dem Erfolg des Kanals freispricht.

»Haha«, feixte Magnus in seinem Sessel laut. »Da hatte der Schreiber wohl große Mühe, die eigenen Fehler von Parlament und Krone einzugestehen und zugleich seiner Hoffnung auf den wirtschaftlichen Mißerfolg des Suezkanals Ausdruck zu verleihen!«

Malcolm sah verdutzt, hatte er seinen Herrn doch selten so gelöst erlebt.

»Das kann nicht alles sein!« bemerkte Magnus mit ernst gewordener Miene. Er wußte, daß die offizielle politische Einschätzung der Eröffnung des Suezkanals und die daraus resultierenden Konsequenzen in der *Times* immer an anderer Stelle zu suchen waren. Magnus fieberte die folgenden Spalten entlang, dem Unbestimmten entgegen. Einige Seiten weiter fand er, was er suchte. Wiederum begann er angestrengt zu lesen:

Vor drei Tagen informierten wir die Öffentlichkeit, daß die Britische Admiralität sich dazu entschlossen hatte, bei den Kampfschiffen der Zukunft auf Masten, Segel und Takelage zu verzichten und sich zum Zwecke der Fortbewegung allein auf den Dampfantrieb zu verlassen.

Gestern hat unserer Amerika-Korrespondent berichtet, daß die Regierung der Vereinigten Staaten zu einer Resolution genau entgegengesetzten Charakters gekommen war und entschieden hatte, ihre Kriegsschiffe wieder zu vollausgestatteten Segelschiffen zu machen. Da die Amerikaner im Rufe einer größeren Weisheit in Sachen Marineverwaltung stehen, wird man sich natürlich fragen, welches Land in einer so wichtigen Frage recht hat und welches nicht und ob unsere Verantwortlichen gute Gründe für das System haben, das sie bevorzugen ...

Magnus senkte die Zeitung. Seine Vermutungen wurden bestätigt. Er fühlte sich wie in einem Theater, gleichzeitig als Zuschauer und als Akteur. Am liebsten hätte er seine Entdeckungen und die Erkenntnisse daraus laut hinausgeschrien.

Was für ein Ereignis! Was für eine Niederlage und bittere Erkenntnis für England. Sie opfern die Beweglichkeit der Sicherheit. Der Schlagbaum des Weltverkehrs wird von nun an durch Frankreichs Politik gehoben und gesenkt werden, ging es ihm durch den Kopf. England und die übrigen seefahrenden Völker werden ergeben vor dieser Pforte der Welt stehen und gezwungen sein, willig ihre Wegmaut zu entrichten. Die Herren des Kanals bestimmten über Nacht, welche Schiffstypen die Werftbesitzer, aufgrund der Verkürzung der Seerouten nach Fernost, morgen auf Kiel zu legen hatten. Der Durchstich des Kanals wird zum Todesstoß für die Clipperschiffe. Das Zeitalter der Dampfschiffe brach endgültig an. Doch den Herren des Kanals wuchs damit noch mehr Macht zu. Sie würden bald in der Lage sein, den Seehandel zu lähmen und, wenn nötig, die Kolonialträume Englands je nach Belieben zu erwürgen. *Rule Britannia!* Das war einmal. Das Korn im Orient wurde ohne Englands Mühlen gemahlen.

Es fiel ihm schwer, sich zu zügeln. Verächtlich blickte er auf das Treiben vor seinem Thron. Die Brut von Spekulanten, Börsen-, Schiffs-, Dock- und Handelsherren waren für ihn alles Schlafwandler, die vor Angst bebten, sie könnten zur Unzeit erwachen. In seinen Augen verdiente die Zwangsgemeinschaft jedoch das Erwachen nicht. Magnus las noch einmal den ersten Satz. Er war für ihn eine Offenbarung.

Im gleichen Augenblick überkam ihn die unauslöschliche Sehnsucht, die seine Seele in den letzten Jahren immer stärker quälte. Es war die Sehnsucht nach der Heimat. Das Verlangen und der heißersehnte Wunsch, die ganze Familie wieder dort zusammenzuführen, woher sie gekommen waren: Angus, seine Brüder Kenneth und Morgan, deren Familien und die verstreuten Familien seiner drei Töchter Mistress, Florence und Catharine. Je mehr sich sein Körper der Erde zuneigte, um so unerbittlicher geißelten den alten Mann die Nacht- und Tagträume. Das Leben flutete von ihm weg. Der Lebensstrand war seicht geworden. Er sah den Ort, an dem all seine Sehnsüchte und Wünsche gestillt werden konnten. Die Bilder schoben sich in den letzten Jahren unerbittlich klar und immer häufiger vor sein Auge. Eines davon sah er am deutlichsten vor sich: das Loch Assynt ...

Doch das Licht, in dem er Ardvreck Castle, Scoury House, das Wasser und die Berge sah, war kalt, winterlich. Manchmal meinte er anmutsvolle Engel zu sehen, wie sie durch die Schatten der Nebel glitten – immer hin und her zwischen der Feste und dem Haus, als könnten sie sich nicht entscheiden, wohin sie gehörten –, mal waren es Gespenster. Die Vergangenheit ließ nur Seufzer durch die Zeiten branden. Manchmal hörte er sich im Traum die Namen der toten Clanmitglieder schreien.

Magnus spürte, wie die Sehnsucht aus dem Brustkorb heraufkroch, ihm die Kehle zusammenschnürte und die Augen feucht werden ließ.

»Sir? Sir! Fühlen Sie sich nicht wohl?« vernahm er von weit her den Baß seines Dieners.

»Es ... Es ist ... schon gut, Malcolm.«

Malcolm beugte sich tief an das Ohr seines Herrn. »Ich wollte Sie bei der Lektüre nicht stören, Sir. Aber ... ein Brief aus Glasgow ...«

Magnus rutschte auf die Vorderkante seines Sessels. Er nahm den Brief aus Malcolms Hand. Er las zunächst den Absender: *Angus Mackay, Glasgow.*

Sein Herz pochte im Hals. Er fetzte das Siegel auf. Seine Hände begannen zu zittern.

Still las er Zeile für Zeile. Nach wenigen Augenblicken lehnte er sich ganz langsam zurück in seinen Sessel, faltete den Brief fast andächtig und blickte starr durch die hohen Bogenfenster hinaus in das trübe Grau.

Malcolm bemerkte, wie seinem Herrn Tränen aus den Augen quollen und über die gegerbten, faltigen Wangen liefen. Erstaunt sah er herab. Derartiges hatte er in den ganzen fünfundzwanzig Jahren seines Dienstes bei dem harten Highlander nie gesehen. Stumm wartete er ab. Langsam verstand er das, was er in den letzten beiden Tagen ohne Wissen seines Herrn hatte ausführen müssen.

Magnus sprach wie zu sich selbst: »Das Himmelreich ist gekommen.« Dann blickte er zu seinem Diener auf. »Auf nach Hause! Wir wollen packen und dann ab zur Themse!«

Wie so oft begann nun Malcolm das Geschehen zu bestimmen. »Nicht nötig, Sir ...«, sprach er gedehnt und geheimnisvoll. »Wir lassen uns gleich zur Themse bringen.«

Die Querfurchen auf Magnus' Stirn wurden zu dicken Falten. »Was erlaubst du dir!«

»Anweisungen. Genaue Anweisungen, Sir.«

»Von wem?«

»Vom Chief des Clans!«

Magnus wischte sich mit dem Jackenärmel über beide Wangen und erhob sich widerspruchslos aus seinem Sessel. Sein Blick streifte das Mahagonitablett mit dem nunmehr kalten Tee. Etwas unbeholfen richtete er sein Jackett. Kurz darauf hatte er sich wieder gefaßt.

»Na denn!« Mit erhobener Faust rief er in das Getümmel hinein: »Aus dem Weg! *Manu forti! Manu forti!*« Es war der alte Schlachtruf der Mackays.

Kaum war er drei Schritte gegangen, drehte er sich um: »Nimm den Sessel mit, Malcolm!«

Die kleine Prozession bewegte sich zum Ausgang hin. Vor der Glastür hielt Isaac Cohn ihn am Ärmel fest.

»Sie haben es plötzlich sehr eilig, Mr. Mackay. Ich sah, wie Sie blätterten ... Etwas Intimes in der *Times*?«

Er nickte.

»Warum nehmen Sie den Stuhl mit?«

»Ich gehe nach Glasgow.«

Isaac Cohn nahm spontan Magnus' Hände und drückte sie stumm. In der offenen Tür stehend, drehte sich Magnus noch einmal um und fragte Cohn: »Können Sie mir verraten, was Sie hinsichtlich der Schiffsladungen durch den Suezkanal letzte Woche berechnet haben?«

Cohn flüsterte dem alten Highlander ins Ohr: »Ich habe berechnet, daß die europäischen und amerikanischen Schiffsladungen, welche das Kap Hoorn und das Kap der guten Hoffnung passieren, sich auf 6 Millionen Tonnen jährlich belaufen und daß der Welthandel schon bei der Hälfte dieser Ladungen eine Ersparnis von 150 Millionen Francs erreichen würde, wenn die Schiffe ihren Weg durch den arabischen Meerbusen nähmen ...

Sie werden sehen, die Zukunft des Kanals ist wolkenlos, die Gewinnspannen sind gigantisch; aber man muß abwarten können. Die Situation wird von selbst reifen!«

Magnus sah tief in Isaacs Augen, und er wußte, er sagte die Wahrheit. Nun ergriff er umgekehrt Cohns Hände. »Ich danke Ihnen!«

Auf der Change Alley blieb Magnus für einen Moment stehen, schloß die Augen und ließ im Kopf aus tausend Kehlen die Spekulantenrufe erschallen. Die Frische belebte ihn. Der Gedanke, daß er nun nach dreiunddreißig Jahren für immer von der Alley Abschied nehmen würde, stimmte ihn friedlich. Er kramte einen Penny aus seiner Tasche. Es war derselbe Penny, den er damals fast an gleicher Stelle vom Boden aufgehoben hatte. Die Münze hatte ihm immer Glück gebracht, wenn er mit ihr – Kopf oder Zahl – die Entscheidung suchte. Er warf den Penny im hohen Bogen hinaus auf die Alley, auf daß ihn ein anderer aufheben möge, der das Glück nötiger hatte als er.

In der Kutsche, eingehüllt in wärmende Decken, erinnerte er sich an den Tag, an dem alles begann – damals am Loch Assynt, in Scoury House, August 1832, als der »wollene Schnee« über den Canisp getrieben wurde ...

# 2

# Loch Assynt

Cnoc an Droighinn –
Scoury House – Oykel
Bridge
1832

**M**agnus Mackays jüngster Sohn Angus hatte schon als Kind, kaum daß er richtig klettern konnte, die Einsamkeit auf den Gneisfelsen des Cnoc an Droighinn gesucht. Der Höhenzug, der gleich hinter Scoury House sanft anstieg, zog ihn magisch an. Er schlich sich hinauf, wann immer sich die Gelegenheit dazu bot. Als seine Mutter Barbara es am Tag seines achten Geburtstages bemerkte, schalt sie ihn heftig.

Es war das erste Mal gewesen, daß sie ihm gleichzeitig mit Schlägen drohte, die er sonst nur von seinem Vater und seinen älteren Brüdern einstecken mußte, und Angus war darüber zu Tode erschrocken. War er doch ihr gegenüber ein gehorsamer Junge, der alles tat, um seine Mama niemals zu enttäuschen. Er lachte am liebsten, wenn seine Mutter lachte; er war bekümmert, wenn sie es war; und die schlimmsten Nächte waren für ihn jene, in denen er nicht in ihrer Nähe sein konnte. Die Sonne war für Angus erst dann aufgegangen, als er endlich wieder an ihrem Rockzipfel hängen konnte. Er mochte es am liebsten, wenn sie sich morgens über sein Bett beugte und er beim Erwachen in ihr vollkommenes weißes, glattes Gesicht sah und ihre lächelnden Züge um die fein gezogenen Lippen ihn ermunterten, das Lächeln zu erwidern. Das einzige, was ihn störte, waren die großen, rauh geschundenen Hände, die zehn Torfziegel umfassen konnten. Sie kratzten, wenn Mama ihm über die Wangen strich.

Das feinste an ihr war jedoch die Stimme. Manchmal, für Augenblicke, hatte ihre Stimme etwas von einem Singvogel, manchmal aber hörte er auch eine bittere und schmerzliche Tonart heraus, was ihn sofort traurig stimmte. Bemerkte sie es, dann dauerte es nicht lang, und sie hauchte Angus mit ihrem Schwung und ihrer Lebhaftigkeit das Leben wieder ein.

Von Kindesbeinen an versuchte er seine Liebe damit zu beweisen, indem er sich bemühte, ihr jeden Handgriff abzunehmen. Würde sie ihn nicht mehr beschützen und zu ihm halten, wäre das Leben für ihn in Scoury House nicht mehr zu ertragen gewesen. Er liebte seine Mutter über alles, da fest umschlungen und an ihre Brust gedrückt seine Seele, verwundet durch die Grobheiten seines Bruders Kenneth und durch die harte Hand seines Vaters, immer wieder Heilung fand.

Dabei hatte er sich alles so schön ausgedacht. Angus hatte vor, eines Tages seiner Mama dort oben den schönsten Thron der Welt zu zeigen. Da er aus altem, grauem Gneis war, wollte er ihn für sie erst golden ausschlagen. So lange wollte er warten. Einen zweiten, den er etwas darunter in einer Mulde gefunden hatte, wollte er, sobald seine Arme stark genug geworden wären, hinauftragen, damit sie beide bequem nebeneinander sitzen konnten. Dann wäre der Zeitpunkt gekommen, wo er ihr sein Reich ringsum erklären, seine Entdeckungen zeigen und die Macht seiner ›Windknoten‹ vorführen konnte …

Den Wollfaden mit den drei Windknoten trug er immer bei sich. Im letzten Herbst, genau einen Tag vor dem großen Schneefall, hatte er ihn oben auf einem Kalkfelsen liegend gefunden und mitgenommen. In derselben Nacht war ihm im Traum ein Mann erschienen, den alle *Mhor Bhan* nannten.

*Mhor Bhan* war ein berühmter Windverkäufer in Assynt gewesen und schon lange tot. Er verriet Angus, daß in dem von ihm gefundenen verknoteten Wollfaden der Wind eingebunden sei. Sollte Angus einen Knoten lösen, wehte eine sanfte Brise. Der zweite würde einen steifen Wind auslösen, der dritte aber einen heftigen Sturm.

»Bei deinem Leben«, sprach *Mhor Bhan* zu ihm im Traum, »löse nie ohne Not den dritten! Vor allem nicht, wenn du dich selbst auf dem Meer befindest. Es könnte den Tod bedeuten!« Dann äußerte er noch eine Bitte: »Bring mir jeden Frühling ein wenig Schafwolle herauf, und du erhältst von mir neue Windknoten, wenn du die alten verbraucht haben solltest. Du wirst sie auf deinem Thron finden.«

Angus versprach es und fragte im Traum zurück: »Ich kann also machen, daß die Boote dort unten auf den Wassern des Assynt untergehn und die Leute darauf ertrinken?«

»Auf dem Assynt, auf dem Meer, überall dort, wohin dich dein Weg führen wird.«

»... aber wo finde ich die viele Wolle? Wir haben nur wenige Schafe ...!«

»Bald kommen die Schafe. Es wird keinen Mangel mehr geben, kleiner Angus.«

Ein übermächtiges Glücksgefühl überwältigte Angus, und er konnte es kaum erwarten, im Frühjahr seine Macht oben auf dem Cnoc an Droighinn auszuprobieren – und das alles nur mit seiner Mama.

Aber es war anders gekommen. Als er den Namen *Mhor Bhan* seiner Mutter gegenüber im Winter 1828 am Kamin einmal erwähnte, wurde sie ganz aufgeregt und blaß. Dabei sah sie ihn mit großen, entsetzten Augen an. Sie verbot ihm, irgend jemandem von dem Windverkäufer zu erzählen; denn es wäre wenig Glauben in der Gegend um Assynt vorhanden, und er würde sich nur lächerlich machen. Wenn man außerdem den Kräften nicht vertrauen konnte, würden sie nur Unglück bringen. Doch um ihn endgültig davon abzubringen, erzählte sie ihm am Abend des gleichen Tages, kurz vor dem Schlafengehen, die Geschichte von dem großen platten Stein mit einer tiefen Höhlung in der Oberfläche, gleich einer felsigen Wanne. Die Geschichte über die Wanne der *Caointeach*.

»Im Gleann-na-gaoithe auf Islay, woher ich komme«, begann sie geheimnisvoll, »gibt es sie nur vereinzelt. Aber um Assynt und rings auf den Höhen, mein kleiner Angus, gibt es sie überall. Größere und kleinere. Deshalb steige nie allein auf die Berge, sonst ergeht es dir wie dem Mann, der den Weg von Assynt nach Gleann Dubh über die felsigen Höhen wählte und seinen Fuß in eine dieser Wannen setzte.« Eindringlich fuhr sie fort: »Als sein Fuß sich darin befand, wurde ihm sofort der Kopf herumgedreht, so daß sein Gesicht auf dem Rücken stand. In dieser fürchterlichen Stellung blieb ihm der Kopf stehen. Niemand konnte ihm helfen.«

»Und was machte dann der Mann, Mama?« war die unvermeidliche Gegenfrage des kleinen Angus, und seine Mutter antwortete in versöhnlichem Ton:

»Gute Menschen rieten, er solle wieder zu der Wanne gehen und sich darauf setzen und warten, bis die *Caointeach* käme.«

»Und hat der Mann gefolgt, Mama?«

Sie nahm ihn zärtlich in die Arme. »Er tat, wie man ihm geraten. Aber höre, mein kleiner Engel! Es vergingen allein zwei Wochen, bis er die felsige Wanne in den Bergen wieder fand, und weitere fünf Monate verstrichen, bis die *Caointeach* zu ihm kam. Er wäre dort oben bald verhungert und erfroren. Erst als er hundertmal am Tage gelobte, nie mehr wieder den Fuß in eine ihrer felsigen Wannen zu setzen, wurde er geheilt ...« Beschwörend hob sie die Hände: »Störe nie die *Caointeach*, denn es gibt viele Kinder in den Highlands, die ihr Gesicht seitdem auf dem Rücken tragen!«

Die Geschichte tat ihre Wirkung. Er ließ seinen Lieblingsplatz den weiteren Sommer hindurch verwaist, vor Angst, seine Mutter würde ihn nicht mehr beschützen. Von der geheimnisvollen Frau mit ihren »Wannen« hätte sie ihm allerdings noch mehr erzählen können. Doch seine Mama meinte, es wäre nun genug.

Seit diesem Tage fing er an, des Nachts von der *Caointeach* zu träumen. Sie trat in seinen Träumen als eine zauberhafte Elfe auf, an deren Schleier er sich anschmiegen durfte. Sie nahm ihn mit auf ihren Flügen über die Wasser des Assynt und über die Berge ringsum; sie hatte ihn gern, und sie wurden Freunde auf ewiglich. In seiner Traumwelt stellte er sich vor, wie es wohl wäre, wenn er seinen Vater dort hinaufflocken könnte. Heimlich wünschte er, Vater Magnus oder Bruder Kenneth würden in eine solche Wanne hineintreten ...

Schon hörte er beide oben auf dem Cnoc an Droighinn vor Verzweiflung schreien. Er sah sich als Retter, der nach der *Caointeach* rief. Vater und Kenneth könnten beobachten, wie sie, vom fahlen Licht überschwemmt, aus der Luft zu ihm hinunter kreiselte und wie sie ihn liebevoll auf die Stirn küssen würde. Dann würde sie *seinem* Wunsch entgegenkommen und die Köpfe wieder in ihre normale Stellung drehen lassen. Allerdings nur unter der Bedingung, daß Vater und Kenneth schworen, Angus weder zu schlagen noch böse Worte zu gebrauchen, sondern mit ihm friedlich und in Eintracht am Loch Assynt weiterzuleben. Sein Vater würde ihn daraufhin in den Arm nehmen und ihm zärtlich über seinen Kopf streicheln. Auch träumte er davon, daß Vater endlich vergaß, daß Mama ihn schon vor der Taufe mit seinem Namen angesprochen hatte, was nach seiner Auffassung und nach Übereinkunft aller Assynter kein Mensch mit Verstand tat, da dies nur Unglück über die Familie bringen würde …

Er hielt sich an das Verbot seiner Mutter, nie wieder auf den Berg hinaufzusteigen, und rief sich statt dessen vor dem Einschlafen immer die herrlichen Bilder der vergangenen Jahre ins Gedächtnis zurück. Trotz der geschlossenen Augen sah er alles im vollen Licht: Land aus Gebirge. Gleich unter ihm die lange Straße, die sich hinter Scoury House immer am Nordufer entlang bis nach Lochinver zog. Angus' Herz hielt Erntezeit. Sein inneres Auge glitt an den sanft geschwungenen Hügeln entlang, die das nördliche Ufer des Lochs säumten, bis es etwa ab der Mitte des Loch Assynt den Quinag einfing, der, geformt wie ein Schiffsbug, gleich hinter der Mündung des Allt Sgiathaig hoch aufragte. Die hellblauen, vom Morgenwind gepeitschten Wogen wurden in der strahlenden Sonne mit zunehmender Ferne immer dunkler, während die weißen Schaumkronen die nackten Uferfelsen deckten.

Danach rief er sich das südliche Ufer ins Gedächtnis. Gleich gegenüber seinem Thron schmiegten sich die besten Weidegründe am Ufer entlang. An Coimhleum und Garbh Dhoire waren für ihn zwei makellose, grün leuchtende Augen eines Riesen, die aus einer bleichen Stirn hervortraten. Die Büsche darüber bildeten in seiner Phantasie einen struppigen Haarkranz und der runde Gipfel des Beinn Gharbh darüber die Glatze. Links davon lebte seine tanzende Loanan; der Fluß wand sich aus den Grotten des Canisp und zog sich hinunter bis zum Assynt, gleich einer Riesenschlange. An manch sonnigen Tagen häutete sie sich und gleißte kalt wie ein silbernes Geschmeide; an anderen Tagen waren ihre Schuppen die einer Bestie, abstoßend braungrün gefärbt. Der Assynt nahm sie auf, reinigte sie und löste sie auf. Der Junge lauschte dem Assynt das Lachen ab, und alles war für ihn im Gleichgewicht.

So befolgte er schweren Herzens das Verbot und ließ seinen liebgewordenen felsigen Königsthron, von wo aus er das Loch Assynt heimlich regiert hatte, zwei weitere Sommer hindurch verwaist. Er war sich aber sicher: Der Tag würde kommen, an dem Vater *und* Mutter erfahren würden, welche Macht er dort oben besaß.

Über fünfzehn Fuß in der Höhe und zwei bis drei Fuß in der Tiefe maßen die Doppelmauern von Scoury House, die mit einer isolierten Zwischenschicht aus Torf und Erde errichtet waren und einen guten Schutz gegen Kälte, Sturm und Nässe boten.

Die äußeren groben Bruchsteinmauern waren mit Mörtel auf breiten Sockelquadern aufgemauert und weiß verfugt, die Eckquader dagegen kunstvoll abgerundet, um dem Wind möglichst wenig Angriffsfläche zu bieten. Zudem verliefen die äußeren Mauern etwas schräg nach oben, und in manchen Nischen wuchsen Grassoden. Magnus ließ sie dort wachsen, da das Dach durch sie leichter begehbar wurde.

Die innere Mauer dagegen war gerade und so exakt hochgezogen, daß oft keine Messerklinge mehr zwischen die Fugen paßte. Eine der baulichen Besonderheiten war der Doppelgiebel mit einem Türmchen an der Südostecke, der dem Haus das Aussehen eines Herrensitzes verlieh. Magnus' Vater William Mackay hatte zwar als Vollendung von Scoury House ein Kragsteingewölbe als Dach geplant, doch daraus war nie etwas geworden, da das Geld dafür schon damals fehlte. Steine gab es zwar in den Highlands im Überfluß, doch die passenden für das Dach mußten bearbeitet sein und eine gewisse Länge besitzen. Das kostete Geld. Somit rückte das Vorhaben Jahrzehnt für Jahrzehnt in immer weitere Entfernung. Statt dessen wurde auf die Innenmauer des Hauses eine stabile Holzkonstruktion mit einfachem Hängewerk, bestehend aus geneigt liegenden Hängestreben, waagerecht liegenden Hauptbalken und senkrecht stehender Hängesäule aufgesetzt. Quer zu den Hängestreben wurden Bretter aufgenagelt und das Ganze mit

Stroh eingedeckt. Zur Sicherheit verzurrte man die Strohbündel und beschwerte die Seile mit Ankersteinen. Das mit Nässe vollgesogene und nach Torfrauch stinkende Stroh wurde alljährlich abgedeckt und als Dung auf den Hausacker verteilt.

Besonders eilig hatte man das Abdecken betrieben, als noch vor gut zehn Jahren das Darren des grünen Malzes, zum Schwarzbrennen von Whisky, ohne den dafür gebauten Kaminabzug stattfand. Dann war die Arbeit gleich zweimal, im Spätsommer und im Frühjahr, fällig. Eine Schufterei, die alle Mackays abgrundtief haßten. Doch das Holz durfte nicht faulen. Die schweren Vierkanthölzer, behauen und aus bester Eiche, waren ursprünglich Decksbalken und Spanten gewesen und stammten aus einem Schiffswrack, das in der Clashnessie Bay im Sturm auf ein Riff gelaufen war. Wäre es beim Point of Stoer in der Brandung zerschlagen worden, wer weiß, ob es überhaupt je ein Holzdach gegeben hätte. Die Füll- und Bodenbretter rochen noch nach Salz, verschiedenen wohlduftenden Ölen und stellenweise nach exotischen Gewürzen.

Angus stand oft auf Tisch und Stuhl, brachte seine Nase in die Nähe der Bretter, schnüffelte daran entlang, sog behutsam die Luft ein und entwarf eine Geruchs-Landkarte, die er sich nach Maserung und Färbung des Holzes einprägte. Manchmal schnüffelte Florence mit ihm, die er als einzige in seine »Landkarte« einweihte, und sie rieten zusammen um die Wette, was das Schiff alles auf seinen fernen Reisen in seinem Bauch geladen haben mußte. Er war davon überzeugt, daß die Brigantine, bevor sie als Post- und Paketschiff über den Nordatlantik eingesetzt worden war und schließlich im feinen Sand der Clashnessie Bay ihr Ende gefunden hatte, auf den ostindischen Seerouten bis nach China gesegelt sein mußte. Der Grund war ein chinesisches Zeichen, das er im hellen Licht der aufgehenden Sonne eines Tages in seinem Zimmer auf einem Brett, oben an der Dachschräge, gefunden hatte. Jemand mußte es dort hineingeritzt haben. Er malte dieses Zeichen ab, prägte es sich ein, schrieb, schnitt und meißelte es seit seiner Entdeckung Hunderte Male auf Papier, Holz und in Stein ...

Mit den Worten: »Eine geschlossene Decke voll Holz schwamm damals vor der Felsenküste«, begann Magnus oft in den Wintermonaten die Geschichte der Strandung auf Bitten seiner Kinder am

Kamin zu erzählen, und sie beobachteten gebannt, wie die mächtigen Brauen ihres Vaters dessen Augen dabei überschatteten. »Es dauerte nur wenige Tage, dann war die Brigantine bis auf den Kiel und die überfluteten Bodenwrangen zerlegt und abtransportiert. Gott sei Dank waren es nur wenige, die damals Wind davon bekamen. Der Kapitän und die Besatzung fanden auf ihrem Weg durch die Berge den Tod, bevor sie Hilfe holen konnten. Danach gingen die Eingeweihten Tag und Nacht ohne Unterbrechung zu Werke. Gut zwanzigmal haben mein Vater, Onkel und Bruder, ihre Frauen und ich den Weg von dort nach hier durchlitten, durch Schnee, Frost und eisigen Wind. Das haben wir für euch getan, damit ihr es in Zukunft besser haben sollt. Wie ihr wißt, sind inzwischen im Hochland, wo kaum ein Baum wächst, die schweren Holzbalken und Bretter der Brigantine ein überaus wertvoller Besitz geworden ...«

Ihr Vater schritt danach meist in einer hoffnungsvollen und zufriedenen Gemütsverfassung vor dem Kamin auf und ab. Seine Augen schienen in der Ferne die Zukunft ergründen zu wollen. Dabei sprach er wie zu sich selbst:

»Wir könnten uns zwar heute ein Kragsteindach leisten, doch das würde nur die Aufmerksamkeit des Laird unnötig auf Scoury House lenken. Gewiß, die größte Gefahr für alle besteht nun darin, durch ihn und seine Verwalter von hier vertrieben zu werden. Doch mit uns wird er so nicht umgehen können. Wir besitzen selbst Land, das uns ernährt – und unseren eigenen verbotenen *uisge beatha*. Nur denen, die auf gepachtetem Land sitzen und die sich ihm widersetzen, wird heutzutage das Dach über dem Kopf angezündet ...«

Den Kindern lief bei seinen Worten ein eisiger Schauer über den Rücken; der Laird – Lord Stafford, der Duke of Sutherland – war ein Schreckgespenst für sie. Dabei war es gar nicht Magnus' Art, sie zu erschrecken; er konnte ein mitfühlender Vater sein, bei Florence, Mistress und Catharine sogar zärtlich, auf seine Weise. Angus dem Jüngsten und Kenneth dem Ältesten ließ er seine ganze Härte angedeihen. Kenneth schien es zu genießen, Angus jedoch litt entsetzlich. Morgan dagegen wurde von seinem Vater immer mit Nachsicht behandelt. Vielleicht lag es an seiner Beredsamkeit.

Seine Gedanken waren tief, scharfsinnig, erhellt durch Worte, die oftmals auf sich warten ließen und sich doch immer in treffende Wendungen fügten. Vater Magnus schien dies zu beeindrucken ...

Dabei ging es den Scoury-Mackays am Loch Assynt noch gut, hatten sie doch immerhin feste, trockene Mauern um sich. Außerdem war im nördlichen Teil des Hauses über die gesamte Länge ein zusätzliches Stockwerk eingezogen, worin sich die Schlafräume befanden. Am Ende, abgetrennt durch eine bis unter das Dach hochgezogene Steinwand, befand sich hinter einer blechbeschlagenen Tür der »verbotene Raum«. Dort, genau über der Küche, lag die Darre. Sie lag knapp zwölf Fuß über dem großen Küchenherd, dessen Abzug im oberen Stockwerk mit Luke und Schieber versehen war. Damit ließ sich die Hitze des Torffeuers durch ein stabiles Drahtgeflecht leiten, um das darauf ausgebreitete *green malt* zu darren. Der Zugang zum Darrboden im ersten Stock konnte mit bereit liegenden Feldsteinen nach Bedarf »blind« gemacht werden, um ihn vor ungebetenen Gästen zu tarnen. Im südlichen Teil besaß das Haus eine zentrale Wohnhalle, die in der Höhe bis unter das Dach reichte. Alle Wohnräume waren mit Fenstern versehen und daher lichtdurchflutet.

Die Stallungen, die das Vieh und die Pferde vom Menschen trennten, waren östlich des Hauses angebaut. Außerdem besaßen die Mackays, als letzte am Assynt, eigenes Weideland, dazu zwei überschaubare Gerstenfelder am südlichen Ufer des Lochs und einige inoffizielle in abgelegenen Seitentälern. Dazu hielten sie sich Schafe, schwarzes Rindvieh, drei Pferde und bauten Kartoffeln, Mais und Gemüse an. Nicht übermäßig zwar, doch mit den dazu gepachteten Flächen ließ sich ihr »Wohlstand« ausreichend erklären. Der verbotene Whisky allerdings ermöglichte es ihnen, gemessen an der sich ausbreitenden Armut in den Highlands, fast fürstlich zu leben.

Die meisten Pächter in den Highlands, auch in der näheren Umgebung von Scoury House, etwa in Inchnadamph, lebten mit ihren Tieren und mit der offenen Feuerstelle unter einem Dach und waren nur durch eine Luke in der Tür als Lüftungsloch mit der Außenwelt verbunden. Oft dienten zur Beheizung eiserne Körbe, die mit erhitzten Tierknochen gefullt waren. Die Türen waren geschwärzt und derart mit Kot bespritzt, daß es den Anschein hatte, als seien die Hütten schon seit Jahren nicht mehr bewohnt. Die armen Leute, die innerhalb der oft feuchten Wände um das Torffeuer saßen, waren schon froh, wenn das Dach während der Winterstürme dicht blieb und der Porridgebrei in der Schublade nicht steinhart gefror. *»Gu mo fada beò thu, is ceò as do thaigh«*, war daher der häufigste Wintergruß der Menschen untereinander, was soviel hieß wie: »Mögest du lange leben, mit Rauch in deinem Haus!«

Als reinsten Luxus konnte man die vier gemauerten Kamine ansehen, die an der Süd- und Nordseite entlang der beiden hohen Giebel von Scoury House hochgezogen waren. Fünf Feuerstellen waren zwar im Haus vorhanden, doch ging man mit Holz und dem getrockneten Torf nicht gerade verschwenderisch um. Nur zu besonderen Anlässen und in den kalten Wintermonaten wurde auch ab und zu die große Wohnhalle beheizt. Zwei große, grobe und geflickte Segeltücher waren hinter der Eingangspforte gespannt, um den eisigen, unangenehmen Luftzug, der beim Öffnen der eisenbeschlagenen Eichentür entstand, zu mildern. Im Gegensatz zu den Sommermonaten erwies sich daher die Pforte in der kalten Jahreszeit als äußerst nachteilig.

Die Pfortenrahmung war aus hellen, etwas rötlich schimmernden Granitquadern gesetzt, die nach außen hin mit unterschiedlichen Längen versehen waren. Die schöne Unregelmäßigkeit verlieh der Pforte den Eindruck von Einladung und Verheißung. Der Sturz aus demselben Stein war mächtig und dreifach geschichtet. In die zweite aufliegende Granitplatte war der Name von Magnus' Vater eingemeißelt: Wᴵʟʟɪᴀᴍ Mᴀᴄᴋᴀʏ, und um die Pforte herum lief als kontinuierliches Band eine einfache profilierte Lünettenrahmung. Genau über der Pforte war mit Bruchsteinen ein zusätzlicher Rundbogen gemauert, der den Druck auf den wertvollen Pfortensturz mindern half. Die Bruchsteinmauer verstärkte den Eindruck, das steingewordene Zeugnis wolle jedem Besucher schon von ferne her unmißverständlich und mit Stolz sagen: »Ich bin das Tor zu William Mackays Reich!«

Für Magnus war es die Pforte der Erinnerungen. Die frühe Zeit seiner Kindheit war reich und unbekümmert gewesen, trotz all der kleinen Sorgen. Es war die Pforte seines Elternhauses und der Eingang, hinter dem nun *er* seinen Besitz unter einem Dach vereint wußte. Dort hatte Vater William seinen ältesten Sohn Hugh verabschiedet, der nach Nova Scotia, in die Neue Welt, ausgewandert war. Magnus hatte seinen Bruder nie mehr wiedergesehen.

Es war eine Pforte, die Neugier weckte, freundlich einladend, nie abweisend verschlossen. Drinnen warteten Zuflucht und Geborgenheit. Trat man jedoch nach draußen, so begab man sich hinaus in die Ungewißheit. In den letzten Jahrzehnten war es oft keine friedfertige, sondern eine feindliche Welt gewesen. Von dem, was jenseits der Tür lag, war in jenen Zeiten nichts Gutes zu erwarten.

Trotz Zugs und Kälte in den Wintermonaten ließ Magnus keine Änderung an der Pforte zu. Es hätte auch nichts genutzt, denn langsam und unaufhaltsam kroch das Unheil selbst durch geschlossene Türen herein.

»Erzähl, wie alles gekommen ist!« ermutigte Mutter Barbara inmitten ihrer Familie zu Beginn des neuen Jahres ihren Mann. Sie war eine kluge, geschickte Hausregentin, die mit Scharfsinn und Geduld die Familie lenkte, ohne die geltende Ordnung in Frage zu stellen. Sie brachte ihrem Mann den vollen ihm gebührenden Respekt entgegen, wollte sie ihm doch eine gute Frau sein. Magnus, der gemütlich in seinem schaffellbezogenen Stuhl am wärmenden Kamin saß und bedächtig an seiner Pfeife sog, folgte ihrer Aufforderung:

»*Bliadhna nan chaorach*, im ›Jahr des Schafes‹, begann das Verhängnis. Vor zwanzig Jahren, nämlich 1812, stand die erste Welle der Schafe auf dem Gipfel des Canisp und blökte sich dem Loch Assynt entgegen. Ihr Weg fraß sich in den Norden hinein. Wer hätte zu Zeiten meines Großvaters geglaubt, daß sich ausgehend von der ersten gegründeten Schaffarm von Sir John Lockhart-Ross ein Strom von Schafen erst über die Lowlands und danach unaufhaltsam über die Highlands ergießen würde? Wer konnte vorausahnen, daß dieser gelbweiße wollene, unschuldig wirkende Feind sich aufmachte, das Herz der Schotten zu zerfressen?

Niemand vernahm am Anfang den Trauergesang, der ihre Herden auf den Weg in den Norden begleitete. Niemand sah dem Gekräusel, das aus ihren Häuten unaufhörlich nachwuchs, an, daß es riesige Gewinne abwarf; niemand ahnte die menschenverachtenden, zerstörerischen Kräfte, die von den Herden ausgingen. Sie füllten lautlos die Hügel und Täler der Freuden, der Schönheiten, der Stille, der Clan-Massaker, des Elends, der Tränen und der Einsamkeiten. Am Ende erstickte die wollene Brandung jeden Todesschrei.

Im Garten der Highlands gab es wenig Früchte zu ernten, doch wir, die Hochländer, hatten die einzig mögliche Lebensform gefunden, die das Überleben garantierte. Wir bauten auf gegenseitige Unterstützung und Verpflichtung, ob zum guten oder zum bösen Zweck. Das Schaf dagegen war wie ein Dämon, der sich dazwischendrängte. Der Hunger, die Krankheiten, die Vergewaltigungen, das Töten, das Abbrennen der Häuser, das Klappern der kalten Zähne hatten es nie gestört, und die Seufzer der vernichteten Familien drangen nie an sein Ohr; es hätte sich sonst erbarmen müssen ...

Die Lairds bevorzugten Wolle und zogen auf einmal die Schafe den treuen Männern der Highlands vor. Elizabeth Gräfin und Herzogin von Sutherland, Gebieterin über fünf Millionen Hektar Land, begann 1814 mit der Vertreibung der Strathnaver-Mackays. Ich höre sie geradezu krähen:

›Wir wollen das Elend in den Tälern meines Hochlandes beenden. Die Pachten sind nicht bezahlt. Ob sie nicht können oder nicht wollen, ist jetzt unbedeutend. Es gibt keine Verlängerung der Pachtverträge an Whitsunday.‹ Und die frisch angekommenen Verwalter wurden aufgefordert: ›Schafft Ordnung!‹

Sie wußten sehr gut, was notwendig war, um Ordnung zu schaffen: Die Pachten wurden zur Absicherung nochmals über Nacht erhöht. Daraufhin wurde das Wenige wieder teurer. Das Unglück nahm meist sofort am Eßtisch Platz.«

Magnus sah sein Weib mit versonnenen Augen an: »Weißt du noch? Vor einigen Jahren waren überall noch Moorschneehühner zu haben. Wir sollten uns bei der nächsten Whiskylieferung in Inverness oder in Lochinver welche besorgen. Ich sehe sie schon vor mir auf dem Tisch – umwickelt mit Speckscheiben und mit einem whiskygetränkten Heidezweiglein bekränzt.«

Mutter Barbara nickte, und ihre Gesichtszüge erhellten sich. Sie erinnerte sich der ersten Jahre am Assynt, die mit Glück und Lebensfreude durchtränkt gewesen waren. Doch ihre Gesichtszüge wurden wieder ernst, da sie an den Fraß denken mußte, der unweit von Scoury House täglich den Menschen vorgesetzt wurde …

In vielen Steinhütten waren die Köstlichkeiten schon längst ersetzt durch Heringe, die mit Hafermehl paniert auf den Tisch geschoben wurden. Da wo früher beim Frühstück noch Auswahl zwischen gebratenen Pilzen zu Spiegelei und Speck oder heiß geräucherten Fischen bestand, begann der Tag nun mit kaltem gesalzenem Porridge, der der Zunge keinen Widerstand entgegensetzte - eine Tasse Hafermehl auf einen Liter Wasser. Besaß ein Highlander Kuh oder Schaf, nahm er zum Überleben einem Tier etwas Blut ab und mischte es mit dem Hafermehl zu einem streichfähigen, kräftigenden Brei …

Die Familien der Highlands, gleich welchem Clan sie angehörten, störten die Ausbreitung der Schafe. Augen, gespeist von tausend Tränen, mußten mit ansehen, wie die eigenen Chiefs Kinder, Frauen und Greise vertrieben, dafür aber die Schafe verteidigten. Ihre Vollstrecker waren die Verwalter und deren Diener – und sie waren schlimmer als der Teufel.

Der Galgen des Untergangs von Scoury House drohte in Sichtweite, knapp eine Meile weiter westlich, auf einer kleinen vorgelagerten Insel. Dort stand Ardvreck Castle und darin sollte in Kürze – so das Gerücht – ein neuer Verwalter Einzug halten.

Das war am Assynt nicht immer so gewesen. Donald Mackay von Strathnaver, Anführer, Vaterfigur und Richter über »Grube und Galgen«, hatte um 1545 souverän weite Teile des nördlichen Sutherland beherrscht, einschließlich der Gegend um das Loch Assynt. Damals hatte Donald Balloch Mackay von Scoury drüben in der Turmburg das Sagen. Doch das Loch Assynt mit seinen Mooren und knappen Weidegründen war durch seine ideale Verbindung zur geschützten Bucht von Loch Inver für die MacLeods begehrlich geworden. In jahrzehntelangen blutigen Kämpfen entrissen sie diese Teil der Highlands den Scoury-Mackays. Knapp einhundert Jahre hindurch folgten weitere todbringende Fehden, bis die erste Entwaffnung der Highlander vor gut 90 Jahren das Töten und Getötetwerden stoppen half.

Danach schritt der Tod auf eine völlig neue Art einher. Verkleidet als Schaf, rottete er nun unbarmherzig nicht nur die Scoury-, Strathy-, Sandwood-, Meiness- und Strathnaver-Mackays dahin, sondern er wütete auch unter MacLeods Clan-Untertanen. Der Tod als Schaf traf alle Highlander, ob Sinclairs, Macdonalds, Mackenzies, Camerons oder Munros – die geliebten »Clankinder« der Lairds waren von nun an die Schafe und das Wild. Die Clanchefs lebten nun entweder als Großbauern oder residierten gleich im Stile eines Fürsten; denn sie hatten Erfolg: Die Schafe ersetzten in den Highlands den Menschen ...

Angus betrat die von zwei Öllampen erhellte Eingangshalle von Scoury House, nachdem er seinen Honigmilch-Porridge in der Küche verzehrt hatte. Der klare Augusttag begann die Nacht zu verdrängen. Mutter Barbara, Vater Magnus, seine Brüder Kenneth und Morgan schickten sich an, das Haus zu verlassen, um südwärts, bis zum Glen Oykel, zu reiten. Die Antworten auf seinen morgendlichen Gruß waren gereizt. Instinktiv zog er sich wieder in die Küche zurück und lauschte mit seinen Schwestern Florence und Mistress nach draußen:

»Es müssen riesige Herden von *Cheviot*-Schafen sein! Was meinst du, Vater? Werden sich die Männer vom Strath Oykel nicht endlich dagegen wehren?« vernahm er Kenneths heisere Stimme.

»Wehren! Wehren! Wie oft habe ich daran geglaubt ...«, antwortete ihm Magnus.

»Es muß doch möglich sein ...«

»Ach was! Sie haben einfach den Willen verloren, sich zu wehren«, unterbrach Magnus seinen Sohn. »Der Verrat von Donald Macleod von Sutherland und die Brutalität seiner Verwalter haben den schwachen Rest von Einheit am Oykel längst zerstört. Ja, wenn einer das vorausgesehen hätte, damals vor dreißig Jahren ... Ich habe es schon immer gewußt: Lord Reay, der Oberverräter, liebte die Wolle mehr als seine Clankinder, und Lord Stafford kriecht dem großen Cheviotschaf geradezu zwischen die Keulen. Erst wenn alle Täler von Menschen leergefegt sind, werden sie zufrieden sein. Wenige Schafe bringen mehr Pfund Sterling als jeder noch so ausgepreßte Pächter! Die Menschen in den Hügeln hoffen nur noch auf ihre Errettung vor dem Hunger – egal durch wen!«

Nach einer kurzen Pause hörte Angus, mit bitterem Ton:

»Sie sind gebrochen, haben keine Kraft und trauen sich nicht mehr. Sie werden weder fragen, was mit ihnen geschieht, noch fähig sein, etwas dagegen zu tun. Das Ende wird auch am Assynt für den Rest der noch verbliebenen Pächter kommen. Die Schafe werden endgültig alles fressen. Unwiderruflich!«

Das Rascheln von Stoff, als Kenneth seinen Überhang richtete, ließ Angus vorsichtig um die Ecke spähen. Kenneth hatte die kräftigen Arme in die Hüften gestemmt.

»Unten aus dem Wester Ross hört man, daß der ›goldene Huf‹ der Cheviots intensiver wirkt als jeder genagelte Schuh ...«

Magnus sah ihn an, seine Mundwinkel zogen nach unten. Dabei nickte er stumm.

»Haltet sie auf! Wenn diese Herden zusätzlich hier weiden sollen, von was wollen wir in Zukunft noch leben? Was wird nächstes Jahr, wenn sie im Frühjahr die Hügel brennen?« empörte sich Mutter Barbara.

Zornbebend erhob Kenneth daraufhin erneut seine Stimme: »Patrick Sellar! William Young! James Loch! Diese Schweine werde ich eigenhändig auf der niedrigsten Torfflamme rösten!«

Vater Magnus ließ die Peitsche an seinen Stiefel knallen: »Dazu wirst du keine Gelegenheit haben. Das Große Cheviot wird kommen! Sie werden, wie üblich, die noch bestehenden Pachtverträge kündigen und das Land endgültig unter das Schaf stellen. Uns gehört zwar das Land, doch das wird Sutherland und seine Verwalter nicht kümmern.«

»Und was geschieht mit Munro und Donald, ihren Frauen und Kindern?« fragte seine Frau Barbara mit flehender Stimme. Munro und Donald Mackay waren Pächter, welche in Vaters Diensten die Achmore-Farm unweit von Ardvreck Castle bestellten.

»Die Küste, Nova Scotia oder der Hungertod!«

Mutter Barbara stellte sich mutig vor ihren Mann Magnus, so daß er ihrem Blick nicht ausweichen konnte:

»Wenn der Rasen vom Spaten auf euch geworfen wird,
erst dann wird das Land wieder rein sein!
Nichts wird über euer Grab gestellt werden,
was auf euch fällt, ist allein der Dung der Schafe!
Die Witwen und die armen Geschöpfe von Kindern
werden dich ewiglich verfluchen!«

Sie sprach die Worte des Barden John Maclachlan, wie er sie dem Zwangsvollstrecker William Young letztes Jahr am Assynt entgegengeschrien hatte, als der Oberverwalter des Herzogs von Sutherland im bitterkalten November in Inchnadamph den Ärmsten der Armen den Torf für den Winter nahm und die Dächer ihrer Hütten schleifen ließ.

Nach einer Pause fragte sie ihn leise: »Du wirst ihnen helfen?«

Magnus atmete tief durch, bevor er ihr antwortete: »Wir sind schon gezwungen, unseren Porridge mit dem Salz unserer Tränen zu würzen. Wie oft, Frau, soll ich denn noch helfen? Es ist genug. Wir haben nichts mehr zu verteilen!«

»Willst du ruhig dabeistehen, wenn das Übel über sie hereinbricht?«

Magnus antwortete nicht, schlug nur wieder knallend die Peitsche an seinen Stiefel und drängte zum Portal:

»Immer wieder die gleichen Geschichten! Auf zu den Pferden!«

Als Kenneth plötzlich zum großen Kamin schritt, um die Clanwaffen zu greifen, die darüber angebracht waren, hielt ihn Magnus auf:

»Halt, Kenneth! Keine Waffen!«

»Warum nicht?«

»Das Wort ist doch allerorts schon längst heraus gegen das

Schaf! Die Waffen, blank gegen die Regimenter an Ort und Stelle eingesetzt, werden nichts bewirken. Also laß sie für heute dort, wo sie hängen. Nimm dafür genügend *uisge beatha* und Haferplätzchen mit. Heute wollen wir nur sehen, was geschieht – um vorbereitet zu sein.«

Kenneth gehorchte. Angus, der sich wieder in die Küche zurückduckte, hörte nur noch, wie das schwere Portal ins Schloß fiel, als Magnus mit seiner Frau und seinen beiden Söhnen das Haus verließ.

Angus spürte in seiner jungen Seele die herrschenden Ungerechtigkeiten draußen in den Tälern und die helle Empörung seiner Mutter darüber. Er kannte Donald und Munro Mackay, Vaters Pächter, selber recht gut. Als er Peggy, der jüngsten Tochter von Munro, vor Wochen ins Gesicht gesehen hatte, war ihm klar geworden, daß sie große Not litten. Sie versuchten schon ihre Kleider zu verkaufen, wie Florence, seine Schwester, ihm eines Tages erzählte. Das war schlimm genug. Aber daß es jetzt anscheinend Sorgen um den Bestand der Achmore-Farm gab, erschreckte ihn mehr als alles andere.

Nachdem das Eingangsportal wieder verriegelt war, stürzten er und seine Schwestern ans Fenster, um zu beobachten, wie Eltern und Brüder aufsaßen. Kenneth und Morgan führten *Prinz von Assynt*, *Windhexe* und *Fian* aus dem Stall.

Die sanften, kraftvollen Riesen mit ihrem lustigen weißen, seidigen Fesselbehang waren Magnus' ganzer Stolz. Es waren schwere Clydesdale-Pferde. Die weiße Zeichnung ihrer Beine reichte hinauf bis zum Sprunggelenk, so daß auch im Sommer der Eindruck entstand, sie wären durch tiefen Schnee gegangen. Vater nahm den schwarzen Hengst *Prinz von Assynt* am Zügel und saß als erster auf. Danach hob Kenneth seine Mutter zu ihm in den Sattel, als ob sie eine Feder wäre. Angus wunderte sich über das Aussehen seiner Mutter. Ihm schien, als hätte sich ihre Leibesfülle, besonders ihr Bauch, über Nacht wieder einmal mehr als verdoppelt.

Kenneth nahm die schwere braune Zuchtstute *Windhexe* und Morgan den schwarzen Wallach *Fian* am Zügel. Alle drei Pferde hatten ein Stockmaß von fast zwanzig Hand, und ihre Masse ließ andere Kreaturen im Vergleich zierlich wirken. *Prinz von Assynt* blickte mit großen, intelligenten und gutmütigen Augen, was ihm tatsächlich einen gewissen Adel verlieh.

Früher einmal hatten Clydesdales als Streitrösser der Herzöge und gepanzerten Ritter gedient, die in ihren schweren Rüstungen oft mit dem Kran aufs Pferd gehievt werden mußten. In Scoury House dienten sie als Acker-, Trag-, Zieh- und Karrenpferde. Doch vor allem waren sie prachtvolle Tiere. Daher waren sie für Magnus unverzichtbar.

Als sich die Kolosse in Bewegung setzten, flogen die weißen Fesselbehänge wie Federn im Wind. Kurz darauf entschwanden Tiere und Reiter aus dem Blickfeld.

Angus wollte der Traurigkeit, die sich Woche um Woche und Monat für Monat immer stärker über Scoury House senkte, endlich entfliehen. Um die Mittagszeit des gleichen Tages, nachdem die Arbeiten im Stall und im Haus erledigt waren, faßte er Mut. Zwei Jahre hatte er Anlauf genommen, um sich über das Verbot seiner Mutter hinwegzusetzen. Doch nun war er zwölf; vor drei Tagen war sein Geburtstag gewesen, und er fand sich alt genug, selbst zu entscheiden, was er tun mußte.

Die Freude, sich nach so langer Entbehrung auf seinen Thron setzen zu können, war allerdings gedämpft, da er befürchtete, seine Mutter, sollte sie je davon erfahren, könnte zornig darauf reagieren. Er kletterte den Hang hinauf, jede Mulde, jeden Fels nutzend, um nicht von seinen Schwestern entdeckt zu werden. Seine Mutter würde sich bis spätnachmittags in Inchnadamph aufhalten, während Vater Magnus, Bruder Kenneth und Morgan erst in den Abendstunden aus Oykel Bridge zurückerwartet wurden.

Endlich! Die wärmende Sonne, das tiefe Blau des Sees mit seinen Schaumkronen und der frische Wind, der in der geschützten Mulde ab und zu seine Haare durchwirbelte, vermochten die melancholischen Augenblicke wegzublasen. Vor ihm ragte sein Thron auf. Er nahm behutsam Platz und betrachtete die Schöpfung rund um den Assynt. Der Blick darauf war das einzige auf der Welt, was für ihn zählte.

Magnus Mackay und seine beiden ältesten Söhne ritten in der Morgendämmerung flußaufwärts entlang des Loanan River, der in den Assynt mündete und der zu Unrecht die Bezeichnung »Fluß« führte. Weiter im Süden, wo alles viel größer war, würde man ihn einfach einen Bach nennen. Links und rechts entlang des Wasserlaufs sahen sie durch den Morgendunst die weißen, lebendigen Wollknäuel im saftigen tautriefenden Wiesengrund weiden.

Bei der Wasserscheide unterhalb des Beinn an Fhuarain überquerten sie die Furt des Ledbeg River und erreichten bei Sonnenaufgang, nach gut sieben Meilen, die Weggabelung von Ledmore, von wo aus der rechte Weg nach Südwesten durch die Cromalt Hills nach Ullapool, dem »Vertreibungshafen«, führt, wogegen man auf dem linken, südöstlich unterhalb des Meall an Fhuarain entlang, direkt nach Oykel Bridge gelangte. Genau in der Gabelung lagen die verlassenen Steinhütten von Ledmore.

»Menschen-Steinbruch für die Neue Welt!« kommentierte Morgan den trostlosen Anblick. Die Mauern waren noch immer geschwärzt vom Feuer. Magnus stieg von seinem *Prinz*, während seine Söhne ihre sanften Riesen zwischen die Ruinen gehen ließen, um sich umzusehen.

»William Youngs, Patrick Sellars und James Lochs Gütesiegel!« antwortete Magnus und fuhr fort: »Drei Tage hat es hier gebrannt. Schon damals, vor zwanzig Jahren, wollten sie das Hochland allein für sich und ihr Vieh. Dazu neue Häfen an der Küste, Brücken über die Furten, befestigte Straßen für Schafe und Soldaten, um die unwissenden und leichtgläubigen Highlander besser kontrollieren zu können. Sie haben ihren Plan noch nicht aufgegeben. Sie wollen uns nach wie vor völlig ändern. Sie versuchen es über die Kinder, denn die, die von den Hügeln weggenommen werden, werden alle Erinnerungen, alle Gewohnheiten und die Achtung vor ihren Vätern verlieren. Lord Sutherlands Schatten über den Highlands wird immer größer, die Zukunft für uns jedoch immer dunkler – so schwarz wie der Ruß auf der Mauer.«

Kenneth, der mit der Stute zwischen den Ruinen ging, rief hinüber: »Vater! In welchem Haus lebte Robert Mackay?«

»Es muß das letzte gewesen sein, direkt am Bach, rechts hinter dir.«

Kenneth führte sein Pferd zu dem Ort. Ein kleiner Mauerrest war noch vorhanden.

»Stand hier die Mühle?«

»Ja, dort muß sie gewesen sein! Er überlebte die Flammen im Wasser, unter dem Mühlrad! Angesengt und verletzt versteckte er sich tagelang in den verkohlten Trümmern der Mühle. Sein Hund hielt ihm die Ratten vom Leib. Er hat noch Wochen, nachdem wir ihn fanden, schwer gelitten ...«

Kenneth sah sich stumm um, dann lenkte er *Windhexe* wieder zurück und fragte: »Hat sich Sellar nicht kurz darauf oben am Strath Naver selbst eine Schaffarm zugelegt?«

»Natürlich! Er ist durch die Plünderungen reich geworden. Eine riesige Fläche von Land, die zwölf Meilen in der Länge und sieben an der breitesten Stelle maß. Sein neuer Besitz war – gleich dem Schicksal der Mackays dort oben – wie eine Träne geformt.«

Magnus formte seine Hände zu einem Trichter und rief den Vers, den die vertriebenen Strathnaver-Mackays damals am gleichen Ort gelobten:

»Falls wir ihn auf dem Berg,
auf dem Feld, oder sonstwo stellen,
werden wir ihn binden, und mit unseren Fäusten
reißen wir ihm seine Lungen aus dem Leib!«

Schweigsam betrachteten sie die von Gras und Gestrüpp überwucherten Ruinen.

»Die Flasche *uisge beatha*!« forderte er kurz darauf. Beide Söhne kamen heran, saßen ab und setzten sich auf Mauerreste eines Hauses, die nun als eine gute Sitzbank dienten. Kenneth entnahm der Satteltasche einen Leinenbeutel. Magnus zog einen *quaich*, den runden, mit zwei Griffen versehenen Trinkbecher der Highlands, hervor. Morgan zeigte auf ein knappes Dutzend Schafe, die aus respektvoller Entfernung herüberäugten:

»Wir sollten uns eins von denen am Spieß braten.«

»Du als Schafjäger?« brummte Kenneth. Gleichzeitig zog er eine volle Flasche Whisky aus dem Leinenbeutel und reichte sie seinem Vater. Magnus nahm sie entgegen, prüfte die Farbe, zog den Glasstopfen, roch an der Öffnung, setzte ab, roch noch einmal und lächelte: »Ich rieche den Tang, den die tosende See vor Hunderten von Jahren auf die Felsklippen geworfen hat ...«, murmelte er. Dann goß er seinen Quaich bis zum Rand voll, ließ die Sonne sich darin spiegeln, verkostete mit einem kräftigen Schluck, mahlte ihn lange zwischen den Kiefern, bevor er ihn die Kehle hinabrinnen ließ. Er sah mit zusammengekniffenen Augen in den blauen Himmel, als träumte er von nimmer endenden langen, warmen Sommertagen in Gerstenfeldern und erfahre dabei die edelste Kombination von Erde, Feuer und Wasser.

»*Proof! Proof!* Hhm! Gut, sehr gut! Es scheint, als habe ich dich nicht umsonst mit einem Tropfen Whisky getauft ...«, brummte er anerkennend in Richtung Kenneth. Auch ohne Schießpulverprobe schmeckte Magnus, daß das Destillat die richtige Alkoholkonzentration besaß. Die Stärke ermittelte man, indem man das Destillat sorgfältig mit Pulver mischte und mit einem Docht anzündete. Verpuffte das Schießpulver heftig, so war der Whisky stark – dann bezeichnete man ihn als »over proof«. Brannte das Schießpulver dagegen langsam ab, so hatte er die gewünschte Konzentration und war damit »proof«. Blieb der Docht ohne Flamme, dann war das Destillat »under proof« und damit als *uisge beatha* zu schwach.

»Er hat eine Serie von Echos!« bemerkte Magnus.

Dann gab er die Flasche an Morgan weiter. »Wie lange war er mit dem Eichenfaß verheiratet?« fragte er Kenneth.

»Dieser? Fünf Jahre!«

Vater Magnus schloß wiederum für einen Moment seine Augen.

»Jetzt schmecke ich das Wasser vom Ben More Assynt«, sagte er leise, »den Torf vom Moor des Gleann Dubh, das es durchfloß, und den salzigen Wind, der ungestört seit ewigen Zeiten dort oben über dem Gras weht.« Plötzlich vertiefte sich seine Stirnfalte, die sich wie eine Ackerfurche quer von Schläfe zu Schläfe zog, und er blickte finster auf die kleine Herde Schafe hinüber. Unerwartet scharf fuhr er fort: »Sie werden uns dort oben alles zuscheißen!«

»Verdammt! Daran habe ich nicht gedacht«, antwortete Kenneth. Er, der das Brennen von rauhem Whisky exzellent beherrschte, wußte, wie wichtig, ja unverzichtbar zu diesem Zweck der Charakter und die Güte des Wassers war, welches vom Ben More Assynt herabfloß.

»Also doch das Wollzeug vernichten!« warf Morgan ein.

Vater Magnus' Augen verengten sich. »Und wer beseitigt die Kadaver von zweihunderttausend Schafen, die uns die Flachländer erneut herübertreiben werden?«

»Wenn alle zusammenstehen ...?«

Magnus schlug ihm auf die Schulter. »Was daraus wird, siehst du vor dir, Junge. Die Familienväter dieser armseligen Steinhütten hier, dazu jene aus Strath Rusdale, haben es bitter gebüßt. Sie feierten eine Hochzeit, tranken groben, *over proof* Whisky und erzählten sich Geschichten über die Niederlage am Loch Morie. Sie planten alles und nichts, um sich schon damals für immer vom Schaf zu befreien! Eine belanglose Beschimpfung und Schlägerei mit den Tiefland-Schäfern reichten aus, um von Edinburgh bis London verbreiten zu können, es handele sich bei uns um Aufruhr und Rebellion. In Wahrheit wollten die Menschen hier nur gerecht behandelt werden, wollten am Ort ihrer Vorfahren bleiben. Die Angst der Lairds, daß die Highlander das Land vom Schaf befreien und die Clanstrukturen wiederherstellen wollten, war nur ein Vorwand, um die Vertreibung ihrer eigenen Leute vorzubereiten. Damals forderte der Macleod glatt 500 Infanteristen, dazu Kanonen und drei Schwadronen von Dragonern an, um gegen uns einen Feldzug starten zu können. So kam es, daß das 42. Regiment gegen rostige Waffen eingesetzt wurde, die von den schwachen Händen der Highlander überhaupt nicht mehr gehalten werden konnten. Ich sage euch, hinter jedem Wort, das gegen uns gesprochen wurde, stand die Schimäre jener Tage: ein Ungeheuer im Tartan, das die Hände im Blut der Oberschicht badet!«

»War Onkel Robert damals dabei?« fragte Morgan vorsichtig.

»Er war damals bis nach Inverness gegangen. Daraufhin wurde er sogar verdächtigt, *er* wäre der Mann aus Sutherland gewesen, der im Wert von £ 26 Gewehrpulver für den Aufstand gekauft hätte.« Morgan rieb sich die Nase:

»Und hat er ...?«

»Das konnte man nicht beweisen. Es konnte überhaupt nie bewiesen werden, daß jemand Pulver in Inverness gekauft hatte. Dafür belog der Macleod bewußt und schamlos Militär und Politiker. Die Lügen bewirkten, daß die *gentry*, der Landadel, für ihre Familien und für ihren Besitz die Gefahr von Plünderung sah. Auf diesen einzigen Verdacht hin forderten die Adeligen eine beispielhafte Bestrafung der Männer vom Strath Oykel, Strath Rusdale bis hinunter zum Strathconon.«

»Eine Armee gegen brave Leute!« bemerkte Kenneth trocken.

Magnus fuhr fort: »Sie begannen noch im gleichen Jahr mit den Räumungen. Die Diebe und Räuber töteten erst die Ochsen, dann trieben sie die Schafe durch die angebauten Felder, darauf folgte das Strafgericht mit Geldstrafen, Gefängnis, Vertreibung und Verbannung. Alexander, einer von uns, ein Bighouse-Mackay, wurde in jener Zeit lebenslänglich aus Schottland verbannt. Zusätzlich faßten sie Beschlüsse, die heute noch gelten und mit denen sie jederzeit unser Eigentum nehmen könnten, sollten wir auch nur einen Hauch von Widerstand leisten.«

Für einen Augenblick herrschte Schweigen.

»Ich kann es nicht fassen!« schnaubte Morgan. »Diese Knebelung ...«

»Wir haben weder Gewehre noch Soldaten, die Salven feuern, und auch keine Trommeln, die den Takt des Vormarsches schlagen.« In der Stimme von Magnus lag auf einmal eine unsagbare Milde.

Morgans Blick ruhte verwundert auf ihm. Magnus fuhr fort: »Du hast völlig recht, Morgan. Mit unserer Hilflosigkeit werden wir das Brennen und die Vertreibung nie bannen können. Doch mit Gewalt werden wir die neue Invasion des Großen Cheviot zum Assynt nicht stoppen. Die Zeiten haben uns wahrhaftig überrollt ...«

Morgan war aufgesprungen und zeigte sich voller Tatendrang: »Wir müssen diese Invasion stoppen!«

»Setz dich besser wieder hin«, sagte Magnus. Unwillig nahm Morgan auf einem Felsblock gegenüber Platz.

Neuerlich kreiste die Flasche. Magnus nippte, kaute abermals bedächtig den Tropfen, hob seinen Kopf und blickte in den hellblauen wolkenlosen Augusthimmel. Dann sah er beide Söhne an, hob den rechten Zeigefinger und sprach:

»Allein mit brutaler Gegenwehr werden wir die Entwicklung nicht umkehren können. Seht, sechs oder acht Männer konnten damals einen Bauernhof in der Größe von Scoury House halten. Die Bergweiden reichten für zwanzig oder dreißig Stück Vieh und vielleicht für eine kleine Herde dünner, magerer Schafe. Das beste anbaufähigste Land wurde schnell bestellt, Streifen für die Pächter mittels Losen periodisch verteilt. Die meisten von ihnen lebten gern im Zwielicht ihrer Täler – zwar karg, doch niemand mußte hungern. Der Erhalt der Clanfamilie war wichtiger als das Schaf. Erst die Zeit der Niederlagen und der darauf folgenden Erniedrigung leitete die Zerstörung der Clans ein. Sie machte allen die gnadenlose Abhängigkeit vom Wohlwollen ihres Lairds bewußt. Manche waren wie betäubt vom Verrat ihrer Clanchefs, denn diese setzten nun gnadenlos auf die verlockenden Gewinne, die ihnen das *Dorset*-, das *Suffolk*-, das *Blackface*-, das *Rough-Fell*-, das *Welsh-Mountain*- und nun auch das *Great-Cheviot*-Schaf mitsamt seinen Ahnen von allen Hügeln blöken!«

Kenneth sah wieder hinüber auf die Gruppe weidender Schafe.

»Was ist eigentlich das besondere an diesem wollenen Cheviotteufel? Was hat es gegenüber dem *Blackface* dort mehr zu bieten?«

Magnus lächelte. Dann hub er an, als hielte er zur Universität von Edinburgh eine Vorlesung über Schafzucht:

»Cheviot, meine Söhne – das lange Hügelschaf!« Dabei machte er eine ausholende Geste. »Eine kühne, starke Rasse, die von den Merinos vom Kontinent abstammt. Genauer vom ewigen Rivalen Frankreich. Da war es noch schlank, mit einem Hals wie ein Galgen, fast nackt und dünn an den Schultern. Drei Widder vollbrachten das Cheviot-Wunder. Einer von den *Wolds of Lincoln*. Er schaffte die Umgestaltung der Figur. Ein spanischer Widder fügte die Stärke seiner Lenden der Linie hinzu, und ein dritter Widder, ein *Merino*-Fleischschaf aus dem Deutschen, bewirkte mehr Wolle und Fleisch, dazu eine bemerkenswerte Ausdauer in den rauhen Wintern.«

74

Mit gespielter Begeisterung klatschte Morgan in die Hände und tönte in gleicher Weise hinüber zu Kenneth:

»Das Cheviot vollbringt das zweite Wunder! Das Schaf, das man nicht vertreiben kann, bewirkt, daß unser Vater sich vom waschechten Highlander zum ersten *Cheviot-sheepfarmer* vom Assynt wandelt! Ich darf der Hoffnung Ausdruck geben, daß sich das Große Cheviot auf unseren Weiden recht wohl fühlen möge.«

»Nichts ist unmöglich, mein Sohn«, fuhr Magnus fort, dem die Rede offensichtlich gefiel. »Es ist ein feines Schaf. Mr. Naismyth, der Züchter aus Inverness, sprach vom Cheviot wie von einer Venus!«

Kenneth stutzte: »Venus? Laß hören, Vater!«

»Sein Gesichtausdruck ist mild und angenehm, der Kopf und die Ohren strecken sich rein und schlank, der Hals ist hoch und voll, das Hinterteil breit, gerade und stark gepaart, die Schultern und Hinterbacken breit und in gefälligen Proportionen zueinander, die Beine schmal und gerade, von einer mäßigen Länge ...«, äffte Magnus den Züchter nach.

Kenneth und Morgan bogen sich vor Lachen. »Was für ein Tier! Wahrhaftig – eine Venus! Cheviot, du bist des Weibes Ebenbild!«

Als die Belustigung abebbte, richtete Vater Magnus sich auf und stellte sich auf die Mauer:

»Ihr denkt zuviel an die Weiber! Dieser Redenschwinger Naismyth jedoch vollbrachte das, woran wir langsam ersticken werden. Der Vorhang, meine Söhne, war damals zurückgezogen und gab für einige Wenige den Blick frei in eine blendende Zukunft.«

»Haben wir die Situation nicht selbst mit verschuldet, Vater?« fragte Morgan nun mit ernster Stimme.

»Natürlich sind wir nicht ohne Schuld. Wenn das Land, zerstückelt in kleine Streifen, an Pächter abgegeben wird und diese dann ihrerseits winzige *crofts* an Kleinpächter weitergeben. Jeder preßt aus jedem alles heraus. Wenn dieses Übel nicht beigelegt werden kann, wird das weiterhin zum Schaden unserer eigenen Leute sein. Gewinnen werden nur die Lairds mit ihren riesigen Flächen.«

»Sind wir am Assynt verloren?« bohrte Morgan weiter.

»Ich habe zwei Antworten, mein Sohn: Keine Versuchung unter

der Sonne wird fähig sein, mich von meinem Land am Assynt zu trennen, denn das Cheviot können wir überleben! Unterbinden sie jedoch erfolgreich das Destillieren und stirbt der Handel mit *uisge beatha* ...« Er vollendete den Satz nicht, sondern umarmte den Hals seines *Prinz* und sagte: »Wenn wir für ihn, *Windhexe* und *Fian* den Hafer nicht mehr bekommen, wird unsere Freiheit zu Ende sein und Scoury House untergehen!«

Morgan tauschte einen langen Blick mit seinem Vater. Magnus legte ihm seinen Arm über die Schulter und preßte ihn an seine Seite.

»Auf nach Oykel Bridge!« beendete Magnus die kurze Rast. »Laßt uns prüfen, ob wir uns vom ›Großen Schaf‹ werden befreien können!«

Ein halbe Meile nach der Gabelung von Ledmore kam ihnen im Gänsemarsch eine Gruppe von etwa zwanzig Männern, Frauen und Kindern entgegen, die sich offensichtlich mit dem wenigen, was sie auf dem Rücken trugen, mühsam vorwärtsbewegten. Als sie die schweren Pferde wahrgenommen hatten, schien es, als erwarteten sie erneut eine brutale, fremde Gewalt.

Magnus reagierte sofort und sagte auf gälisch:

»*Manus MacAoidh*, Assynt, Scoury House! Wo kommt ihr her?«

Das ausgemergelte Haupt, auf das er herabsah, hellte sich auf. Sichtlich erleichtert antwortete der Mann an der Spitze: »Ich bin *Eòbhann* McPhee. Wir kommen von *Achnahanat* ...«

Dann brach er ab. Mehr wollte er wohl nicht sagen.

»Wo führt euch euer Weg hin?« fragte Magnus weiter.

»Zum Hafen. Nach Ullapool.«

»Der Dornoch Firth wäre doch näher für euch gewesen!«

»Stimmt! Für uns aber unbequemer.«

Magnus bemerkte dunkle, rote Narben an den Händen und Gesichtern der Männer. Male von Verwundungen und Verbrennungen. »Was ist geschehen?« fragte er weiter: Der Mann blickte an ihm vorbei, atmete schwer und antwortete in einer Art, als sei er etwas benommen:

»Das Ungewisse der Zeit – alles fließt auseinander. Die Engländer haben uns das Land gestohlen, unseren *poit dhu* zerstört, das

Vieh beschlagnahmt und unser Hab und Gut an Stelle der unbezahlten Pachten genommen. Sie haben uns endgültig zu einem Hunger- und Sklavendasein verurteilt!«

Bei der Erwähnung des »schwarzen Kessels«, der hier in Schottland eine illegale Whiskybrennerei bezeichnete, spürte Magnus einen Stich im Herzen: »Wer war es?«

»Donald Robertson von Atholl!« Haß und Verachtung quoll über McPhees Lippen. »Bekäme ich ihn zu fassen, ich würde ihn in Brombeersträucher wickeln und mit Disteln spicken!«

Mit diesen Worten öffnete er die Kammer des Schreckens der vergangenen Tage. Das Wehklagen darin nahm kein Ende ...

»Warum bleibt ihr nicht an der Küste?«

»Sutherland und seine Schergen haben uns wie in einem Blechnapf geschwenkt, dann hoch hinaus weggeschüttet und erlaubt hinzutropfen, wo es auf der felsigen Küste noch Platz gibt. Wir sollen dort den Pflug gegen das Fischernetz tauschen, doch es gab für uns im Osten keinen einzigen freien Streifen. Wir könnten aber auch ein Stückchen Moor nehmen, auf dem es unmöglich ist zu existieren.«

McPhee lachte bitter:

»Wir haben wahrlich eine große Auswahl! Whitsunday, der Zahltag für die Pacht, war außerdem vorüber. Wir dachten, alles wäre ausgestanden. Wir waren vollkommen unvorbereitet, als sie kamen. Jetzt verjagen sie uns endgültig. Für den Kinder- und Greisentöter Sutherland ist das keine Frage von Meilen. Ob er uns hundert oder tausend Meilen von unserer Heimat trennt – für uns macht das keinen Unterschied. Das Tal verlassen wir nun endgültig, nachdem wir es seit Generationen bewohnt haben.« Der Mann starrte Magnus an. Das Schreien der Kinder zerrte am Gemüt. Dann fragte er zögernd:

»Habt ihr ... etwas zu essen ... für die Kinder?«

»Was? Habt ihr nichts ...?« fragte Magnus ungläubig.

»Unsere Hunde haben wir geschlachtet. Dafür konnten wir sehen und spüren, daß die bißfreudigen Hunde der Verwalter besser gefüttert sind als unsere Kinder. Unsere letzte Kuh mußten wir schon im Winter in Dornoch gegen einen Napf mit Essen tauschen.«

Kenneth reichte ihm stumm seinen Beutel mit Haferplätzchen und seine zweite, noch volle Flasche Whisky. Der Glanz der Hoffnung leuchtete in McPhees Augen auf: »Danke! Danke! Gott segne euch!«

Morgan richtete noch einmal eine Frage an McPhee:

»Habt ihr die Schafherden gesehen?«

»Ja! Wir sahen den Beginn einer Sturzflut! Nichts wird sie aufhalten können. Es nützt keine Mauer, kein Zaun – nichts. Dafür, so sagte man uns, sind alle Pforten der Neuen Welt weit geöffnet … Wir sollen die Tür zu unserem vergangenen Leben für immer zuschlagen, und sie reden darüber, als ob wir bereitwillig und selig zu der anderen Seite der Welt gehen …«

Magnus sah, wie die Augen des Mannes feucht wurden. Die Worte, so empfand er, kamen von den Lippen eines Sehers. Er hob die Hand: »Daß Hände aus Freundschaft ausgestreckt werden und niemals aus Not.«

McPhee grüßte stumm, dann zogen sie aneinander vorbei. Magnus und seine Söhne sahen sich an. Sie hatten das gleiche bemerkt. Die Frauen, auch die jüngsten unter ihnen, schienen alle schwanger zu sein.

Gegen Mittag erreichten Magnus und seine Söhne die Gegend von Strath Oykel. Langsam führten sie ihre Pferde auf schmalen Wegen, die entlang der Steinhütten zum Dorfplatz führten. Niemand war zu sehen. Auffällig war dagegen das rot eingefärbte Tuch auf dem Gipfel eines Torfstapels.

Magnus und seine Söhne wußten um dessen Bedeutung. Angespannt ritten sie über das Rund, entlang an niedrigen Mauern, vorbei an einem geschichteten Turm aus Torf und zahlreichen kleinen Umfriedungen aus Lehm und Geröll. An einer der letzten Hütten klammerte sich ein krank aussehender Weißhaariger, der sie mit schwimmenden Augen und einem mit Krusten übersäten Gesicht anstarrte, an einen offenstehenden Verschlag. Nebenan, aus einem langen, niedrigen Schuppen mit grober Steinmauer und Grasdach, war ein Stöhnen zu vernehmen, das unerträglichen Schmerz bekundete.

Die Steinhütten des Ortes waren wie auf einem Kreisbogen angeordnet, dazu von saftigem Grasland umgeben – ein grünes Rund im hellen Fels. Der Tag war warm und freundlich, die Erde weich unter den Hufen der Pferde. Die Talenge vor ihnen, zwischen dem Carn a'Choin Deing und dem Beinn Sgeireach, wirkte abgeschlossen wie ein Kasten.

Am südlichen Rand des Dorfes angekommen, fiel der Weg, der Oykel Bridge mit Invercassle verband, plötzlich auf eine kurze Distanz steil ab. Da sahen sie quer zum torfigen Weg, ähnlich einer lebenden Kette, die Bewohner des Dorfes stehen. Kinder, Frauen, Männer, alte wie junge, Schulter an Schulter, dicht nebeneinander. Gleich davor gab es eine wacklige Holzbrücke über der Furt, mittels derer man einzeln trockenen Fußes den Oykel überquerte. Fassungslos sahen Magnus und seine Söhne über die Köpfe der vor ihnen aufgereihten Highlander hinweg auf die wabernde, unentwegt blökende, weiße Wollflut, wie sie dicht gedrängt auf beiden Seiten der schmalen Flußufer auf sie zuströmte. Eine gute Meile lag zwischen den ersten Ausläufern der Schafherde und den stummen Highlandern, die sich am Eingang ihres Fleckens versammelt hatten, um mit ihren Leibern die Invasion des »Großen Cheviots« abzuwehren.

Plötzlich drehte sich ein Mann, der seine Position etwa in der Mitte der Straße hatte, um, und betrachtete Magnus und seine Söhne argwöhnisch. Er hatte ein stark geschwollenes Gesicht, und auf seinen nackten Armen zeigten sich fliederfarbige, großflächige Flecken:

»He! Ihr! Gaffer oder Helfer?« Nichts entging den flinken Augen des Mannes.

»Gaffer!« antwortete ihm Magnus mit entwaffnender Ehrlichkeit. In dem aufgedunsenen Gesicht des Fragers bildete sich ein bitterer Zug um die Mundwinkel heraus.

»Holt doch noch mehr euresgleichen! Dann kann sich ein jeder rühmen, in Oykel Bridge wenigstens dabeigewesen zu sein.«

79

»Vater! Sieh!« deutete Morgan nach vorn.

Eine knappe Meile voraus mußte ein weiteres Tal nach rechts abgehen, denn eine Gruppe von sieben Reitern, umringt von einer nicht unerheblichen Anzahl von Fußvolk, bog noch vor der Schafschwemme auf den Weg ein und hielt zügig auf Oykel Bridge zu.

»Verdammt! Die feigen Hunde haben sich im Strath Mulzie verdrückt!« fluchte der Mann in der Kette. Kurz darauf schnalzte Magnus mit der Zunge:

»Los, bringen wir die Pferde nach hinten!«

Kaum hatten sie abgesessen, als sie den scharfen Knall einer Flinte in der Ferne hörten. Ein schlechtes Signal für die Bewohner des Fleckens, ging es Magnus durch den Kopf.

»Morgan! Führ die Pferde in Richtung Lubcroy fort. Bring sie von der Straße weg und versteck sie. Die Bande von Verwaltern besitzt keinen Funken Verstand. Die sind in der Lage und machen uns, was immer hier geschehen mag, mit verantwortlich.« Morgan wollte noch etwas einwenden, doch sein Vater ließ keinen Zweifel an seiner Entschlossenheit: »Zieh los! Augenblicklich!«

Morgan gehorchte. Während er sich eilig mit den Pferden entfernte, gingen Magnus und Kenneth im Schutz der Steinhütten zurück, um aus einer Deckung heraus zu beobachten, wie die Horde sich Oykel Bridge näherte.

»Dort drüben, Vater! Komm mit!«

Kenneth schwenkte schnell nach links ab, da er hinter einer niedrigen Mauer Deckung fand. Als ein weiterer Knall an Magnus' Ohr schlug, die Kugel irgendwo abprallte und über seinen Kopf hinwegsurrte, war er davon überzeugt, daß dies alles, so lächerlich und unnatürlich es auch erscheinen mochte, doch die Wirklichkeit war. Er blieb in Deckung, preßte sich eng an die Steinmauer der letzten Hütte und blickte in Richtung der Menschenkette, die immer noch unbeweglich wie ein Riegel quer zur Straße stand.

Die Feinde der Highlander waren nur noch eine halbe Meile entfernt. Das Kläffen der Hunde, lebendiges, begleitendes Werkzeug der Gewalt, drang an sein Ohr. Im gleichen Augenblick war er überzeugt, daß ein Blutbad bevorstand und sein Versteckspiel für einen Mackay daher unehrenhaft war. Er bereute, die Clanwaffen in Scoury House über dem Kamin hängengelassen zu haben.

Gerade als er aus dem Schutz der Mauer trat, fiel ein weiterer Schuß, und das Pfeifen der Kugel wie auch der dumpfe Schlag, mit dem sie in geringer Entfernung in das Grasdach schlug, ließen ihn in den Schutz der Mauer zurückspringen. Allmählich packte ihn die Wut. Gleich darauf erschrak er, als von hinten eine schwache Hand seine Schulter berührte. Es war der alte, weißhaarige Mann, der mit sonderbarer Fistelstimme sagte:

»Laßt mich vorbei!«

Er beachtete Magnus nicht weiter, sondern ging wankend, aber unerschrocken nach vorn zu seinen Leuten. Als Magnus wieder in Richtung Tal blickte, sah er, daß die Reitergruppe keine fünfzig Schritt mehr entfernt war. Er beobachtete, wie Kinder, Mütter, Väter und nun auch der Greis sich an den Händen faßten. Wenige Augenblicke darauf war die Reitergruppe heran – die Hunde vorneweg.

»Aus dem Weg! Pöbel! Aufrührer!« brüllte der Reiter, der den Trupp anführte.

Der Mann in der Mitte der Menschenkette hob beschwörend die Arme: »Nimm Rücksicht auf unsere Felder. Die Ernte, unsere Alten, die Kinder …«

Der Reiter, Haare kurz, dicht und grau wie ein Rattenfell, breitschultrig, entschlossen, mit einem Kopf, dessen Profil man gern auf eine Münze schlägt, gab keine Antwort. Statt dessen holte er aus und ließ ohne jegliche Warnung seine Peitsche auf den Mann niederfahren. Brutal zog er sie ihm über Stirn und Gesicht. Der Mann in der Kette brach wie vom Blitz getroffen zusammen, seine Hände krampften um sein Gesicht, dabei wälzte er sich vor Schmerzen.

Der Peitschenhieb war offensichtlich das Zeichen für den Rest der Horde, denn sie hetzten die Hunde auf die Menschenkette und gaben ihrerseits den Pferden die Sporen. Panik erfaßte Frauen, Kinder und auch Männer. Lediglich der Greis blieb stehen, wankte und wurde augenblicklich brutal niedergeritten. Die, die nicht niedergeritten wurden, retteten sich in die dunklen Eingänge ihrer Hütten.

Die Kette war in ihre Einzelglieder zerfallen. Die wilde Jagd stürmte durch das Dorf. Der Torf unter den Hufen gab dumpfe, gequälte Laute von sich. Die Bluthunde hetzten rund um die Steinhäuser, während ihr Kläffen sich mehr und mehr mit dem Blöken der Schafe mischte.

»Bringt die Aufrührer zu mir!« befahl der Peitschenmann seinen Reitern. »Holt sie alle aus ihren stinkenden Ställen heraus! Zieht das Ungeziefer aus seinen Löchern! Laßt aus dem Rattennest niemand entkommen!«

Mit einem scharfen Pfiff lenkte er die Aufmerksamkeit der Schaftreiber, die breitgefächert vor der weißen Brandung herliefen, auf sich. Dann brüllte er aus vollen Lungen:

»Haltet die Straße frei! Legt den Triebweg seitwärts der Hütten! Holt euch die Kartoffeln aus dem Boden, und treibt Schafe zum Fressen in die Felder! Haltet die Herde in Bewegung! Sollte sie nachweiden, quetsch' ich euch mit der Kastrierzange eigenhändig die Eier ab! Die Herde muß wandern!«

Er bellte noch zwei Sätze, doch seine sich überschlagende Stimme ging im Crescendo eines frenetischen Geblöks unter. Der Boden unter Magnus' Füßen begann zu vibrieren. Der wollene Schnee schob sich drohend wie eine Lawine heran.

Magnus löste sich von der Mauer. Im selben Augenblick hetzte ein Bluthund von der Größe eines Kalbes heran und setzte zum Sprung an, während Magnus instinktsicher mit dem rechten Fuß zum Gegenschlag auf die Schnauze zielte. Er traf das Tier, stürzte seitlich zu Boden, rollte sich ab und war schon dabei, das Messer aus dem Stiefel zu ziehen.

Als er versuchte, auf die Beine zu kommen, sah er ein Knäuel, das sich unweit von ihm auf dem Boden wälzte. Es war sein ältester Sohn Kenneth, der mit dem Messer in der Hand gegen das Scheusal kämpfte.

Plötzlich ging Kenneth mit der Bestie im Kreis. Mit dem Messer in der Rechten versuchte er das Tier zu treffen. Die Ausgeburt hatte sich in seinem rechten Arm festgebissen und war mit hervorquellenden Augen dabei, denselben zu zerfleischen. Magnus sprang hinzu.

Im selben Moment biß Kenneth vor Verzweiflung den Bluthund in die Schnauze. Magnus' Messer streifte das Tier am Hals; erneut stach er zu, als ein Peitschenhieb ihm das Messer aus der Hand schlug. Er stand wie in Bronze gegossen, nahm nichts mehr wahr, was um ihn geschah. Als die Lähmung wich, war ihm, als hätte die Peitsche die Hand vom Arm getrennt. Der Lärm schwoll in Magnus' Ohren wieder an, als ein Mann mit schwarzem Haarschopf und einem boshaften Gesicht ihn packte, grob herumriß und in Richtung Dorfmitte stieß. Unfähig, sich zu wehren, ließ er es geschehen. Nach wenigen Schritten zuckte es durch seinen Kopf. Er drehte sich um:

»Kenneth?«

Das Wüten, die gellenden Angstschreie ringsum wühlten sich in Magnus' Bewußtsein und ließen ihn den Schmerz vergessen. Als erstes sah er die Bestie, die von Kenneth abgelassen hatte, jedoch sprungbereit neben dem Pferd des Peitschenmannes hockte und sich unaufhörlich die bluttriefende Schnauze leckte. Wenige Yards seitwärts, mit dem Rücken zu Magnus, kniete Kenneth am Boden. Magnus stürzte zurück und sah, wie Kenneth mit seiner linken Hand den angewinkelten rechten Arm hielt, von dem bluttriefend die Stoffetzen seiner Jacke hingen ...

»Das hat er davon!« grölte der Peitschenmann. Der Hund, immer noch dicht neben dem Pferd kauernd, knurrte und zeigte seinen knochenbrechenden Fang.

Während Magnus sich über seinen Sohn beugte, bemerkte der Peitschenmann Magnus' gepflegte Lederstiefel und seine Peitsche im Gürtel. Augenblicklich brüllte er erneut von seinem Pferd herab: »Wer seid ihr?«

»Magnus Mackay! Mein Sohn Kenneth Mackay!«

Dem Peitschenmann entwich für einen kurzen Augenblick das Blut aus dem Gesicht. Sofort hatte er sich wieder gefangen: »Dein Sohn?«, und fuhr mit Kälte fort: »Was für ein Mackay?«

»Scoury House! Vom Assynt!«

»Das kann ein jeder behaupten! Scoury? Vom Assynt? Und gleichzeitig bei den Rebellen? Warum unterstützt ihr den Aufstand gegen ...?«

»Weder ich noch meine Söhne haben damit etwas zu tun! Wir waren auf dem Weg nach Inverness!« fiel ihm Magnus ins Wort.

Der Peitschenmann fluchte etwas vor sich hin, dann hörte Magnus noch:

»... das werden wir noch feststellen!«

Kenneths Gesichtsausdruck war starr, aschfahl, und er wirkte benommen. Magnus griff seinem Sohn um die Hüften, lehnte ihn an sein Knie: »Atme! Atme! Atme tief, Junge!«

Bei seinen Worten holte er selbst tief Luft, schlug Kenneth mit der flachen Hand auf die Wange und löste den enggestellten Gürtel.

»Hast du Schmerzen?« Kenneth antwortete ihm nicht. Wieder und wieder sprach er seinen Sohn an, bis dieser zu stöhnen anfing.

»Gut so! Atmen! Atmen!« Magnus war mit dem Platz nicht zufrieden: »Weg vom Staub! Wir müssen dort hinüber – hinter die Mauer.«

Dort angekommen, schnitt Magnus vorsichtig den Rest des dicken Jackenärmels ab und zog ihn behutsam über den zerbissenen Arm hinweg. Mit dem Stoff lösten sich gleichzeitig Haut- und Fleischfetzen ab. Was Haut, Fleisch oder Stoff war, konnte er nicht ausmachen. Glatte Hieb-, Stich- und Schnittwunden hatte er in seinem Leben häufiger gesehen. Doch das tief eingerissene und zermalmte Gewebe über dem Knochen, noch dazu von Sehnen abgelöst und teilweise vom Unterarmknochen abgetrennt, trieb ihm das Entsetzen ins Gesicht. Einen herunterhängenden Hautfetzen legte er mit seinen Fingern einfach über den Rest von Arm, in der Hoffnung, daß er dort hingehören möge. Ein dunkler Blutstrom unter gelindem Druck ließ ihn ein wenig hoffen. Wußte er doch aus den Erzählungen der Väter, daß auf den Schlachtfeldern der letzten Jahrzehnte bei den Verletzten besonderes Augenmerk auf die unterschiedliche Färbung von Blutungen aus Wunden gelegt wurde. Demnach mußten sich die Gefäße bei Kenneth bald von selbst verschließen.

Rasch zog er seine Jacke aus und trennte einen Streifen heraus, den er nicht zu stramm um Kenneths Oberarm band. Das Hemd, das er darunter trug, schnitt er in lange Streifen, verband damit den geschundenen Arm und legte seinem Sohn eine Schlinge an.

Magnus war sich klar darüber, daß sein ältester Sohn dringend der Hilfe bedurfte. Die schädliche Einwirkung durch den verheerenden Biß galt es so schnell wie möglich zu begrenzen. Rund um den Assynt wußte allein seine Frau Barbara, wie man die »Boten des Fiebers« vertrieb. Mit Whisky würde sie wohl die Wunde reinigen, Kresse in Essig, Zwiebelhäutchen und Abschabsel vom Brombeerstrauch würden danach folgen … Jede Schußverletzung, jeder Hieb und Schnitt, so ahnte er, war dagegen einfacher zu behandeln.

»Wir müssen zurück! Sofort! Deine Mutter wird das richten!«

Trotz seiner energischen Worte war seine größte Hoffnung, daß der Arm in den nächsten Wochen durch Verklebung und Verwachsung von selbst heilte … Dann half er seinem Sohn in eine bequemere Lage und sagte:

»Du wartest hier! Ich hole Morgan mit den Pferden!«

Kenneth winkte mit der rechten Hand seinen Vater zu sich herunter und stöhnte ihm ins Ohr: »Nimm … aus der Satteltasche … den *uisge beatha*. Sie dürfen … nicht finden!«

Sein Vater legte ihm sanft die Hand auf die Schulter und beruhigte ihn: »Schon gut! Ich werde darauf achten …«

Kaum hatte er sich einige Schritte entfernt, als eine rüde Stimme, von einem Pferd herab, ihn einzuschüchtern versuchte. Ein vierschrötiges britisches Flächengesicht mit einem Blick voll der bleiernen Nacht befahl:

»He du! Aufrührer vom Assynt! Bleib wo du bist, und rühr dich nicht vom Fleck!«

Magnus ballte beide Hände zu Fäusten und entgegnete heftig: »Ich geh', wohin ich will! Bin niemand Rechenschaft schuldig!«

Der Mann lenkte sein Pferd auf ihn zu und versperrte ihm den Weg. Heiße und kalte Schauer der Wut durchjagten Magnus. Der Reiter zog überraschend eine Duell-Pistole und grinste:

»Niemand verläßt das Dorf!«

Was Magnus für einen Moment irritierte, war die Form der Pistole in der Hand des englischen Strauchdiebes. Magnus, der für sein Leben gern Waffen sammelte, war ohne Zweifel. Der dort oben auf seinem Roß hielt eine der seltenen Forsyth-Pistolen in der Faust.

Alexander Forsyth war, wie jeder in den Highlands wußte, ein schottischer Geistlicher, der nebenher sein besonderes Interesse für das Schießen wachhielt. Er kannte die Schwächen des Steinschlosses und die besondere Verzögerung zwischen der Betätigung des Abzuges und der Zündung – vor allem bei schlechtem Wetter. Auch ärgerte den Diener Gottes die berüchtigte Rauchentwicklung. Daher experimentierte er erfolgreich mit Sprengkapseln als

Zündmasse, welches das Schießpulver in der Kammer zur soforti-gen Explosion brachte. Was allerdings jeden Schotten ärgerte, war die bekannte Tatsache, daß der Highland-Pfarrer seine Kunst im Londoner Tower dem Feind verkaufte und dort »Schlösser« für alle nur erdenkbaren Feuerwaffen entwickelte ...

Die auf ihn gerichtete Mündung machte Magnus allzu deutlich, daß er sich keine weitere Unbeherrschtheit leisten konnte. Er hielt still. Der Blick auf die Hütten und das Wüten davor war durch das Pferd verstellt.

»Wer ist dein Anführer?« fragte Magnus.

»Anführer? Mehr Respekt, du Hurensohn!« grölte der Vier-schrötige vom Pferd herab. »Für dich Mr. Donald Robertson! Du beleidigst den Verwalter des Herzogs von Sutherland, dem dein bankrotter Lord Reay vor vier Jahren das gesamte Mackayland ab-liefern mußte. Wo bleibt also deine Ehrerbietung?«

Wider alle finsteren Mordinstinkte, die in Magnus aufstiegen, schluckte er erneut diese Demütigung.

»Aus dem Weg! Ich will augenblicklich zu Robertson.«

Magnus sah aus dem Augenwinkel heraus, wie der Reiter den Hahn der Forsyth spannte. »Du sollst deinen Herrn nicht stören! Er hat zu tun! Ha! ha!« entgegnete bösartig das Mondgesicht auf dem Pferd.

Magnus kochte vor Zorn. Er wünschte sich im gleichen Moment einen Haufen tapferer Männer mit Äxten, Hämmern, Schürhaken und sonstigem Gerät. Robertson! Er allein würde ausreichen; denn sobald der Baum fiel, würden die Krähen davonstieben ...

Kommandos und Zurufe schmetterten über das Dorfrund. Einige davon hörte Magnus aus dem Durcheinander heraus:

»Sie haben sich verbarrikadiert!«

»Brecht die Türen auf!«

»Sucht den Whisky und die Geräte!«

»Hetzt die Hunde auf sie!«

»Nehmt die Kühe mit! Schlachtet das Kleinvieh!«

»Treibt die Aufrührer in die Mitte!«

*»Mauert sie ein! Legt Feuer!«* drang scharf ein Befehl an sein Ohr. Er kam aus dem Munde des Peitschenmanns. Im selben Augenblick wurde ihm bewußt, der Peitschenmann *war* Donald Robertson.

Das Mondgesicht drehte daraufhin sein Pferd, saß ab, und Magnus sah, wie eine verängstigte Gruppe von Menschen, bestehend aus alten Männern, weinenden Frauen und kreischenden Kindern, mit Hilfe der Bluthunde zusammengetrieben wurde. An die drei großen Steinhütten gleich am Rund, deren Eingänge verschlossen waren, schleppten Männer eilig den getrockneten Torf und das Winterbrennholz des Dorfes herbei. Schnell türmte sich beides mannshoch vor den schweren Holzverschlägen.

In Magnus' Kopf begann sich in jenem Moment ein Mühlstein zu drehen:

*Davonlaufen?*
*Kenneth?*
*Morgan, die Pferde?*
*Widerstand?*
*Scoury House?*

Magnus wußte, was er auch tat, die Lage würde sich bloß verschlimmern, die sichere Rückkehr zum Assynt erschweren, wenn nicht gar unmöglich machen! Als einzige Antwort auf das Unrecht, das vor seinen Augen geschah, sah er den Widerstand durch die Männer des Dorfes. Waren nicht kräftige Männer darunter? Warum wehrte sich von denen niemand ...?

Festgewurzelt und unschlüssig zur Tat, sah er wie durch einen Nebel das Unheil heraufziehen.

Auf so eine Gewalt war er nicht vorbereitet; allein konnte er nichts tun. Die Flammen schlugen empor. Der Brand fraß gierig das trockene, harzige Holz. Vom Wind angefacht, standen die drei Steinhäuser von Lohen umzüngelt. Die Angstschreie der in der Mitte des Dorfplatzes Festgesetzten wurde noch übertönt durch das aggressive Gekläff der Hunde.

Als Magnus den ersten Hitzeschwall der brennenden Häuser im Gesicht spürte, brach in ihm der Damm der Zurückhaltung. Wild stürmte er vor. Sein Brüllen erstickte im gleichen Moment, als vom mittleren Steinhaus ausgehend, der brennende Holzstoß mit einer Wolke von Funken auseinanderstob. Er traute seinen Augen nicht. Erstarrt blickte er auf das, was sich auf ihn zubewegte. Wenige Yards vor ihm wankte, stolperte ein brennender Mensch, gleich einer lebenden Fackel, hinunter zum Oykel. Belfernde Hunde umkreisten ihn, die jedoch selbst vom Angriff auf die wandelnde Fackel zurückschreckten.

Als der unrettbare Mensch das abfallende Ufergelände erreichte, stolperte er, fiel hin, rollte den kleinen Hang hinunter, und blieb brennend vor dem Wasser liegen. Schmerzensschreie aus den Steinhütten, wie er sie noch nie vernommen hatte, machten Magnus' Mund schlagartig angsttrocken.

Die Reiterhorde bildete johlend ein Spalier. Kurz darauf kam aus dem Fegefeuer ein Junge, völlig nackt, versengt vom Scheitel bis zur Sohle, mit weit aufgerissenen Augen und schwarzverbrannten Händen gerannt. Auf dem Rücken schleppte er ein kleines Kind mit, das sich um seinen Hals krampfte. Kaum hatten sie die Uferböschung erreicht, als auch schon fünf Hunde über sie herfielen und anfingen, sie bestialisch zu zerfleischen.

Zwei Männer lösten sich aus dem Pulk der Zusammengetriebenen, hetzten auf die Hundemeute zu und warfen sich dazwischen. Die Todeszeichen waren unübersehbar. Teile von Gliedern befanden sich in den Fängen der Bestien, die sich mit der Beute in sichere Entfernung zurückzogen. Der Tod kam für die Kinder in jener Stunde gleich zweimal ...

Williges Fußvolk stürzte dazu, packte beide Männer und stieß sie mit Fußtritten und Fausthieben auf den Platz zurück. Die Hitze wurde unerträglich. Die Schmerzschreie waren verstummt, während die blökende Flut ungebrochen den Ort umspülte. Alles wich zurück vor dem flammenden Inferno. Längst waren die zur Abwehr verriegelten Verschläge zu Asche geworden. Das Feuer suchte sich nun seine Nahrung innerhalb der Mauern.

»Donald Robertson! Du bist unter den Henkern der schlimmste!« befreite sich Magnus mit einem Aufschrei. Mit Verblüffung wurde er gewahr, daß niemand darauf reagierte. Gleichzeitig fingen erneut Frauen und Kinder zu kreischen an, die auf das linke äußere Steinhaus deuteten:

»Unsere Mutter! Erbarmt euch! Laßt sie nicht verbrennen!«

»Auseinander! Auseinander!« schallte es nun über den Platz.

Der Peitschenmann ritt vor das Steinhaus. In seinem Gesicht hatte plötzlich Unsicherheit Härte und Menschenverachtung abgelöst. Schnell gab er seine Anweisungen: »Zieht das brennende

Holz weg! Schöpft Wasser aus dem Trog! Beeilung, Beeilung, ihr lahmen Säcke!«

Ein Hauch von falschem Ernst und Verantwortung. Es dauerte in den Augen aller zur Untätigkeit Verdammten eine Ewigkeit, bis der Gluthaufen auseinandergezogen war und seine Hitze einbüßte. Aus dem freigelegten Eingang, nicht größer als die Länge eines ausgestreckten Menschenkörpers, quoll dicker Rauch. Robertson gab den Eingang frei:

»Holt sie raus – oder das, was von ihr übriggeblieben ist!«

Sofort stürmten drei Dorfbewohner, ungeachtet der Hitze und des Rauchs, hintereinander in die Steinhütte. Alles blickte mit Bangen zu dem rauchenden Eingang. Was sie kurz darauf in dampfenden Kleidern, hustend, würgend, mit tränenden Augen heraustrugen, war schaurig und grotesk zugleich. Ein Mensch saß, den Kopf kahl, die Kopfhaut verbrannt, auf einem angekohlten Stuhl. In Stoff eingehüllt, klein, dürr, wie geschrumpft, wohl noch lebend.

Einige Frauen stürzten hinzu. Schnell trug man die Gestalt ungehindert die Uferböschung hinunter zum Wasser. Die Mehrheit traute sich nicht, zu dem Schatten von einem Menschen hinabzugehen. Gebete wurden gemurmelt. Magnus sah, wie der Rest von Mensch vom Stuhl gehoben wurde und man daran ging, ihn aus der versengten Decke zu schälen.

Kurz darauf hörten alle Schreie. Es waren nicht die Schreie eines erwachsenen Menschen – eher die eines kleinen Kindes in der Krippe. Die Zurückgebliebenen fingen allesamt zu weinen an. Sie litten mit der gequälten Kreatur unten am Ufer des Oykel.

»Wer ist das?« fragte Magnus einen Greis, der neben ihm stand und am ganzen Körper zitterte. Als dieser sich faßte und sprach, traute Magnus seinen Ohren nicht:

»Sie war die Älteste von uns – gut hundert Jahre alt. War gelähmt und saß, unfähig zu gehen oder zu liegen, Tag und Nacht auf ihrem Stuhl …«

Weiter kam der Mann nicht, denn die Schreie hörten nicht auf.

Magnus drehte sich um und schritt auf Robertson zu, der abgesessen war. Beide sahen sich in die Augen.

»Verdammter Menschenschinder! Du bist verantwortlich für den Tod dieser Leute!«

Robertson zeigte sich für einen Moment irritiert. Dann baute er sich auf, stemmte seine Fäuste in die Hüften und blaffte zurück: »Zügle deine Zunge, Mackay, sonst mach' ich aus dir auch eine Fackel!«

Magnus ging bis auf eine kurze Distanz an ihn heran; die Peitsche in Robertsons Faust zuckte. Magnus' Stimme vibrierte: »In welchem Auftrag, mit welchem Recht ...«

Doch der Lord-Verwalter unterbrach ihn schroff: »Du befindest dich auf dem Grund und Boden des Herzogs von Sutherland. Whitsunday ist längst vorüber, und die Pachten sind vom Pöbel zum zweiten Male nicht bezahlt! Und damit du weißt, wovon wir reden, merke dir eines: Für diese hundert Morgen Wiesen wurden in der Vergangenheit gerade einmal 9 Pfund Sterling Pacht verlangt. Nicht einmal das wollte diese faule Bande aufbringen. Wir haben die Pacht auf sanfte 30 Pfund angehoben, um sie endlich zur Arbeit anzuspornen. Es half nichts ... Aber angesichts der Tatsache, daß Major Forbes von Melness für die Gegend, in der nun seine Schafe weiden werden, einhundert Pfund bot, ist unsere Geduld am Ende. Dieser Pöbel dort hat vorsätzlich die Pachtzahlungen verweigert, sich zum Widerstand zusammengerottet und sich uns in aufrührerischer Absicht in den Weg gestellt. Wir mußten ihren Widerstand brechen, um die Schafherde nicht zu gefährden. Damit ist das Gesetz auf meiner Seite!«

»Das berechtigt nicht ...«

Magnus' Worte wurden durch den scharfen Knall der Peitsche Robertsons abgewürgt. Wutentbrannt brüllte dieser:

»Was willst du eigentlich, hergelaufener Mackay vom Assynt? Verräter der eigenen Sippe!« Zusätzlich begann er Magnus zu verhöhnen: »Seht hin, Männer! Während Philip Mackay in Dornoch als Aufsichtsbeamter vorbildlich Seite an Seite mit der Polizei gegen den Hochlandpöbel kämpft, schlägt jener dort sich auf deren Seite. Für so was wie dich empfindet man weder Mitleid noch Achtung!« Robertson verkürzte die körperliche Distanz bis auf einen Zoll und in plötzlich leisem, unheildrohendem Ton sagte er: »Aufrührerische Dörfer sterben! Aufrührerische Sippen sterben! Und du selbst stirbst wie sie!«

Magnus war es, als würde seine Seele aus dem Leib geblasen.

»Vater! Nein! Vater!« drangen Warnrufe an sein Ohr. Magnus verschlug es die Stimme. Kenneth schleppte sich zu ihm hin. Magnus eilte mit Beklemmung seinem Sohn entgegen. Wie von fern hörte er noch Robertsons Stimme:

»… ein Wort noch, und ich nehme dich und deinen Sohn wegen Aufruhr und Widerstand gegen die Lords fest. Verschwindet – stinkender, fauler Highland-Pöbel! Aber vergeßt nicht! Ich erwarte übermorgen einen gebührenden Empfang am Assynt… Ha! Ha!« Daraufhin wandte er sich von Magnus und befahl einem seiner Schergen:

»He! Duncan! Lies dem Pöbel von Oykel Bridge die Anordnungen vor. Wir wollen dem Gesetz zum Recht verhelfen!«

Daraufhin begann Duncan in englischer Sprache die Verfügung zur Vertreibung der Menschen von Oykel Bridge zu verlesen. Sie aber, die dem Grauen versteinert zusahen, verstanden nur ihre eigene Sprache, das *Gaidhlig*…

Kenneth legte alles, was ihm hinderlich war, ab, und so machten sie sich auf den Rückweg zu Morgan und den Pferden. Feine weiße Asche senkte sich auf das verbrannte Oykel Bridge. Wie ein Leichentuch. Magnus haderte mit sich. Vielleicht hatte er in seinem Irrglauben, nur Zuschauer an jenem Ort sein zu können, das Allereinfachste nicht begriffen. Vielleicht hätte er bereit sein müssen, die Kugel zwischen die Augen zu bekommen und in einem der brennenden Häuser zu verrecken. Vielleicht hätte er im Handgemenge mit diesem Robertson die Männer des Dorfes zur Abwehr der gemeinen Brut bewegen können. Vielleicht hätte das alle aufgerichtet und dazu geführt, diese Ratten für immer aus den Highlands zu vertreiben. In seiner Verbitterung hörte er kaum noch die weiteren Befehle in der Ferne:

»Legt Feuer in den restlichen Hütten!«

»Zieht die Dächer runter! Wir brauchen Raum für Fleisch, Haut und Wolle auf Hufen!«

Als sie Oykel Bridge hinter sich ließen, starrten sie fassungslos auf die ehemals satten grünen Uferweiden. Sie waren von der durchziehenden blökenden weißen Flut dick und schwarz überkotet …

Im Dämmerlicht der nördlichen Nacht kehrten sie zurück an den Assynt. Mit Rücksicht auf den verletzten Kenneth benötigten sie für die Strecke von Oykel Bridge nach Scoury House fast die doppelte Zeit.

Der Tag dort verlief hoffnungsfroh. Nachdem Mutter Barbara vormittags gegen elf Uhr ihre Besuche im Haus der Kranken und Armen in Inchnadamph abgeschlossen, das »Schneiden« zweier Säue erledigt und ihre eingetauschten Waren sorgfältig in den Lederbeutel gesteckt hatte, ging sie den Weg am Assynt entlang zu Fuß zurück und betrat zur Mittagszeit mit schlankem Leib wieder das Haus. Mit der Anordnung von Gartenarbeit und dem sich anschließenden Ernten, Putzen, Sortieren und Einkochen verschiedener Gemüse- und Feldfrüchte für die kommenden Wintermonate bescherte sie Mistress, Florence und Catharine einen harten Nachmittag.

Mit der Bemerkung: »Ernte die Erbsen und nicht das Unkraut, mein träumendes Engelchen!« und mit einem Klaps auf sein Hinterteil schickte sie Angus mit Körben hinaus in die Beete. Derweil organisierte sie zusammen mit ihren Töchtern die Arbeit in der Küche.

Sie waren hübsch, doch sie unterschieden sich sehr darin, was sie davon zeigten, und vor allem darin, was sie davon verbargen. Mistress war mit achtzehn zwar die älteste, reizvollste, doch auch die unselbständigste Tochter. Dafür verrichtete sie zuverlässig jede Arbeit, die ihr die Mutter auftrug. Florence mit sechzehn dagegen war geistreich, willensstark, zupackend, mitreißend und unablässig beschäftigt. Catharine wiederum zeigte sich mit dreizehn Jahren lebenshungrig, genießerisch und war für die täglich anfallenden Aufgaben in und um Scoury House wenig zu begeistern. Sie war wie eine Puppe mit aschblonden Haaren und einem Teint, der übersät war mit einer Vielzahl kleiner Schönheitsflecken auf einer zarten Haut, die der Farbe von hellem Whisky glich. Mit Feinheit und Heiterkeit in ihren Zügen, verbunden mit einer schmeichelnden Stimme, beanspruchte »Püppchen« ständig Freistellung von der Arbeit im Hause. Die Unnachgiebigkeit ihrer Mutter führte oft dazu, daß sie manchmal reglos wie ein Felsen herumsaß, um »Kraft zu schöpfen«. Dabei konnte sie tosen wie der Ozean, wenn sie etwas begehrte, und leer sein wie die Wüste, wenn ihr ein Wunsch verwehrt wurde. Ihre Mutter achtete besonders darauf, daß sie streng in die häuslichen Arbeiten eingebunden blieb, und duldete keine Ausnahmen.

Der große Tisch war bald vollgestellt mit Eimern, Schüsseln und Krügen. Es war wie früher, als der Tisch zu allen Jahreszeiten große Auswahl bot. Da das Essen zur Mittagzeit ausfiel, wurde für den Abend, in Erwartung der Rückkehr des Familienoberhaupts, ein schmackhafter Gemüseeintopf mit Speck zubereitet. Der Herd wurde angeheizt, der Torfkasten gefüllt und der Aschenkasten entleert. An dem Kesselhaken, der aus einer Zahnstange bestand, hing eine Kette, mit der sich der schwere Wasserkessel über den Herd und über das Feuer schwenken ließ. Neben dem Herd hingen geschmiedete Eisenringe mit unterschiedlichen Durchmessern, und darüber pendelten verschieden lange Rohrstücke.

In den späten Nachmittagsstunden breitete sich zwischen der Sitzbank und dem großen, raumfressenden, aber angenehm wärmespendenden Küchenherd, auf dem dichtgedrängt dampfend die Töpfe und eine Reihe von unbenutzten Glaskolben standen, Gemütlichkeit aus. Während Angus draußen erntete und die Beete gleichzeitig von Gräsern befreite, erzählte drinnen Mutter Barbara ihren Töchtern, die mit am Tisch saßen und die Bohnen putzten, von ihrer Mädchenzeit auf der Insel Islay. »Die Kraft der Menschen auf Islay«, so führte sie aus, »beruht auf der Kunst der Frauen, das Weh im Leib zu stillen. Seit Generationen«, so fuhr sie fort, »waren die Inselfrauen darauf bedacht, Gesundheit, Schönheit und Reinheit zu erhalten. Dazu gehörten Kenntnisse über Arten und Standort von Heilpflanzen, dazu das Wissen über deren Auf- und Zubereitungen.«

Äußerste Strenge ließ sie gegenüber ihren Töchtern beim Abfragen der Pflanzen, die in den Highlands wuchsen, walten. An jenem Nachmittag widmete sie die Stunden neben der Arbeit gleichzeitig den Anwendungen und der Heilkraft der Kräuterpflanzen. Von der Wirkung der Arnikablüte bei Blutergüssen und Quetschungen über die Anwendung von isländischem Moos bei Reizhusten und die Wirkung einer bestimmte Kombination von zwanzig verschiedenen Kräutern zur Heilung von Mundfäule, zu großer Monatsblutung und Weißfluß bei Frauen bis hin zur Brustwarzenpflege mit Johanniskraut während der Stillzeit erstreckten sich die Lehr- und Lernstunden. Florence war in allem ihre interessierteste Zuhörerin. Angus, der die vollen Körbe in die Küche schleppte, wäre zu gern – brennend vor Neugierde – hier geblieben und hätte lieber den Worten seiner Mutter gelauscht, doch er war für den Nachschub von draußen verantwortlich. Daher beeilte er sich in den Beeten, um drinnen nichts zu verpassen …

So lauschte er nach getaner Arbeit zwar müde, doch aufmerksam den Erzählungen seiner Mutter, die bei seinem Eintreten das Thema gewechselt hatte: »Euer Großvater, Ian Macdonell, war auf der Insel Islay ein anerkannter Bruch- und Steinschneider, der auch das Handwerk eines Knochenflickers beherrschte. Nebenbei betätigte er sich als Säueschneider und Böckekastrierer. Von ihm habe ich gelernt, wie man die Hoden der Böcke und Schweine öffnet, die Samenstränge mit der Zange nacheinander abquetscht und die Sache unblutig zu Ende bringt. In den Lowlands, wie ich gehört habe, schneiden sie die Hodensäcke mit dem Messer ab, was die Gefahr tödlicher Blutungen in sich birgt.« Mit Ehrfurcht sagte sie: »Nur euer Großvater, das war überall bekannt, beherrschte die unblutige Methode! Schon als Mädchen bin ich ihm mit Begeisterung gefolgt, wenn auf der Insel die Hilfe eines Baders gebraucht wurde.«

So hörten Angus und die Töchter zum wiederholten Male, daß ihre Mutter stolz darauf war, daß sie damals für Großvater den chirurgischen Besteckkasten tragen durfte, den er teuer in Glasgow erstanden hatte. Da es keinen Arzt auf der Insel gab, waren die Inselbewohner auf die »Kunst« des Baders angewiesen und riefen ihn häufig zu Hilfe, um Verletzungen zu heilen. Auf diese Weise hatte Mutter Barbara von ihm die Anwendung des Chirurgenbestecks ebenso erlernt, wie sie von ihrer Mutter das Wissen und die Anwendung nützlicher Electuarien erwarb.

Als die Dämmerung hereinbrach, wirkten sie alle erschöpft von der geistigen wie der körperlich harten Arbeit. Als die Laternen entzündet wurden, meinte Mutter Barbara beiläufig: »Die Männer müßten schon längst zurücksein.«

»Wir können ihnen ja entgegenlaufen, Mama!« schlug Florence vor. Und in selbem Atemzug fragte sie ihre Schwester: »Machst du mit, Cathy?«

Catharine war sich sicher, daß Florence sie nur deswegen fragte, da sie wußte, daß sie für schnelle Spaziergänge nichts übrig hatte. So lehnte sie mit einem: »Lauf nur, ich bleibe hier!« trotzig ab, stand auf, schnappte sich die kleinste Laterne von der Wand und ging hinaus in die Eingangshalle.

»Niemand verläßt das Haus!« rief ihr Mutter Barbara hinterher. Sie zeigte auf die letzten Schüsseln mit Rüben, Bohnen und Karotten vor sich: »Erst wenn wir damit fertig sind, könnt ihr allesamt hinaufgehen zum Schlafen. Ich werde dann hier unten so lange warten, bis Vater, Kenneth und Morgan heimkommen.«

»Hoffentlich ist ihnen nichts paaaassiert ...«, sagte Angus, der nach dem Feuer im Herd sah, gähnend.

Einen Moment lang herrschte Schweigen. Alle sahen einander an. Angus warf einen flüchtigen Blick zu Mutter Barbara hinüber, die dicht neben Mistress stand, und sah, wie in ihr das Unbehagen hochstieg.

In diesem Moment stieß Catharine draußen in der Halle einen schrillen Schrei aus, der von der hohen Decke zurückgeworfen wurde und gespenstisch im Gebäude widerhallte.

In Mutter Barbaras Ohren hörte es sich an wie ein Schrei, der Todesnachrichten verkündet. Sie wirbelte herum; Angus ließ das Torfstück fallen, das er gerade ins Feuer werfen wollte; Florence stieß eine leere Essigflasche vom Tisch, die mit lautem Klirren auf dem Boden zerschellte. Mistress stand wie zur Salzsäule erstarrt neben dem Tisch. Die Tür zur Eingangshalle sprang auf, und Catharine kam mit dem Rücken voran, die Laterne in der zitternden rechten Hand, wieder herein.

Mutter Barbara faßte sich, nahm die große Laterne vom Haken und eilte entschlossen durch die Küche in Richtung Halle. Sie schob Catharine zur Seite: »Laßt mich sehen …!«

Angus und Florence folgten ihr, während Mistress wie angewurzelt am Tisch stehen blieb.

Der Schein der starken Laterne erhellte die Halle: »Mein Gott! Was …?«

Augen starrten ihr aus dunklen, rot verfärbten Höhlen entgegen. Angus und Florence drängten hinzu. Erst jetzt bemerkten sie das dick verkrustete Blut auf den wächsernen Fingern. Kenneths rechter Arm war notdürftig verbunden. Er selbst hing mit geschlossenen Augen und schneeweißem Gesicht reglos zwischen Magnus und Morgan.

»Schnell!« ächzte Morgan unter der Last. Entschlossen wollten Angus und Florence zufassen, um Morgan und Vater Magnus zu entlasten.

»Angus! Florence! Aus dem Weg …«, keuchte Magnus.

»Kenneth! Kenneth!« kreischte Catharine los und schlug ihre Hände vor das Gesicht. Verkrampft und in panischer Angst lugte sie zwischen ihren Fingern hindurch auf ihren ältesten Bruder, der an ihr vorbei in die warme Küche geschleppt wurde.

»Ist … es … schlimm …, Vater?« fragte Angus mit weinerlicher Stimme.

Keiner antwortete ihm. Statt dessen beugte sich Mutter Barbara über Kenneth, betrachtete ihn eingehend, strich ihm nervös über das Haar und tastete kundig seinen Hals.

»Was ist mit ihm passiert?«

Magnus antwortete mit belegter Stimme: »Sein rechter Arm ist zerfleischt! Von einem Hund – einer Bestie! Es war vor etwa neun Stunden … In Oykel Bridge … Du mußt seinen Arm retten …!«

Einen Moment wirkte sie wie versteinert. Dann befahl sie energisch: »Legt ihn dort auf die Bank! Zieht ihm die Stiefel aus! Mistress! Hierher! Schnell! Kehr die Glasscherben zusammen! Schneid dich nicht! Angus, du räumst sofort den Tisch ab. Wir brauchen ihn für Kenneth! Florence, hole weiße Leinentücher, Schlafhemd und Kissen!« Während Mistress die letzten Scherben zusammenfegte, bekam sie schon die nächste Anweisung: »Wir benötigen viel

96

heißes Wasser! Es muß kochen! Bring Holz und frisches Brunnenwasser herein! Beeil dich!«

Als der Tisch leer und gesäubert war, breitete sie mit Florence das weiße Leinentuch darüber. Dann befreite sie selbst ihren ältesten Sohn, der reglos blieb, von seiner vor Schmutz starrenden Hose.

Kenneth begann zu stöhnen, während ihn die Männer von der Bank auf die Tischplatte hoben. Mutter Barbara holte ein Messer und eine Schere aus dem Küchenkasten. Behutsam trennte sie den Rest von Kenneths rechtem Jackenärmel mit der Schere auf, bis die losen Teile zu Boden fielen. Daraufhin nahm sie eine Schöpfkelle, entnahm aus dem Kessel siedendes Wasser und goß es sorgsam über die Klinge des Messers.

Mit Gründlichkeit und unendlicher Vorsicht befreite sie damit den Unterarm von anhaftenden Stoffresten. Sie betrachtete eingehend die grobe, unregelmäßige Wundfläche, die mit tiefen Taschen und Buchten zerklüftet war, in denen Hautfetzen schon zu verkleben drohten. Florence, die rechts neben ihr stand, erhielt erneut Anweisungen: »Ich benötige viele schmale Leinenstreifen. Wir werden ein weiteres Tuch opfern müssen.« Und zu ihrem Mann sagte sie: »Hol *low wines*!« Dann fiel Mutters Blick auf ihre jüngste Tochter, die immer noch wie betäubt im Raum stand: »Catharine! Catharine!« Sie griff nach ihrer Hand, nahm sie dabei um die Schulter und sagte in beruhigendem Ton: »Geh hinauf in unsere Schlafkammer und bring mir meinen Besteckkoffer«, und zu Mistress gewandt: »Geh mit ihr und bring das Nähzeug! Nimm den ganzen Kasten, und trage ihn vorsichtig herunter.«

Während Mutter Barbara begann, Kenneth weiter zu entkleiden, kam ihr Mann wieder in die Küche. »Wie konnte das passieren?« fragte sie, fast beiläufig.

Magnus stellte den Krug mit *low wines*, einem Gemisch von Äthylalkohol und Wasser, das bei der ersten Destillation von Whisky anfällt, auf den Küchentisch. Zornbebend antwortete er: »Es war dieser verdammte Donald Robertson! Ein neuer Verwalter, zusammen mit seiner wilden Horde. Sie kamen vom Süden an Oykel Bridge heran, überrannten das Dorf, mordeten Kinder und Greise, brannten die Häuser nieder, hetzten ihre Hunde auf uns und verjagten ohne Ausnahme alle, die dort wohnten. Nebendran floß gnadenlos der wollene Strom vorüber! Keine Verlesung von Anordnungen, keine Diskussionen – keine Warnung! Sie verhielten sich, als hätten die Bewohner von Oykel Bridge gegen sie die Waffen erhoben, um sie mit Gewalt aufzuhalten, obwohl sie friedlich blieben und lediglich eine Menschenkette bildeten. So ist es passiert! Einfach so!«

»Dann wart ihr also mitten drin?«

»Wir wollten sehen, was ...«

Magnus brach seinen Satz ab. Mit Schaudern sah er auf Kenneths Arm, der im hellen Schein der Petroleumlampe gräßlich anzusehen war. Hautfetzen hingen von ihm herab, Gefäßbahnen und abgelöste Muskelstränge traten neben weißlichen Sehnen hervor. Exsudat rann aus den Wundkratern auf das weiße Tuch und färbte es rosa. Magnus flüsterte zu seiner Frau: »Wird er ihn behalten?«

»Um das Wundfieber zu vermeiden, wäre es das beste, ihm den Unterarm abzunehmen!«

Die rechte Schulter Kenneths zuckte plötzlich, und gleichzeitig hob er mühsam den Kopf: »Nein, Mutter! Nein! Er bleibt dran!«

»Beruhige dich, mein Sohn. Beruhige dich ...« Zärtlich strich sie ihm über Stirn und Haar. »Ich werde alles versuchen. Hoffen wir, daß meine Kunst ausreicht.«

Magnus verließ für einen Moment die Küche, um die Pferde schnell in den Stall zu bringen. Catharine hatte inzwischen einen metallbeschlagenen Kasten aus Nußbaumholz auf der Sitzbank abgestellt. Mutter Barbara öffnete ihn und hob den ersten Einsatz aus Zinkblech heraus, auf dem verschiedene Zangen, Haken, Sonden, Meißel, eine Blatt- und eine Stichsäge zum Vorschein kamen. Darunter lag eine Auswahl von Schneideinstrumenten in verschiedenen Größen, dazu ein Metallbänkchen, auf dem sie abgelegt werden konnten, so daß die Schnittflächen ohne Kontakt mit der Ablagefläche blieben. Die Zange mit zwei löffelförmigen Enden zum Fassen und Ziehen von Kugeln ließ sie unberührt. Danach entnahm sie einige Wundhaken mit flachen, zwei-, vier- und achtzähnigen Enden, außerdem eine starke pfriemenförmige Nadel mit einem an der Spitze befindlichen Öhr für den Faden und am Ende noch einige Pinzetten mit und ohne Zähnen. Sie legte alles in eine

Blechschüssel und goß *low wines* darauf, bis die Instrumente gut bedeckt waren.

Magnus, der die Küche wieder betrat, schüttelte unbemerkt den Kopf, hielt er doch diese Prozedur für die reinste Verschwendung. Doch eingeschüchtert von einigen harten Zurechtweisungen seiner Frau in der Vergangenheit wagte er keinen Ton zu sagen. Ihr Großvater hatte es schon so gemacht, ihr Vater, hieß es, habe sich ebenfalls nicht beirren lassen, und daher schwor auch seine Frau auf das gründliche Bad der Instrumente in *low wines*. »Bring mir die große Flasche mit der Tinktur von *Flores arnica*!« riß ihn seine Frau aus seinen Gedanken.

Das starke Feuer im Herd heulte, trieb die Wärme in unangenehme Höhen und brachte das Wasser in den Töpfen und Schüsseln schnell zum Sieden. Während sie sich *low wines* über die Hände goß, wies sie ihre Töchter an: »Schneidet genügend lange und kurze Streifen aus dem Laken. Achtet darauf, daß einige davon zwei, die meisten jedoch fünf Zoll betragen. Dazu benötige ich kleine, zwei bis vier Zoll lange Stoffquadrate. Werft alles in das kochende Wasser, fischt es nach einigen Minuten mit der Pinzette heraus und legt die Streifen und Quadrate in die Schüssel mit Arnikatinktur, die euer Vater gleich herrichten wird.«

Mutter Barbara verfolgte stumm die Ausführung ihrer Anweisungen. Sie schien zufrieden. Ihr Blick wanderte zu Magnus und Morgan: »Haltet ihn an Schulter und Beinen fest, falls er die Schmerzen nicht erträgt.«

Sie rückte den Schemel näher an den Tisch, setzte sich, nahm zwei Instrumente aus der Schale und ließ den Alkohol abtropfen. Ihre rechte Hand hielt eine Pinzette mit Zähnen, ihre linke eines von den handgeschmiedeten zweiseitigen scharfen Messern, das feinste Schnittfähigkeit verhieß, und so begann sie mit der Entfernung verschmutzter Wundrandbereiche an Kenneths Unterarm. Dieser zuckte zusammen und umkrallte mit seiner linken Hand die Tischkante, was Magnus und Morgan veranlaßte, ihre Hände auf Kenneths Schulter und Beine zu legen.

Behutsam, Zoll für Zoll, von der Armbeuge her beginnend, entfernte Mutter Barbara Haut, Gewebefetzen, geronnenes Blut und Schmutz. Sie versuchte, intakte Gewebeareale zu schonen, indem sie die Schnitte in Faserrichtung verlaufen ließ. Der *Musculus supinator longus*, dazu die Streck- und Beugemuskelgruppen waren zerrissen, und der Substanzverlust war erheblich. Beruhigend hingegen war für sie die Tatsache, das die *Arteria radialis* unversehrt geblieben war.

Kenneth wagte sich nicht zu rühren. Er fühlte bei jedem Schnitt durch die Haut, bei jedem Eingriff in die Wunde feurige, stechende Schmerzen und einen heftigen Zwang, seine Blase zu entleeren. Immer dann, wenn seine Mutter nahe der Armbeuge sondierte und mit in Arnikatinktur getränkten Tupfern die Wundkrater reinigte, war der Schmerz so stark, daß er glaubte, die unterdrückten Schreie in seinem Kopf zu hören. Als sie mit dem Haken einen Muskelstrang zur Seite zog, bäumte er sich mit den Schultern vor Schmerzen auf, trotz der eisernen Hände seines Vaters und Bruders, die ihn auf die Tischplatte zurückzwangen. Er atmete schneller, sein Kopf ging hin und her, das Knirschen seiner Zähne war deutlich zu hören, sein Gesicht verzerrte sich, und ein dumpfes Stöhnen verließ seine Kehle.

Angus beobachtete jede Handbewegung seiner Mutter und versuchte sich jedes Instrument, das sie benutzte, einzuprägen. Nebenbei zählte er die Tupfer, die mit Blut vollgesogen auf den Boden herabfielen. Das Stöhnen und die Schmerzen seines Bruders empfand er als selbstverständliche Zugabe zur Operation. Als Mistress die Küche verließ, um sich draußen zu übergeben, war er sich sicher, daß er niemals eine solche Schwäche zeigen würde. Fleischfetzen, Blut und Stöhnen jagten ihm höchstens einen fröstelnden Schauer der Erwartung ab. Er ging näher an seine Mutter heran, um bessere Sicht auf den zerrissenen Arm zu haben. Für ihn war es ein Erlebnis, das seine ganze Aufmerksamkeit beanspruchte. Am liebsten würde er schon morgen alle anatomischen Geheimnisse des Menschen erforschen.

Kenneth verlor die Besinnung, als seine Mutter nach der mechanischen Reinigung dazu überging, die ausgedehnte Wunde mit verdünnter Arnikatinktur zu spülen. Den Blütenauszug hatte sie ebenfalls mit *low wines* zubereitet. Obwohl mit dem abgekochten Wasser verdünnt, mußte die Tinktur in der Wunde brennen wie ein glühendes Eisen. Die Ohnmacht ihres Sohnes nutzte sie, um die

Wundtaschen, die tief in die Muskeln, bis auf den Armknochen, reichten, mit einem scharfen Löffel zu weiten. Somit konnte sie die letzten geronnenen Blutpfropfen gründlich entfernen, und die Krater gleichzeitig mit unverdünnter Arnikatinktur spülen. Am Ende der Behandlung begradigte sie die ausgedehnten Wundränder noch einmal mit dem Messer.

Die geraden, sauberen Schnittränder nötigten Magnus, Morgan und Angus Bewunderung ab. Danach folgte noch eine lange Stunde, die sie für die Ausführung der Wundnähte benötigte. Angus erkannte an Kenneths Arm drei verschiedene Arten davon. Die einfachste war die mit einer »Knopfnaht«. Seine Mutter führte den Faden, der an einer gekrümmten Heftnadel hing, durch die Ränder der Wundkrater. Es war eine Nadel, die den Bogen eines Kreises bildete und am Ende ein längliches Öhr besaß. Vom hinteren Ende bis zur Mitte hin wies sie stumpfe Ränder auf, die sich von dort aus bis zur Mitte hin gleichmäßig verschmälerten, um mit zwei scharfen Rändern zu einer scharfen, schlanken Spitze auszulaufen. Waren die Fäden gelegt, wurde der Wundrand durch sanften Zug angenähert und das Ganze mit einem Knoten und Schleife geschürzt.

Da, wo der Substanzverlust deutlich zu sehen war, wendete Mutter Barbara die »umwundene Naht« und die »Zapfennaht« an. Bei der ersteren stach sie Stecknadeln durch die Wundränder und zog diese zusammen, indem sie den Faden mehrfach in einer umschlungenen 8 um die Enden der Nadeln führte. War diese Art von Naht schnell und leicht auszuführen, forderte die Zapfennaht die ganze Geduld eines Menschen heraus. Erst führte sie doppelte Fäden durch die Wundränder. Danach nahm sie zwei kleine Metallzylinder aus dem *low-wines*-Bad und befestigte diese nahe der Schnittführung mit den Enden zweier doppelter Fäden. Am Ende verknüpfte sie unter Zug beide Zylinder miteinander.

Nach Beendigung der Wundversorgung legte Mutter Barbara flach zusammengefaltete, gekrüllte Kompressen zum Aufsaugen des Blutes und der Hautfeuchtigkeit neben die Nahtlinien und befestigte diese mit Leinenstreifen. Zur Erweiterung der Blutgefäße und zur Vermeidung des Wundbrandes verabreichte sie ihrem ältesten Sohn mehrere Tassen Tee von Steinkleekraut.

In den Morgenstunden des neuen Tages wurde Kenneth zur Genesung in die beheizte Wohnstube verlegt. Nachdem sie sich in die Küche zurückgezogen hatten, fragte Magnus seine Frau: »Wird er seinen Arm jemals wieder benutzen können?«

Seine Frau sah ihn mit erschöpften Augen an, blieb stumm und bewegte ihren Kopf unmerklich von links nach rechts. Nach einer Weile sprach sie: »Er wird darin keine Kraft mehr haben. Du kannst auch seine Hand verbrennen. Er würde es nicht spüren ...«

»Vater ... Vater ...«, hörte Magnus Kenneths matte Stimme von nebenan. Er trat an sein Bett:

»Was ist, mein Sohn?«

Kenneths Augen waren geschlossen, sein Gesicht wachsweiß und sein schneller, kurzer Atem ein Zeichen, daß sein Leben in Gefahr war. Schweißperlen liefen ihm über das Gesicht. Kenneth riß plötzlich die Augen auf und starrte seinen Vater an. Magnus sah in haßerfüllte Augen. Mit letzter Anstrengung preßte Kenneth die Worte heraus:

»Vater ...! Robertson ...! Ich ... werde ... ihn ... umbringen!«

Magnus tupfte mit einem bereitliegenden Tuch den Schweiß von Kenneths Stirn.

»Schlaf jetzt!« war alles, was Vater Magnus erwiderte.

Am Morgen darauf ordnete Magnus Mackay an, daß die beiden unersetzlichen *pot stills* versteckt werden müßten. So wurden die birnenförmigen Destillierblasen aus Kupferblech und die dazugehörigen Kühlschlangen mitsamt der Gerätschaft in das »steinerne Grab«, eine künstlich angelegte Höhle am Fuße des Cnoc an Droighinn, außerhalb von Scoury House, verbracht. Danach befahl er, die kleinen und mittleren Bottiche, die aus Lärchenholz gefertigt waren, in den Pferdestall zu hieven, um sie als Futtertröge zu tarnen. Alles andere, besonders die *mash-tun* und der *washback*, die Maischtonne und der Gärkessel, waren für die Ewigkeit, zugänglich nur über das Kellergewölbe, verbunden durch einen geheimen Gang, im Berg versteckt.

Magnus fürchtete weder die brutalen Übergriffe eines Donald Robertson mit seinen plündernden Halunken noch die bedrohliche Masse der Schafherden mit all ihren Folgen. Vielmehr beunruhigte ihn, er selbst könnte einen Beweggrund liefern, der Robertson Anlaß gäbe, ihn und seinen Clan zu vernichten. Er erinnerte sich an das warnende rote Tuch auf dem Torfstapel in Oykel Bridge. Das Zeichen für alle Whiskybrenner der Highlands, die Geräte vor dem *exciseman*, dem von allen Schwarzbrennern der Highlands gefürchteten Steuereintreiber aus Inverness, in Sicherheit zu bringen. Sollte dieser oder der Verwalter entdecken, daß in Scoury House verbotener Whisky gebrannt wurde, konnte das im schlimmsten Fall den Galgen bedeuten. Doch schon eine schwere Geldstrafe konnte Magnus' finanzielle Rücklagen empfindlich schmälern, ganz davon abgesehen, daß er bei Bezahlung derselben einen weiteren Beweis dafür liefern würde, daß sein Geldsack durch Schwarzbrennerei prall gefüllt war. Schlimmer noch: Sollte Robertson allein davon Wind bekommen, konnte er ihn aussaugen wie die Spinne ihr Opfer.

Ein Antrag zum legalen Brennen von Whisky wäre für Magnus nie in Frage gekommen. Er haßte alle Vorschriften und Kontrollen, die er durch seine Unterschrift akzeptieren müßte. Die hohen Steuern würde außerdem den Gewinn aufzehren. 18 Gallonen Whisky aus 100 Gallonen Maische, so lautete die Berechnung der Steuerherren von London, welche die Beamten in Inverness, ohne nachzudenken, übernahmen. Da Magnus und Kenneth ihren Whisky zweimal destillierten, betrug die Ausbeute von edlem Assynter *proof whisky* jedoch nur um die zehn Prozent. Falls die »Ausbeute« unter die geschätzte Menge fiel, müßten sie trotzdem die Steuer auf 18 Gallonen, die amtlich festgesetzte Quantität, bezahlen. Für Magnus ein unannehmbarer Zustand.

Die hohe Steuer führte daher nicht nur zu Verlusten, sondern verführte auch zur Produktion minderer Qualität, da ein guter Teil von unbrauchbarem Vor- und Nachlauf nicht vom edlen Destillat abgetrennt wurde. Außerdem kümmerte sich Magnus mit seinen ältesten Söhnen selbst um den Verkauf des guten Destillates, denn sie betrieben beides: Brennen und Schmuggeln. Dies war ihr Schutz gegen die harten Lebensbedingungen in den Highlands.

Die Rettung der Scoury-Mackays vor einer drohenden Verarmung war vor mehr als fünfzehn Jahren durch den Erfolg des ersten Gärungsprozesses in ihren *washbacks* gekommen. Magnus erinnerte sich immer wieder an jene Zeiten davor, in denen mit Bangen die Brachmonde gezählt wurden, die sie von der Gerstenfrucht trennte. Der erste vergorene Gerstenscheffel garantierte ihnen, daß sie auch in diesem Jahr wieder neues Saatgut würden kaufen können und verhieß ihnen damit den Geschmack des neuen, frischen Brotes. Säen und ernten zu können unterscheidet die Menschen von den Tieren. Daher wollte Magnus Mackay nie die Jahre zurückkehren lassen, in denen der Hunger die Leiber ausgezehrt hatte.

Nein, weder an eine Lizenz zum Brennen noch an ein Ende des Whiskyschmuggels war zu denken. Damit entfiele das wahre Geschäft. Daher seine Maßnahmen, alles aus Scoury House zu entfernen, was seinen Untergang heraufbeschwören könnte.

Noch in der darauffolgenden Nacht überlegten Magnus, seine Frau und Morgan, wo sie die Ladung der »gesunden Gerste«, die sie vor vier Wochen aus Lochinver mit den Clydesdales hinauf an den Assynt transportiert hatten, am besten verstecken sollten. In normalen Zeiten wäre dies nicht nötig gewesen, doch die Getreideernten waren in diesem Sommer schlecht ausgefallen. Ein solcher »Ertrag«, wie in Scoury House vorhanden, war mit dem Gerstenanbau auf den Feldern in der Umgebung allein nicht zu erklären. Der Mangel an Gerste war in ganz England zu spüren. Die Preise waren überhöht. Der zu erzielende Preis für jede Gallone Whisky dagegen um so verlockender.

Kenneth, der mit dem Fieber kämpfte, hatte in diesen Tagen mit dem Wässern der Gerste beginnen wollen. Die Ereignisse in Oykel Bridge hatten das ganze Vorhaben vereitelt. Die Abnehmer in Lochinver würden sich gedulden müssen und der Schmuggelkutter um eine Ladung edlen Whiskys ärmer davonsegeln.

Angus, der mit seinen Schwestern stumm am Tisch dabei saß, machte plötzlich den Vorschlag, die Gerste in die vorhandenen

Bettkästen zu füllen, was allen Grübelnden ein anerkennendes Lächeln auf die Gesichter zauberte. Von Stunde zu Stunde wurde das Haus ärmer an verräterischen Gerätschaften, und als die Sonne unterging, waren die Arbeiten abgeschlossen.

Mutter Barbara teilte die Krankenwache für Kenneth ein, Vater Magnus die Hauswache. Als Angus beide Wachen hinter sich hatte, legte er sich erschöpft nieder. Doch es wurde ein unruhiger Schlaf auf seinem Lager. So war er, trotz der kurzen Nacht, früh auf den Beinen.

Als er aus dem Bett schlüpfte, hörte er seine Mutter singen:

»Cameron, den kleinen Fürstensohn,
hat das Moor verschlungen;
Wäre er im Schloß geblieben,
könnt er heut' noch darin schlummern.«

»Sie wird mir verzeihen … Doch ich muß wieder hinauf …«, murmelte er vor sich hin, während er sich ankleidete.

Kurz darauf schlich er sich aus dem Haus, um seinen Thron auf dem Cnoc an Droighinn zu besteigen. Er wollte die Invasion der Schafe von dort aus beobachten. Wind und Morgenkälte machten ihm nichts aus. Der Aufstieg, die unwirtlichen Felsen um ihn herum, der Blick auf das windgepeitschte Wasser, die weiße Gischt der brechenden Wellen an den felsigen Ufern des Assynt erzeugten in ihm die wildeste Stimmung. Angus dämpfte seine Wut und setzte dem Sturm seiner Gefühle Phantasien entgegen, die ihm Erleichterung verschafften. Er wollte beobachten, ob der grüne Riese gleich gegenüber am südlichen Ufer des Assynt es sich gefallen ließ, wenn die Schafe seinen struppigen Haarkranz niedermähten und die runde Glatze des Beinn Gharbh damit noch größer würde.

Angus war entschlossen! Sollten die Herden über den Assynt schwimmen, um das Nordufer zu erreichen, würde er einen seiner Windknoten öffnen, um die gesamte Herde im Assynt ertrinken zu lassen.

In der kleinen, flachen Bucht nahe bei Scoury House lag vertäut das Segelboot der Mackays und dümpelte in der Brise.

Auf seinem Thron sitzend, sah er auf der rechten Flanke des Beinn Gharbh die erste weiße Welle von Cheviot-Schafen im gleißenden Sonnenlicht über die Hänge schwappen. Langsam, unaufhaltsam, so wie schäumende, überkochende Milch, überzog die gewaltige Herde die grüne Fläche. Er genoß das Schauspiel, wurde jedoch von Minute zu Minute unruhiger, da er beobachtete, wie sich die Farbe der Glatze des Beinn Gharbh dunkel einfärbte, obwohl die Sonne darauf schien.

»Sie zerstören sein Gesicht!« schrie er aufgebracht und sprang von seinem Thron. Beschwörend hob er seine Arme in den Himmel und rief: »Hexe von Strathkinnes ...! Hexe von Strathkinnes ...!« Der böige Morgenwind heulte über den Berg hinweg. »Faß die Schafe an ihren Schwänzen und laß sie daran verfaulen. Hole dir die Herde von dort oben! Hol sie dir!«

Mit hüpfenden, ungleichen Schritten tanzte er im Kreise und sprach wieder und wieder die Zauberformel der Hexe von Strathkinnes:

»Hasenmilch, Schafmilch und Stutenmilch,
Alle Tiere mit guter Milch
Kommt zu mir!«

Kurz darauf sah er hinüber und traute seinen Augen nicht. Wie von Geisterhand gelenkt driftete die riesige Herde, ungeteilt und glatt, hinab zum Fluß Loanan. Nahe der Herde sah er einen beweglichen schwarzen Punkt, der sich immer wieder der Herde näherte. Sobald er die Herde berührte, erzeugte dieser bewegliche, schnelle Punkt eine Delle in der Kontur der fließenden Milch.

»Sie hat sich als Hund getarnt!« stellte er mit Befriedigung fest.

Im gleichen Augenblick nahm der Wind an Stärke zu und trieb Nebel heran. Im Nu war das Licht grau und vermochte nichts mehr zu erhellen. Schwere Regenwolken, die einen grauschwarzen Vorhang vor die Sonne zogen, kamen in breiter Front über die Gipfel des Quinag, des Glas Bheinn und des Beinn Uidhe. In der Dämmerung zwischen Nacht und Tag war nichts mehr zu erkennen. Ein peitschender Regen, schwer und kalt, setzte ein und durchnäßte Angus in wenigen Augenblicken bis auf die Haut.

Mit katzenartigen Bewegungen begann er durch Felsen, über bemooste und hohe Grashänge den Berg hinabzugleiten. Er hätte seinen Abstiegspfad auch in der schwärzesten Nacht gefunden ...

Angus' morgendlicher Ausflug auf den Cnoc an Droighinn geriet zur Tragödie zwischen ihm und seiner Mutter.

»Hier, Mama! Angus ist hier!« verriet ihn Catharine mit schriller Stimme, als er versuchte, unbeobachtet in seine Kammer zu schlüpfen.

»Wo warst du?« stellte ihn Mutter Barbara auf der Treppe.

Außer Atem antwortete er: »Ich ... habe die Hexe ... Strathkinnes gerufen, auf daß sie uns beisteht gegen die Schafherden!«

*»Wo warst du?«* ließ Mutter Barbara nicht locker. Es kam ihm seltsam vor, daß sie ihn noch fragte. Angus war sich sicher, daß sie wußte, woher er kam – tropfte doch sein Hemd vor Nässe.

»Angus! *Wo?*«

Er blickte die Treppe hinab, senkte sein Haupt, da sie seine zitternden Lippen nicht sehen sollte.

»Oben ...«

»Wo, oben?«

Er zögerte etwas.

»Wo, oben? Angus!«

Was ihn tief traf, war die Erfahrung, daß sie plötzlich nicht mehr »Angus, mein Engel« zu ihm sagte. Es wäre ihm sicher leichter gefallen, Auskunft zu geben, würde sie es doch nur noch einmal sagen.

»Auf meinem Thron ...«, flüsterte er, ohne sie anzusehen. Die Pause dauerte für ihn eine halbe Ewigkeit. Sein Herz raste zum Zerspringen.

»Wie kannst du das mit deinem Gewissen abmachen, daß du mich so hintergehst!«

Angus fuhr zusammen, schluckte, als ob etwas Hartes im Halse steckengeblieben sei. Er hatte das reine Gesetz des Vertrauens, das zwischen ihr und ihm bestand, grob mißachtet. Er umfaßte die Taille seiner Mutter und preßte sich an sie. Mit ihren kräftigen Armen stieß sie ihn von sich: »Ich mag dich nicht mehr sehen!«

Als er in seine Kammer kam und sich die nassen Kleider vom Leib riß, wurde ihm bewußt, daß alles auf einmal eine andere Bestimmung erhalten hatte. Auf dem Bett sitzend, ließ er sich umfallen, preßte sein Gesicht in die Kissen und rief in großem Seelenschmerz hinein: »Nein, nein, Mama, Mama, das hab' ich nicht gewollt ...« Er lag eine Weile und weinte in sein Kissen, als die Tür geöffnet wurde. Angenehm erregt, halb lachend und halb weinend erwartete er seine Mutter zu sehen. Aber nicht sie, sondern Morgan trat ein.

»Ach, Morgan!« sagte er enttäuscht. »Was willst du?«

»Es kommen Männer auf Pferden. Vater sagt, du sollst sofort zum Hoftor kommen.«

»Gleich, warte!« Doch Morgan war schon wieder aus dem Zimmer.

Kurz darauf eilte er zur Treppe, horchte auf Stimmen, die sich entfernten, und ging hinab. Ihm war, als hätte sich alles geändert und nichts, gar nichts mehr wäre wie zuvor. Er schien allein im Haus zu sein. Er flitzte durch die Wohnhalle und betrat durch die Pforte den großen Vorplatz von Scoury House.

Der Regenguß war vorüber, und die Sonne brach durch die Wolken. Vater und Morgan standen allein, mit dem Rücken zu ihm, vor dem Hoftor und beobachteten, wie eine Gruppe von Reitern, dampfend vor Nässe, sich Scoury House näherte. Vor dem Tor blieben sie stehen. Riesenhafte Pferde, dachte sich Angus. Sie waren noch etwas mächtiger als die Clydesdales. Auf sechs Shire Horses, die ein Stockmaß von zwanzig Hand erreichten, saßen Männer, die teilnahmslos herüberblickten. Derjenige, der in der Mitte ritt, löste sich aus der Gruppe und lenkte sein Pferd, dessen dichte Kötenbehänge vor Schmutz zu langen, dicken schwarzen Fäden erstarrt waren, nahe an das Tor heran. Angus stellte sich neben Morgan. Gleichzeitig knurrte der Bluthund, als wollte er über Angus herfallen.

»Mackay! Wo bleibt der Willkommenstrunk?« rief der Mann fordernd herüber.

»Mr. Robertson«, hörte Angus seinen Vater mit fremder Stimme neben sich sagen, »ein Seher, der gestern vorbeikam, berichtete von Reitern, die an den Assynt kämen und einen Schleier von Feuer, Zerstörung, Särgen und Begräbnissen hinter sich her zögen. Ihnen sollen die Köpfe von Todesschreien verbrannter alter Weiber, Männer und Kinder dröhnen. Er riet mir ab, diesen Reitern etwas zu geben. Es brächte nur Unheil. Einer von ihnen – so hatte er gesehen – trage den verkohlten Leichnam einer Greisin auf dem Rücken. Ich bin mir nicht sicher, ob er euch gemeint haben könnte ...«

Angus spürte die Unruhe des Mannes auf dem Shire-Horse. Robertsons Kopf fuhr herum, sein Blick heftete sich auf die Mauern von Scoury House, deren nasse Steine in der Sonne glitzerten. Er blickte angestrengt und hart gegen das gleißende Licht; seine erbarmungslosen Augen schienen die Mauern durchdringen zu wollen. Kurz darauf fixierte er Magnus, und Angus bemerkte, daß sein Blick für einen Moment ein kurzes, überraschtes Erkennen zeigte.

»Auch mir kam gestern ein Seher entgegen«, begann er im gleichen Ton wie Magnus zu antworten. »Er erzählte von einer Todeswarnung, die er einem Mann aus dem Clan der Mackays am Assynt überbracht hätte. Dieser Mann soll einer der größten Schwarzbrenner in den Highlands sein. Er soll sogar verstehen, selbst das ›green malt‹ exzellent zu darren. Dieser Mann hätte aber einen gräßlich zugerichteten Insassen in seinem Haus, der bald steif, weiß und still werden wird. Spätestens zur Leichenwache – so berichtete mir der Seher – hatte er dem Mann geraten, sollte er sich mit den Verwaltern des Herzogs gut stellen, da sonst seine Frau und seine Töchter bald *seinen* Sarg tragen müßten. Ich bin mir fast sicher, wen er damit gemeint hat.«

Angus lief ein kalter Schauer den Rücken herunter.

»Schöner Dreck ...«, zischte Morgan, ohne daß ihn Robertson hören konnte.

Magnus dagegen schien die Antwort Robertsons nicht zu beeindrucken. Er griff sich an sein Haupt und antwortete: »Oh, was für ein Seher! Ich habe hundsgemeine Kopfschmerzen von ihm.« Dann nahm er seine Hand langsam vom Haupt und fuhr fort: »Vieles wäre glaubhafter, würde man nicht den Stachel von Ehrgeiz bemerken, der sein ›Sehen‹ eintrübt. Jedoch ihr seid keinem Seher begegnet, ihr seid einem Dämon aufgesessen!«

»Dämon oder Seher! Beide sehen euren Tod. Müht euch also nicht, meine Begegnung mit ihm ungeschehen zu machen«, wetterte Robertson vom Pferd herunter. »Euer Reichtum bestätigt seine Worte.« Robertsons Finger zeigten auf die zahlreichen tiefen Hufspuren im Boden: »Wer kann sich schon Clydesdales in den Highlands leisten? Woher habt ihr das Geld für den Hafer und das Heu, das sie in Unmengen fressen, während euresgleichen ringsum verhungert? Dagegen ist dies hier das Paradies. Also, wie laufen die Geschäfte?«

Magnus sah nach oben. Dichte schwere Regenwolken jagten wieder heran. Wenn er es auch nicht zeigte, so war er doch beeindruckt von der Beharrlichkeit, mit der sich Robertson an die Quelle aller seiner Erfolge herantastete. Magnus schüttelte den Kopf.

»Nein! Wenn *Geschäfte* laufen würden, gäbe es keinen Hunger in den Highlands. Wahrlich, für den Hunger, die Gewalt und den Tod seid ihr zuständig. Dafür braucht es keinen Seher. Die Geschichten, die ihr gegen uns benötigt, tischt ihr euch selbst auf. Doch was für ein Glück für uns Highlander, daß es einen Mann gibt, der den Mut hat, die Vorstellungen eines großen Herzogs gnadenlos auszuführen. Die *seanachies* werden das Ereignis am Oykel von Generation zu Generation besingen, und die Menschen werden haßerfüllt bei jeder Gelegenheit rufen: Es war das ›Jahr des Brennens‹ und das Jahr, an dem Donald Robertson zum Assynt zog.«

Robertson verlor die Beherrschung: »Verdammt will ich sein, wenn ich euch nicht an den Galgen bringe!«

Im gleichen Moment brach ein kühler Regenschauer los, der die Kleider im Nu durchdrang. Robertson zeigte hinüber auf die gegenüber liegende Insel: »Ardvreck Castle ist ab heute der Wachturm über Scoury House und über euer Tun bis in alle Ewigkeit. Merk dir meine Worte, Mackay. Die Weissagungen des Sehers werden sich erfüllen!«

Als Robertson und seine Männer im prasselnden Regen ihre Pferde zurück auf die Straße führten, rief ihm Magnus hinterher: »Wenn es gelogen ist, was er euch gesagt hat, so war's gelogen, was man ihm erzählte!«

# 3

# Whiskyschmuggler

Scoury House –
Lochinver
1832

In den späten Nachmittagsstunden war ein kräftiger Wind aus Nordnordost aufgekommen, der das kleine Segelboot in schneller Fahrt über den Assynt in Richtung Westen, Kurs Lochinver, getrieben hatte. Während der Nacht würde der Wind von See her auf Nordwest drehen, was Morgan und seinem Bruder Angus auf der Rückfahrt das Rudern ersparen würde. Auch wenn der Wind direkt aus dem Norden blies, konnten sie darauf bauen, zwei Drittel der Strecke segelnd zurück nach Scoury House zu gelangen.

So besehen, paßte der Name WHISKY-FRISKY gar nicht zu den guten Segeleigenschaften des Schiffes. Die »Gig« war früher auf einer Brigg als schnelles Boot für den persönlichen Bedarf des Kapitäns eingesetzt worden. Der Rumpf war klinkerbeplankt und aus bestem Eichenholz gefertigt, zu dem der helle Boden aus Ahornbrettern, der über die Bodenwrangen gelegt war, einen reizvollen Kontrast bildete. In Inneren waren drei Bänke angebracht, mit denen das Boot von maximal sechs Männern an den Riemen gerudert werden konnte. Zwei Skulls hatten Überlängen, damit die Gig auch notfalls mit einem Ruderer bewegt werden konnte. Ein hartes Stück Arbeit, sollte der Wind schlecht stehen. Die Heckbank war gleichzeitig der Steuersitz und mit einem schützenden Lehnbrett umgeben. Darunter befand sich eine kleine Heckkammer.

Das Lehnbrett, das Ruder und der Steven waren früher in Englischrot gehalten gewesen, was Vater Magnus jedoch hatte abschleifen lassen, da die verräterische Farbe dem Zweck nicht dienlich war. Doch ansonsten hatte er wenig verändert. An der gesamten handwerklichen Ausführung des Rumpfes, besonders aber an den exakt gearbeiteten Spanten und Sentleisten, erkannte man die Hand eines Bootsbaumeisters. Die Krönung der Gig waren allerdings sechs kunstvoll gestaltete Dollen, die aus Bronze gegossen waren. Der Reeder hatte für seinen Kapitän nur das Feinste geordert, und der jetzige Glanz des Bootes zeugte von einer liebevollen Pflege.

Dabei wäre es wohl besser gewesen, die WHISKY-FRISKY sähe alt, abgenutzt und jämmerlich aus, ging es Morgan durch den Kopf. Schon der Besitz, doch vor allem der fabelhafte Zustand der Gig war ein Zeichen dafür, daß in Scoury House Geld vorhanden war.

Normalerweise hätte Morgan diese Fahrt mit Kenneth unternommen; Angus war dafür eigentlich noch zu jung. Morgan war sich sicher, daß sein Bruder Missionen dieser Art für lange Zeit nicht mehr würde durchführen können. Ein Krüppel in den Highlands – er erschrak selbst vor seinen Gedanken – war praktisch schon zu Lebzeiten tot …

»Du und Angus, ihr müßt ein gutes Gespann werden!« hatte ihm Vater Magnus nachgerufen, als sie die Segel setzten. Morgans Mission war heikel. David Cameron, Besitzer der Taverne *The Shank* in Lochinver, Dreh- und Angelpunkt im Highland-Whiskyschmuggel, konnte noch nichts von den Veränderungen am Assynt wissen. Der Wirt mußte über das, was sich zur Zeit in Scoury House und auch in Adrveck Castle tat, umgehend in Kenntnis gesetzt werden.

Nun lag die Gig im Flachwasser des Lochan an Lasgaich, einer versteckten kleinen Bucht, die durch die Erhebung des Little Assynt gedeckt wurde. Unweit dieser Stelle befand sich der natürliche Abfluß des Sees. Von hier aus stürzte der Inver über viele Kaskaden durch das Inver Valley dem Atlantik entgegen.

Morgan und Angus bargen mit großer Sorgfalt das Lugger-Drittelsegel, das oben an einer Rahe angeschlagen und mit drei starken *racks*, die Rahe und Segel am Mast hielten, versehen war. Das Segel der WHISKY-FRISKY war verstärkt mit einem Kopf-, Seiten- und einem Fußliektau sowie mit doppelt gekleideten Schothörnern. Durch die Schothörner waren zwei starke Leinen angeschlagen, mit denen sich das Segel gut trimmen ließ. Das heimgesponnene Leinen hatte sich bei den starken Böen der Herbststürme auf dem Assynt bestens bewährt. Zurückzuführen war dies auf die diagonalen Abnäher aus Leder, welche das Leinen verstärkten und es somit nicht nur vor dem Zerreißen schützten, sondern auch windundurchlässiger machten.

Nachdem die Brüder das Segel verstaut hatten, zogen sie das Schiff auf Grund und legten die Bugleine um einen schweren Stein.

Morgans Blick wanderte die Hügelkette entlang, um die verschiedenen Landmarken auf Alarmzeichen hin zu prüfen. Angus hatte er vorausgeschickt und beauftragt, die Straße auf Personen hin zu kontrollieren. Nachdem dieser festgestellt hatte, daß keine Gefahr bestand, öffnete Morgan die Heckkammer der WHISKY-FRISKY, um ein Fäßchen mit einer Gallone besten Whiskys hervorzuholen.

Morgan verstaute das kleine Faß in seinen Rucksack, warf sich die schwere Decke über die Schulter, prüfte seine Handwaffen am Gürtel und im Stiefelschaft, nahm die Stange an sich, die, versehen mit einer eisernen Spitze, gleichzeitig als Bootshaken diente, und machte sich zusammen mit Angus auf den Weg durch das felsige Inver Valley abwärts nach Lochinver.

Von ihrem Standort aus überblickten Morgan und Angus die bizarre Bucht von Loch Inver. Das gleißende Licht auf der schroffen, sonnenbeschienenen Steilküste ließ den Granit schmelzen und in die See hineinrinnen. Die Farbe des Wassers wechselte mit dem Durchzug der Wolken, und die Ansammlung der hingestreuten grauen Steinhütten am Beginn der Bucht schien zu wachsen oder zu schrumpfen, je nachdem, wie das Licht der nachmittäglichen Sonne darauf fiel. Das einzig Auffällige war ein weißer Quader, der dort unten hell strahlte. Es waren die gekalkten Mauern eines Hauses. In ihm tauschten die Mackays seit Jahren ihren *uisge beatha* gegen englische Pfund.

Der Whisky aus Scoury House kam entweder heimlich mit dem Boot über den Assynt zur Bucht, oder auf Karren, gezogen von den Clydesdales. Die Entscheidung, welcher Transportweg benutzt werden sollte, wurde immer erst wenige Stunden vor der Verladung der Fässer entschieden. In einer Zeit, in der der Hunger, das Elend und der gewaltsame Tod gewisser waren als die Hoffnung auf ein Stück glückseligen Lebens, hatte Lochinver eine gewinnbringende Lage.

David Cameron, der den Whiskyschmuggel an der Westküste unterhielt, hatte sich bisher stets auf die regelmäßigen Lieferungen der Mackays verlassen können. Doch in diesen Tagen wurde der ungehinderte Strom von Whisky vom Assynt gleich doppelt ungewiß: wegen Kenneths Verletzungen – und durch Robertson. Morgan preßte unwillkürlich die Lippen zusammen, als er sich in Gedanken die Botschaft vorsagte, die er Cameron überbringen mußte.

Als er und Angus auf die kurze Dorfstraße einbogen, fiel ihr Blick auf ein gepflegtes, langgestrecktes einstöckiges Haus mit einer freundlichen Fensterfront, deren Rahmen blaugestrichen und deren Scheiben bleigefaßt waren. Nicht ganz mittig eingepaßt, aber hübsch anzusehen war ein protziges, steingefaßtes Eingangstor. Es war der Eingang zu Camerons Taverne. Aus ihm erklangen Töne einer Fiedel, mit einem dumpfen Stampfen unterlegt.

»Was ist das für ein Lärm?« fragte Angus.

»Holzschuhe an den Füßen von Takttramplern, die auf das Pflaster knallen!« erwiderte Morgan. Dann pfiff er den Rhythmus mit und meinte: »*Gangar!* Es ist ein Gangar, Angus.«

Morgan wußte, daß Bier, Whisky, Tanz und pralles, lebendiges Schenkelfleisch im *The Shank* jederzeit zu haben waren. Plötzlich blieb er stehen, zögerte etwas, fixierte die Taverne und lauschte: »Ha! Er tanzt selbst! Das ist gut. Wenn Cameron tanzt, dann ist er fröhlich!« sagte er aufgeregt und hielt weiter auf die Taverne zu.

Angus, der kurz vor Morgans Abreise überhaupt erst erfahren hatte, daß er ihn diesmal begleiten sollte, konnte zwar mit seinen eigenen Ängsten geschickt umgehen, war aber nicht in der Lage, den Erregungszustand seines Bruders zu deuten. So blieb er stumm. Dagegen wuchs seine Achtsamkeit mit jedem Schritt, mit dem er sich der Taverne und den Steinhütten von Lochinver näherte. Er war zum erstenmal an diesem Ort, hörte zum ersten Male diese fremdartigen Klänge und staunte über die unterschiedlich aussehenden Menschen, die auf dem freien, gepflasterten Platz in Gruppen um die Taverne herumstanden. Neben gut gekleideten, diskutierenden Männern sah er Blinde und Scharen zerlumpter Armer mit Bettelschalen in der Hand.

»Unsere Stunde wird kommen ..., die Bande von Steuereintreibern raubt uns völlig aus ..., wir sollten die Unterdrücker vernichten ...«, vernahm er Wortfetzen aus dem Stimmengewirr. Angus glich sich dem Schrittempo seines Bruders an und sah sich als unbeteiligten Zeugen, der mit kühler Neugier beobachten konnte, was um ihn herum geschah. Auf den wenigen Yards verstärkte sich seine Empfindung, daß die Menschen vor ihnen zurückwichen, jedoch unter bedeutungsvollem Räuspern ihre Schritte hin zum Eingang der Taverne beobachteten.

Morgan streifte seinen Rucksack ab und flüsterte Angus zu: »Du kommst mit rein! Hier, nimm den Haken, aber bleib hinter mir! Sollte Gefahr im Verzug sein, dann eilst du zurück an den Assynt. Verstanden!« Angus nickte knapp.

Am Eingang drängten sich die Menschen. Aus dem Dunst, der ihnen entgegenquoll, filterte Angus' Nase den Geruch von gebratenem Fisch heraus, doch je weiter er sich hinter Morgan einhergehend in den Innenraum vorkämpfte, um so mehr hielt er den Atem an. Der Geruch in der Schenke, zusammengesetzt aus Tran, Schweiß, Stuhl und Blähungen, war widerwärtig. Der Lärm im Innern schwoll ohrenbetäubend an, und Angus hatte den Eindruck, daß Musik und Stampfen einem Höhepunkt zutrieben.

Als sie mühsam zwei Reihen von johlenden und rhythmisch aufstampfenden Menschen durchstoßen hatten, öffnete sich vor ihnen ein Rund, in dem ein Mann schweißgebadet, jedoch mit Kraft und Ausdauer zu den Klängen einer Fiedel im Kreis tanzte.

Morgan stellte seinen Rucksack ab, ließ sich von der Stimmung mitreißen und begann im gleichen Takt heftig mitzustampfen. Angus' Bangigkeit, verursacht durch Morgans Bemerkung, verflog und wurde durch eine angenehme Verwunderung ersetzt, da er ein derartiges Vergnügen und Entzücken von Menschen bisher weder gesehen noch erlebt hatte.

Der Fiedler gab sein Bestes, und David Cameron beherrschte den Tanzkreis. Sein Tanz verscheuchte jeglichen Trübsinn aus der Taverne, und wenn Cameron an einer bestimmten Stelle des Raumes das Bein hochriß, reagierten seine whiskytrunkenen Zuseher mit einem prompten, langgezogenen: »*Heeeeeeey!*«

Angus entdeckte die Ursache der ekstatischen Schreie an einem der Stützbalken. Von dort ragte in die Tanzfläche ein Stock, an dem ein verbeulter Hut baumelte. Der walzende, zierlich wirkende Cameron tanzte immer schneller; mit gedehnten Schritten drehte er eine Runde nach der anderen. Als er sich in der vierten dem Hut erneut näherte, sprang er plötzlich mit großer Leichtigkeit hoch, schwang dabei sein Bein mit Gewandheit und Kraft in die Höhe und streifte den Hut vom Stock. Mit einer artistischen Umdrehung seines Körpers kam er wieder zum Stehen und setzte in fließender Bewegung seinen Tanz in gesteigertem Tempo fort. Ein dröhnendes, begeistertes »*Heeeeeeey!*« wurde ihm zuteil.

Sofort wurde der Stock höher gesetzt, so daß er nun knapp unter der Decke hing. Nach drei weiteren Runden berührte Cameron mit seinem Fuß die Decke der Taverne, und der abgestreifte Hut rollte endgültig geschlagen über den Holzboden. Ein frenetischer Applaus beendete die Vorstellung. Einige von den Männern hielten spärlich gefüllte Gläser in ihren Händen. Diese stießen sie hoch und riefen im Chor: »*Slainge whah, slainge whah, slainge whah ...!*«

Cameron hob beide Hände wie zum Sieg und tänzelte einer jungen, unglaublich hübschen Frau mit langen blonden Haaren in die Arme, die aufreizend an einem der Holzpfosten lehnte und an der ein dünnes, durchnäßtes weißes Kleid klebte. Sie hatte wohl mitgetanzt und war offensichtlich vor einigen Runden schon ausgeschieden. Cameron nahm sie wollüstig in seine Arme, legte seine Hand auf ihren prallen Hintern, preßte seinen Leib an sie und stemmte sein rechtes Bein zwischen ihre Schenkel. Daraufhin faßte sie schamlos an seinen Hodensack und rieb ihn zwischen ihren langen Fingern. Der Drang des Fleisches, sich zu vereinigen, war unübersehbar. Sie stieß einen spitzen Schrei aus, während Camerons kahler Kopf einen Platz zwischen Hals und Schulter suchte und bald unter ihrer mächtigen strohblonden Mähne verschwand.

Morgan, etwas irritiert von den zügellosen Liebkosungen, hob seinen Rucksack auf, stellte ihn auf einen Stuhl und begann ihn langsam aufzuknöpfen. Angus, ebenfalls etwas verlegen, sah sich um, während einige unschlüssig wirkende Zuschauer die Taverne zögernd verließen, andere wiederum sich entschlossen, einen Platz an den freien Tischen zu suchten, um erneut den Blick in die goldene Flüssigkeit ihrer Gläser zu tauchen. Nur wenige hatten wohl Shillinge zum Ausgeben in ihren Taschen.

Die Taverne war zu Angus' Überraschung kleiner, als es von außen den Anschein hatte, und die Tische waren weitgehend unbesetzt. Die Theke glich einem hölzernen Bollwerk, das mit behauenen Feldsteinen eingefaßt war. Der Schankraum mit einer angrenzenden Nische, worin ein runder Tisch stand, an dem gut zehn Personen Platz fanden, war ansonsten mit unterschiedlich großen Tischen und einem unübersehbaren hellroten, saffianledernen Sofa und einem dazugehörigen Lehnsessel möbliert. Dieses »Treibgut« hatte vor sechs Jahren seinen endgültigen Platz an der Längswand im *The Shank* gefunden. Das Sofa erzählte von einem Leben mit gefährlichen Frachten, einem lustigen Faulenzerdasein in den Wintermonaten, und die geübte Nase konnte aus dem Polster den verträufelten Whisky zwischen den Dünsten des Rauches, des Bratfettes und der Körpersäfte herausriechen.

»He, Käpt'n! Deine Frau ist im Anmarsch!« warnte eine Stimme vom Eingang her.

Weshalb sich Cameron »Käpt'n« nennen ließ, wußte niemand so genau; Tatsache war aber, daß es ihm schmeichelte und er es gerne hörte. Die Blonde löste sich mit einem Ruck aus der Umklammerung, indem sie David mit beiden Händen von sich stieß, und eilte hinter den Schanktisch, um durch die Tür in die Küche zu verschwinden.

Der Wirt wirkte immer noch im höchsten Maße erregt. Wäre er ein brunftiges Tier, ihm würde augenblicklich das Fell glänzen, ein Geweih aus der Stirn wachsen, oder sein Hinterteil würde in bunten Farben leuchten.

Janet, Davids Frau, bemerkte Morgan, gleich nachdem sie eingetreten war, und begrüßte ihn innig mit einem: »Gott sei gepriesen! Ihr kommt zur rechten Zeit.«

Sie trug ein hellblaues Kleid aus feinem Wollstoff, das sich über einen gestärkten Unterrock wölbte. Das Besondere an ihr an jenem Tage war ein schwarzes Schultertuch aus feiner Spitze, durch das ihre helle, reine Haut schimmerte. Ihr rötliches Haar lag straff über den Ohren und war am Hinterkopf zu einem eleganten Knoten geschlungen. Immer wenn sie Morgan mit ihren dunklen feurigen Augen für einen kurzen Moment fixierte und danach den Blick scheu senkte, brach in Morgan eine Flut von zärtlichen Gefühlen los, die er nur schwer einzudämmen wußte. Seitdem war Morgan, dachte er auch nur einen Augenblick an Lochinver, den Gezeiten unterworfen. Er konnte jederzeit von ihnen überflutet werden.

»David! Morgan Mackay ist angekommen. Kümmerst du dich um deinen Gast?« rief sie mit glockenheller Stimme durch den Raum und bevor sie ebenfalls in der Küche verschwand: »Ich mache euch etwas zu Essen.«

Der Wirt, der sich gerade hinter dem Schanktisch ein trockenes Hemd anzog, hatte es nicht eilig. Langsam stopfte er das Hemd in seine Hose, schloß den Gürtel darüber und kam, sichtlich abgekühlt und mit ernster Miene auf Morgan zu. David Cameron war von kleinem Wuchs, drahtig, hatte kein einziges Haupthaar, dafür ein ausdrucksvolles, kantiges Gesicht mit einer Haut, die hart und lederartig geworden war. Mit einem Male umspielte ein Lächeln sein Gesicht, und mit einem frischen: »Hey, Morgan!« begrüßte er ihn mit ausgestreckter Hand.

»Hey, Käpt'n!« antwortete Morgan erleichtert.

Camerons Augen erfaßten Angus. Dann blickte er kurz zum Eingang. Seine Augenbrauen zogen sich zusammen und zeigten eine steile Falte: »Wo ist Kenneth?«

»Käpt'n«, entgegnete Morgan mit leiser Stimme, »unser Boot liegt oben leer am Strand, unsere Pferde befinden sich im Stall! Mein Vater ...«

Der Käpt'n unterbrach ihn, indem er seine Hand auf Morgans Schulter legte. Cameron spürte die neugierigen Blicke seiner Gäste im Rücken. Er versuchte jede Regung zu vermeiden, die verraten könnte, daß ihm etwas Unerfreuliches mitgeteilt worden ist.

»Gehen wir nach hinten!« Bevor er sich umdrehte, zeigte er auf Angus: »Wen hast du da mitgebracht?«

»Das ist mein Bruder Angus. Er und ich werden in Zukunft das Geschäft hier erledigen.«

David Cameron reichte Angus die Hand. Dieser ergriff sie schnell und versuchte dem harten Blick des Käpt'n standzuhalten.

»Angus ... Verdammt jung«, bemerkte Cameron und hielt Angus' Hand fest umschlossen.

»Er hat die schnellsten Füße in den Highlands!« entgegnete Morgan.

»... und er ist noch unschuldig ...«, ergänzte der Käpt'n. Er legte seinen Arm väterlich über Angus' Schulter und sagte: »Such dir einen Platz, Junge, und laß dir das Essen schmecken.«

Angus suchte den Blick seines Bruders. Als dieser zum Zeichen seines Einverständnisses nickte, nahm er entspannt an einem leeren Tisch Platz, während sein Bruder mit dem Käpt'n in einem der hinteren Räume verschwand. Cameron hatte es eilig: »Los, komm rein. Los, komm schon!« trieb er Morgan an.

Kaum war die Tür hinter ihnen ins Schloß gefallen, legte der Käpt'n los: »Verdammte Scheiße! Wo bleibt euer Whisky? Was ist damit, Mann?«

»Wir hatten einen bösen Zwischenfall mit Robertson in Oykel Bridge. Er treibt in diesen Tagen mit seinen brutalen Horden die Cheviots nach Norden. Es kam zu einer Auseinandersetzung, bei der es einige Tote gab. Dabei hat er seinen Bluthund auf Kenneth gehetzt, und der hat meinem Bruder den rechten Arm zerfleischt. Es steht nicht gut um ihn!«

»Sag ihm, ich trinke einen Whisky auf seine Gesundheit«, erwiderte Cameron trocken. Dann fragte er: »Donald Robertson?«

»Ja, Donald Robertson!« wiederholte Morgan bedeutungsvoll.

»Ich scheiß' auf diesen Robertson, Mann! Das ist doch kein Grund, heute hier ohne Whisky aufzutauchen!« explodierte der Käpt'n.

»Daran liegt es nicht ...«, versuchte Morgan zu erklären, doch Cameron unterbrach in voll Zorn:

»Das Arschloch von Verwalter kenn' ich genausogut wie mein eigenes! Die tun euch doch nichts. Ist dir klar, Mann, daß morgen der Schmuggelkutter einläuft, um die Whiskyfässer abzuholen? Morgen ist Zahltag! Zahltag, Mann!«

»Wir wissen ...«

»Nichts wißt ihr da oben! Nichts von meinen Problemen mit dem Zollkutter da draußen und nichts von meinen täglichen Schwierigkeiten mit dem Abschaum von Menschen in und um meine Taverne herum. Dagegen ist euer Risiko, am Assynt erwischt zu werden, gleich null! Wenn du mich verarschen willst, Mann, habt ihr bei mir bis in alle Ewigkeit verschissen!«

»Das ist nicht alles, Käpt'n«, versuchte Morgan in ruhigem Ton fortzufahren. »Robertson hat als Verwalter des Herzogs von Sutherland gestern Ardvreck Castle belegt. Von dort spuckt er uns direkt in die *washbacks*. Er ahnt, woher unser Wohlstand kommt. Vater meint, er will uns erst hebeln und dann vernichten.«

»Woher diese Ängstlichkeit? Was weiß schon dieser Robertson. Der Schaftreiber ist doch kein Steuereintreiber! Wollt ihr euren Whisky in Zukunft etwa selber saufen?«

»Vater meint, er arbeitet mit den Steuereintreibern Hand in Hand.«

Cameron schlug mit der Faust auf den Tisch:

»Wie kann man seinen Arsch vor Angst nur so tief in die Scheiße senken? Natürlich tut er das. Wie oft habt ihr eigentlich in der Vergangenheit eure Bettlaken auf dem Gipfel eurer Torfstapel hissen müssen?«

»Kaum …«

»So ist recht! Euch geht es noch zu gut da oben. Ihr holt im Moment nur das nach, was andere schon längst hinter sich haben. Ihr zahlt bis heute keine Whiskysteuer, dafür könnt ihr dem *exciseman* in Zukunft Bestechungsgelder zahlen. Also arrangiert euch mit ihm! Bestecht ihn ordentlich, wie es die Schwarzbrenner von Strathy Point bis hinunter nach Glasgow tun. Dann könnt ihr euch frei bewegen.«

»Darauf wird sich Vater nie einlassen«, entgegnete Morgan.

»Ach was! Seid doch nicht dumm! Es gibt keinen zweiten Malcolm Gillespie in den Highlands. Und auch ihn mußten sie vor fünf Jahren wegen Betrugs mit beschlagnahmtem Schmuggelwhisky in Aberdeen hängen. Jeder ›ehrliche‹ Steuerbeamte betrachtet heute sein Bestechungsgeld als unentbehrlichen Teil seines Einkommens.«

»Du magst ja recht haben, doch Robertson hat es auf Scoury House abgesehen. Er will keine Bestechungsgelder. Er will uns vernichten!«

»Die Kuh, die man melken will, schlachtet man nicht! Ihr seid einer der ältesten Clans in den Highlands. Bevor er euch in den Arsch tritt, tut das, worauf er wartet!«

»Und wenn er nicht darauf eingeht?«

»Mann! Dann gibt's nur eins: entweder Whisky oder Mord!«

Morgan saß dem Käpt'n gegenüber und merkte, wie sich sein Denken verengte. Es waren immer dieselben Gedanken und Bilder, die sich in seinem Kopf wiederholten. Er sah das Martyrium der tödlichen Auseinandersetzung vor Augen. Sein sterbender Vater löste das Bild des sterbenden Robertson ab, und dieses wiederum wechselte in das Bild seines sterbenden Bruders Kenneth.

Cameron spürte, daß er Morgan dort hatte, wo er ihn haben wollte. Er mußte Morgan überzeugen, damit der wiederum seinen Vater von der Richtigkeit der Zahlung von Bestechungsgeldern überzeugte. Ließ sich Magnus nicht darauf ein, so mußte die tödliche Auseinandersetzung unausweichlich folgen. Egal wie es am Assynt ausging, er, der Käpt'n, würde der Gewinner sein. Cameron fehlten noch zwei, drei Kutterladungen Whisky auf seiner Rechnung. 1000 Gallonen allein vom Assynt und noch einmal 2000 Gallonen aus dem Umland, dazu die stattlichen Mengen aus den umliegenden Verstecken. Zusammengenommen, so überlegte er, müßte es reichen ...

»Was habt ihr noch an Vorräten?« riß er Morgan aus seinen Gedanken.

»Etwa einhundertfünfzig Gallonen warten auf den Transport. Erst wenn wir sie hierher gebracht haben, werden wir mit dem Destillieren von weiteren einhundert Gallonen beginnen. Vorausgesetzt, wir können in Ruhe arbeiten und transportieren«, erwiderte Morgan.

Cameron schüttelte den Kopf: »Vergiß eines nicht! Vergiß es nicht!« sprach er langsam und hart. »Sag deinem Vater, daß mein Haß gegenüber den Steuereintreibern und gegenüber gewissen anderen Erpressern meinen Entschluß gefestigt hat, sie zu vernichten, sollten sie ihre hübsche Maske des Einverständnisses fallenlassen. Ich würde ihn daher jederzeit gegen Robertson unterstützen. Sollte er es sich allerdings lange überlegen, so müßte ich auf euren Whisky eben verzichten. Die Gerste oder das Malz müßte ich notgedrungen an andere Brennereien abgeben.«

Morgan stand verärgert auf: »Mein Vater läßt sich genausowenig erpressen wie du!«

»Setz dich! Setz dich, Mann ...«, versuchte er seine Worte abzumildern. »Niemand wird von mir erpreßt. Doch ich habe hohe Kosten und Risiken zu tragen. Das lassen du und dein Vater außer acht. Dein Bruder Kenneth weiß von meinen Sorgen. Wenn der Kutter kommt, muß ich das Malz und die Gerste übernehmen und außerdem sofort bezahlen. Wie die Dinge jetzt stehen, werde ich eure Gerste einlagern und abwarten müssen, bis ihr euch dort oben am Assynt überlegt habt, wie es weitergehen soll. Ist es nicht so?«

»Wir stehen vor einer völlig neuen Situation. Das mußt du verstehen. Wir werden irgendeine Lösung finden. Bis dahin bitte ich dich im Namen meines Vaters und meines Bruders Kenneth um etwas Geduld.«

Cameron schwieg. Morgan, der eine Konfrontation zu vermeiden suchte, ließ seinen Blick zu der Reihe von Portraits schweifen, die gegenüber an der Wand hingen. Das Sonderbarste an den in Öl verewigten Personen waren die gleichartigen, an den Seiten gekürzten Allongeperücken. Rückwärts war die Lockenpracht in *crapauds* gesteckt, Haarbeutel aus Seide, die mit großen, breiten, im Nacken sitzenden Schleifen geschlossen waren. Bedrückend waren die ausnahmslos hängenden Mundwinkel in den bleichen Gesichtern, die ihnen die Vitalität von Leichen gab. »Janets Ahnen!« kommentierte Cameron kurz, als er Morgans Interesse bemerkte. Danach kehrte wieder Stille ein.

Nach einer Weile begann Cameron im Ton eines Nachgebenden: »Ich bin eine selbstlose Seele. Aber ich denke, Gott wird es so fügen, daß ich meinen gerechten Lohn von euch bekommen werde. Du, Morgan Mackay, wirst darauf achten. Schwöre es!«

»Ich schwöre es dir!« sprach Morgan erleichtert.

Cameron schien zufrieden. »Hast du etwas vom neuen Destillat dabei?« fragte Cameron.

»Natürlich, Käpt'n.« Morgan stand auf, griff in seinen Rucksack und entnahm ihm das Fäßchen Whisky. Cameron holte Gläser, die Morgan mit bernsteinfarbenem Whisky füllte.

Cameron hing seine Nase dicht über den Whiskyspiegel im Glas. Er schloß die Augen und murmelte die Worte inbrünstig wie ein

Gebet: »Getorftes Malz ... Seetang ... Meersalz ... Sherry ...«
Dann nahm er einen Schluck, holte tief Luft und wartete mit geschlossenen Augen: »Gewaltig ... kraftvoll ... salzig ... ein donnerndes Finale! Kenneth versteht sein Geschäft.«

Als ob er seinen eigenen Worten nachlauschen würde, wiederholte er den Namen von Morgans Bruder: »Kenneth ... Wie steht es wirklich um ihn?«

»Meine Mutter ist eine Wunderheilerin. Er wird überleben – wenn auch nur mit *einer* gebrauchsfähigen Hand«, antwortete Morgan.

Cameron setzte erneut das Glas an und sagte erleichtert: »Dann bin ich beruhigt«, und im gleichen Atemzug: »Immer noch kein Weib? Du mußt ausgehungert sein, Mann!«

Morgan vermied es, Cameron anzusehen.

»Emily wartet in ihrem Zimmer auf dich. Du solltest sie nicht so lange warten lassen.«

Morgan füllte erneut die leeren Gläser. Dann stießen sie stumm miteinander an.

Morgan genoß die Wirkung des Whiskys ebensosehr wie die Vorfreude auf die kommende Stunde. Als er den Raum verließ, um in Emilys Zimmer zu gelangen, vernahm er noch wie von fern die Bitte des Käpt'n: »Wenn der Kutter einläuft, brauche ich jede Hand.«

»*Aye, aye, Sir!*« preßte Morgan die geläufigste Formel der Weltmeere heraus.

Emilys Zimmer war leer, als Morgan eintrat. Die Vorhänge waren zugezogen. Er ließ sich daher auf das Bett fallen und war in wenigen Minuten vor Müdigkeit eingeschlafen. Sein Kopf lag zur Wand hingedreht. Ein frischer Luftzug und ein kaum vernehmbares Schnappen der Tür ließen ihn herumfahren.

»Wo bin ich?«

»Psssst! Leise ...«

Im abgedunkelten Zimmer erkannte er, wie eine Frauengestalt auf ihn zukam.

»Emily?«

»Nein, ich bin es – Janet!«

»Janet? Mrs. Janet?«

»Psssst! Ja, Morgan, ich bin's. Du mußt leiser sprechen! Man darf uns nicht hören. Ich wußte, daß du hier sein würdest.«

Morgan richtete sich ein wenig auf: »Wo ist Angus?« fragte er besorgt zurück.

»Versorgt!« antwortete sie kurz.

Elegant setzte sie sich auf seine Bettkante und entblößte dabei ihre bestrumpften Beine bis weit über die Knie. Morgan glaubte für einen Moment, er würde träumen. Er war unfähig, etwas zu sagen. Dann neigte sie ihren Kopf bis an sein Ohr und flüsterte: »Du und die deinen, ihr seid in Bedrängnis, wie ich höre. Ich will dir etwas sagen, was euch retten kann.«

Danach hob sie wieder ihren Kopf, strich langsam mit beiden Händen ihr anliegendes Haar nach hinten, wobei sich ihre Brüste deutlich abhoben, und fuhr fort: »Nicht hier! Komm mit.« Als sie die Tür öffnete und nach draußen in den Gang blickte, hob sie ihren Zeigefinger vor den Mund: »Psssst! Leise! Los, komm mit mir!«

Lärm aus dem Schankraum drang über die Treppe herauf. Auf Zehenspitzen eilte sie schräg über den Gang und öffnete am Ende eine kleine Tür, die sie Morgan aufhielt. Sein Atem ging kurz, sein Herzschlag raste. Er schlüpfte hinein, während sie hinter ihm die Tür verriegelte.

»Hier sind wir ungestört ...«, sprach sie, schob den Riegel davor und prüfte das Schloß. Es mußte die Westseite des Hauses sein, da das Licht der Sonne beinahe waagerecht in den Raum einfiel. Bald würde sie langsam im Meer versinken und die Dämmerung den Tag noch für einige Stunden verlängern. Ein Schattenriß zeichnete sich schwach an der Wand ab und verschmolz an der Decke mit dem Schatten des Vorhanges, der das Fenster zur Bucht hin halb verdeckte.

Ihm war, als zöge sie das Licht an. Als sie sich umdrehte, stand sie direkt vor Morgan, der sie um Haupteslänge überragte. Morgan wagte nicht zu atmen. Sie spürte das Beben in ihm. Langsam blickte sie an ihm hoch, legte ihre rechte Hand flach auf seine Brust und drückte ihn sanft zur Wand hin, wo er sich auf ein hartgepolstertes Sofa niederließ. Sie kniete nieder, strich behutsam mit ihren Fingern über Morgans Knie und sah ihm voll in die Augen: »Was ist ein Bündnis ...?« fragte sie und strich dabei wieder über sein Knie.

»Ein ... Bündnis ...?« wiederholte Morgan erstaunt.

»Ja, ich wollte dir eines vorschlagen. Eines, das dir und mir gleichermaßen nützt.«

»Ein Bündnis? Ich verstehe nicht ...«

»Euer Whisky ist berühmt, und seine Qualität wird inzwischen schon in London geschätzt. Er wird von wichtigen, einflußreichen Leuten begehrt. Es ist ihnen daher nicht mehr egal, woher der Stoff kommt. Vor allem wollen sie ihn nun regelmäßig bekommen.«

»Davon weiß ich nichts ... Das wird für uns nicht einfach ...« Weiter kam Morgan nicht, denn langsam wie eine Feder erhob sich Janet, streifte zu Morgans Verblüffung ihr hellblaues Kleid von den Schultern und legte es ordentlich über der Stuhllehne ab. Janets schlanke Figur steckte in einer enganliegenden Hemdhose, die, soviel er erkennen konnte, um Brust und Ärmelrand mit schmalen Stickereien verziert war. Um ihre spitzen Brüste verlief die Stickerei in einer hübsch geschweiften Linie. Die gleiche Stickerei berandete die Passe der Beinlinge, die über den Knien endete und an welche sich vierfingerbreite Stickereivolants anschlossen. Eine schmucke Hülle für eine reife Schönheit, ging es Morgan durch den Kopf. Das Hemdhöschen war mit sieben Knöpfen zu öffnen ...

Morgan war von ihrem Tun völlig irritiert, doch begehrte er sie von Sekunde zu Sekunde mehr. Während er ihre grazilen Bewegungen mit klopfendem Herzen beobachtete, stellte sie sich plötzlich mit leicht gespreizten Beinen vor Morgan hin: »Du wirst bald auf dem Zollkutter gebraucht.«

Morgan hörte ihre Worte wie von fern. »Zollkutter? Ich? Was soll ich ...?«

»Man schläft besser ohne Hemd. Nicht wahr?« gurrte sie zu ihm hinunter.

Morgan zeigte Ansätze zur Flucht. »Wo ist David ...?«

Unbeeindruckt löste Janet langsam und genüßlich die oberen zwei Knöpfe. Ein verführerisches Lächeln umspielte ihre Lippen.

»Meine Zofe Emily ist bei ihm.«

»Jetzt verstehe überhaupt nichts mehr. Warum …?«

»Nein! Keine Fragen!« unterbrach sie ihn »Das erzähl' ich dir später. Du willst doch nicht, daß ich mich gekränkt und enttäuscht fühle, nur weil du nicht verstehen willst?«

Morgan traute seinen Augen nicht. Staunend verfolgte er Janets Hand, die mit zwei gestreckten Fingern geschickt einen Knopf nach dem anderen löste. Nach dem Öffnen des siebten ließ sie das Hemd rutschen und stand bis auf die Beinlinge nackt vor ihm. Sie war entkleidet und schien doch angezogen. In seinen jungen Lenden begann es zu pochen. Ihre Haut schimmerte im Licht so hell, daß sie für Augenblicke geradezu durchsichtig wirkte.

Unsicher löste er seinen Gürtel, streifte das Hemd umständlich über den Kopf und saß nach wenigen Augenblicken ebenfalls nackt auf dem Sofa. Er blickte auf und sah einer Venus ins Gesicht. Er mußte lachen, denn in Gedanken sah er Janets prüde Ahnengalerie vorüberziehen, die Mundwinkel nach unten gezogen, die Hände vor die Augen gelegt.

Janet schmiegte sich wie eine Katze an seinen Körper. So weich und geschmeidig hatte er noch nie einen Frauenkörper empfunden. Er spürte, wie seine Begierde entflammte. Ihre zärtlichen Erwiderungen seiner Liebkosungen steigerten Morgans Hunger nach Vereinigung. Sie mischten sich wie zwei gute Whiskysorten, als er in sie eindrang.

Der leidenschaftliche Rhythmus ihrer Hüften brachte sie ohne Umwege an das geöffnete Portal zum Paradies der Lüste, durch das sie hindurchschritten, um sich gemeinsam in einen Moment der Ewigkeit zu erheben. Danach folgte für beide ein plötzliches Absinken in eine wohltuende Ruhe und ließ sie in einen Dämmerzustand hineingleiten, der jeden schweren Gedanken dahinschwinden ließ.

Eng umschlungen, flüsterte sie nach einer Weile in sein Ohr: »Du stürmst wie ein Titan und bist gebaut wie ein Lastenträger.«

Morgan löste sich aus ihren Armen und sah in ein entspanntes Gesicht mit schimmernden Augen im Schatten ihrer Höhlen. Er genoß ihre Schönheit, ihren flachen Leib, ihr rotes Haar, das gescheitelt und gelöst nun in breiten, glatten Strähnen ihr Gesicht umrahmte.

»Warum?« fragte Morgan behutsam. »Warum tust du das?«

Sie umfaßte wieder seine Taille und schmiegte sich erneut an ihn: »Er hat's verdient! Allzu kurz ist das Leben, um es nur mit einer Liebe zu verbringen!«

»Ist Emily der Grund?«

»Sie und noch andere!« sagte sie mit Verachtung. »Wir haben uns zwar stillschweigend darauf geeinigt, doch er war es, der den Anfang machte«, klang es bitter aus ihrem Mund.

Morgan streichelte zärtlich ihre Brüste, versuchte sie mit verständnisvollen Augen anzusehen und kam zurück auf das, was ihn bewegte: »Was meintest du mit dem Zollkutter?«

Sanft löste sie sich aus der Umarmung. »Hm! Ich spüre, dich interessiert die Sache. Es verhält sich genauso wie mit dem Bienenstock. Er bleibt am Ende ohne Waben und ohne Honig … Einer nimmt euch alles ab, was ihr fleißig produziert und entlohnt euch mit dem Wert von Zuckerwasser!«

»Mein Vater glaubt, gut daran zu verdienen.«

»Dein Vater kennt nicht den Ertrag, den David mit eurem Whisky erzielt.«

»Der Käpt'n sagt, er trägt ein hohes Risiko. Der Transport – die Gefahr, daß der Schmuggelkutter aufgebracht wird, der Verlust des …«

»Paperlapapp!« unterbrach sie ihn wiederum: »Entweder wirst du durch Erfolg zum König oder durch Mißerfolg zum Räuber. Das eine kannst du glauben: David ist ein König und macht die anderen auf Dauer erfolgreich zu Räubern. Der Kapitän des Zollkutters ist von ihm bestochen, und der Schmuggelkutter ist *mein* Schiff. Mein Vermögen steckt in diesem Kutter. Ich riskiere mit der Konterbande am meisten!«

»Was soll ich dann auf dem Zollkutter?«

»Die Zollbehörde und deren Männer, die den Schmuggel lenken, werden immer mächtiger. Der Wechsel unseres Kapitäns auf dem Zollkutter wird unausweichlich. Man wird ihn bald opfern müssen … Was nach ihm kommt, kann für uns nur schlechter werden. Zum Vorteil des Ganzen brauch' ich dich daher als meinen Mann auf dem Kutter.«

»Du erlaubst dir einen Scherz mit mir. Das ist doch alles nicht wahr! Ein Scoury-Mackay auf einem Zollkutter? Nie und nimmer! Ich sehe für uns keinen Vorteil, und außerdem werde ich am Assynt gebraucht.«

Janets Gesicht wurde starr wie Porzellan: »Bei den Gefahren, die euch drohen, wird dich dein Vater ziehen lassen müssen.«

Morgan wandte sich ab und setzte sich auf den Bettrand. »Nimm Abschied von diesen krausen Gedanken«, knurrte er. »Daraus wird nichts. Wir liefern euch nur den Whisky. Mit Robertson wird mein Vater schon fertig. Außerdem kann ich meinen Clan nicht verlassen.«

Janet kniete sich hinter seinen Rücken: »Dein Vater wird bald zustimmen müssen«, versetzte sie, »denn da ist noch etwas ...«

Morgan stand plötzlich auf und näherte sich dem Fenster: »Was ist da noch?«

»Komm zu mir, dann erzähl' ich dir die Geschichte.«

Morgan drehte sich um sagte: »Ich finde, du erzählst schon eine ganze Menge ...«

Unbeirrt fuhr sie fort: »Ich könnte dir erzählen, daß Robertson David wegen euch unter Druck setzt ...«

Morgan bückte sich und griff seine Hose. »Ich glaube, ich werde auch diese Geschichte überstehen ...«

»Verdammt! Ich will dir die Wahrheit erzählen, und du tust so, als würde dich das alles gar nicht interessieren.«

»Meinst du nicht, daß das alles ein bißchen viel ist? Erst soll ich wegen des Kapitäns auf dem Zollkutter anheuern, weil der Schmuggelkutter dir gehört, und dann steckt auch noch dein Mann mit Robertson unter einer Decke, obwohl ihr auf unseren Whisky angewiesen seid?«

»Oh, Mann«, sagte sie ärgerlich und schlug mit der flachen Hand auf das Sofa, »glaubst du wirklich, daß mich mein Verstand verlassen hat? Robertson hat David in der Hand. Er bestimmt nicht nur in Lochinver, was in nächster Zeit geschieht.«

»Wenn das so ist, warum verheimlicht uns David, daß Robertson ihm im Nacken sitzt?«

»Weil es jetzt mehr an euch liegt, wie ihr mit Robertson einig werdet. Er wird euch raten, wenn er es nicht schon getan hat, Robertson zufriedenzustellen.«

Morgan zog seine Stirn in Falten. »Stimmt!« sagte er leise. Und nach einer Weile: »Whisky oder Mord! Das war sein Rat ...«

Während Janet sich wieder anzukleiden begann, sagte sie mit entspannter Stimme: »Ich fürchte, wenn Robertson an euren Schmuggeleinkünften nicht beteiligt wird, verläßt keine Gallone Whisky mehr Scoury House.«

Morgan ignorierte ihre Worte und fragte statt dessen: »Was, glaubst du, wird Robertsons nächster Schritt sein?«

Janet lachte nervös: »Ich glaube, Robertson wird sich als Lamm verkleiden, um den Wolf am Assynt zu erlegen.«

»Und David?«

»David wird euch zur Bezahlung Robertsons zwingen.«

»Und was verfolgst du?«

»Das Bündnis mit dir! Damit wir alle hier überleben können.«

Nie hatte etwas einen größeren Wohlgeschmack besessen als das Filet der gesottenen Makrele, das auf Angus' junger Zunge zerging.

Nachdem sein Bruder mit David Cameron weggegangen war, hatte ihn Mrs. Janet in die Küche mitgenommen, wo er an einem runden Tisch Platz nehmen durfte. Ihm gegenüber, nahe dem Herd, saß auf einem Schemel eine junge Frau mit aufgeschürztem Kleid, die Hände über einem Knie gefaltet und die Füße auf einen Torfkasten gestützt. Ihr Blick ging hinaus auf das glitzernde Wasser der Bucht. Das Fenster zur Bucht stand offen, und im gleichen Moment fegte ein Windstoß durch die helle Küche, der Mrs. Janet zwang, es zu schließen.

»Damit du mir nicht davonfliegst!« sagte sie in scherzhaftem Ton zu Angus, blieb neben ihm stehen und berührte sanft sein Haar. Schüchtern blickte Angus nieder.

»Möchtest du einen Fisch?« fragte sie ihn.

Angus, völlig überrascht von dem verlockenden Angebot, konnte sein Glück nicht fassen. Sie sah ihn mit einem seltsam verschmitzten Ausdruck an, so daß er es nicht fertigbrachte, sie für ein paar Augenblicke hintereinander anzusehen. Als es ihm für einen kurzen Augenblick gelang, nickte er mit leuchtenden Augen. Mrs. Janet wandte sich daraufhin der jungen Frau auf dem Schemel zu und schnippte mit den Fingern: »Betsy, für den jungen Mackay vom Assynt eine Makrele, gesotten, serviert in Aberdeen-Sauce!«

Angus lief puterrot an. Betsy richtete sich mühelos auf und wandte sich dem Herd zu. Er beobachtete, wie sich die Köpfe der Frauen zueinander neigten, gleich Zauberinnen, die einander Geheimnisse zuflüsterten.

Betsy war eine kräftige, hochgewachsene Frau in einem zu eng geschnittenen Rock; doch mit den Ellbogen am Leib und gesenktem Nacken, der eine Fülle kastanienbraunen Haars über ihr Gesicht fallen ließ, war sie ein Muster an Unterwürfigkeit. Sie verließ die Küche zusammen mit Mrs. Janet.

Angus fiel auf, daß in der Küche peinlichste Sauberkeit und Ordnung herrschte. Auf dem beheizten Herd, der von drei Seiten zugänglich war, standen zwei papinsche Bouillontöpfe, die, mit einem Scharnierdeckel versehen, zu je einem Drittel in zwei kreisrunden Öffnungen der Herdplatte steckten. Sie hatten das Aussehen von riesigen Hühnereiern, die man in die Herdplatte versenkt hatte, um sie auszubrüten. Aus ihnen entwich ein zarter Dunstschleier, der einen appetitanregenden Kohlgeruch verbreitete.

Angus' Magen knurrte vor Hunger. Er hob seine Nase, um den Kohlduft, der immer intensiver zu werden schien, besser aufnehmen zu können. Obwohl er den Geruch mochte, vermißte er an jenem Ort die Speisedünste, die in Scoury House wahre Geruchsschichten bildeten und in ihm ein Gefühl körperlichen Glücks hervorriefen.

Betsy kam mit dem Fisch zurück, und kurz darauf konnte er ihr beim Zubereiten der Makrele zusehen. Ein stattliches Exemplar! Geschuppt, ausgenommen und offensichtlich schon gewaschen. Weiß und fett, mit einem breiten, fleischigen Rücken, die Kiemen lebhaft rot, lag der Fisch vor ihm auf dem Tisch.

Mit viel Geschick und fast geräuschlos begann die Köchin mit der Zubereitung. Angus beobachtete, wie sie den Fisch in einen gußeisernen ovalen Topf legte, der innen weiß emailliert war. Gleichzeitig setzte sie Salzwasser an, gab Zwiebeln, Estragon, Thymian, Pfeffer, frische Kräuter und Nelken hinein, fügte einen guten Teil Essig hinzu und übergoß die Makrele damit.

Für die Zubereitung der Sauce erhitzte sie etwas später Butter und Mehl, entnahm etwas Wasser aus dem Topf, in dem der Fisch nun kochte, und mischte aus einer Karaffe etwas Weißwein darunter. Dann gab sie Muskatnuß und etwas gestoßenen Pfeffer hinzu, schmeckte ab und streute eine Prise Salz darüber. Ein Stück Butter flog hinterher, und aus einer gelben Frucht, die Angus noch nie in seinem Leben gesehen hatte, träufelte sie Saft darüber. Zuletzt schlug sie in eine Tasse zwei Eier, besah die Eidotter und rührte die Soße damit an.

Ab und zu überprüfte Betsy mit einem knappen Griff den Sitz der Spange, die den Rock über ihrem Leib festhielt. Angus spürte ihre Hingabe an die Sache und den Spaß, den sie beim Kochen hatte, und begeisterte sich zunehmend an der Umsichtigkeit und Anmut der jungen Frau. Umgekehrt warf Betsy durch das dichte Haar hindurch hie und da einen Blick auf Angus. Ein köstliches Komplizen-Lächeln spiegelte sich bald in ihren Gesichtern wie in einem silbernen Löffel.

Als der Seefisch endgültig angerichtet war, wurde Betsy feierlich: »Makrele! Gesotten in Aberdeen-Sauce!«, und mit erhobenem Haupt: »… nur für den jungen Mackay!« Daraufhin plazierte sie den Fisch andächtig auf den Tisch, als wäre dieser ein Betschemel und der Emailletopf ein Weihwasserkessel.

Staunend besah Angus sich die Pracht und wurde zunehmend verlegen, da er zum erstenmal erlebte, auf diese Art und Weise bedient zu werden. Insgeheim zerbrach er sich jedoch den Kopf darüber, wie er mit der großen Makrele richtig umzugehen hatte. Am liebsten wäre es ihm gewesen, die Köchin hätte ihn nun mit dem Fisch allein gelassen. Doch Betsy nahm großes Interesse an allem, was Angus anstellte, um die Makrele aus dem Topf auf den Teller zu bekommen. Als er immer noch zögerte, sagte sie: »Ich hoffe, du hast einen leeren Magen mitgebracht?«

»Ja, ganz leer!« antwortete Angus voll Eifer und zeigte auf seinen flachen Bauch.

»Na, dann fang endlich an!« forderte sie ihn mit einem hintergründigen Lächeln auf.

»Mhm! Das ist dir gut gelungen! Ich trau' mich gar nicht anzufangen«, zögerte Angus erneut und zierte sich, den Fisch auf seinen Teller zu holen.

Aus Betsys Augenwinkeln quoll die Heiterkeit, die sie trotz aller Anstrengungen kaum niederhalten konnte. Mit gekünsteltem Ernst ermahnte sie ihn: »Die Makrele wird ungenießbar, wenn sie abkühlt. Das verzeiht sie dir nie!«

Angus nahm beide Hände hoch, als ob er in seiner Verzweiflung den Fisch damit greifen wollte. Im gleichen Augenblick stoppte sie ihn, indem sie sanft ihre Hand auf die seine legte und mit schmeichelnder Stimme sagte: »Du vergibst dir nichts, wenn du gestehst, daß du meine Hilfe benötigst.«

»Ich gestehe!« sagte Angus entwaffnend, lehnte sich erleichtert zurück und blies die Luft der Anspannung über die vorgestülpte Unterlippe zu seinem über die Stirn hängenden Haarbüschel hinauf. Kurz darauf verschlang er die filetierte Makrele geradezu, unter den belustigten Augen der exzellenten Köchin.

Während er aß, plauderte Betsy von den beschwerlichen Stunden der kommenden Nacht, von Unmengen kleiner Portionen von Fischresten, vermengt mit Kartoffeln, und von den zahlreichen Blechnäpfen voll Kohlsuppe, die sich das ausgehungerte Volk um die Taverne herum für ein paar Pence gerade noch leisten konnte. Bis auf die Kapitäne und Offiziere der Kutter, die man stündlich im *The Shank* erwartete. Auf die hohen Herren warteten Seelachs und Steinbutt gegrillt, Hammel- und Rehkeule in Kapernsauce sowie gebratenes Geflügel.

Als sie Topf und Teller abräumte, sagte sie mit Stolz in der Stimme: »Kapitäne, Matrosen der äußeren und inneren Hebriden und die großen Whiskybrenner der High- und Lowlands kommen mit ihren Wünschen stets zu meinem Kochlöffel gekrochen. Ich denke, sie kommen nur deswegen und nur beiläufig wegen des Whiskys!«

Angus legte seine Ellbogen auf den Tisch, um mit ernster Miene seine Ansicht darüber deutlich darzulegen: »Ich komme aufrecht durch die Tür zu dir!« erwiderte er im Brustton der Überzeugung, da er den Sinn ihrer Schilderung aufgrund seiner jungen Jahre nicht ganz verstand.

Betsy lachte schallend, zog ihn vom Stuhl und drückte Angus eng an ihren Leib.

»Ich komme bestimmt wieder!« wiederholte er, fest an ihre Rundungen gepreßt.

Betsy geleitete ihn bis zur Tür und fragte Angus beiläufig: »Habt ihr euren Whisky schon an David übergeben?«

»Wir haben nichts mitgebracht ...«, erwiderte Angus unbekümmert.

Daraufhin führte sie ihn hinaus in den nun voll besetzten Schankraum und entließ ihn aus ihren Armen mit dem Rat, sich an die frische Luft zu begeben, um besser verdauen zu können. Angus befolgte ihren Wink, kämpfte sich durch die Knäuel von Menschen und trat hinaus auf den Vorplatz.

Wie der Tag sank, schien das Leben vor der Taverne sich zu erheben. Angus sah sich plötzlich einer schwarzen Mauer von Menschen gegenüber, die den Vorplatz in der vergangenen Stunde gefüllt hatten. Dumpfes Gemurmel, durchsetzt mit Fluchen, Grölen, Schmähungen streitender Männer und schrillen Schreien trunkener Frauen, drang an sein Ohr. Die Wucht der dichten Menschenansammlung machte ihn augenblicklich beklommen. Noch nie hatte er so hautnah die Anspannung und Gereiztheit einer großen Häufung von Menschen verspürt.

Langsam drückte er sich an der Hausmauer entlang, blieb schließlich an der Ecke stehen, jederzeit bereit, zurück in den Eingang der Taverne zu flüchten. Für einen Moment dachte er daran, seinen Bruder Morgan im Hause aufzustöbern, was er jedoch sofort wieder verwarf; denn, so dachte er bei sich, dieser verhandelte mit

David Cameron über geschäftliche Dinge und wollte dabei sicher nicht gestört werden. So mischten sich Unsicherheit und Neugier in ihm. Das eine Gefühl ließ ihn zögern, das andere vergrößerte die Distanz – Schritt für Schritt – zum Eingang der Taverne.

Sein Blick fiel auf den Weg, der sich hinunter zur Bucht zog. Zwei Menschenschlangen bewegten sich gegenläufig die Straße rauf und runter und ließen den Kies unter ihren Füßen knirschen. Die Steinhäuser links und rechts davon lagen still; fast überall waren die Fensterläden geschlossen. Die Dämmerung hatte die Konturen der Häuser weich und rund gemacht. Angus sah eine Lücke in der Menschenkette, nahm allen Mut zusammen und wechselte von der Taverne über den Weg auf die andere Seite, hin zum Eingang eines Hauses, das von niemandem bewohnt zu sein schien. Eine Steinbank davor lud zum Sitzen ein.

Er nahm Platz, blickte hinaus auf die gekräuselte, lichtsanfte Fläche der See und lauschte den Wogen, die regelmäßig am muschelübersäten Strand ausliefen. Die Flut kündigte sich an.

Es war eine überwältigende Landschaft, die sich vor ihm auftat. Granitfelsen, abgerundet wie große Wollsäcke, säumten die Ufer der Bucht von Loch Inver. Darüber zerschundene Krater und leere, niedrig bemooste Felsenhügel, die feucht glänzten. Mitten in der Bucht schimmerten in der silbrig glänzenden See die kleine Felseninsel Glas Leac und, etwa drei Meilen dahinter, Soyea Island herüber. Schwermütig-ruhig schliefen die Wassermassen, aber Angus vermutete, daß sie bei Sturm großes Verderben herbeiführen konnten. Der Himmel war wolkenlos. Im Westen hing noch ein Hauch von Abendrot, und im Norden trafen sich Meer und Himmel in der Ferne in einer ungebrochenen Linie. Für einen Atemzug spürte er in sich das Bedürfnis, irgend jemandem für diesen herrlichen Anblick dankbar sein zu müssen …

Ihm wurde bewußt, daß er nicht der einzige war, der gespannt zur Bucht hinausblickte. Einige Menschen auf dem Weg drehten sich im Gehen um, blieben stehen, deuteten hinunter zur Bucht und diskutierten miteinander. Es schien, als warteten sie alle auf etwas Bestimmtes.

Ein finster wirkender älterer Mann löste sich aus dem Menschenwurm und kam auf Angus zugeschritten. Er trug einen zerschlissenen, braunen, vor Schmutz starrenden Kapuzenmantel, der von einem um die Taille gebundenen Tau zusammengehalten wurde. Mit dunklen Augen, die etwas eigenartig Grelles und Raubvogelartiges an sich hatten, blickte er auf Angus nieder.

»Mach Platz, Junge!« Angus sprang auf und wollte zurück zur Taverne laufen, doch der Mann faßte ihn am Arm und hinderte ihn am Wegrennen.

»Nicht doch! Ich wollte dich nicht vertreiben«, sagte er in versöhnlicherem Ton und löste seinen eisenharten Griff um Angus' Oberarm. »Komm, setz dich wieder! Komm nur! Wir haben beide Platz …«

Angus konnte sich der tiefen, eindringlichen Stimme nicht entziehen. Gleichwohl kehrte er zögernd und mit respektablem Abstand zu dem Kapuzenmann auf die Bank zurück. Ein strenger Schweißgeruch breitete sich neben ihm aus. Unwillkürlich spannten sich seine Nasenflügel vor Ekel. Unmerklich drehte er ein wenig seinen Kopf, um den Mann aus dem Augenwinkel heraus zu beobachten.

Die Kapuze gab nur das Kinn und die Nasenspitze frei. Der Unbekannte blickte offenbar gleichfalls starr auf die Bucht. Es war das Bild eines Mönchs, der das Unergründliche der Meerestiefe zu entschlüsseln versuchte. Er hob das Gesicht, als prüfe er schnuppernd die Luft, und Angus hatte das Gefühl, daß der Mann eine Art Einvernehmen zwischen sich und ihm herzustellen versuchte.

Unvermutet drehte sich die Kapuze in seine Richtung, und ein über den Wangen zernagtes Gesicht sah Angus gleichmütig an. Der spitze Adamsapfel des Fremden drückte wie ein Dorn gegen die faltige, gegerbte Haut seines Halses, als er fragte: »Wer bist du? Wo kommst du her?« Dabei glitten seine Habichtaugen an Angus rauf und runter, als wollte er eine Ware prüfen.

»Mein Bruder und ich kommen vom Assynt, Scoury House!« sagte Angus hastig.

»Mhm, ein Mackay also …«, erwiderte der Fremde. Er fixierte Angus' lederne Stiefel und fuhr fort: »Es geht den Mackays wohl besonders gut dort oben?«

Die Bitterkeit in seiner Stimme war kaum zu überhören. Angus hob darauf stumm die Schultern.

»Das sagt alles!« sagte der Fremde schroff und fuhr fort: »Du leidest keinen Hunger dort oben, sonst wärest du gesprächiger. Nur satte Menschen können es sich leisten, stumm zu sein.«

Angus fing an mit dem Bein zu wippen, dachte im gleichen Moment an die fette Makrele in seinem Bauch und fühlte die Notwendigkeit gekommen, baldigst in die Taverne hinüberzuwechseln, zumal er eingestehen mußte, daß er sich in dem Fremden arg getäuscht hatte. Dieser war offensichtlich nur darauf aus, sein Mitleid zu wecken.

Im gleichen Moment spürte er die knochige, sperrige Hand des Fremden – diesmal auf seiner Schulter: »Die Mackays werden sich anpassen müssen, selbst wenn es ihnen gegen den Strich geht!« hörte er ihn sagen.

Angus verspürte Feuer im Bauch. Was würde Vater dazu sagen, wenn er sich das gefallen ließe? Ein Ausspruch seiner Mutter kam ihm ins Bewußtsein. Er hatte ihn zwar schon oft auf seinem Felsenthron gebraucht, wenn er sich mit seinen Hexen unterhielt, indes, einem Menschen gegenüber hatte er noch nie Gelegenheit gehabt ihn anzubringen. Nun, der Moment schien gekommen, und er sprach salbungsvoll: »Das hier ist nicht der Ort, wo das Urteil über die Mackays gesprochen wird!«

Zunächst breitete sich Schweigen aus. Dann prustete es aus dem Kapuzenmann heraus: »Ha! Ha! Du hast ja die Stimme eines Richters. So wie du dich äußerst, sprichst du wahrscheinlich täglich mit unserem Schöpfer, junger Mackay!«

Gleichzeitig rückte er näher an Angus heran, mit dem Versuch, seinen Arm um ihn zu legen. Dieser entkam der Umarmung, indem er blitzschnell aufstand und einige Schritte zurückwich.

Doch der Fremde ließ ihn nicht so einfach gehen. »Bleib stehen, Junge! Bleib stehen! Hab keinen Argwohn. Ich wollte dein Ehrgefühl nicht verletzen. Setz dich wieder zu mir! Nur für eine kurze Zeit ... Laß uns ein wenig miteinander plaudern. Du wirst sehen, es wird dir nützen.« Als er sah, daß Angus zögerte, fuhr er fort: »Es gibt wichtige Dinge, die du wissen solltest!«

In der Baßstimme des Alten lag etwas, was in Verbindung mit seinem durchdringenden Blick Angus zögern ließ.

»Tief unter uns, mein junger Freund«, sprach der Fremde langsam und mit Bedacht, »sind die Felsschichten, auf denen unser Highland ruht, ins Rutschen geraten, und mit jeder Flut verschwindet ein Stück davon im Meer. Ist es daher nicht wert, sich zu fragen, wie wir das ausblutende Hochland retten sollten? Ist es richtig, daß wenige von uns mit unseren alten Feinden gemeinsame Sache machen und auf Kosten anderer gut leben? Bedarf es nicht der Rache gegenüber den Clanhäuptlingen, denen wir vertraut hatten, da wir glaubten, sie würden uns niemals fallenlassen? Hast du dir darüber schon Gedanken gemacht, junger Mackay?«

Angus, irritiert von den Worten des Fremden, da für ihn darauf weder das Ja noch das Nein als Antwort paßte, starrte den Mann stumm und ohne jegliche Regung an. Dieser wartete keine Antwort ab, sondern fuhr fort, ohne Atem zu schöpfen: »Warum tauschen wir immer größere Stücke unsere Seele ein gegen Profit, Macht und Geltung?«

Dann streckte er seinen Arm aus und zeigte auf Angus' Herz.

»Junger Mackay vom Assynt! Was hast du in deinen jungen Jahren an der Brust deiner Mutter erworben? Herrschaft, Begierde, Leidenschaft, Zorn, Verurteilung? Oder auch Angst, Hoffnung, Barmherzigkeit, Güte, Nächstenliebe …?«

»Was wollen Sie von mir, und wer sind Sie eigentlich?« brach es aus Angus heraus.

Nun stand auch der Kapuzenmann auf, worauf Angus einen weiteren Schritt zurückwich. Der Fremde sah an ihm vorbei hinaus auf das Meer, und Angus blickte mit einem Mal in ein Gesicht, das er gleichwohl nicht mehr als narbig, roh und abweisend empfand, sondern offen und leuchtend.

»Mein Name ist nicht wichtig«, sagte der Fremde, hob wiederum die Hand und deutete auf den Horizont hinaus. »Ich sehe das Zukünftige so deutlich wie das Gegenwärtige. Deine Lebenspfade drängen sich in mein Bewußtsein. Ich sehe Bilder, anhand derer ich eine Landkarte zeichnen und vorhersehen kann, wohin dich diese Pfade führen werden.«

Angus' Mißtrauen wurde auch durch die gewichtigen Worte des Fremden nicht gebannt, und so versetzte er forsch: »Du siehst eher aus wie der Teufel als wie ein Seher – und dir soll ich glauben?«

Angus' Worte blieben ohne Wirkung. Die Augen beharrlich auf

den Horizont gerichtet, erwiderte der Unbekannte: »Du bist der Herr der Windknoten und kennst die Felswanne der *Caointeach*. Du hast dich früh den Wundern der Highlands geöffnet und stehst in Verbindung mit Hexen, Riesen, Dämonen und Elben. Sie werden auch künftig deine Wege begleiten.«

Angus stand unbeweglich, bleich im Gesicht, und starrte den Kapuzenmann an. Ihm war, als wäre er gerade seinem eigenen Schatten begegnet. Der Seher trat heran und legte beide Hände auf Angus' Schultern. Der Fremde fixierte ihn mit seinen Augen, und Angus erschauerte, als würde ihm das Licht des Bewußtseins ausgeblasen.

»Dein Schatten wächst! Er wird sehr machtvoll sein und dich mit einer falschen Unabhängigkeit täuschen. Doch in Wirklichkeit bist du von anderen beherrscht, verhältst dich unterwürfig, bist grausam und gehorsam. Irgendwann in deinem Leben wirst du draußen auf dem Meer dir selbst nichts mehr vormachen können. Schütze daher mit beiden Händen dein kleines Licht, das jeden Augenblick dort draußen erlöschen kann. Wenn du es am Leben erhältst, wird es dich durch Nacht und Sturm retten und läßt dich das Glück der vergessenen Jahre wiederfinden!«

Unfähig, sich zu rühren, hatte Angus wie aus weiter Ferne die Baßstimme des Sehers vernommen. Der Namenlose ließ die Hände langsam von Angus' Schulter abgleiten, und der Junge spürte, wie der geheimnisvolle Einfluß auf ihn unversehens nachließ.

Sie schwiegen beide, doch Angus kam nicht von den stechenden Augen los, die ihn aufmerksam betrachteten. Vielleicht las der Seher gerade seine Gedanken, dachte er bei sich und schlug den Blick nieder. Er atmete tief durch und versuchte aus seiner Entrückung wieder auf den Boden der Wirklichkeit zu finden, als ein Sturm der Begeisterung rings um die Taverne losbrach.

Angus sah auf und spähte, ebenso wie die dicht gedrängten Menschen auf dem Platz, durch den aufkommenden Dunst der Bucht. Am Horizont, südlich von Soyea Island, waren zwei winzige Rechtecke auszumachen.

»Ein Kutter!« vernahm er die Stimme des Sehers neben sich.

Die Menschen walzten den Strand hinunter und schwenkten vor Freude die Arme in der Luft. Der Kutter kam rasch auf. Er segelte direkt vor dem Wind, der auf dem offenen Wasser noch die Segel blähte.

»Ein herrliches Schiff!« rief Angus.

»Ja, ein stolzes Schiff. Aber ein miserabler Platz zum Leben«, erwiderte der Seher mit rauhem Ernst.

Das Segelschiff nahm festere Gestalt an. Majestätisch, nun ohne Gischt am Bug, auf ruhigem, fast poliertem Wasser, glitt der Kutter lautlos in die Bucht. Angus hatte den Eindruck, als fliege er, knapp über dem Wasser, still wie eine Möwe.

Das einmastige Schiff hatte sein großes Gaffelsegel wie eine Vogelschwinge weit nach Lee ausgefahren, um den schwachen Wind besser einfangen zu können. In der Höhe der Gaffel hatte es ein Vierkantsegel und darüber an einer Marsstenge zwei weitere Rahsegel gesetzt; und als wäre das noch nicht genug, hing an dem langen, fast waagerecht aus dem Bug herausragenden einholbaren Klüverbaum auch noch ein großes, bauchig wirkendes Dreiecksegel. Selbst mit seinem ungeschulten Blick sah Angus, daß der Kutter mehr Segel trug, als Mast und Rumpf bei hartem Wetter vertragen konnten.

Immer mehr Menschen strömten ans Wasser. Es mußten nun gut an die zweihundert sein.

»Herr, du mein gnädiger Himmel!« rief Angus aus und trat einige Schritte vor, um besser hinunter auf den Strand blicken zu können. »Warten dort unten alle auf das Schiff – dieses einzige Schiff?«

»Ja, sie warten und hoffen darauf, daß ihnen der Whisky, den sie nach Lochinver geschleppt haben, zu einem guten Preis abgenommen wird. Aber wie ich sehe, warten sie vergebens.«

»Vergebens?« wiederholte Angus irritiert.

»Ja! Nicht jeder segelführende Kutter hat den richtigen Käpt'n an Bord«, meinte der Seher verächtlich. Als Angus sich umdrehte, führte die Hand des Fremden eine Bewegung aus, wie wenn er versuchen wollte, etwas über den Boden zu verstreuen. »Sie werden alle wie die Aschenglut durch den Rost fallen. Es ist das falsche Schiff!«

»Woran erkennst du das?«

»Die Schmuggler fahren mehr Segeltuch und benutzen keine

Rahsegel. Dieser Kutter ist nicht der schnellste Entwurf. Außerdem stimmt der Anstrich nicht, und wie ich sehe, hat er drei Beiboote zuviel an Bord. Überdies ist der Segler mit Relingsgeschützen und Kanonen bewaffnet. Es ist wahrhaftig kein Schmuggelschiff. Es ist der Zollkutter!«

Kaum hatte er diese Worte gesprochen, als ein einziger großer Aufschrei zu ihnen heraufdrang. Die Menschen begannen zu flüchten, als hätte der Kutter die Pest an Bord. Einige stürzten in ihrer Panik zu Boden, andere stolperten darüber, die Nachfolgenden eilten zurück zur Taverne.

»Mactaggart! Mactaggart! Es ist Mactaggart mit seiner Viper!« schlug ein junger Mann, der als erster den Platz vor der Taverne erreichte, Alarm.

»Lauft, verflucht, lauft endlich! Rettet euch!« kreischte die Menge hinter ihm. Wieder stürzten einige zu Boden und wurden überrannt.

Angus beobachtete, wie die Menschen zu Dutzenden in alle Richtungen ausschwärmten. Einige liefen direkt den Hügel hinauf und verschwanden im Wäldchen über dem Abhang; eine Reihe von Flüchtenden hastete den Strand entlang; etliche verschwanden in der Taverne; die meisten jedoch versuchten über den Weg nach Strathan und den Pfad hoch zum Loch Druim Suardalain zu entkommen. Nur eine Handvoll Männer ging gelassen den Weg zurück zur Taverne *The Shank*, als würde sie das alles nicht berühren. Nur zwei Männer blieben am Strand zurück.

Angus war vollständig gefangen von dem, was sich vor seinen Augen abspielte. Die Viper war nun auf eine Viertelmeile an den Strand herangekommen und näherte sich ihrem Ankerplatz. Während sie dem Ruder gehorchte und über Backbordbug wendete, hatten die Männer an Bord unterdessen in glänzender Seemannschaft ihre schwere Takelage bis auf das große Gaffelsegel eingeholt. Kurz darauf gellten Kommandos über die Bucht

*»Ruder in Lee!«*

*»Klar bei Backbord-Anker!«*

*»Aus der Kette – Boje über Bord!«*

*»Fallen Anker!«*

*»An die Gaffelgeitaue – gei auf!«*

Angus erspähte nun die Ruderboote – vier an der Zahl! Zwei lagen an Deck, eines an Steuerbord und eins an der Backbordseite festgezurrt. Es sah aus, als wollte der Kutter mit einer Ladung Boote Handel treiben. Während der Rumpf der VIPER schwarz gestrichen war, leuchteten ihre Beiboote weiß herüber.

Die VIPER hatte eine starke Besatzung, die über das Deck wuselte. Angus schätzte die Zahl der Männer, alle in roten Flanellhemden und blauen Hosen, auf über zwanzig. Einige von ihnen hatten Teerjacken an und ließen in Windeseile die Boote eins nach dem anderen zu Wassser.

Als die erste Jolle knirschend auf den Strand aufsetzte, beeilte sich Angus, in die Taverne zu kommen.

»Ich muß zu meinem Bruder!« rief er hinter sich. Als keine Antwort kam, bemerkte er, daß der Seher verschwunden war. Während er zurückhastete, fiel ihm der Satz ein, den der Fremde sprach und der ihn beunruhigte:

*»Dein Schatten wächst! Er wird sehr machtvoll sein und dich mit einer falschen Unabhängigkeit täuschen.«*

Als er sich aber an all das Gesagte zu erinnern versuchte, war ihm, als müsse er die Einzelheiten eines halbvergessenen Traums in sein Gedächtnis zurückrufen. Er faßte sich an seinen Kopf, als schmerzte ihn jede Bewegung. Die Stimme des Sehers dröhnte in seinem Kopf:

*»... doch in Wirklichkeit bist du von anderen beherrscht ... Irgendwann in deinem Leben wirst du draußen auf dem Meer dir selbst nichts mehr vormachen können. Schütze daher mit beiden Händen dein kleines Licht ... Wenn du es am Leben erhältst, wird es dich durch Nacht und Sturm hindurch retten und läßt dich das Glück der vergessenen Jahre wiederfinden.«*

»Seeräuber! Plünderer! Mordgierige, vor nichts zurückschreckende Piraten!« hörte er wie von fern die aufgebrachten Menschen krakeelen. Doch es rührte ihn nicht. Am Eingang angekommen, zog er die Sohle seiner Stiefel über den Eisenkratzer, als wollte er die Weissagung des Sehers abstreifen. »Es ist geschehen«, sagte er zu sich selbst, »niemand kann es ungeschehen machen; und ich kann es nicht anders sehen, als es ist ...«

Als John Mactaggart, Kapitän des Zollkutters Viper, den Schankraum der Taverne betrat, spürte Angus, daß sich die ausgelassene Atmosphäre der vorhergegangenen Stunden von Grund auf verändert hatte. Die Menschen an den Tischen verstummten, als der Kapitän zusammen mit seinem ersten Offizier, flankiert von zwei bärenstarken, schwer bewaffneten Matrosen, der Theke zustrebte. Sonnengegerbt, hochgewachsen, kräftig, versehen mit einem grauschwarzen Backenbart, zog er alle Blicke auf sich. Seine übermächtige Gestalt und sein selbstbewußter Charakter standen im markanten Kontrast zu den übrigen Gästen.

Mactaggart tippte mit dem Griff seines Degens an seinen Dreispitz, hob das scharfe Gesicht und schnupperte wie ein Hund. Die wenigen Menschen, die noch geblieben waren, verließen daraufhin die Taverne in Windeseile, was Angus veranlaßte, auf seinem Stuhl einige Zoll tiefer unter die Tischplatte zu rutschen.

David Cameron, sichtbar fahrig, löste sich von der Theke und beeilte sich, seinen Gast lächelnd willkommen zu heißen. Doch Mactaggart fauchte ihn mit heiserer Stimme an: »Ist es nicht gegen alle Gerechtigkeit, David, daß man diesem faulen, versoffenen Bergvolk gestattet, in aller Ruhe seinen illegalen Whisky wegzutragen?«

Mactaggarts Worte stoppten blitzartig Camerons Schritte und ließen sein Lächeln einfrieren. Doch einen Atemzug später hatte der Wirt seine Fassung wieder gewonnen.

»Welch glückliches Wiedersehen! Willkommen im *The Shank*!« entgegnete Cameron mit geheuchelter Freude. Er bedachte den Kapitän der Viper und dessen Männer mit je einer Verbeugung, trat ehrerbietig zwei Schritte zurück und geleitete den Kapitän, gefolgt von seinem ersten Offizier, an einen runden Tisch gleich neben der Theke.

Die beiden stämmigen Matrosen – der eine trug über seinem linken Auge eine rote Klappe, dem zweiten fehlten an der linken Hand zwei Finger – kontrollierten indes oberflächlich den Schankraum. »Augenklappe« und »Dreifingerling« waren offensichtlich des Kutterkapitäns persönliche Leibgarde.

Mactaggart klopfte seinem Offizier vor die Brust, zielte gleichzeitig mit seinem Degen auf Camerons Mund und sagte: »Er ist ein kleines Großmaul aus Schottland! Wenn sie ihn bei uns nach dem Reden befördern würden, wäre er Englands erster Großadmiral des Zollkuttergeschwaders«, und ging gemessenen Schrittes an ihm vorüber.

Kaum daß er saß, sagte er: »David! Du hast meine Frage nicht beantwortet!«

»Gebratene Rehkeule – vom Wirt; gedämpftes Rindfleisch mit Gemüse – vom Wirt; dazu Rotwein, Brandy – vom Wirt«, erwiderte Cameron ruhig.

»Genau in dieser Reihenfolge – mein Whiskysohn!« erwiderte Mactaggart.

Donnerndes Gelächter begleiteten seine Worte.

»Betsy – sie ist in der Küche«, sagte Cameron stoisch, »wünschst du sie zu sehen?«

»Erst die Geschäfte, David! Außerdem solltest du dich besser um das Wohlergehen deines Kopfes kümmern als um das Küchenvolk. Stör es nicht bei der Arbeit, und nimm hier endlich Platz!« befahl er grimmig und schob den Stuhl energisch vor Camerons Füße. Dieser flüsterte daraufhin seinem Schankgehilfen Daniel etwas ins Ohr, bevor er sich der Aufforderung Mactaggarts fügte.

»Hier bin ich«, sagte Cameron beherrscht und blickte den Kapitän voll an.

»Du bist hier im Norden, wie ich die Jahre hindurch erleben konnte, ein ganz besonders glänzender Stern, David. Du solltest daher darauf achten, daß dir die ganze Pracht nicht verblaßt.«

»Was brennt dir auf der Seele, John?« versuchte Cameron die Kluft zu überbrücken.

Mactaggart schlug mit der flachen Hand auf den Tisch. »Wer hat die Leute gewarnt? He?«

Cameron ließ sich Zeit, bevor er bedächtig antwortete. »Niemand hat geahnt, daß du schon heute abend hier Anker wirfst. Das

Volk war komplett unten am Strand, bevor es seinen Irrtum bemerkte. Die Menschen hatten ihre ganze Vorsicht an den Nagel gehängt!«

»Das Volk? Lächerlich! Meinst du, ich bin auf jede einzelne mit Whisky gefüllte Schweinsblase aus, welche die Weiber unter ihren Röcken tragen?« rief er aufgebracht. »Ich lass' mich nicht zum Narren machen! Wo sind die Gallonen?«

»Sieh dich um! Stell alles auf den Kopf! Ich habe weder eine Lieferung bekommen noch den Weibern unter die Röcke gegriffen.«

Mactaggart sprang hoch, packte Cameron am Hals und zog ihn an sich hoch. »Täusche ich mich?« sprach er wutentbrannt. »Ist deine verdammte Taverne ein Picknickplatz für arme, kranke, dahinsiechende Highlander, oder ist sie die größte Schmuggelkneipe des gesamten schottischen Hochlandes einschließlich der Hebriden?« Drohend starrte er den Wirt an.

»Du konntest bis jetzt zufrieden sein, Mactaggart. Doch die Lage hat sich seit dem Frühjahr verschlimmert. Die Gründe sind dir sicher bekannt ...«, entgegnete Cameron mit bebender Stimme.

Mactaggart stieß ihn grob auf den Stuhl zurück. »Was sind die Gründe? Raus mit der Sprache!«

»Wenn Sutherland seine Verwalter in den Highlands weiterhin so wüten läßt, werden die Quellen gänzlich versiegen! Dagegen sind die Steuereintreiber aus Inverness geradezu harmlos!«

»Bei allen Dämonen der Highlands! Erzähl mir keine Geschichten!« platzte Mactaggart erneut heraus. »Es wird Whisky geschmuggelt, daß sich die Tresen von Glasgow bis nach London davon biegen! Ich lasse mich von niemandem und vor allem nicht von dir bestehlen!«

Er schwieg kurz; seine heisere Stimme ging in einen Flüsterton über, ohne an Schärfe zu verlieren: »Wieviel Whisky hast du vorrätig?«

Die Röte, die Mactaggarts Worte Cameron ins Gesicht getrieben hatte, wich kalkweißer Blässe. Der Wirt atmete rascher, sah sein Gegenüber aber offen an. »Zehn Gallonen und mehr wären für dich gewesen, wenn Donald Robertson am Assynt nicht seine Nase reingesteckt hätte, in Oykel Bridge die Menschen am Leben gelassen und die Steuereintreiber den wenigen verbliebenen

Whiskybrennern in den Highlands nicht mit dem Galgen drohen würden. Die Menschen dort draußen haben kein Vertrauen mehr. Zu niemanden! Sie werden ihre Whiskyfässer erst bringen, wenn ihr hier wieder verschwunden seid – du, deine Männer und dein Kutter.«

Mactaggarts Hand fuhr an den Griff seiner doppelläufigen Pistole, besann sich jedoch und stieß hervor: »Du bist ein Schwächling! Ich werde an dieser Küste nicht ins Hintertreffen geraten. Eher sorge ich dafür, daß alles hier absäuft, verbrennt, verhungert, an den Galgen kommt oder erschossen wird. Daher hör gut zu, David! Auch wenn sich deine feigen Brenner dort draußen in ihre Rattenlöcher verkriechen, ich werde dir zeigen, wie der Whisky heute noch auf mein Schiff kommt – und zwar mit deiner Hilfe! Oder …«

Mactaggart hob seinen Zeigefinger, zielte auf Camerons Stirn, schnalzte mit der Zunge und machte den Finger krumm.

Cameron erhob sich langsam von seinem Stuhl und stützte sich mit seinen Fäusten auf der Tischplatte ab. »Mit deiner Skrupellosigkeit versuchst du nur die Wahrheit zu verdrängen. Mich schüchterst du nicht ein. Ich verstehe weder deinen Zorn noch deine …«

Doch Mactaggart schnitt ihm das Wort ab und fixierte ihn mit seinen Habichtaugen. »Wo haben sie den Whisky?«

»Was weiß ich? Am Leib, in den Hügeln, zwischen Felsen, in Erdhöhlen? Ich habe mich nie darum gekümmert.«

»Wenn du mich verarschen willst …!«

»Verdammt, Mactaggart! Ich weiß weder, wo sie ihn im Gelände verstecken, noch kenn' ich die Mengen und die Qualitäten. Ich weiß nur eines: Die wichtigsten Quellen sind derzeit versiegt. Wenn du jedoch der Sache einige Zeit gibst …«

Mactaggart zog plötzlich seine Pistole und schoß, ohne einen Augenblick zu zögern, in die Zimmerdecke. »Ihr verdammten Dreckschweine! Du steckst mit ihnen unter einer Decke, und die Brenner sitzen mit ihrem Whisky auf jedem Hügel und warten nur darauf, daß ich hier mit meinen Männern den Schwanz einziehe.«

Cameron sah mit einem ungerührten Blick nach oben, Mactaggart blies den Schmauch von der Mündung seiner Waffe. Danach schauten beide Männer einander einen Augenblick schweigend an.

Beide waren furchtlos, Cameron voller Selbstbeherrschung, Mactaggart voller Rücksichtslosigkeit, jedoch beide eiskalt berechnend, da für sie der Whiskyschmuggel eine einzige Sache von Soll und Haben war.

Camerons Gesicht nahm eisenharte Züge an, bevor er drohend seine Stimme erhob: »Du wirst heute nacht keine einzige Gallone mitnehmen, Mactaggart. Und wenn du nicht zur Vernunft kommst, kannst du dich und deine Männer der Hölle anempfehlen!«

Mactaggart hielt die Luft an und hob erneut die Waffe. Als er die Mündung auf Cameron richten wollte, legte sich die Hand seines ersten Offiziers, Jack Burnside, der bislang schweigend daneben gesessen hatte, entschlossen auf den Unterarm des Kapitäns.

Cameron senkte den Blick. Das Blut war ihm aus dem Gesicht gewichen. Dennoch tat er so, als hätte Mactaggart die Waffe nie auf ihn gerichtet. Der Wirt hatte eine chamäleonartige Befähigung, sich jeder neuen Gefühlslage anzupassen; denn kaum war die bedrohliche Situation vorüber, klopfte er scherzend »Dreifingerling« auf die Schulter, schob den Stuhl zur Seite und sagte: »Ich schlage vor, wir stärken uns erst einmal mit etwas ›Lebenswasser‹, bevor Betsy uns den Tisch vollstellt.« Er stand auf. »James!« brüllte er in Richtung Küche und sandte noch einige ungeduldige Fluchworte hinterher.

Als der Knecht endlich in der Tür erschien, kämpfte er mit seinen strohblonden, langen, glatten Haaren, die ihm bis auf die Schultern fielen. Als er sich die Mähne hinreichend weit aus dem Gesicht gestrichen hatte, um seinen Herrn ins Auge zu fassen, war seine Miene ein einziger Ausdruck unschuldiger Einfalt.

»He, James? Schlafgesicht! Aufwachen! Geh und hol das Whiskyfäßchen aus meinem Zimmer. Du findest es auf dem Tisch! Los, beeil dich!« Dann bewegte sich Cameron zur Küche und gab in der Tür stehend seine Anweisungen.

Währenddessen war James mit dem Fäßchen zurück und stellte es auf der Theke ab. Cameron, der ihm am nächsten war, bemerkte, daß seine kräftige Hand auf dem Tresen zitterte. James war von ängstlicher Gemütsart und daher äußerst empfindlich gegenüber harten Worten seines Herrn. Cameron konnte in jenem Moment nicht auf die Empfindungen seines Vertrauten und ergebenen Dieners eingehen. Statt dessen griff er verdeckt seinen Oberarm und drückte als stummes Zeichen seiner Gewogenheit zweimal zu.

»Bring zwei Quaichs!« flüsterte Cameron ihm zu.

James sah kurz zum Tisch hinüber. »Zwei?«

»Zwei! Dazu drei Gläser mit Brandy! Und die Kerzen ...«

Cameron füllte selbst aus dem Fäßchen die beiden versilberten Trinkbecher bis knapp unter den Rand, trug sie vorsichtig balancierend zum runden Tisch hinüber und reichte John Mactaggart einen davon.

»Bester Freund«, sagte Cameron feierlich, als stünde eine Hochzeitsfeier an, »es hat mich niemals mehr gefreut, dich zu sehen. Du hast zwar zur falschen Zeit in unserer Bucht den Anker geworfen, was deine Freude auf eine gute Gegenleistung begreiflicherweise trüben muß, doch probiere den *uisge beatha* aus diesem Fäßchen, und du wirst zur richtigen Zeit, in wenigen Wochen schon, voller Vorfreude wieder hierher zurückkehren.«

Mactaggart blickte zu Cameron empor, als hätte dieser gerade eine Phase der Geistesverwirrung durchlaufen. Cameron hob seinen Quaich und sah in Mactaggarts versteinertes Gesicht: »*Slainge whah!*«

»*Slainge whah!*« erwiderte Johns Gefolge, während der Kapitän des Zollkutters den Quaich stumm zu seinen Lippen führte. Kurz davor stoppte er plötzlich, schloß die Augen und sog den Duft von Malz, Torf, Rauch und Tang in sich hinein. Danach trank er genußvoll den ersten Schluck.

Scharf beobachtete Cameron jede Regung in Johns Gesicht. Nach wenigen Sekunden sah er, daß das Lebenswasser vom Assynt gesiegt hatte.

Mactaggart öffnete seine Augen, sah in seinen Quaich, als wäre darin Prophezeiung und Offenbarung in einem enthalten.

»Du würdest ihn noch schmecken, auch wenn deine Zunge herausgeschnitten wäre«, sagte Cameron triumphierend. Der erste Offizier, »Augenklappe« und »Dreifingerling« blickten neiderfüllt hinüber zum Tresen, auf dem das Whiskyfäßchen ruhte.

»Wir stehen nicht auf dem gleichen glorreichen Fuße, wie du plump vorzugeben versuchst«, erwiderte Mactaggart schneidend.

»Oh, du bist noch trübe gestimmt, John.«

»Allerdings! Auch wenn ich einen Whisky von dieser Güte noch nie verkostet habe, so solltest du auf keine Schwäche unsererseits hoffen. Ich stelle dir damit eine klare Forderung, die du erfüllen wirst. Ich will den Bauch meines Kutters mit diesem Destillat vollladen! Woher kommt dieser Whisky, und wer brennt ihn?«

Cameron erwiderte kein Wort. Er hatte Mactaggart endlich in die Gasse gelockt, die ihm den Blick nach rechts und links nehmen und ihn in eine noch engere Nebengasse führen sollte.

»Verdammt, Cameron! Muß ich dich dazu zwingen?«

Cameron setzte sich bewußt langsam auf den freien Stuhl am runden Tisch: »John, du mußt erkennen, daß es diesem Geschäft nur schadet, wenn Donnerkeile geschleudert und rächende Flammen an Dächer gelegt werden. Der Quaich ist in Wahrheit bis an den Rand mit Bitternis gefüllt. Keine Frage, du hast nicht nur hier in den Gewässern die Macht, sondern auch die nötigen Verbindungen nach Inverness, Edinburgh und Glasgow! Also setze sie klug ein, und der Whisky fließt in Sturzbächen das Hochland herunter und wird – wie in vergangenen Zeiten – den Bauch deines Kutters bis an die Decksbalken füllen.«

»Was soll das heißen: *Ich habe die Macht ...?*«

»Du kennst Patrick Sellar.«

»Den Verwalter und Steuereintreiber?«

»Ja. Er und Donald Robertson müssen sofort aufhören, die Brennereien zu zerstören. Ich fordere daher den Schutz aller *pot stills* vom Cape Wrath bis Greenstone Point, um wiederum deinen Forderungen nachkommen zu können.«

Mactaggart saß regungslos auf seinem Stuhl. Seine Wangen wirkten angespannt, und seine Pupillen zogen sich zusammen, so daß Cameron seinen Blick als gleichermaßen starr und stechend empfand. Dann schwenkte er vorsichtig den Inhalt seines Quaichs.

»Woher kommt dieser Whisky?«

Cameron, der auf diese erneute Frage gehofft hatte, spielte daraufhin bewußt den Zögerlichen, der nur unwillig der Schnüffelei seines Gegenübers nachgab.

»Hm! Hm! Es muß wohl sein ...«, sinnierte er vor sich hin. »Also gut. Er kommt vom Assynt! Die Mackays brennen ihn. Doch Robertson, ich hatte es schon erwähnt, dieser Hohlkopf von Verwalter, hat das Talent vom Assynt, der diesen wundersamen Whisky brennt, vor wenigen Tagen in Oykel Bridge von seinen Bluthunden halb tot beißen lassen, bevor er eine weitere Stufe des Ruhmes der Destillierkunst erklimmen konnte. Zudem läßt Robertson, wie ich gehört habe, Scoury House überwachen. Ihm solltest du deine Pistole unter die Nase halten. Er trägt die Verantwortung dafür, daß der Bauch deines Kutters ohne Whisky weitersegeln wird.«

Cameron ließ Mactaggarts Habichtaugen mit diesen Worten in einen tiefen dunklen Brunnen spähen, um sie dort sein eigenes Spiegelbild entdecken zu lassen. Galt Mactaggart doch im Schmuggelgeschäft, entlang der Küste und den Hebriden, als ein widerlicher, korrupter, gesinnungsloser Blutsauger, der die Bedeutung des Zollkutters ausschließlich darin sah, an der zu überwachenden Küste seinem eigenen Vorteil nachzujagen. Dabei hatte er jedoch aus Raffgier verabsäumt, die unterbezahlten Beamten der Zollbehörde in Greenock genügend zu korrumpieren, die daraufhin nun ihrerseits seine Ablösung betrieben. David Cameron wußte schon seit letztem Jahr, in welcher Klemme sich Mactaggart befand, und war daher entschlossen, ab sofort keine einzige Gallone Whisky mehr für ihn und seine Männer zu opfern.

Cameron sprach daher ein Gerücht an: »Ich hörte, Robertson und Sellar wollen demnächst am verbotenen Whisky in der Region beteiligt werden und streben danach, den Profit in Zukunft ganz allein einzustreichen ...«

Mactaggart preßte für einen Moment die Lippen aufeinander, hob nachdenklich den Quaich und trank ihn leer. Der mißmutige Zug um Mund und Augen entspannte sich. »Sehr christlich gedacht von den Herren!« Dabei rutschte er auf seinem Stuhl auf die vordere Kante und fuhr fort: »Doch was dich angeht, ich höre immer nur, daß du keine einzige Gallone vorrätig hältst, am gesamten Mangel unschuldig bist und neuerdings beträchtliche Zeit benötigst, um an den Whisky heranzukommen. Du hattest jedoch, nach meinem Kalender zu urteilen, trotz aller Widrigkeiten genügend Zeit gehabt, die Erschwernisse zu überwinden. Wer sagt mir also, daß du die Wahrheit sprichst? Wie willst du mir beweisen, daß die großen Whiskylieferungen in diesem Jahr nicht schon bei dir eingetroffen sind?«

Cameron schob sein Kinn vor und konterte: »Die Antwort kannst du dir bei Robertson oder bei Sellar abholen!«

»Verdammt! Meine Geduld ist ...«

Mitten im Satz brach Mactaggart ab, da mit einem Schlag die Küchentür aufflog und gegen die Wand schmetterte. Vorneweg betrat Janet Cameron den Schankraum, gefolgt von ihrer »Zofe« Emily, der Köchin Betsy und dem ersten Schankgehilfen James. Beladen mit Tellern, Krügen und Bestecken standen sie bereit, um den Tisch einzudecken.

Janet trug ein Hauskleid aus heller, bauschiger Rohseide, das ihren Körper umschmeichelte. Der Schnitt des Kleides und die Agraffe über ihrer linken Brust, mit schwarzem Lapislazuli besetzt, waren von allerhöchster Eleganz. Ihre verführerische Pose ließ den Honig der Verlockungen von ihren Lippen entlang den Brüsten bis hinunter zu ihren Hüften fließen. Noch nie war soviel weibliche Attraktion in einer Schmuggeltaverne versammelt gewesen, und dies alles war nur auf eine bestimmte Person im Raum gerichtet.

»Käpt'n Mactaggart! Gott sei's gedankt! Wie ich sehe, sind Sie unversehrt. Ich heiße den hohen Besuch in unserer gottesfürchtigen Taverne herzlich willkommen!« begrüßte sie ihn wie von der Kanzel herab. »Ist es Ihnen recht, wenn wir jetzt mit dem Abendmahl beginnen?«

Mactaggart zeigte sich irritiert, erhob sich jedoch mit einigem Zögern und ergriff linkisch Janets dargebotene Hand.

»Ja, ja ... Ein guter Vorschlag, Mrs. Janet – hä, ein ... guter ... Zeitpunkt, wie ich meine.«

»Wir sind bereit«, antwortete Janet frisch und tatkräftig. Sie hatte alle weibliche Kunst eingesetzt, daß sogar der Teufel gezwungen wäre, seine Strategien zu ändern, um sich ihr nähern zu können. Während sie die pulsierende Unruhe auf den Stühlen anheizte und die unverhüllt gierigen Blicke der Männer gelassen ertrug, dirigierte sie fein abgestimmt das Gesinde zwischen Küche und Gästetisch hin und her. Hierzu bewegte sie sich mit der Zartheit von Tüll vor Mactaggarts Stuhl, bis sie aus den Augenwinkeln heraus auch bei ihm einen von sinnlichem Hunger geprägten Mund entdeckte.

Cameron hatte sich indessen hinaus in die Küche absetzen können, in der sich neben Daniel, dem ersten Schankgehilfen, auch Morgan aufhielt, der gerade ein Omelett mit Lämmerhoden in sich hineinschlang.

Als Cameron eintrat, fragte Morgan besorgt: »Wo ist Angus?«

»Angus?«

Cameron war mit seinen Gedanken bei den dringenden Schritten, die augenblicklich eingeleitet und ohne Verzögerung ausgeführt werden mußten. Gereizt antwortete er: »Ich weiß es nicht! Vielleicht versteckt er sich draußen mit den anderen. Ich kann mich jetzt nicht darum kümmern!«

Morgan erhob sich von seinem Platz.

»Ich werde ihn suchen gehen.«

»Pssst! Sei leise!« Eindringlich flüsterte er Morgan zu: »Nein! Du bleibst hier auf deinem Platz und rührst dich nicht von der Stelle. Die Taverne ist umstellt. Keine Menschenseele kommt unbemerkt hinaus oder herein. Sollten du und dein Bruder von Mactaggarts Leuten draußen gestellt werden, wird euch euer Vater teuer auslösen müssen. Das wäre das sichere Ende von Scoury House! Und noch etwas! Du bist hier für das Feuer im Herd verantwortlich und für den Nachschub von Torf! Du und Angus, ihr gehört zum Gesinde! Hast du verstanden?«

Morgan nickte zustimmend. Nach kurzer Besinnung nahm Cameron Daniel zur Seite und führte ihn in die Ecke, so daß sie im toten Winkel der Fenster standen.

»Du eilst sofort zur nördlichen Seite des Cnoc Braonach und gibst das Zeichen. Dann wartest du auf der Höhe, solange bis der Tag heraufdämmert. Erst wenn die VIPER südlich an Soyea Island vorbei ist, gibst du mir das zweite Zeichen. Dann beobachtest du die Taverne. Wenn du die Fackel kreisen siehst, gibst du das dritte Zeichen weiter. Wiederhole!«

Daniel wiederholte das Ganze, und Cameron war zufrieden. Sodann gab er ihm einen Schlag auf die Schulter und mahnte ihn noch einmal eindringlich, darauf zu achten, ob die VIPER Soyea Island in den Morgenstunden auch südlich passieren würde. Daniel verließ die Küche durch die Tür, die zum Gang hinausführte …

Morgan wurde nicht schlau aus dem, was er vernahm, und konnte sich vor allem nicht vorstellen, wie Daniel unerkannt zum

Cnoc Braonach kommen sollte. Er unterließ es gleichwohl, Cameron danach zu fragen, wenngleich in ihm die Sorge um Angus von Minute zu Minute wuchs. Statt dessen fragte er: »Was wird, wenn Mactaggart und seine Männer die Taverne heute nacht nicht verlassen?«

Cameron nahm mit seiner Rechten das Beil vom Hackbrett und ein langes Messer in seine linke Hand.

»Beim Barte des Sehers, dann werden wir den widerlichen Lowlander in Stücke hacken ...!«, und mit einem ausdrucksvollen Schwenken des Messers deutete Cameron an, daß im eintretenden Fall ein Gemetzel bevorstünde. Sodann schnappte er sich den Krug mit Wein und wechselte wieder mit ernster Miene zurück in den Schankraum.

Betsy hatte indessen als erste bemerkt, daß Angus sich unter dem Tisch in der Ecke verkrochen hatte, um dort ergeben auszuharren. In einem günstigen Augenblick deckte sie ihn ab, so daß er über den hinteren Gang in die Küche gelangen konnte. Von da an hielt er vereint mit seinem Bruder das Torffeuer in Gang.

Danach nahm Betsy neben Mactaggart Platz, der gierig seine Pranke um ihre Taille legte und sie schamlos an sich zog. Das Tabu zwischen ihr und ihm war schon vor zwei Jahren gebrochen worden, während des ersten Herbststurmes, der den Zollkutter eine ganze Woche in der Bucht von Loch Inver an die Ankerkette geschmiedet hatte.

Mactaggart war in jener Woche gezwungen gewesen, seinen Aufenthalt im *The Shank* gegen seine Pläne zu verlängern. Zwei Versuche, aus der Bucht herauszukommen, waren kläglich gescheitert und kosteten einen Matrosen, der vom Ruder gerissen wurde, das Leben. Betsy bediente den Kapitän von früh bis spät. Ihre Sehnsucht nach Fürsorge, ihre Gefühle, Erinnerungen und die Suche nach dem auf See verschollenen Vater hatten sie schon bei der ersten Begegnung durchströmt und fesselten sie seitdem blind an Mactaggart.

Er war bis dahin durchschnittlich zweimal im Jahr nach Lochinver gekommen. In dem Jahr, als er Betsy kennengelernt hatte, ging er gar drei- und im vergangenen Jahr gleich viermal in der Bucht vor Anker. Am Anfang gab er ihr das Gefühl der absoluten Geborgenheit, als sei die ganze rauhe Welt ausgeschlossen, als gebe es kein Morgen, nur diese eine Nacht, nur dieses eine Lager. Doch seine wahre Stärke, die mehr und mehr auf sie übergriff, trennte regelmäßig die Seele von ihrem Körper. Gleich zu Beginn schenkte er ihr einen drei Zoll breiten, mit Perlen und arabischen Silberornamenten verzierten Gürtel, den sie immer dann auf dem nackten Fleisch tragen sollte, wenn er zu ihr kam. Betsy folgte seinem Wunsch, und er hielt sich daran fest ...

Janet, die das Geschenk eines Tages zu Gesicht bekam, meinte, es wäre ein Gürtel, wie ihn orientalische Sklavinnen trügen. Doch die Ausstrahlung von Macht, das derbe Männliche, der kurze Ankerwurf waren auch bald die Geschenke nicht mehr wert, die er auf ihrem Lager zurückließ. Überdies empfand sie die unverhüllte Zügellosigkeit in seinem Gesicht zunehmend als abstoßend. Wenn er sie ansah, war alles entblößt, alles den Augen preisgegeben.

Sie hatte den Gürtel diesmal mit Absicht nicht angelegt und bemerkte sehr wohl, wie seine rechte Pranke vergeblich Halt suchte. Sein fettglänzender Mund kam an sie heran, dann traf sie sein alkoholgeschwängerter Atem.

»Warum hast du ihn nicht angelegt?«

»Ich bin nicht deine Sklavin!« sagte sie.

»Dann mach' ich dich dazu!« versetzte er, nahm ihre linke Hand und führte sie zwischen seine Beine zu den Hoden. »Knallvoll wie Hagelgeschosse!« prahlte er.

Betsy riß sich los, stand auf und griff nach den leeren Pfannen, um sie in die Küche zu bringen. Beim Hinausgehen rief er ihr hinterher: »Schottlands beste! Das ist gut für dich!«

Die irritierte Runde verstummte daraufhin. Mactaggart schlug vor Vergnügen »Augenklappe« auf die Schenkel und grölte: »Hagelgeschosse! Das ist die eine Seite! Ich brauch' ein Weib! Das ist die andere!«

»Wir auch! Wir auch!« grölten Jack Burnside und die beiden Matrosen zurück.

Derweil bewegte sich die Schmuggel- und Zollgesellschaft dank der geleerten Weinkrüge unsicher an der Grenze zwischen fröhlich-beschwipst und drohend-aufsässig.

»Weißt du einen Platz, wo wir hingehen können? Nur wir drei?«
fragte Burnside seinen Kapitän neugierig. Als Mactaggart die Frage
überhörte, begann der Erste Offizier nachzuhaken: »Du hast ein
Liebesnest ganz für dich allein. Wir woll'n auch ein bißchen Spaß
haben.«

»Verdammt …!« Mactaggart ließ seine Faust auf den Tisch knallen. Weiter kam er nicht, denn sein Wutausbruch, der den Männern in die Glieder fuhr, wurde abgelöst durch einen infernalischen
Lärm, der vom Eingang her an alle Ohren drang.

Mactaggart lehnte sich auf seinem Stuhl zurück, während sich
seine Garde zögernd von ihren Plätzen erhob und zu ihren Pistolen
griff. Alkohol und Konfusion ließen sie langsamer reagieren als
sonst.

Eine Rotte von acht Matrosen tobte zur Tür herein. Zwei von ihnen zerrten einen übel zugerichteten Mann, dem beide Augen fast
zugeschwollen waren. Sie stießen ihn in die Mitte des Raumes, genau auf die freie Fläche, auf der sich Cameron vor Stunden im Tanz
gedreht hatte.

»He, ihr Bastarde! Was gibt es?« rief Mactaggart dem Haufen
roter Flanellhemden entgegen. Ein Schrank von Matrose stemmte
daraufhin mit seiner linken Hand, unter dem triumphierenden Johlen seiner Kameraden, ein kleines hölzernes Fäßchen in die Höhe.

»Whisky, Sir! Der Schurke wollte uns sein Versteck nicht verraten. Erst als wir uns seine Frau vorgenommen haben, hat er es uns
genannt!«

»Von welchem Whisky redest du, Harvey?« fragte Mactaggart
höhnisch. »Ich sehe keinen. Hat hier jemand Whisky gesehen?«

Ernüchterung machte sich urplötzlich in dem Trupp breit, da sie
witterten, daß sie die Erwartungen ihres Kapitäns nicht erfüllen
konnten.

Mactaggart erhob sich und trat seinen Rothemden entgegen. Er
zog seinen Degen und stieß zweimal gegen das Holzfäßchen, so daß
der bullige Bootsmann, der unter einem stacheligen Bart ein gelbes
Gesicht zeigte, fast sein Gleichgewicht verlor.

»He, Harvey! Ist das alles?«

Der Angesprochene, dem ein schmutzigweißes, mit Blut beflecke-
tes Schnupftuch aus der Brusttasche hing, blieb stumm.

»He! Ich hab' dich was gefragt!«

Bootsmann Harvey nahm sofort Haltung an und meldete: »Sir! Das ist alles, Sir!«

»Es ist fast Mitternacht, und du wagst es, mir ein einziges Fäßchen zu präsentieren? Wo sind die Gallonen?« brüllte Mactaggart wütend.

»Sir, wir haben keine Gallonen gefunden«, meldete der Bootsmann, der offenkundig das Kommando über den Haufen hatte.

»Macht euch nicht lächerlich. Acht Mann und was findet ihr? Ein einziges *Octave*-Fäßchen!« tobte Mactaggart los. Dann ging er vor der Besatzung auf und ab, als wollte er in den Gehirnen der Leute lesen.

»Zum Henker! Mit euren Köpfen sollt ihr denken, nicht mit euren Schwänzen. Was habt ihr in den letzten Stunden getrieben? Könnt ihr es ertragen, wenn ihr ohne Whisky die Bucht verlassen müßt? Es sollte euch doch klar sein. Ohne Whisky keine Prämie. Ohne Prämie kein Auskommen. Euren Sold habt ihr schon versoffen. Eure Frauen und Kinder werden daher in Glasgow verhungern, weil ihr es nicht fertigbringt, den Highlandern den illegalen Whisky abzunehmen. Auch unsere Zollhengste in Greenock, das kann ich euch jetzt schon verraten, werden mit euch sehr unzufrieden sein!«

Die Ohren der Matrosen waren scheinbar von der Lautstärke ihres Kapitäns betäubt, denn ihre Gesichter verharrten unter der Tirade in einer schafsgesichtigen Teilnahmslosigkeit. Als sich der Kapitän abreagiert hatte, befahl er Harvey: »Stell das Fäßchen dort auf den Tresen, und zieh eine Probe!«

Danach galt seine Aufmerksamkeit dem angeschlagenen Whiskybrenner.

»Wie heißt du, und wo kommst du her?«

»Glenmavis … Henry Glenmavis …«, sprach er stockend. »Ich leb' auf den Felsen beim Old Man of Stoer und hab' nichts Unrechtes getan.«

»Und was ist mit dem Whisky? He!«

»Treibgut! Ich sammel' Treibgut!«

»Käpt'n! Er ist ein dreckiger, falscher Hund von einem Highlander!« schnaubte Harvey, der die Probe Mactaggart reichte. Henry

Glenmavis war ein junger Mann, den die Armut und die Entbehrungen hatten altern lassen, ehe er wußte, was Jugend war.

Plötzlich spie Mactaggart den verkosteten Whisky in Glenmavis' Gesicht.

»Spülwasser aus Fässern!« urteilte er und goß den Rest der Whiskyprobe auf den Boden.

»Das ist *low wine*, du Betrüger!« Mactaggart schob Harvey zur Seite und trat dicht an Glenmavis heran.

Im gleichen Moment riß dieser mit Vehemenz sein Knie hoch und rammte es Mactaggart mit Wucht in den Unterleib. Schmerzgekrümmt, der Bewußtlosigkeit nahe, wand der Kapitän sich am Boden und erbrach sich schließlich. Nach Minuten schwer zu ertragender Pein, in der Mactaggart wie ein im Todeskampf liegender Karpfen nach Luft schnappte, befahl er mit stockender Stimme: »Verdammt ...! Prügelt ... aus ... diesem ... Schwein ... das ... Versteck ... der ... Fässer ... heraus! Befreit ... Lochinver ... von ... diesen ... hinterhältigen ... Schmugglern!«

Rote Augenklappe und Dreifingerling erlösten ihren Kapitän aus der kläglichen Lage, indem sie ihm vom Boden aufhalfen und ihn zur Küche hinausführten.

Dort gelang es Mactaggart trotz seiner mißlichen Lage, die Position einer Hocke einzunehmen. Obwohl ihn weder der Bootsmann noch die Matrosen hören konnten, preßte er aus sich die Worte heraus: »Nach *low wines* ... kommt ... *proof whisky*!«

Die Nacht war hell und klar, die Luft salzgewürzt, ein wenig kalt, doch der Dunst, der über dem glatten Wasser der Bucht von Loch Inver lag, wagte nicht, an Land zu kriechen.

Die Matrosen der VIPER hatten Mühe, mit ihren beiden Kameraden, dem »gesalzenen Dudley« und dem »eisernen Edgar«, die den sich heftig wehrenden Henry Glenmavis zum Kircheneingang hin bugsierten, Schritt zu halten. Urplötzlich war in ihnen die anarchische Seite ihres Wesens durchgeschlagen, als Kapitän Mactaggart trotz seiner Höllenqual zwischen seinen Schenkeln mit Fanatismus befohlen hatte, ganz Lochinver von »hinterhältigen Schmugglern« zu befreien. Es war, als hätte eine Horde von Piraten den längst überfälligen Plünderungs- und Brandschatzungsbefehl bekommen.

»Halt! Nein! Nicht in meiner Taverne! Erledigt das draußen! Ich habe euch weder zu einem Schlachtfest noch zu einem Begräbnis eingeladen!« war Cameron dazwischengefahren, als er erkannte, daß jeder Versuch, Glenmavis aus den Klauen der auf Rache sinnenden Matrosen zu befreien, zum Scheitern verurteilt war.

»Am besten wird's sein, wir nehmen den Oberschmuggler gleich mit!« hatte Harvey darauf gebrüllt und wollte sich Cameron greifen, doch der Erste Offizier war ihm in den Weg getreten.

»Bootsmann! Bring den Whiskybrenner rüber in die Kirche!«

Harvey, der gleichzeitig in die Mündung einer Pistole blickte, fügte sich widerwillig. Als die Meute in die Nacht hinausstürzte, brüllte Burnside hinterher: »Auf keinen Fall ungesetzlich richten! Bootsmann! Hört ihr? Er muß am Leben bleiben!«

Die Horde schleppte Glenmavis hinüber zu jenem Haus, an dem Angus und der Seher auf der Bank sitzend das Einlaufen der Viper beobachtet hatten.

Burnside eilte zurück in die Küche, um nach Kapitän Mactaggart zu sehen. Als er vor ihm stand, sah er im flackernden Licht der Öllampen auf eine kauernde Gestalt herab, die immer noch Mühe hatte, sich mitzuteilen.

»Bleibt ... bei den Männern! Hinterher ...! Sonst ... erledigen ... sie ihn! Ich will ... zu jeder Zeit wissen ..., was dort draußen ... geschieht«

Der Erste Offizier blickte in die Runde. »Wer ist das Bürschchen dort?« fragte er.

»Das ist Angus«, antwortete Cameron betont ruhig. »Er gehört zu meinen Torfstechern.«

Burnside schnippte mit seinen Fingern und befahl: »Er kommt als Laufbursche mit mir.«

Unter schweren Lidern äugte Angus vorsichtig zu Morgan hinüber, der an der Tür lehnte, die zum Gang hinaus führte. Beim Namen »Angus« hatten sich Morgans Muskeln abwehrbereit gespannt. Unmerklich für alle, die dichtgedrängt in der Küche standen, nickte er kurz als Zeichen seines Einverständnisses.

Sie hätten die Fackel im Dunkel der feuchtkalten Nacht gar nicht benötigt, denn die tanzenden Schatten hinter den vier kleinen erleuchteten Fenstern des festen Steinhauses gleich gegenüber der Taverne ließen Burnside und Angus direkt in den Lichtschein der aufgebrochenen Kirchentür treten.

Angus erkannte, daß die Matrosen schon völlig aus dem Ruder gelaufen waren und vom Sturm der Entrüstung hinweggetrieben wurden. Burnside und er betraten in jenem Moment die Kirche, als der Eiserne Edgar, ein Herkules, der über zwei Zentner Körpergewicht in die Waagschale zu werfen hatte, seine rechte Faust mit angewinkeltem Arm aus sechs Zoll Entfernung auf das Kinn von Glenmavis abschoß. Burnside wußte, daß Edgars Haken ein wirksameres Schlafmittel war als die weither geholten Schwinger der meisten Schläger und Raufbolde auf den Schiffen der Meere. Das Wunder an Schnelligkeit, Genauigkeit und Schlagwirkung war nicht nur unter den Matrosen der Zollkutter gefürchtet, auch an Land in den Hafenkneipen strich ein jeder die Segel, der versuchte, sich mit dem Eisernen Edgar anzulegen.

Glenmavis sank schlaff auf eine rohgezimmerte Bank direkt vor dem steinernen Altar.

Jack Burnside stürmte hinein: »Aufhören! Seid ihr verrückt? Er bricht ihm das Kinn samt dem Schädel!« Die gaffenden Matrosen bildeten augenblicklich ihrem Ersten Offizier eine Gasse.

»Herausprügeln soll er's aus ihm …!« versuchte sich William Harvey zu verteidigen.

»Gar nichts werdet ihr! Hohlköpfe! Kein einziges Wort werdet ihr aus ihm in diesem Zustand herausbekommen.«

Burnside schob den Gesalzenen Dudley, der seinen Namen auf der VIPER wegen der Beimischung ungebührlicher Mengen des Stoffes erhielt, von dem im Meer genügend vorhanden war, mit einem »Los, weg da!« grob zur Seite.

Burnside befahl, ihm Wasser zu bringen, und beugte sich über Glenmavis. Mit dem Blick eines Helfenden streifte er das völlig geschwollene, jedoch wächsern wirkende Gesicht. Der Gesalzene

Dudley entnahm aus dem Taufbecken mittels einer leeren Schale, die er auf dem Altar entdeckte, das geforderte Wasser und trat heran.

»Weck ihn auf, damit ich mit ihm reden kann!« befahl der Erste Offizier.

Der Guß kalten Wassers traf Glenmavis mitten ins Gesicht.

Angus drückte sich an der Wand entlang, bis er hinter dem wuchtigen, grob aus dem Fels geschlagenen Kreuz des Altars den geeigneten Platz fand, um das Geschehen davor genau beobachten zu können. Er lugte über die Granitkante des Altars hinunter zur Bank und sah, wie Burnside den tropfnassen Whiskybrenner vom Bootsmann durchschütteln ließ, bis dieser allmählich sein Bewußtsein wiedererlangte. Die sieben großen Wachskerzen, eingelassen in die Granitplatte, wirkten auf Angus wie schlanke, weiße Engelsgestalten, Sinnbilder des Erbarmens.

Burnside blickte wieder hinunter auf Glenmavis, dessen Augen im Fackelschein fiebrig glänzten. In diesem zerschundenen Gesicht, dachte sich Burnside, ließ sich nichts mehr ergründen, um herauszufinden, ob es die Wahrheit sprach.

»Zieht die kleine, dreckige schottische Landratte hoch!« kommandierte er. Als er erkannte, daß Glenmavis wieder wußte, wo oben und unten war, packte er ihn an der Schulter und schüttelte ihn.

»Niemand verliert wirklich das Gedächtnis, es wird nur manchmal eingesperrt wie deine verrückte Mutter in eurem Ziegenstall. Hör mir zu: Der Whisky, den du oben in irgendeinem der Täler destillierst, ist gemessen am Lauf der Welt gar nichts. Doch ich weiß, daß er für dich alles ist. Es ist einfach der Überlebenswille, der dir täglich sagt: Brenne Whisky, bring ihn nach Lochinver, und verkauf ihn teuer im *The Shank*! Ich verstehe das!«

Glenmavis bewegte mit geschlossenen Augen seinen Kopf hin und her. Burnsides Blut pumpte verstärkt in seinem Hals und ließ seine Stimme krächzen.

Er stand auf, ging um Glenmavis herum, senkte seinen Kopf bis nahe an dessen Ohr und flüsterte: »Das kannst du doch nicht wollen? Oder willst du eines der Opfer sein, an dem sich alle rächen? Das Leben ist grausam, wenn man Opfer ist. Doch ich weiß, daß du ein Gewissen hast und in deinem tiefsten Innern ein guter Mensch bist ... Du willst kein Opfer sein! Nun rück schon raus damit! Du hast Whisky! Ich weiß es! Ich rieche ihn! Wo haben du und deine Clanbrüder die Gallonen versteckt?«

Glenmavis blickte starr über die Köpfe der Matrosen zum Eingangsportal hin. Es wurde totenstill. Dann bewegten sich seine Lippen: »Wasser!«

Burnside schlug seine Faust gegen Glenmavis' rechte Schulter. »Nein – du wirst sprechen, bevor ich dir Wasser bringen lasse. Also! Wo sind die Fässer?«

Glenmavis zog daraufhin mehrmals mühevoll seine geschwollenen Wangen zusammen. Mit einem Mal spuckte er als Antwort seinen blutigen Speichel auf Burnsides Stiefel.

Der Erste Offizier betrachtete für einen Moment die rot gefärbten Speichelfäden, die seine Stiefel mit den Lippen des Whiskybrenners verbanden.

Weder Rücksicht noch rohe Gewalt schienen irgendwelche Wirkung auf den Mann zu haben. Die Grenze, die sich Burnside selber gesetzt hatte, war damit überschritten. Die Zeit drängte – und er war entschlossen, eine scharfe und effektive Maßnahme zu ergreifen.

»Bindet ihn auf der Bank fest!«

In wenigen Augenblicken war Glenmavis durch Tau und Knoten an die Bank gefesselt.

»Bootsmann! Fixiert seinen Kopf!« gab Burnside den Befehl. Mit einem breiten Ledergürtel, der über Glenmavis' Stirn gezogen wurde, wurde die Forderung erfüllt. Burnside zog aus seiner Brusttasche ein kleines Behältnis heraus, das einer Schnupftabakdose ähnelte.

Der Bootsmann sah seinen Ersten Offizier plötzlich ungläubig an. An Burnsides Gesichtszügen erkannte er, daß dieser entschlossen war, den Whiskybrenner zu foltern. Daraufhin schob er sich unmittelbar zwischen Burnside und der Bank.

»Sir! Tut es nicht! Er ist kein Verbrecher! Im Namen ... Ich bitte darum!«

Burnsides Augen hatten etwas eigenartig Grelles und Eindringliches; in ihm wuchs das Menschentier.

»Zur Seite!« brüllte er. Harvey wich, wie vom Blitz getroffen, zurück.

Während der Erste Offizier seine Selbstbeherrschung wiedererlangte und mit Vorsicht begann, das Etui zu öffnen, sprach er wie zu sich selbst: »Wann lernt ihr endlich, daß man sein Ziel fest im Auge behalten und alles ausschließen muß, was der eigenen Sache schaden kann? He!«

Verhaltenes Gemurmel füllte das Gotteshaus. Angus, der jede Bewegung Burnsides mit Herzklopfen verfolgte, sah, wie er aus dem Etui weiße Bröckchen entnahm, sie eingehend prüfte, sich für eines entschied und es genüßlich zwischen Daumen und Zeigefinger nahm.

»Ungelöschter Kalk ...!« drang das Entsetzen halblaut an Angus' Ohr. Gleichzeitig bemerkte er ein Beben, das durch Glenmavis' Körper lief. Angus kannte weder die Bedeutung der Worte, noch hatte er eine Vorstellung von dem, was sich vor seinen Augen entwickelte.

»Bootsmann!« beorderte der Erste Offizier William Harvey, der sich zum Eingang hin entfernt hatte, gnadenlos an seine Seite.

»*Aye, aye, Sir!*«

»Stell dich über ihn und halte sein rechtes Auge offen!«

Harvey stellte sich, wie befohlen, über die Bank, nahm Glenmavis' Kopf zwischen seine Schenkel und tastete mit den Daumen seiner Hände über die halb geöffneten Augenlider des Gefesselten. Der Whiskybrenner preßte zwar die Bank, auf der er festgebunden lag, zwischen seinen Fäusten, aber mehr als ein tiefes Einatmen war von ihm nicht zu hören.

Im gleichen Moment, als sich Glenmavis' Glieder gegen das Aufreißen seiner geschwollenen Lider spannten, begriff Angus, daß etwas Schreckliches bevorstand. Burnside blickte den Bootsmann mit einem sarkastischen Blick an. Sodann sagte er mit rauher Stimme: »Halt sein Auge gut offen!«, und an Glenmavis gerichtet: »Du hast noch dein linkes Auge. Dazwischen – das prophezei' ich dir – liegt die Wahrheit!«

Dann zerrieb Burnside hastig das Stückchen Kalk knapp über Glenmavis' Auge und legte den Rest direkt auf die Hornhaut. Sodann wich er sofort zurück und wandte sich ab, während der Bootsmann, der Pflicht gehorchend, Glenmavis' Augenlider mit seinen Daumen spreizte.

Für einen Atemzug war es totenstill in der Kirche.

Schlagartig kam der erste Aufschrei aus Glenmavis' Kehle. Er gellte markerschütternd in der Kirchenhalle und drang hinaus bis über die Bucht von Loch Inver. Das Knirschen seiner Zähne, die er nach dem ersten stechenden Aufschrei aufeinanderpreßte, war bis in den letzten Winkel der Kirche zu vernehmen. Sein Gesicht war eine einzige schmerzverzerrte Fratze, und seinen gefesselten Körper überfiel ein wildes Zucken. Dann öffneten sich seine blutleeren Lippen, und er brüllte wie ein Tier.

Die nervenzerreißenden Schreie trieben Angus vom Altar weg hinaus vor die Kirche, wo er sich sofort übergab. Der Bootsmann stand bestürzt einige Schritte von der Bank entfernt, nahe dem Ausgang, und stierte fassungslos zurück auf das verkochende Auge in seiner Höhle. Den Matrosen stand das Entsetzen in den Gesichtern, und einige verließen gleichermaßen in Panik den geweihten Ort.

Urplötzlich erstarben die gellenden Schreie des Whiskybrenners. Aus ihnen wurde ein auf- und abschwellendes Wimmern wie das eines gequälten Tieres. Glenmavis' Zuckungen erlahmten. Sein ganzer Körper erstarrte wie unter einer Art Schock. Für ein paar Sekunden herrschte außerhalb und innerhalb der Kirche eine unheimliche Stille. Der Gefolterte hatte endlich das Bewußtsein verloren ...

Angus stand unweit vom Eingangsportal und starrte mit Entsetzen in Richtung Altar, vor dem wie auf einer Bahre Glenmavis nun stumm und regungslos lag.

»Löscht das Auge!« hörte er die Stimme des Ersten Offiziers. Als sich niemand bewegte, sah sich dieser unsicher um, und erblickte den Bootsmann, der mit unbewegtem Gesicht hinter ihm stand. »Hast du etwa Angst?«

»... nnnnein!«, brachte Harvey mühsam hervor. Gleich darauf nahm er die Schale, schöpfte neuerlich Wasser aus dem Taufbecken und versuchte mit blitzschnellen Güssen Glenmavis' verätzte rechte Augenhöhle zu spülen. Es herrschte lautlose Stille in der Kirche. Jede Äußerung des Schmerzes, jedes noch so leise Stöhnen oder Seufzen hätte man hören müssen. Doch Glenmavis rührte sich nicht.

»Bindet ihn los!« herrschte Burnside den Rest der verbliebenen Matrosen an.

Als er losgebunden war, richtete der Eiserne Edgar Glenmavis' Oberkörper auf. Der Horror blickte ihnen entgegen, doch aus Glenmavis' schlaffem Mund drang auch jetzt kein Laut. Unsicher geworden, befahl Burnside, dem Gepeinigten Whisky einzuflößen.

Während sich die Matrosen und der Bootsmann um den Gequälten bemühten, schritt Burnside auf und ab und tönte: »Normalerweise überläßt man so etwas der Natur, doch wir wollen ihm vorher noch sein Geheimnis entreißen! Also, Männer, bringt ihn zurück. Er wird unsere Fragen beantworten.«

Während der Eiserne Edgar ihm den Kopf festhielt, flößte man Glenmavis das Lebenswasser ein, und die im Halbkreis stehenden Gaffer erwarteten den Moment des Erwachens.

Angus, immer noch außer sich, wurde von einem Schwall von Mitleid zu dem Gepeinigten überwältigt und stürzte in die Kirche. Tränenüberströmt boxte und trat er wild gegen Leib und Schienbeine des Ersten Offiziers.

Vollkommen überrascht von der Attacke des jungen Schotten, wußte sich Burnside vor Verwirrung nicht zu wehren.

»Dudley!« rief er schließlich. »Halt mir dieses Geschmeiß vom Leibe, sonst vergeß ich mich!«

Dieser griff Angus am Hemdkragen und Hosenboden, lupfte ihn und schritt zum Portal, wo er ihn absetzte. »Bleib hier stehen und verhalte dich mucksmäuschenstill, sonst kannst du für die nächste Zeit mit dem Kielschwein Freundschaft schließen!« drohte ihm der Gesalzene Dudley. Auch wenn Angus nicht verstand, mit wem er im Falle des Ungehorsams die angedrohte Freundschaft schließen sollte, so bebte er am ganzen Körper und fixierte den Ersten Offizier mit einem Haß, der den Gesalzenen Dudley verblüffte. Als er wieder neben Burnside trat, bemerkte er: »Aufsässig wie die Alten, diese jungen Schotten!«

Noch immer stützte der Eiserne Edgar Glenmavis' leblosen Körper.

Angus versuchte im diffusen Fackelschein des Kirchenraumes die von den Matrosen verdeckte Bank auszumachen. Unerwartet wichen die Männer zurück. Bleich wie ein seelenloses Geschöpf, noch zwischen Schlaf und Wachsein schwebend, hatte sich Glenmavis aufgerichtet. Mit erhobenen Armen, als wollte er seine Peiniger umarmen, tappte er torkelnd vorwärts. Sein Gesicht verzerrte sich von neuem, sein Mund öffnete sich weit, doch ohne einen einzigen Laut von sich zu geben, stürzte er wie ein steifes Brett, mit dém Gesicht aufschlagend, auf den steinernen Kirchenboden nieder.

Burnside ließ ihn auf den Rücken drehen. Der Eiserne Dudley tastete mit seiner Hand den Hals von Glenmavis ab. Nach wenigen Sekunden blickte er zu Burnside auf und schüttelte stumm den Kopf. Daraufhin spie dieser mit Verachtung auf den Leichnam.

»Wo ist die kleine wilde Ratte?« fragte er Dudley. Dieser drehte sich zum Eingang hin und winkte Angus herein. Als er im Portal stand, brüllte ihm der Erste Offizier mit kehliger Stimme entgegen: »Geh rüber in die Taverne und melde dem Kapitän der Viper, Glenmavis sei aufrecht gestorben …«, und nach einer Atempause: »Die Whiskybrenner könnten stolz auf ihn sein!«

Angus eilte in der Dunkelheit zurück zur Taverne. Von den Hügeln herunter drang dumpfes Trommeln an sein Ohr, hervorgerufen durch Knüppel, die an Baumstämme geschlagen wurden. Der Schall der Schläge trug weit in der sternenklaren Nacht. In seiner Hast achtete er gar nicht auf die kleinen Feuer, die auf den Anhöhen flackerten. Das eben Geschehene raste durch seinen Kopf. Die Wirklichkeit bestand für ihn unversehens aus Gewalt, klebrigem Blut, Schmerzensschreien und grotesken Bildern.

Als er den Eingang erreichte, prasselten hinter ihm Steine hernieder. Mit einem Sprung rettete er sich in das Innere der Taverne. In der Schankstube brannte eine schwache Öllampe, sonst war es im ganzen Haus dunkel. Zwei Männer standen mit dem Rücken zu ihm, dahinter gestikulierte heftig David Cameron.

»Es ist mein letztes Wort! So wahr ich mein gemartertes Highland liebe und so wahr ich alles hasse, was Menschen quält: Ich sterbe eher, als daß ich euch bei euren Abscheulichkeiten helfe!«

Angus holte, noch in der Tür stehend, einige Male tief Luft, dann ging er rasch nach vorn. Als Cameron ihn bemerkte, drehten sich auch die beiden anderen Männer um. Es waren John Mactaggart und sein Leibwächter, der Rote Augenklappe genannt wurde.

»Er ist tot! Sie … sie … haben ihn umgebracht!« Angus' Stimme überschlug sich. Dabei wiederholte er ständig: »Er ist tot …! Er ist tot …!«

Mactaggart nahm ihn bei den Schultern, drehte ihn ins Licht und sah in seine tränengeröteten Augen. Auf jede Frage Mactaggarts kreischte Angus dieselbe Antwort: »Ihr seid schuld! Sie haben ihn umgebracht! Ihr seid schuld! Sie haben ihn …«

Mactaggart zeigte nicht die geringste Absicht, Angus zu unterbrechen, um ihn zu beruhigen. Er hielt lediglich seinen wachen Blick auf ihn geheftet, ohne einen Anflug von Mitleid, einen Ansatz von Beistand. Dagegen schien er ganz erfüllt von dem Schauspiel zu sein, den jungen Highlander tiefer und tiefer in seine Verzweiflung versinken zu sehen.

In diesem Augenblick trat Betsy aus dem Dunkel des Schankraumes und erlöste Angus aus Mactaggarts Pranken. Ohne ein Wort des Protestes ließ der Kapitän der VIPER es geschehen, wischte sich sein bleiches Gesicht mit einem roten Taschentuch ab, legte beide Hände mit gespreizten Fingern auf den Tresen, um sich zu stützen, und fauchte sichtlich beunruhigt zu Augenklappe: »Verdammt! Warum mußte Burnside diesen Whiskybrenner töten? Ich hatte ausdrücklich befohlen …« Er unterbrach sich selbst, als ob er bemerkte, daß seine rauhe Hand auf dem Tisch zitterte. »Wo bleibt nur Dreifingerling mit dem Rest der Männer?«

Mactaggart hatte, gleich nachdem Glenmavis und Jack Burnside mit seinen Matrosen die Taverne verlassen hatten, seine Leibwache halbiert, indem er Dreifingerling anwies, der zweiten Gruppe seiner Rotjacken, die den Strand sicherten, mitzuteilen, sie sollten sich bereit halten, um seinen Rückzug zu decken. Der Grund für diese Order lag in den wenigen Sätzen, die er mit Emily, Janets Zofe, in der Küche gewechselt hatte, als alle sich abmühten, ihn wieder auf die Beine zu stellen. Dabei hatte sie durchsickern lassen, daß tatsächlich keine einzige Gallone Whisky vom Assynt einge-troffen war und die Whiskybrenner der gesamten Region darauf aus waren, ihm eine Lektion zu erteilen. Ferner hatte er erfahren, daß die Highlander die Hügel besetzt hielten. Jeder, der sich nach draußen begab, würde durch ein Messer an seinem Hals zum Ste-hen gebracht werden. Das einzige, was ihn und seine Matrosen ret-ten könne, so hatte Emily ihm eingeschärft, sei ein friedlicher Rückzug auf die VIPER und das sofortige Ankerlichten im Morgen-grauen.

Mactaggart wunderte sich über die Redseligkeit und über die ge-nauen Kenntnisse des Weibes. Sein Mißtrauen und seine Zweifel warfen Fragen in ihm auf, die er jedoch zurückdrängte. Nach außen zeigte er sich unbeeindruckt und schien die Warnung zu mißach-ten. Er überlegte und sah zum Fenster hinüber. Das trübe Licht im Schankraum wurde etwas erhellt durch das erste Dämmern über den Bergen.

»Was für eine traurige, unangenehme Nacht!« wandte sich Mac-taggart wieder an Cameron. Kaum hatte er seinen Satz beendet, knallte eine Pistole unweit der Taverne und ließ alle zusammen-zucken. In der gleichen Sekunde stürzten Janet und der Schankge-hilfe James in den Raum, und ehe eine Hand sich regen konnte, brachten sie ihre Pistolen in Anschlag.

Mactaggart und seine Leibwache waren wie gelähmt. Die durch-wachte Nacht tat ihr übriges. Cameron trat hinter seine Frau und Daniel, nahm seine eigene Pistole aus dem Schrank, entwaffnete da-mit Augenklappe und zog dann auch Mactaggart die Pistole aus dem Gürtel, ließ ihm aber den Degen. Ohne eine Regung wischte sich Mactaggart das Gesicht abermals mit seinem Taschentuch. Zum erstenmal an diesem frühen Morgen begegneten sich die Augen eines Angeklagten und die seines Richters.

Mactaggart ließ sich auf einen Stuhl sinken. Eine hektische Röte trat auf seine totenbleichen Wangen.

»Was …? Was soll das …? Seid ihr alle verrückt geworden?« Ganz offensichtlich fühlte er sich durch Camerons verächtliche Be-handlung tiefer getroffen, als seine erste Reaktion dies zeigte.

Doch dieser antwortete einfach, kalt und ohne Verlegenheit:

»Sicher sind weder ich und meine Männer noch die Frauen verrückt. Verrückt sind auch nicht die Whiskybrenner. Die einzigen, die hier für verrückt gehalten werden und denen daher Einhalt geboten werden muß, sind deine Männer und du selbst!«

»Das wirst du am Galgen bereuen!« schnaubte Mactaggart zornig auf seinem Stuhl. Vor Wut vergaß er seine Zunge in Zaum zu halten. »Du gottverdammtes Schwein, noch auf deinem Grab werden meine Männer auf dich pinkeln ...!«

Die Mündung seiner eigenen doppelläufigen Pistole an seiner Schläfe ließ ihn jedoch sofort verstummen. Der Wirt trat direkt vor den Stuhl, ging etwas in die Knie und heftete seine Augen auf das Gesicht des Kapitäns:

»Auf dich warten in Greenock inzwischen schon zwei Galgen! Und wenn ich dich hier nicht heil herausbringe, sehe ich in deinem Wanst einige *dirks* stecken, bevor du auch nur ein Wort sagen kannst.«

Der Kapitän der VIPER machte eine Bewegung mit den Händen, die Resignation bezeugte. Cameron legte eine Pause ein, um durch das Schweigen seinen Worten größeren Nachdruck zu verleihen.

Jäh peitschten unweit der Taverne zwei weitere Pistolenschüsse. Während alle angestrengt nach draußen lauschten, durchbrach hin und wieder ein lauter Schlag die Stille, als träfe Metall auf Stein. Wenig später prasselte ein wahrer Regen von Steinen hernieder.

»Meine Leute werden euch alle festsetzen! Du hast nur noch eine Chance ...«

»Maul halten, Mactaggart!« erwiderte Cameron.

Der Kapitän der VIPER suchte nach einem entscheidenden Argument, um Cameron doch noch für sich gewinnen zu können, doch ihm fehlten die Worte. Konnte er sich doch keinesfalls sicher sein, daß seine Mannschaft um die Taverne herum die Herrschaft behalten hatte. Außerhalb hörten sie Stimmen, die sich schnell der Taverne näherten.

Cameron dagegen war sich sehr sicher, daß der Handstreich gegen Mactaggarts Matrosen nach Plan verlief. Von Anfang an war er sich darüber im klaren gewesen, daß Überrumpelung das wesentliche Element in Mactaggarts Plan gewesen sein mußte. Die Whiskybrenner sollten ergriffen werden, bevor sie sich zerstreuen und fliehen konnten. Mactaggart und seine Offiziere hätten danach den illegalen Whisky großzügig gegen die Freiheit der Männer eingetauscht. Nur ein geringer Teil des Schmuggelwhiskys wäre danach den Zollbehörden in Greenock übergeben worden, die fette Beute dagegen wäre wie üblich in den Pubs von Glasgow verkauft worden.

Um das zu gewährleisten, hätte Mactaggart jedoch Lochinver umzingeln müssen, solange alles schlief, um am frühen Morgen erfolgreich losschlagen zu können. Dies wäre zwar nicht unbemerkt geblieben, doch die Probleme wären für Cameron und seine Leute ungleich schwerer zu lösen gewesen. Daß Mactaggart es gleichwohl unterließ, war sein alles entscheidender Fehler. Allein mit einer schnellen Landung war gegen die Highlander nichts auszurichten. Für eine Verfolgung in den Hügeln waren seine Matrosen nicht ausgerüstet; sie liefen unweigerlich Gefahr, von den Höhen herunter angegriffen zu werden. So war Mactaggart im Sumpf des falschen Taktierens, der grausamen Folter, des abscheulichen Mordes und seiner eigenen Hilflosigkeit steckengeblieben.

Die Eingangstür flog auf; frische Luft strömte herein, als wollte sie die bleierne Atmosphäre vertreiben. Das diffuse Licht am Eingang der Taverne hatte etwas Unheimliches. Dunkle Gestalten drängten herein. Alles war ein Spiel aus Licht und Schatten. Ein Bild der Bedrohung in einer bis zum Zerreißen gespannten Situation.

Das Diffuse wurde sichtbar: Zwei ausgemergelte Highlander mit erbitterten Gesichtszügen schleppten in ihrer Mitte den Bootsmann William Harvey herein, der am Kopf eine klaffende Wunde davongetragen hatte, aus welcher Blut sickerte. Die Faust des einen Highlanders umschloß einen Dirk, dessen Spitze sich in den Hals des Bootsmannes grub.

Die Gestalt mit dem Messer wandte sich an Cameron.

»Die Bastarde haben zwei unserer besten Männer erschossen!« Im gleichen Augenblick riß er den Kopf des Bootsmanns mit einem Ruck nach hinten und wandte sich direkt an den Kapitän der VIPER. »Wenn Ihnen das Leben dieses Mannes etwas wert ist, und Ihr Kutter nicht als lodernde Fackel absaufen soll, so befehlen Sie Ihren Männern, das Schießen auf uns einzustellen. Die Schußwaffen sind an uns zu übergeben. Erst wenn unsere Forderungen erfüllt sind, könnt ihr die Bucht von Loch Inver lebend verlassen! Wenn nicht, ist er der erste.«

Mit diesen Worten führte er mit seinem Dirk an Harveys Hals eine eindeutige Bewegung aus, die keinen Zweifel an seiner Entschlossenheit zuließ.

Cameron grinste hämisch: »Vielleicht ist das jetzt *deine* letzte Chance, John Mactaggart!«

Der Kapitän zögerte.

»He! Was nun?« forderte voll Ungeduld der Highlander und ritzte mit seinem Dirk den Hals des Bootsmannes an. Harvey verspürte in jenem Augenblick Todesangst; denn er ahnte, daß Mactaggart ihn jederzeit opfern würde.

Da unterbrach ein weiterer furchtbarer, anhaltender Schrei außerhalb der Taverne die Stille. In den Ohren der Männer brandete der Schmerzensschrei ähnlich dem von Glenmavis.

Der Widerklang erfolgte auf der Stelle; es war ein Johlen aus vielen Kehlen.

»Was bedeutet der höllische Lärm?« knurrte Mactaggart.

»Es sind die Freudenrufe der Highlander!« antwortete kehlig der Schotte. Als sich der Blick des Kapitäns auf ihn heftete, fuhr er fort: »Der Foltermeister ist in unseren Händen. Er wird eines grausamen Todes sterben.«

»Laßt mich!« Energisch drängte Mactaggart zum Eingang, doch das Pistol zwang ihn wieder auf den Stuhl zurück.

Der Highlander preßte William Harvey auf die Knie, dann sagte er zu Mactaggart: »Nein! Sie werden als letzter diesen Ort verlassen. Das Reden besorgt Ihr Bluthund. Sie werden ihm dazu augenblicklich die nötigen Befehle geben. Er wird danach zum Eingang der Taverne gehen. Doch keinen einzigen Schritt weiter! Von dort aus kann er die freudige Botschaft verkünden. Stark, laut und deutlich! Also – auf was warten Sie noch?«

Mactaggart sah sich nach allen Seiten um, wie jemand, der in unbekannten Gewässern weder über seinen genauen Standort noch über seine Aufgaben an Bord Bescheid weiß. Seine Gedanken gerieten ins Stolpern bei der Vorstellung, wie viele Erklärungen, wie viele Berichte in Greenock über das, was sich in den letzten Stun-

den zum Schlechten für ihn und seine Männer in Lochinver zugetragen hatte, abzugeben waren. Er begriff jetzt, daß sein Vorgehen
ein Fehler gewesen war, sollte sich in letzter Minute das Blatt nicht
doch noch zu seinen Gunsten wenden.

Augenklappe riß ihn aus seinen Gedanken: »Käpt'n, was soll ich
den Männern …«

Mactaggart richtete daraufhin seine Aufmerksamkeit auf seinen
Matrosen, gab kurz und knapp seine Befehle für den Rückzug auf
das Schiff und dachte im selben Augenblick schon darüber nach,
welche Vergeltungsmaßnahmen er gegen Cameron und seine Mit-
verschwörer ergreifen konnte.

»*Aye-aye*«, antwortete Augenklappe und bewegte sich, gefolgt
von Cameron, zum Eingang der Taverne. Von dort aus gellte seine
Stimme über den Platz. Bei jedem Befehl, den er von sich gab,
johlte ein Chor von Männern.

Währenddessen spähten Angus und Morgan in die Dämmerung.
Sie hatten die Taverne durch den hinteren Ausgang verlassen und
knieten an der Mauer, von der aus schon die Spiegelfläche der
Bucht auszumachen war. Zwischen ihnen und dem Weg, der zum
Strand hinabführte, tauchten schemenhaft Gestalten auf und ver-
schwanden wieder.

»Wir werden das, was hier gerade geschieht, schon morgen am
Assynt zu spüren bekommen«, flüsterte Morgan.

»Was werden wir zu spüren bekommen?« fragte Angus.

»Einige wissen genau, daß wir es sind, die große Mengen von
Highland-Whisky an Cameron liefern, und nun fordern die, die
Kenntnis davon haben, am Gewinn beteiligt zu werden.«

»Weiß Vater, woher die Gefahr droht?«

»Wissen? Nein! Erahnen? Ein wenig! Doch daß wir in kürzester
Zeit erbarmungslos ausgeplündert werden sollen, wird völlig neu
für ihn sein. In diesen Stunden, mein kleiner Bruder, sehen wir dem
Schatten, der von hier hinauf an den Assynt kriecht, schon mitten
ins Gesicht.«

Angus fühlte bei diesen Worten eine unerträgliche Beklemmung
in seiner Brust.

»Was meinst du damit?«

Morgan, der das Unbehagen heraushörte, versuchte seinen Bru-

der aufzumuntern. »Ach, du lieber Himmel! Kopf hoch, Angus!«
und schüttelte ihn ermutigend an der Schulter. »Noch brennen wir
mit Erfolg den besten Highland-Whisky und sind dabei nicht
hochmütig geworden. Den Schatten, von dem ich sprach, haben
wir doch schon seit Jahren bei uns eingebettet. Außerdem folgt
dem Schatten auch das Licht.«

»Was ist aber, wenn der Schatten alles verdüstert?« ließ Angus
nicht locker.

»Hhm! Irgendwann mal, sollten wir nicht aufpassen, würde in
Scoury House das Feuer erlöschen, und die beißende Kälte würde
langsam in unsere Seelen kriechen. Aber wir werden verhindern,
daß der Schatten diese Richtung nimmt ...«

Stumm beobachteten beide eine Zeitlang eine Gruppe von zwölf
bis fünfzehn Männern, die hinunter zur Bucht hasteten.

»Es sind die Matrosen der VIPER!« flüsterte Morgan, und mit
einem tiefen Atemzug fuhr er fort: »Gleich wird hier alles vorbei sein.«

Angus ergriff wieder das Wort: »Wann brechen wir auf?«

»Erst müssen wir den Schmuggelkutter abwarten. Er liefert für
uns zum erstenmal fertiges Malz. Außerdem will ich beobachten,
wie der Whisky von ihm übernommen wird. Danach kehren wir
heim.«

»Glaubst du, daß Mactaggart sich das alles so einfach gefallen
läßt?«

»Er wird froh sein, wenn er und seine Männer hier heil heraus-
kommen. Sollte er seine Bordkanonen wider alle Absprachen einsetzen, werden die Zollbehörden in Greenock über das, was hier
passiert ist, aufgeklärt. Doch es wird nicht nötig sein. Der Galgen
ist ihm – auf die eine oder andere Weise – sicher.«

Unvermutet vernahmen sie, aus Richtung des Vorplatzes kommend, ein aufbrausendes Siegesgeheul. Morgan und Angus erhoben sich daraufhin, und von Neugier getrieben, beeilten sie sich,
um die Taverne herum zu gelangen. Nach wenigen Schritten sahen
sie ein Spalier von mehr als hundert Männern, das sich vom Eingang der Taverne über den Platz hinweg bis hinüber zum Weg gebildet hatte. Auf den Hügeln ringsum brannte lodernd ein Dutzend
Feuer.

Vor dem Eingang standen sich Cameron und Mactaggart gegenüber. Der eine stolz und aufrecht, der andere voller Ungeduld mit geröteten Zügen, offensichtlich in starker Erregung.

Cameron trat einen Schritt an Mactaggart heran und überreichte ihm seine Pistole wie ein Abschiedsgeschenk.

»Ein würdiger Abschied, wie ich meine. Du mußt mir die Freiheit verzeihen, John, daß ich den Zeitpunkt deiner Abreise bestimme, doch du trägst immer noch die enge Weste eines Zollbeamten, obgleich du durch Korruption ganz angeschwollen bist. Du bist erledigt, denn ich sehe nicht, was an dir noch zu retten wäre. Daher präge dir ein: Für dich wird sich im *The Shank* nichts mehr öffnen, weder Türen noch Schenkel!« Daraufhin spuckte er Mactaggart voller Verachtung vor die Füße.

Wutentbrannt erwiderte dieser: »Magst am nächsten Baum lebendig hängen, den Vögeln zum Fraß.«

Dann drehte er sich um und ging durch das Spalier. Die Highlander bespuckten ihn mit einem wahren Schauer, und Cameron brüllte ihm hinterher: »Verpiß dich auf dein Schiff! Die Toten haben mit dir ein Einsehen! Sie haben gerade für dich auf dem Friedhof in Greenock Platz gemacht!«

Doch seine Worte gingen unter im Gesang der Männer, die anfingen, den Whisky zu preisen, wie es Burns sie gelehrt hatte:

»*O thou, my Muse! Guild, auld Scotch Drink!*
*Whether thro' wimplin worms thou jink,*
*Or, richly brown, ream owre the brink,*
  *In glorious faem,*
*Inspire me, till I lisp and wink,*
  *To sing thy name!*«

Cameron sah zu Morgan und Angus, ging auf sie zu, legte seine Arme um deren Schultern und sprach:

»Gelobt sei der *black pot* und verflucht, wer ihm nachspürt!«

Der Dunst war dem Morgenlicht wie einer Schiebetür gewichen und gab den Blick frei auf die Bucht von Loch Inver. Angus und Morgan standen zusammen mit Cameron neben der Steinbank unmittelbar vor der Kirche, spähten hinunter auf die Bucht und beobachteten aufmerksam den Kurs der VIPER, die in der bocksteifen Morgenbrise wenig Mühe hatte, gegen den Wind zu kreuzen, um sicher das offene Meer zu erreichen.

Unbewegt sahen sie hinaus auf das glitzernde Wasser, bis ihnen die Augen schmerzten. Die Küste weigerte sich offenbar, auch nur einen einzigen Lichtstrahl aufzunehmen, denn sie reflektierte das Licht so grell, als müßte sie dem ohnedies gleißenden Himmel Strahl für Strahl zurückgeben. Das zerfließende Licht und die hohe Luftfeuchtigkeit verschleierten die Fernsicht. Die Männer, die sich immer öfter die Augen rieben, hätten sich lieber ins Bett gelegt, doch die Zeit zum Schlafen war noch nicht gekommen.

Cameron stellte die brennende Sturmlaterne vor sich ab, legte eine Fackel daneben, zog seinen Kieker und setzte ihn voller Unruhe mehrmals auf und ab.

»Sie ist wahrlich schnell über Grund!« bemerkte er anerkennend.

Als sich die VIPER Soyea Island näherte, vergingen wohl zehn unsichere Minuten, ohne daß man einen Laut vernommen hätte. Indessen strebte, aus der Mündung des River Inver kommend, ein gutes halbes Dutzend Ruderboote dem Strand zu.

»Wir haben gesiegt! Sie segelt südwärts!« sagte Cameron erleichtert.

Angus hielt seine Hände wie einen Trichter vor die Augen, doch auch das schärfste Auge konnte die VIPER jetzt nicht mehr ausmachen.

Cameron straffte die Muskeln: Der Zeitpunkt zum Handeln war gekommen.

Die Flut lief nur viereinhalb Stunden, sie hatten daher keine Zeit zu verlieren.

Die frische Brise kam von Westen und bot somit ideale Bedingungen für das Einlaufen des Schmuggelkutters.

Cameron spähte hinüber zum Cnoc Braonach: »Die Fackel? Wo bleibt Daniels Fackel?« rief er gereizt und kickte voller Ungeduld einen Stein in die Luft.

Kaum daß dieser aufgeprallt war, loderte auf dem Gipfel des Felsens, schräg gegenüber der Bucht, das erwartete Feuerzeichen auf.

Cameron rief Angus zu sich: »Öffne den Deckel der Laterne. Vorsicht, Junge – verbrenn dich nicht!«

Im Nu war Camerons Fackel entzündet. Mit kreisenden Bewegungen gab er das verabredete Antwortzeichen. Zufrieden trat er anschließend die Fackel mit dem Stiefel aus. Dann richtete er sich auf, hob seine Nase in die Brise, zeigte hinaus auf die Bucht und meinte triumphierend: »Sie mögen den Meeresstrom bändigen, doch Kapitän Colin Morrison auf seiner Spirit Receiver kann niemand an die Kette legen!«

Angus hörte zum erstenmal die beiden Namen, die ihm durch den Unterton in Camerons Stimme Respekt einflößten.

Camerons Blick flog hinüber zur Taverne, wo sich Menschen vor dem Eingang drängten.

»Es kann losgehen!« rief er laut aus, starrte für einen Moment in den offenstehenden Eingang der alten Steinkirche und spähte wiederum hinüber zur nördlichen Seite des Cnoc Braonach. Im Weggehen warf er einen raschen Blick auf die Mackay-Brüder und sagte: »Wartet hier auf mich. Rührt euch nicht von der Stelle; ich bin gleich wieder mit ein paar Männern zurück.«

The Shank lag noch im Schatten des Cnoc an Leòthaid, doch die Menschen standen trotz durchwachter Nacht schon früh vor dem Eingang der Taverne. Als Frühstück gab es Salzheringe, dazu eine Kanne warmen Biers, und wer sich das nicht leisten konnte, bekam bestenfalls eine Biersuppe mit Brot.

Von ihrem Aussichtsposten konnten die beiden Brüder jedes Steinhaus von Lochinver überblicken. So beobachteten sie eine Gruppe von sechs Männern, die dabei waren, drei Gräber auf dem Gottesacker auszuheben, während andere Bänke und Tische aus der Taverne trugen und sie in einer Reihe davor aufstellten. Unweit davon stand eine große Gruppe von schwer bepackten Männern und Frauen, die ihre Bündel ablegten, derweil sich mindestens fünfzig bis sechzig Personen hinunter zum Strand bewegten. Angus hatte den Eindruck, als wiederhole sich der gestrige Tag.

Das Warten an diesem Ort bereitete ihm Unbehagen. Er vermied es, den Blick durch das schwarze Portal in die Steinkirche zu richten, in der er vor wenigen Stunden die ganze Härte von Macht und Unterdrückung, aber auch von Mut und Widerstandskraft erlebt hatte.

Morgan beobachtete ihn und fragte: »Ich sehe Angst in deinen Augen? Was hast du?«

Der forschende Blick seines Bruders zwang Angus zu einer hilflosen Geste. »Ich verstehe nicht, daß Menschen einander so viel Leid zufügen können.«

Morgan ging zu ihm, hob sein Kinn sanft an, blickte ihm voll in die Augen und flüsterte eindringlich: »Hör zu, Bruder! Glenmavis ist nicht umsonst gestorben. Allein war er hilflos, doch so furchtbar sein letzter Kampf gewesen sein mag, in der Stunde seines Todes schob er uns allen die wichtigste Trumpfkarte im Todesspiel zwischen Cameron und Mactaggart zu. Während die Matrosen ihn zu Tode folterten, kaperten einige der Whiskybrenner unbemerkt die Viper. Burnside hätte weiterfoltern lassen, und sei es nur, weil die Gewalt in seiner Seele liegt. Vier Tote in einer Nacht reichen, und ohne den Tod von Glenmavis hätte Mactaggart bekommen, was er wollte ...«

Morgan nahm langsam die Hand vom Kinn seines jüngeren Bruders und strich ihm über sein strubbeliges blondes Haar.

Angus ging rasch zwei Schritte vorwärts und fragte: »*Vier* Tote? Wer ist der vierte?«

»Burnside.«

»War er es, der geschrien hat, als wir in der Taverne waren?«

»Ja, er war es. Mactaggart hat seine Leiche mitgenommen.«

Angus drehte sich wieder um. Sein Gesicht war geisterhaft weiß, und seine Augen lagen tief umschattet. Er sah sehr elend aus.

»Wie lange müssen wir noch bleiben, Morgan?«

»Am frühen Nachmittag haben wir hier alles erledigt. Dann werden wir morgen am Assynt endlich ausschlafen können. Bis dahin müssen wir durchhalten.«

»Wer ist dieser Colin Morrison, von dem Cameron sprach?«

»Ich habe nur von ihm gehört. Doch wenn die Erzählungen stimmen, ist er ein Riese, ausgestattet mit Pranken, die von einem Eisbären stammen könnten, und hat den Befehl über den schnellsten Kutter an und um Schottlands Küsten.«

Dann zeigte er hinüber zum Cnoc Braonach: »Die SPIRIT RECEIVER – äh, ich meine die WILD FIRE – liegt seit zwei Tagen drüben versteckt in der Bucht von Loch Roe. Sie wird bald um Rubha Rodha herumkommen und nördlich von Soyea Island in die Bucht einlaufen. Bei dem Licht werden wir sie erst entdecken können, wenn sie den Eingang der Bucht von Loch Inver, den Kirkaig Point, passiert hat.«

»Fitzroy, Dugald, Ian zu mir!« drangen die Rufe Camerons herauf, der eine kleine Mannschaft um sich gesammelt hatte.

Angus spürte geradezu die Unruhe unter den Männern, die Cameron den Weg herauf zum Kirchenhügel folgten. Die Gruppe war auf dreizehn Mann angewachsen. Morgan und Angus sahen sich fragend an, da sie sich auf diesen Umtrieb keinen Reim machen konnten.

Zügig kamen sie heran. Die unerschöpfliche Energie Camerons und die plötzliche gute Laune waren für sie beispiellos. Sein Kopf, seine Hände schienen immer nach Arbeit zu suchen; die Anerkennung für diesen unermüdlichen Einsatz war in der Gefolgschaft unübersehbar.

»Was bedeutet der Aufmarsch?« fragte Morgan etwas belustigt, als Cameron näher gekommen war.

»Was bedeutet der Aufmarsch?« wiederholte dieser die Worte mit einer Leidenschaft, die ihn wie Feuer zu verzehren schien. »Was denkt ihr? Worin werden mir diese Männer jetzt dienen?«

Morgan zog ahnungslos die Schultern hoch.

»Männer!« brüllte Cameron los. »Sagt es den Unbefleckten. Was holen wir jetzt?«

»Den Whisky!« donnerte es aus rauhen Kehlen zurück.

Als wäre allen ein neues Leben eingehaucht worden, so ungestüm drängten die Männer hinein in die Kirche und gruppierten sich um den Steinaltar. Jeder von ihnen schien seinen angestammten Platz, seine genau zugeteilte Rolle zu haben. Zwei Mann warfen einen sattelgurtartigen Riemen um die Granitplatte des Altars, legten sich ihn um die Schulter und stemmten sich hinein, um die Reißfestigkeit zu erproben. Sehnige Hände faßten den Granitblock und suchten den besten Griff, während die Füße den sicheren Stand prüften. Alles wirkte eingespielt und erfahren. Die sieben großen Wachskerzen leuchteten in der Morgensonne, die im selben Moment durch das Fenster den Altar beschien. Es wurde still in der Kirche. Cameron hob seine rechte Hand und dirigierte die Männer:»Uuuund jetzt! Uuuuund jetzt!«

Angus' Phantasie fand spielend die Lösung. Die Herren öffneten augenscheinlich eine feine Gruft.

Sie keuchten vor Anstrengung. Der tonnenschwere Granitquader knirschte Zoll für Zoll über den steinernen Fußboden. Nach weiteren Kraftanstrengungen gähnte in der Mitte der Altarachse ein kreisförmiger Schlund, dem ein untrügliches Aroma entwich.

Die Männer sogen den Duft, der sogleich den Kirchenraum füllte, gierig ein.

»Der Anteil der Engel!« kommentierte Cameron andächtig, als ob er aus der Bibel lesen würde. »Die Kerzen! Raus mit den Fässern, Männer!« trieb er seine Gefolgschaft an.

Fitzroy bekam die erste Kerze in die Hand gedrückt und verschwand damit in dem kreisrunden Schacht. Ihm folgten noch vier ausgewählte Männer. Angus, der nahe genug herangetreten war, erblickte eine Leiter, die ungewöhnlich tief hinabreichte. Er schätzte die Länge der schweren, stabilen Leiter auf mehr als fünfzehn Fuß. Kurz darauf wurden Fässer nach oben gestemmt. Als erstes kamen 180 kleine *Octave*-Fäßchen ans Licht, danach wurden die schweren *Quarter*-Fässer nach oben gehievt, insgesamt sechs an der Zahl.

Als das letzte Faß durch das Kirchenportal hinausgetragen war und der Altar seine angestammte Position wieder zurückerhalten hatte, bildeten die Männer einen Kreis, in den auch Morgan und Angus einbezogen wurden.

Sie zogen ihre Quaichs, und Cameron füllte sie aus einem der

*Octave*-Fäßchen randvoll. Dann sprach er feierlich zu seinen Helfern: »Auf das Füllen der neuen Fässer und darauf, daß Hände aus Freundschaft ausgestreckt werden und niemals aus Not. Auf das Wohl der Feinde unserer Feinde!«

Colin Morrison runzelte die Stirn. Seine Gig machte eine Schlängelbewegung über das Wasser, in seinen Augen eine unnötige Abweichung vom Kurs, die ihn einen Atemzug zu lange über Grund driften ließ. Die weiße Wollmütze auf seinem Kopf schob sich etwas nach vorn, so wie sonst nur beim Austeilen von Schlägen auf den Rücken unfügsamer Matrosen mit der neunschwänzigen Katze. Ein einziger unfertiger Riemenzug des Matrosen auf der dritten Ducht backbord vor ihm verunstaltete den gleichlaufenden Skullschlag der gesamten Mannschaft und damit die präzise gerade Linie vom Ankerplatz der WILD FIRE bis zum Strand.

Morrisons Anspannung war aber auch die Reaktion auf ein Problem, das er vor sich sah: die Ansammlung von Menschen an jenem Morgen am Strand von Lochinver. Schmuggel war für ihn nie ein öffentliches Geschäft. Er mied Ansammlungen von Menschen, da sie für ihn meist nur Träger von Normen und Gesetzen waren. Die Peripherie der Küsten, die Einsamkeit der Inseln von den Orkneys bis Kintyre, wo rechtliche Eintracht kaum gefordert war, waren der beste Garant für die Sicherheit seines illegalen Tuns. Jeden weiteren Verlust seiner Anonymität hielt er daher für gefährlich.

Auf den Eilanden und Gestaden, die er mit seinen Schmuggelfahrten berührte, erlebte er eine demoralisierende Welle von Trunkenheit, Ausschweifung, Diebstahl und Zügellosigkeit, die in seinen Augen die Menschen zunehmend verschlang. Obendrein registrierte er, daß die vermehrte Not und der Terror, verursacht durch Verwalter, Sheriffs und Steuereintreiber, die Denunzianten sich wie die Schafe auf den Hügeln vermehren ließ. Außerdem trieben Neid, Mißgunst und Erwartungen nur die Schmiergelder in die Höhe und waren daher schlecht für den Profit ...

Morrison sah, daß Cameron ihn direkt am Strand erwartete. Ihre gemeinsamen Interessen und Überzeugungen führten sie zwar nahe zusammen, doch keinesfalls so nahe, daß sie sich füreinander erwärmen konnten. Wären da nicht der gemeinsame Vorteil und insbesondere Janet Cameron, die beide zur Solidarität zwang, so würden ihre Abmachungen so flüchtig bleiben wie das Wort im Wind.

Als die Gig knirschend auf dem kiesigen Strand aufsetzte, erhob sich Morrison unter dem Jubelgeschrei der Menge. Der Kapitän der WILD FIRE – die Highlander hatten den Schmuggelkutter schon lange umgetauft und nannten ihn unter sich nur noch SPIRIT RECEIVER – setzte mit einem einzigen Schritt vom Boot auf den Strand über.

Angus, der sich in die vorderste Reihe gedrängt hatte, starrte auf einen Menschen, der im hellen Gegenlicht das Gefühl vermittelte, als sei ein Riese aus grauer Sage urplötzlich in die Wirklichkeit getreten. Von Gestalt ein Hüne, mit einem athletischen, massigen Körper, drückte Colin Morrison das volle Maß von Mut und Entschlossenheit aus. Dazu paßte sein kantiges Gesicht mit ausgeprägter Stirn-, Backen- und Kieferpartie. Es bedurfte keines weiteren Attributs, denn jeder erkannte, daß hier ein Mensch seinen Fuß auf Land gesetzt hatte, der sich seiner Stärke bewußt und für den es unvorstellbar war, sich nicht behaupten zu können. Er, der in Stornoway auf *Eilean Leodhais*, der Isle of Lewis, geboren wurde und schon mit zwölf Jahren auf einem Walfänger segelte, kam als Sieger, und es fehlte nur noch, daß ihm jemand den Lorbeer reichte.

Die Muskelkräfte wurden umhüllt von einem weißen Baumwollhemd mit weitem Kragen, über dem er eine der herrlichsten Westen trug, die Lochinver je zu sehen bekam. Auf einem purpurroten Stoff wechselten Schlangen- und Adlerköpfe einander ab. Den Schlangen hingen winzige, schwarze, gespaltene Flaumzungen aus dem Schlund, und die Adler spreizten ihre Greifer, als wollten sie den Kapitän zugleich vor der züngelnden Brut beschützen. Geknöpft wurde sie mit einer doppelten Leiste vergoldeter Löwenköpfe und war obendrein am Kragen mit einer schwarzen Samtleiste aufgeputzt. Abgerundet wurde das Ganze mit einem ausgefallenen weißen *bragou-braz*, einem bretonischen Hosenrock, der sich über seinen Oberschenkeln unter den Taschen bauschte und über dem Knie enger wurde. Seine Waden, die in ihren Rundungen Galeonen glichen, steckten in schwarz glänzenden Lederstiefeln. In seiner linken Hand hielt er, völlig unpassend für diese kraftstrotzende Gestalt, eine weinrote, aus feinem Leder gefertigte zierliche Ledertasche. Der kurze, britische Offizierssäbel an seiner linken Seite, mit mächtiger Klinge und einem protzig vergoldeten Faustschutz, war eines Admirals würdig.

Dagegen herrschte bei der Kleiderwahl seiner Mannschaft ein wüstes Durcheinander. Vom Straßenhändler, Kurpfuscher über den Zwiebelverkäufer bis hin zum Bierkutscher schien alles vertreten zu sein, und die Hälfte der Matrosen an den Riemen zeigte sich vom Alkohol aufgeschwemmt.

Ohne jede Regung nahm Morrison den Freudensturm um ihn herum wahr.

Cameron räusperte sich, um besser reden zu können. Sein Wilkommensgruß wurde von dem Schmugglerkapitän stumm erwidert. Morrison hielt den Kopf erhoben und leicht abgewandt. So bot er der Morgenbrise neben seinem kantigen Profil ein wohlgeordnetes Durcheinander von rotem Haar, das unter der weißen Wollmütze hervorquoll. Er schien die Luft prüfen zu wollen. Dann senkte er seine Augen auf Cameron herab. Sie hatten etwas Unscharfes an sich und waren doch zugleich lebhaft und freundlich. An ihnen konnte man erkennen, daß dieser Mann in seinem Leben nicht nur mit der Harpune gearbeitet hatte.

Ein kurzer Blick Morrisons hinauf zur Taverne, ein abruptes Nicken mit dem Kopf, und Cameron gab den Weg frei. Durch ein Spalier von Menschen hindurch bewegten sie sich hinauf zum *The Shank*, während die Matrosen begannen, die Tauschwaren an Land zu rudern.

Vor dem Eingang flüsterte Morrison dem Käpt'n der Taverne etwas ins Ohr, worauf dieser prompt seine Hände ausbreitete und verkündete, daß für wenigstens eine halbe Stunde die Taverne geschlossen sei, da die Abwicklung der Geschäfte es erforderten. Ein Ritual freilich, das die meisten Highlander kannten.

Der Schankraum war leer. Kaum war die Tür hinter ihnen geschlossen, als Morrison der Theke zustrebte, seine Ledertasche darauf ablegte und mürrisch begann: »Was für ein Jahrmarkt da draußen! Nur wenige von ihnen brennen Whisky. Was soll der ganze Menschenauflauf?«

»Ich kann sie nicht daran hindern, Colin. Es sind die Zeiten. Wir haben einen wilden Wettbewerb in den Tälern, und du bist ihre große Hoffnung.«

»Das hat mir gerade noch gefehlt. Ich bin nicht der Messias, ich kaufe nur Whisky und tausche Waren.« Dann blickte er durch das Fenster hinaus auf die Bucht und sagte voll Erleichterung mit seiner tiefen, volltönenden Stimme: »Es ist gut, auf die See zu blicken, wenn man selbst auf dem Lande ist!«

Das Denken und Fühlen bei Morrison wie bei Cameron war gleichsam vom Salzhauch des Meeres durchweht. So war es bei ihnen Übung, sich den bestehenden Problemen mittels eingestreuter Seemannssprüche anzunähern.

»Es ist schlimm, auf dem trockenen Lande in Not zu ertrinken!« erwiderte Cameron.

»Wohl wahr. Es ist übel, auf trockenem Land ertrinken zu müssen – und töricht, dort ertrinken zu *wollen*!«

»... doch es läßt sich gut schwimmen, wenn ein anderer einem den Kopf über Wasser hält!«

»Ich merke, du hast verstanden. Ist in Lochinver nun alles sicher?«

»Es gibt noch Schwierigkeiten, aber ich denke, sie können überwunden werden.«

»Was ist mit Mactaggart? Läßt er dir Spielraum?«

»Mehr als zuvor. Er hat sich durch Mißbrauch unseres Vertrauens selbst betrogen! Ich sage dir, er ging wahrhaftig ab, und ich denke, er wird noch tiefer sinken. Doch wir sind für eine Gezeit außer Gefahr und haben nichts mehr zu befürchten!«

»Ich habe es schon immer gewußt: Die Highlander halten Schwierigkeiten aus, wie wetterfeste Seeleute«, sagte Morrison.

»Dafür bist du zuverlässig wie ein Kompaß«, erwiderte Cameron.

»David! Du willst mir doch hoffentlich keine Angel legen?«

»Wenn schon, dann angeln wir gemeinsam. Wir sitzen doch im selben Boot.«

Morrison ging zur Theke, schnappte sich einen Quaich und sagte: »Gib einen aus, und laß uns dann den Fang begutachten!«

Cameron nahm das Fäßchen vom Assynt und füllte damit Morrisons Quaich halbvoll.

Als er ihn verkostete, schloß er die Augen, als ließe er sich in einem Strom von Whisky treiben. Anschließend sog er mit einem langen Atemzug das Aroma ein, nahm noch mal einen kleinen Schluck davon und platzte heraus: »Verdammt! Dieses Destillat entert mich! Es rudert in mir, ohne zu spritzen! Es fährt wahrhaftig mit vollen Segeln! Woher kommt der Tropfen? Sag, wer brennt dieses Lebenswasser?«

»Du kennst den Ort, doch nicht das Destillat!«

»Woher?«

»Vom Assynt!«

»*Kenneth Mackay!*« sprach Morrison langsam und anerkennend den Namen aus. Was Cameron sofort bemerkte, war die Aufmerksamkeit, die Morrison plötzlich dem Getränk schenkte. Mit gespannter Wachsamkeit ruhten die stechenden Augen des Schmugglerkapitäns auf Cameron, als er ihn wie beiläufig fragte: »Wieviel hast du davon vorrätig?«

»Der ist knapp. Lagert seit fünf Jahren in außergewöhnlichen Fässern. Außerdem wird er auf sich warten lassen, denn auf dem Weg hierher sind einige neue, schwer zu nehmende Hindernisse hinzugekommen.«

Cameron berichtete kurz und drastisch über das Geschehen in Oykel Bridge und über die Auswirkungen auf den Whiskytransport nach Lochinver. Sodann schloß er mit den Worten: »Die Mackays werden sich gegen Wind und Gezeiten durchsetzen müssen. Trotz allem, es hätte noch schlimmer kommen können!«

»Wer übernimmt das Malz?« erkundigte sich Morrison.

»Ich werde das Malz fürs erste lagern. Morgan und der Jüngste der Mackays, Angus, die seit gestern hier sind, werden die Nachricht mit an den Assynt nehmen. Ich bin mir sicher, nach dem Sturm kommt auch wieder Stille!«

»… doch die Gezeiten warten auf keinen!« ergänzte Morrison.

»Leinen los?«

»Leinen los!«

Cameron ging hinter den Tresen. Als sie sich gegenüber standen, belauerte Cameron Morrison wie ein Luchs und entdeckte in dessen Augen den hungrigen Glanz nach Profit.

»Wie hoch liegt dein Angebot? Wie bläst der Wind?«

»Der Herr besänftigt die Brise für das geschorene Lamm. Die Preise fallen!«

»Zieh mich nicht durchs Wasser!« entgegnete Cameron ernst.

»Es läßt sich nicht verheimlichen, David, der neue *Excise Act* beginnt zu greifen. Danach kann jeder für eine Gebühr von £ 10 pro Jahr offiziell Whisky brennen. Hinzu kommt eine geringe Steuer für jede produzierte Gallone, sofern die Brennblase ein Fassungsvermögen von mehr als 40 Gallonen hat. Nachdem die Abgaben drastisch gekürzt sind, werden immer mehr lizensierte Brennereien gegründet. Die Produktion steigt und steigt, und die Preise fallen und ...«

»Das mag ja für Schottland gerade noch stimmen«, unterbrach Cameron den Kapitän, »doch die steuerlichen Spielregeln haben unsere zufriedene Kunden nie gestört. Außerdem werden sich die Londoner Ginbrenner die Whiskyschwemme auf Dauer nicht gefallen lassen. Du schmuggelst doch unseren besten, unverwechselbaren Highland-Whisky eh nach London und hast dir schon längst nebenbei deinen Kiel vergolden lassen.«

»Es ist nicht allein *mein* Kiel, das solltest du nicht vergessen! Dein Weib finanziert den Kutter. Außerdem schmiedet sich Janet hier selbst einen goldenen Anker. Überdies weiß doch außer euch niemand etwas über Whiskypreise, Malzsteuer, Abgabe- oder Lizenzgebühren oder gar etwas über die neugegründeten Whiskydestillerien in Glenlivet und im Hochland von Aberdeenshire. Und die wilde Horde vor deiner Taverne weiß doch von allem gar nichts. Laß uns einig werden! Der Kurs Richtung Glasgow oder London ist eine Galgenroute für mich und meine Männer. Wir tragen das größere Risiko und sollten daher um den Ertrag nicht feilschen. Wo steckt eigentlich Janet?«

»Ein Haus ohne Frau ist ein Schiff ohne Steuer ... Der Preis für eine Gallone, Colin!«

Zwischen den Augenbrauen Morrisons zeigte sich mit einem Mal eine senkrechte Furche, seine Kinnpartie wurde noch kantiger, und eine alte Narbe, die von seinem linken Nasenflügel hinunter bis zur Oberlippe reichte, trat deutlicher hervor.

»Fünf Shilling sechs Pence für die Gallone *proof* Whisky!«

Camerons Gesicht verdüsterte sich im gleichen Augenblick, als er das Angebot verstanden hatte.

»Was?« zischte er und ballte seine Hand zur Faust. Unwillkürlich stieg in ihm der Zorn hoch, Tropfen für Tropfen, wie bei einem Destillationsvorgang. Der genannte Preis war eine Beleidigung für ihn. Aber er wußte, daß er sich einen Konflikt oder gar einen Bruch mit Morrison nicht leisten konnte.

Morrison spürte den Wirbel in Camerons Brust, hob sein kantiges Gesicht, leerte den Quaich und versuchte ein Lächeln. »Das überrascht dich, was?«

Cameron zwang sich zur Höflichkeit. Besonnen sagte er: »Trübe nicht die Quelle, die dir zu trinken gibt!«

Morrison wurde unversehens ernst, wobei ihm der betont flüchtige Blick Camerons auf die weinrote Tasche nicht entgangen war. Daher tippte er mit dem Finger darauf und sagte mit Bedacht: »Du wirst alles nachlesen können. Die Zeitungen aus Edinburgh und Glasgow beweisen es. Ich bekomme gegenwärtig höchstens sieben Shilling für die Gallone. Wobei die Gefahr besteht, daß die Preise inzwischen weiter abgesackt sind.«

Cameron rechnete rasch seinen verbleibenden Anteil bezogen auf die Menge Whisky, die zum Abtransport bereit lag. Da die wartenden Whiskybrenner mit 2 Shilling 6 Pence pro Gallone rechneten, bedeutete dies für ihn, daß er gegenüber der letzten Ladung von Morrison einen ganzen Shilling pro Gallone weniger geboten bekam. Bei der Menge von etwa 2181 Gallonen bedeutete dies für ihn und Janet den ungeheuren Verlust von einhundertzweiundachtzig Pfund. Als er tief Luft holte, vernahm er, wie seine Frau ihr Zimmer verließ. Kurz darauf hörte er ihr Kleid auf dem kleinen Gang draußen knistern.

Colin, der am Tresen lehnte, bemerkte das tiefe Luftholen und erfaßte den verärgerten Ausdruck auf Camerons Gesicht. Er fühlte sich von dem, was gerade in Camerons Kopf vorging, völlig unberührt. Er war der Kapitän des schnellsten Kutters in den Gewässern rund um England. Für ihn war der Ozean offen, und ohne ihn würde auf Dauer keine Gallone Whisky Lochinver verlassen. Daran konnte er notfalls immer erinnern. Er war sich dessen sehr bewußt; zudem war er hungrig, und seine Hände wollten endlich die Form weiblicher Knie spüren.

Kurz darauf ging die Tür auf, und Janet betrat den Schankraum. Sie steuerte direkt auf Morrison zu und reichte ihm die Hand zum Gruß. »Wenn es jemand anderes als du gewesen wäre, Colin«, sprach sie mit strahlendem Gesicht, »so hätte ich auf den König gewettet. Der Empfang durch die Menschen hätte nicht königlicher sein können.«

Sie legte ihre beiden Hände in die seinen, und Cameron fürchtete im gleichen Augenblick, daß sie ihn vor Verbundenheit gleich küssen würde.

»So setzt euch doch«, sagte sie frohgestimmt. Doch als sie Camerons Gesicht erfaßte, wurde ihre Stimme ernst. »Gibt es Ärger?«

Cameron zeigte auf Morrison. »Er soll es dir selbst sagen.«

Morrison griff sich die Ledertasche, entnahm ihr ein Bündel geordneter Papiere und überreichte sie Janet. »Die Abrechnung! Die veranschlagten Kosten für die Reparaturen der WILD FIRE wurden unterschritten. Die Segelsätze sind zwar strapaziert, jedoch werden wir bis in den Herbst hinein gut damit auskommen. Ich schlage vor, daß wir sie im Frühjahr ersetzen.«

Janet überflog die Seiten mit diversen Aufstellungen und Kostentabellen. Dann blätterte sie den Stapel rasch durch und prüfte aufmerksam das letzte Blatt.

»Was soll denn das? Du sagtest doch, daß die Kosten für die Reparaturen geringer ausgefallen wären als eingeplant. Also, täuschen mich meine Augen, oder fehlen hier tatsächlich ganze fünfundvierzig Pfund?«

»Die Ursache dafür steht auf der vorletzten Seite.«

»Welche Ursache? Berichte!«

»Wir segelten westlich von Kintyre, zwischen Gigha und Islay. Der Zollkutter FLY lag diesmal hinter Cara Island auf Lauer. Er hatte keine Chance, uns aufzubringen. Was allerdings den totalen

Verlust der WILD FIRE hätte bedeuten können, war das Aufkreuzen eines zweiten Seglers im Dienste der Zollbehörde Greenocks, den ich in diesen Gewässern noch nie gesichtet hatte.«

Sein Atem ging plötzlich schneller, und seine Augen verengten sich zu einem Schlitz, als wollte er ein unscharfes Bild in der Ferne fixieren.

»Am Großmast war ein riesiges Gaffelsegel angeschlagen, dessen Baum etwa zwanzig Fuß über die Heckreling hinausragte. Es war die SHAMROCK, ein Brigg-Kutter mit zwölf Kanonen. Verdammt schnell, doch schlecht gesegelt. Die Zollbehörde in Greenock rüstet auf! Wir konnten, Gott sei's gedankt, mit dem Wind südlich an Islay vorbei entkommen. Mit zwei Zollkuttern zwischen Bushmill und Mull of Kintyre konnte niemand rechnen. Ich entschloß mich für die Umrundung von Islay, ging noch in der Nacht durch den Sound of Islay und wählte als Anlaufpunkt West Loch Tarbert. Die einzige Chance für mich, die Ladung noch rechtzeitig und ohne großes Risiko an Land bringen zu können. Für den Transport über die kleine Landbrücke nach Tarbert waren Bestechungs- und Transportgelder in Höhe der fünfundvierzig Pfund erforderlich. Ich habe redlich gehandelt!«

Seine Worte ließen Janet und Cameron verstummen.

»Meine Lieben«, fuhr er inmitten der Totenstille fort, »und glaubt mir, nicht für mich, sondern für euch und besonders dich, Janet, eine Frau mit einem Schmuggelkutter, ist das ein schöner Erfolg.«

Janet ließ sich nicht provozieren, doch sie spürte untrüglich, daß sich unter der prächtigen Fassade Morrisons die Hinterlistigkeit mit der Gerissenheit paarte, kaum verdeckt von seinen traulich-beseligenden Schilderungen. Sie wußte, daß sie seinen Bericht von allen Besatzungsmitgliedern der WILD FIRE bestätigt bekommen würde. Es gab nur eine Möglichkeit, Gewißheit zu erlangen, und dazu mußte sie warten, bis sie den einzigen Mann an Bord gesprochen hatte, dem sie trauen konnte. Kaum daß ihr dieser Gedanke durch den Kopf jagte, sagte Morrison: »Da ist noch eine bedauerliche Sache passiert ...«

Janet sah ihn irritiert an, zog die Augenbrauen fragend in die Höhe und wartete ab. In kühlem Ton fuhr er fort: »Barry Bell muß in der Nacht, als wir von der Shamrock gejagt wurden, über Bord gespült worden sein!«

Janet ließ ihren Kopf sinken und schlug die Hände vors Gesicht. Bell war Bootsmann auf der Wild Fire gewesen – und ihr Vertrauter.

»Wie konnte das passieren?« fragte Cameron.

»Das wüßten wir auch gern. Er wollte für eine Stunde in seine Koje abtauchen. Doch dort kam er nie an. Wir vermuten, daß er vorher noch seine Notdurft verrichten wollte und dabei über Bord fiel. Wir kreuzten gegen einen steifen Wind. Der Bug schnitt die steilen Wogen. Außerdem fanden wir in seiner Koje eine halbleere Whiskyflasche ... Möglich, daß ...«

»Hör auf!« schrie Janet. Sie schnellte hoch, warf wütend das Bündel Papiere über den Tisch und wandte sich rasch ab, in der Hoffnung, daß die Tränen, die ihr augenblicklich in die Augen schossen, unbemerkt blieben.

Morrison beobachtete mit Triumph, wie die Todesnachricht Janet aus der Fassung brachte. Als sie hinausging, sagte er mit galligem Hohn: »Barry war ein exzellenter Seemann, und als solcher hat er für sich die geeignete Tiefe gefunden! Wichtig ist doch«, wandte er sich wieder an Colin, »wir haben vor niemandem die Segel gestrichen!«

Dann trat er an Cameron heran, schlug ihm seine Pranke auf die Schulter und meinte: »Wen sein Tod juckt, der kratze sich; Spione, Denunzianten und betrunkene Seemänner auf Schmuggelfahrt werden schnell vom Leben entbunden. Nun, für die angenehmen, irdischen Dinge sind weiterhin wir zuständig. Also bringen wir die Sache hier endlich zu Ende. Die Whiskybrenner sollen hereinkommen!«

»Colin! Warte ... Der Preis ... Ich meine ...«, sagte Cameron zögerlich, »er ist zu niedrig, würde ich meinen.«

»Jawohl! Erkannt! Er ist es! Und das werde ich, wenn du es nicht fertigbringst, den *moonshiners* schon beibiegen! Paß mal auf!«

Während Morrison entschlossen zur Eingangstür schritt, rief Cameron voller Zorn: »Du hast eine schwarze Seele, Colin Morrison! Nein – du hast überhaupt keine!«

Morrison blieb an der Tür stehen, drehte sich um, und seine Augen blitzten vor Arglist. »Was willst du eigentlich? Wenn du meinst, daß ich ein Dieb sei und unsere Interessen nicht vertrete, dann hast du dich geirrt! Kaltes, trostloses, nacktes Elend erwartet jeden, der weich wird!«

Dann hob er den Zeigefinger und stieß ihn bei jedem Satz wie einen Degen gegen Cameron:

»Du hast guten Whisky! Also verkaufe ihn teuer! Nicht die da draußen sollen den Profit haben, sondern du! Das ist doch der Sinn deines Lebens! Die *moonshiners* können die Whiskypreise natürlich nicht nachprüfen. Du allerdings auch nicht. Und deine Frau schon gar nicht! Wichtig ist nur, *ich* weiß es!«

Seine Augen färbten sich dunkel wie die Bosheit seines Wesens. Er ballte die Faust und brüllte:

»Bei deinem Preis wirst du bald zur Hölle fahren! Einen Shilling, sechs Pence pro Gallone! Das werden sie schlucken. Ich werde mit dem Teufel wetten – denn du bist dafür nicht geschaffen!«

Daraufhin riß er die Eingangstür auf und erteilte den Whiskybrennern, die in der wartendenden Menge verteilt standen, die Anweisung, sich unverzüglich in die Taverne zu begeben.

Als etwa gut zwei Dutzend Highlander, unter denen sich auch Morgan Mackay befand, lautstark und in gebührendem Abstand einen Halbkreis um Morrison bildeten, schlich sich Angus durch den hinteren Eingang in die Taverne und gelangte, ohne gesehen zu werden, in die Küche. Dort standen Janet, Emily, Betsy und James lauschend an der halboffenen Tür, durch die man den Schankraum betrat. Das Lärmen darinnen ebbte ab, und nach wenigen Augenblicken kehrte Stille ein.

Im Morgenlicht starrte Morrison auf Kreaturen, die ihn mehr an eine schmutzige Viehherde erinnerten, die von Hunden über schlammige Hügel getrieben wurde, als an ausgekochte Whiskybrenner. Die Wirklichkeit ließ sich nicht verdrängen. Vor ihm stand ein Berg von Elend. Er war nicht bereit, ihn auch nur einen Zoll abzutragen; im Gegenteil, er war entschlossen, ihn um mehrere Fuß zu erhöhen.

In freundlichem Ton begann er:

»Männer des Hochlands! Männer des *uisge beatha*! Dank euch, die ihr hier versammelt seid. Was uns in diesen Minuten am meisten bewegt, ist die Frage: Was bekommen wir heute in Glasgow, Edinburgh oder anderswo für eine gute Gallone *proof* Whisky?

Ich will euch aufrichtig, kurz und rundheraus die Antwort geben: Es lohnt sich bald für mich und sicher auch für euch nicht mehr, wegen *eines* Shilling und sechs Pence die Gallone den Hals zu riskieren!«

Colin sah, wie bei seinen letzten Worten die Erwartungen der gesamten Versammlung in eine unbegrenzte Tiefe hinabschlitterten. Talisker, der in der zweiten Reihe stand, hatte sich am Haken des Mißtrauens festgehalten und versuchte sich daran hochzuziehen. Die ruppige Grausamkeit, die er durch all die Hungerjahre eingeimpft bekommen hatte, ließ ihn an seinen Stiefel greifen, in dem sein abgesägter, dreischneidiger spanischer Panzerstecher steckte, den sein Vater im letzten Jahrhundert nahe beim Point of Stoer gefunden hatte.

Sein Nebenmann griff eisern seinen Oberarm. Erst als das Zittern aufhörte, ließ er ihn wieder los. Indessen begannen die Männer sich zu entrüsten, zu fluchen und auf übelste Weise den genannten Preis zu schmähen. Mit angehaltenem Atem ließ Morrison alles über sich entgehen. Dann trat ein ausgezehrter Mann vor, den sie Old Pulteney nannten. Er erhob anklagend die Stimme:

»Du täuscht mich nicht, Colin Morrison! Ich kenne dich und deine Brut. Deine Raffgier ist unersättlich und durch keine Vergünstigung zu befriedigen. Du bist nicht dumm, bist kein Despot, aber du versuchst, dir den Beutel zu füllen, egal ob wir an dieser Prellerei verrecken. Dir tröpfelt doch nur der *black pot* zu langsam. Du wirst nie genug bekommen. Egal aus welcher Destillierschlange dir der Whisky zufließt, du wirst deinen Vorteil bis zur Neige ausschöpfen!«

Mit gedämpft strahlendem Gesicht reagierte Morrison auf die Wahrheiten des Alten. »Ist das alles?«

Niemand ergriff das Wort. So fuhr er fort. »Nun ja, wenn das alles ist, dann kann ich ergänzen: ›… und so lebten sie von da an glücklich eine lange Zeit!‹«

Morrisons gespielte Milde wich urplötzlich einem harten und unerbittlichen Gesichtszug. Er stieg auf einen Stuhl, griff mit seiner Linken in seine rote Weste und entnahm aus der Innentasche ein Bündel Pfundnoten und ließ mit der Rechten die Geldscheine einzeln in die Gruppe der Highlander fliegen.

Nach jedem Namen, den er aufrief, flog eine Pfundnote über die Köpfe: »John Mactaggart! Jack Burnside! Malcolm Gillespie! Donald Robertson! Patrick Sellar! William Young! Robbie MacPherson! Was für eine Moral? Welche Lehren zieht ihr daraus?« Die Whiskybrenner sahen regungslos vor Erstaunen auf die fliegenden Pfundnoten und zeigten sich völlig irritiert. Dann wurden sie sich plötzlich über den Segen bewußt und rangelten wie besessen um die Banknoten.

Morrison betrachtete das Geraufe zu seinen Füßen mit Zufriedenheit und wartete ab, bis die Scheine ihre festen Besitzer gefunden hatten.

Dann zeigte er auf den alten Mann und sagte in beißendem Ton: »Soviel zur unersättlichen Raffgier und Prellerei!«

Morrisons Augen genossen den Anblick der beeindruckten Versammlung. Mit leiser, vertrauter, doch eindringlicher Stimme sagte er: »Meine Gefangennahme, meinen Tod durch meine Verfolger auf den Galgenrouten durch die Hebriden in den Süden habe ich mir jahrelang ausgemalt und geprobt. Eines Tages fing es an mich zu langweilen. Gott sei's gedankt, sonst hätte mich die Vorstellung vom nahen Ende völlig verändert.

Nun, wenn ihr den Tag eurer Befreiung nicht bald herbeiführt, werdet ihr euch bis zur Unkenntlichkeit verändert haben, und verändert haben werden sich eure Kinder und alle, die euch nahestehen, und die Highlands werden euch fremder sein als die Neue Welt. Also, worüber redet ihr?«

Niemand antwortete. Gebannt starrten sie auf ihn, als sei er der Erlöser.

»Also! Worüber?« rief er mit triumphierender Stimme über die Köpfe der Versammelten hinweg. »Über Sheriffs, die euch in den Highlands nachstellen? Über Destillieranlagen, die zerstört sind? Über Schleichwege, die verraten sind? Über den Galgen, der euch schrecken soll? Geile Weiber in irgendwelchen engen Glens, die euch verachten und die ihr deshalb nie vögeln werdet, oder was?«

Betroffen sahen die meisten Männer auf den Boden, während andere unruhig von einem Fuß auf den anderen traten.

»Laßt uns über etwas Wichtigeres sprechen!« fuhr er fort.

Als im selben Augenblick ein Hochländer bedächtig eine kleine Flasche aus seinem Überwurf hervorholte, brüllte er im Befehlston: »He! Laß die Flasche stecken!«

Als ihn der Mann ungläubig anstarrte, legte Morrison los: »Du meinst wohl, ich mache Witze? Ich scherze nicht! Und wenn du Schwanzlutscher es wagst, auch nur einen Schluck zu nehmen, während ich hier rede, wirst du in weniger als einer Minute in diese Flasche passen!«

Der Mann steckte zurück, was Morrison mit den Worten quittierte: »Und so etwas nennt sich nun *moonshiner*!«

Sein stechender Blick löste sich nur langsam von dem eingeschüchterten Mann. Danach streckte er seinen Arm aus, hob den Zeigefinger und zog damit über den Köpfen einen Halbkreis.

»In diesem Leben gibt es nur eine Sache die zählt: Gallonen! Gallonen und noch einmal Gallonen! Gefüllt mit feinstem *proof* Whisky. Habt ihr mich gehört, ihr Versager? Destillieren! Ich wiederhole: immer destillieren!«

Dann griff er in die weite Tasche seines Bragou-braz, zog ein sonderbar aussehendes Schießgerät hervor und zielte damit in die Menge. Die Männer starrten mit Schrecken in sechs Läufe. Der Colt konnte die Ähnlichkeit mit einer groben Pfefferdose nicht leugnen.

»Wißt ihr, was das ist? Es ist der erste Revolver mit einem automatisch drehbarem Laufblock. Er kommt aus Massachusetts, aus der Neuen Welt, wo jeder Mann jederzeit bereit ist, seine Freiheit mit der Waffe in der Hand zu verteidigen.«

Er warf ihn in die Höhe und fing ihn beim Lauf. Dann streckte er ihn mit dem Griff zu den Männern hinunter.

»Würde ich ihn einem von euch geben, könnte ich den Colt ebensogut über Bord werfen. Ihr wüßtet nichts damit anzufangen.«

Dann wiegte er den Colt liebevoll mit seinen beiden Händen, brachte ihn wieder in Anschlag und sagte mit tiefster Überzeugung: »Es ist eine Waffe für Entschlossene!«

»Du irrst! Nicht alle sind Versager. Einige von uns ...«

»Wie ist dein Name?« unterbrach Morrison den Mann, der sprach.

»Morgan Mackay!«

»Auch ihr am Assynt seid damit gemeint. Ihr werdet vielleicht bald beweisen können, ob es euch gelingt, Robertsons Schlinge zu entkommen.«

»Mein Vater ...«

»Halt's Maul! Rede nicht, sondern handle!« schnitt Morrison Morgan erneut das Wort ab. »Wann wacht ihr endlich auf? Entschlossenheit! Kampfeswille und die Bereitschaft zur Vergeltung sind euch wohl abhanden gekommen? Wo ist euer Haß auf England geblieben? Zerstört die Ordnung, die euch aufgezwungen wird!

Auch wenn man zu euch seit fünfzig Jahren sagt, ihr seid Schweine, so höre ich zumindest noch keinen von euch grunzen! Nur der Haß läßt euch überleben. Er bleibt euch als dauerhaftestes Gefühl. Wer von euch bereits die Todesstarre spürt und sich für sie entscheidet, der gehört wie die Asche der Vergangenheit an. Mir scheint, ihr seid schon Asche!«

Dann stampfte er vehement mit seinem Stiefel auf den Stuhl, daß dieser zu brechen drohte.

»Zweiundvierzig Wunden bekam der Steuereintreiber Malcolm Gillespie während seiner Dienstzeit zugefügt, bevor ihn seine eigenen Leute wegen einiger Gallonen, die er für seine Gehilfen abgezweigt hatte, aufknüpften. Ich sage euch, es waren einundvierzig zuviel! Schon die erste Wunde hätte tödlich sein müssen!

Also! Wo sind eure Waffen? Zieht endlich los, verdammt! Erst der Tod einiger Steuereintreiber und Verwalter wird die Weisheiten der Herren von Westminster läutern. Genauso werdet ihr dafür sorgen müssen, daß die lizensierten Brennereien in Flammen aufgehen, bevor der Preis für die Gallone Whisky noch weiter absackt. Nur das wird euch und eure Familien vor Versklavung und Vertreibung schützen.«

Morrison nahm den Rest der Pfundnoten und warf sie mit den Worten: »Tod den lizensierten Whiskybrennern!« in die Menge.

Die Reaktion darauf war ein wölfisches Balgen um die Geldscheine. Morrison betrachtete es mit ausdrucksloser Miene.

Morgan, der sich als einziger nicht an dem Gerangel beteiligte, sah ihn mit gerunzelter Stirn an. Gewiß, es mochte sein, daß dem wehrhaften Fleisch der Highlander durch falsche Clantreue, Freundschaft, Menschenliebe und Anständigkeit die Muskeln abhanden gekommen waren. Stolz, Eigenliebe und Leidenschaft für das eigene Überleben mußten erst wieder geweckt werden – aber nicht zu Morrisons Nutzen ...

Als sich das Gerangel zu seinen Füßen wieder in einen Anschein von Ordnung wandelte, zeigte Morrison mit seinem Finger auf sein Genital.

»Was ihr braucht, um euch die Sheriffs vom Hals zu halten, sind Eier aus Eisen, ihr Schlappschwänze!« rief er, sprang vom Stuhl, und mit einer Kopfbewegung, die ebensogut einschmeichelnd wie verhöhnend sein konnte, sagte er mit seinem widerlichsten Grinsen: »Versucht nie wieder mit mir über Preise zu verhandeln, bevor ihr nicht die Taten vollbracht habt, die ihr bis jetzt aus Feigheit unterlassen habt!«

Eisiges Schweigen begleitete seine strammen Schritte in Richtung Küche.

Kurz davor drehte er sich um, zeigte auf Cameron; dabei sah er einer bösartigen Dogge so ähnlich, wie es einem Menschen nur möglich ist.

»Er wird euch ausbezahlen! Ein Shilling sechs Pence pro Gallone!«

»Es schneidet mir ins Herz, daß dieser Bandit unter meinem Dach auch noch vögeln muß!« sagte Janet Cameron und streckte die Faust wutschäumend zur Decke.

Während Cameron, der mit ihr am Tisch saß, den verzückten Schreien und dem dumpfen Keuchen der Lust über seinem Kopf genüßlich lauschte, schrie Janet hinaus in den Schankraum: »Emely, bring mir etwas Kardamontinktur mit Brennessel, und mische alles mit sieben Tropfen Lavendelöl!«

Emely kam in die Küche, lauschte ungeniert nach oben, und bevor sie zur Vorratskammer hin entschwand, sagte sie voll Anerkennung: »Er ist der einzige, der ihre Launen befriedigen kann ...«

Als Janet das versonnene Lächeln auf dem Gesicht ihres Mannes entdeckte, schloß sie gequält die Augen und stützte ihren Kopf resignierend auf beide Hände. Cameron, der sie aus den Augenwinkeln heraus beobachtete, hatte den Eindruck, sie tat dies nur, um sich die Ohren elegant zu verschließen.

»Kopf hoch!« sagte er und nickte ihr ermutigend zu. »Nur nicht gleich sterben wollen! Colins Hoden stöhnten schon vor Erwartung, als er seinen Kurs nach Norden nahm, und Betsy ist auf Männer, die töten, scheinbar besonders scharf!«

Janet nahm langsam die Hände von ihrem Kopf, und es drängte sie, ihrem Mann eine der Pfannen an den Kopf zu werfen. Als dieser ihr über den Tisch hinweg zuzwinkerte, mischte sich Spott zu ihrem Ärger.

»Guten Morgen, Herr Wirt, wo ist der ›Kaptan‹? Er liegt auf der Köchin und kräht wie ein Hahn!«

»Verdammt, David! Ich habe nichts dagegen, wenn ein Seemann nach langer Fahrt sein Holzbein abschnallen will, doch dieser Betrüger soll seinen Bocksgesang in seiner Koje zelebrieren ...«

Plötzlich stand sie auf, ging durch die Küche, kehrte wieder an den Tisch zurück und packte den Stuhl mit einer Hand, die wie ihre Stimme vor Erregung zitterte. »Betsy! Betsy! Sie muß es ...«

Sie starrte Cameron mit entsetzten Augen an. Gleichzeitig hörten sie die wollüstigen Schreie Betsys von oben, dazu das rhythmische Eins-zwei-drei konvulsiver Leiber, das die Zimmerdecke erbeben ließ.

Cameron schien die Fassungslosigkeit seiner Frau nicht zu erkennen, statt dessen lauschte er versonnen, hob den Zeigefinger und sagte: »Das ist Wollust, riesige Wollust. Wollust der Sturmstärke sieben, nach der Einteilung, die der Franzose Beaufort uns geschenkt hat! Vibrierende, bebende, fesselnde, hemmungslose Wollust. Acht bis neun! Ja! Plus, minus eine Windstärke!«

»Idiot!« fauchte sie ihn an.

Cameron schien endlich zu begreifen, daß seine Frau aus anderen Gründen verstört sein mußte als aus bloßem Neid über das, was sich über ihren Köpfen abspielte.

»Was? Was ist …?«

»Betsy wußte, daß Barry Bell mir über die Fahrten der WILD FIRE berichtete.«

Ihre Stimme, die während dieser letzten Worte immer mehr gezittert hatte, schwieg für einige Atemzüge; dann fuhr sie klagend fort: »Sie hat es ihm verraten! Ich erwache aus einem Traum … Sie, nur sie kann es sein. Verrat! Verrat!«

Manches, was sie in der Vergangenheit vertrauensselig ausgesprochen hatte, ohne dabei gleichwohl zu bedenken, daß es Morrison preisgegeben werden konnte, kehrte in jenen Minuten mit neuer Bedeutung in ihre Erinnerung zurück. In wüsten Bildern sah sie die geilen, sich wälzenden Leiber Betsys und Colins vor sich, sah die geheimen Freuden in Morrisons Gesicht, sah Betsy, wie sie ihr im zurückliegenden Jahr unter vier Augen oft Stirn gegen Stirn am selben Tisch gegenübergesessen hatte. Erinnerte sich daran, wie das Luder sich ihr geradezu aufgedrängt hatte, in der Absicht, ihr gemeinsam mit Morrison eine Falle zu stellen. Kein Hauch des Zweifels paarte sich mit ihrer Entschlossenheit, erst Rache zu nehmen und danach dem Ganzen so schnell wie möglich ein Ende zu setzen.

»Bist du dir sicher?« fragte Cameron ungläubig.

»So sicher wie das Amen in der Kirche!«

Cameron stand auf, stemmte seine Fäuste auf den Tisch und zischte: »Warum mußtest du ihr auch alles erzählen?«

»Du weißt gar nichts. Weder von Betsy noch von mir!« entgegnete sie kalt und abweisend.

»Ach, so ist das! Du kannst mir alles über dich und über sie erzählen. Das dauert doch keine fünfzehn Sekunden!«

»Manche«, entgegnete sie beherrscht, »würden stolz darauf sein, mir genau diese fünfzehn Sekunden zuhören zu dürfen!«

Als sie zur Tür hinaus wollte, ergriff er ihre Schultern, drehte sie sanft und zog sie an sich. Ihr Stolz konnte selbst den Schlag ihres Herzens regeln und einen abwesenden Schleier über ihr Antlitz ziehen, durch den sie über seine Schulter hinweg geradeaus auf die ankernde WILD FIRE schaute.

Der ungleiche Warenhandel mit den Whiskybrennern war von Morrison und seinen Vasallen innerhalb der Zeitspanne von Flut und Ebbe geplant. Wiederum hatte jener böse Zufall seine Hand im Spiel, der nur die Highlander benachteiligte. Derselbe wurde allerdings von den gierigen Matrosen dankbar begrüßt, zumal das ablaufende Wasser bald einsetzen würde. So konnten die Waren, die auf Tischen vor der Taverne ausgebreitet lagen, nur in einer äußerst kurz bemessenen Frist ausgewählt und gekauft werden.

Old Pulteney, der die Machenschaften durchschaute, hatte vergebens versucht, die Männer dagegen aufzubringen. Resignierend knurrte er in seinen Bart: »Diese Kneifer! Weder die Mackays, Mackenzies, Murrays noch die Macleods besitzen den Mut, sich gegen diese Schurkerei zu wehren.«

Dann betrachtete er die dreizehn Shilling in seiner schwieligen Hand, blickte zum blauen Morgenhimmel empor, ließ das Geld in seiner Hand klimpern und sprach zu seinem Gott: »Verzeih! Selbstmörderisch, zu rebellieren. Nutzlos, zu hungern!«

Das Brennen seiner Seele ging in ein stilles Glimmen über, und so seufzte er: »Zu sterben aber habe ich allemal noch Zeit.« Daraufhin trottete er an den Tisch, auf dem das Bier ausgeschenkt wurde und forderte für sich einen Humpen.

Die ständige Bedrängnis durch Angst und Repression versetzte nicht wenige der Highlander in Panik, und so kauften sie von den Matrosen fast alles, ohne groß auf die Wucherpreise zu achten. Die wenigen, die um Preise feilschten, hatten dabei das Nachsehen.

Die ausgewählte Fracht der WILD FIRE, die bis auf das Malz, die Gerste und den geschmuggelten Whisky aus Privatladungen der Matrosen bestand, diente dazu, den Highlandern ihren gerade ausbezahlten Whisky-Shilling erbarmungslos wieder abzunehmen. Doch nicht die Matrosen verdienten das meiste an dem ungleichen Handel. Der Schmuggelkapitän kassierte schon vorher kräftig die

Prozente ab, bevor seine Leute auch nur ein einziges Stück Ware an den Mann gebracht hatten.

»Ich verdiene fast nichts daran! Der Kapitän kriegt wahrscheinlich mehr Geld als der Premierminister, selbst wenn er nur dreimal pro Jahr die Galgenroute hinauf- und heruntersegelt«, seufzte in falschem Ton ein Matrose, als er Morgan einen Barren Zinn und Blei verkaufte. Die letzten Worte des Fahrensmannes allerdings gruben sich Morgan ins Gedächtnis. »Der Kapitän verdient immer. Es ist, als ob er auf ein einziges Pferd setzen würde - egal ob es siegt, stürzt, verliert oder vorher erschossen wird. Er bekommt die Siegprämie!«

Bier, Wein, Salz, Flachs, Hanf und Kramwaren, Butter, Talg, Häute, Tran, Seehundspeck, Korn und Brennholz wechselten ebenso zu überhöhten Preisen die Besitzer wie die sündhaft teuren, dafür verführerisch lockenden Mandeln, Backpflaumen, Muskatnüsse, Honig und Zucker, Korinthen, Kastanien und getrockneten Feigen. Ein Matrose bot auch Tabak und Pfeifen feil, während man neben Faßdauben, Fässern, Flaschen, Werg, Garn, Seife und Schmiere auch Lachs und Aal sah.

Angus' Müdigkeit war durch das bunte und verwirrende Durcheinander wie weggeblasen. Während er von Tisch zu Tisch eilte, genauestens die dargebotenen Waren betrachtete, gespannt dem Feilschen, Fluchen, den Reden und Gegenreden lauschte, beobachtete sein Bruder Morgan, wie eine Gruppe von Matrosen pausenlos Säcke an Land hievte, um sie mühsam zur Taverne hinaufzutragen. Er vermutete, daß es das angekündigte Malz sein mußte, da nach Morrisons Auskunft seit geraumer Zeit auch die Getreidemühlen strengen Kontrollen ausgesetzt waren und somit weniger Gerste für den Schwarzhandel abgezweigt werden konnte. Er war sich nicht sicher, wie sein Vater und Kenneth auf die veränderte Situation reagieren würden, zumal er den Preis für das Hundredweight Malz höher einschätzte als den der Gerste.

Unerwartet schlug die Schiffsglocke acht Glasen und damit das Ende der zweiten Wache, seit die WILD FIRE in der Bucht von Loch Inver vor Anker gegangen war. In den Ohren der Matrosen war es das Signal, unverzüglich den Handel abzubrechen und an Bord zurückzukehren.

Angus ging hinunter an den Strand und betrachtete mit Staunen das geübte Übersetzen der Matrosen samt ihren Warenbündeln. Während die Jolle die ersten Matrosen an Bord der WILD FIRE brachte, hörte er drüben Lafettenräder über Deck rumpeln, und kurz darauf schoben sich die Mündungen der Rohre drohend durch die Stückpforten.

»Schaut nur, schaut!« rief ein Mann aufgekratzt neben Angus. »Jetzt werden sie unseren Rückweg in die Berge zum Dank noch mit Eisenkugeln pflastern!«

»Gig zum Strand!« kommandierte der wachhabende Offizier drüben an Bord. Dann folgten Namen, die, nach der Lautstärke zu urteilen, in alle Winkel des Schiffes dringen mußten. Wenig später schoß die Gig hinter dem Heck hervor, dem Strand entgegen.

Angus' Kopf war wie trunken von zu wenig Schlaf. Beim Anblick der WILD FIRE, die um die Ankerkette schwojte, begann er unversehens davon zu träumen, als Kapitän dieses Schiffes davonzusegeln. Die hohen Masten, der schnittige Rumpf des Kutters beflügelten seine Vorstellungskraft. Die Phantasie entführte ihn hinaus auf das Meer, entlang den Küsten, weg von Schottland, hinaus in die unbekannten Weiten der Ozeane, hinein in die Welt der ewig warmen Winde und der gelben Sonnenaufgänge. Die Harmonie der Bilder forderte seine ganze geistige Kraft. Am liebsten wollte er sie in seinem Kopf auf ewig bewahren, doch die windgepeitschten weißen Segeltücher schmolzen wie Schnee in der Sonne.

Sein Traum war nur von kurzer Dauer, da mittlerweile alles auf den Beinen war, um den Schmuggelkapitän zum Strand zu geleiten. Einige Männer hatten sich aus freiem Willen, andere dagegen geradezu unterwürfig angeboten, mit Hand anzulegen, um die restlichen Fässer Whisky in die Jolle zu hieven. Abgeschirmt durch ein halbes Dutzend Matrosen, verabschiedete sich Morrison unterdessen vor der Taverne kurz und kühl von Cameron. Morgan, der sich unweit der Gruppe postiert hatte, versuchte jedes Wort mitzubekommen.

»Bis in zehn Wochen! Lobe die See und bleib auf dem Lande!« vernahm er die Stimme Morrisons.

»Geraden Kurs!« antwortete ihm Cameron.

Als Morrison sich umdrehte, fiel sein Blick direkt auf Morgan.

Dieser sah erstaunt auf Morrisons unordentliche Gewandung. Die rote Weste trug er geöffnet, da ein gefüllter Bauch das Hemd darüber spannte. Geöffnet war auch der Schlitz seines Bragou-braz, hinter dem sich ein mächtiges, erschlafftes Geschlechtsteil wölbte. Die enge Nachbarschaft beider Nachlässigkeiten machte deutlich, wie ausgiebig er beide Vorlieben in der letzten Stunde verbunden hatte.

Der Kapitän zögerte für einen Moment. Dann ging er auf Morgan zu, zog überraschend den sechsläufigen Revolver und reichte ihn Morgan.

»Für Entschlossene! Damit werdet ihr euch aus Robertsons tödlicher Falle befreien! Ich hoffe, du siehst deinen Bruder Kenneth wohl und munter. Auf Wiedersehen!« nickte er noch grüßend Morgan zu, und mit großen Schritten eilte er durch ein Spalier neugieriger Menschen rasch dem Ufer entgegen.

Die Sonne verlor ihre Wärme, da der Wind böig auffrischte. Weißer Dunst bildete sich auf dem Atlantik und verschleierte die Küste wie feines Schneegestöber. Dahinter verbarg sich die bläuliche polare Kühle, die sich dem Festland näherte.

Angus hatte sich erhoben und beobachtete, wie der Kapitän des Kutters, mit königlicher Würde, bestaunt und bewundert von seinem ausgebluteten Volk, sich seiner Gig näherte. Ein Mensch, so dachte sich Angus, bei dem sich die Mühen und Plagen des Lebens schon bei weitem bezahlt gemacht hatten. Er stieg trockenen Fußes in das Kapitänsboot, da die Matrosen es mit dem Bug auf den Kiesstrand gezogen hatten, und ließ sich am Heck nieder. In dieser Position konnte er den gesamten Bereich des Ufers bequem überblicken.

Angus trat heran und fragte: »Wie groß ist die Segelfläche, die Sie auf Ihrem Kutter setzen können, Sir?«

»Wer bist du, Junge?« entgegnete Morrison.

»Ich heiße Angus, Angus Mackay!«

Morrison musterte ihn lange. »Warst du schon einmal auf dem Meer?«

Angus wußte darauf nichts zu antworten und schwieg.

»Traust du dir zu, aufs Meer zu fahren?«

»Ich denke schon …«, antwortete Angus selbstbewußt.

»Für dich ist es schwer, an den Assynt zurückzukehren – nicht wahr?« Morrison kniff die Augen zusammen und überlegte. »Gut, ich ernenne dich zu meinem persönlichen Schiffsjungen. Wann heuerst du auf der WILD FIRE an?«

Angus war sprachlos. Sein Atem ging schnell; sein Herz raste. Dann faßte er Mut und sagte: »Sobald ich kann …«

Als die Matrosen die Gig über den Kies knirschend in das Wasser stießen, rief Morrison: »Siebentausendfünfhundert Quadratfuß! Behalte es für dich. Es ist ein Geheimnis!«

Gebannt verfolgte Angus die Gig, wie sie zum Ankerplatz des Kutters gerudert wurde. Er erschrak, als Morgan ihm den Arm über die Schulter legte. Er merkte wohl die Bewunderung seines Bruders und flüsterte ihm daher in sein Ohr: »Wir müssen zurück, Angus, das Wetter ändert sich.«

Auf ihrem Weg zum Loch Assynt, auf der Anhöhe, wo der Weg die Uferböschung des River Inver verläßt, sahen sie zum letztenmal auf die Bucht von Loch Inver herab. Die WILD FIRE zog, hoch am Wind, wie auf einem Strich Soyea Island entgegen. Ihre Segel waren gespannt wie Trommelfelle.

# 4

## Whiskyjäger

Ardvreck Castle
1832

ameron, dieses Schwein, verkauft sich nach beiden Seiten!« kommentierte Magnus Mackay bitter enttäuscht den Lochinver-Bericht seines Sohnes Morgan.

Das ganze Ausmaß dieser hinterhältigen Verflechtungen war in Wahrheit viel größer, als selbst der ausführliche Bericht seines Sohnes vermuten ließ. Vater Magnus war sich dessen bewußt, daß das, was Morgan durch seine scharfen Beobachtungen erkannt hatte, eher dem Ausblick durch eines der engen Fenster von Scoury House glich als einem Rundblick vom Gipfel des Cnoc an Droighinn. Er ahnte, daß er ein volles Maß an massiver Erpressung zu kosten bekommen würde, da alle Beteiligten ein Interesse daran hatten, herauszuholen, was der *poit dhu* am Assynt hergab.

Seine Hoffnungen auf einen ruhigen, ersprießlichen und profitablen Herbst waren damit zerschlagen. Auf einige Veränderungen in den Verhältnissen seiner schmutzigen Freunde unten an der Küste war er gefaßt gewesen, doch daß ausgerechnet er der Opferbock sein sollte, war ein unfeiner Schmugglertrick.

Magnus hatte sich in jener Nacht, vor gut acht Wochen, als seine Söhne von Lochinver heimkehrten, zunächst allein berichten lassen. Wenn der Familie Unheil drohte, wollte er als erster davon erfahren, um dann zu entscheiden, was zu tun sei.

Grübelnd ging er, als Morgan geendet hatte, vor dem Kamin, in dem ein wärmendes Holzfeuer loderte, auf und ab. Es war zwar erst Spätsommer, doch der Abend war kalt und klamm, ein Wetter, wie es zu den niederschmetternden Neuigkeiten paßte. Ab und an blieb Magnus stehen und starrte in das Feuer.

»Die Schatten um uns herum werden länger!« sagte er mit tiefer, sorgenvoller Stimme. Und nach einigem Nachdenken fragte er: »Sprachen sie darüber, in welchem Glen sich Robertson gerade aufhält?«

»Sie vermuten ihn weiter im Norden, entlang des Strath Naver. Doch alles ohne Gewißheit«, antwortete Morgan.

Magnus breitete seine Arme aus, trat vor die Mitte der Kaminöffnung, stemmte sich mit beiden Händen am Sims ab und starrte in die sengende Hitze. Sein Schatten wuchs an der gegenüberliegenden Wand ins Titanische. Das Feuer brach sich in der Whiskykaraffe auf dem Tisch und warf bernsteinfarbene Reflexe auf den Steinboden, wie um zu zeigen, daß darunter Gallonen von bestem Whisky lagerten, die auf ihren Abtransport warteten. Magnus kniete nieder und rückte die Holzscheite auf dem Kaminrost mit dem Schürhaken zurecht. Sein Bemühen wurde mit einem hellen Auflodern belohnt. Dann warf er den Schürhaken mißmutig auf die Fliesen und sagte: »Glut hinterläßt entweder ein Kunstwerk oder Asche!«

»Sind wir verloren, Vater?« fragte Morgan mit belegter Stimme.

»Ich weiß es nicht«, erwiderte dieser. »Wir werden nicht alle sterben, wenn es ernst werden sollte; doch die Umstände werden uns alle verändern.«

Die endlosen Herbst- und Wintermonate waren längst angebrochen, in denen sich schlackiger Nieselregen, kurzzeitiger Sonnenschein, schneidende Schneestürme und klare Frosttage im Eiltempo am Assynt ablösten. Nach und nach hatte Magnus alle Mitglieder der Familie über die veränderten Gegebenheiten aufgeklärt und gemeinsam mit ihnen Maßnahmen zum Schutz von Scoury House überlegt und entsprechende Aufgaben verteilt.

Mutter Barbara schien wie erlöst, seit sie es geschafft hatte, daß Donald und Munro Mackay von der nahe gelegenen Achmore

Farm in Magnus' Vorhaben, Robertsons Streifzüge durch das nördliche Hochland zu überwachen, mit einbezogen wurden. Ihr Überleben in diesem Winter war dadurch gesichert. Hinzu kamen noch Neil Linkwood und Allan Tormore aus Inchnadamph, die Barbara Mackay aufgrund der medizinischen Versorgung ihrer alten Familienmitglieder verpflichtet waren. Das Leben bekam für die Männer und deren Familien wieder einen Sinn.

Die Wochen waren ausgefüllt mit Vorbereitungen, die fürs erste der Sicherung des Malz- und Whiskytransportes von und nach Lochinver dienten. Die Berge um den Assynt schienen so verlassen wie nie zuvor. Doch das tiefe Schweigen auf den Gipfeln hatte über Nacht feine Ohren und scharfe Augen bekommen.

Zweimal war Robertson in den vergangenen Wochen an Scoury House vorübergezogen und hatte sich mit seinem Gefolge tageweise in Ardvreck Castle aufgehalten. Magnus und seine Männer waren sich sicher, daß Robertsons Leute sie vom Turm des Castle aus rund um die Uhr überwachten. Daher war es nur natürlich, daß umgekehrt mackaytreue Augen scharf auf die Bewegungen der anderen Seite achtgaben. Als Robertson seinen Raub- und Vertreibungszug durch das Highland wieder aufnahm, hefteten sich Donald und Munro beharrlich an seine Fersen …

Die südlichen Routen waren vom Assynt aus leicht zu überwachen. Da kamen nur Ullapool und Easter Ross als Ziel in Frage. Schwieriger dagegen erwies sich die Beurteilung von Robertsons Zügen durch den Norden.

So konnte er in Richtung Süden aufbrechen und schon vor Bonar Bridge jederzeit in den Norden abbiegen. Seine Rückkehr an den Assynt war dann eher aus Kylesku, am Loch Glencoul gelegen, zu erwarten. Ledmore im Süden und Kylesku im Norden waren somit die strategisch wichtigsten Punkte und dementsprechend abwechselnd von Mackays Wachen besetzt.

Um ungesehen an Ardvreck Castle vorbeizukommen, nutzten Magnus, Morgan und Angus die Dunkelheit der Nacht. Die beiden Transportkarren zogen sie vorher mit Steinen beladen zur Achmore Farm, die hinter Ardvreck Castle am Abzweig nach Kylesku lag, unweit der Skiag Bridge. Die Whiskygallonen wurden infolgedessen, ebenfalls im Schutz der Dunkelheit, zunächst mit dem Boot bis Skiag Bridge gerudert, um der Gefahr zu entgehen, daß knirschende Räder Robertsons Bewacher des Nachts auf den Plan riefen. Die Hufe von *Windhexe* und *Prinz von Assynt* hatte man mit Tüchern umwickelt, um ihren Tritt zu dämpfen.

Als die Mackays sicher sein konnten, daß alles unbemerkt geblieben war, beförderten sie über Land und ohne Zwischenfälle den heißersehnten Whisky nach Lochinver.

Der Empfang durch Cameron war überschwenglich, doch das heftige, empörte Stimmengewirr kurz darauf in der Taverne machte deutlich, wie schnell Gastfreundschaft mitunter in Feindschaft umschlagen kann. Als Magnus nach wenigen Augenblicken herauskam, und zum Aufbruch mahnte, tönte die Stimme des »Käpt'ns« aus der Stube: »Unverschämtheit! Verleumdung! Such doch die wirklich Schuldigen! Als ob ich nicht auf eurer Seite stehen würde! Wir, die Unerschütterlichen! Wir, die einzig Kämpfenden; wir, die Widerstand leisten!«

Magnus ließ die Tür hinter sich zufallen. Kurz darauf kam Cameron herausgehastet: »So hör doch! Wir … wir sind ausgeliefert, wenn es um die Preise geht …« Und als Magnus sich mit der Whiskyladung in Bewegung setzte, lief er vor das Pferd und bat geradezu flehentlich, von einer übereilten Rückreise an den Assynt Abstand zu nehmen, da man sich über alles einigen könnte. Magnus stieg wieder vom Pferd, und gemeinsam verschwanden sie erneut in der Schenke.

Niemand hörte Genaues von dem kurzen Disput, den Magnus mit Cameron führte, doch jedermann konnte sehen, daß Magnus, als er wieder durch das Portal ins Freie trat, mit dem Ergebnis zufrieden gewesen sein mußte. Die Gallonen wurden umgefüllt, die Malzsäcke und das wertvolle Leergut auf die Fuhrwerke verteilt, und noch zur gleichen Stunde ging es mit den Clydesdales zurück an den Assynt. Die leeren Karren blieben auf der Achmore Farm.

Frohen Mutes ließ Magnus wenig später am Kamin den Whiskykrug kreisen. Bis auf Kenneth, der sich zwar auf dem Weg der Besserung befand, doch das Alleinsein vorzog, hatten sich alle Männer in der Wohnhalle eingefunden, dazu Frau Barbara und Magnus' Töchter, die für das leibliche Wohl sorgten.

Das reine Gewissen leuchtete aus Magnus' Augen wie ein Bergsee. »Wir haben alles getan, um die Whiskytransporte nach Lochinver aufrechtzuerhalten«, sagte er mit einem Lächeln. »Cameron, der heute bluten mußte, wird Robertson sicher einen Hinweis über unseren Besuch zuspielen, aber er wird ihm nicht sagen, wie der Transport vonstatten ging. Er selbst hat gegenüber Robertson keine Chance, und er wird sich mit ihm arrangieren!«

»Was bedeutet das für die nächste Zeit?« fragte Neil Linkwood.

»Der Transport wird auf diese Art und Weise immer gelingen. Es sei denn, Robertson verliert die Geduld und räuchert uns hier aus. Schwieriger wird es zweifellos für uns, wenn wir damit beginnen, Whisky zu destillieren. Kein Dampf, kein Rauch und kein Geruch darf unser Tun verraten ...«

»Ich glaube, keiner wird es merken!« tönte Allen Tormore.

»Der Glaube daran wird uns nichts nützen, der schützende Nebel vielleicht ...«

Magnus rief zu seinem Sohn: »Morgan! Warum sagst du nichts? Was schaust du so trübsinnig?«

»Ach, nichts ...«

»Wenn du so sprichst, dann quält dich was. Los, spuck es aus! Was ist es?«

Nach einigem Zögern sagte Morgan: »Ich habe dir von Betsy, der Köchin, und ihrer Verbindung zu Morrison erzählt. Ich mußte gerade an sie denken.«

»Was ist mit ihr?«

Morgan starrte auf das Steinpflaster und fuhr mit seiner Stiefelspitze die Fugen entlang. »Sie ruht seit drei Wochen in ihrem Grab ...«

»Oh, verteufelt!« erwiderte Magnus, und die gute Laune aus seinem Gesicht verflüchtigte sich. »Männer töten für Whisky! Whisky ist grausam! Er schafft Ruinen, er vertreibt die Menschen! Whisky ist der Welt Endzweck. Doch daß sie deshalb schon Köchinnen morden ...?«

Kenneth saß auf seinem dreibeinigen Hocker, wischte sich mit dem Ärmel die Stirn, zog die Schlinge, in der sein rechter verletzter Arm ruhte, etwas enger und starrte angestrengt auf das farblose Destillat, das im stetigen Fluß der gewundenen, kupfernen Kühlschlange entströmte. Es war ein Augenblick der Anspannung und ein Augenblick der Entscheidung, während sich der Torfrauch über dem Dach von Scoury House mit dem dichten Nebel des Herbstes mischte.

Kenneth schien der Moment nahe, an dem der erste Teil des Destilliervorgangs, die Erzeugung der *low wines*, seinen Abschluß fand. Er allein besaß im Clan der Mackays das Gespür, genau zu wissen, wann der Augenblick gekommen war, an dem statt *low wines* nur noch Wasser und Fuselöle aus der unpolierten kupfernen Brennblase nachliefen. Im gleichen Moment würde er seinen Vater anweisen, rasch das Auffanggefäß zu wechseln.

Seine Konzentration ließ auch dann nicht nach, als sein Vater Magnus das trockene Gewölbe betrat. Hier entwickelten sich Aromen, die allmählich den süß-modrigen Geruch von Hefe und den stechenden Geruch der Gärung zu verdrängen begannen, um ihn durch das unverfälschte Bukett der Konterbande zu ersetzen.

Magnus trat nahe an seinen Sohn heran und wippte mit dem Fuß, als gehorche er dem Takt eines entfernten Trommelschlages.

»Essenz, mein Sohn?«

»Ja, immer noch!«

»Wann ist es soweit?«

»Jeden Moment!«

»Laß mich probieren …«

Magnus war immer erpicht darauf, den frischen, ersten Brenndurchlauf zu verkosten. Das stetige Fließen des Rohwhiskys trieb ihm wahrlich die Ruhe aus der Seele.

Er hielt seinen Quaich unter die Schlange. Seine Hand zitterte etwas. Kenneth sah in das Gesicht seines Vaters und wartete darauf, daß er seine Zeremonie begann. Kenneth wußte, daß sein Vater schon nach dem ersten Destillat das Endprodukt zu beurteilen vermochte. Magnus haßte es, wenn sich jemand bei einem Gelage allzu mäßig zeigte, doch bei dieser wichtigen Probe war Nüchternheit sein oberstes Gebot. Auch der Traum von Glückseligkeit und Sorgenfreiheit, der ihn stets überkam, wenn der teigige Gerstenbrei in den Washbacks gärte und schäumte, war jetzt völlig aus seinen Gedanken verbannt.

Magnus nahm den Krug mit Quellwasser, das sie zur Herstellung der Maische verwendeten. Er verdünnte damit den Rohwhisky in seinem Quaich, um ihn auf Trinkstärke zu reduzieren, schwenkte ihn vorsichtig, schnüffelte sekundenlang daran und nahm dann einen kräftigen Schluck. Alsbald hatte er die Verbindung zwischen Geschmack, Gedächtnis und Verstand hergestellt. Schließlich sprach er das Urteil: »Aus deiner kupfernen Schlange fließt Gold, mein Junge! Ich würde damit meinen ersten Enkelsohn taufen!«

Kenneths Augen schienen nach diesen anerkennenden Worten wieder etwas Glanz zu bekommen. Wochen zuvor hatte er die starren Augen eines Seeadlers gehabt, der seine Beute fixiert, absolut tödlich …

Der ganze Haß und die Trauer um den Verlust seiner Lebenskraft hatten seine Seele verändert. Endlose Nächte lang hatte er halbwach auf seinem Bett darüber gebrütet, wie er Robertson umbringen konnte. Unendlich oft hatte er sich in allen Einzelheiten ausgemalt, wie er Robertson folterte. Durch sein Gehirn rasten die grausamsten Bilder, ohne daß er den Wunsch hegte, sich davon befreien zu wollen. Er wußte es noch nicht genau, wie er handeln würde, fühlte sich nur getrieben, es irgendwann zu tun, und er war sich sicher, daß er nur durch den Tod dieses Mannes seine Ruhe und seinen Frieden wiederfinden würde.

Als Magnus einen weiteren Schluck aus dem Quaich genommen hatte, sagte er mit Pathos: »In Glasgow und in Paris werden sie nach unserem Whisky lechzen und mit dem Hintern vor Erwartung die Stühle wetzen.«

Für Kenneths Vater hatte das Wasser vom Allt a' Chalda Mór, das vom Cnoc an Droighinn herab etwas östlich von Scoury House in den Assynt floß und das sie seit drei Jahren verwendeten, den größten Anteil am Geschmack des Lebenswassers vom Assynt.

»Es ist das Heidekraut oben am Südhang«, philosophierte er gern, »mit Wolken voller Blütenstaub, den unser Wasser gefangen hält – und der Torf, durch den es geflossen ist …«

Für Kenneth waren es eher Art und Menge des Torfes, die beim Mälzen Verwendung fanden und somit den Charakter des Whiskys prägten. Daher war er tagelang stumm geblieben, als er aus dem Munde seines Vaters erfuhr, daß er für den neuen Ansatz fremde gemälzte Gerste einsetzen sollte. Auch die Begründung des Vaters – daß so der eigentümliche Geruch des Torfes wegfiele, der nicht nur aus dem Kamin, sondern auch über den Malzboden durch das Dach von Scoury House aufsteigen würde und alles Tun verraten könnte, und sich zudem die lange Zeit des Auskeimens und die harte Arbeit des Schrotens der Gerste erübrigten – konnte sein Schweigen nicht brechen. Doch schon die erste Prüfung des Malzes löste seine Zunge, als wäre ein Wunder geschehen.

Es war das Islay-Malz, das Colin Morrison nach Lochinver geschmuggelt hatte. Keimende Gerste, über Torffeuer gedarrt, dessen Brennstoff über Jahrhunderte von salziger Gischt, gelöstem Seetang und dickem Seenebel getränkt worden sein mußte und dessen Duft in die gemälzte Gerste eingegangen war.

»Torf wie aus unserem Moor, genauso rauchig …« Mit diesem Ausspruch wichen Unlust und Lähmung zugleich aus Kenneths Kopf und Gliedern. Die Instrumente der göttlichen Alchimie brachten ihn wieder in das Gewölbe und damit an den *pot* und *spirit still.*

Scoury House besaß eine Destille, die nichts mit den unzulänglichen Brennkesseln in den sumpfigen Verstecken der meisten Schwarzbrenner gemein hatte – von den miserablen Arbeitsweisen in den Schluchten und Mooren der Bergwildnis ganz zu schweigen. Im Kellergewölbe von Scoury House wurde der Whisky komfortabel und behaglich in kupfernen, birnenförmigen Brennblasen destilliert, in zwei aufeinanderfolgenden Stufen.

Die erste Destillierblase, den *pot still*, füllte Magnus mit Angus' Hilfe mit vergorener Gerstenmaische, welche sie mit großer Sorgfalt in *washbacks* fermentiert hatten. Vor vielen Jahren noch hatten oftmals Essigstich und infolgedessen unreine Aromen die Maische geschmacklich beeinflußt, was den Whisky später ruinierte. Verschmutzungen, auf die nicht geachtet wurde, führten zu erheblichen Beeinträchtigungen der Maische. Manch einem *moonshiner* in den Highlands war dies völlig egal. In seiner Verzweiflung mischte er Gerste mit Mais, Hafer und verschiedenen Kräutern und brannte daraus einen so scharfen Fusel, daß man riskierte, das Augenlicht zu verlieren, wenn man davon trank, oder dem Wahnsinn anheimzufallen. Oder beides!

Die Ehre der Mackays ließ unsauberes Arbeiten und eine schlechte Rohstoffauswahl nicht zu. Faulige, schimmelnde oder gar schmutzige Maische, die Verwendung ungeeigneter Gärgefäße und eine schlechte Gärführung waren in Scoury House unbekannt.

»Aroma! Aroma! Und nochmals Aroma!« predigte Kenneth. Er war der Ansicht, daß bei abklingender Gärung bereits destilliert werden sollte. Magnus war sich dessen nicht sicher. Doch Einigkeit bestand zwischen Vater und Sohn darin, daß die erste Destillation einer der wichtigsten und zugleich schwierigsten Abschnitte beim Brennen eines vorzüglichen Whiskys war ...

»Kontrolliere das Feuer, Vater!«

Magnus schob den kleinen eisernen Riegel der Ofentür zur Seite. Die Torfstücke waren zu einem Gluthaufen zusammengeschrumpft. Sein Auge kreiste um die Öffnung und spähte in das Innere.

»Die Hitze ist ausreichend, läßt jedoch nach ...«, brummte er.

»Gut so!« erwiderte Kenneth.

Magnus kam wieder heran, nahm ein Stück Hafergebäck von einem Teller und schlürfte erneut aus dem Quaich. Die kupfernen Kühlschlangen warfen den Schein der Laterne zurück. Sie leuchteten wie die Glut im Ofen.

»Eine bewundernswerte Essenz, mein Sohn! Das Verlangen der Menschen nach ihr ist unstillbar!«

»Außer den Barbaren in London und Umgebung!« erwiderte Kenneth. »Wenn ich mir vorstelle, daß sie unseren Whisky aus Neid zu Gin rektifizieren, sollte man jeden, der dies wagt, ebenso behandeln mit gleicher Grausamkeit!«

Magnus nickte zustimmend. Kenneth verstummte. Er starrte auf die kupferne Schlange und den Fluß. Dann benetzte er nacheinander die Finger seiner gesunden Hand mit *low wines* und führte sie zur Zungenspitze, probierte und wiederholte diese Prozedur etliche Male.

»Vater! Jetzt wechseln!« rief er plötzlich.

Magnus wechselte die Vorlage, indem er den halbvollen verkupferten Eimer gegen einen leeren tauschte. Vorsichtig nahm er den Behälter und entleerte ihn in die zweite Brennblase, die sie *spirit still* nannten. Es war der zehnte Eimer an diesem Tag.

»Wieviel *wash* haben wir noch?« fragte Kenneth.

»Etwa einhundertzwanzig Gallonen.«

»Dann«, sagte Kenneth nach einer Pause, »werden wir das heute noch destillieren ...«

Magnus hatte mit angehaltenem Atem zugehört. Er trat an seinen Sohn heran und legte behutsam seine Hand auf dessen Schulter.

»Du solltest dich schonen und einige Stunden ausruhen. Ich denke, wir können den Rest später verarbeiten.«

»Vater!« sagte Kenneth mißmutig und zuckte widerstrebend mit der Schulter, so daß Magnus seine Hand wegnahm. »Ich hatte sehr viel Ruhe und Schonung. Wochen und Monate habe ich das Bett gehütet. Jetzt hab' ich für meinen Whisky endlich vollauf Zeit! Außerdem haben wir dichten Nebel und günstigen Wind. Also – wir machen sofort weiter!«

Kenneth schien, wenn sein Vater ihn so ansah, um Jahre gealtert. Eine ungesunde Blässe lag auf seinem Gesicht, und seine Augen wiesen dunkle Schatten auf. Aber was Magnus am meisten Sorge machte, waren die zornigen Ausbrüche, die Kenneth in letzter Zeit gegen jeden in der Familie richtete. Mit Rücksicht auf seine erlittene Verletzung hatten es alle in Scoury House bislang hingenommen, daß seine Worte oft einen Befehlston annahmen.

Magnus sah seinen Sohn an, bis dieser den Kopf sinken ließ, als ob er fühlte, was sein Vater gerade dachte. Im selben Augenblick sagte Magnus mit ungewöhnlich sanfter Stimme: »Du solltest deinen Haß nicht auf uns übertragen, Kenneth. Wir fühlen mit dir.«

In der kurzen Pause, die entstand, sah Vater Magnus, ehe er sich abwandte, wie Kenneths Gesicht sich zu einer lächelnden Fratze verzerrte. Im Hinausgehen sagte er: »Also gut. Wir warten noch auf den Nachlauf und füllen danach erneut den *pot still*.«

Bevor er die Tür schloß, drehte er sich um. Kenneths Gesicht war wie versteinert.

»Na, Angus? Whiskybruder, der den *washback* beherrscht!« sagte Morgan übersprudelnd. »Ich habe oben allen gerade erzählt, wie gut du's verstehst, die Maische zu rühren. Auch wenn du es selbst nicht ahnst: Du bist an dem Trog so wertvoll wie der gesamte Mackay-Clan zusammengenommen!«

Angus wischte sich den Schweiß von der Stirn und winkte ab: »Ja, ja! Das sagst du nur, weil du dich vor dieser Schweinearbeit drücken konntest.«

»Aber Brüderlein! Nein, nein. Ich würde mich glücklich schätzen, wenn ich mir die Freiheit nehmen könnte, um dich am Birkenreisig abzulösen zu dürfen!«

»Hier hast du die Freiheit!« antwortete Angus prompt und hielt Morgan den Reisigbesen hin, mit dem er, von kleinen Unterbrechungen abgesehen, den ganzen Tag lang den *washback* durchgerührt hatte.

Kenneth hatte während der letzten Nacht bei seinem Vater durchgesetzt, daß aufgrund des anhaltenden Nebels und der Abwesenheit Donald Robertsons von Ardvreck Castle das letzte Malz zügig vergoren werden sollte.

Die *mash-tun* und der *washback*, zwei gewaltige runde Behälter, standen in einer Höhle, die tief in den Fels des Cnoc an Droighinn gehauen war. Während im Maischbottich das gemahlene Malz mit heißem Quellwasser versetzt und drei bis viermal angemaischt wurde, um die Umwandlung von Stärke in Malzzucker einzuleiten, befand sich im Gärkessel das bereits extrahierte flüssige Gerstenmalz.

Danach berechnete Magnus die Menge Hefe, die benötigt

wurde, um die *wort*, die »Würze«, wie sie das flüssige Gerstenmalz nun nannten, abzubauen. Kaum daß die Hefe eingerührt war, setzte eine heftige Reaktion ein, bei der Äthylalkohol entstand, unter gleichzeitiger Freisetzung beachtlicher Mengen Gärgase. Um ein Überschäumen zu verhindern, war gleich zu Beginn starkes Rühren erforderlich. Die Mackay-Brüder, Mutter Barbara und Vater Magnus standen in den ersten Stunden mit Reisigbesen bewaffnet um den *washback* verteilt, um die gärende, kräftig brodelnde Flüssigkeit am Überschäumen zu hindern. Zudem wurden erhebliche Wärmemengen frei, die allen den Schweiß aus den Poren trieben.

Nach etwa drei Stunden war die Gefahr des Überschäumens gebannt, wobei der Gärprozeß erst nach weiteren dreißig Stunden als abgeschlossen angesehen werden konnte. Die Gärgase entwichen indessen durch zwei Felsspalten, die hinauf zum südlichen Hang des Cnoc an Droighinn führten. Eine ideale Lösung, denn so war eine Entdeckung durch die Whiskyjäger praktisch ausgeschlossen! Lediglich das Atmen fiel allen in der Höhle immer schwerer, da eine gute Lüftung nur durch das Öffnen des einzigen Kellerzugangs zu erzielen war. Um das Herz der Brennerei zu schützen, wurde der Abstieg durch eine Steinplatte getarnt, und der Clan hatte beschlossen, die Platte nur dann zu entfernen, wenn jemand dem Erstickungstod nahe war.

Die Ablösung am *washback* und damit das Öffnen des Kellers erfolgte im ersten Gärabschnitt stündlich, trotz der zunehmenden Gefahr, daß mit einem Gewaltstreich auf Scoury House die unterirdische Whiskydestillerie entdeckt werden könnte.

Die Höhle selbst war durch einen geheimen Stichgang mit dem Kellergewölbe von Scoury House verbunden und konnte bei drohender Gefahr mit einem schweren Fels unauffällig verschlossen werden.

Der Whisky selbst reifte in Scoury House in Fässern, die vor gut fünfzig Jahren, wie auch das Holz für das Dachgebälk, als Treibgut in der Clashnessie Bay angeschwemmt worden waren. Es mußte ein Segler gewesen sein, der Sherryfässer geladen hatte. Jedenfalls hatte Magnus' Vater damit begonnen, seinen Whisky darin zu lagern. Als er ein vergessenes Fäßchen nach Jahren der Lagerung verkostete, zeigte sich der ehemals fast farblose Whisky nicht nur tief eingefärbt, sondern auch im Geruch und Geschmack wohltuend beeinflußt. Es blieb das Geheimnis des Mackay-Clans vom Assynt, wie sein außergewöhnlicher Whisky geboren wurde.

Lediglich David Cameron schien etwas zu ahnen, da er auf Anweisung von Magnus und Kenneth jedes Sherryfaß, das über die Schmuggelkutter zu haben war, unbesehen für Scoury House aufkaufte. Doch seine Vorstellungen über die Bedeutung der Fässer waren zu vage, als daß er seine Neugier zielgerichtet hätte lenken können.

Dafür wurde der Schmuggelwhisky, der aus Lochinver kam, schon nach wenigen Jahren weithin als der beste in der Region eingeschätzt, und von Glasgow über die Hebriden bis hinunter an die französische Küste genoß er ein so hohes Ansehen, daß Morrison ein Vielfaches davon hätte verkaufen können.

Andererseits lockte der exzellente *proof whisky* aber auch tödlichen Neid und Mißgunst an den Fuß des Cnoc an Droighinn …

Magnus schürte behutsam das Feuer unter dem *spirit still*, während Kenneth den Feinbrand kontrollierte. Sein ganzes Können und seine ganze Erfahrung waren in jenem Moment gefordert. Vater Magnus hatte diesen Teil der Arbeit schon vor neun Jahren an seinen ältesten Sohn abgetreten, als er bemerkte, wie exakt Kenneth bestimmen konnte, wann der für den Whisky schädliche »Nachlauf« begann.

Dazu stellte Kenneth einen Spiegel hinter der kupfernen Schlange auf und ließ den Fluß des Destillats sich darin spiegeln. Aufgrund der unterschiedlichen Lichtbrechungen und Fließgeschwindigkeiten erkannte er wie kein anderer Whiskybrenner Anfang und Ende von Vorlauf, Mittellauf und Nachlauf.

Sein Geschick, die Auffanggefäße genau im richtigen Zeitpunkt zu wechseln, war ausschlaggebend für die spätere Qualität des Whiskys. Ein wenig Nachlauf zuviel, und ein ledriger Geschmack konnte dazu führen, daß Kenneth das ganze Destillat in den Assynt kippen ließ.

Sein Anspruch an die Qualität führte allerdings dazu, daß nur ein Teil des *spirit-still*-Destillats von ihm aufgefangen wurde. Das Maximum lag bei Kenneth nicht mehr als bei einem Drittel des gesamten Ansatzes. Der Vor- und Nachlauf wurde dennoch gesammelt und in den *pot still* zurückgeführt.

Während Kenneth und Magnus wortlos, doch konzentriert ihren Whisky destillierten, hörten sie oben das Eingangsportal schlagen. Magnus lauschte angestrengt nach oben, während Kenneth sich völlig unbeeindruckt zeigte. Magnus stand auf und ging zum Kelleraufgang. Stimmen drangen an sein Ohr. Kurz darauf wurde von oben die Steinplatte angehoben. Seine Frau Barbara und Munro von der Achmore Farm, aus dessen Kleidern die frostige Winterluft auf ihn herabwehte, blickten bedeutungsvoll auf ihn hernieder.

»Er ist zurück!« preßte Munro heraus.

Magnus ging die Stufen hoch und sagte fast ärgerlich: »Du kommst über mich wie der mahnende Jock Barefoot!«, womit er auf jenen schottischen Geist anspielte, der nächtliche Reisende begleitet. »Aus welcher Richtung kam er?«

»Von Norden. Sie haben den Fußweg östlich der Achmore Farm genommen. Wahrscheinlich rechnen sie damit, daß wir nur die Skiag Bridge im Auge haben. Neil hat sie oben entdeckt und ist sofort herunter zu mir an die Brücke geeilt, um mich zu warnen. Wir konnten sie noch beobachten, bevor sie Ardvreck Castle erreichten. Sie schlichen sich hastig und ohne Fackel hinein.«

»Wie viele Männer?« fragte Magnus zurück.

»Sechs!«

»Fehlen ganze drei von ihnen«, stellte Magnus trocken fest. Dann wandte er sich an seine Frau und befahl ihr: »Weck Allen und Neil! Sie sollen sich bereit machen. Wir müssen sicher sein, daß niemand in den Hügeln lauert. Und gib Munro zu essen. Hol mich, wenn sie fertig sind.«

Bevor er wieder in den Keller hinabstieg, sprach er zu sich selbst: »Gut zu wissen, wenn der Fuchs wieder in seinem Bau ist!«

Als Magnus im Destillierkeller angekommen war, hob Kenneth den Kopf. »Donald Robertson ist wieder in seinem Schloß!« Magnus' Stimme klang seltsam gepreßt. »Ich habe mich getäuscht. Er kam wesentlich früher zurück. Du hattest recht; es war gut, daß wir uns beeilt haben. Er zieht tatsächlich den Kreis enger um Scoury House.«

Daraufhin wollte er voller Zorn auf den kupfernen Entenschnabel der Destillierblase schlagen, besann sich jedoch und ließ die schon erhobene Faust sinken.

»Verdammt! Wir müssen das Whiskylager räumen. Es wird eng! Außerdem wirft Morrison sicher bald seinen Anker in Loch Inver.« Und nach einer kurzen Pause: »Ich bin mir nicht sicher, ob wir in den nächsten Tagen den Transport nach Lochinver wagen sollten.«

»Du willst wohl überhaupt nichts mehr wagen!« brauste Kenneth auf.

Magnus trat vor ihn hin und sagte: »Ich habe den Eindruck, Kenneth, daß du dich in letzter Zeit selbst verachtest. Deine verkrüppelte Hand. Deine Seele. Dieses widerliche, krankhafte Gewirr in deinem Hirn. Du leidest, nicht wahr?«

Kenneth blickte starr vor sich hin.

Magnus fuhr fort: »Ich kann dir helfen. Du solltest mir jetzt zuhören!«

»Nein! Ich will nichts hören. Nichts! Es quält mich nur, Vater. Kein Wort!« Er hielt sich die Ohren zu und wiederholte wie ein trotzköpfiges Kind: »Sag nichts! Nichts!«

Magnus trat zum Ofen hinüber und machte sich daran, Torfstücke in die Öffnung zu legen, während Kenneth flüsterte: »Er wird erst von mir lassen, wenn er im Moor versinkt!«

Als Magnus den Blick hob, sah er auf dem Gesicht seines Sohnes wieder jenes angsterregende, häßliche Lächeln.

Vielleicht bewirkte das matte Morgenlicht jene Illusion, die nur ganz kurz anhielt, aber Robertson fragte sich später, ob es nicht ein ausschließlich für ihn bestimmtes Zeichen gewesen war: ein Zeichen, das ihn aufforderte, dem über Scoury House lauernden Tod die Hand zu reichen.

In seinem Sessel, halb liegend, halb sitzend, riß ihn eine Erscheinung aus seinem unruhigen, mit schrecklichen Bildern durchsetzten Traum. Er befand sich im Kaminzimmer, im obersten Stockwerk des Turmhauses. In jenem kurzen Moment des Aufwachens blickte er durch das einzige Fenster des Raumes über die kleine Bucht, direkt hinüber auf Scoury House. Für einen Moment kam es ihm so vor, als hinge ein riesiger, aus Dunst und Wolken geformter Totenschädel über dem Dach und ein Knochenarm, der in gleicher Sekunde auf Ardvreck Castle zuschwebte, um ihm seine riesige Hand zum Gruß entgegenzustrecken.

Das Zimmer verdunkelte sich, als legte sich erneut die Nacht über den Assynt. Ein Luftzug fuhr in den Kamin und brachte die Glut unter der weißen Asche zum Leuchten. Robertson wurde von einer panischen Angst gepackt, die ihn augenblicklich von seinem Sitz auf den Boden rollen ließ. Seine Finger glitten zittrig den Boden entlang und tasteten nach der breiten Klinge seines Navaja-Messers, das er vor dem Einschlafen neben dem Sessel abgelegt hatte. Er öffnete die Augen, langte hastig nach dem Messer, erwischte aber die scharfe Klinge und schnitt sich daran, so daß ihm die Waffe aus der Hand glitt und auf den Teppich fiel. Wieder griff er danach, stützte sich auf einen Ellenbogen und ließ sich auf den Rücken rollen. Das Herz schlug ihm bis zum Halse, und er wagte nicht, zum Fenster zu blicken.

Erst als aus der Halle unter ihm vertraute Stimmen nach oben drangen, schloß er die Augen und atmete tief durch. Langsam wich das Entsetzen aus ihm, und er gewann seine Selbstbeherrschung zurück. Er stand auf, warf einen beherzten Blick aus dem Fenster, als gäbe es nichts, was ihn kümmern könnte außer seiner zur Schau getragenen Verachtung für Scoury House.

Er richtete Hose und Überwurf, ließ die schwere Tür mit einem dumpfen Schlag ins Schloß fallen und eilte die enge, dunkle Wendeltreppe hinab, wobei er mit seiner rechten Schulter die Granitspindel streifte. Mit forschen Schritten strebte er der Tür zu, durch die er in die Wohn- und Küchenhalle gelangte. Sein Blick fiel auf die beiden fröhlich gestimmten Küchenmägde Mary Anne und Christie, die sich anschickten, frisches Brot zu backen. Ron Wright, ein echter Schottenhasser aus Newcastle, hievte indessen durch eine Lukentür im Steinboden aus dem darunterliegenden Vorratslager einen Korb empor, der die Zutaten zu einem opulenten Frühstück enthielt.

Als Robertson eintrat, wurde er von den Mägden mit einem lauten »Guten Morgen, Sir!« begrüßt, was er mit einem mißmutigen Brummen beantwortete.

»Stell mir eine Schüssel mit warmem Wasser auf den Tisch, dazu ein frisches Tuch!« befahl er Mary Anne und fragte im gleichen Atemzug. »Wo ist Andrea?«

»Sie ist noch in ihrer Kammer!« antwortete Mary Anne mit leiser Stimme. »Soll ich sie wecken?«

»Nein! Ich will heute morgen allein sein.«

Robertson setzte sich auf die Bank, lehnte sich zurück, streckte die Füße aus und wandte sich Ron Wright zu, der gerade einen vollen Korb mit Geflügel, Eiern, Kartoffeln und Speck auf dem Fußboden absetzte: »Ist Nick unten?«

Ron bejahte und Robertson gab Anweisung, daß zu dritt gefrühstückt werde. Rons Augen begannen zu leuchten, war es doch eine besondere Ehre, mit Robertson zusammen im Turmhaus zu speisen.

Das Turmhaus, das den Kern von Ardvreck Castle bildete, hatte der Herzog von Sutherland als separates Heim für Robertson und dessen Geliebte Andrea Levine, eine Jüdin aus London, zur Verfügung gestellt. Der Rest der Mannschaft einschließlich der Mägde war in dem Gebäude untergebracht, das dem Turmhaus nördlich angegliedert war. Das Gebäude war gerade groß genug, um auch noch die Pferde unterstellen zu können. Gleich gegenüber befand sich ein weiteres niedriges Steinhaus, in dem die Küche für die Mannschaft und die Mägde war. Um den ganzen Gebäudekomplex zog sich eine hohe Steinmauer und das Wasser des Loch Assynt.

Ron bedankte sich mit einer unterwürfigen Verbeugung. Als er den Blick wieder zu seinem Herrn hob, sah dieser ihm direkt in die Augen. Robertson hatte ein blutleeres Gesicht, dessen Lippen schmal und unangenehm wirkten und dessen gesamter Ausdruck von einer immer gleichbleibenden Düsternis zeugte. Auch die Augen, die sonst klein, rund und flink waren wie die einer Ratte, reflektierten nichts, waren ausdruckslos, stumpf und trüb. Ron überkam ein Anflug von Unbehagen, doch er unterdrückte ihn, indem er sich wieder seiner Arbeit widmete.

»In einer Stunde steht alles auf dem Tisch!« befahl Robertson. Er zog sich seinen Überwurf über den Kopf, streifte bedächtig das einfache, aus kräftigem Leinen gearbeitete Manneshemd ab und steckte seinen Kopf in die Schüssel mit Wasser, die ihm Mary Anne inzwischen auf den großen blankgescheuerten Tisch gestellt hatte.

Als er die Morgentoilette mitsamt Rasur beendet hatte, stieg er wieder hinauf in das Kaminzimmer, wo er unruhig auf und ab ging und jedesmal, wenn er das Fenster erreichte, wie ein Leichenbeschauer hinüber auf Scoury House blickte.

Er machte sich Gedanken über die nächsten Schritte, die er unternehmen mußte, um an das Geld heranzukommen, das der Whisky von Scoury House abwarf. Er war sich darüber im klaren, daß niemand vom Clan der Mackays bereitwillig Einzelheiten preisgeben würde. Wie ein gut anliegender Panzer schützte bisher ihr geschicktes Verhalten den verwundbaren Körper.

Außerdem spürte Robertson, daß seine Leute den Braten zu riechen begannen. Das Problem wuchs von Tag zu Tag; denn die fortdauernde Zurückhaltung gegenüber den Mackays konnte schnell zum Vorwurf werden. Die Befehle zum Auskundschaften, das harte, nächtelange Ausharren auf den Bergen rings um den Assynt und die aufwendigen Kontrollen der wichtigsten Wege und Saumpfade nach Lochinver wurden inzwischen mit Kopfschütteln, Murren und offenem Aufbegehren quittiert. Die Männer brannten geradezu auf das einfache, übliche und meist erfolgreiche Vorgehen. Der verbotene Whisky lag für sie innerhalb der Mauern von Scoury House versteckt. Bislang hatten sie noch jeden Keller aufbrechen, jedes Versteck aufspüren können. Das Ungewöhnliche lag für die Männer in diesem Fall darin, daß Robertson zögerte, Gewalt anzuwenden. Obwohl die Zeit drängte, wollte er anscheinend die Gans, die goldene Eier legte, rupfen, ohne sie zu schlachten.

Von seinem Kenntnisstand und von den natürlichen Gegebenheiten her gesehen, war ein überraschender, direkt geführter Schlag gegen Scoury House schon lange gerechtfertigt. Genau das aber wollte Robertson vermeiden, da er die Destillerie auch für sich und für alle, die ebenfalls ein hohes Interesse daran hatten, arbeiten lassen wollte. Um sein Ziel zu erreichen, dessen war sich Robertson bewußt, würde er noch einige Zeit benötigen.

Damit war aber das Problem noch nicht gelöst, seinen Leuten die außergewöhnliche Rücksichtnahme begreiflich zu machen, ohne in den Verdacht zu geraten, daß er sich nicht traute. Die Zeit war einfach noch nicht reif, und das Eingreifen zum jetzigen Zeitpunkt, so dachte Robertson, würde ihn das begehrte Ziel verfehlen lassen. Doch wie soll man etwas fangen, das man zunächst loslassen mußte?

Robertson hob den dritten Glaskrug Glühwein gegen das Kaminfeuer und zog die Brauen finster zusammen.

»Die Taktik wird beibehalten!«

Ron Wright und Nick Ivey, die am Tisch saßen, senkten stumm ihre Köpfe. Robertson ballte die Hand zur Faust.

»Verdammt! Es ist nicht irgendeine Laune und schon gar keine Anmaßung. Ich habe meine Gründe für dieses Vorgehen – Gründe, von denen ihr nichts ahnt und die ihr nie begreifen würdet.«

Wright und Ivey wagten nicht aufzublicken, während Robertson einen weiteren kräftigen Schluck Glühwein nahm und in drohendem Ton fortfuhr: »Ich weiß zwar, was ihr denkt, doch glaubt mir, ich scheue mich nicht, jeden von euch – ich sage ausdrücklich: *jeden* – sofort nach Inverness zurückzuschicken, um neue, unverbrauchte Köpfe für die anspruchsvolle Aufgabe einsetzen zu können. Idioten, die nur daraufschlagen können, kann ich bei dieser heiklen Mission nicht gebrauchen.«

»Nein, nein, Mr. Robertson«, versuchte Nick Ivey ihn sofort zu besänftigen, »Ron und ich werden unverzüglich alles tun, um die Männer aufzuklären, und werden sie zugleich auf die Sache einschwören. Sie sind ein kluger Mann und haben alle Nachrichten aus Inverness. Keiner von uns konnte ahnen, daß Scoury House für Sie nur den Köder für einen noch größeren Fisch darstellt.«

»Ich sehe, ihr habt es endlich begriffen«, sagte Robertson. »Geduld bringt Rosen, und es braucht Zeit und Ausdauer, um Erfolg zu haben. Das Finanzministerium in London kann es sich einfach nicht mehr leisten, daß die Ginproduzenten bankrott gehen, nur weil einige meiner wild gewordenen Hilfskräfte nicht begreifen wollen, daß es um mehr geht als um einige stinkende *washbacks* in den nördlichen Highlands!«

Als Robertson keine Widerrede hörte, fuhr er in verschärftem Ton fort: »Das gilt im übrigen auch für Mr. Metts, der außer seinen Schafen und Vertreibungsorgien nichts mehr im Kopf zu haben scheint!« Er meinte damit den abwesenden Jim Metts, der ihm als Vertreter der *Highlands and Islands Emigration Society* von der Behörde in Edinburgh zugeordnet worden war.

»Es beruhigt außerordentlich«, meinte er dann etwas versöhnlicher, doch mit einem zynischen Lächeln, »zu wissen, daß ein jeder von euch weiterhin willens ist, ohne Widerrede seine Aufgabe zu erfüllen, und ihr beide darüber hinaus bereit seid, in diesem Sinne auf die anderen einzuwirken. Ich werde das in meinem Bericht an den Herzog und an die Steuerbehörde in Inverness ausdrücklich erwähnen.«

Ohne einen Blick darauf zu verschwenden, wie seine Worte auf die beiden Männer wirkten, erhob sich Robertson vom Tisch, um an den Kamin zu treten.

»Sir! Wie lauten Ihre Anweisungen für morgen und übermorgen?« Ron Wrights Ton war unterwürfig.

Irgendwie fiel es Robertson schwer, sich auf die Antwort zu konzentrieren. War es nur der Glühwein, den er getrunken hatte? Die Worte kamen ihm nur schwer über die Zunge:

»Als erstes ... warten wir auf die Rückkehr ... von Collins, Fitzpatrick und Foley. Ich ahne allerdings jetzt schon, daß sie nichts Aufregendes zu berichten haben werden. Das darf uns nicht enttäuschen, denn nun wissen wir mit Sicherheit, daß kein weiterer Whiskytransport nach Lochinver stattgefunden hat ...«

Nick Ivey erhob sich nun ebenfalls und sagte voller Erkenntnisfreude: »Wir haben sie! Alle Füchse sind im Bau!«

»Du Narr!« schrie Robertson aufgebracht und wandte sich an Wright: »Er hat nichts begriffen. Wer einen Fuchs fangen will, muß ihn aus dem Bau locken. Die Fährte des Fuchses wollen wir erkunden. Darum wirst du gleich veranlassen, daß Edgar McGonigel heute nacht auf den Cnoc an Droighinn steigt und darauf achtet, welchen Weg der Fuchs nimmt. Erst wenn wir das wissen, werden wir ihm die Falle stellen oder ihm besser gleich das Fell über die Ohren ziehen! Hast du das endlich begriffen?«

»Ja! Ich denke ...«

»Was denkst du schon wieder?« unterbrach ihn Robertson schroff.

»Ich denke, vielleicht bringt der Fuchs wider Erwarten ein zweites Füchslein mit.«

Robertson schüttelte irritiert den Kopf und wies den Männern die Tür.

»Ein zweites Füchslein ...?« wiederholte er, als Wright und Ivey hinter sich die Tür schlossen, grübelte verbissen und leerte darüber den Krug.

Noch am Nachmittag des gleichen Tages entschied sich Robertson, Ron Wright am nächsten Morgen nach Scoury House zu schicken, um Magnus Mackay zu veranlassen, mit ihm in Kontakt zu treten.

Allen Tormore erreichte als erster den Gipfel des Cnoc an Droighinn. Er hatte, nach einem ausgedehnten Kriegsrat des Clans, den Weg über das östlich gelegene Inchnadamph entlang des Baches Allt Poll an Droighinn gewählt, um unentdeckt von Robertsons Männern den Berg zu besteigen. Dort sollte er bis zur Mittagsstunde des darauf folgenden Tages bleiben, um von der Höhe herunter den Assynt, Ardvreck Castle sowie den Straßenabschnitt zwischen der Skiag Bridge und Inchnadamph zu überwachen. Die Ablösung sollte durch Donald Mackay von der Achmore Farm erfolgen. Tormore war mit Fellstiefeln, gefüttertem Fellmantel, Pelzkappe und einem Proviantbeutel ausgestattet, um die bitterkalte Nacht zu überstehen.

Etwa zur gleichen Zeit wählte Edgar McGonigel, nach ebenfalls ausführlicher Beratung mit Ivey und Wright in Ardvreck Castle, den Aufstieg entlang des Allt a' Chalda Mór, der unterhalb des Gipfels in westlicher Richtung dem Assynt entgegenfloß.

Zum Glück entdeckte Tormore McGonigel, als dieser noch fast tausend Fuß Höhenunterschied bis zum Gipfel zu überwinden hatte. Da der Schnee hart gefroren war und der Wind ihn zu einem festen Brett verdichtet hatte, waren Trittspuren kaum auszumachen. Tormore hatte also genügend Zeit, um etwas unterhalb des Gipfels hinter einem Felsen, der das Aussehen eines Thrones hatte und von dem man eine herrliche Sicht über Scoury House und den Assynt hatte, Deckung zu nehmen.

Eine Konstellation dieser Art hatte niemand vorausgesehen, und so war er in seiner Entscheidung auf sich allein gestellt. Tormore war sich fast sicher, daß der Fremde nur ein Mann aus der Gefolgschaft Robertsons sein konnte. Über seinen Auftrag jedoch konnte er nur spekulieren. So vertraute er auf seine Geländekenntnis, Kraft und Ausdauer und hielt sich versteckt.

Als ein Knirschen von Schritten näher und näher kam, zog er sein langes Jagdmesser aus dem Stiefel, das er selbst in tagelanger Arbeit aus einem napoleonischen Bajonett zugeschliffen hatte. Muskeln, Sehnen und Nerven waren zum Zerreißen gespannt. Das Knirschen verstummte direkt vor dem Fels, hinter dem er Deckung gesucht hatte. Der Fremde hatte sich offensichtlich den Thron zum Ausruhen gewählt …

Ein wahrer Sturm von Gedanken jagte durch Tormores Kopf. Vom lockeren Handschlag bis zum Erdolchen des Unbekannten reichte die Vielfalt der Möglichkeiten.

Nach und nach besann er sich jedoch auf seine Aufgabe, die darauf abzielte, unentdeckt und vollständig die Beobachtung von Ardvreck Castle durchzuführen. Ihm war klar, daß er in der Nähe des Fremden, getrennt durch einen einzigen Felsen, keinesfalls unentdeckt bleiben würde. In dieser Höhe trug selbst das leiseste Geräusch weit. Es war also nur eine Frage der Zeit, bis sogar das Atmen ihn verraten konnte.

Zunächst verhielt er sich ruhig, vom Geschehen immer noch wie erstarrt. Plötzlich hörte er den Fremden mehrmals aufstampfen, dazu ein Geräusch, als ob er mit einem Messer etwas vom Fels kratzen würde. Dann murmelte der Fremde einige Worte in gebrochenem Englisch. Tormore war blitzartig klar, daß der Fremde sich auf dem Thron einrichtete und offenbar die gleiche Mission zu erfüllen hatte wie er. Er überlegte und kam zu dem Schluß, daß die Aufmerksamkeit des Fremden, solange es hell blieb, auf alles gerichtet wäre, was unten am Assynt ablief …

Tormore blickte hinter sich; seine Augen suchten fieberhaft das Gelände ab. In östlicher Richtung sah er einen schmalen, halb vom Schnee zugewehten Graben, der das stumpfe Schneefeld zerriß, abwärts führte und auf eine schwarze Felsenreihe zulief, gerade breit genug, um einer Person Raum zu geben. Für einen, der auf einem Gipfel Deckung sucht, hatte diese Einkerbung im Gelände gleichsam die Bedeutung eines steilwandigen Hohlweges.

Wenig später kam ein leichter, eiskalter Wind aus Nordnordost auf, der jeden zwang, das Gesicht zu verhüllen. Auf dem Bauch rückwärts rutschend, immer den Fels im Auge behaltend, robbte Tormore lautlos den kleinen Abhang hinunter, auf den Graben zu, um entlang der Rinne zu dem Felskamm zu gelangen, der ihm ein sicheres Versteck bot. In wenigen Minuten hatte er seinen neuen Standort erreicht, der ihm ebenfalls eine großartige Fernsicht über den Assynt und die angrenzenden Berge gewährte und gleichzeitig durch eine Scharte in dem gezackten Kamm eine gute Sicht auf den jetzt einige Fuß über ihm liegenden Felsenthron bot.

Tormore begann unverzüglich mit einem mitgeführten Handpickel eine Höhle in den angewehten Schnee unterhalb der Felsengruppe zu graben. Er folgte seinem Instinkt; denn hier oben würde in dieser Jahreszeit ohne Wind- und Kälteschutz keiner die Nacht überleben. Und nirgends auf der Erde konnte unter dem beängstigenden Triumvirat von Finsternis, Kälte und Einsamkeit ein Ort abgeschiedener sein als ein Berg im schottischen Hochland.

Eine lange, zermürbende Zeit des Wachens und Wartens verging.

Die Sonnenstrahlen erloschen bereits über dem Quinag, als Tormore gerade noch erkennen konnte, daß auch der Fremde hinter dem Thronfelsen, genau dort, wo er sich anfangs versteckt gehalten hatte, im Schnee ein Kälteschutzloch aushob.

»Hab ein Auge auf ihn, Junge, bis du endgültig weißt, wer er ist und was er hier oben zu suchen hat …«, sprach Tormore zu sich selbst.

An die Stelle des ständigen Beobachtens war nun schnell eine unsägliche Ruhe, Stille und absolute Dunkelheit getreten, die Tormore angestrengt zum Gipfel hin lauschen ließ. Aber er lauschte vergeblich. Schon bald blieb ihm nur mehr die gänzliche Ungewißheit über das Schicksal des Fremden in seiner Nähe. Zeitweise ergriff ihn beinahe Panik, da er sich vorstellte, der Fremde könnte die wenigen Abdrücke im Schnee entdeckt haben und würde sich nun auf der Spur, die direkt zu seinem Versteck führte, annähern. Doch nichts geschah, nichts war zu hören, und neue Hoffnung auf eine glückliche Fügung zog in sein Herz …

Es geschah in der noch schwachen Morgendämmerung, daß Tormore, steif vor Kälte, aufschreckte. Schnell richtete er sich auf und versuchte durch den Felsspalt den Gipfel zu erkennen. Dieser war jedoch mit einzelnen Felsen übersät, wie gewöhnlich abgeplattet, seine Seiten höchst unregelmäßig gebildet, so daß die Schatten in dem ungewissen Licht nichts erkennen ließen.

Schließlich stand er auf, streckte sich und spähte direkt über die Felsenkante. Das Blut gerann ihm: direkt über ihm stand ein Wesen von gigantischem Wuchs. Für eine Sekunde sah Tormore im Morgenhimmel eine Klinge aufglänzen. Schnell wie der Blitz sprang sein Gegner von der Felskante herunter und drückte ihn mit Riesenkraft zu Boden.

Das Brennen am linken Oberarm nahm Tormore kaum wahr. Umschlungen rollten er und der Angreifer abwärts, bis sie auf einem kleinen Plateau aufschlugen. Mit allen Kräften löste sich Tormore von seinem Gegner, indem er sich mit beiden Füßen von ihm abstieß. Er fühlte die Last von seiner Brust schwinden, sprang auf, warf seine Fäustlinge weg und sah in die wilden Züge des anderen, der gleichzeitig mit ihm auf die Beine kam und ihm nun wutschnaubend gegenüberstand.

Tormore griff in den Stiefel und zückte sein Messer. Minutenlang umkreisten sie sich, einander starr ins Auge blickend und alle Muskelkraft anstrengend. Jede Sekunde, jeder Schritt verkleinerte den Radius und brachte sie, auf ihrer Kreisbahn tanzend, einander näher. Obgleich es Tormore nicht an Körperkraft mangelte, so versuchte er aufgrund bitterer Erfahrungen beim Messerkampf, ein Verkeilen mit großen und schweren Gegnern zu vermeiden.

»Komm, du Engländerknecht«, versuchte Tormore seinen Gegner zu reizen. Kaum hatte er diese Worte gesprochen, da warf sich der Hüne erneut auf ihn.

Schneller als jeder Gedanke, der der unerwarteten Bewegung folgen konnte, wich Tormore dem Angriff seitlich aus, ließ jedoch den linken Fuß ausgestreckt, so daß die wuchtige Gestalt des Fremden an ihm vorbei zu Boden stolperte. Mit katzenhafter Gewandtheit sprang er dem Unbekannten in den Rücken und rammte ihm mit der Wucht seines ganzen Körpers die tödliche Klinge zwischen die Rippen. Dann blieb er auf dem Sterbenden liegen, bis dessen Atem zum Stillstand kam.

Als er sich von dem Toten erhob, tropfte Blut aus seinem Ärmel in den Schnee. Der Wind jagte sofort Schneekristalle darüber, als wollte er die Blutspuren auf dem reinen, weißen Firn nicht dulden.

Tormore zog sein Messer aus dem Leichnam und stach es dreimal zur Reinigung in den Schnee. Dann steckte er das Messer an seinen Platz im Stiefel zurück, suchte seine Fäustlinge und kletterte hinauf bis zu der Stelle, an der er die Nacht verbracht hatte. Hier blieb er stehen und sah hinunter auf Scoury House und Ardvreck Castle, wo durch die Nebelschleier weiße Rauchsäulen senkrecht aus den Kaminen aufstiegen.

Die Anstrengung des Kampfes zwang ihn plötzlich auf die Erde. Er lehnte sich an den rauhen Felsen. Wie, fragte er sich, hatte der Fremde sein Versteck finden können? Es mußte die Sonne gewesen sein, die ihn verraten hatte, indem ihre ersten Strahlen die Spuren im Schnee mit der Schärfe eines Reliefs hatten hervortreten lassen …

Seine Überlegungen wurden unterbrochen, da sein linker Oberarm heftig zu brennen begann. Die Kälte und der an Stärke zunehmende scharfe Nordostwind verhinderten ein näheres Inspizieren der Wunde. Tormore zögerte daher nicht länger, den Abstieg vom Gipfel anzutreten.

Schneewolken trieben heran, die ihm zeitweise die Sicht raubten. Als er noch einmal zu der Leiche des Fremden hinübersah, hatte das weiße Tuch diesen schon fast bedeckt.

Welch ein friedlicher Anblick, dachte Tormore. Doch der Tote, so seine Befürchtung, könnte eine Lawine erneuter Gewalt auslösen.

Ron Wright stand am Tor der Einfriedung von Scoury House und begehrte Einlaß. Mistress, die an jenem Vormittag die Aufgabe hatte, Ardvreck Castle vom östlichen Giebelfenster aus zu beobachten, hatte durch ihr aufgeregtes Rufen bereits das ganze Haus aufgeschreckt. Die Wahl fiel auf Morgan, den Grund für das Erscheinen des Mannes am Tor in Erfahrung zu bringen.

Magnus entriegelte die Pforte und ließ seinen Sohn hinaustreten. Morgans Atem gefror in der klirrenden Kälte zu Nebelkristallen. Leichter Schneefall hatte eingesetzt. Er spähte über den Assynt, dessen Ufer ein wachsender Eiskranz säumte, dann hinüber zu Robertsons Turmhaus und schritt gelassen, ohne die nötige Vorsicht außer acht zu lassen, um das Eingangsgebäude herum auf das Tor zu.

Die pelzverhüllte Gestalt vor den Gitterstäben war augenscheinlich allein und ohne gewalttätige Absichten gekommen. Das einzige, was Morgan auffiel, waren die silbrig schimmernden Stiefel, gefertigt aus Seehundfellen, die dem Mann bis zu den Knien reichten, außerdem ein dicker roter Schnurrbart, in dem wie Perlen weiße Eiskristalle hingen.

»Wer sind Sie? Was wollen Sie?« fuhr Morgan ihn an.

»Ron Wright von Ardvreck Castle. Mr. Robertson bat mich, eine Nachricht für Ihren Vater zu überbringen«, entgegnete der Besucher in ruhigem, gemessenem Ton.

Morgan war unsicher, hatte er den Mann doch als einen Sohn der Wildnis – kampfbereit, zu allem entschlossen und einsilbig – eingestuft.

»Ja …? Ich … Sie können es … mir sagen. Ich werde dann …«

»Keine Umstände, Mr. Mackay! Würden Sie so freundlich sein,

Ihrem Vater mitzuteilen, daß Mr. Robertson ihn heute noch um ein Gespräch bittet?« sagte Wright und lächelte, als wollte er das Eis in seinem Schnurrbart zum Schmelzen bringen.

Ein rascher Blick über die Schulter half Morgan kaum über seine Verlegenheit hinweg.

»Ich werde sofort fragen …«, antwortete er und eilte zur Eingangspforte zurück.

Magnus und Kenneth erwarteten ihn bereits und sahen ihn fragend an. Aufgeregt und mit sich überschlagender Stimme legte Morgan los: »Robertson! Vater! Robertson bittet dich …! So sagte Mr. Wright am Tor …«

»Langsam, langsam, Morgan! Um was bittet mich Robertson?«

»… er bittet dich heute noch um ein Gespräch, Vater!«

»Ei ja, Mr. Robertson! Der Teufel persönlich!« spottete Kenneth im Hintergrund.

»Hat er den Grund genannt?« fragte Magnus nach.

»Nein! Mr. Wright äußerte sich nur über die Bitte Robertsons.«

»Eine Falle, Vater! Vorsicht! Es ist eine Falle!« erregte sich Kenneth.

»Ein wenig Geduld, Kenneth, und ich will dir etwas sagen: Wenn dein Erzfeind mit dir Gespräche führen will, muß etwas vorgefallen sein, was wir wissen sollten.«

»Judaskuß! Im Mund Honig, im Bauch das Schwert!« ereiferte sich Kenneth.

»Still, Kenneth! Wie ich es sehe, haben wir keine Wahl. Wir werden schon erkennen, ob üble Absichten dahinterstecken. Jedenfalls sollten wir uns anhören, was er uns zu sagen hat.«

»Und was soll ich Mr. Wright nun sagen, Vater?« drängte Morgan.

»Robertson soll zur Mittagszeit hierherkommen. Wir sind bereit, ihn zu empfangen!«

Morgan schritt entschlossen auf das Tor zu und überbrachte die Entscheidung seines Vaters. Wright dankte höflich, verabschiedete sich, klopfte den Schnee von seinen Schultern und ging zurück auf die Straße. Plötzlich blieb er wie angewurzelt stehen.

Allem Anschein nach blickte er aufmerksam durch den dichter fallenden Schnee in Richtung Inchnadamph. Morgan bemerkte

Wrights Zögern und hielt in gleicher Richtung Ausschau. Etwa eine knappe Viertelmeile vom Tor entfernt, dort wo die Straße direkt an das Ufer des Assynt heranführt, kam eine Gestalt die Straße entlanggewankt. Morgan ging rasch die wenigen Schritte wieder zurück, löste die Kette vom Tor und eilte auf die Straße hinaus. Eine dumpfe Ahnung kroch in ihm hoch.

Die Gestalt auf der Straße zögerte, als sei sie unschlüssig, ob sie weitergehen sollte.

Wenige Augenblicke später war Morgan überzeugt, daß er sich nicht getäuscht hatte. Es war Allen Tormore, der kurz davor stand, sein Bewußtsein zu verlieren.

Langsam und widerstrebend fügte sich der Verletzte in die Notwendigkeit, gestützt von Wright und Morgan, die wenigen Yards bis zum rettenden Tor zurückzulegen. Donald und Munro eilten ihnen entgegen und übernahmen den schwer Angeschlagenen, während Wright unbeachtet nach Ardvreck Castle zurückwanderte. Binnen kurzem hatte das Schneegestöber seine Gestalt verwischt.

Tormore wurde in die Küche getragen und entkleidet, so daß Mutter Barbara ihre chirurgische Kunst an ihm anwenden konnte.

»Gott sei gepriesen, daß du der mörderischen Hand entkommen bist!« waren Magnus' einzige Worte, als Tormore mit seinen ausführlichen Schilderungen zu Ende gekommen war.

Was Magnus die größte Besorgnis bereitete, war zweifellos die Tatsache, daß Wright von Tormores Zustand wußte. War der Tote ein Mann aus Robertsons Gefolgschaft, was anzunehmen war, und sollten seine Männer die Leiche in Kürze finden, würde der Finger der Anklage deutlich auf Scoury House zeigen. Die neuen Gefahren, die damit heraufbeschworen wurden, wollte er lieber nicht ansprechen, und so schwieg er ...

Allen hatte viel Blut verloren, was ihn bei der extremen Kälte während des Abstiegs zusätzlich geschwächt hatte. Während Mutter Barbara die glattrandige Schnittverletzung, die am Oberarm eine klaffende, stark blutende Wunde hinterließ, mit *low wines* säuberte und mit zehn Einzelnähten schloß, zogen sich die Männer zurück, um in der verbleibenden Stunde bis zu Robertsons Eintref-

fen die veränderte Situation zu bedenken und das Verhalten gegenüber dem Steuereintreiber abzustimmen.

Nach einer kurzen Besprechung kam man überein, daß es das
Beste wäre, sich höflich und zurückhaltend zu geben und jegliche
offene Feindseligkeit zu unterlassen. Magnus bestimmte Morgan
und Munro dazu, an dem Gespräch teilzunehmen. Der Kellerab-
stieg mußte in aller Eile neu verfugt und abgedeckt, das Haus kurz
gelüftet werden. Die Außenbeobachtung besorgten die restlichen
Clanmitglieder, Signale wurden verabredet, und jeder begab sich
auf den ihm zugeteilten Posten.

»Donald Robertson von Ardvreck Castle!« meldete Morgan wie
ein Herold den Anführer der Whiskyjäger.

Im gleichen Moment als Robertson, begleitet von Jim Metts und
Nick Ivey, das Kaminzimmer von Scoury House betrat, spürte
Magnus instinktiv, daß er hinter seinem Lächeln die Zähne wetzte.

Jim Metts, den Robertson gleichzeitig als Vertreter der *Highlands
and Islands Emigration Society* vorstellte, trug einen Kalbskopf auf
einem muskulösen, gedrungenen Körper. Der animalische Kopf, in
dem flinke kleine Augen hin und her wetzten, hatte auch noch die
rosige Gesichtsfarbe eines Schweines. Die Wangen waren fein ge-
ädert und mit Pusteln und Krusten übersät. Ein britannisches
Flächengesicht, ging es Magnus durch den Kopf, mit dem nervösen
Zucken eines Strauchdiebs.

Gekleidet war Metts in einen für ihn völlig geschmacklosen
samtgrünen, verblichenen Frack mit beängstigend engen weißen
Hosen, die in klobigen schwarzen Halbstiefeln steckten. Nick Ivey
dagegen war schlank, hochgewachsen und mit einer riesigen Hän-
genase ausgestattet, die bis zu seinem dünnlippigen Mund hinun-
terreichte. Er trug eine Jacke, versehen mit einem breiten Samt-
revers, das sich herzförmig über der Brust öffnete und aus dem ein
weit ausgeschnittener, speckiger Hemdkragen glänzte. Ein Haar-

kranz von grauem, flaumigem Gekräusel, der hinten bis in den Kragen hineinwuchs, verlieh ihm das Aussehen eines Lämmergeiers, ein Eindruck, der durch die schwarze, enganliegende Lederhose noch verstärkt wurde. Beide dampften aus ihren Kleidern, daß es einem den Atem raubte.

Magnus wunderte sich über Robertson, der die Auswahl seiner Begleitpersonen sicher selbst getroffen hatte. Zusammen mit seinem eigenen Rattengesicht war das Kollegium nicht einmal im Suff zu ertragen.

Als die Gäste die ihnen zugewiesenen Plätze eingenommen hatten, ließ sich Magnus in dem schweren, geschnitzten Sessel vor dem Kamin nieder. Er sah in die Runde, hielt die Armlehnen fest im Griff und lehnte sein Haupt zurück.

»Gut so!« sagte Magnus, als die Türen geschlossen waren. »Also, warum baten Sie, Ihren Fuß in Scoury House setzen zu dürfen?«

Zu seiner Überraschung antwortete statt Robertson Jim Metts darauf.

»Wir bringen Ihnen eine gute Nachricht, Mr. Mackay«, begann der Dickliche mit einer säuerlich-falschen Stimme.

Magnus runzelte die Stirn: »Das wäre das erste Mal seit etlichen Jahrzehnten ...«

»Sie mögen damit durchaus recht haben!« pflichtete ihm der Rundliche bei. »Wir wissen, daß von den fanatischen, ungebildeten Leuten viel dummes Zeug über unsere Gesellschaft geredet wird ...«

»Ersparen Sie uns jegliche Schnörkel und Beschönigungen über die *Society*!« schnitt ihm der Hausherr lächelnd das Wort ab. Rote Flecken bildeten sich auf der borkigen Wange des Dicken.

»Ganz nach Belieben«, meinte Metts. »Aber Tatsache ist doch, daß Schottland seine Menschen nicht mehr ernähren kann.«

»Wohlgemerkt! Dank der Lairds, der Engländer, die uns unterjocht haben und seit über einem Jahrhundert schamlos ausbeuten«, konterte Magnus.

Metts hob die fetten Hände:

»Gut, Fehler sind gemacht worden! Wir wissen auch, daß das die Meinung vieler Leute ist, doch sie ist insgesamt unrichtig. Sehen Sie, dort wo Schottland und England mit Investitionen begonnen haben, dort blühen Industrie und Handel, dort gibt es Arbeit und Brot für Abertausende von Menschen, dort ...«

»Sie meinen hoffentlich nicht die Bergwerke, Eisenhütten und Webereien in Glasgow und anderswo, wo hohläugige Kinder zwölf und mehr Stunden am Tag in den Stollen arbeiten müssen?« platzte Munro Mackay dazwischen.

»N...ein, neiiiin ...«, versuchte Metts zu beschwichtigen.

»Ja, jaaa!« höhnte Munro. »Sie meinen doch sicher auch die Orte, wo sich ausgemergelte, schwangere Frauen in finsteren Löchern die Finger mit unterbezahlten Näharbeiten wundstechen? Wo verzweifelte Männer nach Arbeit suchen und keine finden, weil der Penny, den sie mehr kosten als Kinder und Frauen, den Herren Industriellen in ihren Protzvillen schon zu teuer ist, und wo Tausende von Familien in ihren schmutzigen Rattenlöchern an Tuberkulose dahinsiechen?«

Metts grinste mit erbarmungsloser Bosheit: »Bevor sie in den Highlands verrecken, haben sie dort noch eine gute Chance!«

»Was? Was wollt ihr uns da erzählen?« erzürnte sich Munro, sprang auf und war nicht mehr zu halten. »Jahrhunderte haben wir überlebt! Weitere Jahrhunderte hätten folgen können. Was uns vertreibt, ist die völlige Zerstörung unserer Clans durch unsere eigenen geld- und landgierigen Lairds. Die Wahrheit ist: Wir, das eigene Volk, stören hier seit gut fünfzig Jahren die Herren! Und was für ein Wunder: Auf einmal funktioniert die Vertreibung! Sie funktioniert mit gelegten Feuern an Strohdächern, mit lebendigem Einmauern der Menschen in ihren Häusern, mit Vergewaltigungen der Frauen, und es funktioniert noch besser mit dem Erschlagen und Morden all derjenigen, die versuchten, sich mit allerletzter Kraft an den felsigen Boden der Highlands zu krallen.«

Magnus war nun ebenfalls aufgesprungen, ging auf Munro zu, drückte ihn mit Bestimmtheit zurück auf seinen Stuhl und ließ für ein Weilchen beschwichtigend die Hände auf seinen Schultern ruhen. Der harte Blick in den Augen seines Herrn erinnerte Munro schmerzlich an die zuvor abgesprochene Linie.

»Nun, zugegeben! Es mag hie und da zu Übergriffen gekommen sein ...«, sprudelte es indessen aus Metts heraus, als stünde er vor dem Parlament und müßte sich verteidigen. »Doch wir, die *High-*

*lands and Islands Emigration Society*, haben einen Plan ausgearbeitet, und dieser Plan funktioniert seit vielen Jahren. Wir helfen den dahinvegetierenden Menschen, die sich aus ihren *crofts* nicht ernähren können, über den Atlantik, nach Nova Scotia, umzusiedeln. Das ist zum Vorteil für alle: Die Highlands müssen nicht mehr Massen ernähren, die sie nicht ernähren können. Das Land wird frei für die Schafe, die wiederum die Grundlage für die aufblühenden Industrien in den Lowlands sind. Und jenen, die auswandern, stehen in der Neuen Welt alle Chancen für ein glückliches Leben offen ...«

»Schluß damit!« unterbrach unerwartet der bisher stumm gebliebene Robertson den Redeschwall von Metts. Er wies mit dem viereckigen Zeigefinger auf den Boden und sagte: »Wir sollten zum eigentlichen Grund unseres Besuches kommen! Wie ich sehe, sind die Gemüter von Mr. Metts und Mr. Munro Mackay erhitzt. Sie können ihren Disput meinetwegen an einem anderen Ort weiterführen. Ich würde jedoch gern mit Ihnen, Mr. Mackay, einige wichtige Dinge unter vier Augen besprechen. Ich hoffe, mein Vorschlag findet Ihre Zustimmung.«

Metts und Ivey sahen sich verdutzt an. Ebenso glotzten Munro und Morgan den Hausherrn irritiert an.

Magnus hob die Brauen, da Robertsons vermittelnde Worte ganz anders in seinen Ohren klangen als die giftigen Drohungen, die dieser ihm gegenüber vor nicht allzu langer Zeit ausgestoßen hatte.

»Nun gut«, sagte er. »Es interessiert mich, was Sie an Lösungen anzubieten haben. Vielleicht erschöpfen sie sich rasch von der Fülle zur Leere!«

Mißmutig zogen die anderen vier davon. Als die Tür sich hinter ihnen geschlossen hatte, goß Magnus aus einer Karaffe goldgelben Whisky in zwei silberne Quaichs. Während er damit beschäftigt war, begann Robertson zu reden:

»Dieser Irre Metts! Was er sagen wollte, ist einfach dies: Nicht die Eisenindustrie, die Werften, Bergwerke und Webereien in den Lowlands sind schuld an Schottlands Armut, sondern Schottland ist selber schuld an seinem Zustand ...«

»Ach ja?« ließ sich Magnus mit nur angedeuteter Ironie vernehmen.

»Mr. Mackay, Sie wissen und ich weiß es auch: Die Highlands sind nicht mit fruchtbaren Feldern und Auen gesegnet. Die nördlichen Hochländer bis hinunter nach Glasgow sind weder reich an Bodenschätzen, noch verfügt das Hochland über ausgedehnte Wälder zum Betreiben von Sägewerken und Papiermühlen. Das Hochland hat nur drei Dinge im Überfluß: Steine, Wasser und Torf! Dazu etwas Gerste und wenige karge Weiden. Steine und Torf kann kein Mensch essen, und vom Wasser könnten sie nur leben, wenn sich darin über zwölf Monate hinweg üppige Schuppen und Flossen ernten ließen. Und die Gerste ... Na ja!«

Robertson brach über seinen letzten Scherz in ein meckerndes Gelächter aus, und Magnus ahnte, wohin die Reise gehen sollte, schwieg jedoch, hob seinen Quaich und trank seinem Gegenüber stumm zu.

Diesem fiel es schwer, den eben verkosteten Whisky zu loben, und so fuhr er unvermittelt fort: »Mein Vater war Halbschotte, daher weiß ich natürlich, daß das, was ich gerade sagte, nur die halbe Wahrheit ist.«

»Klar doch«, entgegnete Magnus vergnügt, »Sie haben die Schafe vergessen, die man jetzt schon in der Schlachtordnung von Bannockburn gegen uns antreten läßt.«

Robertson wieherte vor Erheiterung und wiederholte prustend: »Ha! Haaaaaaah! Schafe in Schlachtordnung ... Das ist gut!«

»Etwas Hafergebäck?« Magnus schmunzelte.

»Mhm, ja, sehr gern.«

Während Magnus die Tür zur Küche öffnete, um das Hafergebäck zu ordern, kostete Robertson verstohlen noch einmal den Whisky. Während er das Destillat mit geschlossenen Augen genoß, trug Florence Schalen mit Haferplätzchen herein. Magnus ließ sich Zeit und blieb im Türrahmen stehen, wartete, bis Florence artig wieder die Wohnhalle verließ, während Robertson dazu übergegangen war, die Sammlung von Clanwaffen über dem Kamin zu mustern.

Die ganz aus Eisen geschmiedeten Pistolen, die, aus unmittelbarer Nähe leergeschossen, die Clankrieger ihren Feinden an den Kopf zu werfen pflegten, die schweren, *cluybeg* genannten Degen, die kurzen Dolche oder *dirks*, und die als *targe* bezeichneten eisernen Rundschilde. Wahre Bewunderung lösten bei ihm allerdings die drei gewaltigen Bihänder aus, auf gälisch *claidheam-mór*, ›Großschwert‹, genannt. Ein solcher *claymore*, von einem kräftigen Mann geführt, konnte einen Menschen glatt in der Mitte spalten oder quer durchtrennen »wie Feldblumen mit einem Spazierstock«, wie es aus zahllosen Berichten überliefert war.

Magnus hatte wieder in seinem Sessel Platz genommen, als Robertson den Quaich leerte und einen neuen Anlauf nahm.

»Seien wir doch ehrlich: Das schottische Hochland ist einfach zu karg, zu arm, um all die Menschen zu ernähren, die in ihm leben! So haben sich Jim Metts und seine *Society* zur Aufgabe gemacht, eine für alle Betroffenen sinnvolle und glückliche Lösung zu ersinnen. Wie ich schon erwähnte: Das, was es in den Highlands reichlich gibt, sind die kargen Weiden. Wer begnügt sich mit dem dünnen Gras …?«

»Schafe! Wir kennen dies alles«, antwortete Magnus gelangweilt. »Wolle für Stoffe, Wolle für die Socken der englischen Soldaten, die überall in der Welt unser ruhmreiches Empire verteidigen. Sagt, frieren unsere Soldaten in Indien und Afrika so sehr, daß wir ein weiteres glorreiches Jahr des Schafes hinzufügen müssen – beginnend nun am Loch Assynt?«

Donald Robertsons Rattenaugen fixierten sein Gegenüber über den Quaich hinweg, den er mit dem dritten Zug leerte.

»Die Schafe – sie beunruhigen Sie hoffentlich nicht, Mr. Mackay …«

Magnus war jedes Thema recht, um vom »verbotenen Whisky« abzulenken; umgekehrt tat Robertson alles, um unausgesprochene Gedanken hinter Magnus' Stirn hervorzuziehen.

Er klopfte mit dem leeren Quaich auf die Knöchel seiner linken Faust, was Magnus veranlaßte, die Karaffe zu holen, um Robertsons Trinkgefäß neu zu füllen.

Gleichzeitig mit dem Entfernen des Glastopfens antwortete er sarkastisch: »Der Bedarf an Socken für die Armeen der Welt ist zweifelsohne riesig, daher fügt sich im Leben eines Schafes nichts so gut als der Austausch gegen die Macs! Bald sind wir hier Gäste der Schafe!«

Robertson stand auf, hielt seinen Quaich unter die Karaffe und nahm die Pose eines Predigers ein: »Ich möchte aufrichtig sein. Ja! Im Prinzip ja! Darauf läuft es letztendlich hinaus.«

»In welchem Prinzip?«

Robertson befeuchtete die Lippen, bis sie glänzten, während sein Zeigefinger über den kreisrunden Rand des Quaichs entlangfuhr. Sein Blick war lauernd.

»Das Schaf hat sich durch und durch bewährt; denn die Aufzucht und das alljährliche Scheren der Schafe bedarf keines großen Aufwandes. Und Wolle ist gut, aber Wolle bringt natürlich nicht genug Geld, um all die Menschen zu ernähren, die immer noch hier in den Highlands leben. Und die, die noch hier leben, haben noch Trümpfe ... Mittel ... Hilfsquellen ... Chancen ...«

»... gerade Wege und Hoffnung!« vollendete Magnus den Satz.

Robertson streckte Magnus den Quaich entgegen, tauchte seinen Wurstfinger hinein und leckte ihn in obszöner Weise ab.

»Whisky, Mr. Mackay! Den Whisky hätten wir ja beinahe vergessen!«

»Wie recht Sie haben!« kam wie selbstverständlich Magnus' Antwort. Er lächelte ein wenig, während etwas in seinen Augen glänzte. »Wie man hört, sind Sie bei der Erfüllung Ihrer Aufgaben äußerst erfolgreich. Die Schwarzbrennereien sind ausgehoben, der Schmuggel erlahmt zusehends. Ich beglückwünsche Sie dazu. Man kann die Whiskysteuergesetze nur bejahen, und die Mackays hoffen sehnlichst, daß sie sich endgültig durchsetzen mögen, zum Segen der Lizenznehmer!«

Robertson fiel fast der Quaich aus der Hand. Einen Augenblick herrschte Schweigen in der Halle.

Magnus genoß die Situation und weidete sich zugleich an dem fassungslosen Gesichtsausdruck Robertsons, der offensichtlich an seinem Verstand zweifelte.

Dann verfinsterte sich Robertsons Blick. In ihm tobte wohl die Erkenntnis, daß der alte Fuchs Freundliches zu ihm sprach, doch Falsches sann. Einen Verzicht auf einträgliche Pfründe aufgrund von Täuschung und Trug wollte Robertson keinesfalls hinnehmen. So entschloß er sich, einen letzten Versuch zu unternehmen, Magnus zum Einlenken zu zwingen.

»Mr. Mackay! Das Nordufer von Loch Assynt ist doch Mackay-

Land, war immer Mackay-Land und sollte, bei Gott, auch immer Mackay-Land bleiben! Wie ich das sehe, ist dies Land seit Jahrhunderten das Land der Mackays. Es ist getränkt mit dem Blut eures Clans im Kampf gegen Engländer und die Macleods! Clan-Ehre, Clan-Erbe, Bestand und Zukunft sind Begriffe, die euch noch etwas gelten! Sie sollten das nicht vergessen.«

Robertson hatte wohl Magnus' empfindlichste Stelle getroffen. Eisig fragte Magnus zurück: »Was also wollen Sie mir damit sagen?«

»Der Herzog von Sutherland hat beschlossen, sich vollkommen auf die Schafzucht zu verlegen. Dazu benötigt er natürlich weiteres Land, und so ist der Herzog ausnahmsweise bereit, Ihnen, Mr. Mackay, das Land am Nordufer von Loch Assynt um den vorzüglichen Preis von vierzig Pfund Sterling abzukaufen. Ich soll seine Wünsche durchsetzen. Er wäre ebenfalls bereit, für einen geringen Anerkennungsbetrag Scoury House zu übernehmen. Obwohl er, so meine persönliche Einschätzung, daran eigentlich kaum interessiert ist. Er wird es wohl alles mir überlassen ...«

Magnus bemerkte das heraufziehende Unwetter in der Stimme des Mörders von Oykel Bridge, das rasch zur Katastrophe führen konnte, und beeilte sich zu versichern:

»Gewiß, gewiß! Um den Vorzugspreis von vierzig Pfund Sterling für ein Stückchen Land aus Steinen und Gras, unbrauchbar für alles außer eben Schafzucht ... Das ist wirklich zu überlegen.«

»Es gibt nicht viel zu überlegen. Wir sollten uns daher einig werden, Sir!« Donald Robertson witterte geradezu, daß Ehre, Haltung und Temperament dem Hausherrn im Wege standen und es für Magnus zunehmend schwieriger wurde, nach außen hin freundlich und willfährig zu bleiben.

Magnus antwortete darauf mit einem mißglückten Lächeln, dafür mit bebender Stimme: »Wir wollen schließlich weder ein zweites Glencoe noch ein zweites Culloden!«

Robertson begriff die Anspielung sofort. Ob nun Clan gegen Clan oder England gegen Schottland stritt, die Schotten würden immer die Verlierer sein. »Das hängt davon ab«, knurrte er, »inwieweit Sie mir ... entgegenkommen!«

Magnus hielt den Zeitpunkt für gekommen, seinen letzten

Trumpf in diesem Spiel zu ziehen: »Sagen Sie mir klar und deutlich, wie sich mein Entgegenkommen gestalten soll!«

Robertson hielt seinen Daumen nach unten und sagte: »Mackay-Land und Scoury House ...«, danach zeigte er ihn nach oben und flüsterte plump vertraulich: »... oder Whisky!«

Magnus begann schallend zu lachen, derweil Robertson wutschnaubend aufsprang. Als er sich zur Tür bewegte, rief ihn Magnus zurück: »Warten Sie, Mr. Robertson, so warten Sie doch und hören Sie, was *ich* Ihnen zu sagen habe.«

Robertson blieb wie angewurzelt stehen.

»Bitte, kommen Sie zurück«, sagte Magnus in versöhnlichem Ton. »Robertson, ich würde Ihnen zu gern entgegenkommen, doch Ihr interessanter Vorschlag kommt leider zu spät. Was Sie nicht wissen können, ist die Tatsache, daß ich jeden Tag auf das Eintreffen der von mir vor Monaten beantragten offiziellen Lizenz zum Whiskybrennen aus Edinburgh warte. Sie sollten daher nichts Ungesetzliches planen, da wir in Zukunft des öfteren – zwar rein amtlich, doch sicher unter Ihrer Kontrolle – offiziell am Assynt Whisky brennen werden. Alles Ungesetzliche wäre doch auf Dauer viel zu riskant für uns – und für Sie. Meinen Sie nicht auch?«

Robertsons Zorn schien sich in völlige Irritation zu wandeln: »Und Ihre Lieferungen, das Malz ...?«

»Wir sehen in die Zukunft, Mr. Robertson!« schnitt ihm Magnus das Wort ab. »Der Herzog von Sutherland wird sich über die üppigen Steuereinnahmen vom Assynt bald freuen können und vielleicht noch mehr über den Whisky, den wir hier in Zukunft offiziell brennen werden.«

»Ich glaube Ihnen kein Wort!« schleuderte Robertson ihm entgegen.

Magnus winkte verächtlich ab: »Der *Excise Act* ist wohl für Sie nicht bindend!« Kaum waren seine Worte verklungen, fuhr er leise fort: »Sehen Sie dort oben!«

Unwillkürlich blickten Robertsons Augen nach oben zur Wand, an der die Clanwaffen hingen. Magnus reagierte blitzschnell. Er riß den kurzen Dolch von der Wand und rammte ihn in die Tischplatte, die Faust darum geballt:

»Das ist das Zeichen und das Wappen der Mackay!

Der Dolch!
Die Faust!
*Manu forti!*

Und so wahr ich Magnus Mackay bin, wird diese starke Hand jeden treffen, der sich erdreistet, seine gierigen Finger auch nur nach einem Quadratfuß Mackay-Landes auszustrecken. Das Gesetz ist diesmal auf unserer Seite! Ihre Zeit, Robertson, ist vorbei! Bonnie Prince Charlie ... Er soll leben – in Ewigkeit!«

Kenneth stürmte in die Wohnhalle und umfaßte den Hals seines Vaters mit seinem gesunden Arm: »Vater, du warst großartig!« schluchzte er bewegt.

Mutter Barbara, Morgan, die Töchter, Donald, Munro und auch Neil hatten feuchte Augen, als sie das eng umschlungene Paar mitten im Raum bestaunten. Kenneths offen gezeigte Gefühle verblüfften Magnus, doch im gleichen Moment, als alle Clan-Mitglieder sich um ihn und seinen ältesten Sohn scharten, flossen durch seine Arme ebensoviel Hingabe und Güte, als er umgekehrt Glück und Seligkeit empfing.

»Danke«, murmelte Magnus, »danke!«

So sehr er auch die Freude seines Clans genoß, um so schlimmer empfand er die Tatsache, daß sich zwischen Scoury House und Ardvreck Castle nichts Entscheidendes geändert hatte. Zwar mochte er durch die Irritation, die er bei Robertson geweckt hatte, Zeit gewonnen haben. Zweifellos würde diese wiederum nicht von langer Dauer sein. Auch wenn Robertson in Edinburgh den Eingang seines Lizenzantrages überprüfen ließ, Magnus war sich dessen sicher, daß sein Widersacher die Zeit bis zur Erteilung einer offiziellen Genehmigung zur Whiskyherstellung nutzen würde, um Scoury House doch noch in seine Gewalt zu bekommen. Gleichwohl behielt er seine Einschätzung in jener Stunde für sich.

»Auf Scoury House«, sagte Kenneth und hob den Quaich. Die

Männer tranken. Dann, als der erste Freudentaumel vorüber war, schickte Magnus seine Frau und seine Töchter in die Küche und wurde ernst.

»Männer! Nutzen wir die Flut. Wir werden daher noch heute nacht den Transport nach Lochinver wagen!«

Die Freudenschreie und das Gejohle der Männer wollten kein Ende nehmen.

»Die Zeit drängt, die Nacht ist nahe!« rief Magnus in die Runde und brachte den Jubel zum Erliegen. »Ich habe euch nicht nur Angenehmes mitzuteilen. Heute nacht werden wir für eine geraume Zeit den letzten Whiskytransport nach Lochinver durchführen. Erst im März ...«

»Warum ...? He! Warum keinen Transport ...? Warum keinen Whisky brennen ...? Warum, in Herrgotts Namen, alles unterbrechen ...?« fragten die Männer durcheinander.

Magnus hob beschwörend die Arme: »Bis zum März nächsten Jahres – so lange wird die Lizenzvergabe zur Whiskyherstellung noch dauern – wird hier alles ruhen. Seid gewiß, die sichtbaren und unsichtbaren Feinde haben die Waffen gegen uns gezückt. Daher werden wir, bevor wir nach Lochinver gehen, zur Sicherheit den Keller räumen und alles im Berg verstecken.«

Die Enttäuschung in den Gesichtern der Männer war nicht zu übersehen.

»Dieser blutgierige, mordende Bastard! Wir hätten ihn uns gleich vornehmen sollen!« erzürnte sich Neil Linkwood.

Kenneth erhob ebenfalls Einspruch. »Aber Vater, jetzt haben wir doch wahrlich nichts mehr zu befürchten! Seinen Schwanz hat er endgültig eingezogen, dieser Mistkerl. Ab jetzt können wir den Keller offenstehen lassen.«

»Himmel noch mal! Wir müssen damit rechnen, daß sie bald ihren Mann oben auf dem Droighinn vermissen. Wenn sie die Leiche mit den Hunden finden, wird Robertson den Umstand nutzen, um hier eine polizeiliche Aushebung durchzusetzen. Und zwar schon morgen!« dröhnte Magnus über die Köpfe hinweg.

Kenneth schoß die Röte ins Gesicht: »Wenn er unangemeldet seinen Fuß über unsere Schwelle ...«

»Denk an Oykel Bridge!« schnitt ihm Magnus das Wort ab.

Die Worte seines Vaters ließen Kenneths Mut schrumpfen.

»Das werde ich diesem Mörder noch heimzahlen!« zischte er.

Morgan beruhigte seinen Bruder und riet zur Wachsamkeit.

»Mein Plan sieht vor«, sagte Magnus, »daß Mistress und Florence bis zum Eintritt der Dunkelheit Ardvreck Castle vom Haus aus überwachen. Angus und Neil werden bis zum Abmarsch nur das Teilstück bis Inchnadamph kontrollieren, während wir den Keller leeren und die Clydesdales für den Transport fertigmachen.«

»Welchen Weg nehmen wir, Vater?« fragte Morgan.

»Ich vermute, daß Robertson seine Zeit genutzt hat, um zwischen Ardvreck Castle und Lochinver eine Falle für uns aufzustellen. Aber in der heutigen Nacht wird er seine Männer brauchen, um oben am Droighinn nachzuforschen. Das ist unsere Chance. Wir nehmen daher einen Weg, den wir in den letzten Jahren nur selten genutzt haben.«

»Über Ledmore?« tippte Kenneth.

»Richtig! Die südliche Route. Ab Ledmore nehmen wir den Saumpfad entlang des Cam Loch und Loch na Gainimh. Abgeschirmt durch den Canisp und hoffentlich mit ein wenig Schneefall, werden wir auf dieser Route getrost Fackeln benutzen können. Wenn alles klappt, werden wir morgen früh in Lochinver sein.«

»Was machen wir, wenn Mactaggart vor Anker liegt?« fragte Angus.

»Sollte der Hurensohn noch nicht gehängt worden sein, werde ich es persönlich durchführen! Doch sei unbesorgt, mein Sohn, in dieser Jahreszeit wagt es nur Morrison, durch die Untiefen der Hebriden zu kreuzen. Und jetzt laßt uns daran gehen, unsere Pilgerreise vorzubereiten.«

Magnus erteilte die nötigen Anweisungen und begab sich in die Küche. Seine Frau saß mit ihren Töchtern um den Tisch, um das Abendessen vorzubereiten. Alle sahen ihn erwartungsvoll an. Dann zeigte er auf Mistress und Florence: »Wir brauchen euch, bis es dunkel wird, für den westlichen Ausguck! Achtet darauf, wer Ardvreck Castle verläßt und in welche Richtung und ob Hunde dabei sind.«

Die Mädchen sprangen auf und begaben sich auf den ihnen zugewiesenen Posten. Als die beiden verschwunden waren, setzte sich

Magnus zu seiner Frau und seiner jüngsten Tochter Catharine an den Tisch. Frau Barbara legte das Messer aus der Hand, mit dem sie gerade Hammelfleisch zu Würfeln schnitt, sah ihren Mann ruhig an und wartete auf das, was er ihr mitzuteilen hatte.

»Es wird von den Männern keiner hierbleiben. Aber sei ohne Furcht.«

»Und Kenneth? Du willst ihn doch hoffentlich nicht …?« sagte Mutter Barbara mit zitternder Stimme.

Magnus legte seine Hand auf die ihrige.

»Kenneth zusammen mit euch hier im Haus zu lassen wäre gefährlich. Wenn er und Robertson allein aufeinandertreffen, wird einer von ihnen sterben. Robertson würde ihn provozieren. Käme es zu einer Auseinandersetzung, wäre es auch um euch geschehen. Daher wird er mitkommen. Außerdem brennt er darauf, und es wird seiner Seele gut tun.«

Besorgt fragte sie: »Was ist, wenn Robertson Zutritt fordert?«

»Hm. Du gewährst ihm den Zutritt, unter angemessenem Protest. Er wird nichts finden von dem, was er sucht. Fragt er nach uns, sag ihm, wir wären unterwegs nach Lochinver. Wir benötigen allerdings einen Vorsprung von fünf Stunden. Wenn wir Glück haben, wird er dir nicht glauben und in entgegengesetzter Richtung nach uns suchen.«

Mit Bitterkeit sagte Frau Barbara: »Mich ekelt, wenn ich daran denke, diesem Mörder freiwillig die Pforte öffnen zu müssen.«

Magnus tätschelte ihre Hand: »Es ist Leben hinter der Pforte, solange sie ein lieber Mensch öffnet und verschließt. Wir wollen, daß sie von dir geöffnet wird, wenn wir übermorgen wieder zurück sind.«

Bevor er die Küche verließ, bat er seine Frau, nicht zu vergessen, die Decken für die Pferde zurechtzulegen und das kleine Päckchen zu schnüren, welches er auf den Marsch mitnehmen müsse …

Mann für Mann richtete aufmerksam den Blick auf jeden Felsen, der aus dem Gelände ragte, auf jede Kreuzung, die Wege miteinander verband, und jede Ruine, die sie passierten. Obwohl der Himmel bedeckt war und leichter Schneefall von Zeit zu Zeit den letzten Rest der Sicht nahm, konnten sie in der Dunkelheit ihren Standort durch blankgefegte Felsenbänke, markante Felsennadeln, charakteristische Bergketten, eisbedeckte Lochs und verschneite Kiefernwälder stets bestens bestimmen.

Die Spitze der Schmuggelkarawane bildeten Morgan und Angus. Dahinter kamen in sicherem Abstand die Clydesdales, schwer beladen mit Whiskyfässern. Vorneweg der Hengst *Prinz von Assynt*, dahinter die Stute *Windhexe*, danach der Wallach *Fian*, jeweils geführt von Kenneth, Donald und Munro. Die Nachhut bildeten Neil Linkwood und Allen Tormore, der sich nach wenigen Stunden der Ruhe mit auf den Weg nach Lochinver gemacht hatte. Magnus sah man abwechselnd bei den Pferden wie bei der Vor- und Nachhut.

Die Nacht schützte sie vor Entdeckung, und die Winterlandschaft erhellte die Dunkelheit so ausreichend, daß man sich nicht verirrte. Bis Ledmore war der Weg für Mensch und Pferd ohne große Schwierigkeiten zu meistern. Einige hundert Yards in westlicher Richtung benutzten sie nur noch Saumpfade. Das Teilstück, welches sich durch eine enge Schlucht zwischen dem Canisp und Meall Mhuthaich hindurchzwängte und Lochan Fada und Loch na Gainimh miteinander verband, galt für die Menschen am Assynt als der Eingang zur Schlucht der Geister.

An dieser Stelle befahl Magnus, die mitgeführten Fackeln zu entzünden. Licht und Schatten waren inzwischen zu einer Einheit verschmolzen, doch nun stellte der Schein der Fackeln das alte Wechselspiel von Hell und Dunkel wieder her, und sie sahen, wo sie sich befanden.

Die Wegemarken wurden plötzlich unheimlich, die Stille war

bedrückend. Nur das Schnauben der Rösser und ihre Tritte im Schnee wurden von den steil aufragenden eis- und schneebedeckten Felswänden gedämpft wiedergegeben. Niemand sprach darüber, doch von Kindesbeinen an wußte jeder, daß hier seit Urzeiten die Menschen vom Assynt versteinert weiterlebten. Dutzende senkrecht aneinandergereihter, eisüberzogener Menhire glitzerten im Widerschein der Fackeln. Licht- und Schattenspiele gaukelten vor, die Steine würden sich hin und her drehen, als wollten sie ihre eisige, starre Hülle abstreifen. Der Mut der Männer schmolz dahin, und manch einer glaubte zu sehen, wie kristallene Augen auf ihn herabblickten, die seine Seele durchbohrten. Der Eindruck, daß sie sich an der Schwelle eines verbotenen Reiches befanden, wurde verstärkt durch die absolute Windstille, die sie umgab.

»Halt!« rief eine heisere Stimme.

Abwehrbereit, die Nerven zum Zerreißen gespannt, blickten die Männer um sich.

Es war Magnus, der gerufen hatte. Er bewegte sich mit Fackeln auf einen abgeflachten Felsen zu, der einem Altartisch ähnelte. Das Gestein dahinter ragte empor wie eine Kaskade schlanker Orgelpfeifen.

»Der Altar der toten Kinder!« raunte Morgan Angus zu, der sich bei allem, was um ihn herum geschah, scheinbar wohlfühlte.

»Ich weiß. *Haug Bui*, der Geist der Ahnen, hütet das Tal. Vater wird ihn durch sein Opfer bei Laune halten!« flüsterte Angus seinem erstaunten Bruder ins Ohr. Dann blickten sie auf ihren Vater, wie er mit ausgebreiteten Armen vor dem Altar stand, und verfolgten den eisigen Hauch seines Atems, der nach oben schwebte. Ab und zu vernahmen sie seine beschwörende Stimme.

»... es ist nur die dunkle Seite des Lichts, ein Durchgang, eine Umwandlung des Seins, die euch bald vom ewigen Stein befreien und euren unsterblichen Geist zur ewigen Sonne führen wird ...«

Im Anschluß daran streifte er seine Fäustlinge ab, zog ein kleines Päckchen unter seinem Überwurf hervor, riß es auf, nahm die Fackel und entzündete das Papier. Als hätte es ein wenig Pulver enthalten, so rasant zischte und verdampfte dessen Inhalt. Wieder breitete Magnus die Arme aus.

»... es wird euch auch im Fels beleben, in der anderen Welt.

Doch es ist der gleiche Atem, und da eure Gesänge Wirklichkeit sind, ist euer Tod nur die Mitte eines ewig währenden Daseins ...«, hallten seine Worte von der vereisten Felskaskade wider.

Plötzlich heulte ein Wind durch die Schlucht, ohne daß das Feuer der Fackeln darauf reagierte und die Clydesdales unruhig wurden. Blitzartig erhellte sich der Himmel, und Lichtwogen flammten mit farbigen Rändern smaragdgrün über die Schlucht hinweg. Danach jagten sie, vom Wind getrieben, flimmernd und flackernd, pulsierend und fließend von Süd gegen Nord und von Ost nach West, in allen Farben des Regenbogens. Ein Schauder lief den Highlandern über den Rücken, während Magnus sich durch den Schnee arbeitete, um auf den Saumpfad zurückzukehren.

»Das Nordlicht ist das Vorzeichen ihrer Befreiung!« keuchte er und gab eilig das Zeichen zum Weiterziehen.

Die Beklemmung fiel ab, alle atmeten durch, doch die Stimmung war weiterhin erwartungsvoll, reich an gemischten Gefühlen. Die letzten Meilen durch die Nacht brachten den Männern das vertraute Geräusch einer schweren Brandung näher. Der Schnee wurde nun glasig und hart. Für die Pferde zwar gut zu begehen, doch keinesfalls gefahrlos, da abseits des Saumpfades der Abgrund lauerte. Einmal in eine Scharte eingebrochen, gäbe es für die schweren Clydesdales kein Entrinnen ...

Entlang kleiner zugefrorener Seen, aufgereiht wie auf einer Perlenschnur, näherten sie sich Lochinver. Es wurde heller. Sanft erwachte das Licht im schimmernden Eistheater, um wenig später den Vorhang zum großen Ereignis zu heben. Die Sonne kroch hinter ihnen über die Berggipfel. Erst wurde das gelborange Licht über den Horizont auf Eis und Granit heraufgespiegelt. Zunächst ein Trugbild, gewoben in Frostschleiern, doch schon bald eine Landschaft, in gleißendes Silber gefaßt.

Sie wandten sich nach links, und ihr Blick endete nicht mehr an einem überzuckerten Granithügel, sondern schweifte über eine Kante hinweg, die den Blick auf die Bucht von Loch Inver freigab. Der scharfe Wind blies ihnen stechende Eiskristalle ins Gesicht. Wieder hörten sie das vertraute Geräusch einer Brandung, von der sie allerdings noch nichts sahen. Der Weg schien an der Kante einfach zu enden. Doch es handelte sich um eine Illusionen, die darauf beruhte, daß der Weg einen Knick machte, in einen Hang eintrat und schräg hinunter direkt nach Lochinver führte.

Als die Vorhut mit Magnus, Morgan und Angus an den Klippenrand herangekommen war, sahen die drei tief drunten die See mit ihren dunklen, riesigen Wogen, die sich donnernd an Felsen und Strand brachen.

Das tausendfach gebrochene Eis, das in feinen Kristallen den Hang heraufwirbelte, hatte die schwarzen Klippen und den felsigen Kiesstrand in das reine, kalte Aussehen von Alabaster verwandelt. Ein Ächzen, Dröhnen, Kreischen und Tosen in allen Tonarten drang an ihr Ohr. Das Geheul hob stoßweise an und setzte sich in kurzen Rhythmen fort.

»Das sind die Eisschollen, die sich unten am Ufer in Massen auftürmen, schieben und brechen«, erklärte Magnus. Kaum daß er geendet hatte, verursachte ein Brecher auf den gegenüberliegenden Klippen den tosenden Einsturz eines Eisdoms. Ein Schneestrom schoß grollend vom Hang über das berstende Eis nieder. Überall blitzten in den Wellen schwimmende kristallene Eisklippen, als wollte die schäumenden Flut sie kochen ... Und in diesem Wirrsal ein Schiff!

»Es ... ist ... die ... WILD FIRE! Sie ... liegt ... vor ... Anker ...!« Sofort verwehte der eisige Wind die Worte Morgans.

Jetzt erkannten auch die anderen den Schmuggelkutter und sahen, wie er sich gegen die Wellen behauptete, indem er, festgebunden an zwei Ankerketten, wie ein echtes Cheviot in den auslaufenden Wogen bockte. Der düstere Ausdruck wich aus Magnus' Gesicht. Doch eine neue Sorge wuchs beim Anblick des berstenden Eises.

»Wir ... sollten ... uns ... beeilen ...«, rief Kenneth hinter ihnen. »Die ... Kälte ... bekommt ... dem ... Whisky ... nicht!«

»Aye, aye, Sir!« antwortete ihm Angus.

Als sie den Abstieg begannen, durchquerten sie ein Kiefernwäldchen. Nach etwa einer halben Meile wurden sie zum erstenmal der Taverne ansichtig: ein schneeweißes Haus, das durch eine Wolke aus Eisnadeln und vereistem Geäst hindurchlugte, auszumachen in dieser Schnee- und Eiswüste nur durch die wenigen Fenster, die von ferne aussahen wie geöffnete Geschützpforten eines gestrandeten Schiffes. In einem Fenster hing, weit sichtbar, ein rotes Tuch …

*The Shank* lag ruhig, verlassen, nur die kurz auftauchenden Rauchschwaden über dem Kamin, die der Wind sofort zerzauste, erweckten in den Gesichtern der Ankömmlinge Hoffnung auf Wärme und Zuflucht. Hinter ihnen dampften die Rösser, die unaufhörlich ihre mächtigen Köpfe hoben und senkten, als wollten sie die Taverne mit ihren festgezurrten Whiskyfässern frohgemut begrüßen.

David Cameron kam dem Troß entgegen. Er grüßte Magnus schon von weitem; vor allem aber Kenneth begrüßte er herzlich. Anschließend richtete Cameron auch an Morgan, Angus und an die anderen Männer die kleinen, gewohnten Fragen und war mit ebenso kleinen Antworten zufrieden – ja, es war hart, aber notwendig; die verdammten Steuereintreiber; Triumph – man hat sie wieder einmal ausgetrickst; welch ein gutes Zusammentreffen – der Kutter und der Whisky; also dann – laßt uns den Rest erledigen …

Die Pferde wurden unverzüglich von ihrer wertvollen Fracht befreit, danach versorgt, der Whisky zügig in die Kirche »verholt«, umgefüllt und unter dem Altar eingelagert. Endlich begaben sich alle in die Taverne.

Die Stimmung Camerons und seiner Leute war ernst; alle bemühten sich, das Tosen in der Bucht unten zu ignorieren.

Der Schankraum glich einem Totenlager für gestrandete Matrosen. Die dicken Vorhänge waren zugezogen; das Morgenlicht hatte keine Chance. Über den Stangen am Kamin hingen massenhaft Kleider zum Trocknen, und auf Boden und Bänken schnarchten die Matrosen des Schmuggelkutters um die Wette. Sie hatten schwer getrunken. Das Beiboot wäre zwischen Ankerplatz und Ufer in der Brandung fast gekentert. Sie würden Stunden des Schlafes brauchen, um wieder zu sich zu kommen.

Obwohl im Kamin das Feuer prasselte, war es feucht und stickig im Raum. Dazu roch es säuerlich nach Schweiß und modrig nach Schimmel. Hätte Cameron den Raum nicht vorher kräftig gelüftet, wären die Matrosen gewiß längst an ihren eigenen Ausdünstungen erstickt.

Der »Käpt'n« führte Magnus, Kenneth und Morgan in die

Küche, wo Janet und Emily den Tisch deckten, während Angus und der Rest der Männer im Schankraum den runden Tisch freikämpften, wo sie von Daniel und James bewirtet wurden.

»Wo ist Morrison?« war Magnus' erste Frage. Cameron warf allen einen finsteren Blick zu.

»Er und die Mannschaft sind völlig erschöpft. Der Kutter wäre beinahe abgesoffen. Das Eis brüllte sie an ... Äh, ich meine, der Tod brüllte ...«

»Was war mit der WILD FIRE?«

»Das Eis in der Takelage ist dem Kutter querab von Stornoway beinahe zum Verhängnis geworden. Davor hatte er zehn Tage in schwerer See gekreuzt. Die Kajütwände begannen zu vereisen, die Wolldecken froren fest, und die Temperatur innenbords stieg nicht einmal in der beheizten Messe über den Gefrierpunkt. An keinem der Matrosen hing auch nur ein einziger trockener Faden.«

Magnus runzelte die Stirn: »Warum der Umweg über Stornoway?«

»Er wurde gejagt. Es muß wieder dieser neue Brigg-Kutter der Zollbehörde von Greenock gewesen sein. Er hatte die WILD FIRE fast am Haken. Erst jagte Morrison der Henker, dann der weiße Tod. Dem Brigg-Kutter ist es gewiß nicht besser gegangen; Morrison hatte nur die härteren Matrosen!«

»Seit wann liegt er in der Bucht?«

»Er lief gestern abend mit dem letzten Licht ein. Die Ketten, die beiden Anker, alles war festgefroren. Sie mußten aber vor dem Einlaufen sicher gehen, daß das Ankergeschirr klar ist. Das kostete einen Matrosen vor Soyea Island das Leben. Ein Brecher hat den Steifgefrorenen vom Vordeck runtergeholt. Im Frühjahr werden wir ihn am Ufer aus dem Eis kratzen.«

»Genug davon! Reden wir über die Sicherheitsvorkehrungen. Was ist mit Robertsons Männern? Waren sie hier?«

Cameron stocherte mit dem Messer in seinem Essen, seufzte und hätte beinahe gelächelt.

»Er macht uns hier keine Probleme, Magnus. Wir konnten gestern und heute früh bis rauf zum kleinen Assynt alles mühelos sichern. Über den weiteren Weg kann ich nichts sagen. Wollt ihr das Malz mitnehmen?«

»Ist es denn schon von Bord?«

»Nein, noch nicht. Aber die Matrosen werden es heute noch wagen. Ihr werdet euch also bei mir noch etwas ausruhen können.«

»Keine gute Idee, David. Du bezahlst den Whisky, und wir werden für die nächsten Monate am Assynt ausruhen.«

»Was ist mit dem Malz, was mit der nächsten Lieferung?«

Magnus ließ die Frage für einen Augenblick unbeantwortet und wartete geduldig, bis Janet, Robertsons Spionin im *The Shank*, eine weitere Portion Rührei mit Speck auf die Teller verteilt hatte. Magnus wußte durch seinen Sohn Morgan, daß Janet das Bindeglied zwischen Ardvreck Castle und Lochinver war.

»Das Malz holen wir im Frühjahr. Und Whiskylieferungen? Keine!«

»Seid ihr verrückt? Das kannst du nicht machen, Magnus! Unmöglich! Der Whiskyschmuggel liegt darnieder. Wir erzielen im Moment die besten Preise. Das weißt du. Ich lege glatt einen Shilling pro Gallone drauf.«

Magnus zeigte sich unbeeindruckt und fixierte Janet, die mit dem Rücken zu ihnen am Herd hantierte.

»Es ist eine wichtige Entscheidung für uns.«

»Eine törichte Entscheidung!«

»Wir werden erst auf die Lizenz warten. Wir kooperieren.«

Cameron riß die Augen auf: »Kooperieren?«

»Voll und ganz! Robertson ist darüber informiert, damit er uns gegenüber keine falschen Vorkehrungen trifft.«

»Soll das heißen, daß ihr vorhabt, euch in Zukunft für jede Gallone von dem geldgierigen Lumpenpack in London freiwillig Geld abknöpfen zu lassen?«

»Ja, David. Genau das haben wir vor.«

»Unmöglich. Es ist gegen eure Ehre. Ihr kapituliert einfach vor den Verbrechern? Ihr, die Mackays vom Assynt?«

»Ja, *Sir*! Niemand zwingt uns dazu, und natürlich rät uns auch niemand dazu. Doch da draußen sind Verrückte, Fanatiker und genügend Schottenhasser, die uns liquidieren wollen. Wir werden ihnen keinen Anlaß dafür liefern.«

»Was ist mit uns? Du kannst uns doch nicht kurzerhand von heute auf morgen ausmanövrieren und unser Geschäft zerstören!«

»Niemand zerstört etwas, David. Ich muß reagieren, wenn man mir mit Feuer, Vertreibung und Galgen droht. Auch die Heftigkeit deiner Preisdrückerei haben wir gespürt. Denk an unsere letzte Auseinandersetzung. Ich vermute, du wirst bald verstehen.«

Dann zog Magnus einen Zettel aus seinem Geldsack, auf dem seine Frau Waren für den Winter notiert hatte, und übergab ihn Cameron. »Wir bleiben deine besten Kunden. Wir nehmen alles gleich mit. Und vergiß, um Himmels willen, die Schwefelhölzer nicht!«

»Schwefelhölzer? Du bist nicht auf dem laufenden. Ich habe schon die Phosphorhölzer.«

Magnus sah Cameron erstaunt an.

»Worin liegt der Unterschied?«

»Es sind Überallhölzer! Du kannst sie durch Reiben an fast jeder Fläche entzünden.«

»Pack mir soviel ein, wie du davon erübrigen kannst!«

Sodann zog er ein Knäuel Netze aus einem Ledersack und übergab sie Cameron.

»Und ...«, überlegte er kurz, »... etwas Schönes für Barbara.«

Cameron nickte kurz und fragte: »Was ist mit den leeren Fässern?«

»Die nehmen wir das nächste Mal mit.«

Als schenke er der Antwort keine Beachtung, überflog Cameron die Liste und murmelte etwas wie: »... hab' ich ..., hab' ich!« Er runzelte die Stirn, als er den Eintrag »Revolverpatronen« entdeckte, der in einer anderen Handschrift hinzugefügt worden war. »Hhm. Hab' ich auch.« Anschließend erhob er sich mürrisch, brachte den Zettel mit den Netzen an die Tür, die zum Schankraum hinausführte, und wies Daniel an, die geordneten Lebensmittel mitsamt den anderen Dingen unverzüglich zusammenzustellen. Dann nahm er wieder am Tisch Platz. »Großartig! Großartig, sage ich. Warum keinen Whisky mehr in diesem Jahr? Wieso?«

Magnus ließ den Blick langsam durch den Raum schweifen und wartete. Totenstille.

Janet ließ die Pfanne auf den Boden knallen und zerbrach die Spannung.

Daraufhin klickte die Türklinke, und eine junge, hübsche Frau, eine blaue Küchenschürze eng um ihre Taille gebunden, schob sich rasch durch die Tür, nickte kurz, glitt behende neben Janet, wo sie mit flinken Augen den Küchenherd überflog und die Töpfe darauf sogleich neu arrangierte.

Morgan sah Cameron direkt in die Augen.

»Ersatz für Betsy«, sagte der.

Kenneth und Morgan beobachteten, wie die langen Beine der Neuen sich beim Hin- und Hergehen unter der Schürze abzeichneten. Sie waren sich ganz sicher, daß unter der Schürze und dem weiten Pullover eine prachtvolle Figur steckte. Kenneth hätte seine beste Gallone Whisky geopfert, wenn er die Zeit geschenkt bekommen hätte, um das Geheimnis zu ergründen.

Die junge Frau brachte einen Krug mit Glühwein, den sie gerade aus einem Topf geschöpft hatte, an den Tisch und lächelte die Männer kurz an. Das blonde Haar reichte ihr gerade bis auf die Schultern. Sie war die perfekte Maid mit der vollkommenen Harmonie im Gesicht und den vollkommenen fraulichen Rundungen, für die, wäre sie der Preis für den Sieg, jeder junge Highlander die Schlacht von Culloden noch ein zweites Mal schlagen würde.

Während Magnus und Cameron die Küche verließen, um die Geldgeschäfte zu erledigen, bemühten sich Kenneth und Morgan, alles über die reizende Neue in Erfahrung zu bringen. Hillary, die blonde Fee, ließ sie zappeln wie Fische im Netz.

Plötzlich flog die Tür auf. Magnus, gefolgt von Cameron, stürzte herein.

»Packt zusammen! Wir brechen sofort auf.«

Kenneth und Morgan sahen ihren Vater fragend an. Cameron, der schon bei der Begrüßung fahrig und nervös gewirkt hatte, sah nun bemitleidenswert blaß aus und schien von Panik ergriffen zu sein. Seine Augen ignorierten die fragenden Blicke. Kenneth faßte sich ein Herz: »Warum die Eile?«

»In Glasgow sind keine Särge mehr zu haben!«

»Wie das ...?«

»Ein unsichtbarer Henker zieht durch die Straßen. Sie stecken die Toten schon in die Säcke!«

»Seuche?«

»Cholera!«

Dann trat er nahe an Kenneth heran. »Ich kam nicht auf den Abtritt. Ein Matrose vom Kutter blockiert seit einer Stunde den Ort. Reißwasserähnliche Entleerungen plagen ihn. Zehn in der letzten Stunde ...«

Magnus verließ mit Morgan die Küche, um die Lebensmittel zu verpacken und die Clydesdales damit zu beladen. Beim Hinausgehen begegneten sie Morrison, der eilig die Treppe herunterfegte. Er lächelte die beiden an, als würde er sie für ein Fest willkommen heißen. Dann huschte er an ihnen vorbei, um auf den Thron zu kommen. Ohne Erfolg. Die Tür war immer noch verrammelt.

Magnus entschied sich dafür, Morrison nicht zu beachten, öffnete die Tür zum Schankraum und bahnte sich einen Weg durch das Chaos. Die Morgensonne strahlte auf Lochinver herab, doch im *The Shank* nahm niemand den Tagesanbruch zur Kenntnis. Viele schnarchten laut und schienen in einem vom Branntwein hervorgerufenen Koma zu liegen.

Kenneth ging sofort an den runden Tisch und äußerte Angus und den Männern gegenüber Magnus' Vermutungen, mit dem Ergebnis, daß binnen kurzem der Abmarsch an den Assynt auf dem direkten Weg nach Scoury House begann.

Als Ardvreck Castle am Nachmittag in Sichtweite kam, wechselte Kenneth, der seine Stute *Windhexe* am Zügel geführt hatte, zur Nachhut. Sein Vater hatte die Aufteilung so gewollt. Während sie nebeneinander herliefen, verschaffte Kenneth seinem Herzen Luft.

»Vater, ich verstehe deine Entscheidung nicht. Cameron hat in meinen Augen gar nicht so unrecht. Wir hätten eine weitere Whiskylieferung ruhig riskieren können.«

»Riskieren? Schwachsinn!«

»Was soll uns schon geschehen? Gerade jetzt, wo wir jedem gesagt haben, daß wir uns auf die Seite des Gesetzes stellen werden ...«

»Geschehen? Wir haben einen Whiskyjäger umgebracht, und wenn du das tust, dann bist du so gut wie tot!«

»Aber weder du noch ich …«

»Hör zu!« schnitt er Kenneth das Wort ab. »Wir sind so gut wie tot, weil sie nicht aufhören werden, uns zu jagen, bis sie einen von uns erwischt haben: Niemals werden Robertson und seine Männer Ruhe geben, auf gar keinen Fall. Du kannst in den Highlands umbringen, wen du willst, und du kommst vielleicht für eine Zeitlang davon. Vielleicht, weil sie nicht auf dich kommen, oder kann sein, daß sie nie erfahren werden, daß du es warst. Aber nicht, wenn es ein Whiskyjäger ist, der umgebracht wurde. Nein, Kenneth, ganz bestimmt nicht!«

»Falls sie die Leiche finden! Wenn … Dann könnte es sicher Ärger geben.«

»Ärger? Du meine Güte! Wenn du einen von ihnen umgebracht hast, dann schieben sie alle anderen Vergehen zur Seite. Wenn nötig, werden sie aus Edinburgh und Inverness weitere Jäger an den Assynt holen. Sie ziehen jeden ab, auch wenn dadurch in den Städten das Leben stillsteht. Den Highland-Mörder zu kriegen, das hat absoluten Vorrang vor allen anderen Dingen in Schottland. Und sei sicher: Sie werden vierundzwanzig Stunden am Tag – oder sechsunddreißig, einhundert Stunden am Tag, wenn es möglich wäre – nach dem Mörder suchen oder eben so lange, wie sie brauchen, um ihn zu finden.«

»Siehst du denn keinen einzigen günstigen Umstand, der uns die Sache überstehen läßt?«

»Nein! Ein wenig Zeit vielleicht. Das jetzt ist nur die Ruhe vor dem Sturm. Robertson, Sutherland und alle, die am Ausbluten der Highlands ein hohes Interesse haben, werden Vergeltung fordern. Wir sollten uns hüten, zu glauben, daß es daran irgendeinen Zweifel geben kann.«

»Obwohl es ein Unfall gewesen ist!«

»Das zählt nicht. Die Geschichten darüber werden ins Kraut schießen.« Ein kehliges Lachen folgte seinen Worten. »Ich sehe die Lettern auf den ersten Seiten der Journale: *Schottland erhebt sich! Schottland mordet!* – oder so ähnlich.«

Als sie hinter Ardvreck Castle Scoury House auftauchen sahen, blieben sie stehen und blickten auf den verschneiten Assynt, der friedlich und still vor ihnen lag. Kenneth durchbrach die Stille und fragte: »Was wird Robertson als nächstes tun?«

»Bis jetzt fehlt immer noch einer seiner Männer. Heute, spätestens morgen wird er sich sicher sein, daß ihm jemand das Leben genommen hat. Er wird uns verdächtigen. Sein Mann, Wright, hat Munro heimkehren sehen. Vielleicht werden Robertson anfangs noch Zweifel plagen. Aber sicher ist, daß er im Gegenzug versuchen wird, uns dafür büßen zu lassen.«

»Und wie?«

»Er hat alle Zeit der Welt. Er wird langsam sein, Tag für Tag, Stück für Stück! Dafür unerbittlich. Er kann uns schrumpfen lassen, kleiner und kleiner. Er wird uns mehr und mehr nehmen, was wir zum Leben brauchen. Mit Saatgut, Futter für die Tiere, Torf und Brennholz wird es anfangen, mit Niederbrennen der Gebäude und Beseitigung von Menschen enden.«

»Wir würden doch nicht tatenlos dabei zuschauen?«

»Wir werden sehen, mein Sohn!«

Im matten Sonnenschein querten sie den Zugang zu Ardvreck Castle. Zwei dick vermummte Männer standen seit einer Weile vor der Schutzmauer und beobachteten den Treck. Die Spannung zerrte an den Nerven. Doch die Mackays blieben unbehelligt.

Frau Barbara berichtete ihrem Mann, als er seine eiskalten Füße dem Kamin entgegenstreckte, daß sie während des Tages hatten beobachten können, wie Männer mit Hunden vom Cnoc an Droighinn herunterkamen. Sie hätten nichts mit sich geschleppt. Wenig später, vor etwa einer guten Stunde, seien drei Männer an Scoury House vorbei in Richtung Inchnadamph geritten.

»Ansonsten«, so sagte sie ohne den Schimmer einer Sorge, »war es erholsam und ruhig zu Hause …«

# 5

# Cholera

Northern Highlands
1833

*au sans pareille«* war auf der violetten Flasche mit dem eleganten Glasstopfen zu lesen, die auf einem Tischchen nahe ihrem Bett stand. Magnus hatte seiner Frau das Fläschchen mit dem unvergleichlichen Wasser im letzten November aus Lochinver mitgebracht. Sie hatte die Kostbarkeit aufgehoben und zu Anfang des neuen Jahres zweimal davon getrunken.

Ihr Leib war gekrümmt von Bauchschmerzen, verursacht durch Traufen von Durchfällen. Quälender Durst, Erbrechen und Wasserverlust hatten ihre Haut innerhalb weniger Stunden runzelig und ihr Gesicht dem Totenschädel immer ähnlicher werden lassen. Durch ihre Schmerzen büßte sie sicher schon auf Erden ihre Sünden ab, doch ihre grauenhaften Schreie bewirkten, daß sich nur noch Magnus und Florence an das Sterbebett wagten. Am Ende schwamm sie in ihrem eigenen blutigen Darmwasser. Ihr Puls verlangsamte sich rasch, und ihre schwarzblauen Lippen gaben dem wächsernen Gesicht das Aussehen einer Spukgestalt.

Der Sterbenden war der Tod schnell zugestanden. Mit dem Elixier auf dem Tischchen, schritt Mutter Barbara in weniger als zwanzig Stunden vom Leben zur Wiege der Ewigkeit.

Angus erstarrte, als er den Hingang seiner über alles geliebten Mutter erfaßte. Ihr plötzlicher Tod fraß an seinem jungen Herzen.

Man nagelte einen Sarg, in Eile – im Hause. Vom Hämmern ganz gemartert, wollte Angus aus den Mauern fliehen, doch ihm versagten die Beine. Er wollte nicht glauben, daß Abschiede so klingen. Ein endlos langer schwarzer Schatten legte sich auf ihn. Seine Seele tauchte in kalte Dunkelheit, als sage das Licht dem kurzen Leben auf immer Lebewohl! Fühlte er sich von jeher vaterlos, so war er nun beides: vater- und mutterlos.

Angus geriet in Panik. Er wollte seine Mutter zurückhaben. Als sie im Sarg lag, fing er an, mit flacher Hand auf die Bretter zu schlagen und »Mama, wach auf! Mama, wach auf …!« zu rufen. Er schrie, tobte und trat wütend nach seinem Bruder Kenneth, als dieser versuchte, ihn mit seinem linken, gesunden Arm vom Sarg wegzuziehen, und auch seine tränenüberströmte Schwester Florence, die er als einzige an sich heranließ, konnte den unkontrollierbaren Schwall von Gefühlen, die aus Angus herausplatzten, nicht stoppen. Ihre leicht verschwommenen, zärtlich blinzelnden Augen, die zu lachen schienen, wenn sie etwas Ernstes sagen wollte, ließen nicht von ihm ab. Florence blieb eisern an seiner Seite und wurde in der bittersten Stunde seines Daseins zur Hüterin seines jungen Lebens.

Sie selbst hatte seit dem Tod der Mutter nicht mehr die gleichen Gebärden und nicht mehr den gleichen Blick. Die junge Anmut trug schwer am Verlust, doch die letzte Bitte der Mutter auf dem Totenbett half ihr, die Trauer besser zu überwinden. Die Sterbende hatte ihr das Versprechen abgenommen, sich um Angus zu kümmern.

Die Trauer wurde in der Familie völlig unterschiedlich bewältigt. So beobachtete Florence, daß Angus' zehn Jahre älterer Bruder, sonst grüblerisch und nervös, zusammen mit dem Vater schon wenige Tage nach dem Tod eine gekünstelte Heiterkeit probte, die sie anwiderte.

Mistress dagegen litt sehr unter dem Ableben der Mutter, doch zeigte sich recht schnell, daß sie ihre Unselbständigkeit abzulegen begann, wogegen ihre jüngste Schwester Catharine von Beginn an unverhohlen und rücksichtslos nur um ihren eigenen Vorteil kämpfte.

Sie war die erste, die Mutters Kleiderschrank öffnete, in der Absicht, das Brauchbare auf ihren schlanken Leib umzuschneidern. Angus schlich eines Nachts in ihr Zimmer und versuchte verzweifelt, die Kleider seiner Mama vor dem Zerteilen zu retten, was zu einer weiteren Tragödie hätte führen können, wäre Florence nicht zur Stelle gewesen, die das drohende Unheil gerade noch abwenden konnte. In ihr steckte der reife Verstand, das frische Herz, der aufrichtige, redliche, überzeugende Geist der Mutter und eine lebensbejahende Art, die trotz aller Trauer nicht niederzuhalten war. Mutter Barbara wußte auf dem Totenlager um die Unverbrüchlichkeit des Versprechens ihrer Tochter Florence: Sie – und nur sie – würde mit ihrem Bruder durch dick und dünn gehen …

Angus fühlte oft ihre Wimpern an seiner tränenüberströmten Wange, und ihre Fürsorge und Milde waren der einzige Trost in seinem Dasein, das in ein fahles, graues, kaltes Licht getaucht war. Das Schicksal schien aus dem helläugigen, flachshaarigen Jungen alles herauszubleichen, was er an schwacher Farbe jemals besessen hatte. Wäre sie nicht gewesen, er hätte sich das Leben genommen, um bei seiner Mama sein zu können. Florence durchlebte und fühlte mit ihm tagelang den stechenden, intensiven Gram, die qualvollen Krämpfe und das anhaltende tränenreiche Schluchzen. Obwohl sie selbst tief trauerte, gab sie sich große Mühe, ihren Bruder von seinem eigenen Kummer abzulenken.

Doch die schwierige Zeit nahm kein Ende. Wochen nach dem Begräbnis der Mutter wurde Angus zunehmend reizbar und mürrisch. Ruhelosigkeit, erfüllt von dem Gedanken, seine verlorene Mutter würde nur im Sarg schlafen, kam hinzu. Florence bemerkte, daß ihr Bruder anfing, Signale oder Geräusche im Haus als Anzeichen dafür zu deuten, daß seine Mutter nun zurückgekehrt sei. Gleichzeitig durfte sie ihn nicht allein lassen, auch nicht für wenige Augenblicke, da er, kaum daß sie das Zimmer verließ, lauthals nach ihr rief. Dann begann er umherzuwandern, was Florence als Ausdruck seines Wunsches deutete, ihre tote Mutter wiederzufinden.

Hatte Angus sich in den ersten Wochen im Zimmer seiner Schwestern verkrochen, so zeigte er nun erstmals einen unwiderstehlichen Drang, dem Haus zu entfliehen. Er folgte diesem Drang, und ohne Rücksicht auf das Wetter schlief er auch im Januar trotz Schnee und Regen im Freien. Mehrmals begab er sich zu dem leeren Holzbottich, der im Stallgebäude stand, und schlief nach völliger Erschöpfung einige Stunden darin.

Dann begann eine Periode, in der er sich weiter vom Haus entfernte. Gewöhnlich blieb er nicht lange weg. Doch als er einmal mehr als acht Stunden fernblieb, machte sich Florence voll Sorge auf den Weg, um ihn zu suchen. Sie lief nach Inchnadamph, wo sie ihn, trotz großer Kälte, auf dem Grab ihrer Mutter schlafend wiederfand. Nach langen nächtlichen Gesprächen mit ihrem Bruder fand Florence heraus, daß er insgeheim Pläne schmiedete, die Mutter bei ihrer Rückkehr nach Scoury House gebührend willkommen zu heißen.

Ab diesem Zeitpunkt begann sie immer wieder mit ihm darüber zu reden, was mit ihrer Mutter geschehen war.

»Unsere Mutter«, so sagte sie ihm, »ist an einer Ansteckung gestorben. Sie hat aufgehört zu essen, zu atmen, sich zu bewegen und zu fühlen. Ihr Körper ist in der Erde begraben, und die Erde gibt nichts wieder, was vormals war.« Angus wurde dabei immer traurig, weinte kurz, gab aber keine Antwort und stellte keine Fragen. Florence hatte den Eindruck, daß ihr Bruder allmählich zu verstehen begann.

Geduldig und behutsam gelang es ihr, über seine Gefühle und seine Erinnerung an ihre Mutter zu sprechen. Und sie hatte Erfolg damit. Sie mußte es allein tun, da ihre Geschwister, bis auf Catharine, die harte Arbeit im Stall und im Hause für sie und ihren Bruder mit übernahmen. Umgekehrt waren Vater Magnus und vor allem Bruder Kenneth bei der Bewältigung ihrer Probleme mit Angus keine Hilfe.

»Wie ein Weib! Weichling!«

»Verdammt! Wir haben noch andere Sorgen!«

»Umarme ihn nicht ständig!« bekam sie statt dessen häufig zu hören.

Obwohl Magnus wie auch Kenneth sich nach außen hin nichts anmerken ließen, wurden ihre Pläne und Entscheidungen in Wirklichkeit von einer völligen Ungewißheit überschattet.

Die Ursache war eine Nachricht, die ein unbekannter Mann von Ardvreck Castle im Auftrag von Robertson überbrachte. Darin wurde ihnen aufgrund der grassierenden Cholera in den Highlands unter Androhung härtester Strafen befohlen, Scoury House nicht zu verlassen …

Die Isolation von Scoury House durch Robertson war teuflisch. Er hatte die Macht; er kontrollierte alle Zugänge zum Assynt, und er lockerte die unsichtbaren Fesseln auch dann nicht, als die Seuche sich vom Assynt zurückzuziehen begann.

Wie das Leben, so drängte auch der Tod rasch nach Verbreitung. Die Ausrottung des menschlichen Daseins am Assynt durch die Cholera wurde in den jämmerlichen Steinhütten von Inchnadamph durch Kälte, Schmutz und Elend noch begünstigt, während die Seuche in Scoury House ein Opfer und in Ardvreck Castle drei Menschenleben forderte. Robertsons Männer, die der Seuche zum Opfer fielen, kamen aus Edinburgh.

Folglich schlugen die Männer gleichsam die Brücke zwischen dem Seuchenherd Edinburgh und der Abgeschiedenheit am Assynt. Sie waren durch Robertson an den Assynt beordert worden, um das Verschwinden des Whiskyjägers am Cnoc an Droighinn aufzuklären, und verfolgten daher das Ziel, mögliche Verbrecher an den Galgen zu bringen. Damit trugen die Rekruten des Todes ihr Verhängnis an jenen Ort, von dem sie nie mehr zurückkehrten.

Zu diesem unvorhergesehenen Rückschlag gesellte sich Robertsons offenkundige Erfolglosigkeit. Es gab kein einziges Anzeichen, das auf ein Verbrechen schließen ließ. Trotz wochenlanger Suche unter härtesten Bedingungen fanden sie die Leiche des Whiskyjägers nicht. Doch Robertson war nicht zu täuschen. So nutzte er den Ausbruch der Seuche für sich und seine Pläne.

Das Leben in Scoury House wurde durch die andauernde Isolation unerträglich. Der Terror Robertsons, unter dem Vorwand der Seucheneindämmung, verschärfte die Notlage noch. Schon Ende Februar mußten die Vorräte streng rationiert werden, da die Lebensmittelversorgung über Lochinver völlig unterbrochen war. Die Situation verschlechterte sich abermals, als Morgan versuchte, nachts unerkannt mit dem Schlitten zur Achmore Farm zu gelangen, um die dort eingelagerten Vorräte an Heu und Hafer für die Clydesdales nach Scoury House zu transportieren. Schon kurz nach Verlassen des Tores geriet er auf der Straße in eine Stolperfalle, die eine Glockenschelle auslöste. Daraufhin schlugen Gewehrkugeln neben ihm ein, die ihn zum Rückzug zwangen.

So schwebten sie nach wie vor in Ungewißheit, ob Donald und Munro Mackay auf Achmore Farm noch lebten oder der Seuche zum Opfer gefallen waren. Ebensowenig erhielten sie ein Lebenszeichen von Linkwood und Tormore und deren Familien aus Inchnadamph.

Nachdem zwei, drei Versuche einer Kontaktaufnahme mit Robertson von Ardvreck Castle mit Gewehrschüssen beantwortet wurden, wuchs in Scoury House die bittere Erkenntnis, daß sie ausgehungert werden sollten. Drei Tage später entschloß sich der Rest des Clans, Morgans Wallach *Fian* zu schlachten, um zum einen dem beißenden Hunger zu entgehen, zum anderen die Chance zu wahren, wenigstens den Hengst und die Stute durchzubringen.

Ein letzter Versuch einer Fühlungnahme mit Robertson mittels eines weißen Tuches als Fahne scheiterte schon wenige Schritte nach Verlassen des Eingangsportals. Salven von Gewehrkugeln prasselten von der Anhöhe her neben Magnus und Morgan nieder. Ein Steinsplitter verletzte Morgan dabei leicht am Oberschenkel, so daß er blutend ins Haus zurückhumpelte.

Es waren wohl die entscheidenden Minuten, in denen allen klar wurde, daß ein Verlassen von Scoury House auf gewaltlose Art nicht mehr möglich war.

Kenneths Haß gegenüber Robertson kroch wieder hervor und wuchs in jener Nacht ein gutes Stück. Er grübelte auf seinem Lager Stunde um Stunde, wie er ihn töten, schlagen, würgen, stechen, zersägen, vierteilen, erschießen und endlos foltern würde. Er preßte im Stadium der höchsten Erregung die Lippen zusammen, legte seine gesunde Hand flach auf die Brust über sein pochendes Herz und sprach den Schwur: »Ich werde Robertson töten, langsam, mit Wonne. Er wird fühlen, wie es ist, wenn das Leben seinen eigenen Kadaver verläßt.«

Sein Gesicht zuckte. Er nahm seine rechte, verkrüppelte Hand in seine Linke, sein zittriger Atem zischte durch den halboffenen Mund.

»Dieses Schwein hat meiner Seele Schaden zugefügt!«

Dann nahm er die beiden Finger seiner rechte Hand, streckte sie mit der Linken wie zum Schwur und sagte: »Auge um Auge, Zahn um Zahn: Ich werde ihn verstümmeln, so wie er mich verstümmeln ließ!« Anschließend sprach er skandierend immer wieder den Satz zu sich selbst: »Geh hinaus und töte! Geh hinaus und töte! Geh hinaus und töte!«

Unruhig rollte er sich auf dem Bett hin und her, um die Tötungsphantasien immer wieder neu auszufeilen. Dann öffnete er seine Hose, masturbierte und durchlebte die Phantasien von neuem …

Am darauf folgenden Morgen sahen Kenneth und sein Vater einander in die Augen. Kenneth blickte wachsam, doch sein Blick hatte etwas Beunruhigendes, Rastloses an sich. Sie waren allein in der Küche. Beide spürten die unumgängliche Entscheidung näherrücken. Kenneths Gesicht erstarrte plötzlich.

»Hast du schon einmal eine deiner Töchter vor Hunger weinen hören?«

Magnus richtete sich auf, stützte sich mit beiden Ellenbogen auf dem Tisch ab und faltete die Hände übereinander. Er sah seinen Sohn scharf an und sagte: »Nun, Kenneth, was hast du noch zu bemerken?«

»Das Weinen ist so schrecklich – du möchtest es bestimmt nicht jede Nacht hören!«

Magnus schlug mit einem Mal beide Hände flach auf den Tisch. »Nun ist es genug«, fuhr er auf. »Ich weiß es selbst. Wir müssen hier raus!«

Für eine kurze Zeit schwiegen Vater und Sohn.

»Dann hol' ich jetzt Morgan.«

Magnus überlegte einen Augenblick, dann sagte er: »Hol ihn!«

Als Morgan zusammen mit Kenneth die Küche betrat, breitete ihr Vater eine schmutzige und sichtlich oft benutzte Karte auf dem Tisch aus, die das nördliche Hochland mit vielen Details zeigte. Stundenlang analysierten die Männer die verbliebenen Fluchtmöglichkeiten, diskutierten die taktischen Probleme, schmiedeten Pläne. Sie kamen zu der bestürzenden Schlußfolgerung, daß die Mauern von Scoury House ihre Gruft werden würden, sollte niemand von außen sie retten. Sie hegten keine Hoffnung, da Robertson alle Trümpfe in der Hand hielt. Schließlich fiel die Entscheidung. Der Ausbruch wurde beschlossen.

»Wir müssen sicher gehen, daß Florence, Mistress und Catharine Ullapool gefahrlos erreichen. Sie werden nach Skye übersetzen und bei Mutters Verwandten Unterschlupf finden. Daher werden sie in der kommenden Nacht Scoury House als erste verlassen.« Magnus redete, als ob er seine Absichten schon mehrmals vorgetragen hätte, und dazu in so lautem Ton, daß seine Söhne den Eindruck hatten, er richte seine Worte an die lauschenden Ohren im Hause. Dieser Eindruck wurde noch verstärkt durch die Art und Weise, wie er zur Tür schielte, die in die Wohnhalle führte.

»Wäre es nicht besser, wir wagen alle zusammen den Ausbruch? Und zwar sofort?« sagte Morgan mit besorgter Miene.

»Das ist zu risikoreich. Eure Schwestern sind für die Schweine dort drüben ein willkommenes Pfand in unseren Mauern. Vergeßt nicht: Es sind Männer! Brutale, geile Männer! Nein, nein! Wir müssen ihnen erst zwei Tage Vorsprung verschaffen. Denkt daran: Robertsons Männer beobachten seit vielen Wochen alle unsere Bewegungen. Sie würden jede Änderung sofort bemerken. Sie rechnen ohnehin mit unserer Flucht, zumal sie uns mit fortschreitender Zeit zu einem Ausbruch geradezu zwingen. Sie wissen nur noch nicht wann. Den Zeitpunkt werden wir bestimmen. Das ist unser einziger Vorteil!«

»Vater hat recht!« pflichtete Kenneth bei. »Außerdem waren wir die letzten Tage zu aktiv. Spätestens ab dem Zeitpunkt, wo aus dem Kamin kein Rauch mehr entweicht, werden sie nachsehen kommen, ob wir noch leben!«

»Genau!« bemerkte Magnus, der aufgestanden war und sich auf der Lehne des Stuhles abstützte. »Wir werden ein wenig zaubern. Wir werden die Leuchten in allen Räumen brennen und die Kamine rauchen lassen, hin und her wandern und wie bisher ständig nach Ardvreck Castle glotzen, so daß sie keinen Verdacht schöpfen.«

Magnus' Äußeres zeigte wieder die alte Entschlossenheit, die seine Söhne schon verloren glaubten.

»Dann«, fuhr er fort, als ob er keine Widerrede dulden würde, »nach achtundvierzig Stunden, verschwinden wir – und so Gott will, nur für eine kurze Zeitspanne.«

Damit hatte er die Aufmerksamkeit seiner beiden ältesten Söhne auf den Punkt gelenkt, der sie gänzlich verstummen ließ. Magnus blickte auf die Tischplatte, die Augen starr und kalt wie Kiesel, das Gesicht undurchdringlich.

»Wir müssen getrennt entwischen!«

Morgan wußte im gleichen Moment, was sein Vater damit andeutete. Seine Stimme klang heiser, als er das aussprach, was er fühlte.

»Du mit Kenneth, ich mit Angus?«

Magnus vermied es, auf Morgans Frage einzugehen.

»Wir müssen sie zwingen, ihre Kräfte aufzuteilen. Erst dann haben wir Aussicht auf Erfolg, Lochinver und Inverness heil zu erreichen.«

Morgan war wie vor den Kopf gestoßen, doch unfähig, seinem Widerwillen gegenüber diesem Plan Ausdruck zu verleihen. Er war der festen Überzeugung, daß es für Kenneth wie für seinen Vater sicherer wäre, zusammen mit Angus und ihm nach Inverness zu flüchten. Doch Morgan ahnte, daß sein Vater damit rechnete, daß ein Aufeinandertreffen mit Robertson tödlich ausgehen würde. Für Morgan war es außerdem erwiesen, daß Robertson seinerseits wußte, wie die nächsten Schritte seines Vaters aussehen würden. Das Ungleichgewicht der Gefahren, in Anbetracht der Fluchtwege, war zu deutlich.

Morgan war zwar so veranlagt, daß er Überzeugung und Wahrheit brauchte wie manch einer seinen täglichen Whisky, doch er brachte es im selben Moment nicht fertig, die Pläne seines Vaters zurückzuweisen. Er wußte, daß ein Zerwürfnis am Ende sogar die letzten Überlebenschancen gefährdet hätte.

Magnus klatschte in die Hände: »Auf! Auf! Sitzt nicht tatenlos herum. Ruft Angus und die Mädchen.«

Während Kenneth nach seinen Geschwistern sah, trat Morgan dicht an seinen Vater heran und zwang ihn damit, ihm in die Augen zu blicken.

»Was wirst du tun, wenn Robertson seine Falle zuschnappen läßt?«

»Nicht seine, sondern in meine Falle wird er tappen. Allerdings muß ich sie erst in Inverness abholen.« Dann legte er seine beiden Hände auf Morgans Schulter und sagte im Brustton der Überzeugung: »Mit der Whiskylizenz in der Hand werden wir triumphie-rend hierher zurückkehren. So lange wartest du mit Angus in Lochinver und die Mädchen auf Skye.«

»Was ist, wenn alles anders kommen sollte?«

Magnus überlegte einen Moment. »Dann sehen wir uns in Lon-don wieder. Dort gibt es einen Treffpunkt der Schotten, wie ich er-fahren habe. Das Schotteneck bei St. Paul's.«

Die Wohnhalle war sonnig. Durch die offenen Fenster zog der Ge-ruch von Salz und warmer, feuchter Erde. Ein milder Märztag ver-abschiedete sich. Magnus nahm den Dolch von der Wand über dem Kamin. Er schritt zur Mitte der Wohnhalle und streckte seine Hand mit dem Dolch nach oben. Seine Söhne scharten sich eng um ihn. Magnus' Faust umschloß fest den Griff; gleichzeitig legten sich die Hände seiner Söhne wie Zwiebelschalen darüber. Feucht glänz-ten seine Augen.

»Nicht der Tod ist's, der mich so quält,
ich weine um euch, meine Söhne, mein Land.
Laßt euch nicht wie Farnkraut zertreten!
Wehrt euch, Seite an Seite, gegen den niederen Feind!
*Manu forti!*
Die Mackays leben noch lange fort!«

»*Manu forti!*« riefen die Söhne geschlossen und kraftvoll. Sie lösten sich, sahen sich prüfend an, und Magnus nickte wortlos.

Die Arbeiten und Vorbereitungen der Flucht nahmen ihren Fort-gang. Die letzten verbliebenen Vorräte wurden aufgeteilt und in zwei Ranzen gepackt. Karg genug: zwei Speckseiten, dazu dünnge-schnittenes und an der Luft getrocknetes Schwarzbrot und ein wenig Käse. Das einzige, woran sie keinen Mangel litten, war Whisky.

Der Hauptanteil des Proviants war an die Töchter gegangen. Die

Männer wußten, daß die Mädchen längere Wege zu gehen hatten, eventuell mehr Zeit benötigten, um nach Ullapool zu gelangen, und folglich die Notration gut bemessen sein mußte.

Vor zwei Tagen war unter der Führung von Morgan, bei regnerischem Wetter und im Schutze der Nacht, unbemerkt die Flucht mit der WHISKY-FRISKY quer über den Assynt gelungen. Obwohl der Plan seinerzeit noch nicht feststand, hatte man die Wochen zuvor genutzt und die Gig regelmäßig gewässert, damit die Dichtigkeit der Beplankung gewährleistet blieb. Die schwierigste Operation bestand jedoch darin, das mastlose Boot möglichst geräuschlos und unbemerkt mittels eingefetteter Seilwinde vom Stall aus zu Wasser zu lassen. Da jede Hand gebraucht wurde, mußte Magnus das Lauschen und Beobachten der Umgebung des Hauses und des angrenzenden Ufers seinen Töchtern übertragen. Zudem galt es, die Beleuchtung der Räumlichkeiten derart zu arrangieren, daß kein Lichtkegel den Stall und das kurze Geländestück bis hinunter zum Ufer des Assynt erhellte. Wütendes Anschlagen und Jaulen der Hunde von Ardvreck Castle hätten in jener regnerischen Nacht nicht zu den unverdächtig einladenden, hell erleuchteten Fenstern von Scoury House gepaßt ...

Es war nicht der Wind und der peitschende Regen allein, der den Geschwistern beim Abschied den Atem nahm. Sie waren auch nicht von der feuchten Kühle bis in die Lippen bleich, sondern vom unabänderlichen Los, welches sie in jungen Jahren grausam lehrte, daß ein weiteres Ausharren in den Mauern, die ihr Zuhause gewesen waren, ihr geliebtes Heim schnell in ein Grab voller Würmer verwandeln würde.

Florence, darüber verbittert, daß sie ihr Gelübde brechen mußte, drückte ein letztes Mal Angus' Kopf an ihre Brust und flüsterte ihm ein paar Worte ins Ohr. Die Hoffnung auf eine gemeinsame Flucht war damit endgültig begraben. Angus stand bestürzt vor ihr, die Hände seines Vaters übermächtig auf seinen Schultern spürend, unfähig, die Finsternis, die sich wieder auf ihn herabsenkte, in Bann zu halten. Er sah der erzwungenen Trennung von Florence zu, als stünde er außerhalb seiner selbst, und als die Nacht Florence' Gestalt verschlang, sank er auf die Knie. Er blieb still, doch die blutende Seele krümmte seinen Leib ...

Die Nacht rückte vor, derweil die Helligkeit der Räume und die bewegten Schatten darin die zahlreich spähenden Augenpaare der Männer Robertsons erfolgreich vom wahren Geschehen auf dem Assynt ablenkten. Als Morgan die Gig in gleicher Nacht sicher wieder an das Ufer gesetzt hatte und das Boot unbemerkt in die Scheune gezogen war, konnte Magnus aufatmen und zuversichtlich sein, daß seine Töchter, unter Führung von Florence, unbemerkt auf den Weg nach Ullapool gelangt waren …

»Gott sei Dank, daß Robertson noch nicht gelernt hat, Gedanken zu lesen!« sagte Kenneth, der am Fenster stand und aufmerksam auf die dunkelblaue Fläche des Assynt blickte. Dann sah er hinüber nach Ardvreck Castle, das die späte Nachmittagssonne in ein kaltes Licht getaucht hatte. Alle Ecken des Turmhauses erschienen ihm frostig und öde.

Er und Morgan befanden sich allein in der Wohnhalle. Kenneth schien höchst erleichtert zu sein, seit seine Schwestern Scoury House verlassen hatten. Ja, er war sogar gesprächiger geworden, vor allem seinem Bruder gegenüber. So hatte er Morgan im Verlauf der beiden vergangenen Tage ein nahezu lückenloses Bild über seine Vorstellungen einer möglichen Auseinandersetzung mit Robertson vermittelt. Der Ausgang der Geschichte war immer derselbe gewesen. Robertson hatte darin nicht die geringste Chance …

»Nimmst du ihn mit?« fragte Morgan.

Kenneth tippte sich mit dem Zeigefinger seiner rechten Hand an die linke Brust. »Natürlich!«

»Geladen?«

»Geladen! Was denkst du denn?«

»Weiß Vater davon?«

Kenneth schüttelte unmerklich seinen Kopf. Schließlich ging er auf Morgan zu, tippte ihm auf die Brust und sagte: »Kein Wort darüber! Hast du verstanden?«

»Ja, doch! Keine Angst. Von mir erfährt niemand etwas. Trotzdem, bring dich und Vater damit nicht unnötig in Gefahr. Inverness ist das Ziel und die glückliche Rückkehr hierher zurück. Und zwar für alle!«

Kenneths Lächeln gerann.

Er war in letzter Zeit einsilbig geworden, doch nun gewann

Morgan den Eindruck, als hätte sein Bruder seit Wochen leidenschaftlich auf den Zeitpunkt der Flucht gewartet.

Kenneth war von mittlerer Statur – robust, aber nicht übermäßig kräftig gebaut. Die schwere Zeit nach der Verstümmelung seiner rechten Hand hatte er durch harte Leibesübungen überbrückt, die seine Muskeln gestählt hatten. So schaffte er mit seinem gesunden Arm am Balken locker fünfzig Klimmzüge, was keinem seiner Brüder gelungen wäre.

Als Morgan sorgsam seine Decke verschnürte, betrat Magnus zusammen mit Angus die Wohnhalle. Sie schleppten ihre prallen Ranzen mit, die sie unter dem Tisch ablegten. Danach hagelte es Anweisungen.

»Umwickelt euch die Füße mit den Seehundfellen! Erst wenn ihr aus dem Wasser steigt, zieht ihr wieder die Stiefel an! Wir haben noch etwa drei Stunden bis zum Aufbruch. Morgan! Du und Angus, ihr entzündet die Lampen, sobald es dämmert. Danach macht ihr sofort Feuer in allen Kaminen! Befeuchtet den Torf ein wenig, so daß der Qualm bis nach Inchnadamph zieht, und vergeßt nicht, euch durch die Räume zu bewegen! Das Halunkenpack darf nichts merken! Kenneth und ich überprüfen die Fugen zum Keller und treffen die Vorkehrungen für die Pferde.«

»Was ist mit den Waffen?« fragte Morgan.

Magnus' Antwort erfolgte prompt: »Nehmt, was ihr tragen könnt!«

Angus flitzte bei diesen Worten aus der Wohnhalle und eilte zurück in sein Zimmer. Er nahm den Stuhl, streckte sich und zog hinter einem Dachbalken ein kleines geschnitztes Holzkästchen hervor. Er machte den Deckel auf und sah prüfend hinein. Darin lag der Wollfaden mit den drei Windknoten.

Als müßte er eine Kostbarkeit sicher aufbewahren, so fest drückte er das Kästchen an seinen Leib.

Einen Moment lang stand für Angus und Morgan die Zeit still. Der Augenblick der Entdeckung und der Gefangennahme schien gekommen.

Sie hatten sich erst eine halbe Meile am Ufer entlanggetastet, als sie direkt über sich Stimmen vernahmen. Es gab kein Zurück. Doch die Gnade war mit ihnen. Flach ausgestreckt zwischen felsigen Rippen, die an dieser Stelle den Wasserspiegel des Assynt durchbrachen, nahmen sie Deckung. Oberhalb des steil abfallenden Dammes, der hinüber nach Ardvreck Castle führte, stritten Männer.

»Halt's Maul, du Nachttopf!«

»Du wirst sehen. Noch eine Woche ...«

»Ich schlag' dir den Schädel ein, wenn du nicht ...«

»Hört auf damit! Verdammt!« unterbrach eine befehlsgeschulte Stimme das Wortgefecht.

Nach einer kurzen Pause vernahmen sie die Stimmen erneut.

»Ich sage euch, er wird das Jericho dort drüben auf diese Art nie bezwingen!«

»Klar, der hat was Besseres zu tun. Der vögelt seine Jezebel Tag und Nacht, und wir sind so blöd und frieren uns den Schwanz ab!«

»Fumbler, du bist ja nur sauer, weil du dein Jibb in kein Jiggambob bekommst!«

Dröhnendes Gelächter begleitete die Worte.

»Hört mal! Der Highlander soll schöne Töchter haben. Die sollten wir uns greifen und ein Tänzchen veranstalten, bevor sie als ewige Jungfrauen verhungern.«

»He! Klar, die haben alle eine warme Pussy, denn wie du siehst, verheizen sie dort drüben großzügig die Highlandmoore!«

Während erneut das Gelächter anhob, verließen Angus und Morgan eilig ihren Platz, um Ardvreck Castle unbemerkt auf der Uferseite zu umgehen. Der Assynt hatte zu dieser Zeit seinen niedrigsten Wasserpegel, so daß ein Uferstreifen von mehreren

Fußbreit trocken fiel. Dennoch gingen sie im Wasser, wie ihr Vater und Kenneth es ihnen geraten hatten, damit die Hunde die Spur nicht aufnehmen konnten. Außerdem bewahrheitete sich Vater Magnus' Annahme, daß die Aufpasser nie vermuten würden, einer der Fluchtwege der Mackays könnte direkt unterhalb von Ardvreck Castle vorbeiführen.

Schwitzend unter dem Gewicht ihrer Rucksäcke, versuchten Morgan und Angus so geräuschlos wie möglich aufzutreten und zu atmen. So umrundeten sie, ohne bemerkt zu werden, die Insel, die durch einen Damm mit dem Festland verbunden war. Im eiskalten Wasser watend, erreichten sie nach einer weiteren Meile Skiag Bridge. Ihre Augen hatten sich schon lange an die Dunkelheit gewöhnt. Morgan preßte zum Zeichen der erhöhten Vorsicht seine Hand auf Angus' Mund. Sie wußten, daß die Brücke die gefährlichste Stelle auf dem Weg nach Lochinver war und sie damit rechnen mußten, daß diese Zone unter ständiger Beobachtung stand. Sie konnten daher nur hoffen, daß die Aufmerksamkeit wegen der Ereignislosigkeit der letzten Monate nachgelassen hatte und die Kontrolle der Brücke nicht scharf gehandhabt wurde.

Schritt für Schritt kamen sie entlang des Ufers der Brücke langsam näher. Das eiskalte Wasser hatte die Seehundfelle an den Füßen längst durchnäßt. Die Kälte stieg langsam, dafür um so unangenehmer die Beine hoch, doch die lauernden Gefahren halfen ihnen, das Unbehagen zu verdrängen.

Die Stille war erstickend. Das einzige, was sie hörten, war das leise Plätschern des Allt Sgiathaig, der an dieser Stelle in den Assynt mündete. Gespannt lauschten die Flüchtenden auf verräterische Geräusche. In der nächsten Minute konnte sich die ganze Zukunft entscheiden.

Kurz vor der Einmündung des Baches in den Assynt lag ein Haufen brüchiger Äste, die der Allt Sgiathaig während der Regenstürme im Herbst in seinem Bett aufgeschichtet hatte. Das Brechen eines Zweiges konnte ein unüberhörbares Signal sein und das Ende der Flucht bedeuten. Vorsichtig schoben sie sich an dem Astberg vorbei und drückten sich unter die Brücke. Obwohl der Bach wenig Wasser führte, blockierten Geröll und ein dicker Baumstamm jenseits ihres Standortes den Durchschlupf.

Eine gute Viertelstunde lang lauschten sie angestrengt auf jedes Geräusch, das an ihre Ohren herangetragen wurde. Eine unmittelbare Bewachung der Brücke schien nicht zu bestehen, was ihren Wagemut stärkte. Ihr Ziel war, zunächst nach ihren Verwandten Donald und Munro auf der Achmore Farm zu sehen. Niemand wußte, ob sie noch lebten oder tot waren und ob sie sich frei bewegen konnten oder genauso unter Bewachung standen wie die Bewohner von Scoury House.

Morgan zog Angus am Ärmel, und sie stapften durch das knietiefe Wasser des Allt Sgiathaig, um 400 Yards westwärts die Uferstraße zu überqueren. Das Wasser konnte sie zumindest davor schützen, daß die Spürhunde ihre Witterung aufnahmen. Durch niedrige Büsche abgeschirmt, wechselten sie gegen Mitternacht die vollgesogenen Felle gegen trockene Stiefel.

Wenig später pirschten sie sich jenseits der Straße zurück zum Bach und folgten ihm, durch Felsen gedeckt, bis die Achmore Farm querab lag. Die Umrisse der schwarzen, strohgedeckten Dächer auf den Steinmauern waren zwar auszumachen, doch keine einzige Lichtquelle zeugte davon, daß die Häuser noch bewohnt waren. Morgan entschied, daß er allein nach dem Rechten sehen werde.

Er legte den Rucksack ab, prüfte den Lederbeutel an seinem Gürtel, tastete nach Messer und Dirk und schlich auf die Straße zu, die von der Skiag Bridge nach Norden zum Loch Glencoul abzweigte. Zur Spannung, die in ihm vibrierte, mischte sich nun auch Angst, je näher er an die Farm herankam. Sie konnte eine Falle für ihn sein. Atemlos kroch er über die Straße. Sein Mund war unerträglich trocken, das Herz klopfte ihm bis zum Hals.

Als Morgan nahe genug heran war, prüfte er trotz Dunkelheit mit scharfem Blick Yard für Yard die Umgebung und bemerkte nichts Ungewöhnliches. Von Kindesbeinen an kannte er jede Mulde, jeden Felsen und auch jeden Winkel der Häuser. Aufgrund seiner Beobachtungen schloß er, daß die Familien entweder schliefen oder die Häuser von ihnen verlassen waren. Dennoch wollte er sichergehen.

Er nahm einen Stein und warf ihn über das Strohdach auf den Weg, der die drei Häuser voneinander trennte. Nichts regte sich. Weder ein Blöken von Schafen war zu vernehmen noch das Anschlagen der Hunde, das man hätte erwarten können. Ein zweiter und dritter Stein, die gegen die Steinwände flogen, bewirkten ebenfalls nichts.

Morgan schlich sich bis auf wenige Yards heran. Er legte sich flach auf den Boden. Die Spannung war so übermächtig, daß er das Gefühl hatte, sein Herz müsse zerspringen.

Die schwarzen Fensterlöcher wirkten wie die augenlosen Höhlen eines Totenschädels. Für einen Moment war er wie gelähmt. Er bemerkte plötzlich, daß die Strohdächer teilweise abgedeckt und in das Innere der Häuser eingebrochen waren. Außerdem nahm er mit einem Mal einen fauligen, kalten Brandgeruch wahr und verspürte den Drang, umzukehren. Instinktiv zückte er den Dirk. Doch der Verstand blieb Sieger über die Angst, und die Muskeln taten mit Geschmeidigkeit und Kraft wieder ihre Arbeit. So war er mit wenigen Schritten heran, preßte sich eng an die kalte, feuchte, mit Grassoden bewachsene Steinmauer und lauschte erneut auf irgendein Lebenszeichen.

Als er nichts wahrnehmen konnte, tastete er sich bis zur Eingangstür und stellte fest, daß sie unverschlossen und nur angelehnt war.

Langsam drückte er sie einen Spalt auf und schlüpfte hinein. Ein hastiges, flinkes, aber auch vertrautes Rascheln drang an sein Ohr. Ratten! Langsam gewöhnten sich seine Augen an die absolute Schwärze des kleinen Vorraumes im Inneren der Steinhütte. Er wußte auch blind, wo sich der Wohn- und Schlafraum von Munro, seiner Frau und ihren vier Kindern befand.

Wieder wartete er und lauschte. Nichts! Er nahm den Dolch zwischen die Zähne, tastete nach seinem Lederbeutel, entnahm zwei Phosphorhölzer, ging bis zur Tür und fand auch diese in ihren Angeln frei schwingend. Der Brandgeruch wurde intensiver, daneben stieg ihm ein Geruch in die Nase, der Übelkeit verursachte. Er nahm allen Mut zusammen und stieß die Tür mit der Spitze des Dolches auf.

Durch das offene Dach glänzte der Sternenhimmel. Mutig trat Morgan in den Raum und entzündete die Phosphorhölzer am rauhen Stein. Im Aufflammen des Lichts erkannte er zernagte, liegende und halb aufgerichtete Leichen ringsum auf ihren Lagern. Die Ratten wuselten zwischen den verwesenden Überresten hin und her.

Panik gewann die Macht über ihn. Er ließ die Hölzer fallen und stürzte zum Ausgang. Die Kontrolle über sich entglitt ihm vollends, als ihm etwas entgegenfiel, was eingehüllt hinter der Eingangstür an einem Haken hing und das er nicht bemerkt hatte, als er die Steinhütte durch den Türspalt betrat. Halb wahnsinnig vor Entsetzen stach er mit seinem Dolch mehrmals zu, bis der Horror ihn zur Tür hinausjagte.

Jede Vorsicht mißachtend, stürmte Morgan den Hang hinab, stürzte, kam wieder auf die Beine und blieb atemlos mitten auf dem Weg stehen. Langsam gewann er seine Fassung wieder und lachte laut auf. Der Klang einer soeben aus Todesangst erretteten Seele erhellte einen Augenblick lang die schwarze, grauenvolle Nacht.

Den Dirk fest umklammert, bemerkte er den Verwesungsgeruch, der daran haftete, und war geneigt, ihn einfach wegzuwerfen. Als er ihn im Graben zum Reinigen mehrmals in die Grassoden stach, zog er seinen Arm so schnell zurück, als hätte er in ein Knäuel glitschiger Schlangen gestochen.

Vom Assynt her vernahm er Hufschläge. Er entfernte sich eilig von der Straße, suchte Deckung und blieb erneut mit pochendem Herzen stehen, um zu lauschen.

Kein Zweifel, es mußten mindestens drei oder vier Pferde sein. Morgan erreichte keuchend den Platz, wo Angus versteckt lag.

»Pferde auf dem Weg«, flüsterte Angus.

»Ja, noch etwas entfernt! Drei oder vier…«

Beide lauschten angestrengt in die Nacht. Die Hufschläge waren verstummt.

»Was war?« flüsterte Angus abermals.

»Gottes Wille ist geschehen. Nacht, Verwesung, unsagbares Grauen und Ratten herrschen über Achmore Farm!«

»Niemand mehr …?« fragte Angus fassungslos.

»Niemand! Los, nimm deinen Ranzen. Wir haben nur noch wenige Stunden, bis der Tag anbricht.«

In der darauf folgenden Stunde hatte Morgan Mühe, seine Gedanken zu ordnen. Er versuchte sich abzulenken, indem er sich auf den Schleichpfad und die Umgebung konzentrierte, aber es fiel ihm nicht leicht, denn die Hand des Grauens legte sich immer wieder schwer auf sein Gemüt.

Da sich die Fluchtroute nach Lochinver in ihren Gehirnen eingebrannt hatte, erklommen sie in der Dunkelheit stumm und zügig den Bergsattel, der den hohen Quinag mit dem wesentlich niedrigeren Coire Riabhach verband. Sie blieben auf gleicher Höhe des Sattels und bewegten sich parallel zum Assynt sowie zur Straße, die nach Lochinver führte.

»Haltet euch konsequent auf der Seite des Quinag und versucht, bis zum Anbruch des Tages zum Loch Leitir Easaidh zu kommen! Vom Cnoc a Bhainne herunter könnt ihr tagsüber den Assynt und die Straße gut beobachten«, hatte ihnen ihr Vater geraten. Angus und Morgan befolgten den Rat, gönnten sich keine Rast, so daß sie in der Morgendämmerung den Pfad betraten, der sie nördlich am Loch Leitir Easaidh vorbeiführte. Noch bevor der Tag die Nacht verdrängt hatte, lagen sie in guter Deckung unterhalb des Gipfels des Cnoc a Bhainne und behielten, abwechselnd Wache haltend, den ganzen Tag über die Straße nach Lochinver mit ihrem Fernrohr im Auge.

Um die Mittagszeit weckte Angus Morgan. Drei Reiter, offensichtlich aus Lochinver kommend, führten ihre Pferde am Assynt entlang Richtung Osten.

»Das sind sie! Gib mir das Fernrohr!« sagte Morgan.

»Robertsons Leute! Sie tragen ihre Flinten auf dem Rücken.«

»Glaubst du, sie suchen uns?«

»Sieht nicht so aus. Kein echter Jäger läßt seine Büchse auf dem Rücken. Wir sind hier in Sicherheit. Das wird sich aber spätestens bei Einbruch der Nacht ändern, wenn unser Haus dunkel bleibt!« antwortete Morgan.

»Was meinst du? Können wir jetzt nicht gleich nach Lochinver gehen?«

»Nein! Wir warten auf die Dämmerung. Nur im Schutz der Finsternis dürfen wir das Äußerste wagen!«

Angus erwachte nach tiefem, festem Schlaf, als die ersten Dunstschleier des Abends sich über die zahlreichen Lochs legten. Sein Blick schweifte über die spärliche Vegetation und die kleinen Bachläufe, hinweg über das bleigraue Wasser des Assynts, um weit im Hintergrund am Gipfel des Cnoc an Droighinn hängenzubleiben. Einen Moment lang schloß er die Augen und rief sich die Bilder zurück ins Gedächtnis. Er spürte die magische Anziehungskraft seines Thrones, spürte die gewaltige Kraft der Landschaft, wenn die gleißende Sonne darüber lag. Ein unsagbares Glücksgefühl durchströmte ihn. Er öffnete die Augen wieder, streckte die Hand in Richtung des Gipfels aus, und seine junge Stimme bebte, als er schwor: »Eines Tages komme ich wieder!«

Die Geschwister machten sich zum Abmarsch fertig. Das Wetter schien ruhig zu bleiben. Nur der Wind nahm von Westen her merklich zu. Ohne ein Wort zu wechseln, verließen sie ihren Rastplatz, und Morgan ging zielstrebig voraus, als beschreite er den Pfad schon seit ewigen Zeiten.

Als die Brüder eine gute Stunde vor Mitternacht die Bucht von Loch Inver erreichten, standen sie vor dem schwierigsten Problem ihrer Flucht. Die Fenster der Taverne ließen das gleiche warme Licht nach außen fließen wie vor fünf Monaten. Angus' Stimme war voller Freude.

»Das haben wir nicht schlecht gemacht, Bruder!« flüsterte er.

»Licht ist ein gutes Zeichen. Doch wir wissen nicht, ob Cameron und seine Leute noch am Leben sind. Wir werden schlau und wagemutig sein und daher auskundschaften, was die Mauern uns verbergen.«

»Wie willst du das anstellen?« fragte Angus besorgt.

»Wir schauen einfach durch die Fenster! Sollten wir getrennt werden, ist unser Treffpunkt oben am Little Assynt, dort, wo sich unser Ankerplatz befindet.«

Als sie durch das Fenster in den Schankraum spähten, entdeckten sie vier Männer, die stocksteif auf ihren Stühlen am runden Tisch saßen und einander angespannt anstarrten. Einer von ihnen, der mit dem Rücken zum Fenster saß, umklammerte mit seinen zwei Händen ein Glas, als wollte er es wärmen. Morgan bedeutete Angus, er solle durch das Küchenfenster spähen. Kurz darauf kam er zurück und machte eine Bewegung, die auf zugezogene Vorhänge schließen ließ.

Morgan trat daraufhin nahe an die Mauer heran, streckte sich zur vollen Größe und lugte seitlich durch das Fenster. Er konnte nicht hören, was die Männer sprachen, da das Donnern der Brandung alles überlagerte. Ein paar Sekunden später konnte er Cameron ausmachen, wie er einen neuen Krug auf den Tisch stellte. Im selben

Augenblick erkannte er auch den Mann, der mit dem Rücken zum Fenster saß. Es war der Schmuggelkapitän der WILD FIRE, Colin Morrison.

Morgan wendete sich der Bucht zu, und seine Augen versuchten die Dunkelheit zu durchdringen. Er hatte sich nicht getäuscht: Der Ankerplatz in der Bucht war leer.

»Was ist?« flüsterte Angus ungeduldig.

Morgan antwortete in voller Lautstärke: »Wir können unbesorgt hineingehen. Cameron und Morrison sitzen drinnen und trinken Glühwein. Sie leben!«

Cameron pfiff zweimal anerkennend durch die Zähne, als Morgan und Angus den Schankraum betraten. Die anderen Männer am Tisch verzogen keine Miene. Doch ihre Blicke waren aufmerksam bis aufdringlich. Beide Seiten betrachteten einander, urteilten, überlegten und versuchten zu ergründen, was passiert war. Bis auf Morrison waren sich die Männer am Tisch so ähnlich wie die Kieselsteine längs des Strandes oder die grauen Möwen über der Bucht.

»Legt ab und setzt euch zu uns!« forderte Morrison die Mackay-Brüder auf.

»Ihr seid ja richtig schlank geworden«, stellte Cameron fest und schob die Stühle heran.

»Am Assynt ist Fastenzeit«, antwortete Morgan trocken.

In der darauffolgenden Stunde berichtete zuerst Cameron über die kargen Ereignisse im *The Shank*, danach Morrison über den fast vollständigen Verlust seiner Mannschaft durch die Cholera und am Ende Morgan über den Tod seiner Mutter und die Geschehnisse am Assynt, ohne dabei die genauen Fluchtpläne und Absichten seines Clans preiszugeben. Ebenfalls verschwieg er die Tragödie auf der Achmore Farm sowie die Beobachtung der drei Reiter vom vergangenen Tag.

Nachdem Morgan seine Erzählungen beendet hatte, wollte Cameron die Unterhaltung fortsetzen, um in Erfahrung zu bringen, was Magnus genau beabsichtigte, aber Morgan erklärte ruhig, es wäre vernünftiger, wenn er und sein Bruder nun schlafen gingen.

»Nein! Was ist mit dem Rest der Geschichte? Ich muß das wissen! So einfach liegen die Dinge nicht mehr!«

Einen Moment lang herrschte Schweigen. Alle sahen einander an.

»Es ist doch ganz einfach, Käpt'n«, sagte Morgan in freundschaftlichem Ton. »Die Cholera ist vorüber, die Highlands sind endgültig menschenleer, und niemand ist mehr aufzutreiben, der die Lizenzen zum Whiskybrennen bezahlen kann. Du solltest dich sofort um eine Lizenz kümmern, dann könnten wir schon nächste Woche zusammen legal Whisky brennen. Denn ohne Whisky sind wir nichts!«

Cameron überhörte diese Anspielung und bedrängte statt dessen Angus.

»He! Was ist nun mit eurem Vater, eurem Bruder? Was ist mit Scoury House, Ardvreck Castle und Robertson?«

Angus hob müde die Achseln. »Scoury House?«

»He, Junge! Willst du mich zum Narren machen?« sagte Cameron erbost.

»Ich glaube, sie sitzen beim Whisky und besprechen die bevorstehenden Zeiten«, antwortete Angus rasch.

Morgan blickte strafend zu Angus. »Du sollst doch nichts verraten!«

Camerons Augen hetzten zwischen Morgan und Angus hin und her, während Morrison und seine Männer sich amüsierten. Morgan spürte Camerons Unsicherheit und forderte ihn auf, selbst über den vergangenen Tag zu berichten.

»Robertson hat drei Männer ausgeschickt! Was wollten die von dir?«

Cameron zeigte sich überrascht und rang mit seiner Antwort.

»Die Wahrheit!« stieß Morgan nach. »Nimm dir ein Beispiel an uns!«

»Sie sagten ...« Er brach seine Antwort ab.

»Nur zu! Was haben sie über uns berichtet?«

»Sie sagten, ihr wäret alle an der Cholera verreckt. Eure Leichen würden in Scoury House verwesen. Es dürfe noch niemand hinein. Robertson wollte noch warten, um sicher zu gehen, daß die Seuche nicht erneut ausbricht. Inzwischen dürfe keine Menschenseele an den Assynt.«

Morgan und Angus schauderten plötzlich.

»Wir sind also schon verwest ...«, sagte Morgan und griff nach Angus' freier Hand. »Schön, dich im Paradies wieder anzutreffen, kleiner Bruder!«

Morgans Satz wirkte wie eine Erlösung auf die Runde am Tisch. Als alle Gäste der Taverne nach einer letzten Runde Grog ihre Betten aufsuchten, zwinkerte Morrison beim Hinausgehen Angus zu.

»Ich halte mein Angebot aufrecht, junger Mann.«

»Wo ist die Wild Fire?« fragte Angus den Kapitän.

»Sie liegt in einer verschwiegenen Bucht vor Anker. Sicher und gut versteckt. Also, was ist nun?«

»*Aye, aye*, Käpt'n! Meine Antwort kennen Sie: Sobald ich kann!«

Es war erst kurz nach Mitternacht. Doch Magnus und Kenneth schienen eher vier Tage als vier Stunden vergangen zu sein, seit sie Scoury House verlassen hatten. Sie tasteten sich, die Clydesdales an den Zügeln führend, am östlichen Ufer des Assynt entlang, um Inchnadamph im Schutze der Dunkelheit nördlich zu umgehen. Es war zur gleichen Stunde, in der Morgan die Achmore Farm betreten hatte.

Bisher war alles gut gegangen. Den beiden Clydesdales waren die Hufe wiederum sorgfältig gepolstert worden, um ihren Schlag zu dämpfen. Hatte der weiche Grund entlang des Assynt jedes Geräusch verschluckt, so waren die Tritte der Pferde auf dem steinigen Untergrund nun auf kurze Distanz vernehmbar. Das einzige, was sie in jener Stunde daher fürchteten, waren die Hunde von Inchnadamph. Doch es blieb still.

Vater und Sohn hatten sich entschieden, die Pferde mitzunehmen, was zunächst ein hohes Risiko bedeutet hatte. Doch die Distanz nach Inverness war zu groß, um zu Fuß und abseits der Wege zügig voranzukommen. Ihr Ziel war es daher, den weiter östlich gelegenen Glen Cassley zu erreichen. Dazu mußten sie hinter

Inchnadamph zunächst in den Gleann Dubh abzweigen, danach dem River Traligill entlang aufwärts bis zu seiner Quelle folgen und anschließend den steilen Paß am Coire a Mhadaidh überqueren, um den Ben More Assynt nördlich umgehen zu können. Noch in der Dunkelheit wollten sie den kleinen, unscheinbaren Paß erreichen, um ihn in den Morgenstunden überschreiten zu können. Sollte ihre Flucht bis dahin unentdeckt geblieben sein, so dachten sie, wären sie schon in Sicherheit.

Magnus und Kenneth waren sich jedoch darin einig gewesen, sollten sie Gefahr laufen, auf der kurzen Distanz bis nach Inchnadamph entdeckt zu werden, sofort aufzusitzen, um auf direktem Weg nach Inverness durchzubrechen. Außerdem hatten sie aufgrund des schwierigen Fluchtwegs von vornherein auf den Versuch verzichtet, irgend etwas über das Schicksal der Familien von Linkwood und Tormore herauszufinden. Sie vermuteten, daß Robertson an alles gedacht hatte, um jeden Fluchtversuch vom Assynt zu verhindern. Diese Erkenntnis machte jede Idee der Fühlungnahme oder zur Rettung der Clanfamilien, so schwer es ihnen auch fiel, undurchführbar.

Vater und Sohn wollten innerlich schon jubeln, als sie ohne Zwischenfall etwa vier Stunden nach Mitternacht das Ende des Gleann Dubh erreicht hatten. Vor ihnen lag ein kurzer, aber steiler Aufstieg, bei dem über zweieinhalbtausend Fuß Höhenunterschied zu überwinden waren. Wenn die Dämmerung einsetzte, so mutmaßten beide, würden sie schon darüber hinweg sein …

Doch es war die Zeit, in der der Mensch in seine ursprüngliche Bestialität zurückgepreßt wurde. Die Begehrlichkeit des Reichtums und die Bestechlichkeit der Not hatten sich zusammengetan. Dem ausgemergelten schottischen Highland-*crofter* war es inzwischen egal, ob er für ein halbes englisches Pfund Menschen verriet und damit abschlachten ließ – Menschen, die für ihr Haus, für ihren Boden und ihr Leben kämpften.

Im fieberhaften Traum, sich vom Elend befreien zu können, folgten Robertson inzwischen mehr als achtzig Männer. Sie hielten sich seit Monaten an jedem markanten Punkt, an jedem Abzweig, am Eingang eines jeden Glens und auf dem Gipfel eines jeden Bens rund um den Assynt verschanzt. Ihr Bewußtsein, damit gegen die eigenen Clanbrüder und gegen ihre eigenen Interessen vorzugehen, war völlig abgestumpft, und die Folgen ihrer Taten hatten sie längst verdrängt.

Magnus Mackay und sein ältester Sohn hatten keine Vorstellung von dem dichten Überwachungsnetz nördlich, östlich und südlich des Assynt, das Robertson Anfang des neuen Jahres über Scoury House geworfen hatte. Robertson hatte sich mit tödlicher Präzision ausgerechnet, daß sein Gegenspieler versuchen würde, nach Inverness zu entkommen, um die mörderische Verschwörung am Assynt aufzudecken. Die Falle war aufgebaut. Irgendwann, so war er sich sicher, mußte sie zuschnappen.

Während Magnus und Kenneth damit begannen, *Prinz von Assynt* und *Windhexe* am Zügel in engen Serpentinen den steinigen Hang hinaufzuführen, löste sich von einem Felsen, der wie eine Kanzel über den River Traligill hinausragte, unbemerkt ein Schatten. Von dort aus hatte der Beobachter den Gleann Dubh unter guter Kontrolle. Auch nachts, wenn die Sicht eingeschränkt war, konnte der Bewacher auf dem Pfad, der direkt unter dem Fels vorbeiführte, sowohl jedes Geräusch als auch jede Bewegung wahrnehmen. Es war schon der zweite Späher in jener Nacht, der an den Assynt zurückeilte, um die Menschenjäger zu alarmieren.

»Ja, sie sind den Paß am Coire a Mhadaidh hoch!« wiederholte der zweite Beobachter aufgeregt, als Robertson ihn in Inchnadamph bei Fackelschein vom Pferd herunter befragte. Vom ersten Späher gewarnt, war er in der Dunkelheit schwer bewaffnet mit weiteren vier Begleitern und seinem Bluthund von Ardvreck Castle aus in halsbrecherischer Manier nach Inchnadamph galoppiert.

»Diesen Fluchtweg hätte ich ihm nicht zugetraut!« bemerkte er, während er den Späher, dem der Schweiß von der Stirn rann, mit einem durchdringenden Blick maß: »Wie viele waren es?«

»Zwei Männer!«

»Nur zwei?«

»Zwei!«

Nach einer Atempause fragte Robertson erneut: »Was hast du sonst noch bemerkt?«

»Sie führten die riesigen Pferde am Zügel, der Schlag ihrer Hufe war kaum zu hören. Sie waren sicher mit Lumpen umwickelt.«

»Trugen die Pferde Lasten?«

»Nein! Sie waren nur gesattelt.«

»Kannst du die Männer beschreiben?«

»Nein. Dazu war es zu dunkel.«

»Wie lange bist du hierher gelaufen?«

»Weniger als dreißig Minuten!« sagte der Späher stolz.

Robertsons Miene wirkte wie aus Stein.

»Die Karte!« forderte er barsch vom Reiter hinter sich.

Als er sie gereicht bekam, riß Robertson das Pergament geradezu an sich, glitt aus dem Sattel und kehrte allen verächtlich den Rücken.

»Zwei Fackeln!« befahl er.

Trotz der Spannung, die er erzeugte, und seiner stürmischen, ungeduldigen Art nahm er sich deutlich Zeit. Er prüfte die Karte mehrmals. Die Minuten verrannen. An Robertsons Konzentration konnte man ablesen, wie er Stunden und Meilen nachrechnete. Sein Kopf blickte auf, wanderte von einem Späher zum andern, ehe er sich auf dem Absatz drehte und mit einem Lächeln an seine Begleiter wandte.

»Bob! Ron! Nick! Ihr kommt mit mir. Norman! Du reitest zurück, nimmst Mark Fair und Greg Cooper mit. Ihr riegelt zusätzlich die Pfade nördlich des Loch Ailsh ab. Sollten die Mackays euch durch den Glen Oykel entwischen, häng' ich euch an euren eigenen Eiern auf!«

Am frühen Morgen hatten Magnus und Kenneth mit ihren Pferden den Abstieg vom Paß in Angriff genommen, während Robertson und sein Gefolge in scharfem Ritt zur gleichen Stunde schon am Loch Ailsh angekommen waren.

Vater und Sohn kamen in der steilen, steinigen und weglosen Gegend in fünf anstrengenden Stunden nur drei Meilen voran. So fanden sie sich am Morgen mit dem Gedanken ab, keinesfalls noch am selben Tag die befestigte Straße nach Invercassle zu erreichen. Unbeirrt nahmen sie den Marsch entlang einer Seenplatte, ausgehend vom Gorm Loch Mór, nach Osten auf.

Kurz vor dem Alltan Aonghais, der dem River Cassley entgegenplätscherte, saßen sie ab, um die Pferde sicher durch ein schwieriges Sumpfgelände zu führen. Entlang der Lochs wurde die Natur für Mensch und Tier zum dämonischen Feind. Nur wenige Schritte neben dem festen Pfad bildeten endlose schwammartige, moosige Wurzelgeflechte einen Organismus, der einer trügerischen Kruste glich. Die dünne Haut, durchzogen von Bächen und Rinnsalen, trug nichts, und wenn Mensch oder Tier einbrachen, konnten beide für immer darin versinken. Auf den Hirschfährten, deren wassergefüllte Spuren, wie in frischem Mörtel eingedrückt, sich deutlich abzeichneten, gingen sie sicher. Jeder Schritt im Morast war eine Mühsal, doch in den schwersten Augenblicken empfanden sie trotz ihrer Erschöpfung eine innere Heiterkeit, dank der geglückten Flucht.

Als sie schließlich den Rand dieser Falle für Mensch und Tier erreichten, standen sie vor einem Felsabbruch, dessen Wand in einem moorigen Tümpel verschwand. Sie beschlossen, die Felswand oberhalb des Abbruches zu umgehen. Als sie das Hindernis mühsam überwunden hatten, schmerzten ihre Glieder.

Plötzlich blickte Magnus fassungslos nach vorn. Kenneths Augen verengten sich. Im ersten Schreck versteinert, doch schnell die Situation begreifend, sagte er entschlossen zu seinem Vater: »Überlaß ihn mir! Er will unseren Tod! Den seinen soll er kriegen!«

»Wie viele sind es?« keuchte Magnus.

»Vier!«

»Wer von denen ist Robertson?«

»Kann ich noch nicht erkennen, Vater!«

»Absitzen?«

»Nein! Wir lassen sie rankommen.«

Magnus zog seine präparierten Pistolen und wollte eine davon Kenneth reichen.

»Nicht notwendig, Vater. Ich hab' was Besseres ...«

Daraufhin nahm Kenneth die Zügel zwischen die Zähne, zog seinen sechsläufigen Revolver, den Morgan von Morrison im *The*

*Shank* geschenkt bekommen hatte, und wiegte ihn vor den erstaunten Augen seines Vaters in der rechten Hand. Doch für Erklärungen blieb keine Zeit.

Ein Schuß krachte. Der peitschende Knall verlor sich wie ein Donner im weiten Tal. Einer der Männer, die etwa noch zweihundert Yards entfernt waren, hatte sein Gewehr abgefeuert. Die Clydesdales bewegten sich unruhig.

»Ruhig, ruhig …!« brummte Kenneth.

»Wir sollten absitzen«, sagte Magnus.

»Nein! Heb die Hände. Sie müssen noch näher herankommen!«

Magnus und Kenneth klemmten die Pistolen zwischen sich und den Sattel und hoben zum Zeichen der Aufgabe die Hände.

»Robertson gehört mir! Vergiß das nicht!« zischte Kenneth zu seinem Vater hinüber.

Der Reitertrupp vor ihnen näherte sich rasch. Zwei Männer, die etwas oberhalb eines Pfades ritten, der vom Glen Cassley heraufführte, hielten ihre Büchsen in der Hand, auf die Mackays gerichtet, während die beiden anderen Reiter, von denen einer einen Hund mitführte, auf der Mitte des Pfades herannahten und Pistolen im Anschlag hielten.

»Übernimm du den äußeren rechten Reiter mit der Büchse«, flüsterte Kenneth erneut.

Als sie etwa auf Schußweite heran waren, ging der Bluthund blitzschnell den Hengst an. Magnus reagierte sofort und schoß einmal auf den rechten Reiter, bevor der Hund nahe genug heran war.

Robertson und seine Männer waren für einen Moment wie gelähmt, als Ron Wright tödlich getroffen aus dem Sattel stürzte.

Im gleichen Moment scheute *Prinz von Assynt* vor dem gewaltigen Satz des Bluthundes, der darauf abgerichtet war, sich in die Nüstern der Pferde zu verbeißen, um die Tiere an der Flucht zu hindern. Der riesige Hengst richtete sich auf, doch die Abwehr mit seinen Vorderhufen erfolgte zu spät. Der Höllenhund hatte ihn schon gepackt und ließ nicht mehr los. Magnus wurde abgeworfen, fiel hart zu Boden, schlug mit dem Kopf gegen einen Stein und blieb regungslos liegen. Wäre der Hengst, von Panik ergriffen, nicht nach vorn gestürmt, hätte er Magnus unter sich zermalmt.

Die momentane Verwirrung nützte Kenneth aus, um seine monatelang geübte Kunst des Zielens mit dem Colt anzuwenden. Die erste krachende Kugel traf Robertson in die linke Schulter und warf ihn aus dem Sattel, die beiden anderen Kugeln fanden ihr Ziel in Herz und Lunge von Bob Fitzpatrick und Nick Ivey und töteten sie auf der Stelle.

Kenneth stieg von *Windhexe* ab und lief zu Robertson, der sich mit schmerzverzerrtem Gesicht an die linke Schulter griff, als wollte er dort ein Feuer ersticken. Aus der zerfledderten Pelzjacke sickerte Blut. Kenneth hob erneut den Colt und zielte aus nächster Nähe auf Robertsons rechtes Knie. Übermächtige Angst und Entsetzen quollen aus Robertsons Augen. Gnadenlos feuerte Kenneth auf das rechte Knie des Sheriffs, das durch das große Kaliber der Kugel regelrecht zerschlagen wurde.

Die Stille nach dem Schuß wurde bald durch die Schmerzensschreie Robertsons unterbrochen. Doch Kenneth war schon den leichten Abhang hinuntergeeilt, wo der Hengst stampfend, schnaubend und in großer Pein sich mit dem Bluthund in einem Bachbett wälzte. Der Hund hatte das kolossale Pferd zu Boden gezwungen und hing wie ein riesiges, tödliches Geschwür an seinen Nüstern. Als Kenneth nahe genug herangekommen war und der Hengst für einen kurzen Moment regungslos liegen blieb, zerschmetterte eine weitere Kugel aus Kenneths Colt den viereckigen Schädel des Höllenhundes.

Der Hengst scheute erneut, fand mühsam Halt im Geröll des Bachbettes, gelangte endlich auf festen Grund und trabte völlig verstört mit stark blutenden Nüstern das Bachbett entlang in Richtung River Cassley.

Mit ausdruckslosem Gesicht verfolgte Kenneth für einen Moment die blutige Spur im kristallklaren Wasser, die den treibenden Kadaver des Höllenhundes umgab.

»Das war für meinen Arm!« flüsterte er kaum vernehmbar, doch mit großer Genugtuung.

Als er den leichten Hang wieder hinaufstieg, war ihm, als würde das Stöhnen Robertsons seine Seele reinigen.

Robertson hatte sich nicht von der Stelle gerührt; sein Gesicht war leichenblaß, die Augen vom Schock geweitet. Kenneths Beinmuskeln zitterten von der Anstrengung des Aufstiegs – oder war es die Erregung, die ihn zittern ließ? Er war entschlossen, das, was er in seinen Phantasien endlos oft durchgegangen war, auch auszuführen. Er wollte endlich die Angst Robertsons fühlen und schritt zur Tat, indem er seinen Colt auf einen Felsen legte und dafür seinen Dolch zückte. Er nahm ihn zwischen die Zähne, schob mit seiner linken Hand den rechten Ärmel seiner Jacke hoch und entblößte damit seinen verkrüppelten Arm. Er ging in die Knie, nahm den Dolch wieder in die Linke und fuhr mit dessen Spitze das häßliche Narbengewebe entlang.

»Hör zu, du Mörder! Das hier wirst du nun am eigenen Leib verspüren! Und der Schmerz wird dich an mich und an alle von dir gequälten, ermordeten Frauen, Kinder und Greise erinnern!«

Robertson machte einen letzten Versuch, seinem Schicksal zu entfliehen, indem er sich mit seinem rechten Arm von Stein zu Stein zog. Als die scharfe Klinge das erste Mal durch die Pelzjacke in seinen linken Oberarm drang, versuchte er sich abzurollen. Doch Kenneth kniete sich auf ihn und schlug mit der Faust auf seine verletzte linke Schulter, so daß Robertson vor Schmerzen für kurze Zeit das Bewußtsein verlor.

Wie ein Raubtier, das seine Beute nicht mehr losläßt, legte Kenneth seinen Widersacher unter sich zurecht. Als erstes schnitt er ihm den rechten Ärmel der Pelzjacke ab, danach den Ärmel des Hemdes, bis der Arm bloßlag und die bleiche Haut zur weiteren Verwundung einlud.

Robertson kam wieder zu Bewußtsein und sah Kenneth über sich. Tödlicher Haß sprach aus Kenneths Augen.

»Neeeiiiin!« schrie Robertson auf, der im gleichen Moment erfaßte, was sein entblößter rechter Arm und der Dolch in Kenneths Faust für ihn zu bedeuten hatten.

Worauf Kenneth erwiderte: »Kindermörder! Es wird richtig weh tun. Ich weiß das. Du verdienst einen langsamen Tod; denn jede Ratte hat eine bessere Gesinnung als du!«

Die ersten Stiche Kenneths drangen durch bis auf den Knochen. Robertson schrie sich die Seele aus dem Leib, doch Kenneth schrie wie im Wahn zurück:

»Du bist das Blutopfer für alle, die du vertrieben und gemordet hast. Du bist das Opfer ... das Blutopfer ...«

Mehr als fünfzehnmal stach und metzelte er wie im Rausch auf den Arm ein, durchstach ihn von allen Seiten, bohrte die Klinge in das Gelenk, kratzte am Knochen entlang, bis Robertsons Arm einer einzigen blutigen Masse glich. Das Wimmern des am Boden Liegenden trachtete nach Erlösung.

Kenneth stand auf, betrachtete gefühllos sein Werk und verharrte in steinerner Unbeweglichkeit. Er beobachtete Robertsons einsetzenden Todeskampf. Plötzlich japste dieser nach Luft, riß die Augen auf und stemmte sich ein wenig hoch, als wollte er sich einen Fluchtweg suchen.

Kenneth erblickte etwas weiter unten, unweit seines Standorts, die Kante einer Felswand, die in einem Moortümpel endete. Er zeigte stumm mit der Spitze des blutigen Dolches auf die Felskante, als wollte er Robertson den Fluchtweg weisen, als dieser trotz der Luftnot mit schriller Stimme nach Hilfe zu schreien begann. Doch niemand hörte die Schreie.

»Dort hinunter, Mörder, dort unten ist die Erlösung für dich! Dort unten sind die Qualen für dich beendet!«

Robertson schien tatsächlich den Willen zu besitzen, seinem Peiniger zu entkommen. Er bäumte sich auf, und Kenneth half mit einem brutalen Stiefeltritt nach, so daß Robertson ins Rollen kam. Kurz vor der Kante blieb er liegen. Kenneth bemerkte einen nassen Flecken an Robertsons Hose, der zwischen seinen Schenkeln immer größer wurde.

Plötzlich war es wieder ganz still. Kenneth hörte nur seinen eigenen rasenden Atem und das Hämmern seines Pulses. Er blieb neben Robertson hocken, vergaß darüber seinen verletzten Vater und fürchtete, daß sein Opfer den Sturz über die Kante hinab ins Moor nicht mehr mitbekommen würde.

Doch plötzlich regte Robertson sich wieder und begann erneut zu stöhnen.

Schnell beugte sich Kenneth über ihn, nahm den Kopf in seine Hände und rüttelte ihn, bis Robertson wieder die Augen öffnete. Er brachte seinen Mund ganz nahe an das Ohr seines Opfers.

»Dort unten ist für dich die Erlösung. Rolle dich ab, oder ich trenn' dir deinen Arm von Leib!«

»Kenneth! Kenneth! Was machst du dort unten?« hörte er plötzlich seinen Vater oberhalb rufen. Erschrocken fuhr er herum. »Vater! Vater …! Ich hatte ganz …«, stammelte er.

»Was machst du dort!« hörte Kenneth seinen Vater rufen.

Daraufhin stach er seinen Dolch in die linke Schulter von Robertson: »Beweg dich, Bastard!«

Robertson schrie kurz auf und rollte sich mit einem letzten Aufbäumen über die Felskante. Noch im Fallen hörte Kenneth einen langgezogenen Schrei. Als Robertson einige Yards tiefer weich auf das Moos fiel, öffnete sich unter ihm mit einem Blubbern der grüne Teppich und ließ seinen Körper mit den Füßen voran wegsacken. Für einen kurzen Augenblick schien er in dieser Haltung im Moor zu schweben, als Zoll für Zoll die Sinkfahrt begann. Robertson gewann durch die Kälte des Wassers das volle Bewußtsein wieder und schrie im Todeskampf Verwünschungen, bis seine Stimme mitten im Schreien jählings verstummte.

Oben am Felsrand stehend, warf Kenneth seinen Dolch in das schwarze Loch, aus dem eben noch die blutige Hand Robertsons herausgeragt war. Daraufhin reinigte er seine mit Blut besudelten Hände am Gras, stieg langsam wieder die Böschung hinauf, steckte seinen Colt ein und hatte sich, oben bei seinem Vater angekommen, wieder vollkommen in der Gewalt.

»Was hast du getan?« fragte ihn sein Vater, der aus einer Wunde am Hinterkopf blutete.

»Der Mörder hat seinen Tod im Moor gesucht, Vater!«

Magnus preßte die Lippen zusammen, umfaßte mit beiden Händen seinen schmerzenden Hinterkopf, und bat Kenneth, ihm beim Aufstehen behilflich zu sein. Ihm war klar, daß er die ganze Wahrheit um Robertsons Tod wohl nie aus seinem ältesten Sohn herausbekommen würde. Was ihm allerdings auffiel, war das Lächeln auf Kenneths Gesicht, das er seit Oykel Bridge an ihm vermißt hatte …

In der nächsten Stunde beseitigten sie die Spuren der tödlichen Auseinandersetzung, so gründlich sie konnten. Sie nahmen von den Toten alles an sich, was sie für ihre weitere Flucht gebrauchen konnten, fingen die Pferde der Verfolger ein, befreiten sie, bis auf das Pferd Robertsons, von Zaumzeug und Sattel und trieben sie davon. Später zogen sie mit Robertsons Pferd die Leichen bis an die Felskante und versenkten sie im moorigen Tümpel. Als sie alles an

Ausrüstungsgegenständen zusammengetragen hatten, beschwerten sie das meiste mit Steinen und warfen nach und nach alles zusammen von oben herab in das moorige Grab.

Als nichts mehr zu sehen war, sagte Magnus: »Wir müssen ab heute einer anderen Mission folgen, um unserem Leben wieder einen Sinn zu geben.« Dann sah er Kenneth in die Augen und fuhr mit harter Stimme fort: »Die Jagd ist noch nicht vorbei, mein Sohn. Man hat unsere Spur bis hierher entdeckt! Sie werden uns ab dem heutigen Tage nie mehr den Raum und die Freiheit lassen, die wir zum Leben brauchen. Jetzt sind wir endgültig gezwungen, Schottland zu verlassen.«

Kenneth sah, wie die Augen seines Vaters mit einem Mal feucht wurden. Er ging zu ihm, und sie umarmten sich.

»Verdammt!« hörte er seinen Vater mit brechender Stimme sagen. »Sie haben es geschafft, den Clan der Scoury-Mackays zu zerschlagen.«

»Wir leben, Vater! Wir sind nicht in Robertsons Hände gefallen und auch in keinen Abgrund; und auch das Unbekannte, das vor uns liegt, werden wir meistern!«

Magnus blickte zu Boden, als sie sich voneinander lösten, und nickte zustimmend mit dem Kopf. Als er sich wieder gefaßt hatte, zog er die Karte aus seiner Jacke und breitete sie auf dem Boden aus. Sein Finger glitt hinüber an die Ostküste oberhalb der Black Isle. Dann tippte er auf den Ort Dornoch, nördlich des Dornoch Firth.

»Hier werden wir versuchen, ein Schiff in den Süden zu bekommen.«

»Nach England?« fragte Kenneth ungläubig.

»Ja. Der Feind wird uns diesmal nützlich sein. Wir binden unsere Pferde einfach an seinen Zaun!«

Als sie wieder im Sattel saßen, fragte Kenneth: »Was machen wir mit deinem *Prinz*?«

Ohne den geringsten Zweifel aufkommen zu lassen, antwortete sein Vater: »Er ist stark und treu wie ein Mackay, daher wird er an irgendeinem Loch auf uns warten, bis wir wiederkehren!«

# 6

# WILD FIRE und SHAMROCK

Irische See
1834

olin Morrisons Ziel war es, erfolgreich zu bleiben, sowohl als Kapitän der Wild Fire als auch als Schmuggler an Englands, Irlands und Frankreichs Küsten.

Ein von Erfolg gekrönter Schmuggel, direkt in den Gewässern rund um Schottland, das wußte Morrison nur allzu genau, setzte ein schnelles Schiff, einen optimalen Trimm, eine eingespielte Besatzung und eine ausgezeichnete Segel- und Steuertechnik voraus. Zwar hatte ihn das Wüten der Cholera einige seiner altgedienten Matrosen gekostet, doch binnen kurzem hatte er dank seiner Entschlossenheit, Energie und Rücksichtslosigkeit mit seiner neuen Mannschaft den alten Standard fast wieder erreicht. Um sein nautisches Geschick rankten sich schon Legenden, ebenso wie um seinen wachsenden Reichtum.

Dieses zweite, wichtigere Ziel verblaßte jedoch mehr und mehr zur trügerischen Hoffnung, da die Balance zwischen Glück und Können empfindlich gestört wurde. Die Ursache dafür hatte sich erstmals vor gut einem Jahr beim Mull of Kintyre gezeigt. Die britische Zollbehörde hatte neben der Viper einen schier übermächtigen Gegner auf das bisher erfolgreichste Schmuggelschiff, die Wild Fire, angesetzt: die neue Zollkutter-Brigg Shamrock!

Dreimal war sie schon im Kielwasser der Wild Fire herangeflogen gekommen, als Morrison versucht hatte, am Mull of Kintyre vorbei in den Kilbrannan Sound hinein zu kreuzen. Dreimal war es nur Morrisons hohem taktischen Können, den Fähigkeiten seiner Matrosen und dem neuen Steuermann Jim Horn zu verdanken gewesen, daß der Schmuggelkutter entkommen konnte.

In jeder Taverne, in jeder verschwiegenen Bucht bekam Morrison nunmehr von seinesgleichen zu hören, daß die Herrschaft der Schmuggelkapitäne über die Hebriden mit dem Erscheinen der SHAMROCK verloren gegangen sei. Insgesamt wurden in den ersten sechs Monaten des neuen Jahres von der schottisch-irischen Schmuggelarmada zwei Kutter, drei Sloops, vier Lugger und sechs Smacks durch die SHAMROCK aufgebracht.

Der Schrecken des Schleichhandels war in Portsmouth vom Stapel gelaufen. Ihr genialer Erbauer, so hatte Morrison im BIG SNOOK bei Stranraer auf Galloway erfahren, war ein junger Mann namens Glenn Thomas, der in der Staatswerft von Portsmouth außer dem Zeichnen wohl auch gelernt hatte, wie der Dorsch im Wasser schwimmt.

Die SHAMROCK war mit 74 Fuß nur wenig länger als die WILD FIRE, doch ihr Rumpf besaß zweifelsfrei eine stärkere Aufkimmung und erhielt somit einen schärferen Bug. Das Geheimnis ihrer Schnelligkeit, so mutmaßte Morrison, lag nicht allein daran, sondern vor allem in der Kombination zweier erfolgreicher Prinzipien. Ihr Konstrukteur hatte offenkundig einen kutterförmigen Rumpf mit der wesentlich größeren Briggtakelung verschmolzen. Die hohe Takelung ergab bei eng stehenden Masten einen atemberaubend starken Fall nach achtern. Die Untermasten waren lang, und der Baum des riesigen, an einer Gaffel fahrenden Briggsegels ragte um fast zwanzig Fuß über die Heckreling hinaus. Der schmale Rumpf mit seinen zwei Masten trug außerdem wesentlich mehr Segel und machte das Schiff dadurch außerordentlich schnell.

»Sie segeln nach dem Gesetz und nicht nach dem Wind!« hatte Morrison noch gespottet, als sie der Brigg bei ihrem ersten Angriff um Islay dank der besseren Segelmanöver entkommen waren. Doch Morrison sah sich gewarnt. Zwar konnten die Buggeschütze des Brigg-Kutters nicht eingesetzt werden, da das Abfeuern einer Kanone von einem heftig rollenden Schiff den gleichen Effekt erzielte wie ein Schuß, den man vom Rücken eines durchgehenden Pferdes abgab. Doch die Bewaffnung der SHAMROCK war stark und bestand aus zwölf Culverinen, schlanken, nahezu 13 Fuß langen Bronzegeschützen, denen der Schmuggelkutter außer seinen guten Segeleigenschaften nichts entgegenzusetzen hatte.

»Ein Segen, daß die Besatzung das Schiff nicht gut genug beherrscht und ihre Kanonen nur Zierat sind«, war Morrisons trockener Kommentar gewesen, als im Frühjahr eine Nebelbank ihm half, seinen Hals zu retten.

»Das war knapp!« meinte Morrison wenige Wochen später nach dem dritten Aufeinandertreffen erleichtert zu seinem Steuermann Jim Horn. Die See türmte sich mit brechenden Wellen, und der weiße Schaum begann sich streifig in Windrichtung zu legen, als hoch am Wind segelnd nach vierstündiger Jagd die heißersehnte Nacht hereinbrach. Jede Sturmbö, jeder Wellenkamm und vor allem die querlaufenden Seen wurden von Morrison, der am Heck stand und jede Bewegung der SHAMROCK hinter sich beobachtete, mit scharfen Kommandos an die Matrosen quittiert, um die Segel optimal zu trimmen, während Jim Horn, festgezurrt an seinem Stand, mit dem Steuerrad verwachsen zu sein schien.

»Sie lernen schnell hinzu!« bemerkte der Steuermann, als er sich völlig erschöpft und zitternd vor Auskühlung in der schmalen Kapitänskajüte mit wackeligen Füßen gegen die Wand stemmte, um in dem tanzenden Schiffsbauch zusammen mit Morrison seinen Whisky zu schlürfen.

»Du bist und bleibst der Beste am Ruder!« sagte Morrison und schlug Jim Horn anerkennend auf die Schulter. Horn blickte den Käpt'n erstaunt an. Um nichts in der Welt hatte sich Morrison jemals zuvor zu einer solchen Bemerkung hinreißen lassen.

Horn kam von der Isle of Mull und hatte auf stürmischer See das Licht der Welt erblickt, als seine Mutter sich auf der Rückfahrt von Oban, Grafschaft Argyll, nach Torosay Castle, Isle of Mull, befand. Vielleicht hatte ihm dieser Umstand das Geschick gegeben, ein Schiff selbst durch die höchsten Wellenberge zu lenken. Er war neunzehn gewesen, als er das erste Mal auf einem Schmuggelschiff angeheuert hatte, und dreiundzwanzig, als er Mactaggart begegnet war.

»Der Wind dient, Gott sei's gedankt, nicht allen Steuerleuten!« sagte Horn etwas verlegen, warf einen flüchtigen Blick auf den Kompaß und wandte sich wieder seinem Kapitän zu. »Wir sind zwar weit ab vom Kurs, dafür hat der Hai aber seinen Köder verloren.«

»Auf dem nächsten Riff soll er auseinanderbrechen!« brüllte Colin gegen das Heulen des Sturmes an. Doch im nächsten Augenblick fuhr er in ruhigerem Ton fort: »Leg dich in deine Koje! Ich hoffe, dir bleiben einige Stunden Schlaf. Morgen werden wir neu darüber beraten müssen, wann und wie wir Kintyre erneut ansteuern wollen.«

Morrison war längst dazu übergegangen, seine Pläne mit Rick White, seinem Ersten Offizier, sowie mit seinem Bootsmann Tom O'Conner und dem Steuermann Jim Horn abzustimmen. Sie waren nicht nur Morrisons Vertraute, sondern gleichzeitig auch Geldgeber und somit in Höhe ihrer Einlagen an der Ladung und am Gewinn beteiligt. Morrison steigerte auf diese Weise den Wert der Ladung, ohne daß er sich genötigt sah, Janet und David Cameron, den Eignern der WILD FIRE, darüber Rechenschaft abzulegen.

Am nächsten Morgen folgte dem Messen, Wägen und Rechnen auch die Bewertung des Risikos, unter dem das lohnendste Ziel, West Loch Tarbert, angesteuert werden sollte. Einmal in den Sund eingelaufen, dessen waren sich alle bewußt, konnte dieser zu einer Falle werden, aus der es kein Entrinnen gab. West Loch Tarbert war daher von Morrison immer gemieden worden, auch wenn er gegenüber Janet Cameron anderes berichtet hatte.

Das größte Schmugglernest Westenglands, am East Loch Tarbert gelegen, war nur durch eine schmale Landbrücke von West Loch Tarbert getrennt, doch Morrison nahm lieber in Kauf, bei seiner Route um Kintyre herum von Zollbooten gesichtet zu werden, als sich der Gefahr auszusetzen, in dem schmalen Sund in die Falle zu laufen.

Die Jagd zwischen der WILD FIRE und Mactaggarts VIPER, in Verbindung mit dem alten Zollkutter FLY, im Firth of Clyde und um die Isle of Arran herum hatte in der Vergangenheit eher einer Abwechslung geglichen, die zwischen Nervenkitzel und Mutprobe angesiedelt war. Doch die Präsenz der Kutter-Brigg hatte die Spielregeln gründlich geändert, und mancher in der Mannschaft fragte sich, ob es sich unter diesen Bedingungen noch lohnte, das Risiko einzugehen …

Morrison war sich freilich mit Horn, White und O'Conner schnell darin einig, daß ein Ausstieg aus dem profitablen Schmuggelgeschäft nicht in Frage kam. Andererseits war ihnen auch klar, daß lohnende Frachten in Zukunft nur mit einem noch schnelleren Schiff sicher transportiert werden konnten.

Ein Kutterneubau, feinlinig und scharf gebaut, versehen mit einer optimalen Mastkombination, wäre somit die einzige Antwort auf die Bedrohung durch die SHAMROCK, wobei die Kosten, wie Morrison kalkulierte, sich auf 21 Pfund Sterling pro Schiffstonne belaufen würden. Das zu investierende Kapital, so befand das Quartett, wäre kein unüberwindliches Hindernis.

Doch bevor weitere Pläne reifen konnten, mußte die Ladung, bestehend aus Tee, Seide, Tabak, Brüsseler Spitzen, Wolle und vor allem Whisky, den sie von der Insel Islay übernommen hatten, gelöscht werden, damit die feine Gesellschaft Glasgows nicht darbte …

Angus Mackay, der im Zwielicht des neuen Tages am Heck stand, versuchte den morgendlichen Dunst zu durchdringen, der über dem Atlantik lag. Der Sturm hatte nachgelassen und war zu einer frischen Brise bei mäßig bewegter See abgeflaut. Wohl zeigten sich noch in jeder Richtung weiße Schaumköpfe und vereinzelt etwas Gischt, doch gegenüber dem vergangenen Tag war es das reinste Genußsegeln. Morrison hatte wieder Kurs Nordnordwest befohlen, was halben Wind, Vollzeug und dreizehn Knoten Fahrt bedeutete.

Joseph McCoy, der Segelmacher, stand schon die dritte Stunde am Ruder und verzichtete auf die Ablösung, um Jim Horn noch einige Stunden Schlaf zu gönnen. Jeder in der Mannschaft wußte, daß ohne dessen Steuerkunst die WILD FIRE wohl jetzt am Haken der SHAMROCK hinge und die Mannschaft entweder tot wäre oder in Ketten läge.

Angus Mackay hatte in den letzten vierundzwanzig Stunden ebenfalls nur knappe fünf Stunden in seiner Koje gelegen. Er mußte alle an Bord anfallenden Arbeiten verrichten. Die Kombüse, die Decks, der Laderaum und die Bilge waren die bevorzugten Orte, an denen er sich die Hände wundscheuern durfte, wobei das langwierige und mühsame Reinigen von Gegenständen aller Art sein Kreuz zusätzlich schmerzhaft beugte. Hinzu kam, daß er bei fast jedem Segelmanöver in die Wanten gejagt wurde. Die langen

Tage, bestimmt von schweren körperlichen Anstrengungen, wurden durch die harten Witterungsbedingungen noch verschärft.

Zum Schutz davor trug Angus so viele Kleiderschichten, daß es aussah, als hätte man ihn ausgestopft. Über dem dicken Flanellunterzeug trug er einen Isländer-Pullover aus nicht entfetteter Schafwolle, der bis zu einem gewissen Grade das Wasser abhielt und auch die Eigenschaft hatte, selbst im nassen Zustand noch zu wärmen. Seine Füße steckten in Wollstrümpfen und schenkelhohen Seestiefeln aus Leder. Über alles hatte er noch Schlechtwetterkleidung gestreift, die aus geölter Leinwand bestand. Diese ließ zwar kaum etwas von außen durch, bildete aber schnell Schwitzwasser, das in weniger als einer Stunde die gesamte Kleidung durchdrang. In der frischen Morgenbrise spürte er zudem, wie das Ölzeug rasch steif wurde. Zur Krönung des Ganzen trug er auf dem Kopf einen viel zu großen, ebenfalls aus Ölzeug gefertigten Südwester.

An jenem Morgen konnte er sicher sein, daß er einigermaßen trocken bleiben würde, doch die Gischt des vergangenen Tages hatte jede Faser mit salzigem Wasser durchnäßt. Da die Salzkristalle auch nach dem Trocknen in der Wolle hängen blieben, fühlte sich jedes Kleidungsstück wegen der hohen Luftfeuchtigkeit immer klamm an. Richtig trockene Wäsche trug ein Seemann meist nur zu Beginn einer jeden Fahrt am Leibe. Die Feuchtigkeit übertrug sich auch auf das Bettzeug, so daß er bald täglich in feuchter Kleidung steckte und in klammer Koje schlief.

Die ersten Augusttage waren steif und ruppig gewesen, und die Härten an Bord machten Angus trotz der monatelangen Gewöhnung wieder beträchtlich zu schaffen. Es war jetzt fast ein Jahr her, daß Morrison ihm an seinem dreizehnten Geburtstag den Wunsch erfüllt und ihn in der Bucht von Loch Inver auf die WILD FIRE übergesetzt hatte. Kaum war Angus an Bord gegangen, ließ Morrison die Anker lichten. Einen Augenblick lang hatte Angus trotz der Brandung mit dem Gedanken gespielt, sich in die Wellen zu stürzen und zum Ufer zurückzuschwimmen. Dann hatte ihn die harte Hand Morrisons am Kragen gepackt, und er wußte, daß sein Schicksal nun auf Gedeih und Verderb mit dem der WILD FIRE und seines Käpt'ns verbunden war.

In den ersten Wochen hatte Angus geglaubt, er würde keinen

weiteren Tag auf dem Schiff überstehen. Danach lebte er nur noch in Morrisons Welt, die ganz einfach in zwei Teile gegliedert war. Zum ersten Teil, so erfuhr er, konnte er nichts beitragen, da in diesem der Profit eingesegelt wurde. Er gehörte daher eindeutig zum zweiten Teil, der Geld kostete – und dieses Geld hatte er sich gefälligst an Bord durch seiner Hände Arbeit zu verdienen. Denn Menschen, deren Arbeit nicht in viel Geld verwandelt werden konnte, verloren für Morrison entsprechend an Wert.

Angus hatte Glück im Unglück, denn Jim Horn hatte ihn gleich wie seinen eigenen Bruder angenommen. Er erleichterte ihm nicht nur die Eingewöhnung an Bord und tröstete ihn über die unfreiwillige Trennung von Morgan hinweg, sondern hatte ihn auch während seiner ersten schweren Krankheit an Bord gesundgepflegt.

Das harte Leben auf dem Kutter, die tödlichen Bedrohungen durch Stürme, brechende Seen und gefährliche Küsten ließen ihn schnell begreifen, daß jedes Selbstmitleid, jedes Nachgrübeln über Rache und mögliche Flucht ihn nur daran hinderten, einfach das zu tun, was ihm und den anderen Männern das Überleben auf See garantierte. Zuversicht und Hoffnung und die Überzeugung, daß er die WILD FIRE überleben würde, ließen in ihm langsam den Willen reifen, sich selbst aus der Klemme zu befreien. Er war sicher, daß er bald einen Weg finden würde, von Bord zu kommen, und jede gefährliche Situation bestärkte ihn in dem Entschluß, diese Absicht, sobald sich eine Gelegenheit dazu bot, in die Tat umzusetzen.

Erleichtert wurde das Leben an Bord auch durch die Lehrstunden, die Horn seinem aufgeweckten Schüler erteilte. Der Unterricht über Takelage, Deckseinrichtungen und Konstruktion des Rumpfes wechselten sich ab mit Lektionen über die Wirkung des Windes auf die Segel und die verschiedenen Manöver zur See.

Angus nutzte jede Gelegenheit auf Deck, seine Kenntnisse über die Teile der Takelage und deren Zusammenwirken zu vertiefen. Stand er mittschiffs, so verfolgte er die Brassenführung, dazu die Schoten, Halsen, Geitaue und Gordings der Rahsegel. Hielt er sich am Heck auf, dann ordneten seine Augen die Leinen, so daß er auch in der Dunkelheit Dirk, Baumschot, Perd, Klaufall, Piekfall, Geeren, Flaggleine, einfaches Schot, Schot mit Takel, Geitaue,

Kreuzrahbrassen und Kreuzbramrahbrassen voneinander unterscheiden konnte. So verbanden sich in seinem Kopf bald Theorie und Praxis, wie sich Kupfer und Zinn zu bester Bronze vereinen …

Die harten Bedingungen an Bord und Jim Horns Lehrstunden waren die beste Ablenkung, um nicht an den letzten Herbst zu denken. Die WILD FIRE hatte seitdem Lochinver nie mehr angelaufen. Keine Menschenseele an Bord kannte die wahren Beweggründe des Käpt'ns, warum er plötzlich den Norden mied. Folglich hatte Angus weder über das Schicksal seiner Familie noch über Morgan etwas in Erfahrung bringen können. Auch seine Freunde an Bord hatten bei ihren wenigen Kontakten an Land nichts über die Mackays vom Assynt gehört.

Das, was Angus im Gedächtnis blieb, war der Augenblick an jenem Nachmittag im September, als er vom Deck des Schmuggelkutters aus beobachtete, wie sein Bruder Morgan halb bekleidet aus der Taverne stürzte und hinunter zum Strand hetzte. Er schrie wohl etwas und gestikulierte wild mit den Händen, konnte jedoch nicht verhindern, daß die WILD FIRE bei stark aufkommendem Wind aus der Bucht von Loch Inver geradezu hinausschoß. Der Nordostwind spannte die Segel mit ganzer Kraft, und der Schmuggelkutter jagte mit elf Knoten hinaus aufs offene Meer. Angus liebte den Blick auf die See, doch damals hatte er voller Entsetzen in das glatte, ölig schimmernde Kielwasser gestarrt. Die Küste des nördlichen Hochlands war für ihn bald nur noch als ein leichter dunkler Streifen in der Ferne zu erkennen, der schnell abnahm, unscheinbarer wurde und zuletzt seinen feuchten Augen ganz entschwand. Er hatte alles zurückgelassen; er besaß nichts – außer seinen Windknoten, die er Tag und Nacht in einem kleinen Beutel um den Hals trug.

Das Bild seines Bruders, wie er an den Strand stürzte, verfolgte ihn seit damals in jedem Traum. Mit weit aufgerissenem Mund schien Morgan ihm etwas zurufen zu wollen, doch Angus konnte ihn nicht hören. Das Bild blieb immer stumm …

»Woran denkt der junge Mackay so angestrengt?« rief ihm der Segelmacher McCoy vom Ruderstand zu, als Angus sich vom Heck löste, um sich entlang der Reling zum Bug zu hangeln. Am liebsten hätte er nichts darauf geantwortet, da McCoy ihn immer schlecht behandelte und ihn im letzten Winter einmal fast hätte erfrieren lassen.

Es war am letzten Januartag gewesen, als die WILD FIRE mit gerefftem Großsegel und Sturmklüver beigedreht auf See lag. McCoy trat gerade seine Ruderwache an und stieg an Deck. Angus folgte ihm mit einem Eimer voll Essensresten. Des bedrohlichen Wetters wegen waren alle Luken dicht geschalkt, und sogar der Niedergang wurde abgeschottet. Angus, der just seinen Kübel in Lee entleert hatte, sah nicht, wie McCoy rasch den Niedergang hinter ihm schloß.

»Meinst du, die Wellen warten darauf, bis du deinen Kübel ausgekippt hast?« hatte McCoy zynisch gefragt, als Angus wieder hinabsteigen wollte. Der Segelmacher fand sichtlich Spaß daran, zuzusehen, wie Angus von Frostschauern geschüttelt wurde, da er unter seinem Ölzeug weder Stiefel noch wärmende Kleidung trug.

»Du wirst nie mehr vergessen, wie schnell sich ein Schiffsjunge an Deck zu bewegen hat!« höhnte er ihn geschlagene zwei Stunden lang.

Die schwere Erkältung danach, die in eine Lungenentzündung ausartete, hatte Angus fast das Leben gekostet ...

»Ich empfinde nur Wut, wenn ich dich sehe und rieche!« hätte er McCoy jetzt am liebsten an den Kopf geworfen, doch statt dessen antwortete er: »An einen heißen Tee!«, da ihm nichts Besseres einfiel.

»Gute Idee! Du wirst mir gleich einen heraufbringen.«

»Sofort!« sagte Angus in leisem Ton, und mit einem abschätzigen Blick über die Schulter verschwand er im Niedergang. Er würde es dem Segelmacher eines Tages schon noch heimzahlen. Am liebsten würde er ihn für mindestens eine halbe Stunde im Kielwasser hinterherschleppen lassen; zumindest hätte das McCoys Gestank gemildert ...

Als er sich an der Kapitänskajüte vorbei in die Kombüse zwängte, um eine Kanne Tee zu füllen, hörte er Morrisons Stimme.

»... damit wird der Zöllner auf seiner Brigg diesmal nicht rechnen.«

»Ich halte es dennoch für zu gefährlich ...«, antwortete eine andere Stimme, welche Angus als die von Jim Horn erkannte.

Nach einer kleinen Pause hörte er wiederum Morrison sagen: »Und was hältst du davon?«

»Du könntest recht behalten ...« Das war Rick White.

»Ihr werdet sehen, ich behalte recht. Unser Kurs ist zwar durch die Dunkelheit verborgen, doch der Zöllner wird glauben, wir segeln um Jura herum. Er wird daher zur gleichen Stunde mit seiner Brigg den Sound of Jura nördlich gehen, um uns zu stellen. Falls wir dort nicht auftauchen, wird er sofort wieder Kurs Süden auf den Mull of Kintyre nehmen, um den North Channel zu sichern. Das wird jedoch nicht vor morgen früh geschehen. Er wird denken, wenn nicht im Norden, dann sitzen wir sicher bald im Firth of Clyde oder im Kilbrannan Sound in der Falle. Doch eines wird uns der Satan von Zöllner nie zutrauen, daß wir heute nacht hinter seinem Arsch West Loch Tarbert anlaufen werden. Der Teufel soll mich holen, wenn ich mich irre!«

»Dann wird er deiner Meinung nach zweimal am Loch Tarbert vorbeisegeln, ohne sich zu vergewissern —«, setzte Jim Horn zu einer Entgegnung an, doch Morrison schnitt ihm das Wort ab.

»Vergewissern? Er wird nicht glauben, daß wir eine solche Dummheit begehen könnten, und daher keine wertvolle Zeit damit vergeuden, dort nach uns zu sehen.«

»Was ist mit der Fly und der Viper?« fragte O'Conner.

»Die gute alte Fly wird wie immer in der Nähe der Isle of Arran liegen, um die Brigg im entscheidenden Moment zu unterstützen. Ja, und Mactaggart? Er hat sein schlechtes Steckenpferd zu scharf geritten. Ich hoffe, seine Leiche baumelt inzwischen schon am Galgen!«

Schallendes Gelächter begleiteten seine letzten Worte. Als Angus sich wieder an der Tür vorbeidrückte, um zum Niedergang zu gelangen, hallte ihm Morrisons befehlsgeschulte Stimme nach:

»In der nächsten Nacht machen wir Kasse!«

Als Angus wieder an Deck stand, hörte er kurz darauf Rick White unter Deck brüllen: »Alle Mann an Bord! Wir gehen sofort über Stag!«

Platt vor dem Wind segelte die WILD FIRE Kurs Kintyre. Ohne Unterbrechungen und Zwischenfälle passierten sie zu Beginn der vierten Wache den Mull of Oa, die südliche Spitze von Islay. Die gesamte Besatzung befand sich an Deck. Sie hatten aus dem Rigg des Kutters alles herausgeholt, um im abflauenden Wind so wenig Fahrt wie möglich zu verlieren.

»Schifft den Teufel hinüber!« feuerte White die Männer an, wenn es darum ging, die Segelstellungen der ständig wechselnden Stärke des Windes anzupassen.

Das Großsegel hatten sie mit einem leesegelartigen Streifen am Achterliek verbreitert, dessen Kopf- und Fußrah den Großbaum und die Gaffel verlängerten. Die Verfeinerung und Vergrößerung der Segelfläche, die den Schmuggelkutter um gut zwei Knoten schneller machte, war der Kunst McCoys zu verdanken. Es war eine Maßnahme, die allen Werften und Segelmachern Englands und Schottlands von Gesetz her strengstens untersagt war, da sie nur bei Zoll- und Kriegskuttern zum Einsatz kommen durfte. Doch die dazu nötigen Umbauten am stehenden und laufenden Gut wurden sofort nach der Abnahme des Schiffes und meistens noch in der Werft selbst vollzogen. Es war alles nur eine Frage des Geldes. So war es keine Seltenheit, daß Schmuggel- und Zollkutter der gleichen Bauart nebeneinander auf Helgen der gleichen Werft ruhten. Selbst die Staatswerft in Woolwich machte da keine Ausnahme. Die beste Adresse war jedoch Philip Sainty, der auf seiner Werft in Wivenhoe, Essex, die schnellsten Schmuggelfahrzeuge baute.

Die WILD FIRE hatte an Segeltuch alles aufgeboten, was der Mast nur tragen konnte. Über der Breitfock war ein sehr hohl geschnittenes Marssegel gesetzt, damit das Klüverfall freiblieb. Dazu kamen ein Bram- und ein Royalsegel – die ebenfalls verbotenerweise noch Leesegel trugen – und darüber noch ein Skysegel. Zusammen mit

den am ausfahrbaren Klüverbaum gesetzten Stagsegeln, dem Vorstengestagsegel und dem Außenklüver trug sie fast sechstausend-
fünfhundert Quadratfuß Tuch und segelte in dieser Phase äußerst
naß.

»Wind dreht auf Süd und flaut weiter ab, Käpt'n!« meldete
White am Steuer. »Etwas anluven?«

Morrison überprüfte im Dämmerlicht erneut die Segelstellung.
»Nein, wir bleiben auf Kurs«, antwortete er ruhig.

Während jeder Matrose in die anbrechende Nacht hinausspähte,
um nach dem Brigg-Kutter Ausschau zu halten, befand sich Angus
in der Nähe des Mastes, beobachtete die Bewegung des Schiffes unter dem Winddruck und versuchte angestrengt, zu ergründen, welche Kräfte wohl Schiff, Segel und Wind verband.

»Der Wind entscheidet alles!« war die knappe Antwort Jims, als
Angus ihn nach seiner Meinung fragte.

Indes schlug die Schiffsglocke acht Glasen.

»Alles klar zum Wachwechsel, Käpt'n!« meldete White.

Nach weiteren drei Glasen befahl Morrison dem Matrosen
Glenn Dunn: »Das Lot! Eine Bodenprobe!«

Dieser präparierte das Lot an der Unterseite eilig mit einem
Talkpfropfen und ließ es ins Wasser gleiten. Morrison setzte das
Lot nicht nur zum Messen der Wassertiefe ein, es lieferte ihm in
Verbindung mit einer Bodenprobe, die am Talkpfropfen hängen-
blieb, zugleich seinen Standort. Aufgrund der unterschiedlichen
Bodenbeschaffenheit vor der Küste Kintyres reichte ihm oft eine
Lotung aus, um in der Koppelung mit Kompaß, Seekarte und
Logge die exakte Position zu bestimmen. Seine Kenntnisse hatte er
von den Fischern, für die das Lot in den küstennahen Gewässern
das älteste Navigationsgerät überhaupt darstellte. So konnte Mor-
rison durch die Nacht segeln und sicher an Gigha Island vorbei
Ardpatrick Point, den Eingang von West Loch Tarbert, ansteuern.

»Hol auf!« erging die Aufforderung an Dunn. Dieser meldete
zurück: »Zehn Faden!« und pendelte das Lot in die Hand des
Käpt'ns. Morrison nahm es mit in den Niedergang, um die Probe
im Schein der Öllampe zu untersuchen.

»Dunkelblauer Schlick mit Sand …«, murmelte er und begab
sich wieder hinauf an Deck.

»Kurs Nordnordost!«

*»Aye, aye, Sir!«* erklang die vertraute Stimme von Horn.

Angus, der neben Jim Horn kauerte, bemerkte, daß der Himmel heller wurde. Zwischen den Wolken sah er einige Sterne schimmern. Die Küste von Kintyre war nun deutlich an Steuerbord auszumachen und an Backbord, Richtung elf Uhr, in etwa zwei Seemeilen Entfernung die Spitze von Ardpatrick Point. Dazwischen bildete ein schwarzer Krater die Einfahrt in den engen Fjord von West Loch Tarbert.

»Schiff klar zum Einlaufen!« erging der Befehl an Tom O'Conner.

»Alle Mann klar zum Segel bergen!

Sky-, Royal- und Bramsegel reffen!

An die Luvbrassen!

Los Buliens – brass auf!

Laß laufen – hol aus Refftaljen!

An die Fallen!

Hol steif!«

Kurz danach schallten die Kommandos für das Bergen des Vorstengestagsegels und des Außenklüvers über Deck.

Das ganze Manöver diente der Verlangsamung der Fahrt im flacher werdenden Gewässer. Während die Matrosen an den Fallen und Brassen gute Arbeit leisteten, kauerte Angus weiterhin neben Horn. Es war dem Steuermann zu verdanken, daß Angus während der Annäherung an die Küste an Deck geduldet wurde. Morrison hatte zwar angeordnet, daß Angus beim ersten Sichtkontakt mit dem Land immer unter Deck zu verschwinden habe, doch Horn hatte vor zwei Monaten durchgesetzt, daß der Junge nun zumindest bis zum Ankerfall oben bleiben durfte.

»Bleib immer dicht in meiner Nähe«, sagte Horn zu Angus und blickte auf den Kompaß, der in einem Kasten vor ihm, gut abgeschirmt, von einer kleinen Petroleumlampe beleuchtet wurde. Dann prüfte er die Luvseite der Segel und deren Trimm. Der Wind wehte äußerst günstig und trieb die WILD FIRE geradezu in den schwarzen Krater hinein.

Morrison trat an Horn heran: »Steuer exakt Nordost! An Backbordbug voraus haben wir vor Eilean Tràighe noch Sandbänke und kleine Inselchen vorgelagert. Gnade uns Gott, wenn du auch nur einen halben Strich vom Kurs abweichst! Ich will nicht, daß uns bei Sonnenaufgang von dort jemand herunterkratzt!«

Wäre es hell gewesen, so hätte Morrison den Zorn bemerkt, der Horns Gesicht erbleichen ließ.

»Ha … hm«, machte er mürrisch.

»Warum sagst du ihm nicht, daß er dich damit beleidigt?« flüsterte Angus aufgebracht zu Horn empor.

»Sei still! Er ist nur gereizt. Er weiß selbst, daß alles an einem dünnen Faden hängt.«

Angus fühlte, daß ihn Jim ungeachtet der Dunkelheit interessiert betrachtete, und dies veranlaßte ihn, starr und unbeweglich sitzen zu bleiben. Doch seine Augen wanderten den schwärzlichen Streifen an Backbordbug entlang, den Morrison als Ardpatrick Point bezeichnet hatte.

Die WILD FIRE lag noch nicht ganz querab, als Angus angespannt über die Reling peilte. Es war nur für einen kurzen Moment, doch er war sich sicher, daß oben auf dem schwarzen Kamm der Küste ein Licht aufgeblitzt war. Er richtete seinen Oberkörper auf und versuchte die Stelle zu fixieren. Doch die Nacht gab nichts mehr preis. Angus hatte in den vergangenen Monaten an Bord gelernt, vieles von dem, was er wahrnahm, für sich zu behalten. Manches von dem, was man klar zu sehen geglaubt hat, stellt sich im nachhinein allzu oft als Trugbild heraus. So behielt er seine Beobachtung für sich.

»Alle Mann klar zum Ankerlichten!

An das Spill – Spaken ein!

Dreh rund! Anker schlippen!« feuerte der Erste Offizier die Freiwache an.

»Enter auf! Klar bei Spieren!

Spieren auf! Leg aus!

Segel los! Laß fallen Segel!« bellten Befehle mittschiffs.

»An die Steuerbord-Vorbrassen, backbord achter brassen!« donnerten gleichzeitig die Kommandos des Kapitäns durch die Nacht.

Geübt, sicher und diszipliniert führten die Matrosen auf dem Deck des Brigg-Kutters SHAMROCK ihre Befehle aus, und Schatten riesiger schwarzer Spinnen gleich enterte ein Teil von ihnen die Groß- und Besanwanten hinauf. Die gut eingespielte Mannschaft benötigte keine fünf Minuten, um die Segel zu setzen.

Als das Tuch knallend den Wind fing, durchlief die SHAMROCK ein Ruck, als wollte sie eine Klippe überspringen. Der an der Back stationierte Offizier meldete: »Anker bricht aus dem Grund!«

»An das Klüverfall – hiß Klüver! Braß an überall!« kam prompt der Befehl zurück.

»Klar bei Fockbrass! Vormarsbrass! Vorbrambrass! Großmarsbrass!«

»Los Fockhals! Fockschot! Großhals! Großschot!« meldeten die Vormänner.

Die SHAMROCK nahm schnell Fahrt auf, und ein zufriedenes Grinsen erschien auf Mactaggarts Gesicht.

Vor einigen Minuten noch hatte er zusammen mit seinen Offizieren beim Whisky in seiner Kabine gesessen. Der Alarm aufgrund des Lichtsignals von der Anhöhe des Cnoc an Daimh ließ sie alle wie vom Blitz getroffen an Deck stürzen. Es gab für Mactaggart keinen Zweifel. Die »Eule« auf dem Gipfel hatte sich noch nie geirrt. Würde die »Eule« unsicher sein, gäbe es kein Signal. Es mußte also die WILD FIRE sein!

»Die schlaue Ratte Morrison hat sich verirrt!« hörte Morgan Mackay den Captain sagen, als er an ihm vorbei zum Spill eilte.

Die Jagd vierundzwanzig Stunden zuvor, hinaus auf den Atlantik, hatte einen wesentlichen Teil von Mactaggarts Plan erfüllt. Der Schmuggelkapitän konnte nicht wissen, daß sein Jäger die Schnelligkeit des Brigg-Kutters nicht voll ausgeschöpft hatte. Mactaggart wäre mit der SHAMROCK jederzeit in Luv an der WILD FIRE vorbeigezogen, doch da er den Einsatz der Geschütze vermeiden wollte, was außerdem wegen des hohen Seegangs mehr als riskant gewesen wäre, hatte er auf dieses Schauspiel verzichtet. Der Captain der Kutter-Brigg hatte Morrisons Verhalten richtig eingeschätzt, war jedoch von der Schnelligkeit seiner Rückkehr nach West Loch Tarbert überrascht.

»Will man den Schmuggelkönig verstehen, muß man sich sein geknüpftes Netz ansehen.« Diesen Grundsatz trichterte Mactaggart seinen Offizieren in der Messe täglich ein. »Ein erfolgreicher Schmuggelkapitän«, so dozierte er, »plant seine Fahrt so sorgsam wie ein Maler sein Gemälde. Er verfeinert im Laufe der Zeit seine Ladung und liefert zum richtigen Zeitpunkt nur das, was für ihn den höchsten Gewinn abwirft. Allerdings bindet ihn die Ladung an einen Ort, ohne daß er es oft selbst bemerkt und wahrhaben will. Die Buchten sind es! Nur bestimmte Buchten, ausgewählte Häfen und festgelegte Inseln, wo er seine Ladung löschen kann, kommen für ihn in Frage. Morrison malt in vielen Farben, er mag den ganzen Atlantik für sich beanspruchen, doch die teuren Waren, die im Bauch seiner WILD FIRE ruhen, sind ausschließlich bestimmt für die Besteller in Glasgow und werden ihm nur über Tarbert abgenommen. Das ist der Rahmen seines Werkes. Den Rest erkennt man durch geduldiges Studium seiner Technik ...«

Insgeheim hatte er Morrison erst in der nächsten Nacht am gleichen Ort erwartet. Er ahnte, daß der Schmuggelkapitän bis zur Stunde nicht wußte, wer ihn verfolgte. Mactaggart wußte dagegen sehr genau, daß Morrison ihn an den Galgen wünschte, da er ihn wegen Lochinver und der verhinderten Whiskygeschäfte abgrundtief haßte.

Überdies gab es seit dem Blutvergießen in Lochinver tatsächlich eine Menge Drohungen und Anschuldigungen gegen Mactaggart, die bis hin zur Zollbehörde nach Greenock reichten, und eine davon stammte sogar von Morrison selbst.

Doch Mactaggart wäre nicht Mactaggart, wenn er nicht etwas in der Hinterhand gehabt hätte, um die Kontrolle über seine Vorgesetzten zu behalten. Die Herren im Club des Zollpalastes in Greenock verhielten sich wie alle Beamten in höheren Positionen. Sie zeigten sich gegenüber Großzügigkeiten empfänglich. Sie ließen sich bereitwillig ihre Gehälter durch diskrete Zuwendungen aufbessern, die Mactaggart von der Schmuggelbeute abgezweigt hatte. Jeder der Herren wollte sich in Glasgow in besseren Wohngegenden niederlassen und sich das harte Leben versüßen. Wer die

Chance nicht ergriff, mußte auf viele Annehmlichkeiten verzichten und im schlimmsten Falle bald in den Abschaum von Arbeitervierteln wie den *Gorbals* eintauchen. Der gewaltsame Tod der ihm anvertrauten Seeleute auf der VIPER wurde auf diese Art ebenso unter den Teppich gekehrt wie die anderen Berichte und Anschuldigungen, die dazu angetan waren, die gleichgelagerten Interessen seiner Gönner zu beeinträchtigen.

Mactaggart nutzte seine neue Chance auf dem Brigg-Kutter und vergoldete innerhalb weniger Monate die Sessel der Beamten in den oberen Administrationen. Außerdem hielten sie ihn schon aus diesem Grunde für einen der ihren und schotteten ihn vor Kontrolle und Haftung wirkungsvoll ab.

Dafür versprach er gewissermaßen als Dank und in freundschaftlicher Verbundenheit bald die fetteste Beute in den Hebriden auf den Haken zu nehmen: Morrison und seine WILD FIRE!

Seitdem sah man Mactaggart strahlend und vor Selbstvertrauen strotzend. Ein regelrechter Herbststurm war durch die Taverne *The Shank* gebraust, als er vor einem Jahr, kurz nachdem Morrison die Anker gelichtet hatte, mit seinem neuen Schiff in die Bucht von Loch Inver eingelaufen war, um die Schmach der vergangenen Jahre zu tilgen. Er war Richter und Henker in einer Person, und seine Rache war allumfassend. Er bekam die Schiffspapiere der WILD FIRE, die er David und Janet Cameron abpreßte und die ihn nun als Eigner des Schmuggelkutters auswiesen. Als die Fackeln in den Fäusten der ihm ergebenen Matrosen brannten, war der Widerstand im *The Shank* gegen ihn endgültig gebrochen. Um ihr Leben zu retten, bezahlte Cameron die diktierte Summe für den jahrelang entgangenen Gewinn aus dem Whiskyschmuggel. Am Ende ließ sich Mactaggart den Warenwert der Magazine, zusammen mit dem eingelagerten Whisky, überschreiben. Als Zeichen der Barmherzigkeit ließ er lediglich die Steinkirche mit dem Whiskyversteck sprengen.

Als Mactaggart schließlich auch noch Morrisons baldigen Tod prophezeite, bat Morgan in Sorge um Angus, auf dem Brigg-Kutter anheuern zu dürfen. Da der Kapitän des Zollkutters über die Ereignisse am Assynt nichts wußte, erschien ihm die Möglichkeit, Morgan als Freiwächter auf der SHAMROCK mitzunehmen, als eine willkommene Chance, irgendwann Einfluß auf den Whiskyschmuggel in dieser Region nehmen zu können, und darum stimmte er bereitwillig zu.

»Briggsegel setzen!«

Trotz der Dunkelheit sah er die Schatten der Männer, die sicher und geschickt an den Fallen hantierten. Der wochenlange Drill, auch des Nachts, trug erste Früchte.

»Sir«, sagte der erste Offizier, als er rastlos das Achterdeck betrat, »wir haben zuviel Fahrt.«

»Keinesfalls!« erwiderte Mactaggart. Er ahnte die Sorge seines Ersten, da in wenigen Augenblicken der Befehl an den Rudergänger ergehen würde, die SHAMROCK vor den Wind zu bringen, was die Fahrt des Brigg-Kutters um ein bis zwei Knoten erhöhen mußte.

»Sir! Die Dunkelheit ...«

»Kurs halten, verdammt noch mal!« fuhr Mactaggart ihn an. »Wenn wir die Mitte halten, können wir noch drei Knoten zulegen. Also achtet auf das Loten, und berechnet die Tide richtig! Ich will die WILD FIRE noch vor Eilean Eòghainn entern.«

»Entern, Sir?« fragte William Harvey, der auf der VIPER Mactaggarts Bootsmann gewesen war und nun als Erster Offizier auf der SHAMROCK diente.

»Entern! Ein schneller Schmuggelkutter trägt keine Geschütze! Wir wollen fair sein. Also entern mit Muskete, Säbel und Messer!«

*»Aye, aye, Sir«*, stieß Harvey hervor.

»Keine einzige Breitseite! Den ersten Achtpfünder an Steuerbord laden und ausrennen. Ich will den Kutter unbeschädigt. Zersiebt, brennend, auf dem Fels oder im Schlick ist die Prise nichts wert.«

*»Aye, aye, Sir!«*

Mactaggart stand direkt am Bug und spähte voraus in die Finsternis. Sofort stand vor seinem geistigen Auge das Bild der Karte von West Loch Tarbert, die er so oft in der Abgeschiedenheit seiner Kajüte studiert hatte. Nicht einmal eine knappe Meile, und sie würden an der kleinen Insel Kilchamaig vorbeischießen. Die Ufer, noch knapp zweihundert Yards von Backbord- und Steuerbordseite entfernt, stiegen sanft empor und hoben sich deutlich gegen den

Himmel ab. Der Lotgast sang in rhythmischen Abständen die Tiefen. Es war MacDee, einer der besten an Bord, der es fertigbrachte, auch bei acht Knoten Fahrt noch fünfundzwanzig Yards zu loten.

Mactaggart war sicher, daß sein Gegenspieler mit stark gerefften Segeln langsam, Zoll für Zoll, weiter in den Trichter von West Loch Tarbert hineinglitt. *Gefangen!* sagte Mactaggart still für sich, da er den Gegner von seiner sichersten Basis, dem offenen Meer, endgültig abgetrennt hatte. Er hatte recht behalten. Der abendliche Rückzug der SHAMROCK nach Aufgabe der Jagd hatte zugleich die Einleitung des entscheidenden Angriffs auf den erfolgreichsten Schmuggelkutter zwischen Orkney und Irland bedeutet ...

Zwei Meilen noch, dann könnte er mit der SHAMROCK längsseits gehen. Von Zeit zu Zeit nahm er sein Fernrohr und spähte nach vorn. Gleichzeitig saß sein Schiffsprofos Wilson, der die Besatzung bei Tage im sicheren Gebrauch der Handfeuerwaffen unterwies, im Fockmast und versuchte die Dunkelheit zu durchdringen, um den Schatten der WILD FIRE auf der glatten Fläche des Wassers als erster auszumachen.

»Licht voraus!« rief Wilson triumphierend vom Fockmast herab. Im gleichen Moment hatte auch Mactaggart das schwache Licht etwa zwei Meilen voraus entdeckt. Er eilte Mittschiffs und befahl: »He! Klüver-, Mars-, Royal- und Briggsegel bergen!«

Das »He!«, so wußte Harvey, bedeutete so schnell wie möglich.

Mactaggart ging wieder vor zum Bug und nahm sein Nachtglas, während das Ächzen der Matrosen an sein Ohr drang.

»Unverschämter Bastard! Brennt einfach eine Laterne ab. Er muß sich seiner Sache sehr sicher sein«, knurrte er vor sich hin.

Die Fahrt der SHAMROCK verlangsamte sich augenblicklich. Noch verkürzte der Brigg-Kutter aufgrund seiner schnellen Fahrt zwar die Distanz, doch Mactaggart rechnete damit, daß die SHAMROCK bei der Eilean Eòghainn vor Anker gehen würde.

»Harvey!« befahl er seinen Ersten zu sich. Als dieser neben ihm stand, reichte Mactaggart ihm das Glas.

Harvey ließ sich Zeit, bis sich sein Auge an das Licht gewöhnt hatte. Danach wanderte er mit dem Rohr ein wenig höher, um die Takelage auszumachen. Nach einer Weile sagte er im Brustton der Überzeugung: »Es ist der Kutter, Sir!«

»Was denkst du, wie weit wird er sich hineinwagen?«

»Ein bis höchstens zwei Meilen noch, und er hat den Trichterboden erreicht.«

»Würdest du an Morrisons Stelle weitersegeln?«

»Nein! Die Fahrrinne ist äußerst schmal. Sollte er es dennoch wagen, ist es bei dieser Schwärze spätestens bei der Eilean da Ghallagain passiert. Nein! Er *wird* Anker werfen, Sir!«

»Gut! Dann beobachte das Licht. Wir haben heute das Glück, den Abendstern direkt vor uns zu haben. Wir gehen unter keinen Umständen näher heran. Sollte die WILD FIRE vor Anker gehen, werden wir uns in gebührendem Abstand dahinterlegen.«

Kaum daß er geendet hatte, meldete Harvey: »Das Licht ist verschwunden!«

Mactaggart blickte zurück zum Heck und beobachtete den Horizont. Nach einem kurzen Moment sagte er: »Ich denke, wir können es wagen. Die schwarzen Schatten der Ufer decken uns ab. Wir gehen kurz drei Strich höher.«

Mactaggart ließ anluven, während Harvey angestrengt durch das Glas peilte.

»Da ist es wieder!« rief Harvey. Mactaggart schmunzelte in sich hinein.

Nach wenigen Minuten meldete Harvey erneut: »Wir holen rasch auf, Sir!«

»Abfallen! Eine viertel Meile noch! Klar bei Anker!« befahl er Harvey.

Als der Befehl ausgeführt war, sagte Mactaggart: »Er ist, wie ich erwartet hatte, hinter Eilean Eòghainn vor Anker gegangen.«

»Wann entern wir den Kutter, Sir?«

»In drei Stunden beginnt es zu dämmern. Das ist unsere Stunde!«

Als sie wieder in der Kajüte standen, erteilte Mactaggart Harvey die letzten Befehle.

»Zehn Seesoldaten gehen sofort an Land und sichern das Ufer querab der WILD FIRE. In zwei Stunden sind alle übrigen gefechtsbereit an Deck versammelt. Wir werden noch in der Dunkelheit, gedeckt durch die Insel, anlaufen. Danach gehen wir hoch an den Wind, fallen ab und stürzen wie ein Adler auf die WILD FIRE herab.

Geräuschlos und ohne einen einzigen Schuß. Sollten die Wachen der WILD FIRE noch Zeit haben, Alarm zu geben, werden sie sofort erledigt. Den Rest angeln wir uns, wie gewohnt, aus dem Niedergang der WILD FIRE herauf! Das ist Morrisons Ende!«

»Und der Achtpfünder, Sir?«

»Präzisionsschuß! Nur gegen das Ruder – falls erforderlich!«

*»Aye, aye, Sir!«*

Die ersten Böen der morgendlichen Landbrise kräuselten das Wasser, als die SHAMROCK, auf Backbordbug liegend, knapp hinter der kleinen Insel zur Mitte der Förde glitt. Aus Furcht, daß die weißen Segel über das Inselchen hinweg sichtbar werden könnten, hatte Mactaggart es nicht gewagt, Klüver und Marssegel setzen zu lassen. Ungeachtet der befohlenen Stille war die Erregung der Männer an Deck deutlich zu spüren.

Morgan Mackay ahnte, was der Captain vorhatte, ohne natürlich die Einzelheiten zu kennen. Er hatte jedoch bemerkt, daß Mactaggart bis zur letzten Minute mit seinen engsten Vertrauten an Bord eifrig an den Details seines Plans gefeilt hatte. Alles, was die Überrumpelung gefährden konnte, mußte berücksichtigt werden.

Morgan und drei weitere Matrosen, alle in Mannschaftsuniformen gekleidet, standen an Steuerbord in Höhe der dritten Geschützpforte. Sie hatten die Aufgabe, den ersten Enterhaken zu setzen. Die schwere, massive Stange überbrückte gut zwanzig Fuß. Um sie herum standen dicht gedrängt die Seesoldaten in roten Röcken und mit blauen Abzeichen; in ihren Fäusten ruhten einsatzbereit Musketen und Pistolen.

Schemenhaft tauchte der Schmuggelkutter hinter der Insel auf.

»Drei Strich Steuerbord! Mr. Warrington! – An die Backbordbrassen!« kamen die Befehle gedämpft aus Harveys Kehle.

Nach wenigen Augenblicken fauchte Mactaggart: »Harvey – aufgepaßt!«

Auf Harveys Zeichen wurden alle Segel gerefft, und die SHAM-
ROCK glitt fast geräuschlos heran, wie ein Hai an seine Beute.

Plötzlich krachte ein Schuß drüben auf der WILD FIRE und zerriß
die angespannte Stille. Wie der erste Donner eines Gewitters rollte
das Echo den Fjord entlang. Ohne ein Kommando abzuwarten,
brachten die Seesoldaten ihre Musketen in Anschlag. Es waren die
neuen *Koptiteur*-Musketen aus Enfield, deren Röhrenzünder star-
kem Wind, Gischt und Regen trotzten.

Mactaggart sprang auf die Reling, um die Übersicht zu behalten.
Er trug einen doppelreihigen, mit roten Aufschlägen versehenen
Offiziersrock im Frackschnitt, besetzt mit zwei Epauletten, der ihn
als Captain auswies – ein für seine Verhältnisse geradezu theatra-
lischer Aufputz. Mit der Linken hielt er sich an einer Mastpardune
fest, in der Rechten schwenkte er eine ältere Revolverpistole mit
Steinschloß und fünf Kammern.

Schon war das Bugspriet der SHAMROCK auf der Höhe des Hecks
der WILD FIRE und ging mit sanftem Ruderdruck längsseits.

»Feuer!« brüllte Harvey durch sein Sprachrohr.

Die plötzliche Musketensalve ließ Morgans Ohren taub werden.
Die Wirkung auf dem Deck der WILD FIRE war Tod und Verderben. Gleichzeitig warfen Morgan und seine Kameraden den Enterhaken, direkt hinein in die Großwanten. Der Zug war gewaltig,
doch der Haken war mit einem Tau gesichert und belegt, so daß im
Verbund mit vier weiteren Haken die Fahrt schnell gebremst war.
Im gleichen Atemzug trafen die Wände beider Schiffe mit gewalti-
gem Stoß aufeinander, und einige der Seesoldaten stürzten durch
die Wucht des Anpralls aufs Deck.

»Feuer!« brüllte der Erste Offizier auf der Poop.

Morgan war entsetzt, da sich schon nach der ersten Salve auf dem
Deck des Schmuggelkutters nichts mehr zu bewegen schien, doch
die Männer mit ihren Waffen töteten mechanisch. Das Gemetzel
war befohlen. Morgan schoß im gleichen Moment der Gedanke an
Angus durch den Kopf. Wenn bloß der Junge irgendwo in Sicherheit wäre – nur nicht, um Gottes willen, auf diesem Kutter!

»Entert das Schiff!« schnitt der Befehl durch seine Gedanken.

Da im dunklen Grau des anbrechenden Tages kaum etwas zu erkennen war, konnte Morgan nur beten, daß sich sein Bruder unter

Deck aufhielt, falls Morrison ihn nicht inzwischen an Land gesetzt hatte.

Kaum daß die Seesoldaten überzusetzen begannen, peitschten Pistolenschüsse von allen Seiten. Unwillkürlich tauchte Morgan hinter der Reling ab. Das Schreien von Verwundeten drang an sein Ohr. Offenbar hatten Morrisons Wachen ihn noch in letzter Minute vor dem Herannahen der SHAMROCK gewarnt. Morgan faßte Mut, richtete sich auf und blickte über die Reling.

Ein wahrer Verzweiflungskampf war auf dem Deck des Schmuggelkutters im Gange. Die Schüsse wurden weniger, dafür hörte man um so öfter das metallische Aufeinanderschlagen von Klingen. Aus dem Kampfgetümmel drangen zwischen den Todesschreien Wortfetzen herüber.

»Blut um Blut ...!«

»Ihr bekommt, was ihr wolltet ...!«

»Fahr zur Hölle, du Schottenschwein ...!«

Vor seinen Augen kämpften zwei Männer mit dem Messer um ihr Leben, als ein weiterer Matrose des Schmuggelkutters hinter dem Seesoldaten auftauchte, seine bluttriefende Breitaxt mit beiden Händen emporriß und den Kopf des Mannes spaltete. Im gleichen Augenblick entstellte eine Pistolenkugel das Gesicht des Matrosen mit der Breitaxt.

Der Kampf auf Leben und Tod wurde durch die Übermacht der Seesoldaten entschieden. Mactaggart enterte schließlich zusammen mit Harvey und dem Rest der verbliebenen Seesoldaten ebenfalls die WILD FIRE. Die wenigen überlebenden Matrosen an Deck, die zum Teil schwer verwundet, aber halb aufgerichtet um Gnade bettelten, wurden gnadenlos niedergemacht, bis sich auf den bluttriefenden Planken des Schmuggelkutters kein Gegner mehr regte. Niemand wußte, wie viele der eigenen Leute verwundet oder tot waren. Nur das Stöhnen und Wimmern der verletzten Seesoldaten war zu vernehmen.

Morgans Glaube an ein Wiedersehen mit seinem Bruder schwand dahin. Schon wurden die Verletzten einer nach dem anderen auf ein Brett gelegt, über die Reling geschoben und von anderen Seesoldaten, die Harvey zur Unterstützung auf die SHAMROCK zurückbeorderte, unter Deck gebracht.

In der Dämmerung konnte Morgan erkennen, wie auf dem Kutter der Niedergang und das Vorderluk aufgebrochen wurden. Weitere schwere Salven, abgefeuert in die Schwärze des Schiffsbauches, zerrissen die Stille des jungen Tages. Morgans Atem ging rasch. Außer den Seesoldaten war es allen anderen Matrosen der SHAMROCK untersagt, das Deck des gegnerischen Schiffes zu betreten. So konnte er nichts tun, um das Leben seines Bruders zu schützen.

»Keine Gnade den Verbrechern!« gellte der Befehl Harveys über Deck, als eine Pistole im Inneren des Schiffes abgefeuert wurde.

Zwei weitere Gruppen standen an den beiden Luken bereit, jede mit Laternen ausgestattet, deren Licht in der grauen Dämmerung seltsame Schatten warf. Morgan stellte sich vor, wie dort unten im dunklen Bauch des Kutters sein Bruder Angus verängstigt darauf wartete, erschossen zu werden. Vielleicht starrte er auch auf das Licht, das durch die Luke fiel und trügerische Hoffnungen keimen ließ. Am liebsten hätte er geschrien: »Bleib wo du bist, und warte ab, bis sich alles beruhigt hat! Steig nur nicht den Niedergang hoch! Er ist eine Todesfalle!«

Doch weder Mactaggart noch Morgan konnten in jener Stunde wissen, wieviel Kampfgeist in den Köpfen und Herzen der Schmuggler noch vorhanden war. Die Möglichkeit, daß Kugeln aus der Luke und dem Niedergang flogen, war keineswegs auszuschließen. Mactaggart hatte zwar fast alle Trümpfe in der Hand, doch einen nicht: die wertvolle Ladung. Sie war das einzige Faustpfand des Mannes unter Deck, Colin Morrison. Morgan fragte sich, ob es Mactaggart wohl wagen würde, einen Soldaten nach dem anderen in einem wilden Angriff die enge Treppe hinabzujagen?

»Käpt'n Morrison! Hier ist der Brigg-Kutter SHAMROCK. Ihr Schiff ist durch die Zollbehörde Greenocks gekapert worden!« rief Harvey den Niedergang hinab. »Wir vermuten Konterbande auf Ihrem Schiff. Beugen Sie sich dem Gesetz, werfen Sie alle Waffen weg, und schicken Sie Ihre Männer einzeln und unbewaffnet nach oben!«

Nach einer Weile des Lauschens ertönte eine tiefe Stimme: »Warum wurde dann ohne Warnung auf uns geschossen? Wir fürchten weder den Zoll noch den Tod. Entweder ihr gewährt uns freien Abzug, oder wir versenken uns selbst.«

»Feuer!« brüllte Harvey erneut. Weißer Pulverschmauch, aus dem kleine Feuerlanzen zuckten, stieg erneut vom Deck empor, während ein Sirren im Rumpf des Schmuggelkutters verriet, daß die Kugeln irgend etwas Metallisches getroffen hatten.

Als die erste Gruppe von acht Seesoldaten gefeuert hatte, trat sie rasch zurück, um der zweiten Platz zu machen, die nun ihrerseits die Mündungen ihrer Musketen in den Niedergang absenkte, als führte das schwarze Loch hinab in die Höhle eines Ungeheuers.

»Ergebt euch!« stieß Harvey hervor. Er machte eine längere Pause, um seinen Worten Wirkung zu verschaffen. »Wenn ihr leben wollt, dann kommt jetzt an Deck. Einzeln und unbewaffnet!«

Unter Deck entbrannte ein Wortgefecht. Wenig später mischten sich noch mehr Stimmen ein, und kurz darauf erhob sich ein wildes Geschrei, da sich offenbar alle auf einmal Gehör verschaffen wollten.

Captain Mactaggart war dem Geschehen bisher stumm gefolgt. Harvey wußte aus Erfahrung, daß die Erstürmung eines Kutters wie der WILD FIRE eine Rechenaufgabe war, die von wenigen Unwägbarkeiten bestimmt wurde. Eine davon war die Frage, wie man verhindern konnte, daß die wertvolle Ladung in Gefahr geriet, und dies war das Problem, das den Captain anscheinend in seiner Entschlußkraft behinderte.

Mit einem Mal stieß Mactaggart seine linke Faust nach unten, als wollte er die Planken, auf denen er stand, durchschlagen. Auf sein Zeichen hin schlug Harvey dem ersten Seesoldaten kräftig auf die Schulter, der unverzüglich und mit wildem Geschrei den Niedergang hinabstürzte. Sofort fielen Schüsse unter Deck, und dem Todesschrei folgte ein dumpfer Aufschlag. Befehl und Gehorsam triumphierten; Sterben wurde nicht diskutiert. Von diesem Punkt an wurde die Auseinandersetzung durch den Einsatz der stattlichen Anzahl von Seesoldaten diktiert. Aufgereiht wie auf einer Perlenschnur, verschwand einer nach dem anderen in den Bauch des Kutters.

Der wilde Angriff die Treppe hinab war damit eingeleitet. Harvey stürmte als Anführer der zweiten Gruppe den Niedergang hinab, während Mactaggart sich an die Backbordreling zurückzog, um nicht selbst zur Zielscheibe zu werden.

Das Schlachten und Sterben ging nun unter Deck weiter. Morgan hatte nur eine vage Vorstellung davon, wie dort in absoluter Dunkelheit gekämpft wurde. Doch die Enge, dazu die kleinen winkeligen Mannschaftsräume, so überlegte er, mußten wie ein mächtiger Wellenbrecher gegen die Flut der eindringenden Soldaten wirken. Diese feuerten erst blind ihre Musketen ab, um gleich darauf mit Messer und Bajonetten auf alles einzustechen, was sich ihnen in den Weg stellte. Sank einer von ihnen verwundet oder sterbend auf die Planken, so trampelte der nächste über ihn hinweg. Das Vorgehen der Seesoldaten, die offensichtlich nichts anderes gelernt hatten, als Menschen aufzuschlitzen, übertraf alle Maßstäbe zollüblicher Gewalt. Als die ersten übel zugerichteten Matrosen des Schmuggelkutters sterbend an Deck gehievt wurden, blieb Mactaggart ungerührt und ruhig an der Reling stehen. Gefangene wollte er wohl nicht dulden. Als die ersten toten Seesoldaten an Deck gezogen wurden, wurde deutlich, daß auch Morrison den Niedergang zu einer Todesfalle gemacht hatte.

Den ersten Soldaten schlug, wie von Mactaggart erwartet, ein mörderischer Kugelhagel entgegen. Doch es reichte nur für vier, fünf Salven. Morgan schnürte es die Kehle zu, als ein Soldat an Deck gestemmt wurde, dem der gesamte Unterkiefer weggeschossen war. Mactaggarts Erfolg wurde in seinen Augen immer bescheidener. Der Zollkapitän beorderte einen weiteren Seesoldaten zu sich und befahl ihm, Harvey an Deck zu holen. Als Harveys Kopf aus dem Niedergang ragte, ging Mactaggart zu ihm.

Morgan lauschte angestrengt hinüber.

»Ist Morrison noch am Leben?« fragte der Captain seinen Ersten Offizier.

»Er ist verwundet, hat sich aber mit zwei weiteren Männern in seiner Kajüte verbarrikadiert.«

»Bringt erst alle an Deck. Dann holen wir ihn raus.«

Mactaggart schien das blutige Intermezzo beenden zu wollen. Als die aufgehende Sonne endgültig West Loch Tarbert erhellte, waren immer noch nicht alle Toten aus der WILD FIRE geborgen. Erst als insgesamt einundzwanzig Leichen an Deck lagen, darunter sieben Seesoldaten, begannen die noch Lebenden an Deck zu kriechen.

Morgans Atem stockte, als sein Bruder Angus nach oben kam. Er sah viel älter aus, als Morgan ihn in Erinnerung hatte. Er war schmal im Gesicht und hatte an Körperlänge erheblich gewonnen. Ihre Augen begegneten sich gleichzeitig. Unwillkürlich hob Morgan seinen Zeigefinger an die Lippen. Angus verstand sofort. Gestoßen vom Prisenkommando, wurden die Überlebenden gezwungen, sich auf der Poop des Schmuggelkutters hinzukauern. Angus hatte, seit die WILD FIRE in den Fjord eingelaufen war, die gesamte Zeit unter Deck verbringen müssen. Er sog die frische würzige Luft tief in die Lungen, als wäre es der erste Atemzug in einem neuen Leben.

Das Deck des eroberten Schiffes war ein einziges Schlachthaus. Das Blut rann zäh über die Planken dem tiefsten Punkt des Decks entgegen, um durch die Speigats in langen Fäden außerbords zu triefen. Kurz darauf hörte Morgan im Bauch des Schmuggelkutters die dumpf tönenden Schläge von Äxten. Es fiel kein Schuß mehr. Wenig später wurde Colin Morrison an Deck gehoben, der am linken Bein, am Leib und am Hinterkopf getroffen schien. Als er mit geschlossenen Augen mittschiffs abgelegt wurde, fing er an zu stöhnen, faßte mit seiner rechten Hand an seinen Bauch, krümmte sich und rollte sich ein wenig auf die linke Seite, um sich Erleichterung zu verschaffen.

Mactaggart ging zu ihm, schlug Morrison mit seinem Stiefel erbarmungslos die Beine auseinander, so daß er wieder auf den Rücken rollte. Dann baute er sich breitbeinig neben ihm auf und sagte mit Stentorstimme, auf den Wehrlosen herabblickend: »Sieh mich an, Bastard! Begrüßt man in einer solch jämmerlichen Pose einen echten Captain?«

Angus und Morgan wechselten einen erschrockenen Blick. Morrison hob seine linke Hand, winkte, als wolle er mit seinen langsamen, schwachen Bewegungen Mactaggart zu sich herabzwingen.

»Was will der Bastard von mir? Winkt er etwa schon dem Todesengel?« höhnte dieser und sah mit einem triumphierenden Lächeln in die Runde.

In jenem Moment rollte Morrison sich blitzartig zur Seite, wobei seine Beinschiere Mactaggart auf die Planken warf. Gleichzeitig zog er seinen Revolver und begann aus nächster Nähe die Trommel in

Mactaggarts Kopf zu leeren. Es war das gleiche Exemplar von Revolver, das er Morgan in Lochinver für seinen Bruder Kenneth mitgegeben hatte.

Die Seesoldaten, die meisten starr vor Schreck, reagierten etwas zu spät. Es war Harvey, der als erster abdrückte, aber erst, nachdem Morrison bereits drei oder vier Schüsse auf Mactaggart abgegeben hatte. So starben sie gemeinsam, Jäger und Gejagter, vereint in Sieg und Niederlage ...

William Harvey, der Erste Offizier, war damit Captain der Zollbrigg. Seine Befehle kamen rasch und wurden ausgeführt. Die Gefangenen wurden an Deck der SHAMROCK gebracht, und Morgan bekam den Befehl, mitzuhelfen, die Männer in Ketten zu legen. An das Prisenkommando auf der WILD FIRE erging der Befehl, den Schmuggelkutter im Kielwasser der SHAMROCK nach Greenock zu bringen.

Morgan wagte es nicht, sich als Angus' Bruder zu erkennen zu geben. Was ihn entmutigte, war die unabänderliche Gewißheit über die Folgen, mit denen alle Besatzungsmitglieder des Schmuggelkutters ohne Ausnahme in Greenock rechnen mußten.

Mit einem abgestuften Strafmaß war ebensowenig zu rechnen wie mit einer angemessenen Geldbuße. Angesichts der Schwere des Vergehens und der hohen Anzahl von Toten auf der Zollbrigg war der Ermessensspielraum des Richters von vornherein eingeschränkt.

Als Morgan die Eisen um die Füße seines Bruders legte und dabei zweimal den Schlüssel drehte, flüsterte Angus: »Bei dem neben mir auch!«

Morgan schüttelte unmerklich den Kopf.

»Ohne ihn bleib' ich an Bord. Er hat mir das Leben gerettet«, raunte sein Bruder ihm zu.

Morgan durfte nicht zögern, da unweit von ihm ein Seesoldat seine Arbeit beobachtete. Morgan drehte daher den Schlüssel auch bei Jim Horn zweimal. Einmal vor und wieder zurück.

»Wo ist Vater?« flüsterte Angus erneut.

»Geh nach London! St. Paul's! Jeden Tag!«

»Ruhe dort! Niemand spricht mit den Gefangenen!«

Morgan erhob sich. »*Aye, aye.* Er beklagte sich. Die Eisen um den Knöchel stören ihn. Ich schätze, wenn er erst am Galgen zappelt, hätte er gern was Schweres an den Füßen!«

»Danach wird es ihm eh' egal sein!« antwortete der Seesoldat mit schallendem Gelächter.

Harvey mußte die Shamrock die letzten Meilen aus dem Fjord mit Ruderbooten in Schlepp nehmen, da der Wind aus Südsüdwest direkt dagegen stand und ein Kreuzen in der mit Untiefen durchsetzten Einfahrt zu riskant erschien. Angus und Jim Horn kam der Wind dagegen gerade recht. Das Schleppen kostete Harvey gute neun Stunden. Als die Nacht hereinbrach, lagen die Schatten von Eilean Tràighe etwa eine Dreiviertelmeile steuerbord voraus. Der Befehl, die Gefangenen des Nachts unter Deck zu bringen, konnte jeden Moment erfolgen. Die Wachen drehten schon seit Stunden mit deutlich abnehmender Aufmerksamkeit ihre Runden an Deck. Das zweimalige Aufplatschen im Wasser wurde durch die knarzenden Geräusche der Fallen und Blöcke überdeckt. Die kleine Lücke in der Reihe der Gefangenen an Steuerbord wurde sofort durch ein rasches Zusammenrücken der Gefesselten geschlossen.

»Gefangene unter Deck!«

Morgan stand direkt am Niedergang, als die Gefangenen mit ihren rasselnden Ketten die Treppe hinabgeführt wurden. Sein Bruder und dessen Freund waren nicht mehr darunter.

»Alle Mann an Deck zum Segelsetzen!« erging erneut der Befehl an die Matrosen.

Als Morgan auf dem Deck stand, ging er an die Steuerbordreling und starrte nach achtern.

Das schwarze Wasser ließ nichts erkennen. Er sah hinüber zu den Hügeln und dachte sich: Die Welt ist ein Gefängnis, doch gegenüber den Kerkern von Greenock ist sie die Freiheit.

# 7

# Im Schatten von St. Paul's

London
1833–1842

**A**lles hatte sich geändert seit der Zeit, als alles stillos, das heißt schottisch, war. Denn als die Schatten Londons auf die Gesichter der Mackays vom Assynt fielen, waren sie aus einer rauhen Gegend in eine nicht wiederzuerkennende Welt hineingeschleudert worden.

Das Schicksal, das sie im Frühjahr 1833 angetrieben hatte, schnell aus dem nördlichen Hochland zu verschwinden, machte es unmöglich, Gedanken und Empfindungen mit den Menschen der Hafenstädte zu teilen, die sie nach dem Woher und Wohin fragten.

Das Fischerdorf Dornoch war zwar ein guter Platz gewesen, um die Pferde, wenn auch weit unter Preis, loszuschlagen. Um Robertsons Pferd tat es ihnen nicht leid, doch als sie auch die Zügel von *Windhexe* aus der Hand gegeben hatten, hielt sie ein Zustand der Lähmung für eine Weile in der Nähe der Pferde gefangen. Die Stute bemerkte wohl ihre Absichten, da sie unruhig am Zaumzeug riß, fortlaufend wieherte und nervös mit den Hufen stampfte. Der Gedanke an die erzwungene Trennung sollte Magnus und Kenneth noch lange verfolgen.

Schon einen Tag nach ihrer Ankunft in Dornoch segelten sie mit einem Dutzend Emigranten samt deren Familien direkt die Küste hinunter bis nach Aberdeen. Das für sie gefährliche Nadelöhr Inverness war umgangen. Wenngleich Magnus' und Kenneths Stimmung durch die Trauer über den Verlust der Heimat gedämpft war, führte sie die kreisende Whiskyflasche aus der melancholischen Verzagtheit in eine oberflächliche Fröhlichkeit.

Ein Plakat:

## NOTICE TO PASSENGERS
### for
## NOVA SCOTIA AND CANADA

wurde herumgereicht, auf dem zu lesen stand, daß im Hafen von
Aberdeen die »vortreffliche, schnelle Brigantine« GOOD INTENT,
Rumpf kupfern beschlagen, 220 Tonnen, E. Hibbard, Supercargo,
bereit sei, am 1. Oktober mit Auswanderern in das Paradies Nova
Scotia, Canada, zu segeln. Letzte Passage vor März nächsten Jahres!

Danach folgte eine Preistafel, die deutlich machte, was bei Betreten der Brigantine zu bezahlen war:

| | | |
|---|---|---|
| *Cabin passengers* | *10* | *guineas each* |
| *Steerage ditto* | *7* | *guineas each* |
| *Ditto, from 7 to 14 years old* | *5* | *guineas each* |
| *Ditto, from 2 to 7 years old* | *3* | *guineas each* |
| *Infants go free* | | |

Noch war die heimatliche Küste zum Greifen nah, und so sangen
sie zusammen die Strophen des patriotischen Nationalliedes:

*»Scots, wha hae wi Wallace bled*
*Scots, wham Bruce has often led*
*Welcome to your gory bed*
*Or to victory!*
*Now's the day rt now's the hour*
*See the front of battle low'r*
*See approach proud Edwards pow'r*
*Chains and slavery ...*

*... Lay the proud usurper low*
*Tyrants fall in every foe*
*Liberty's in every blow*
*Let us do or die ...«*

Die Pier von Aberdeen bot Magnus und Kenneth ein merkwürdiges Bild. Es schien, als kampierten Hunderte von Menschen schon

seit Tagen auf nackter Erde, nur notdürftig mit zerschlissenen Segelleinen gegen die Unbilden der Witterung geschützt. Täglich erhielten die Gestrandeten neuen Nachschub. Wer Pech hatte, mußte im angrenzenden morastigen Gelände seinen Platz einnehmen, statt auf der Pflasterung des Hafendamms.

Die Lust am Reisen war es wohl nicht, die Hunderte von Highlandern die Reise über den Atlantik wagen ließ; denn in Aberdeen angekommen, zeigte sich bald, daß Highlander wie Kinder waren, ungehemmt in ihren Gefühlen und wild demonstrativ in ihrem Gram. Inmitten von Hochrufen, Hauben, die in die Luft geworfen wurden, und wildem Geschrei, weinten Männer und Frauen, warfen sich auf die Erde, die sie verlassen sollten, krallten sich fest, so daß sie von Matrosen zu den Booten getragen werden mußten. Mehr als fünfhundert Menschen drängten sich an Bord, und der Kapitän, der sie nach Aberdeen gebracht hatte, meinte, daß es keinen Unterschied mache, ob man auf der GOOD INTENT oder auf einer französischen Sklaven-Brigg reise. Woher sollten die Highlander auch wissen, daß sie in den Wochen der Überfahrt an Bord eines Segelschiffes, meist eingepfercht in die dumpfe Enge des Zwischendecks, der Neuen Welt entgegenreisten.

Magnus und Kenneth kam dies alles sehr gelegen, und so ließen sie sich zum Schein als Passagiere registrieren, bezahlten, betraten jedoch nie die Planken der GOOD INTENT. Statt dessen bestachen sie den Schreiber, um auf der Liste der Auswanderer registriert zu bleiben. Während die Brigantine, tief im Wasser liegend, vom Waterloo Quay in die Fahrrinne verholt wurde, schrillten die herzergreifende Rufe: »*Cha till mi tuille! Cha till mi tuille!*« – ›Wir werden niemals zurückkehren!‹ – der fürwahr Verbannten in ihren Ohren …

Ein echter Trost für Magnus und Sohn Kenneth, denn als sie nur einen Tag später auf dem Paket-Lugger VISION an Backbord das Light-House am Hafenausgang von Aberdeen passierten, wußten sie, daß sie Schottland damit zwar endgültig den Rücken gekehrt hatten, doch wenigstens auf der Insel Britannia bleiben würden.

Magnus hatte eine Karte von Englands Küsten erstanden, die sie ausgiebig studierten, und so maßen sie Entfernungen, prägten sich Namen von Flüssen und Hafenstädten rund um Englands Küsten ein und versuchten Wörter auszusprechen, die ihnen wenige Monate zuvor nichts bedeutet hatten: Berwick, Newcastle, Whitby, Grimsby, Great Yarmouth, Tilbury, London ...

So hatte Magnus 1834, im Jahr der wagnisreichen Flucht aus Scoury House, begleitet von seinem Sohn Kenneth, nicht nur sicher Britanniens Metropole erreicht, sondern auch sein kleines Vermögen aus dem Whiskyschmuggel sicher nach London retten können.

Aus diesem Grunde blieb ihm und Kenneth das traurige Los Hunderttausender erspart, welche in London Tag für Tag den erbitterten Kampf ums Dasein führen mußten. Doch die tiefen Schlagschatten des Elends in London waren Grund genug, jede sich bietende Chance der Geldvermehrung zu ergreifen, um nicht in das erbärmliche Leben der Unbemittelten abzurutschen. Magnus erkannte schon am Tag seiner Ankunft, daß Londons Armut, ähnlich wie die der *crofter* Schottlands, zusammengepfercht in Verstecken heruntergekommener Häuser nistete, ohne Mobiliar, ohne eine wärmende Feuerstelle, dazu noch ohne Luft und Sonne.

Die Gegensätze Londons waren allerdings angetan, den Geist zu verwirren. So konnte Kenneth die Pracht entlang der Fleet Street kaum fassen. Auf beiden Seiten gab es hohe Häuser mit Fenstern von Spiegelglas. In den unteren Etagen reihten sich Boutiquen neben Silber-, Uhren-, Glas- und Bücherläden, Frauenzimmerputz-, Gold-, Zuckerbäcker- und Zinngeschäfte neben Kaffeehäusern und Lottery Offices. Von der Westminster-Brücke bis nach Whitechapel, auf einer Strecke von drei bis vier Meilen, war kein Haus auszumachen, in dem es nicht eine Boutique gab.

Gleichwohl waren die Mackays von dieser Stadt ob ihrer Größe und Anzahl an Einwohnern tief beeindruckt. Wenn auch die Wohnhäuser durch den unerträglichen Steinkohlerauch so schwarz geworden waren, daß die Stadt dadurch ziemlich dunkel wirkte, so bewunderten sie den Palast von Westminster ebenso wie die riesige Kuppel der St.-Paul's-Kathedrale. Ebenfalls waren sie überrascht von der großen Zahl der Türme, die die Silhouette der Stadt prägten.

Ansonsten waren die Stadtteile Londons, längs der Themse, gut einzuprägen. Hilfreich bei der Orientierung waren vor allem die zwei breiten und sehr langen Straßen entlang der Themse. Was jenseits, südwärts des Flusses lag, hieß Southwark. Die eigentliche alte Stadt London wies noch einige Mauern und Tore auf, die Tag und Nacht schier endlos von Kutschen, Karren und Pferdefuhrwerken passiert wurden. Imposant wirkten auf Vater und Sohn gleichermaßen die gewaltigen Steinbrücken über die Themse. Staunend standen sie vor der London Bridge, auf der ordentliche Häuser gebaut waren. Obendrein beobachteten sie das Treiben auf der Themse, deren Wasserstand hier schon stark den Gezeiten unterworfen war. Die Sicht nach Osten und Norden, was als Greenwich, Westminster, St. James und City bezeichnet wurde, war begrenzt durch Rauchwolken, die beständig über dem unermeßlichen London ruhten.

Einer der ersten Wege in London führte sie zur nördlichen Ecke von St. Paul's Cathedral, zu Paul's Cross, dem Schotteneck.

Der erhabene, dicke Turm von St. Paul's war das erste Bauwerk, das sie bei ihrer Ankunft in London zu Gesicht bekommen hatten. Er hob sich aus der ungeheuren Masse kleiner Gebäude wie ein Berg empor. Hatte das weltliche Treiben vor dem großen Brand noch innerhalb des gewaltigen Gotteshauses stattgefunden, so waren diese Aktivitäten nun, rund um St. Paul's, nach außen verlagert.

Alle vier Himmelsrichtungen rund um das gewaltige Gotteshaus waren unter Menschen verschiedener Interessen aufgeteilt. Die Südseite für Schiffsmakler und Reeder; die Westseite für sämtliche Spielarten der Geschäftemacherei, für Versammlungen, Raufereien, Mordpläne und Verschwörungen; die Ostseite für Menschen, die das Eintreiben von Geldern besorgten. Die Nordseite schließlich war reserviert für Spekulanten, »Bullen« wie »Bären«, und galt als Treffpunkt aller Hochland-Schotten.

An jenem Tag weckte ein Mann Magnus' Aufmerksamkeit, der schon zum drittenmal von St. Paul's' Westseite kommend ans nördliche Schotteneck wanderte. Er wäre ihm nie aufgefallen, doch in seiner vornehmen Kleidung wirkte er wie ein Gentleman, jedoch mit seinem kleinen runden Buckel eher wie der Lakai eines vornehmen englischen Hauses. Er war von hohem Wuchs, trug einen rabenschwarzen Bart, und immer, wenn er seinen Zylinder zum Gruß lupfte, konnte man sehen, daß er mit seinen gut dreißig Jahren schon zur Glatze neigte. Sein ständiges Auf- und Abwandern entlang der Westseite von St. Paul's fiel auf, doch ließ sich der Grund dafür kaum eingrenzen. Dann blieb der Mann plötzlich stehen und hielt Ausschau, als ob er etwas überprüfen wollte.

Der Anblick des Buckligen hatte Magnus amüsiert, so daß er nur beiläufig mitbekam, wie neben ihm unseriöse Angebote die Runde machten.

»Neubau! Eisenträger werden abgezweigt, Sand und Ziegel auch – Sie wissen, was ich meine ...?«

Wie von Ferne vernahm Magnus die bohrenden Fragen eines Highlanders neben ihm, eines Sinclair aus Wick, und hörte gleichzeitig die mühsam formulierten Antworten heraus, stotternde Versprechungen eines Kriminellen, die Konkretes vermissen ließen ...

Für Magnus waren die folgenden Wochen und Monate, in denen er sich täglich mehr und mehr mit den Menschen versöhnte, unter denen er nun lebte, frei von jedweder Abweichung vom Gesetz. Die bewegte Vergangenheit war ihm Lehre genug. Für ihn wurden die Begegnungen mit jenen, die mit Wertpapieren handelten, meist untadelige Sitten aufwiesen und ihm gegenüber als ruhige Stoiker auftraten, zu einem echten Glücksfall. Die Verschiedenartigkeit der schier grenzenlosen Investitionsmöglichkeiten ließ dagegen die Kontakte zu den meist ohne »Benehmen« ausgestatteten wilden Clanbrüdern schnell verkümmern.

Es war fast auf den Tag genau drei Jahre später, im März 1837, daß Magnus den Buckligen näher kennenlernte. Es war an dem Tag, als sich erstmals eine größere Fondsspekulation als Fehlschlag erwiesen hatte. Umgerechnet entsprach die Summe, die er verloren hatte, dem Ertrag aus eintausend Gallonen Whisky. Daraufhin stürmte er durch das Portal der neu gegründeten *London und Westminster Bank* und rannte stundenlang durch die City, um die Niederlage zu verdauen. Er tat es ohne ein Wort des Ärgers; denn er haßte das Jammern der Spekulanten, die »Szene machten« und mit Ausrufen wie: *»Um Gottes willen, welch hohe Verluste!«* bewiesen, daß sie in Wahrheit der »Aktie« nicht gewachsen waren. Schließlich bog er in die Change Alley ein, um im *Garraways* seinen Nachmittagstee zu trinken.

Das *Garraways* war nicht das erste Kaffeehaus, das Magnus besuchte. Man ging in den Hauptstraßen Londons keine fünfzig Schritte, ohne auf ein Kaffeehaus zu stoßen. Jedes für sich konnte man wie eine kleine spezielle Börse betrachten. Daher fand sich in jedem einzelnen nur eine besondere Art von Leuten ein. Um die Börse waren sie voll Kauf- und Schiffsleuten; im *George's*-Kaffeehaus versammelten sich Offiziere; im *Smyrna*-Kaffeehaus in Pall Mall tranken die Gelehrten aller Fakultäten ihren Tee; und die streitbaren Helden der Kunst ließen sich ihren Tee im *Witty Club* servieren. Das *Garraways*, vor wenigen Wochen von Magnus zum erstenmal besucht, war für ihn unter allen exotischen Kaffeehäusern Londons das interessanteste. Es lag wohl an der Zusammensetzung der verschiedenen Gruppen, die sich darin einfanden. Kaufleute und Börsenmakler, Spekulanten und ausländische Gesandte hatten das *Garraways* ausgewählt, um ihre Informationen auszutauschen.

Magnus sollte sich später häufig an jenen denkwürdigen Tag erinnern, als er das *Garraways* zum dritten Male aufsuchte. Es war die Stille nach dem Sturm. Über London war der erste Orkan des Frühjahrs hinweggefegt, der die Menschen wie Vogelscheuchen aussehen ließ, dafür die Metropole vom braunen, beißenden Nebel befreite und den Schmutz gründlich von den Dächern spülte. Wolkenfetzen jagten über eine frische, glasklare Luftschicht, und die Sonne spiegelte sich ab und zu in den Pfützen.

Die Menschenmauer, die sich jeden Tag um diese Zeit vor dem Kaffeehaus bildete, war verschwunden, die Theke damit einfach zu entern. Eine letzte Windbö heulte durch die Gasse und wirbelte einen Zylinder vor Magnus' Füße. Gleichzeitig blinkte eine Münze auf dem Pflaster. Magnus trat auf sie, bekam im selben Augenblick den Zylinder zu fassen, hob ihn auf, ließ ihn elegant in seinen Händen kreisen, klopfte ihn ab und blickte in die Richtung, aus der er angeflogen kam.

Vor ihm stand der Bucklige von St. Paul's. Schnell bückte sich Magnus, um den Penny aufzuheben. Wie beiläufig fiel sein Blick auf goldverzierte, fein polierte Schuhschnallen, besetzt mit funkelnden Steinen, mit denen sich sonst die Damen die Hände zu schmücken pflegten. Magnus ahnte, daß ein »Geldvieh« der großen Klasse vor ihm stand.

»Ihrer?«

»Ja. Danke!«

Magnus reichte dem Mann den Zylinder und rieb danach den Penny an seinem Umhang ab.

»Wie der Sturm um die ganze Windrose läuft, wechselt hier des Geschickes Los. Ich verliere beinahe meinen Zylinder, wodurch Sie einen Penny gewinnen.«

Magnus hob leicht die Schulter und grinste: »Wie zerronnen, so gewonnen!«

»Ich sehe mich darin bestätigt«, sagte der Bärtige und prüfte den unversehrt gebliebenen Zylinder, »daß mein Rat, den ich vorhin einem Bettler gab, unbezahlbar ist. In London liegt soviel Geld auf der Straße, mein Herr, daß man auch ohne Arbeit mit gutem Unterhalt bis zu seinem Lebensabend kommen könnte.«

»Wahrhaftig, der Segen fließt hier mehr als an den Pforten von St. Paul's. Ich nehme an, Sie waren in Ihrem Leben nie Türsteher an irgendeiner Kirche.«

»Kirche? Die Christen haben mir freiwillig nie etwas gegeben. Es wäre ein echtes Wunder. Doch sie erfinden immer dort Wunder, wo das Wunder nicht kommen will.« Daraufhin reichte er Magnus die Hand. »Leone Levi!«

»Sehr erfreut! Magnus Mackay.«

Levi taxierte Magnus von oben nach unten, ohne jegliche Zurückhaltung. Er war offensichtlich ein Mensch, der die Eitelkeiten der Welt liebte, was sich auch in seinem Hang zu äußerem Glanz zeigte. Offensichtlich schämte er sich trotz seines Buckels nicht der höchsten Eleganz seiner Kleider und hatte sicher nicht vor, die edlen Steine seiner Ringe nach innen zu drehen, um die Besitzlosen nicht zu verletzen. Es entstand eine kleine Pause, in der nur sein Luxus und sein forschender Blick weiterredeten.

»Ein Schotte im Herzen des Feindes? Wie kommt's?« sagte Levi nach einer Weile.

»Es würde mir etwas fehlen, wenn es das Herz nicht gäbe!« entgegnete Magnus höflich.

»Das verstehe ich nicht. Für euch Schotten hatte das Herz Englands statt eines Händedrucks doch nur Fußtritte übrig.«

»Ich gebe diesem Herz jeden Tag die Chance, mir die Hand zu reichen«, nahm Magnus die schiefe Metapher auf.

»Ach was!« polterte Levi. »Das ist die Ausrede all jener, die in der Gegenwart die Faust nicht benutzen wollen.«

Magnus erwiderte ruhig: »Geduld ist auf Dauer ein schnellerer Clipper!«

Ihre Augen fixierten einander, bis Leone Levi ein Lächeln über das Gesicht huschte, das seine makellosen Zähne entblößte.

»Clipper? Sklaven, Gold, Opium, Gewürze und Tee? Sie sind sehr unterhaltend, Sir, und benutzen auch noch Brenngläser für Ihre Worte. Amüsant, amüsant!« Daraufhin hob er seine Hand und wies den Weg. »Kommen Sie mit ins *Garraways*?«

»Zeigen Sie den Weg, ich folge Ihnen nach!«

»So ist's recht. Dann auf und hinein!«

Aus dem Inneren des Schankraums schlug ihnen Lärm und Tabakqualm entgegen, vermischt mit dem aromatischen Duft von Whisky und Kaffee. Levi steuerte zielstrebig auf einen unbesetzten Zweiertisch zu, der an einen Nebentisch grenzte, an dem sich Spekulanten so breit gemacht hatten, daß sie jedem den Durchgang verwehrten.

»Macht Platz, zum Donnerwetter – ihr *semisucker*!« legte Levi los, worauf man sich mit widerwilligem Respekt bequemte, ihnen Platz zu machen.

In den folgenden Monaten sollte Magnus Mackay noch häufiger erleben, welchen Respekt man seinem neu gewonnenen Freund trotz seiner auffälligen und mitunter absonderlichen Züge in diesen Kreisen zollte. Natürlich hatte er schon von Leone Levi gehört, der als einer der größten und erfolgreichsten Spekulanten in der Londoner City galt, einer, der das Hazardspiel des Auf und Ab vortrefflich beherrschte. Levi war ein optimistischer Choleriker, der den Eindruck vermittelte, was er an der Börse anpacke, gelinge auch, der allerdings schon bei geringsten Anzeichen von Kursrückgängen unruhig wurde und dessen aufschäumendes Temperament sich schnell in Aggressivität verwandeln konnte. Das alles war für Magnus zunächst nicht so wichtig. Was zählte, war die Tatsache, daß ihn die erste Begegnung mit dem Juden vor dem sicheren Bankrott rettete.

Bei Eiern, Schinken und Tee erteilte Leone Levi am selben Nachmittag Magnus Mackay die erste von vielen Lektionen.

»Mit welcher Aktie, Mr. Mackay, haben Sie Federn gelassen?«

Magnus zögerte. Er war es nicht gewohnt, von fremden Menschen derart ausgefragt zu werden. Doch bei Levi hatte er das Empfinden, als nähme er ihm die Beichte ab.

»Es war eine Eisenbahnaktie, Mr. Levi.«

»Welche?«

»Mhm! Also ... *Great Eastern* ...«

»Ein närrisches Ding. Ein Wind, ein Nichts! Ihre einzige Verlustaktie?«

»Ja, das Risiko ist gestreut.«

»Überwiegend amerikanische Eisenbahnaktien?«

»Überwiegend, Mr. Levi...!«

Die *railway mania*, die »Eisenbahnmanie«, war ausgelöst worden durch wenige Eisenbahnlinien, die glänzende Erträge abwarfen. Diese ersten Erfolge hatten allerdings eine Flut von Projekten zur Folge gehabt, deren Zahl immer größer wurde. Obwohl im ganzen Königreich erst fünf Eisenbahnen fertiggestellt waren, hatte Magnus schon im März 1836 auf dem Londoner Kurszettel 46 einzelne Notierungen von Eisenbahnaktien gefunden. Die Aktien wurden den Spekulanten mit geringer Einzahlung, aber hohem Agio angeboten und daher gierig aufgenommen. Die von der Masse der Anleger als höchst lukrativ eingeschätzten Unternehmungen hatten Magnus vorsichtig werden lassen, zumal die Spekulation immer wilder wurde und Parlament und Regierung alles konzessionierte, was man von ihnen verlangte. Somit hatte er die englischen Papiere mit gutem Gewinn abgestoßen und sich noch im selben Jahr auf die Emissionen amerikanischer Bankaktien konzentriert, obwohl ihn die *London and Westminster Bank* durch großzügige Kredite dazu bewegen wollte, auf inländische Unternehmungen zu setzen. Dennoch ließ er sich nicht beirren, sondern vertraute darauf, daß seine Transaktionen in kürzester Frist größere Gewinne abwerfen würden, zumal heftige Fieberschauer die europäischen Eisenbahnaktien heimzusuchen begannen.

»Mein Freund«, dozierte Levi, »die Kurserwartungen namentlich amerikanischer Bankaktien sind zwar eine Erwartung und damit ein Fakt, aber diese Erwartung macht mehr Eindruck an der Börse als die Tatsache selbst! Andererseits ist es allgemein bekannt, daß der amerikanische Aktienhandel in England zu großen betrügerischen Mißbräuchen Anlaß gibt! Haben Sie diesen Punkt vor Ihrer Spekulation – *pardon*: Investition – geklärt? Existiert die amerikanische Bahngesellschaft überhaupt? Fahren ihre Züge schon auf Gleisen in eine goldene Zukunft?«

Magnus zögerte, da das Blut aus seinem Kopf in die Beine sackte.

»Neeiiiin?« sagte Levi in seiner unnachahmlichen ironischen Art. »Dann sollten Sie das nächste Schiff nehmen und in den Prärien des Mittelwestens zum Gewehr greifen, damit die Indianer den Gleisbau nicht weiter verzögern können.«

Magnus erhob sich halb vom Tisch, doch Levi hielt ihn am Ärmel fest.

»Bleiben Sie! Ist die Summe denn so groß?«

Magnus sah auf seinen Teller und preßte heraus: »Sehr groß!«

»Ich habe gehört, daß man in der Neuen Welt solche Umstände in den Banken durchaus mit dem Revolver meistern kann, doch ich empfehle Ihnen, in aller Ruhe zu speisen und morgen zu handeln.«

Magnus setzte sich, gewann seine Fassung wieder, rührte keinen Bissen mehr an, dafür orderte er schottischen Whisky.

»Wissen Sie«, fuhr Levi fort, nachdem sie auf die Feinde ihrer Feinde angestoßen hatten, »mit der Aktie ist es wie mit dem Irrtum. Wer auf halbem Wege umkehrt, irrt nur zur Hälfte!«

Magnus hatte Glück. Er wurde die Aktien wieder los, die sich wenig später tatsächlich als ein Windei entpuppten. Aufgrund dieser eindrucksvollen Geschichte begann er Leone Levis fundierte Empfehlungen zu schätzen, sofern dieser überhaupt bereit war, solche auszuplaudern. Sie waren ein seltsames Paar, der reiche Jude und der puritanische Schotte, doch sie erkannten bald, daß sie dasselbe Credo besaßen:

»Hier wird der Reiche schnell zum Armen und der Ärmste dem Fürsten gleich. Wir wollen daher Fürsten werden!«

Der Grundstein des Reichtums flog Magnus im Sommer 1837 zu, bei einer weiteren Begegnung mit Leone Levi, als dieser ihm den Hinweis gab, auf eine bestimmte französische Asphaltaktie zu setzen.

Beim Tee sagte Levi leidenschaftslos zu seinem neugewonnenen

Freund: »Setze zwei Drittel deines Vermögens auf die *Mines-d'as-phalte-de-Pyrimont-Seyssel*. Die *Compagnie* ist seriös!«

Als er die Zurückhaltung in Magnus' Gesicht ablesen konnte, der gerade im Kopf die Summe errechnet hatte, die er dafür einsetzen sollte, zwinkerte Levi mit seinen Machen-wir-ein-Geschäft-Augen und sagte leise: »Nimm deine zwei Drittel, und du lebst für alle Zeiten auf den Hügeln von Greenwich!«

»Was ist mit dem Asphalt?« fragte Magnus nichtsahnend. Levis Lippen wurden schmal: »Der dort vorhandene Asphalt wird Anfang des nächsten Jahres als Pflasterungsmaterial für Paris verwendet. Es ist die einzige Grube Frankreichs!«

Langsam begriff Magnus. »Woher haben Sie die Meldung?«

»Ich kenne den Grafen Sassenay ...«

Die Asphaltgruben in Seyssel, südlich von Genf, entdeckt im Jahre 1802, wurden damit für Magnus zur wahren Goldgrube. Dem Grafen Sassenay gelang es, den Asphalt als Pflasterungsmaterial für die Straßen von Paris einzuführen.

Damit hatte sich der Ruf des Asphalts über Nacht derart gebessert, daß er die Gruben im Jahre 1837 zu einem hohen Preis an eine zu diesem Zweck gegründete Aktiengesellschaft verkaufen konnte.

Magnus erwarb mit Levi ein Aktienpaket, als die Aktie noch zum Nominalwert von 1000 Franc zu haben war. Noch im gleichen Jahr stieg sie auf 1980 Franc. Die Gewinne wurden derart ausposaunt, daß der Anstieg des Aktienkurses nur mit der Eruption eines Vulkans vergleichbar war.

Ein knappes Jahr darauf, im März 1938, kletterte die *Pyrimont-Seyssel*-Aktie auf 10 200 Franc, ein Wert, bei dem auch der abgebrühteste Börsenhai ins Taumeln geriet ...

Als Magnus und Levi längst Kasse gemacht hatten, registrierten sie, daß keine andere Aktienart jemals einem wilderen Spiel unterworfen war als die französischen Asphaltaktien. Schwankungen von siebzig bis achtzig Prozent kamen fast täglich vor. Imitationen, die sich als völlig wertlos herausstellten, diskreditierten jedoch in kürzester Frist sämtliche Industriewerte. Das Mißtrauen griff um sich. Ein beispielloser, rapider Kurssturz setzte ein. Am 10. April 1838 standen die *Pyrimont-Seyssel*-Aktien nur noch auf 7500, am 14. Mai auf 6000 und zwei Jahre später nur noch auf 900 Franc.

Magnus erwies sich derweil als gelehriger Schüler. Er entfaltete sich zu einem leidenschaftlichen, aber immer wirtschaftlich gezügelten Kaufmann an der Börse. Im Extremfall konnte er sich über eine gelungene Verlustbegrenzung ebenso freuen wie über einen Erfolg in unerwarteter Höhe aus einem mit mutigem Kalkül eingegangenen Risiko.

Ende 1838, genau an Heiligabend, bezog Magnus mit Kenneth und Morgan, der sich drei Jahre nach ihrer eigenen Flucht am Schotteneck von St. Paul's eingefunden hatte, eine der vierzehn Villen von Blackheath Paragon in den Hügeln von Greenwich. Mit fünf repräsentativen Zimmern im Erdgeschoß, vier Schlafzimmern im oberen Stockwerk, ausgestattet mit zwei Wasserklosetts, zählte ihre Villa zu den feinsten Adressen Londons. Leone Levi hatte es vorausgesehen ...

Blackheath Paragon, eine halbrunde Zeile von vierzehn Einzelvillen, verbunden durch einstöckige Trakte hinter dorischen Säulengängen, erhob sich in der anmutigen Heidelandschaft der Wricklemarsh, gleich nachdem man die Hügelkuppe von Greenwich Park überschritten hatte, und damit abseits der gewaltigen und unübersehbaren Pyramiden von Not und Elend, jedoch nah genug an den riesigen Docks der Themse mit ihren von Handelsschiffen gefüllten Kammern, aber zugleich auch abseits der Monstersuppe des Themsewassers, das für Magnus die Bezeichnung »Wasser« nicht verdiente. Der zähe, träge »duftende Strom« war für ihn einzig und allein die Senkgrube aller Nachttöpfe, der Misthaufen aller Pferdeställe, Sammelstelle jeglichen Mülls und Abfallkübel aller Hospitäler und Schlachthäuser Londons und damit eine gigantische Kompostieranlage von tierischen und pflanzlichen Verwesungsstoffen, angefärbt und aufgeschäumt von zahlreichen Zuläufen der Londoner Farben-, Blei- und Seifenwerke.

Erträglich zeigte sich das Liquid für Magnus erst, wenn er

frühmorgens die Old Roman Road überquerte, sich ein Fleckchen oben auf der Hügelkuppe von Greenwich suchte, auf den Horizont gen Osten blickte und die zahlreichen fremden Segelschiffe betrachten konnte, die bei Flut und günstigen Winden wie Perlen an einer Schnur die gewundene Themse heraufzogen. Er nahm auf seiner Lieblingsbank Platz und dachte an die vergangenen Jahre.

*Good food, fresh air, and temperance* waren für Magnus von Anfang an Bestandteil seines Lebens in London gewesen, und er achtete mit großer Wachsamkeit auf die wirtschaftliche Absicherung des einmal gewonnenen Wohlstandes. Im Vergleich zum Leben am Assynt hatten er und seine Söhne in den letzten Jahren eine schwindelnde Höhe von Luxus erklommen, als hätten sich die Wonnen des Jenseits in das Diesseits verschoben.

Vater und Bruder hatten Morgan oft über ihre ersten Wochen in London erzählt, als sie in der Dorset Street, London-Spitalfields, dem schäbigsten Viertel der Metropole, ihr erstes Zimmer bezogen. Der Mann der ihnen damals das Zimmer vermietete, sah die gestrandeten Hochland-Schotten verächtlich an. »Könnt ihr zahlen?«

»Erst mal sehen, ob das Loch rattenfrei ist«, erwiderte Magnus damals selbstbewußt und sagte wie beiläufig: »Wir zahlen im voraus!«

»Sie können es für drei Shilling und sechs Pence die Woche haben!« erklärte der unrasierte, stämmige Mann von etwa fünfzig Jahren plötzlich freundlich und stürmte die Treppe voran.

»Zweite Treppe, hinten raus. Ruhige Lage!«

Magnus und Kenneth wußten, daß sie woanders ein Zimmer auch für einen Shilling oder auch für fünfzehn Pence bekommen hätten, doch in den feuchten, schimmeligen Mauern hätten sie ihre Gesundheit riskiert, was sie dank ihres Kapitals Gott sei Dank vermeiden konnten. Und dennoch, als sich die kalte, nebelige Jahreszeit ankündigte, empfanden sie auch hier die elenden, kleinen Straßen, deren Zugang oft durch schwarze stinkende Tümpel blockiert war, bald als unerträglich. Den Rest gaben ihnen die entsetzlichen großen Müllhaufen, aus denen eine gräßliche klebrige, gärende Brühe floß, durch die sie Tag für Tag auf ihrem Weg in die City waten mußten. Der Gedanke daran, wie es hier wohl bei heißem Wetter sein mochte, vertrieb sie endgültig aus Spitalfields.

Sechs Monate später, als Magnus seine ersten Erfolge an der Börse verbuchte, zogen sie in den besseren Stadtteil Holborn und mieteten sich in einer geräumigen Vierzimmerwohnung in der Great New Street ein. Seitdem trug Magnus die Mode eines Gentleman: jagdgrünen Gehrock, weißen Zylinder, einen hellblauen Übermantel, weiße Seidenstrümpfe und Halbschuhe mit hohen, eckigen Absätzen. Er verdiente nun, wie viele Gentlemen in Holborn, seinen Lebensunterhalt auf bequeme Art und teilte zugleich mit seinem neuen Erscheinungsbild jedermann mit, daß sein Investment profitabel war. Bald entwickelte sich in der Great New Street in den Morgenstunden unter den Männern so etwas wie eine Gruppenidentität. Die Gesamtdarstellung ihrer Garderobe hatte eine klare figurative Aussage: Erfolg!

Auf seinen Wegen zur Stock Exchange und ins *Garraways* kreisten seine Gedanken freilich meist sorgenvoll um das Wohlergehen seiner ganzen Familie. So ließ er als erstes über einen Mittelsmann im *Glasgow Herald* nach seinen Töchtern fahnden – und hatte Erfolg damit.

Anfang des Jahres 1835 reiste er mit Kenneth nach Glasgow, um seine Töchter zu suchen, die er in den Gorbals von Glasgow aufstöberte. Ein Dutzend Menschen lebten dort in einem Raum. Die von Hungersnöten und Seuchen vertriebenen Iren, Juden und Schotten klebten förmlich aneinander. Wer zwei Zimmer besaß, vermietete eines unter. Die Zustände waren für die Menschen noch schlimmer als die der *crofter* in den Highlands. Ein Abtritt für zwanzig Familien auf dem Innenhof, keine Waschgelegenheit, umgeben von Trunksüchtigen, deren sie sich ständig erwehren mußten. Magnus' Töchter schliefen abwechselnd in einem Bett in einer Nische des Zimmers. Gegenüber diente die untere Schublade einer schäbigen Kommode als Bettchen für die Babys einer achtköpfigen Familie, mit der sie sich das Zimmer teilten. Sie waren dazu verdammt, in Fußwegentfernung zu ihren Arbeitsplätzen zu leben, um die wenigen Pence in den Webereien verdienen zu können, die sie vor dem Verhungern retteten.

Die Erlösung aus dem Elend kam gerade noch rechtzeitig. Noch am gleichen Tag des tränenreichen Wiedersehens flüchteten sie aus dem großen Gefängnis der Gestrandeten und fanden flußabwärts des Clyde, über dem Tal des Flüßchens Kelvin, eine neue, menschenwürdige Unterkunft. Hier konnten die Töchter wieder frische Luft und eine schöne Aussicht auf den Clyde genießen.

Mit Unterstützung von Vater Magnus fanden Mistress und Florence einen Ausbildungsplatz in den Büros der Werft von Alexander Stephen in Kelvinhaugh und Linthouse, während Catharine, die es eigentlich eher nach London zog, sich den Umständen beugte und den Haushalt ihrer hart arbeitenden Schwestern besorgte.

Fünf Jahre nach der Flucht vom Assynt heirateten Mistress und Florence im gleichen Jahr. Mistress ehelichte John L. Carvel und Florence Hugh MacDonald, beide Schiffsbauingenieure auf der Werft, während sich für Catharine *der* Wunsch erfüllte, da sie endlich nach London umziehen konnte.

Im vornehmen Stadtteil Charing Cross kauften ihr Vater Magnus und ihre Brüder in der St. Martin's Lane ein gutgehendes Hutgeschäft mit exklusiven Mode-Accessoires. Catharine Mackay lebte auf und avancierte in wenigen Monaten zu einer der attraktivsten und begehrtesten Frauen Londons. Ihre Eleganz und Selbstsicherheit förderte den Umsatz ihrer Hutmoden und vergrößerte gleichzeitig ihre Chancen auf dem Londoner Heiratsmarkt. Trotz eines wahren Belagerungszustandes, der sich einstellte, hielt sie allem stand, schraubte dafür ihre Ansprüche höher und selektierte dementsprechend gnadenlos die Bewerber, die um ihre Hand anhielten.

Catharine wurde schnell eine selbständige Frau, die sich daran gewöhnte, daß Männer sie begehrten, und obendrein amüsiert zusehen konnte, wie sie um die Wette balzten. Sie stand auf eigenen Füßen, genoß ihre Amouren und den Reiz, nur in sorgsam ausgewählten Armen zu liegen. So wurde sie zu einer Eva, die zwar noch keinen Adam besaß, aber schon vom Apfel gekostet hatte. Sie lebte aus sich heraus und empfand dieses Gefühl als eine überirdische Vollkommenheit, die sie täglich nach dem Zuklappen des Schreibpultes auskostete.

Magnus Mackay sah darin eine Bestätigung dafür, daß man sich

Schicksalsschlägen nie ergeben durfte, sondern ihnen trotzen mußte. In Clanangelegenheiten tat er sehr geheimnisvoll, doch sorgte er mit seinem Geld dafür, daß die Mackays langsam wieder auferstanden. Als Prinzipal war es für ihn geradezu ein Vergnügen, mindestens zweimal im Jahr ein Clantreffen in London zu organisieren. Gutgelaunt kümmerte er sich um die Unterbringung und Ausflüge seiner Kinder und hatte kolossalen Spaß daran, seine Gäste mit Überraschungen zu verwöhnen.

Doch seltsamerweise schien sich der Clanchef beim Anblick der versammelten Familie oft nicht so recht freuen zu können. Was er anfänglich seinen Söhnen eisern verschwieg, waren vor allem die wachsenden Schuldgefühle seinem verschollenen Sohn Angus gegenüber.

Ab dem Zeitpunkt, als Morgan seinem Vater die Ereignisse jener schicksalsschweren Nächte in Lochinver und Loch Tarbert beschrieb, wachte er oft früh am Morgen auf und lag stundenlang schlaflos da, ohne die Dämmerung des heraufziehenden Tages wahrzunehmen. Das ungeklärte Schicksal seines jüngsten Sohnes setzte in jenen Stunden einen Stachel, der unaufhörlich seine Seele quälte ...

Magnus stand auf, hielt die Hand vor seine Augen und blickte auf die Themseschleife. Das Licht fiel in dieser Stunde fast waagerecht auf die träge fließende Wasserfläche, spiegelte es glitzernd zurück, so daß die Schiffsrümpfe, Masten und Rahen seltsam plastisch wirkten. Manchmal ragten aus dem Dunst nur die kirchturmhohen Mastspitzen der dreimastigen Segelschiffe heraus, die sich wie von Geisterhand gelenkt ihre Docks suchten. Im Frühling wie im Herbst tauchte die oft blendend helle Morgensonne die Marssegel der Schiffe minutenlang in eine Orgie von Licht und Farben, als wolle sie die Schiffe mit ihren wertvollen Frachten für ihre glückliche Heimkehr besonders auszeichnen. Dann wartete Magnus auf die aufenternden Toppsgasten, die wie schwarze Spinnen schnell die Wanten hochkletterten, als hätten sie bequeme Treppen vor sich. Wenn sie kurz darauf, wie Käfer am Halm, die Backstagen hinunterglitten, wußte er meist aufgrund der Ankerposition, ob es sich um Tee-, Gewürz-, Getreide- oder Kohlenschiffe handelte. Ihr

Ankerwurf bestimmte den Pulsschlag an der Stock Exchange, der großen Londoner Börse. Verluste oder Gewinne waren untrennbar mit dem Ausbleiben oder der Rückkehr der Schiffe verbunden.

Derselbe Pulsschlag war es auch, der ihn als *landlubber* aus seinem im Zentrum des Paragon gelegenen großen Domizil fast täglich auf das nördliche Ufer der Themse trieb. Dort, am anderen Ufer, erhöhte die Leidenschaft der Spekulation die Pulsfrequenz, aus der schnell eine Sucht werden konnte – die Sucht nach Gewinn und Reichtum. Magnus lernte sie sehr bald zu beherrschen. Das Wohlergehen des Clans rangierte vor der »Sicherheit« einer Anlage. Der solide Herrensitz in den Hügeln von Greenwich war der sichtbare Beweis dafür. Das war es auch, was er seinen Söhnen täglich beizubringen hoffte ...

Im Salon von Blackheath Paragon herrschte das Greenwich-Halblicht. Ein atmosphärischer Effekt, der sich für Kenneth in dem neuen Aquarell widerspiegelte, das er bei P. C. Wonder, Mäzen und Liebhaber der Kunst, erstanden hatte und nun mit Stolz betrachtete. »Morgen nach dem Schiffbruch« hatte der Künstler sein Werk getauft. Kenneth war sich unschlüssig, ob ihn der Titel des Bildes zum Ankauf verführt hatte oder ob es die Turbulenzen von Licht und Farbe waren, die das romantische Gefühl der Verlassenheit in ihm weckte. Das Meer erstreckte sich bis zum Horizont, während sich seine siegreiche, zerstörerische Kraft nach tosendem Sturm zu glätten begann, als würde die Energie seiner Wellen im nächsten Moment voll erlöschen. Am flach auslaufenden Strand saß ein frierender Hund, der mit seinem fast hörbaren Heulen das Herz des Betrachters rührte. Für Kenneth hatte der Maler die Natur aufs genaueste beobachtet; denn je länger er das Bild betrachtete, um so mehr fühlte er sich an die Küsten Schottlands erinnert.

Er ging rückwärts und steuerte auf das Mahagonisofa zu, ließ sich darauf nieder und begann sich zu entspannen. Obwohl es ein regnerischer Tag war, ließen die hohen Fenster genügend klares, kühles Frühlingslicht herein, daß seine Strahlkraft keinen Schwermut aufkommen ließ. Gleichzeitig zog die stimmungshafte Wirkung des Kontrastes von drinnen und draußen Kenneths Blick immer wieder hinaus auf die harmonische, sattgrüne und feierlich wirkende Parklandschaft. Kenneth genoß die Ruhe, und es wäre ihm recht gewesen, wenn die Zeit für ewig so verginge ...

Eine Tür fiel im oberen Stockwerk ins Schloß. Kenneth schlug die Beine übereinander, stützte seine rechte Hand auf die wuchtige Armlehne, die an der Frontseite vasenförmig gestaltet und künstlerisch aufwendig mit Blattvoluten verziert war. Mit erheblicher Verzögerung, als hätte die Person zunächst regungslos gestanden, hörte er eilige Schritte die Marmortreppe herunterkommen. Die getäfelte Tür schwang auf, und Morgan pfiff schrill durch seine zusammengebissenen Zähne.

»Yeeeeah!« sang er mit klangvoller Stimme, indem er den Ausruf übertrieben langzog.

Kenneth richtete sich auf und starrte neugierig auf Morgan. Dieser nahm die Pose eines Offiziers ein und drehte sich einmal elegant um die eigene Achse. Er trug einen dunkelblauen Gehrock mit runden, vergoldeten Knöpfen, der scharf auf Taille gearbeitet war. Manch ein Herr, wollte er sich mit dem gleichen Gehrock schmücken, wäre genötigt, sich mit einem »baskischen Gürtel« zu schnüren, der, auf bloßer Haut getragen, die Modellierung der Figur ermöglichte. Nicht so Morgan. Imposant war auch der Schnitt seiner langen Röhrenhose, die bis zu den Knien eng war und sich von da ab nach unten erweiterte. Sie wurde durch Lederriemen unter den Stiefeln festgehalten, mit der Absicht, daß sie bei jeder Bewegung des Beines fest auf dem Stiefel auflag. Da sie außerdem durch den engen Bundabschluß zusätzlich die Taille betonte, zentrierten sich wie von selbst die Blicke der holden Weiblichkeit auf die prallen, stimulierenden Auspolsterungen rund um den Schritt.

»Wenn du dir jetzt noch einen *chapeaux claque* aufsetzt, könntest du als Galionsfigur an einem scharf geschnittenen Bug durchgehen«, stichelte Kenneth, nicht ohne Bewunderung.

Morgan schritt auf den spätgeorgianischen Schreibschrank zu und gab das Kompliment seines Bruders zurück. »Wie ich sehe, hast du dich ja auch zu einem echten englischen Landlord herausgeputzt.«

Daraufhin öffnete er die verglasten Türen des Aufsatzes, die mit lanzettförmigen Bögen geschmückt waren, und prüfte eine Karaffe.

»Sherry?«

»Ja, bitte! Aber nur halbvoll.«

Morgan reichte seinem Bruder das Glas. Beiläufig bemerkte er: »Es hat gestern eine Menge Drohungen gegeben.«

»Erzähl mir bitte nur die Kurzfassung!«

Morgan nahm in einem der bequemen Sessel Platz und streckte die Füße lang.

»Gut, ich erspare dir die Details.« Seine Miene wurde ernst, als er begann, Kenneth über die Versammlung der Schiffsoffiziere im Zollamt zu informieren. »Das Zollhaus setzt seit gestern auf die Denunzianten in unseren Reihen. Prämien sind ausgelobt. Außerdem interessiert sich die Justiz inzwischen für die Vorgänge in und außerhalb der Zollbehörde. Sie wollen nicht glauben, daß der Schmuggel im Kanal von uns erfolgreich eingedämmt wurde.«

Kenneth setzte das Glas ab, und sein Gesicht versteinerte. »Wer plaudert in euren Reihen?«

»Alles nur Mutmaßungen und Befürchtungen. Es ist einfach zuviel Hehlerware auf dem Markt. Die Zollbehörde registriert durch Mittelsmänner momentan sehr genau, wie sich das angebotene Schmuggelgut im Pool zusammensetzt. Ich habe die Listen eingesehen. Baumwollene Waren, Branntwein, Wein, Whisky, Kaffee, Zucker, Tabak, Porzellan, seidene und halbseidene Waren und Hutmacherarbeiten. Entspricht exakt dem, was wir im Kanal die letzten Wochen haben ziehen lassen.«

»Verdammt! Ich habe es geahnt. Es ist doch zu perfekt, was wir da machen.«

»Die fressen mich bei lebendigem Leibe, wenn sie dahinterkommen.«

Kenneth erhob sich, trat an eines der großen Fenster und spähte hinaus in den Park.

»Was vermutest du?«

»Sie müssen einen von uns noch nicht identifizierten Informanten haben.«

»Einen von eurem Luxusschoner?«

»Nein! Von der Little Wonder ist es keiner. Von denen, die abgemustert haben und nun etwas weiter weg sind von den Freßtöpfen, schon eher. Der Verräter könnte aber auch anderswo stecken.«

Kenneth drehte sich um und streckte dabei die Hand nach dem Glas aus. »Laß mich nachdenken. Du vermutest ihn unter den Schmugglern, stimmt's?«

»Das weiß ich nicht genau. Der Inspektor des Kontrollamtes hat jedenfalls gestern beschlossen, daß uns die Einsatzpläne nichts mehr angehen, und Anweisungen gegeben, die Finger davon zu lassen. Jegliche Einflußnahme auf die Monatspläne ist strengstens untersagt. Dabei sah er mich an, denn er ahnt, daß ich die einzige Dame in seinem Kontrollamt mit Liebesspielen verwöhne.«

»Kann ich verstehen, denn in der Liebe hast du ganz entschieden keinen moralischen Sinn!«

Morgan lächelte verschmitzt. »Ich würde sagen, vermutlich. Doch sei nicht neidisch wegen einer Möse mehr in meinem ...«

»Hör auf damit!« unterbrach ihn Kenneth ärgerlich. »Wo zum Teufel ist das Leck?« fauchte er und begann im Zimmer auf- und abzuwandern.

»In den nächsten Wochen solltet ihr nichts riskieren«, sagte Morgan nach einer Pause.

»Das ist ein guter Scherz, Bruderherz! Auf diesen Rat werden Maddox und Lascelles pfeifen. Die finden für jede Schwierigkeit einen Ausweg. Der eine wird sich zur Feier des Tages im *Anchor* einen Kalbskopf bestellen und der andere drüben in Brest im *French Quarter* Koteletts à la Maintenon. Das war es dann auch schon, Mylord! Und was, denkst du wohl, folgt darauf?«

Morgan sah Kenneth stumm an.

»Geht auch nur eine Ladung verloren, sind wir für die Pool-Schmuggler uninteressant geworden und damit aus dem Geschäft. Der mühsame Aufbau der letzten Jahre dahin. Zehn Prozent Adieu! Und zwar für alle Zeiten.«

»Ich kann dir nicht widersprechen, doch einmal wird es sicher noch klappen. Sobald wir übermorgen wieder auslaufen, wird der Zollkutter DART ins Dock müssen. Zwölf Stunden Zeit für dicke Geschäfte.«

Kenneth ging auf seinen Bruder zu, legte seinen rechten, verkrüppelten Arm auf die Lehne und kniete sich neben den Sessel, so daß sie sich in die Augen sehen konnten. »Du mußt vorsichtig sein. Ich habe dein Aussehen nie getadelt. Doch wenn dich in diesem

Aufzug auch nur einer vom Zollamt in den Kaffeehäusern sieht, ist er endgültig gewarnt. Kein einziger Offizier auf einem britischen Zollschiff kann sich deine Eleganz leisten. Nicht einmal der Captain!«

»Keine Sorge, Kenneth. Keine Kaffees heute. Ich bin privat bei Gisette. Sie ist aus Nizza zurück, liebt unanständige Sprüche, und das glühende Geschöpf genießt ausnahmslos die Vögelei, daß dir der Puls flattert.«

»Ist sie verheiratet?«

»Mit einem alten russischen Arzt, von dem sie sagt, daß ihm zwar immer die Zunge aus dem Mund ragt, dafür nie der Schwanz aus der Hose.«

»Himmel! Kannst du dir nicht eine andere Ausdrucksweise angewöhnen?«

»Kenneth! Du solltest in diesen wichtigen Dingen zwischen Mann und Frau nicht um den heißen Brei herumreden. Wenn der Morgenrock fällt und die Lust regiert, für diese Momente gibt es keine anständigen Worte.«

Kenneth winkte ab. Er war gutmütig geworden in den vergangenen Jahren. Er gehörte schon zu den Männern, deren dünner werdendes Haar die Glatze gerade noch kaschierte. Dafür war er in den Kreisen der Schmuggler und Lotsen zum geachteten Mann aufgestiegen.

Morgan dagegen war beim Zoll geblieben und hatte sich nach dem Desaster auf der WILD FIRE an die Kanalküste, und zwar an den Kontrollabschnitt Margate–Lizard Point, versetzen lassen. Unterstützt und getrieben durch seinen Vater, machte er in kürzester Zeit sein Offizierspatent nach und fuhr nun als Erster Offizier auf Englands bislang schnellstem Zollschiff, dem Schoner LITTLE WONDER.

Der Schoner kam aus der Werft in Wivenhoe, hatte 160 Nettoregistertonnen, einen scharfen Clipperbug, zwei Masten der Toppsegelschonertakelung mit Marssegeln und Bramsegeln am Fockmast und stammte von John Harveys Reißbrett. Durch den starken Fall der Masten nach achtern, verbunden mit der großen Segelfläche, segelte der Schoner elegant und schnell wie eine Yacht. Die Jungfernreise, für Morgan die längste versegelte Strecke in seinem bisherigen Leben auf See, ging bis zu den Azoren. Der Clipper schaffte die Heimreise von den Azoren bis Lizard Point in der Rekordzeit von nur fünf Tagen. Das waren 1100 Meilen. Der Schoner war in der Schnelligkeit allen Kuttern überlegen und wurde somit eine ernst zu nehmende Gefahr für alle Kanalschmuggler im Dreieck zwischen Holland, England und Frankreich.

Kenneth hatte sich unterdessen in den Tavernen beiderseits der Themseufer zwischen Tower und London Bridge umgehört und seine Kontakte Jahr für Jahr vorsichtig und mit großer Professionalität aufgebaut. Edwin Maddox, König der Themseschmuggler, der den Handel mit der Konterbande beherrschte, lernte ihn als einen verschwiegenen, dafür um so zuverlässigeren Partner kennen ...

Durch Morgans steilen Aufstieg beim Zoll kannte Kenneth die Routen und Einsätze der Zollschiffe bestens und verkaufte seine Informationen nach dem »Zehn-Prozent-Prinzip«. Aufgrund jener Abmachung, die er mit Maddox und Jean Lascelles, dessen Gegenüber auf der französischen Seite des Kanals, vor Jahren getroffen hatte, war er an jeder geschmuggelten Ladung, die unbehelligt das St. Katharine's Dock erreichte, beteiligt. Kenneth und Morgan waren bald zu einem idealen Team geworden. Das Geld wurde mehr und mehr und der Ehrgeiz der Brüder um so größer, zumal die Abhängigkeit von ihrem strengen Vater, der von alledem nichts wußte, langsam dahinschmolz. Der einzige gravierende Unterschied zwischen ihnen war der: Kenneth hatte zu wenig Schlaf und Morgan zu viele Frauengeschichten.

»Was machen wir, wenn sie hinter unsere Machenschaften kommen?« führte Kenneth das Gespräch zurück auf die Sorge, die ihn bewegte.

»Ich weiß es nicht.«

»Ach, das weißt du nicht? Morgan! Es wäre der endgültige Untergang. Vom Strang bis zur Verbannung ist alles möglich. Das reicht! Und erst Vater ...«

Morgan wurde weiß im Gesicht. »Komm schon«, sagte er forsch, »bisher haben wir uns gar nicht schlecht gehalten. Niemand vom Zoll kennt dich. Nie wird jemand darauf kommen, daß wir es sind. Du und ich sind uns doch sicher! Na?«

Kenneth sah ausdruckslos vor sich hin. Dann fixierte er erneut Morgan. »Da ist was dran. Doch was wird aus unseren Plänen? Das eigene Schiff? Oder willst du unseren Vater immer wieder um Kredit anbetteln?«

»Nein! Ich bin es leid, genau wie du«, murrte Morgan.

»Mhm! Unser alter Herr ist wie ein Geier, der die Stock Exchange überfliegt und von dort oben nach Chancen sucht, unser Geld zu mehren. Dagegen habe ich nichts einzuwenden, doch mir liegt das Glücksspiel nicht. Dafür macht unser Vater fette Beute – und hält uns obendrein kurz. Herrgott! Und wenn sie uns jetzt hochnehmen, wird sich nie was dran ändern ...«

»Ruhig, ruhig. Sie werden nichts finden, was uns Schwierigkeiten bereiten könnte. Da bin ich mir sicher«, sagte Morgan.

Kenneth ging wieder zurück ans Fenster, und Morgan folgte ihm. Gemeinsam blickten sie auf den Park hinaus. Eine Weile standen sie stumm beieinander. In Morgan stiegen plötzlich unheilvolle Gedanken auf.

»Sie werden alles umgruppieren ...«

»Was werden sie?«

»Umgruppieren!«

Kenneth sagte ärgerlich: »Was willst du damit sagen?«

Morgan atmete tief durch, hob den Kopf und sah Kenneth voll an. »Es ist ganz einfach. Nur die Offiziere kannten vorher die Einsatzpläne und Operationsgebiete der LITTLE WONDER. Sie brauchen also nur die Schiffsführung auszuwechseln. Ich komme auf ein anderes Schiff, erhalte ein anderes Revier, oder vielleicht kommt etwas ganz Neues auf mich zu. Jedenfalls wird es einschneidende Veränderungen geben.«

Kenneth stellte sein leeres Glas ab und ballte seine rechte Hand zur Faust.

»Scheiße! Wollen sie so Rache nehmen?«

»Sieht ganz so aus. Das Hinterhältige daran ist, wenn ich mich weigere und abmustere, stemple ich mich sofort höchstpersönlich als Verdächtigen ab. Denn wer quittiert schon von selbst den Rang eines ›Ersten‹?«

Kenneth wollte etwas erwidern, als Magnus' Kutsche vorfuhr.

»Der Alte kommt! Laß uns später weiterreden«, sagte Kenneth und verließ den Salon, um seinen Vater zu begrüßen.

»Kriegsrat?« fragte Magnus, als er den Salon betrat.

»Alles in bester Ordnung, Vater!« erwiderte Kenneth rasch.

Magnus' schwarzer Diener brachte das Teegeschirr. Er war groß und makellos von Gestalt. Gebürtig aus Senegambien, an der westafrikanischen Küste, gehörte er zu den Mandingos, dem wohl zivilisiertesten Stamm jener Gegend, dessen Männer für ihre Schönheit berühmt waren. Sein Vater war Stammeshäuptling und hatte ihm wohl den unverwundbaren Stolz anerzogen.

Magnus hatte »Budd«, wie ihn seine Leidensgefährten im *Pool*, dem Frachthafen von London, nannten, quasi freigekauft. Als er ihn, gebeugt durch einen zentnerschweren Kaffeesack, das erste Mal sah, fixierte ihn der Schwarze mit seinen ausdrucksstarken, ernsten Augen, so daß Magnus einen Moment lang irritiert war.

Diese Augenblicksbegegnung sollte Budds Dasein von Grund auf verwandeln. Magnus erlöste ihn aus einer Existenz, welche ausschließlich von Menschen geprägt war, die ihn hetzten und herabsetzten. Magnus dagegen brauchte nichts zu befehlen; denn Malcolm, wie er ihn ab jenem Tage nannte, entwickelte sich schnell zu einem so umsichtigen und diskreten Diener, wie man ihn sich nur wünschen konnte.

Kaum daß die Tür des Salons wieder geschlossen war, wandte Magnus sich mit einem Stirnrunzeln an seine Söhne.

»Wollt ihr euch vor dem Tee nicht ein wenig herrichten? Ein Dampfbad? Massage? Sherry? Was für herausgeputzte Dandys ich als Söhne mein eigen nenne. Zum Henker! Ich bin richtig stolz auf euch!«

»Vater! Was regst du dich so auf? Sollen wir mit der Dienerschürze rumlaufen?« versuchte Morgan seinen Vater zu besänftigen.

»Wo kommt das Geld her, das ihr auf eurer Haut so protzig spazieren tragt?«

Morgan sah erstaunt an sich herab. »Wenn ich einmal im Jahr etwas Besonderes anfertigen lasse ... Brautschau kostet eben, Vater!«

»Brautschau! Wie oft habe ich mir das schon anhören müssen. Hundert Bräute im Jahr reichen dir wohl nicht!«

»Es gibt so viele schöne Mädchen ...«, versuchte Morgan das Gespräch durch einen Scherz zu entschärfen, doch Vater Magnus geriet darüber in Rage. Die Hände in die Hüften gestemmt, legte er los:

»Ihr denkt wohl, ich bin blind! Ich will euch sagen, wieviel Pfund Sterling in euren Kleiderschränken gestapelt sind, die täglich die Wäschekörbe überquellen lassen: Gleich sechs Morgenmäntel aus Spitalfield-Seide knittern darin. Zwanzig Hemden, vierundzwanzig Schnupftücher, pro Woche! Zehn Sommerhosen, dreißig Halstücher, ein Dutzend Westen und Berge von Strümpfe *à discretion*. Dreizehn *frock-coats*, sechs Herrenmäntel, natürlich nur von John Weston aus der Old Bond Street, Wellington-*boots*, ausreichend für ein ganzes Regiment, Schirme, Handschuhe, chinesische Schlafröcke, dazu indische Pantoffeln und Schuhe, leicht wie Papier, so daß sie täglich frisch lackiert werden müssen. Natürlich, natürlich, das muß man doch verstehen! Bei mindestens drei bis vier Toiletten täglich werdet ihr hoffentlich gerade noch damit auskommen können! Dazu Regenschirme, Krawatten, Gürtel, und ... und ...« Magnus schnappte nach Luft.

Kenneth und Morgan sahen sich verstohlen an und senkten die Köpfe.

»Ich will wissen, woher das Geld für diesen Luxus stammt!«

Im Salon kehrte absolute Stille ein. Nach einer Minute des Schweigens sagte Kenneth leise. »Geschäfte, Vater! Geschäfte.«

»Welche Geschäfte? Los, raus damit!«

Kenneths Stimme sank zu einem Flüstern. »Wrackwaren! Hochprofitable Einmalgeschäfte. Vermittlungsprovisionen. Kein Risiko. Mehr nicht.«

Magnus starrte seinen Sohn an, als habe ihn der Schlag getroffen. Er hatte darauf vertraut, daß seine Söhne Geschäfte stets mit ihm gemeinsam betrieben – von der Planung bis zur Durchführung. Außerdem hatte er sie darauf verpflichtet, daß alle Gelder, kurz einfach alles, was reinkam, nur von ihm verwaltet werden sollte. »*Alles*

*Geld wird bei mir gesammelt, alles, woher es auch kommen mag. Das Geld gehört dem Clan, und der Clanchef bin ich!«* hatte er immer wieder gepredigt.

»Schlag mit beiden Händen zu, wenn ich etwas Falsches getan habe«, sagte Kenneth.

»Falsch? Torheit, sage ich! Ihr habt mein Vertrauen in euch mißbraucht!«

»So beruhige dich doch, Vater«, sagte Kenneth sanft. »Die Entscheidungen in den Docks fallen schneller und schneller. Dieses Monster an der Themse, das sich Markt nennt, das überall und nirgends ist, bewegt sich zu schnell, um darüber lange Beratungen zu führen. Lukrative Wrackwaren werden ohne Papiere betrieben. Du siehst das Geld nicht. Nur die Provisionen fließen reichlich, wenn die Abnehmer stimmen. Entweder machst du das Geschäft sofort, oder du verabschiedest dich davon. Ich liebe diese Vermittlung – ein Wettspiel wie an deiner Börse, jedoch fast ohne Risiko, dafür mit eisernen Regeln und auf hohem Niveau. Das ist absolut keine Frage mangelnden Vertrauens, Vater. In der Vergangenheit nicht, heute nicht und morgen erst recht nicht.«

Magnus zeigte sich plötzlich beeindruckt. »Mhm! Ich wußte nicht ... Du hättest mir schon ...«

Kenneth ging auf seinen Vater zu und umfaßte ihn mit seinem gesunden Arm.

»Die Wirklichkeit im Pool ist eine andere als die an der Börse. Daher waren wir selbst überrascht über unseren Erfolg.«

Magnus löste sich von Kenneth. Wieder hatte er seinen mißtrauischen Gesichtsausdruck, als er Morgan musterte. »Welche Angelegenheiten besorgst du dabei?«

Kenneth begann sofort für seinen Bruder zu antworten. »Er weiß, was an den Küsten Cornwalls so alles strandet. Es existieren keine Vorschriften darüber, ob ein Offizier wissen darf, was begutachtet und verzollt werden muß und was nicht ...«

Kenneth sah ein befreiendes Lächeln über das Gesicht seines Vaters huschen, was die Gedanken, so hoffte er, in eine stille Bewunderung über die Geschichte der vollbrachten Taten abgleiten ließ, die er dem alten Herrn, der Not gehorchend, gerade aufgetischt hatte.

»Da schlag doch eben einer meinen Kistendeckel doppelreihig

zu!« befreite sich Magnus selbst aus den Fesseln seines eigenen Mißtrauens. »Dieser Erdenirrsinn bringt mich noch vor meiner Zeit ins Grab.«

»Die Mackays sind alle Todverächter, Vater. Deshalb leben wir doch hier aus dem Vollen«, stimmte nun auch Morgan erleichtert ein.

»Aus dem Vollen?« griff Kenneth die Bemerkung seines Bruders auf. »Da kann ich nur lachen! In der *Times* steht, daß Ihre Majestät im letzten Jahr 600 Pfund allein für ihre Loge in der Oper aufgewendet hat und in Windsor Castle 113 000 Abendessen für illustre Gäste ausgegeben worden sind. Wenn ich mich richtig entsinne, kostete die Taufe des Prinzen von Wales —«

»Das ist beachtlich! Da haben wir ja noch Spielräume!« unterbrach ihn Morgan. »Das werden wir allerdings mit Wrackwaren und dem Spekulieren allein kaum schaffen. Nicht wahr, Vater?«

Vater Magnus wurde wieder ernst und hob gegen Morgan seinen Zeigefinger: »Halt! Dir will ich eines sagen: Tausche deine sichere Position nie gegen die illusionäre Welt der Spekulationsgeschäfte!«

Morgan hob die Schultern. »Na ja, Vater! Und was kann ich dafür, daß Herr und Knecht in mir, Gott sei's gedankt, sich nicht zum Verwechseln ähnlich sehen?«

»Zur Hölle mit deiner Eitelkeit!« erwiderte Magnus ärgerlich. Doch im gleichen Moment, als er beginnen wollte, bei seinen Söhnen auszuloten, wieviel Pfund ihm nachträglich abzuliefern wären, meldete Malcolm, daß ein Kurierreiter des Zollamtes einen gesiegelten Brief eigenhändig an den Ersten Offizier der LITTLE WONDER, Mr. Morgan Mackay, abzugeben habe.

Als dieser das Siegel brach, sich gleichzeitig an das Fenster zurückzog, stand Kenneth auf und blickte Morgan neugierig über die Schulter. Er bemerkte, wie die Hand seines Bruders zu zittern begann. Zusammen überflogen sie die wenigen Zeilen.

Morgan Mackay
Leutnant zur See / HM Schooner LITTLE WONDER

Sie werden zum 1. April 1842 unter Commander Lucas Markham als Erster Offizier auf HMS SEA LARK abkommandiert. Aufgabe von HMS SEA LARK wird es sein, zusammen mit

HM Brigantine Dolphin den illegalen Sklavenhandel an der afrikanischen Küste zu unterbinden. Schiffe, die unter Verdacht stehen, Sklaven zu transportieren, sind abzufangen bzw. zu verfolgen. Commander Lucas Markham wird Sie auf See über die weiteren Befehle instruieren.

Sie haben Ihren Dienst in Chatham um 07.00 Uhr an Bord HMS Sea Lark anzutreten.

London / Hauptzollamt          Chatham / Royal Navy Base

»Mist!« zischte Morgan, der den Brief vor Wut gerade zusammenballen wollte, als Kenneth ihm das Schreiben flugs aus den Händen zog und lauthals ausrief: »Mann! Was für eine Beförderung!«

»Ich schlag' dir deine Fresse ein!« zischte Morgan bebend vor Zorn.

Kenneth, der alles dafür tat, seinen Vater nicht enttäuschen zu müssen, und sich darin wendig zeigte bis zur Selbstverleugnung, verpaßte Morgan in einem unbeobachteten Moment eine Kopfnuß. Morgan verstand dies als Aufforderung zu schweigen und ging, ohne sich weiter zu empören, zurück in den Salon. Kenneth füllte mit großer Ruhe erneut die Sherrygläser, nahm seelenruhig einen Schluck und sagte: »Setz dich, Junge!«

Morgan sank in seinen Sessel zurück. Kenneth reichte ihm das Glas. »Hier, Morgan! Auf die freudige Botschaft. Und was ist mit dir, Vater, nimmst du auch einen?«

»Wenn ihr mir endlich sagen wollt, was es eigentlich zu feiern gibt?«

Nachdem die Zeremonie des Einschenkens beendet war, hob Kenneth das Sherryglas. Mit etwas kratzender Stimme sagte er: »Vater, wir können stolz auf Morgan sein. Er ist von der Royal Navy als Erster Offizier auf den Sklavenjäger HMS Sea Lark abkommandiert. Nächste Woche schon wird er Englands gottesfürchtige Moral auf den Weltmeeren sicherstellen!«

Magnus, erst erstaunt, ging freudig lächelnd auf Morgan zu, und stieß an sein Glas. »Ich bin stolz auf dich, mein Sohn! Ein Leben in Plüsch wäre für dich nicht das Richtige. *God save Bonnie Prince Charlie!*«

Die Bedeutung des »Geschenks« der Zollverwaltungsbehörden an Morgan hatte Kenneth Mackay schon wenige Stunden nach Eingang des Briefes wohl erkannt.

Der massiv auftretende Schmuggelhandel, dazu die Sittenlosigkeit und Immoralität der Behörden ließen auch das Unterhaus reagieren. *»Der Schmuggel an unseren Küsten untergräbt im Volk die Moralität! Arbeitsscheu und Verbrechen haben sich stets im Gefolge dieses verderblichen Gewerbes befunden ...«*, war in der *Times* einen Tag später zu lesen.

Kenneth wußte nicht, was die *Times* verschwieg, doch in seinen Augen irrten das Unterhaus und die Ministerien, wenn sie glaubten, daß der Schleichhandel und die vielen großen und kleinen Diebstähle und Unterschlagungen ihre Ursachen in den Überlebensstrategien einer Minderheit gegen Armut, Unterbeschäftigung und Arbeitslosigkeit hatten.

Für Kennneth waren die Zustände des Handelssystems als Ganzes verantwortlich. Vor allem die schier grenzenlosen Profite, welche die neuen Schnellsegler aus allen Ecken der Erde in ihren Bäuchen die Themse hinauftrugen. Das Königreich mit seinem starren Herrschaftssystem hatte seiner Meinung nach noch nicht begriffen, daß die »Herumtreiber« und »arbeitsscheuen Vagabunden« in höchsten Positionen saßen und nicht zugeben wollten, daß ihr innerer Drang zu den Luxusgütern der Metropole Londons unbeherrschbar wurde.

Ein Eingeständnis, daß im Pool zusammen mit den Behörden ein Schleichhandelkartell entstanden war, durfte es offensichtlich nicht geben. Gott, Königin und Vaterland schwiegen offensichtlich die »individuellen Varianten« des Schmuggels tot und ignorierten die Schar von staatlichen Helfern und Gruppen, die sich mit Informationen und Diensten ein fettes zusätzliches Einkommen verschafften.

Kenneth hatte gleich am nächsten Tag daraus die Konsequenzen gezogen. Es kam für ihn nur darauf an, eine weitere, ohne Zweifel vorhandene Schwachstelle im Kontrollsystem zu entdecken. Wie einfach und schnell es war, die weggebrochene Stütze zu erneuern, ohne als agierender Rechtsbrecher auftreten zu müssen, stimmte ihn in jenen Morgenstunden gut gelaunt ...

Die vollbesetzte Kutsche rollte den Hügel hinab auf das geschlossene Tor zu, vor welchem sich eine beachtliche Anzahl Menschen drängte, denen der Zugang zur Marinebasis verwehrt wurde. Gegen Mitternacht waren Vater Magnus und Bruder Kenneth zusammen mit Morgan und dessen Favoritin, Sarah Goldsmith, von Greenwich abgereist, um über Dartford nach Rochester zu fahren, wo sie in der Morgendämmerung den Medway nach Chatham überquerten. Eine Fahrt die Themse hinab, mit dem Schiff bis Sheerness, wäre einfacher gewesen, doch im Frühjahr die richtige Stromrinne zu finden, die der Medway zwischen den riesigen Schlammbänken hindurchfraß, war ein nicht zu kalkulierendes Abenteuer. Seit Jahrhunderten ist der schmale, gewundene Kanal seiner Mündung, dessen Untiefen bei Flut nicht zu sehen sind, der beste Schutz gegen seewärtige Angriffe auf die Schiffswerft von Chatham. Der Nachteil für die eigenen Segelschiffe besteht jedoch darin, daß man auf dieser geschlungenen Wasserstraße nur bei Nordostwinden einlaufen und nur bei Südwestwinden wieder heraussegeln kann. Hinzu kam, daß die Gezeitenströme zu beachten waren; denn nur bei Flut kommt man in die Mündung des Medway hinein und nur mit dem Ebbstrom wieder heraus.

Am Tor angekommen, stiegen Vater und Bruder sofort aus der Kutsche, und während Malcolm das Gepäck entlud, konnte Morgan diskret und ausgiebig von seiner wonnewogenden Sarah Abschied nehmen.

Die Dockanlagen waren belegt mit Kriegsschiffen, die, mehr oder minder abgetakelt, ein verwirrendes Bild der Plumpheit, Schwerfälligkeit und Unförmigkeit darboten. Neben den langgestreckten Magazinhallen stapelte sich ordentlich aufgereiht grobes Schiffzubehör. Von der Ankerkette bis zum Teerfaß war alles vertreten. Doch was an diesem Ort fehlte, waren die winkeligen Gassen und schmalen

Gänge, flankiert von Seemannspensionen, Spelunken, Spielhöllen, Opiumkellern und billigsten Bordellen, die in London bis zur Ufermauer der Themse reichten. Tanzlokale, Reitbahnen, Boxerbuden, Würfel-, Schieß- und Würstchenbuden, dazu Massagesalons, Ausrufer, Bänkelsänger und Straßenmusikanten hatten die Admirale des Navy Board aus Chatham gänzlich verbannt.

Wenigstens hätten sie Grabstein- und Sargverkäufer vor ihren Toren zulassen können, überlegte Kenneth, als er die lähmende Stille an jenem Ort bemerkte. Das pulsierende Leben endete, wie ihm schien, nicht erst auf den Kriegsschiffen, sondern schon mehrere Meilen vor der Marinebasis. Das einzige, was er hörte, waren Trillerpfeifen, die schrill irgendwo auf dem riesigen, abgeschirmten Gelände ertönten.

»Ein Platz der Besinnung! Erst der Befehl, dann das ewige Schweigen«, höhnte er.

Magnus schien die Worte seines ältesten Sohnes überhört zu haben.

»Dort, hinter dem vierten Magazin! Das wird sie sein.«

Kenneth spähte hinüber in die angegebene Richtung. Obwohl er nur einen Teil der schlanken Untermasten und die überdimensionierten Spieren am Fockmast erkennen konnte, pfiff er durch seine Zähne und bemerkte: »Fürwahr, das wird er sein, der sklavenhungrige Schnellsegler.«

Während Morgans Seemannskisten nahe des Tores abgestellt wurden, wuchs die wartende Menge auf mehr als hundert Personen an. Dennoch verlor sich die Ansammlung vor dem riesigen Tor. Alle »Hände« der Schiffsbesatzung, gekleidet in dunkelblaue Mannschaftsuniformen, umringt von ihren Familien, schienen versammelt. Vom ältesten Bootsmann, vom Koch, Zimmermann und Segelmacher bis zum Schiffsjungen warteten sie darauf, die Marinebasis betreten zu dürfen.

Als Morgan ausstieg und Sarah aus der Kutsche half, rief jenseits des Zaunes ein Uniformierter: »Hier herüber!«

Der Mann hatte vermutlich Morgans goldene Epaulette auf seiner rechten Schulter entdeckt, die ihn als Leutnant der Marine auswies. Außerdem leuchtete dem Mann sicher Morgans Offiziersrock entgegen, der inzwischen den doppelreihigen Frackschnitt angenommen und dessen Kragen und Aufschläge seit Beginn der Herrschaft Königin Victorias von Rot wieder nach Weiß gewechselt hatten.

»He, Bruder!« rief Kenneth. »Offiziere können dort drüben sofort in das Elysium eintreten!«

Morgan ignorierte alles um sich herum, da Sarah ihn weiter eng umschlungen hielt, so daß ihr pfirsichblütenfarbener Umhang mit dem Blau der Uniform verschmolz. Erst nach einer Weile ergriff sie Morgans Hand, die sie zitternd an ihren Busen drückte. Hinter Chatham stieg über dem Medway Nebel empor, zog über die Dächer der Magazine, als wollte er die beiden Liebenden einschließen.

»Es ist Zeit, Morgan!« Vater Magnus tippte ihm auf die Schulter. »Ich muß dir noch etwas sagen!«

Sarahs Hände glitten herab, und Morgan ging mit seinem Vater ein Stück beiseite.

Stockend begann Magnus zu sprechen. »Dein Bruder Angus ... Dort draußen ... Frage mich nicht. Ich spüre, daß er lebt.«

Morgan sah im Gesicht seines Vater, wie dieser mit sich kämpfte.

»Solange wir nicht wissen, ob er tot oder lebendig ist, dürfen wir die Hoffnung und die Suche nach ihm nicht aufgeben! Wenn du irgend etwas hörst ...«

Morgan nickte still. Sein Vater nahm ihn mit beiden Armen und drückte ihn kurz an sich.

Wenig später verfolgte Morgan sehnsüchtig die Kutsche, wie sie holpernd den Weg zurückrollte und bald aus seinen Augen verschwand.

»Leutnant Mackay?«

Ein rotgesichtiger, schmaler Mann mit einer Nase, deren Farbe brandyblau schimmerte, deutete auf seine beiden Seekisten. Hinter ihm warteten zwei tatendurstige Schiffsjungen auf weitere Anweisungen.

»Der bin ich«, sagte Morgan.

Der Mann grüßte: »*Aye, aye, Sir!* Commander Markham erwartet Sie an Bord der SEA LARK!«

# 8

## Atlantik

Breite: 30° 30' Nord,
Länge: 50° 20' West
1842

organ Mackay folgte seiner Eskorte hinüber zur Pier. Die zwei Masten hinter dem letzten Dach einer geschlossenen Magazinhalle wuchsen höher und höher.

Er hatte in der vergangenen Woche genügend Zeit gehabt, sich in den Docks von London Klarheit darüber zu verschaffen, auf was für einem Schiff er seinen Dienst antreten sollte. So hatte er in Erfahrung bringen können, daß die Sea Lark einer jener amerikanischen Schiffstypen war, auf den die Konstrukteure alle Anstrengungen verwendet hatten, um einen Rumpf von nie dagewesener Schärfe zu entwickeln. Der Clipper sollte mit seinem steil aufkimmenden Rumpfboden den eigens zur Jagd auf sie gebauten Briggs und Slups der Royal Navy davonsegeln. Die Matrosen nannten das Schiff mit Respekt »Baltimore-Clipper«, einen der schnellsten Schoner, gebaut an der Ostküste der USA. Unter amerikanischer Flagge hatte es den Namen Fly getragen. Der Clipper segelte zwar sehr schnell, war jedoch durch einen Navigationsfehler im Jahr 1811, fünfzig Seemeilen von den Scilly-Inseln entfernt, aufgebracht und noch im gleichen Jahr als Sea Lark in die Royal Navy übernommen worden. Das Interesse des Navy Board und der königlichen Schiffskonstrukteure sowohl an der Prise selbst als auch an ihren feinen Linien war daher nur verständlich.

So kam die ehemalige Fly sofort in das Dock von Plymouth, wo man tagelang ihre Spanten und Planken vermaß. Die amerikanischen Konstrukteure dieser Schiffe waren, anders als die englischen Schiffbauer, in ihrer Phantasie und ihrer Experimentierfreude durch keinerlei gesetzliche Vorschriften eingeengt, was erwiesenermaßen geniale Entwürfe hervorzauberte. Die *running ships*, dies wurde Morgan in jeder Taverne Londons bestätigt, waren in der Karibik und auf dem Atlantik begehrt als Paket-, Frucht-, Schmuggel- und vor allem als Sklaventransporter.

All diese Hinweise weckten in Morgan langsam eine Neugier, die seine Enttäuschung und den Ärger über die Entscheidung des Zollamtes erheblich abmilderte. Soviel war jedenfalls klar: Der Sklaventransporter war nun zum Sklavenjäger geworden …

Lediglich über Commander Markham hatte Morgan so gut wie nichts in Erfahrung bringen können. Angeblich tat er seit zehn Jahren in der Royal Navy seinen Dienst und war zuletzt Erster Offizier auf der Cyclops gewesen, einer der ersten Radschaufel-Fregatten in der Marine. Er hatte sich offenkundig auf diesem »Bastardschiff«, das mit Dampfmaschine *und* Segel ausgerüstet war, nicht wohl gefühlt, und so hatte er sich mit Nachdruck um das Kommando auf der Sea Lark beworben.

Als Morgan endlich freien Blick auf das Schiff hatte, blieb er stehen und bestaunte Rumpf und Takelage. Der Toppsegelschoner lag mit der Backbordseite zur Kaimauer hin festgemacht, so daß als erstes der Bug die Aufmerksamkeit auf sich zog. Er war einfach gehalten, ohne Galionsknie und Galionsfigur, jedoch mit einem kühnen Überhang nach vorn. Neben der steilen Aufkimmung und der scharfen Wasserlinie stachen Morgan sofort die Höhe der Untermasten und der hohe Heiß der großen Gaffelsegel ins Auge, die einen auffallenden Kontrast zum Segelriß des ihm vertrauten englischen Schoners Shamrock darboten. Sogleich erkannte er, daß am Vormast über dem Schonersegel noch Mars-, Obermars und Bramsegel gesetzt werden konnten.

Morgans Blick ging an den glatten Masten entlang nach oben, bis zu den schlanken Stengentops. Fast hundert Fuß über Deck, so schätzte er die Höhe des Großmastes, wobei er die Deckslänge nur auf rund zweiundachtzig Fuß und ihre Breite auf dreiundzwanzig veranschlagte. Alles am Rigg, einschließlich der beiden Marsen, wirkte trotz der soliden Verarbeitung zierlich und schlank, wobei der Fall des Großmastes nach achtern gut fünfzehn Grad betrug. Die Schlichtheit der Formen übte eine seltsame Faszination aus.

»Für leichtverderbliche Waren. Besonders gut für Sklaven geeignet!« erinnerte sich Morgan an die zynische Bemerkung eines Matrosen über den Clipper. Was kann das Schiff dafür, ging es ihm gleichzeitig durch den Kopf, denn der Wind im Rigg und die schäumenden Wellen werden weder über seine guten noch über seine schlechten Taten richten. Für all die Verdammten, die in den Rümpfen der Sklaventransporter gestapelt im Sterben liegen, mag die Schnelligkeit der Clipper die letzte Hoffnung sein, so oder so, und der Hunger nach Wind wird den Jäger, unabhängig von seiner Fracht, über die Tiefen des Ozeans mehr hinwegfliegen als -segeln lassen.

Der Matrose ließ Morgans Gepäck an Bord hieven und wartete geduldig am Schanzkleid. Morgan ließ sich Zeit und inspizierte die Beplankung des Rumpfes. Ihm imponierte die gleichmäßige Länge der Seitenplanken, die mehr als siebzig Fuß aufwiesen, wie man es bei englischen Schiffen aufgrund des Holzmangels selten sah. Die Breite der Planken lag durchgehend bei etwa zwölf Zoll, und im Bugbereich war kein einziger »verlorener Gang« oberhalb der Wasserlinie zu sehen. Gerade die kurzen englischen Planken gaben Schiffsrümpfen oft ein schlechtes, geflicktes Aussehen. Das Gleichmaß verlieh dem Rumpf Schönheit und zeugte davon, daß der Werft Ulmen und Buchen im Überfluß zur Verfügung gestanden haben mußten. Im ersten Tageslicht leuchtete Morgan aus der Tiefe trotz des trüben Wassers der neue Kupferbeschlag entgegen. Der Widerschein erweckte den Eindruck, als würde ein Meer von Kerzen den Rumpf zum Glühen bringen.

Morgan schritt über die Fallreepspforte, betrat das Deck und meldete sich beim Wachhabenden Offizier, während der Bootsmann eine Seite pfiff. Der Wachhabende war ein rothaariger, stämmiger, robust wirkender junger Mensch mit rundem Gesicht und einem lustigen Zug um die Augen. Der Uniformrock spannte um seinen Leib, als wäre der Träger zu dem Zeitpunkt, als er ihn schneidern ließ, etwas dünner gewesen.

»Ich freue mich, Sie an Bord der Sea Lark begrüßen zu können, Sir«, sagte der Wachhabende. »Mein Name ist John MacDuff. Der Commander erwartet Sie in seiner Kajüte. Ich lasse inzwischen Ihre Kisten unter Deck bringen.«

»Besten Dank«, sagte Morgan. Sein Blick wanderte über das

bunte Treiben einzelner Gruppen von Matrosen, die sich aus der Luke zur »Volkslogis« rein- und rausdrängten, um den Toppsegelschoner für die große Fahrt in fremde Gewässer vorzubereiten. Die hellen, gepflegten Decksplanken, aus Weißeiche gefertigt, blendeten Morgan für einen Moment. Die Sorgfalt der gesetzten Planken und deren Laschungen, zusammen mit der vollendeten Verarbeitung an den Deckbegrenzungen, den Leibhölzern und Wassergängen, zeugten von Stabilität und hoher Schiffbaukunst.

Verwundert registrierte Morgan die leeren Flächen vor den Stückpforten. Die einzigen Geschütze an Bord waren zwei 18-Pfünder, die in Längsrichtung zwischen Vormast und Bug auf drehbaren Schlittenlafetten saßen. Morgan erkannte, daß man, um Gewicht zu sparen, offensichtlich auf Breitseiten verzichtet und statt dessen auf weitreichende, wirksame Jagdgeschütze gesetzt hatte. Lediglich vor den Großmastpardunen war an Backbord- und Steuerbordreling je eine schwere bronzene Drehbasse mit einer soliden, hölzernen Basis auf dem Schanzkleid montiert.

Er ging nach achtern zu der etwa fünf Fuß hohen »Kappe«. Die ganze Abdeckung war aus Mahagoniholz gefertigt, mit messingbeschlagenen Flügeltüren, durch die man zum Niedergang gelangte. Das Dach war als Klappe konstruiert, so daß ausreichend Licht einfallen konnte und Luft zirkulierte.

Morgan stieg über ein Schott, das verhinderte, daß Sturzseen ins untere Deck laufen konnten, und glitt wie ein Aal den steilen Niedergang hinab. Der Geruch, der ihm in die Nase stieg, war angenehm; es roch eindeutig nach Lammbraten. In der Messe wurde das Frühstück aufgetragen.

Morgan betrat die Kapitänskajüte. Commander Markham saß auf einem Stuhl hinter dem kleinen Schreibtisch, den Kopf über Papiere gebeugt. Die Kajüte war mit Mahagoniholz getäfelt und lichtdurchflutet. Morgan gewann zunehmend den Eindruck, daß er sich eher auf einer königlichen Luxusjacht als auf einem Kriegsschiff Ihrer Britannischen Majestät befand. Direkt über Markhams Schreibtisch war ein Oberlicht, eine Glasluke, die geöffnet blieb und bei Gefahr überkommender Seen jederzeit mit dichten hölzernen Deckeln verschalkt werden konnte. Auch die Kajütfenster hinter ihm waren geöffnet. Sie konnten allerdings nur im Hafen offengehalten werden; auf See wurden sie mit dichten Pforten gegen die von hinten anschlagenden Wellen verschlossen.

»Sir! Leutnant Morgan Mackay meldet sich an Bord der Sea Lark.«

Ein Mann von über sechs Fuß Größe und drahtiger Figur erhob sich. Sein Lächeln zeugte von natürlicher, bescheidener Selbstsicherheit, anders als das angestrengte, ernste Posieren der meisten Kapitäne, denen Morgan in seinem Leben begegnet war.

»Willkommen an Bord!« erwiderte er freundlich und schüttelte Morgans Hand. Dabei umspielte ein mokantes Lächeln seinen wohlgeformten Mund. Nach dieser für Morgan ungewohnt höflichen Begrüßung wurde er jedoch dienstlich: »Ihren Befehl, bitte!«

Morgan zog das Schreiben des Navy Board aus seiner Jacke und überreichte es dem Commander, der sich umdrehte und das Papier aufmerksam las.

»Welches Datum hat Ihr Patent?« fragte Markham und sah Morgan wieder an. Dabei blieben seine Augen seltsamerweise mild und von sanftestem Blau.

»Juli '38«, sagte Morgan.

»Neil Sutherlands Patent ist von August '34! Dann sind Sie also der jüngste Leutnant an Bord.«

»Ja, Sir!« gab Morgan etwas erstaunt zurück.

»Ich möchte kein Highland-Massaker auf meinem Schiff, Mr. Mackay«, fuhr Markham fort. »Sie sind also dem Dienstalter entsprechend der Zweite, und für schottische Clanrivalitäten gibt es auf diesem Schiff kein Glencoe! Eine Königin, eine Mannschaft, ein Ziel! Sie haben verstanden?«

Morgan begegnete dem forschenden Blick des Commanders und antwortete mit dem Gleichmut eines Schotten, der sich keiner Schuld bewußt ist: »*Aye, aye, Sir!*«

Der Commander schien zufrieden. »Die Mitglieder der Offiziersmesse bestehen demnach aus Ihnen und Leutnant Sutherland, dem Profos Mr. Donald Baxter, unserem Arzt Dr. Harald Henderson und dem Zahlmeister Mr. Ben Fraser.«

Markham trat plötzlich nah an Morgan heran, so daß er ihn um gut einen Kopf überragte. Der strahlende, milde Ausdruck war aus dem Gesicht des Kommandanten verschwunden. Sein Blick war fest, aber wieder lag ein Lächeln auf seinen Lippen. »Warum sind Sie aus dem Zolldienst hierher versetzt worden?«

»Umgruppierungen auf den Zollschiffen, deren Gründe mir nicht genannt worden sind«, sagte Morgan prompt und sicher. Markhams Blick bohrte sich für einige Sekunden in Morgans Augen, die dieser Prüfung standhielten. Morgan war von Kenneth auf peinliche Fragen vorbereitet worden, was sich nun bewährte.

»Ich werde die Befehle und Aufgaben bekanntgeben, sobald wir auf dem Atlantik sind. Nun richten Sie sich an Bord ein, Mr. Mackay. Wir werden mit dem Ebbstrom auslaufen!«

Auch mit der lebhaftesten Phantasie hätte Morgan sich das Ablaufen vor der drohenden Sturmsee nicht vorstellen können. Commander Markham ließ die Sea Lark auf den Wellen tanzen, als müßte der Hexensabbat auf dem Atlantik abgefeiert werden. Achtzehn Knoten Fahrt zeigte die Logge, wobei der gesamte Rumpf des Toppsegelschoners vibrierte. Die See wollte die Masten aus dem Schoner rollen, doch die Sea Lark wich der Wucht der Wellen, wie von Geisterhand gesteuert, aus. Der Steuermann O'Shannachan und neben ihm Commander Markham wußten wohl um die extreme Segelsituation, in der die Steuerung für Schiff und Besatzung von größter Wichtigkeit war.

Bisher war es gelungen, jedem gefährlichen Brecher auszuweichen und das Heck der Sea Lark in einem optimalen Winkel zu den weißmarmorierten Wasserwänden zu halten, um ein vernichtendes Querschlagen zu vermeiden. Ein Satansritt, den nur erfahrene Steuermänner wagen konnten. Der Sklavenjäger lag gut auf dem Ruder, was offensichtlich auf seine ausgewogene Konstruktion und den bestmöglichen Trimm zurückzuführen war. Außerdem war der Ausschlag des Steuerrads eng eingestellt, was weniger Kraft verschlang.

Morgan, der hinter dem Kompaßhaus stand, beobachtete aufmerksam das Können des jungen irischen Steuermanns Patrick O'Shannachan. Er luvte die Sea Lark im Wellental ein wenig an, um die Geschwindigkeit beizubehalten, daraufhin ließ er sie auf der ansteigenden Wellenvorderseite langsam abfallen, bis die Welle direkt achterlich war. Auf dem Wellenkamm nahm er die Hände kurz vom Ruder, um den Druck freizugeben, damit der Schoner die Welle hinabreiten konnte. Der eintauchende Bug zerschlug die Welle förmlich, bohrte sich wie ein Speer hindurch, um wie ein wilder Stier, der die Seen auf die Hörner nehmen wollte, wieder aufzutauchen. Salzige Gischt und schäumendes Wasser wuschen dabei pausenlos das Deck. Ein Manöver, das viel Mut, Durchhaltevermögen und hohe Konzentration erforderte. Patrick O'Shannachan schien es im Blut zu liegen, die optimale Geschwindigkeit herauszufinden, bei der der Schoner steuerbar blieb.

Markham erklärte Morgan vor Beginn der letzten Wache, daß sich nach seiner Beobachtung im Atlantik die Wellenhöhe schneller entwickelte als die Wellenlänge. Dadurch entstünden außergewöhnlich steile Wellen. Er habe es erlebt, daß oft ein Punkt erreicht wurde, an dem die Wellen mehr als die Rumpflänge maßen. In jenem Moment befinde sich dann der Bug genau im Wellental und das Heck auf dem Wellenkamm. Die Tendenz, über Kopf zu »stolpern« oder querzuschlagen, sei danach verstärkt zu spüren. Vor allem wenn brechende Wellenkämme die Ruderwirkung verschlechterten, sei das »Stolpern« eine zunehmende Gefahr. All dies bestärkte den Commander darin, daß Querschlagen oder Überspültwerden am besten dadurch vermieden werden konnte, wenn die Sea Lark immer genügend Fahrt für Ausweichmanöver beibehielt. Dementsprechend trug der Vormast das Maximum dessen, was bei jener Windstärke gerade noch zu verantworten war. Neben Bramsegel, Obermarssegel und Marssegel hatte Markham noch das Stagfock, dazu Klüver und Jäger setzen lassen.

Obwohl das Besteck aufgrund des schlechten Wetters unsicher war, war Morgan davon überzeugt, daß der Seeraum westlich der Biscaya, bei einem Standort von 46° 5' nördlicher Breite, 15° 16' westlicher Länge, die Taktik des Commanders aufgehen lassen würde. Der Sklavenjäger lag auf schnellem südlichem Kurs und würde das Hundewetter bald hinter sich lassen. Die letzte imponierende Tagesdistanz betrug 364 Seemeilen, wobei ein »Norder« der Stärke acht vorherrschte, der kalt in den Stagen und Wanten heulte und die Luvpardunen wie Klaviersaiten spannte ...

Commander Markham hatte gleich bei Erreichen der Themsemündung, nach der letzten Wache, seine ganze Aufmerksamkeit auf die warnenden Böen gerichtet, die in der Takelage wie Hohngelächter klangen. Eine grausige See stand im Kanal, gegen die es anzukreuzen galt. Mittschiffs brachen die Seen tonnenweise über Bord, und zeitweise sah man nur noch den Kiel des festgezurrten Rettungsbootes über Wasser. In den Mannschaftslogis gab es bald keinen trockenen Platz mehr, und aus Ölzeug und Stiefeln kam in den ersten drei Tagen der Reise keiner der Matrosen mehr heraus.

»Alle Mann an Deck!« Die Kommandos rollten fortwährend wie Donnergrollen. Der Commander, seine Offiziere, vor allem aber die Matrosen hatten zu tun. Segel bergen, Segel festmachen, Segel losmachen, Segel setzten, Segel reffen, an den Fallen und Geitauen reißen, Luvbrassen oder Leebrassen holen, bis die Muskelkraft versagte; dazu die tobende See, die Kälte und die eiskalten Regenschauer.

Eine Schlechtwetterfront wurde von der nächsten abgelöst, auf eine stürmische Nacht folgte die nächste, so daß Commander Markham sich entschloß, so weit wie möglich nach Westen zu segeln, um einige hundert Seemeilen Distanz nach Lee zu gewinnen. Danach wollte er nach Süden ablaufen, so daß er die Kanaren westlich passieren konnte. Er ging keinen Fußbreit mehr vom Achterdeck. Obwohl sich Tauwerk, Blöcke und Taljen und das restliche Schiffsgeschirr in bestem Zustand befanden, wollte er da sein, wenn passierte, was an Bord jedem jederzeit widerfahren konnte. Bei jeder Wachablösung stand er gelassen an Deck, einen Arm um eine Pardune gehakt, während sein Haar auf den Wellenkämmen wie die Mähne eines Pferdes waagerecht nach Lee auswehte und in den Wellentälern zusammenfiel. Zufrieden beobachtete er die Höhe, die der Schoner lief, was er auf den guten Trimm des Schoner- und Großsegels zurückführte. Morgan erkannte, daß auf der SEA LARK wesentlich mehr hervorragende Segeltrimmer als Artilleristen versammelt waren. Doch hatten weder Offiziere noch Mannschaften während des schweren Wetters und wegen der schleichenden Übermüdung genügend Zeit gehabt, sich füreinander zu interessieren. Dafür schweißte sie der Sturm zusammen und förderte den gegenseitigen Respekt.

Am 5. April, zu Beginn der zweiten Wache, beim ersten Glasen, war alles überstanden. Es wehte nur noch eine steife Brise, bei einer langen und hohen Dünung. Commander Lucas Markham betrat mit einer großen Henkeltasse dampfenden Kaffees in der Hand das Deck. Er blickte rund, ging zum Kompaß, kontrollierte den Kurs, spähte zum Bug, der direkt nach Süden zeigte, spürte den Wind an seiner rechten Wange und befahl Morgan, der als Wachhabender Offizier den Sonnenaufgang erwartete: »Reffs heraus! Lassen Sie alles an Segel setzen, was sie tragen kann!«

Kurz darauf verschwanden die Toppsgasten nach oben. Morgan beobachtete im fahlen Morgenlicht die Ausführung seiner Befehle. Dem Bramsegel folgte das Groß-Gaffel-Toppsegel, danach das Stagsegel. Gleichzeitig wurden die Reffs aus Schoner- und Großsegel gelöst. Zuletzt wurden neben dem Jager und Klüver noch der Innenklüver und das große Stagfock geheißt und geschotet.

Zwar hatte der Wind nachgelassen, doch die gewaltige Fläche Tuch aus erstklassigem Flachs erzeugte einen ungeheuren Preß. Der Schoner krängte leicht, pflügte aber dafür um einige Knoten schneller durch die See, während das Lied der Takelage um einen Ton heller klang. Die Toppsgasten kehrten an Deck zurück und bekamen dafür als Morgendusche das überkommende Wasser geschenkt. Keine Frage, die SEA LARK war ein äußerst schneller, dafür aber auch ein sehr nasser Clipper. An ein ruhiges Frühstück unter Deck war kaum zu denken.

Markham schien mit der Ausführung der Manöver zufrieden. Er hob die Tasse, schlürfte daraus und trat an Morgan heran. »Nun! Wieviel wird sie wohl machen?« Sein Blick ging an Morgan vorbei hinauf zu der Segelpyramide, die die SEA LARK voranstürmen ließ.

»Hm! Schätze, rund vierzehn Knoten!«

»Beachtlich, Mr. Mackay. Beachtlich! Man merkt die Erfahrung, die Sie auf schnellen Schiffen sammeln konnten.«

»Danke, Sir! Doch dieses Schiff ist ein wahres Wunder«, erwiderte Morgan.

Nach einer kurzen Pause sagte Markham: »Sehen Sie, Mr. Mackay« – dabei zeigte er mit seiner Tasse zum Bug –, »auf diesem Kurs, unter einem solchen Preß beschreiben die meisten Schiffe mit ihrem Bugspriet Spiralen wie ein Korkenzieher, doch unsere SEA LARK segelt ihren Kurs wie auf Schienen.«

»Worin liegt das Geheimnis, daß sie so stabil segelt?«

»Ich denke, das Geheimnis wurde ihr nie ganz entrissen. Sie hat nicht nur eines, sie hat viele. Vielleicht liegt eins davon im Spantenriß, das andere in der Art der Bemastung und Takelart oder in ihren Proportionen, im Längen- und Breitenverhältnis, im Trimm oder im Ballast. Ich glaube, alles von ihr zusammengenommen ist ein einziges riesiges Geheimnis.

Wissen Sie«, fuhr er fort, »ich lausche jede Nacht auf die vielen Geräusche im Schiff. Manchmal verrät mir eine bestimmte Bewegung ihres Rumpfes in der Welle oder auch das Gurgeln des strömenden Wassers an ihrer Außenbeplankung eines ihrer Geheimnisse. Jedenfalls wird die Ingenieurskunst mit ihren Zahlen, Formeln und Tabellen das Mysterium der SEA LARK und die Faszination, die sie auf uns ausübt, nie auflösen.«

»Es sind doch einige Kopisten am Werk gewesen. Gibt es denn gar keine Erkenntnisse?« fragte Morgan.

»Man hätte besser Komponisten darum bitten sollen, die Symphonien nicht nur hören, sondern auch verstehen können und fähig sind, sie umzusetzen. Bislang haben wir bestenfalls eine interessante Fassade hingestellt, mit der wir bald in einen Wettstreit treten werden. Davon mehr zu Beginn der dritten Wache!«

»Ja, Sir!«

Die SEA LARK rauschte mit höchster Fahrt durch den Atlantik, so daß die hohen Gischtwolken das flüchtige Bild eines Regenbogens in die Morgensonne zauberten. Lissabon lag einige hundert Seemeilen querab, und die Stewards hatte gerade begonnen, das Geschirr abzuräumen, als Commander Markham den Befehl gab, die Besatzung zu mustern.

Morgan, dessen Wache gerade geendet hatte, war an Deck geblieben, um sich an der freundlichen Sonne zu erwärmen, die sich mit tausend tanzenden Lichtern im königlichen Blau des Ozeans spiegelte. Diese Stimmung wurde durch das plötzliche Rumpeln und Brüllen unter Deck gestört.

»Mr. Munn«, sagte Neil Sutherland zum Bootsmann, »alle Mann zur Musterung an Deck!«

Der Bootsmann ließ die Pfeife trällern, während Commander Markham den Befehl gab, zwei Strich nach Lee abzufallen und die Schoten des Schoner- und Großsegels etwas zu fieren. Schlagartig verringerte sich die Fahrt des Schiffes, und der Wind, der nun achterlicher wehte, schob die SEA LARK auf ebenem Kiel nach Süden.

Die Mannschaft war unter dem Trommelwirbel des Tambourmajors entlang des Backbord- und Steuerbordschanzkleides angetreten. Die Musterung der Besatzung war eine Zeremonie, die auf jedem Kriegsschiff Tradition hatte. Alle steckten in ihren besten Uniformen. Selbst der Koch war angetreten, wischte sich erst die Hände am Bart ab und danach an der Schürze. Fünfundzwanzig Matrosen taten ihre Pflicht, dieses Wunderwerk von Schiff ständig in höchster Form zu halten und Schäden zu beheben, die Wind und Wetter ihm zufügten. Daneben hatten die fünfzehn Seesoldaten den zusätzlichen Auftrag, Englands Moral und Willen auf den Weltmeeren durchzusetzen. Dies war in den letzten Jahrzehnten deutlich einfacher geworden, seit die Geschütze der Franzosen und Spanier keine Kampfkraft mehr hatten. Die freie Fahrt in diesen Gewässern und die Einsamkeit um sie herum waren der beste Beweis. Die einzigen Segler, die an der Kimm entdeckt wurden, waren Kauffahrer, die ihrerseits froh darüber waren, keinem französischen oder spanischen Kaperschiff ihre Fracht übergeben zu müssen.

Nachdem die Mannschaften standen, traten Morgan, der Deckoffizier der Wache, die freien Rudergänger sowie Zahlmeister, Profos und Bordarzt ebenfalls mittschiffs an. Nur der Wachhabende Offizier, der Rudergänger und Ausguckposten sowie eine Handvoll Leute, die eingeteilt waren, um in unvorhersehbaren Situationen schnell eingreifen zu können, waren von der Musterung befreit. Die Männer, die im Rhythmus des Schiffes schwankten, wirkten auf Morgan etwas angespannt. Jedem an Deck war klar, daß nur der Commander den genauen Befehl kannte, mit dem die Lords der Admiralität die Sea Lark auf die Reise geschickt hatten. Das Ziel war der mittlere Atlantik, soweit war man allgemein im Bilde. Doch um den angeblichen Auftrag, Sklaventransporter zu jagen, rankten sich die wildesten Gerüchte ...

»Alle Mann zur Musterung angetreten, Sir!« meldete Neil Sutherland.

»Bestens, Mr. Sutherland«, antwortete Markham. »Machen Sie weiter!«

Der Zahlmeister, Peter Wallace, reichte dem Ersten Offizier die Musterrolle.

Sutherland rief den ersten Namen auf: »Patrick O'Brian!«

»Hier, Sir!« rief dieser in geübter Lautstärke, die das Ächzen des stehenden und laufenden Gutes übertönte.

Vierzig Kehlen feuerten nach und nach ihr »Hier, Sir!« heraus, als würden sie den harten Drill als wesentlichen Teil ihres Daseins schätzen.

Es folgte die Verlesung der Kriegsartikel durch den Commander, die fast den Charakter eines Gottesdienstes annahm. Das Mienenspiel der barhäuptigen Männer, mit dem die Besatzung die mehr als zwanzig Artikel und deren gebetsmühlenartige Schlußformel: »... wird mit dem Tode bestraft!« über sich ergehen ließ, zeigte, daß ihnen die Zeremonie zur Gewohnheit geworden war. Nur beim Artikel: »Wer aufrührerische oder meuterische Reden führt, wird mit dem Tode bestraft ...!« bemerkte Morgan ein Grimassieren im Gesicht vieler Matrosen.

Wer nun glaubte, alle Vergehen an Bord wären damit klar festgelegt und vollständig erfaßt, sah sich geprellt, da ein Finger Gottes offensichtlich an der Hand des Commanders wuchs.

»Alle anderen, in diesem Gesetz nicht besonders erwähnten Verbrechen, die durch einen oder mehrere Angehörige der königlichen Marine an Bord der Sea Lark begangen werden, werden mit dem Tode bestraft!«

Dieser Schlußartikel gab ihm die Macht, einen Rangniederen

auch dann noch zu richten, wenn dieser geschickt genug war, sich von allen Kreuznägeln der Kriegsartikel herabzuwinden.

Das Amen hatte der Commander zweifellos ans Ende der heiligen Geschichte gesetzt: »Ich möchte niemanden darüber im unklaren lassen, daß meine Offiziere den Kriegsartikeln in genau der gleichen Weise unterworfen sind wie jeder hier an Bord!«

»... *omnia saecula saeculorum* ... Arschloch!« flüsterte Morgan vor sich hin. Gemerkt hatte davon – Gott sei Dank – niemand etwas.

Markham hatte es fertiggebracht, das Selbstverständliche vor versammelter Mannschaft zu verkünden. In den Augen Morgans war dies die beste Art, die Disziplin der Scheingläubigen gegenüber den Priestern zu untergraben. Er war sich sicher, daß Matrosen und Offiziere nun gleichermaßen ihre Gehirne marterten, um herauszufinden, was der Commander damit bezwecken wollte. Jedenfalls spielte Markham in Morgans Augen die »geistliche« Rolle schlechter als alle anderen vor ihm. Die Messe war zu Ende, der heilige Schauer verflogen, die Scheingläubigen erwarteten mit Ungeduld das *Ite, missa est*.

Markham trat statt dessen einen Schritt vor, so daß genau zwischen seinen Beinen die Mittschiffsebene verlief. Er sah nochmals andächtig in sein Buch, klappte es langsam zu, behielt es in der rechten Hand und ließ seinen Zeigefinger zwischen den Seiten stecken.

»Männer! Im Namen aller europäischen Mächte und im Einklang der Verträge von Aachen haben wir die Aufgabe zu erfüllen, den illegalen Sklavenhandel über den Atlantik wirksam und wenn nötig mit Gewalt zu unterbinden. Die Königlich-Britische Marine nimmt damit ihr Recht wahr, verdächtige Schiffe zu inspizieren und im Falle der Mißachtung der bestehenden Gesetze die Sklaventransporter zu beschlagnahmen. Kapitäne und Händler sind bis zu ihrer Verurteilung in England als Kriegsgefangene zu behandeln. Unser Operationsgebiet erstreckt sich rund um die Inseln von Sao Tome und von Cap Lopez hinunter bis zur Kongorinne. Das Jagdgebiet reicht von der Westafrikanischen Küste bis in die Karibische See!«

Markham klappte endgültig sein Buch zu: »Danke. Mr. Sutherland, übernehmen Sie das Kommando und gehen Sie auf Kurs!«

»*Aye, aye, Sir.*«

Unter Trommelwirbel schulterten die Seesoldaten ihre Musketen, und das Deck leerte sich langsam. Der Commander wandte sich wieder an seine Offiziere: »Meine Herren, die Befehle. Ich erwarte Sie in der Messe!«

Daraufhin stieg er federnd die paar Stufen hinab unter Deck. Seine Offiziere folgten in gebührendem Abstand. Morgan, der den Commander bisher als umsichtigen, klugen und führungsstarken Mann erlebt hatte, war empört über die Art, wie er den Matrosen zu verstehen gegeben hatte, daß er seine Offiziere nicht höher stellte als die gemeinen Dienstgrade. Das hieß auch, daß künftige Prisenkommandos an Disziplinlosigkeit der Besatzungen scheitern konnten. Denn wie sollten Mannschaften ihren Offizieren gehorchen, wenn der Commander eben jenen Offizieren die Achtung und das Vertrauen versagte?

Als Morgan am Niedergang dem Schiffsarzt Dr. Fraser den Vortritt lassen wollte, sprachen auch dessen Augen eine deutliche Sprache. Als er anhob, etwas zu ihm zu sagen, stoppte dieser ihn mit einem: »Später!«

»Nicht so pessimistisch, meine Herren, nicht so düster!« begann Markham, als alle Offiziere, bis auf Neil Sutherland, sich vor ihm versammelt hatten. Morgan hatte den Eindruck, als stünde ein völlig anderer Commander vor ihm als der, den er kurz vorher an Deck erlebt hatte. Markham blickte sie alle scharf an, wobei er die Augenbrauen ein wenig hochzog, was ebensogut Überlegenheit wie Verwunderung ausdrücken konnte.

»Auch wenn Ihnen die Rede nicht gefallen hat, meine Herren: Alle Anwesenden hier in diesem Raum haben mein Vertrauen!«

Nicht nur in Morgans Kopf entlud sich daraufhin ein Feuerwerk an Widersprüchen, Flüchen und Spott.

»Sir …!« entfuhr es Morgan, aber er besann sich im letzten Augenblick und schwieg, zumal er den sanften Druck von Dr. Frasers Faust in seinem Rücken spürte.

Markham fixierte Morgan erwartungsvoll, doch jener senkte den Kopf. Nach einer unangenehmen Pause begann Markham, als wäre nichts vorgefallen:

»Meine Herren, wir sind in geheimer Mission in diesen Gewässern. Wir haben zwei vorrangige Aufgaben zu erfüllen. Erstens: Wir werden in wenigen Tagen auf der Höhe von Dakar den neuen Schnellsegler der Marine, HMS DOLPHIN, treffen. John Sibbald, einer der erfahrensten Steuermänner der Marine, ist an Bord der DOLPHIN und wird sich mit Ihnen« – dabei deutete er auf den Ersten Steuermann der SEA LARK –, »O'Shannachan, messen!«

Bedeutungsvoll fuhr er fort: »Die DOLPHIN ist eine echte Brigantine und ein Entwurf des Inspekteurs der Marine, William Symonds.« Markham verzog sein Gesicht zu einem Grinsen. »Mit dem Duell soll bewiesen werden, daß die Periode minderwertiger Konstruktionen britischer Kriegsschiffe beendet ist. Die SEA LARK soll auf allen Kursen geschlagen werden. Zugleich soll aus der Vielfalt der Segelkombinationen, die auf der DOLPHIN gesetzt werden können, die schnellste ermittelt werden. Damit werden wir endgültig den amerikanischen Clippern auch in den abgelegensten Teilen der Weltmeere Paroli bieten können.«

»Sir!« meldete sich O'Shannachan, doch Markham ließ ihn nicht zu Wort kommen.

»Nein, jetzt keine Fragen! Es geht, wie Sie unschwer feststellen können, ums Ganze.«

Markham zog daraufhin ein Schreiben aus der Brusttasche seiner Uniform. »Zweitens: Wir haben eine weitere wichtige Mission zu erfüllen.«

Markhams Augen sprühten noch mehr Feuer und Begeisterung als sonst. »Wir haben eine bestimmte Sklavenbrigg aufzubringen. Sie segelt unter allen Flaggen. Es ist die BLACK VENUS! Die Admiralität ist mehr am Captain und an Teilen der Mannschaft interessiert als an der Bergung der Fracht aus ›Ebenholz‹. Captain und Mannschaft sind Meuterer und Deserteure von englischen Kriegsschiffen, die zum Tode verurteilt sind. Sie sollen hängen!«

Dann sah er freundlich in die Runde und beendete die Zusammenkunft entschlossen: »Drillen Sie die Mannschaften, meine Herren. Die SEA LARK hat unter meinem Kommando noch jedes Rennen gewonnen!«

Die Offiziere sehnten sich nach der Wärme des Tages, und bis auf den Commander, der sich über seine Seekarte beugte, begaben sich alle wieder an Deck. Morgan und der Schiffsarzt wanderten auf dem Vordeck hin und her, bis sie auf Höhe der Ankerwinde gemeinsam an das Schanzkleid traten.

»Mein Gefühl sagt mir, er hat alles auf die bevorstehenden Ereignisse ausgerichtet ...«, antwortete Dr. Fraser auf die Frage Morgans, ob das, was der Commander sich bei der Musterung geleistet habe, nicht zu verurteilen sei. »Wenn Sie genau hingehört haben, dann war seine Aussage in der Offiziersmesse völlig in Ordnung.«

Morgan überlegte angestrengt, kam aber zu keinem Ergebnis.

»Helfen Sie mir!« sagte er zu Dr. Fraser.

»Na! Er hat allen Anwesenden sein Vertrauen ausgesprochen ... Allen *Anwesenden*, wohlgemerkt!«

»Hm, Sutherland! Tatsächlich, er hat die Wache an Deck«, sagte Morgan, sah nach achtern und pfiff durch die Zähne. »Kennen Sie die Gründe?«

»Nur einige Details, die ich ungern preisgebe. Sie verstehen, Mr. Mackay?«

»Ich würde es gern verstehen, Mr. Fraser. Aber wenn es Ihnen große Probleme bereitet, will ich ...«

»Nur soviel«, unterbrach ihn der Schiffsarzt, »Mr. Sutherland scheint vor etwa einem Jahr in eine Schmuggelaffäre verwickelt gewesen zu sein. Seien Sie froh, daß Sie mit so etwas nie zu tun hatten. Mehr will ich dazu nicht sagen, da der Fall nie ganz aufgeklärt wurde.«

Es ging inzwischen hoch in den Mittag hinein. Morgan stützte sich auf das Schanzkleid, blinzelte in die Sonne und sagte leise, jedoch fest: »Ich habe verstanden.«

Es war seltsam, sich vor Augen halten zu müssen, daß ein Sutherland, der den verhaßten Namen jenes Herzogs trug, welcher die Mackays aus dem Hochland vertrieben und beinahe zugrundegerichtet hatte, und er, Morgan Mackay, sozusagen im selben Boot saßen. Aber die See, sagte er sich, ist ein großer Gleichmacher; vor ihr hat keiner Bestand.

Im selben Moment betrat Commander Markham das Deck.

»Mr. Sutherland«, sagte er in schneidendem Ton, »lassen Sie fünf Wendemanöver hintereinander durchführen, aber ich verlange, daß das Manöver ohne Geschrei und laute Befehle ausgeführt wird, dafür um so präziser und ohne nennenswerten Verlust an Fahrt.« Markham haßte das unnötige und in seinen Ohren widerliche Kommandogebrüll, das nach seiner Auffassung die Harmonie der Bewegungen seiner SEA LARK empfindlich störte. »Verstanden?« fügte er hinzu, ehe er sich mit einer ebenso vollendeten, abgezirkelten Drehung abwandte, wie er sie von seinem Schiff erwartete.

»*Aye, aye, Sir.* Kein Geschrei«, erwiderte Sutherland mit unbewegtem Gesicht, winkte den Bootsmann zu sich und gab den Befehl zur Ausführung an ihn weiter.

Morgan ging zum Heck, damit er von dort aus das Manöver besser beobachten konnte. Er selbst hatte von Mactaggart, damals auf der VIPER, jeden Handgriff, vom Ankertau bis zum letzten Reffbändsel, eingebleut bekommen.

»Klar zur Wende!« Der unterdrückte Ton, in dem Bootsmann Munn den Befehl gab, erzielte eine ganz besondere Wirkung: Er schien die acht Matrosen zu beflügeln. Jeder von ihnen nahm seinen Platz an Deck ein. Vier Matrosen am Fockmast, drei am Großmast und ein Matrose am Heck des Toppsegelschoners.

Alle Enden wurden klargelegt, die Taljen von den Bäumen genommen und als erstes die Lee-Gaffelgerden gefiert, während der Steuermann das Ruder langsam nach Lee legte. Die SEA LARK machte dabei noch gute Fahrt.

Der entscheidende Moment war gekommen, bei dem die Ausführung bestimmter Handgriffe die Wende perfekt oder miserabel ausgehen ließen.

Als das Schiff gut mit dem Wind war, rief Sutherland: »Ree!«

Drei Mann fierten die Vorschoten gleichmäßig, während am Heck die Großschot und mittschiffs die Schonerschot durchgeholt wurde. Gleichzeitig wurden das Zwischenstagsegel und das Stagfock losgeworfen und die Segel übergeholt.

Morgan sah, daß die Matrosen schnell, doch ohne Hektik ihre Arbeit an den Enden der Leinen verrichteten; denn als die SEA LARK gerade gut durch den Wind war, holte ein Matrose die Lee-Baumdirk im gleichen Moment dicht, als das Schoner-Segel mittschiffs stand.

Schnell holten die Männer die Jagerschot über und belegten sie, worauf die anderen, ohne Aufforderung durch den Bootsmann, selbständig an die Lee-Brassen gingen, wonach erstere wiederum Klüver-, Innenklüver- und Stagsegelschoten überholten.

»Klar bei den Brassen!«

Der Befehl war zum richtigen Zeitpunkt ergangen, da die Großschot klar und die SEA LARK inzwischen so weit abgefallen war, daß der Wind Schoner- und Großsegel zu füllen begann. Morgan spürte, wie der Wind seine andere Wange streichelte. Die Luvpardunen kamen steif, die SEA LARK lag auf dem neuen Bug, luvte optimal an und beschleunigte ihre Fahrt in kürzester Zeit.

Die Brassen des Toppsegelschoners waren mit Kopfschlag belegt, was das Trimmen der Segel vereinfachte. Neu war für Morgan, daß Sutherland Jager und Klüver bei diesem Wind, während des Wendens, nicht niederholen ließ. Bei schwachen Winden, da war er sich sicher, mußten auch auf der SEA LARK erst das Gaffeltoppsegel geborgen, die Großpiek gefiert und außerdem die Rahen backgebraßt werden. Großsegel und Fock müßten dabei so lange wie möglich stehen bleiben, damit das Schiff genügend Fahrt beibehalten würde.

Erstaunlich war, daß die SEA LARK nach diesem Manöver kaum an Fahrt verloren hatte. Die außerordentliche Darbietung wiederholte sich weitere viermal, wobei die Schiffsbewegungen vom Backbordbug auf den Steuerbordbug und zurück so glatt verliefen, daß im schäumenden Kielwasser keine verräterischen Schlangenbewegungen auszumachen waren.

Commander Markhams Gesichtszüge ließen Zufriedenheit erkennen und verkündeten gewissermaßen, daß das zu erwartende Duell mit der Brigantine DOLPHIN ihm insgeheim Freude bereitete.

*Donnerstag, 13. April: Passat aus NNO bis O, Kurs 210°, Etmal 240 sm. Position 22°25′N, 24°35′W. Steifer Passat, klarer Himmel. Um 07.00 Uhr erstes Reff in Bramsegel und Obermarssegel. Stagsegel nieder-*

*geholt, dto. Klüver und Innenklüver. Übungsschießen mit den beiden Kanonen. Besatzung mit diversen Arbeiten beschäftigt. Trinkwasservorrat 3 Tonnen, Öffnen von Pökelfaß Nr. 3.*

Hinter der Prosa des Logbuchs versteckte sich der geografische Ort auf See, an dem Commander Lucas Markham hoffte, auf die DOLPHIN zu stoßen.

»Lassen Sie ein Topplicht setzen, Mr. Mackay!« befahl Markham, als die Sonne wie ein zerfließender Feuerball hinter die Kimm sank. Das einzige, was Markham und seinen wachhabenden Offizier quälte, war, daß die DOLPHIN das Kielwasser der SEA LARK kreuzen könnte, ohne bemerkt zu werden.

»Lassen Sie das Schonersegel bergen! Mehr als drei bis vier Knoten wollen wir uns in dieser Nacht nicht leisten. Behalten Sie den Kurs bei und wecken Sie mich, sobald Sie ein Segel der DOLPHIN entdecken«, sagte er zu Morgan.

Kurz darauf verabschiedete er sich von Deck. Morgan wußte um die Schwierigkeit des Befehls, da »ein Segel« über der Kimm, noch nie etwas über den Namen seines Schiffes verraten hatte ...

»Mr. Sutherland läßt Ihnen sagen, wir haben ein Topplicht in Sicht.«

»Wie? Was ...?« Der Commander war noch im Schlaf gefangen und hatte daher Mühe mit der Orientierung.

»Ha!« Mit einem Mal hellwach, sprang er aus der Koje und zog sich rasch Hose und Jacke über das Schlafhemd.

»Guten Morgen, Sir«, begrüßte ihn Neil Sutherland, der die Morgenwache hatte. Er salutierte im grauen Licht der Dämmerung und reichte dem Commander das Teleskop.

»Guten Morgen, Mr. Sutherland.« In Erwiderung der erwiesenen Ehrbezeigung tippte sich Markham gähnend an die Schläfe und setzte den Gucker probeweise an sein rechtes Auge.

»Welche Peilung?«

»Fünf Strich steuerbord voraus!«

»Wahrhaftig! Sie haben Augen wie ein Seeadler. Lassen Sie die Schoten etwas fieren, besetzen Sie alle Fallen und Brassen und lassen Sie die Kanonen gefechtsklar machen. Wir wollen sicher gehen.«

Wenig später hatte sich die Marine-Brigantine voll über die Kimm geschoben.

»Sieh an, sieh an!« Markham starrte durch das Teleskop, als wäre es die natürliche Verlängerung seines rechten Auges.

»Mhm! Steile Aufkimmung wie Dolly im *Traders Way*. Oben stark eingezogene Seiten und die größte Breite offensichtlich über der Wasserlinie. Mhm!«

Markham kommentierte die Charakteristika des Schiffrumpfes, als müßte er ein Zertifikat für einen Schiffsmakler anfertigen.

»Ihr Sprung ist sicher schwach, dafür ist der Überhang des Vorstevens deutlicher ausgeprägt als bei allen anderen englischen Schiffen, die ich je gesehen habe. Ihr Bug ist scharf, er schneidet die Wellen gut, denn ich kann kaum einen Gischtknochen in ihrem Maul erkennen!« Markham trat an den Ruderstand. »Wäre es kein englisches Schiff, so könnte es wahrhaftig ein Sklaventransporter oder gar ein Opium-Clipper sein. Daher wollen wir es zunächst als Sklaventransporter einschätzen.«

Die Distanz zu dem anderen Segler betrug etwa drei Seemeilen, doch die hohen Masten, die auch die eines Linienschiffes erster Klasse hätten sein können, waren deutlich auszumachen.

»Zwei Strich nach Lee abfallen!« befahl der Commander, und an den Ersten Offizier gerichtet: »Mr. Sutherland! Lassen Sie die Signalflaggen zur Erkennung setzen!«

Dieser sah Markham erstaunt an. »Sir! Sie hat gerade den blauen Union Jack gesetzt.«

»Wie freundlich von ihr. Antworten Sie mit gleicher Flagge.«

Aufgeweckt vom Getrampel an Deck, tauchten nacheinander Morgan, Dr. Fraser, Baxter und auch der Zahlmeister Wallace aus dem Niedergang auf. Nun war jedes Glas an Deck der SEA LARK auf das Vorbramstag des näher kommenden Schiffes gerichtet, um zu beobachten, ob dort das Geheimsignal gesetzt wurde, dessen Antwortcode nur der Commander kannte.

Wie von Geisterhand gesetzt, flatterte die erste rote Flagge deutlich am Vorbramstag, unmittelbar gefolgt von einer gelben Flagge. Im selben Augenblick sahen alle eine weiße Wolke, aus der eine gelborange Feuerlanze blitzte. Kurz darauf war auch das dumpfe Grollen einer nach Luv abgefeuerten Kanone hörbar.

»Es *ist* die DOLPHIN!« sagte Markham zufrieden.

»Zwei weiße Flaggen, Mr. Sutherland, und zwei Schüsse nach Lee in schneller Folge!«

Kaum waren die Signale ausgetauscht, als weitere Codewimpel drüben auf der DOLPHIN gesetzt wurden.

»Sir! Der Captain der DOLPHIN verlangt nach Ihnen.«

Lucas Markham murmelte etwas vor sich hin, das niemand an Deck verstehen konnte. Allerdings war es offensichtlich keine freudige Antwort auf die soeben ergangene Einladung. Wenig später stand er goldbetreßt bereit, um sich in seiner Gig hinüber zur DOLPHIN rudern zu lassen.

»Na, da sind Sie ja …!« sagte Captain Gordon Craig, als Commander Markhams Kopf gerade über das Schanzkleid der DOLPHIN ragte.

Ohne den geziemenden Begrüßungspomp setzte Markham seinen Fuß an Deck der Brigantine. Verblüfft registrierte er, daß weder eine Seite noch ein Trommelwirbel sein Erscheinen an Deck der DOLPHIN ankündigte.

Wieder einmal wurde Markham schmerzlich daran erinnert, daß ihm der direkte Sprung vom Leutnant zum Captain versagt geblieben war. Ohne Zweifel hatte man ihm in der Admiralität übelgenommen, daß er ein weiteres Kommando auf der CYCLOPS, der ersten Radschaufel-Fregatte in der Marine, abgelehnt hatte. Markham wußte wohl, daß die Beförderungsliste in Friedenszeiten länger und länger wurde und daher nur ein glücklicher Zufall dazu hätte führen können, daß er sofort zum Captain befördert worden wäre. Ungeachtet dessen hatte er als Commander der SEA LARK jederzeit Anspruch auf das Empfangsritual beim Betreten eines anderen Kriegsschiffes.

Er spürte von den Zehen bis zur Haarspitze, daß Craig, dieses schmächtige, kahlköpfige Männlein, das durch seinen krausen Vollbart eher dem Aussehen eines Fakirs nahekam, es darauf abgesehen hatte, ihn zu demütigen. Als Gipfel der Niedertracht empfand Markham die Art, wie Craig mit eiskaltem Reptilienblick seine Decksoffiziere höchst ungeschickt zurück auf das Achterdeck komplimentierte, so daß auch hier das übliche Vorstellungsritual entfiel. Markham hatte den Eindruck, als würde er an Bord der Dol-PHIN zu einem geheimen Duell mit blanken Waffen gezwungen, bei dem alle Beteiligten – Kontrahenten wie Zeugen – zu strenger Diskretion verpflichtet waren.

Lucas Markham sah sich als gleichrangig mit Craig an, deshalb fühlte er sich durch die Verweigerung der üblichen Ehrbezeigung gekränkt. Um seine Selbstachtung wiederherzustellen, nahm er sich vor, Craig bei nächster Gelegenheit seine tiefe Abneigung spüren zu lassen. Zunächst behielt die Konvention die Oberhand, doch der persönliche Konflikt war vorgezeichnet.

»Na, dann kommen Sie mal unter Deck«, vernahm er die dürre Stimme Craigs.

Demonstrativ drehte Markham sich um, als hätte er Craigs Aufforderung nicht gehört, blickte über das Schanzkleid und befahl den Bootsmann Munn an Deck der Dolphin.

»Commander!« krächzte Craigs Stimme. Gelassen blieb Markham am Schanzkleid stehen und wartete ruhig ab, bis Munn an Deck war.

»Commander!«

Markham drehte sich provozierend langsam um und musterte Craig mit unverhohlener Abscheu.

»Ich hatte Sie ...«

»... gebeten?« sagte Markham kühl.

»Wir haben, weiß Gott, keine Zeit, uns in Eitelkeiten zu verlieren, Commander!«

»Zeit? Die englische Kriegsmarine hat alle Zeit, Mr. Craig!« rief Markham sonor über Deck, so daß jeder es hören konnte.

Captain Craig glotzte Markham an, als stünde ihm ein Schüler gegenüber, der es gerade gewagt hatte, den Lehrmeister zu korrigieren. Markham hatte den Captainsrang mit Absicht weggelassen, um deutlich zu machen, daß er auf Gleichrangigkeit bestand. Während Craig noch tief Luft holte, schritt Markham auf ihn zu, schlug ihm auf die schmale Schulter und sagte: »Gehn Sie nur voran, ich werde sonst den Weg in Ihre Kammer nicht finden.«

Der Schlag rüttelte Craig ordentlich durch, trieb ihn zwei Schritte nach vorn, so daß es für die Offiziere auf dem Achterdeck aussah, als weiche ein Gezüchtigter zurück. Ein unterdrückter Lacher klang herüber, der sich in Craigs Gesichtszügen als ein seltsames Wechselspiel von Wut und Zaudern widerspiegelte. Markham war zufrieden, als er spürte, daß auch er imstande war, auf Schritt und Tritt die Regeln der Marine zu verletzen. Er nahm sich vor, von dieser Linie nicht einen einzigen Zoll abzuweichen und setzte nun seinerseits auf ein schnelles Ende der unerfreulichen Begegnung.

Als sie sich in der Kapitänskajüte abweisend gegenüberstanden, sagte Markham: »Nun, Mr. Craig, machen Sie schnell!«

Markham sah sich daraufhin einem tyrannischen Gesicht gegenüber, das keinen freien Blick mehr zuließ.

»Mr. Markham«, begann Craig mit brüchiger Stimme, »Sie fühlen sich offenbar auch nicht bemüßigt, mir Meldung zu machen.«

»Wir sind gleichrangig, trotzdem haben Sie die Achtung gegenüber einem Offizier der königlichen Marine verweigert. Also lassen Sie uns rasch zu einem Ende kommen«, konterte Markham.

»Ich werde dafür sorgen, Mr. Markham, daß Sie Gelegenheit haben werden, gründlich über die Folgen Ihrer Haltung nachzudenken.« Daraufhin wies er Markham stumm einen Stuhl zu und fuhr fort: »Es sei denn, Sie führen die Befehle aus, die ich Ihnen geben werde.«

»Sie haben mir keine Befehle zu erteilen. Ich habe meine eigene Order.«

»Sie sollten sich anhören, was ich Ihnen zu sagen haben, bevor Sie Ihre Selbstherrlichkeit weiter pflegen!«

Markham sagte nichts und wartete ab.

»Mir scheint, Ihre Lage ist alles andere als erfreulich«, fuhr Craig geheimnisvoll fort. »Die Captainswürde ist an Ihnen vorübergegangen. Ich kenne Ihren Weg in der Marine genau. Dennoch gelten Sie als ehrgeizig und fortschrittlich. Niemand versteht, daß Sie Ihre Karriere wegen der Sea Lark opferten. Sklavenschiffe jagen ... Mhm!« Mit einer verächtlichen Handbewegung leitete er seine Frage ein: »Welche Sklaven befreit ihr denn?«

»Ich sorge dafür, daß die Gesetze unseres Landes und der zivilisierten Welt eingehalten werden«, sagte Markham ruhig, ohne sich provozieren zu lassen.

Craig schlug sich auf die Schenkel und begann zu lachen.

»Dann solltet ihr auch in China, Indien, Rußland oder am besten gleich im ganzen zivilisierten Europa dafür sorgen, daß unsere Gesetze beachtet werden. Wenn ihr das Gesetz gegen die Sklaverei auf dem Atlantik überwachen müßt, dann nur, weil Afrika der letzte Kontinent ist, der die Sklavenmärkte noch beschickt. Damit lenken wir freilich nur davon ab, daß unser eigenes Vokabular auf Abwege geraten ist. Sklaverei gibt es überall. Wir dulden dafür Leibeigene, Knechtschaft, Frondienst, Verpfändete, Waffensklaven, Kurtisanen, Dienstbotensklaverei und ich weiß nicht was sonst noch für Sklavereien. Sie gedeihen bei uns in England wie in Europa und vor allem in jeder britischen Handelsniederlassung. Das leuchtet doch ein. Nicht wahr, Commander Markham?«

»Nicht ganz, Mr. Craig«, sagte Markham. »Offen gesprochen, ist mir unklar, was Sie damit sagen wollen.«

»Also gut.« Craigs Geduld schien unerschöpflich, wenn es um die Wahrung seiner undurchschaubaren Interessen ging.

»Dann betrachten wir die Brigantine …« Er stand auf und ging mit Trippelschritten in seiner engen Kajüte auf und ab. »Einige Hofsklaven wollen, daß dieses Schiff schneller segelt als jeder amerikanische Entwurf. Ein politisches und wirtschaftliches Problem von höchstem Rang. Sie verstehen?«

»Ich verstehe nichts, Mr. Craig!«

»Dann muß ich deutlicher werden. Mr. Hobbs vom Navy Bord wird mit Ihnen segeln und danach bestätigen können, daß die Dolphin auf jedem Kurs schneller segelt als die Sea Lark. Ich muß wohl nicht erwähnen, daß bei Ihrer Rückkehr nach London ein versiegelter Brief der Admiralität mit einer bestimmten Ernennung für Sie bereit liegen wird.«

Markham erhob sich aus seinem Stuhl.

»Mr. Craig. Es ist nicht nötig, daß Mr. Hobbs die Sea Lark betritt, da er alles bequem vom Deck der Dolphin aus beobachten kann. Ich schlage vor: Als erstes Raumschotkurs, danach Vorwindkurs, und zuletzt kreuzen wir um die Luvstellung, Distanz querab eine Meile. Ich überlasse Ihnen anfangs die Luvposition. Unser Zweikampf ist beendet, wenn Sie Ihre Kanone nach Luv einmal abfeuern!«

Craigs Gesicht strahlte. Er nickte als Zeichen seiner Zustimmung, und an seiner Fistelstimme merkte Markham, wie aufgeregt er war.

»Mr. Markham, ich bin glücklich, daß Sie meine Vorschläge akzeptieren.«

»*Aye, aye, Sir*«, sagte Markham in einer Art und Weise, die Craig ein wenig übertrieben, aber nicht unbotmäßig erschien.

Als Markham zusammen mit seinem Bootsmann die Brigantine über das Fallreep verließ, hörte er Craigs Befehl: »Eine Seite für den Captain der SEA LARK!«

»Der Passat! Er kommt zurück!« Noch bevor Commander Markham von seiner Gig aus das Fallreep der SEA LARK ergriffen hatte, blies der Passatwind wieder und ließ das Kapitänsboot gefährlich an der Leeseite des Toppsegelschoners entlang tanzen. Das gab Arbeit für die Matrosen.

»Alle Offiziere zu mir!« rief Markham, als er sich trockenen Fußes über die Reling schwang. Die Spannung, die sich unter den Mannschaften aufgebaut hatte, war gewichen. Kurz darauf gruppierten sich die Offiziere auf dem Achterdeck um ihren Commander. Markham nahm zu jedem von ihnen Blickkontakt auf, während seine Männer zum Zerreißen gespannt waren auf das, was sich auf der Brigantine zugetragen hatte.

»Es sind sehr gewissenhafte Leute drüben an Bord!« begann er ruhig. »Sie verlangen nur, daß unsere SEA LARK im seglerischen Zweikampf die Unterlegene spielen soll.«

»Wer sind diese Leute, Sir?« fragte Morgan, aus der Mitte heraus.

»Es sind Captain Craig und Mr. Hobbs vom Navy Bord, Mr. Mackay. Sie haben Bedenken, daß wir ihnen davonsegeln könnten. Vielleicht *ist* die Brigantine sogar schneller als wir, doch das wollen wir in den nächsten Stunden ganz genau herausfinden.

Drei Kurse werden gesegelt: Raumen-, Vorwind- und Kreuzkurs. Sollte die DOLPHIN Schwächen zeigen, werden wir die Brigantine, so wahr ich hier stehe, in Grund und Boden segeln!«

Markham lachte laut auf; er gab sich offenkundig so rauh und so locker wie möglich, um die Offiziere für die bevorstehende Prüfung zu beflügeln. Er hatte Erfolg damit, denn auf den Gesichtern der Männer zeigte sich Entschlossenheit. Bevor sich die Offiziere umdrehten, um die Befehle auszuführen, beschwor er sie zum letzten Mal: »Meine Herren, trimmen Sie die Mannschaften. Ich will beste Arbeit an den Schoten und Brassen sehen. Patrick O'Shannachan übernimmt das Ruder!«

Wie ein riesiger Wal hob sich für einen Augenblick der Rumpf der SEA LARK unter der Wirkung eines mächtigen Windstoßes aus dem Wasser. Sowohl der Toppsegelschoner als auch die Brigantine hatten ihre Segel längst getrimmt und steuerten einen Kurs, der zwischen Nordwest und Nordnordwest führte und bei dem der Wind dwars einfiel. Beide Schiffe lagen auf Backbordbug am Wind, wobei die Brigantine bei Beginn etwas höher lief und etwa eine halbe Meile vorauslag. O'Shannachan hatte nicht nur das Ruder, sondern auch die Befehlsgewalt über die Matrosen, die nach seinen Anweisungen alle Segel fortwährend zu trimmen hatten.

Markham beobachtete die Bewegung der Brigantine durch sein Teleskop. Für ihn segelte sie etwas unruhiger als der Schoner. Sie hob sich ein wenig mehr aus dem Wasser, sank abwärts und krachte in die Wellentäler nieder, wogegen der Rumpf des Toppsegelschoners die Wellenberge mehr durchschnitt. Schon kurz nach dem Start war klar, daß die SEA LARK in weniger als dreißig Minuten in Lee der DOLPHIN vorbeiziehen würde. Kaum hatte er diese Einschätzung gewonnen, als O'Shannachan am Ruder laut fluchte.

»Verdammt, Sir, sie hält ihren Kurs nicht!«

»Unvermögen oder Absicht?« fragte der Commander.

»Absicht, Sir!« kam es wie aus der Pistole geschossen. »Was soll ich machen, wenn sie noch weiter abfällt?«

Markham trat an O'Shannachan heran und blieb für eine Weile still. Auch Morgan, der sich genau hinter dem Ruderstand plaziert hatte, um O'Shannachans Steuerkunst zu beobachten, peilte fortwährend den Abstand zur DOLPHIN zwischen zwei Pardunen und dem Bugspriet der SEA LARK. Auch ihm war sofort aufgefallen, daß die Brigantine plötzlich um mindestens einen Strich abgefallen war.

»Patrick, Sie wissen doch«, begann Markham ruhig, »die Qualität eines Steuermanns zeigt sich darin, Fehler zu vermeiden, reaktionsschnell zu manövrieren und jede Handlung bewußt auszuführen. Kein Probieren, sondern zielbewußtes Steuern führt zum Sieg! Ihr Pendant drüben auf der Brigantine probiert, wenn auch auf Befehl ...«

»Der Schweinepriester will uns abdecken, Sir! Wenn wir so weitersegeln, Sir, trifft uns der Abdeckungskegel noch vor dem Zustandekommen der Überlappung. In der gestörten Windzone haben wir keine Chance, an ihr vorbeizuziehen, Sir!« kommentierte O'Shannachan aufgebracht die Taktik der DOLPHIN.

Markham hob die Hand. »Wenn der Jager zu killen beginnt, luvt ihr in einer Böenpause sofort an. Entscheidend ist, daß wir Höchstgeschwindigkeit laufen und sofort genügend Querabstand bekommen. Es wird gelingen, da der Steuermann auf der Brigantine, wie wir sehen können, kein entschlossener ›Luver‹ ist. Zudem glaubt er sicher, daß wir versuchen werden, in Lee durchzubrechen. Außerdem werden wir die ausgeprägte Heckwelle der DOLPHIN dadurch schneller kreuzen.«

»Sir, ich empfehle, offensiv zu operieren – durch einen Scheinangriff!«

»Was meinen Sie damit?« fragte der Commander erstaunt.

»Ein auffälliges kurzes Abfallen unsererseits würde einen Leedurchbruch vortäuschen. Captain Craig wird versuchen, durch eine weitere Kursänderung nach Lee zu kontern. Unsere exakte und schnelle Manöverausführung nach Luv wird damit absolut erfolgreich sein, da wir den Zeitpunkt der Kursänderung bestimmen.«

»Sie sind ein Teufelsbraten, O'Shannachan!«

Morgan, der den Gedankenaustausch am Ruder mitgehört hatte, klatschte Beifall. Schnell wurden die Männer an den Schoten und Brassen in das bevorstehende Manöver eingewiesen. In dem Augenblick, in dem der Jager in den Wirkungsbereich des Abdeckungskegels der Brigantine kam, killte er.

»Abfallen!« zischte O'Shannachan. Wie vorausgesehen, hatte

sich die Besatzung der Brigantine darauf vorbereitet, den Lee-durchbruch der Sea Lark zu vereiteln, indem sie selbst weiter abfiel.

»Anluven!« brüllte nun O'Shannachan vom Steuerrad aus über Deck.

Das scharfe Luvmanöver traf den voraussegelnden Gegner völlig überraschend.

»Wir haben freien Wind!« rief O'Shannachan voller Begeisterung.

Binnen weniger Augenblicke hatte sich die Sea Lark aus der gestörten Windzone befreit. Durch einen genialen kurzen Luvbogen, den der Schoner beschrieb, bevor er wieder auf Raumkurs ging, war die alte Ordnung wiederhergestellt. Markham sah im Teleskop, daß Craig wohl durch einen noch größeren Luvbogen versuchte, seine Situation zu verbessern. Da er gegenüber der Sea Lark gleichwohl an Geschwindigkeit einbüßte, lag er bald weit abgeschlagen in ihrem Kielwasser.

»Wollen wir nicht gleich hinter die Kimm verschwinden?« spottete O'Shannachan.

»Nein, wir werden Craig gern die zweite Chance geben und uns mit ihm auf dem Vorwindkurs messen. Mr. Mackay, lassen Sie wenden und Schoner- und Großsegel fieren.«

Markham ging an der Backbordseite nach vorn, das Sprachrohr in der Hand. Da die Sea Lark ihre Geschwindigkeit erheblich reduziert hatte, rollte sie ein wenig in der See. Die Brigantine hatte ebenfalls gewendet, und so segelten die beiden Schiffe kurz darauf parallel zueinander. Markham stand mittschiffs und erblickte Craig am Schanzkleid.

»Sie hält sich ausgezeichnet, Mr. Craig! Ein wunderschönes Schiff!« rief er durch sein Sprachrohr hinüber. Craig ließ sich sein Sprachrohr reichen und tönte zurück: »Nachdem Sie gegen unsere Abmachung auf Raumkurs stark anluven ließen, haben wir das Manöver abgebrochen, Mr. Markham! Wir waren eindeutig schneller gewesen ...«

Ein Pfeifen und Johlen der Matrosen quittierte Craigs plumpe Ausrede.

»Wie Sie wollen, Mr. Craig. Nun gehen wir auf Vorwindkurs.

Bitte keine Abdeckung, sollten wir Ihnen wiederum davonlaufen! Querabstand zwei Meilen!«

Morgan meinte einen verzerrten Gesichtsausdruck drüben auf der DOLPHIN wahrgenommen zu haben, den eines schlechten Verlierers, der dem Sieger die Pest an den Hals wünschte.

Markham ging wieder zum Ruderstand und stellte sich neben O'Shannachan.

»Nehmen Sie drei Meilen Abstand. Sollte sie achteraus von uns liegen, wäre die Windabdeckung, die bei einem Vorwindkurs von ihr ausgeht, vernichtend.«

»So offen zu manipulieren, das wird er sich nicht leisten können!« empörte sich der Steuermann.

»O doch. Wie ich Mr. Craig einschätze, wird er eher seine Kanonen benützen als seine Niederlage eingestehen. Ich möchte ihn keinesfalls zu einer Gewalttat herausfordern; doch ein Mensch, der denkt, er sei zum Erfolg verdammt, ist unberechenbar.«

»Also gut. Dann wählen wir den Abstand so groß, daß wir ihn davon abhalten, in unserem Kielwasser zu folgen.«

»Schoten dicht!«

Morgan blickte nach achtern und sah die DOLPHIN wenden. Der Abstand betrug gut zwei Meilen. Markham ließ die SEA LARK weiter auf ihrem Kurs laufen und trat an das Heck, um abzuwarten, wann die Brigantine vor den Wind gebracht wurde.

Markham zeigte sich erneut verwundert. Die Brigantine jagte dem Schoner hinterher und machte keine Anstalten, auf Vorwindkurs zu gehen.

»Verdammt! Dieser Craig versucht tatsächlich, sich hinter uns zu legen.«

»Was machen wir?« fragte Morgan seinen Captain. Dieser schlug mit beiden Händen wütend auf das Schanzkleid.

»Wir segeln solange, bis der Abstand groß genug ist! Achten Sie darauf, Mr. Mackay, daß wir die höchstmögliche Geschwindigkeit erreichen!«

Als nach einer weiteren Stunde nur noch die Mars-, Brahm-, Oberbrahm- und Royalsegel des vollgetakelten Vortopps der Brigantine auszumachen waren, ließ der Commander die SEA LARK auf Vorwindkurs bringen. Was keiner für möglich gehalten hatte, wurde nun für die gesamte Mannschaft des Schoners ersichtlich. Die Brigantine hielt den Abstand von zwei Meilen nicht ein, sondern versuchte sich direkt achteraus der SEA LARK zu legen.

»Es wird ihr nichts nützen!«

Morgan sah, daß die Windabdeckung der Brigantine aufgrund des zu großen Abstands wirkungslos blieb. Die einzige Gefahr, die drohte, war, daß der Nordostpassat zunahm und die Brigantine aufholen ließ.

»Sir, wir sollten zur Sicherheit abwechselnd um den Generalkurs nach Luv und Lee pendeln, um sie zu verwirren.«

»Hm! Solange wir den Abstand halten, droht uns keine Windabdeckung. Dennoch werden wir das gegnerische Verhalten genau beobachten, damit wir erfolgreich kontern können. Doch ich denke, es wird nicht dazu kommen«, antwortete Markham.

Die Besatzung der SEA LARK verwandelte sich in der darauffolgenden Stunde zu einem Heer von stillen Beobachtern. Die Intensität des Lichtes wuchs mit der vergrößerten Oberfläche, auf der beide Schiffe langsam aber stetig auseinanderdrifteten. Markham sah auf das Stundenglas, das der Bootsmann gerade wieder umdrehte. Er war es langsam gewohnt, mit der SEA LARK der Schnellste auf den Meeren zu sein. Doch die heutige Herausforderung machte ihm bewußt, daß Gewohnheiten zu Scheuklappen werden konnten, die das vorausschauende Handeln behinderten. Manchmal wünschte er sich die Auslöschung allen Denkens und Begehrens; doch diese Ruhe fand er nur, wenn er an Deck war, um einen der herrlichen Sonnenuntergänge in der Passatregion genießen zu können …

»Wie lange wollen wir den Kurs noch beibehalten, Sir?« Sutherlands Frage riß Markham aus seinen Tagträumen. Er sah sich um und entdeckte im gleißenden Spiegellicht des Atlantiks nur noch das Royal- und das Obermarssegel der DOLPHIN.

»Beidrehen!« befahl er augenblicklich.

Nach einiger Zeit, als die Brigantine angerauscht kam, meldete ein Topgast aus den Wanten herunter, daß er Signalflaggen gesichtet hatte.

»Beidrehen!« rief Sutherland und kurz darauf: »Sir, Sie werden an Bord der DOLPHIN gebeten.«

Markham nahm das Teleskop und blickte auf die freie See.

»Sutherland, notieren Sie: Ich kann aufgrund des gleißenden Lichts kein Signal erkennen!«

Alles an Deck lachte über diesen Scherz, der auf eine Anekdote über Lord Nelson zurückging, als dieser in der Schlacht von Kopenhagen das Fernrohr an sein blindes Auge setzte.

»Lassen wir sie einfach herankommen!«

Als die DOLPHIN mit gefierten Segeln wieder parallel zur Steuerbordseite der SEA LARK lief, entdeckte Markham Captain Craig, der mittschiffs stand und mit verschränkten Armen abweisend herüberblickte.

»Spaß ist Spaß, Mr. Craig. Empfinden Sie nicht genauso?«

»Ich erwarte Sie umgehend auf meinem Schiff, Commander Markham!«

»Tut mir leid, Mr. Craig. Ich habe meine Befehle von der Admiraliät. Was uns noch fehlt, ist der Kreuzkurs. Wir sollten die Wettfahrt hinter uns bringen. Ich erwarte das vereinbarte Abbruchsignal nach spätestens einer Stunde. Ansonsten werde ich den Befehlen der Admiraliät gehorchen und auf Jagd gehen!«

»Ich befehle Ihnen, an Bord der DOLPHIN zu kommen!« tönte es mit überschlagender Stimme durch das Sprachrohr.

»Sie haben mir nichts zu befehlen, es sei denn, Ihr Schiff ist in großer Gefahr. Dann würde ich jederzeit das Kommando auf der DOLPHIN übernehmen, Mr. Craig! Wir nehmen jetzt Kurs Nordnordost!«

Ohne eine Antwort abzuwarten, ließ der Commander sein Sprachrohr sinken, entfernte sich vom Schanzkleid und gab Befehl, stark nach Lee abzufallen, um von der Brigantine freizukommen. Als er sah, daß die DOLPHIN eine Wende einleitete, gab er den Befehl zu halsen.

Nach dem Manöver, das der Mannschaft der SEA LARK glänzend gelang, lag der Gegner deutlich zwanzig Schiffslängen in Lee querab. Das sofortige Anluven der Brigantine wurde prompt mit einem Segeln größerer Höhe beantwortet. Die darauffolgende Wende der Brigantine wurde ebenso erwidert. Nach einer halben Stunde hatte der Schoner endgültig die Position mit freiem Wind und voller Entscheidungsfreiheit erkämpft. Eine Stunde später kündete das Grollen des Kanonenfeuers von der vollständigen Niederlage der ersten echten englischen Brigantine.

»Die Idee dieses Entwurfes war ein Trugschluß! Es läßt sich nicht verheimlichen. Sie müssen besser werden, die Herren Schiffbauingenieure!« kommentierte Markham das Ereignis, als er seinem persönlichen Adjutanten befahl, im Logbuch zu notieren: *»Wir trafen die* DOLPHIN *bei der Position 22° 25' N, 24° 35' W, und wir versuchten uns am Donnerstag, dem 13. April, im Schnellsegeln zu messen. Wir segelten die klassischen Kurse bei einem steifen Passat und waren im Durchschnitt der* DOLPHIN *immer um fünf oder sieben Seemeilen voraus. Sämtliche Offiziere der* SEA LARK *können bestätigen, daß wir sie mit einer um ein bis zwei Seemeilen pro Stunde höheren Geschwindigkeit schlugen. Captain Craig war über seine Niederlage verbittert und weit überraschter als wir. Wir sind nach wie vor der schnellste Clipper der Royal Navy.«*

Der Sensenmann hatte Hand an Käpt'n Marcel Hiobs Ladung gelegt. Schnitter Tod tastete gierig im dunklen, engen, schwärigen Zwischendeck der Sklavenbrigg NÉGRIER nach Fleisch und Gebein. Er brauchte seine Knochenhand nicht weit auszustrecken. Das »Ebenholz«, wie Hiob seine wertvolle Ladung Negersklaven nannte, lag Haut an Haut schwitzend aneinandergereiht. Für dreihundert Plätze war das Zwischendeck ausgelegt, doch waren knapp sechshundert Verschleppte darin geschichtet. Der Belegungsplan des Zwischendecks glich der eines geöffneten Fasses voll eingelegter Fische. Die Ladekapazität hatte Marcel Hiob auf seine Art errechnet: Zwei Neger pro Tonnage-Einheit ...

In seiner Ungeduld war der Knochenmann oft großzügig. An manchen Tagen warf er gleich zweiunddreißig ungetaufte Sklaven über Bord und schaffte so Platz für die Lebenden. Doch Käpt'n Hiob verfluchte den Tag seiner Geburt bei jeder neuen Verlustmeldung. Die Satansformel – kalkulierter Verkaufspreis, dividiert durch den Kaufpreis des Sklaven, gleich dem Preis für seinen Einsatz – brachte ihn fast um den Verstand; sie ließ die Profitrate seiner Fracht mit jeder gesegelten Meile sinken. Dafür wuchs sein ohnmächtiger Zorn gegen Siechtum, Schiffsarzt und Mannschaften im Quadrat zu den Meilen, die seine Brigg zwischen sich und die afrikanische Küste brachte.

Vor einer Woche hatte er den Anker in der Erwartung lichten lassen, mit der besten Ladung, die er je im Zwischendeck eingepfercht hatte, in achtzehn Tagen die Antillen zu erreichen. Seine Beute kam aus den besten Fanggebieten des schwarzen Kontinents, aus Kebbi, Menaka, Djerma, Mossi, Wangara, Kaniaga, Bitu und Gurunsi. Ein Teil kam aus noch ferneren Gegenden und war über fünf oder mehr Sklavenmärkte an die Atlantikküste bis nach Widah an der Küste von Dahomé gekommen. Die »Ware« zeigte schon während der Präsentation durch die Händler gute Dressur, absolvierte wie benommen die von ihr verlangten athletischen Übungen, die ihre Gesundheit unter Beweis stellen sollten, und ließ die diversen Behandlungen der körperlichen Untersuchung willenlos über sich ergehen. Sie wurden als gesund eingestuft, bis auf eine Ausnahme …

Das Sterben, das schon am zweiten Tag auf See einsetzte, hatte der Schiffsarzt Dr. Jean-Charles Ruffié kommen sehen. Weder die von ihm angeordnete radikale Rasur aller weiblichen und männlichen Sklaven an Kopf und Genitalien noch das Duschen und Verbrennen der Lendentücher an Land konnte verhindern, daß an Bord die Seuche ausbrach. Ruffiés Vorsichtsmaßnahmen konnten keinen Erfolg haben, da der Tod, unerreichbar für ihn, in den Fugen der Decksplanken lauerte. Weder Sturm, Feuer noch Untiefen hatten die Négrier auf ihren früheren Reisen von und nach Afrika ernsthaft gefährden können. Nun hatte der gierige, unsichtbare Tod die richtige Nahrung gefunden. Er saugte wie immer das Blut der Sklaven – doch diesmal trank er verseuchtes Blut. Es pulsierte anfangs in dem schönsten weiblichen »Ebenholz«, das die Decksplanken der Négrier je betreten hatte …

Angus Mackay, der als Erster Offizier unter Käpt'n Hiob seinen Dienst versah, konnte bezeugen, daß Dr. Ruffié seine Visitationen an der jungen Sklavin besonders eingehend und gründlich vornahm. Cha Cha Francisco de Souza, der König der Sklavenhändler, hatte die Sklavin in keiner der küstennahen *barracoons* – den Sklavenpferchen – gelassen, sondern in seiner eigenen festen Unterkunft bis zuletzt zurückbehalten. Sie war des Händlers letztes Juwel, das er teuer zu verkaufen trachtete. Käpt'n Hiob umkreiste auf seinen krummen Säbelbeinen, die sich gleich einem römischen X zu durchkreuzen schienen, das Geschöpf und ließ es auf Platz eins der Kaufliste setzen.

Eine junge Afrikanerin mit reinem, samtigem Teint, von dunkelstem Braun, von geschmeidiger schlanker Gestalt, mit festen Brüsten, einer schmalen Taille, einem wohlgerundeten Hinterteil und mit schönen Schultern. Eine Gestalt wie die polierten weiblichen Statuen der Antike. Sie war aufrecht gewachsen wie eine Palme, und ihre Haltung und ihr Gang brachte das Blut eines jeden Mannes in Wallung. Sie war von so vollkommener Schönheit, daß die Männer sie mit ihren Blicken geradezu auffraßen. Eine erotische Frau, die man wieder und wieder ansehen mußte.

Ihre nur teilweise entblößte Nacktheit reizte auch Käpt'n Hiobs Blicke, und ihr Schürzchen übte wohl eine solche Wirkung auf ihn aus, daß er trotz Dr. Ruffiés Entscheidung, die Sklavin wegen gesundheitlicher Bedenken nicht anzukaufen, ihren Reizen erlag.

Der Schiffsarzt begann auf Befehl Hiobs abermals mit seiner Untersuchung an dem zarten Geschöpf. Sorgfältig betrachtete er Gesicht, Zähne, Mundhöhle, den Rachen, die Tränenkarunkel, und besonders die Topik im Bereich der hochgezogenen Augenlider. Danach tastete er den Hals ab und stellte wiederum fest, daß ihre Lymphdrüsen leicht geschwollen waren. Ab und zu reckte Dr. Ruffié sein Kinn vor und roch an ihrem Hals. Dann betastete er ihre Achselhöhlen und schickte sich an, ihre Genitalien zu untersuchen.

»Mr. Mackay, lassen Sie die Gaffer entfernen!« rief Käpt'n Hiob wütend, womit er den Bootsmann und drei Matrosen meinte, die die Prozedur mit zotigen Bemerkungen kommentierten.

Der Schiffsarzt ließ die junge Frau auf den Rücken legen und grätschte mit seinem rechten Knie und seiner linken Hand geübt ihre Beine auseinander. Im Anschluß daran spreizte er mit der rechten Hand die Labien und sah, daß die Reste des zerstörten Hymens zu einem myrtenblattförmigen Fleischwärzchen geschrumpft waren. Als er ihre Vagina palpierte, stieß die junge Sklavin Wehrufe aus, die an Schreie von Seevögeln erinnerten. Danach roch er an seinem Finger, schüttelte den Kopf und ging auf Captain Hiob zu, der die Prozedur auf einem Stuhl sitzend beobachtet hatte.

»Sie trägt den Geruch der Gefangenschaft in sich. Die Schleimhäute sind blaß, und sie riecht jauchig.«

Hiob sprang auf und sah Dr. Ruffié mit seinen Frettchenaugen an: »Dann drücken wir ihren Preis, und Sie kurieren sie! Wir nehmen sie mit!«

Fassungslos starrte er Hiob an: »Käpt'n! Die Gefährdung ist ...«

Doch Hiob unterbrach ihn zornig: »In unserem Geschäft sind Finessen gefragt. Mir scheint, nur die Medizin hat davon noch nichts bemerkt.«

»Käpt'n! Mit oder ohne Finessen. Sie ist keinen Deut mehr wert. Sie ist so gut wie tot!«

»Verdammter Quacksalber! Ich wiederhole mich nicht gern. Ich drücke den Preis. Und Sie führen meine Befehle aus. Ich dulde keinen Widerspruch!«

Dr. Ruffié war zutiefst erschrocken, da in den vergangenen Jahren immer er die Entscheidung zu treffen gehabt hatte, ob ein Sklave oder eine Sklavin angekauft oder aufgrund von verdächtigen Krankheitssymptomen mit Rücksicht auf die gesamte Menschenfracht zurückgewiesen wurde. Er fand zunächst keine Erklärung für den Sinneswandel seines Käpt'ns. War der Alte etwa plötzlich beherrscht von der Wollust seines Fleisches?

Jeder an Bord, der auch nur den Versuch unternahm, sich einer weiblichen Sklavin zu nähern, oder gar versuchte, sie zu verführen, hatte einhundert Peitschenhiebe mit der neunschwänzigen Katze zu erwarten, was einem Todesurteil gleichkam. Käpt'n Hiob hatte in den wenigen Fällen, die sich in der Vergangenheit auch nur ansatzweise auf der Brigg zugetragen hatten, gnadenlos durchgegriffen. Die bedingungslose Aufrechterhaltung der Disziplin diente dem Überleben aller. Bei jedem Fehler an Bord eines Sklavenschiffes, besonders im Umgang mit Sklavinnen, drohten Meuterei und brutales Gemetzel bei gleichzeitigem Verlust des Schiffes.

Das blanke Entsetzen stand daher in Dr. Ruffiés Gesicht geschrieben, als Käpt'n Marcel Hiob sich die junge Afrikanerin zuführen ließ.

»Ich will sie selbst untersuchen«, sagte Hiob kurzangebunden, als der Doktor mit der nackten Sklavin, die Beinfesseln trug, so daß sie nur trippeln konnte, in der Kapitänskajüte stand. Dann befahl er Ruffié: »Auf den Kartentisch mit ihr, und fesselt die Arme!«

Als der Befehl ausgeführt, Käpt'n Hiob der wehrlosen Sklavin selbst einen Knebel in den Mund geschoben und mit Sorgfalt eine Augenbinde angelegt hatte, fragte der Doktor mit heiserer Stimme: »Warum tun Sie das, Sir?«

»Weil ich am anderen Ende des Atlantiks nicht nur die Sklaven verkaufen werde, sondern auch die Negriér!« Daraufhin legte Hiob seine Hand auf den flachen Bauch der Sklavin und fuhr hinab bis zu ihrer Scham. Als die Sklavin versuchte, sich dagegen zu wehren, und ein verzweifeltes, ersticktes Stöhnen von sich gab, sagte Käpt'n Hiob mit zusammengepreßten Zähnen: »Durch dies sündigt die Frau, durch dies wird sie das Glück der süßen und völligen Erschöpfung erfahren!« und griff der Sklavin zwischen die Schenkel.

Dr. Ruffié traute seinen Augen nicht.

»Sie sehen aus, als nährten Sie sich zu sehr von trauriger Lektüre, Dr. Ruffié!«

Als der Doktor den Käpt'n daraufhin herausfordernd ansah, spreizte dieser die Beine der Sklavin noch etwas weiter und besah sich ihr Genital. »Das Sklavengeschäft ist zu risikoreich geworden, Dr. Ruffié«, fuhr er fort. Dann drehte er sich plötzlich um, riß den Säbel von der Wand, setzte die Spitze an den Hals des bestürzten Schiffsarztes und zischte wie eine Kobra: »Ich will die letzte Reise genießen, und Sie werden darüber kein Wort verlieren! Die Sklavin bleibt zur medizinischen Beobachtung in der Kapitänskajüte. Haben Sie verstanden?«

»*Aye, aye, Sir!*«

»Gut so. Ich lasse Sie rufen ...«

Mit diesem Akt hatte Käpt'n Hiob die Geradlinigkeit, an die er sich selbst fanatisch geklammert hatte, wie aus heiterem Himmel aufgegeben. Als Dr. Ruffié die Sklavin nach einer knappen Stunde wieder abholte und ihr den Knebel aus dem Mund entfernte, wimmerte diese auf dem Weg hinunter in das Zwischendeck.

*»Kú-! – Kú-! – Kú-!«*

»Sterben! Sterben! Sterben!« Dr. Jean-Charles Ruffié verstand Proto-Bantu und antwortete einfühlsam: *»Gida-n-sá!«* was soviel hieß wie: »Es ist sein Haus!«

Es war der elfte Tag auf See. Süße Bilder umschwebten den Rauchenden, leicht erreichbar schien ihm das Gewünschte, trefflich durchgeführt erschien ihm das Vollbrachte. Die Nachwehen kamen beim Erwachen, zunächst mäßig, dann heftiger, zuletzt ununterbrochen. Um diesen Zustand zu vermeiden, setzte Käpt'n Hiob weiter auf seine Opiumpfeife, mit stetig höheren Dosen.

Seine Augenlider waren wie zusammengeklebt, die Nase floß unentwegt, und er hatte Atembeklemmungen. Außerdem verabscheute er den bloßen Anblick der gereichten Speisen. Das Opiumrauchen dagegen konnte er in diesem Stadium nicht mehr lassen, da heftige Diarrhöen ihn ergriffen, die in zwanzig bis dreißig Ausleerungen am Tage gipfelten. Wenn er erwachte, war ihm schwindlig, sein Kopf war von Schmerzen geplagt und sein Mund trocken, wobei ihn großer Durst quälte. Jedoch konnte er nichts trinken, da er sich sonst sofort erbrach …

Anfangs wurde die fleischliche Begierde durch Opium erhöht, und das war es, was Käpt'n Marcel Hiob bewegte, nach sechs Jahren Enthaltsamkeit wieder Smyrna-Opium zu rauchen. Wann immer er Lust verspürte, vergewaltigte er die junge Afrikanerin brutal in seiner Kajüte. Auch dann noch, als ihr Gesicht von der Seuche gezeichnet und sie vor Fieber kaum mehr gehen und atmen konnte.

Später, nachdem sein »privates Ebenholz« tot über Bord geworfen wurde, erlebte Angus Mackay in dem reduzierten Kosmos der Brigg den perfekten Abguß einer Tyrannenherrschaft. Das Gebrüll aus der Kapitänskajüte war eines Löwen würdig, und dessen Pranke bediente sich immer öfter der neunschwänzigen Katze, die dem

Opfer schon bei Ankündigung der Züchtigung die Seele brach und jede Hoffnung auf ein Überleben zerstörte.

»Dies ist dein Schöpfungstag! Einhundert Peitschenhiebe und einen Brandy für den Teufel!« gellte Hiobs tödlicher Befehl über Deck. Zwei Matrosen starben auf der Gräting, noch bevor ihnen die Fesseln abgenommen wurden. In seinem Wahn drohte er einem weiteren Matrosen mit dem Tode, nur weil dieser nicht schnell genug den Abstieg in das von allen verfluchte Zwischendeck antrat, um es sofort ein zweites Mal zu reinigen. Eine Arbeit, die wegen der Gefahr der Ansteckung kaum noch jemand erfüllen wollte.

Schon die Hälfte der Sklaven war dem Meer übergeben worden, und der Rest litt entsetzliche Qualen. Seit drei Tagen herrschte schwüles Wetter mit Gewittern und schwach wechselnden Winden. Trotz Lüftung der Decks drohte der Schweiß- und Exkrementgestank die festgeketteten Menschen zu ersticken. Die Planken begannen zu faulen, das Bilgenwasser gärte; denn den meisten Sklaven fehlte die Kraft, die für ihre Notdurft bereitgestellten Eimer unter Deck zu benutzen.

Dr. Ruffié diagnostizierte schon in den ersten Tagen auf See, daß Fleckfieber unter den Sklaven grassierte. Käpt'n Hiob reagierte: Nachdem die Sklavinnen und Sklaven bereits an Land kahlrasiert worden waren, ließ er nun auch die Mannschaft dem Beispiel folgen, danach die Offiziere. Doch die Seuche konnte nicht eingedämmt werden. Zum Fleckfieber gesellte sich am vierten Tag die Ruhr. Der Essig, mit dem das Zwischendeck anfangs fast täglich gereinigt wurde, war längst verbraucht, so daß das Unheil in den Poren der Planken weiterbrüten konnte. Da der Käpt'n sich schon wenige Tage später kaum noch um seine leicht verderbliche Fracht kümmerte, dafür mit jedem Tag wahnsinniger wurde, rückte die Stunde der Wahrheit unaufhaltsam näher ...

Als Dr. Ruffié versuchte, Hiob ein weiteres Mal zur Entwöhnung zu zwingen, und damit kläglich scheiterte, offenbarte er Angus Mackay als Erstem Offizier der NEGRIÉR, daß der Käpt'n inzwischen bei einer Tagesdosis von vier *Hoon* lag, was etwa siebzehn Gran ausmachte. Die Wirkung war verheerend. Da Hiob nachts nicht schlafen konnte, war er gerade in diesen Stunden für Schiff und Besatzung zu einer unberechenbaren Gefahr geworden. Hemmungslos schlug er um sich und verurteilte im Wahn jeden zum Tode, der ihm in die Quere kam. Sein Gesicht glühte, die Augen glänzten in unnatürlichem Feuer, und sein ganzes Aussehen hatte etwas erschreckend Wildes. Die Aufsässigkeit der Mannschaft wuchs von Stunde zu Stunde, und sie verlor zusehends den Respekt vor ihren Offizieren. An Bord roch es nach Meuterei.

Dr. Ruffié trat nahe an Angus heran, der auf der Luvseite des Achterdecks grübelnd auf und ab wanderte: »Sie müssen das Kommando der Negriér übernehmen, sonst werden wir den morgigen Tag nicht überleben!«

»Still! Ich will kein Wort davon hören«, wies Angus ihn ab.

Doch der Schiffsarzt ließ nicht locker: »Wenn Sie es nicht tun, Mr. Mackay, dann wird es die Mannschaft für uns erledigen. Während der Freiwachen rotten sie sich schon zusammen. Die Stimmung ist explosiv! Das heißt für mich wie für Sie: Erstochen, geköpft, über die Reling …!«

Abrupt wandte er sich ab und verschwand im Niedergang.

Kurz darauf kam Jim Horn, der Steuermann, den Niedergang hoch und trat an Angus' Seite. Beide blieben an der Reling stehen und sogen luvwärts gerichtet die unverpestete Seeluft ein.

»Vier Tote im Zwischendeck, und ein Matrose hat sich soeben bei Dr. Ruffié mit aufgedunsenem Gesicht, Fieber und einer dicken Zunge, die wie gekocht aussieht, gemeldet«, stieß er schnaubend aus. »Zum Teufel«, drängte auch er seinen Freund, »wir müssen handeln! Hiob bringt uns sonst alle um. Du mußt das Kommando übernehmen!«

Unwillig schlug Angus als Antwort mit der Stiefelkappe gegen die Schanzkleidplanken. Er spürte, wie die Entscheidung langsam aber unerbittlich vom Kielschwein herauf an Deck kroch, und erkannte, daß er allein mit ihr fertig werden mußte.

»Was ist?« drängte ihn Jim zur Antwort.

»Es wird kein Massaker auf der Négrier geben«, sagte Angus ruhig.

»Wann gibst du den Befehl?« keuchte Jim.

»Die Offiziere sollen sich in der Messe versammeln.«

Als Jim sich sichtlich erleichtert wieder unter Deck begab, zischte Angus: »Verdammte Scheiße! Verdammt! Verdammt …!«

Was die Durchsetzung der Disziplin anging, so war sich Angus darüber im klaren, daß sich die Situation auch nach einer gewaltsamen Übernahme der Negriér nicht beruhigen würde. Käpt'n Hiob war der wahrhaft einzige »Offizier« mit Patent. Alle anderen, auch Angus selbst, waren ernannte Deck- oder Unteroffiziere. Hiob hatte ihn zum diensttuenden Leutnant ernannt und somit zu seinem Ersten Offizier.

Die Mannschaft hatte damals, vor gut fünf Jahren, lange nicht verstanden, warum der Käpt'n die offenkundige Kränkung seines damaligen Steuermanns Duncan Campbell in Kauf nahm und ihn nicht nur durch Jim Horn ersetzte, sondern obendrein auch noch Angus Mackay als »Ersten« an Bord der Sklavenbrigg Negriér vorzog. Es waren wohl die seemännischen Fähigkeiten der beiden Freunde und insbesondere die persönliche Zuneigung zu dem jungen Schotten Angus gewesen, die Hiob veranlaßt hatten, ihm die Beförderung zuteil werden zu lassen.

Angus wanderte auf die Leeseite, von wo ihn der aufsteigende, beißend faulige Geruch sofort wieder auf die Luvseite des Achterdecks vertrieb. Er blickte auf die Kimm und sah, daß die schwache Brise die Negriér verlassen hatte. Lange starrte er voraus zum Bug, der in der Dünung auf und ab wippte wie ein Huhn, das Körner pickt. Auch wenn die Negriér mit flappenden Segeln fast stillstand, so folgte sie wie von selbst dem unsichtbaren Faden Tausende von Meilen weit über den Atlantik, hinein in den Nordostpassat, der die Sklavenbrigg, wie schon die Jahre zuvor, zum ersten Landfall auf einer der unbewohnten Leeward Islands tragen sollte, wo die Ware vor dem Verkauf von den Strapazen der Überfahrt »aufgefrischt« werden sollte.

Haß keimte in dem hochaufgeschossenen, freundlichen, kräftigen jungen Mann vom Assynt auf, denn er verabscheute es, wenn andere ihn zwangen, seine Lebensziele neu zu überdenken.

Jedesmal wenn Angus sich vor schwierige Entscheidungen gestellt sah, spülte die Erinnerung Bilder seiner Jugend empor. Wenn er die Lider schloß, betrachtete sein inneres Auge das Loch Assynt vom Thron des Cnoc an Droighinn herab. Er tastete nach dem Beutel um seinen Hals mit den Windknoten darin, erinnerte sich an die Flucht vom Assynt und an die durchlittenen Todesängste auf der WILD FIRE, während der Schmuggelkutter von dem Zollschiff aufgebracht wurde.

Als er die Augen wieder öffnete, machte er kehrt, ging zum Heck und heftete seine Augen auf die Kimm. Wie man im Traum Sekunden, Stunden oder gar Tage durchschreiten kann, so flogen Angus Bruchstücke von Erlebtem zu, während die Brigg in der Dünung unregelmäßig hin und her schaukelte.

Diesmal waren es Erinnerungen an nasse, kalte, glitschige Felsen des Ufers am Ausgang von West Loch Tarbert. Dort war er zusammen mit Jim Horn im Schutz der Dunkelheit an Land gekrochen, nachdem sie den Sprung von Bord der SHAMROCK gewagt hatten. Danach hatten sie sich in der Finsternis zurück in das Schmugglernest Tarbert geschleppt, von wo sie auf einem Küstensegler bis nach Bristol fuhren. Von dort waren sie über Land nach London gereist.

Angus hatte die Hoffnung gehegt, wie in Scoury House am Tag der Trennung verabredet, daß sich der Clan bei St. Paul's wiedertreffen und vereinigen würde. Doch schon während der ersten Nacht in London sollte diese Hoffnung in der Taverne *Ivory Gate* auf Southwark zerbrechen.

Der bleiche, aus alten Walfischknochen gearbeitete Türrahmen hemmte für einen Moment die Schritte. Dennoch betraten sie, überredet von einem Schotten aus Aberdeen, die finstere Kneipe. Der Schotte nannte sich Henry, war einmal ein gemeiner Soldat gewesen, der sich nach drei Jahren Dienst zur Fahnenflucht entschlossen hatte. Er hatte sich entschieden, nicht mehr zu dienen: Gott nicht, der Königin nicht und niemals mehr Britannien. Der desertierte Soldat wußte scheinbar alles. Er kannte sich unter den Schotten in London aus. Der Wirt des *Ivory Gate*, ebenfalls aus Aberdeen stammend, kannte laut Henry fast jeden Schotten in London persönlich. Angus' Erwartungen, seine Familie bald wiedersehen zu können, waren entsprechend hoch.

Die Wartezeit, bis der Wirt frei war, überbrückte Henry freigiebig mit Brandy. Er war ein guter Unterhalter, und es war der Geist der Freiheit, der durch seine Zunge sprach. Aufrecht stand er da, von Gestalt nicht eben unansehnlich, kein Gardemaß, nicht schlecht gekleidet, doch unablässig bemüht, die drohende Leere des Wartens mit Späßen und Trinken auszufüllen. Beim fünften Glas hatte Angus noch für einen kurzen Moment den Eindruck, daß der hilfreiche Henry aufrechter denn je dastand und wie ein Adler über ihn zog, als würde er die Beute im Tal beäugen. Kurz darauf erschien der Wirt. Fett und haarig, mit einem zernarbten, teilnahmslosen Gesicht und stumpfen Augen, die Angus und Jim keines Blickes würdigten.

»Schotten?« brummte er, als er auf knarzenden Brettern hinter den Tresen trat.

»Ire und Schotte!« antwortete Henry. »Gib uns 'ne halbe Pinte besten Jamaika, Alastair. Meine Freunde benötigen Hilfe.«

»Ich schreib's an«, sagte der Wirt darauf. »Du brauchst nicht jede Runde einzeln zu zahlen! Schließlich kenne ich dich und weiß, daß ich dir vertrauen kann.«

»Freut mich. Außerdem müssen wir Iren und Schotten uns gegenseitig helfen. Also: Auf die Feinde unserer Feinde!«

»Ich glaube, ich habe genug!« gestand Angus.

»Nicht doch! Ein Mackay verträgt doch was. Nicht wahr, Mr. Horn?« drängte Henry.

»Jeder Steuermann, der auf einem Schmuggelkutter gefahren ist, verträgt …« Jim unterbrach seine Rede, da Angus ihn auffällig genug in die Rippen gestoßen hatte.

Nachdem auch diese Pinte geleert war, sagte der Wirt: »Auf Kosten des Hauses!« und schob einen weiteren Krug über den Tresen. Wenig später standen Angus und Jim breitbeinig da, um ihr Gleichgewicht zu halten.

Danach ging in Angus' Erinnerung alles drunter und drüber.

»Komm, wir gehen …«, lallte er Jim zu.

»O nein. Ihr bleibt hier«, sagte der Wirt. »Ha! Ha! Wir werden euch zu euren Vätern bringen!«

Vier weitere Männer tauchten aus dem Dunkel der Kneipe auf, zwei von rechts, die anderen von links. Der Alkohol ließ beide langsamer reagieren. Ein Schlag auf den Kopf, und Angus taumelte. Er sah im Fallen, daß Jim sich heftig wehrte. Einer der Männer stürzte sich auf ihn und versetzte ihm einen schweren Schlag ins Gesicht. Angus schrie auf, als ihm jemand die Arme nach hinten riß. Dann rutschte er aus, stürzte auf den Steinboden, schlug mit dem Kinn auf und schmeckte noch Blut im Mund, bevor er das Bewußtsein verlor.

»Nun da haben wir ja einen feinen Fang: ein Irenschwein und ein Schottenschaf«, sagte der Mann mit dunklem Teint, als Angus und Jim wieder zu sich fanden. Er war untersetzt gebaut und sehr muskulös, der Nacken breiter als der Schädel, so daß sein Kopf einen stumpfen Kegel bildete. Das Schwanken unter ihren Beinen kam ihnen vertraut vor; sie befanden sich also unter Deck eines Bootes.

»Was ich euch jetzt erkläre, ist das Normalste der Welt. Ich heiße Dundee, bin Bootsmann auf einem schönen, neuen, schnellen Lugger, und wir brauchen noch ein paar tüchtige Burschen. Ein Geschenk Gottes, daß ihr mit der Schmuggelei vertraut seid.«

»Einen Teufel werden wir …«, begehrte Jim auf, doch der Mann griff Jim blitzschnell in die Haare, riß seinen Kopf in den Nacken und fauchte ihn an.

»Du schuldest dem Wirt Geld und besitzt keines. Außerdem hast du einiges zu verbergen, wie mir scheint. Der Konstabler von London wirft dich und deinen kleinen Freund in ein Rattenloch, aus dem es kein Entkommen gibt. Vielleicht wartet dort sogar der Galgen auf dich. Schon mal im Gefängnis gewesen, Irenschwein? Also fordere mich nicht heraus.«

Angus war mit Jim durch das falsche »Gate« gegangen, direkt in die Falle, aus der es kein Entrinnen gab. Es war eine wortlose Übereinkunft zwischen ihnen gewesen, dem »Schotten« Henry zu vertrauen, wie sie nachträglich feststellten. Eine der Übereinkünfte unter Freunden, die mit Leib und Seele aufeinander eingestellt sind und so im selben Augenblick das Verkehrte tun …

Sie kamen auf einen französischen Lugger namens RELIANCE, auf dem sie über vier Jahre unter Käpt'n Jacques Sournia, der aus Brest stammte, die Küsten Spaniens, Portugals und Nordafrikas ansteuerten. Die englische Küste bekamen sie in jenen Zeiten nie zu sehen …

Angus schritt auf dem Achterdeck der NEGRIÉR wieder in Richtung Bug. Er erinnerte sich lebhaft an den Überfall im Souk von Tanger, einer Stadt in der Stadt, als Käpt'n Hiob und seine Matrosen ihn und Jim todesmutig herausschlugen und sie danach mehr aus Dankbarkeit als aus Überzeugung vom französischen

Schmuggler auf die schnelle Brigg NEGRIÉR wechselten, die unter brasilianischer Flagge segelte. Beide hofften, wie vom Käpt'n zugesichert, nördlich segeln zu können, doch der Kurs war südlich abgesteckt, nach Onim.

»Was für ein Schiff ist es? Wohin geht es?« waren ihre ersten brennenden Fragen an die Matrosen, als sie mit Südkurs auf den Atlantik hinauskreuzten.

»Die NEGRIÉR ist ein Kauffahrer. Sklaven! Wir handeln mit Sklaven!« war die feixende Antwort.

»Sklaven?« Angus und Jim waren damals entsetzt gewesen und entschlossen, das Schiff bei der erstbesten Gelegenheit zu verlassen. Doch Käpt'n Hiob behandelte Angus und Jim wie an Land – menschenwürdig und respektvoll. Es war daher schwer, sich seiner Ansicht zu widersetzen, nach der es nur natürlich sei, daß gerade die Farbe das Wesen der Menschheit ausmache und die Schwarzen daher in besonders auffälliger Weise der Ähnlichkeit gegenüber der Menschheit beraubt seien. Außerdem verstand er die Gewinnaussichten so strahlend darzustellen, daß das Martyrium der Sklaven dahinter verblaßte. Auf der NEGRIÉR lernte Angus, daß er der »weißen« Rasse angehörte, welche die Mächtigere war. Hinzu kam, daß Käpt'n Hiob bei aller Freundlichkeit absoluten Gehorsam forderte und jeden Zweifel daran, jede Abweichung von seinen Befehlen hart bestrafte.

Doch das Elend und die Entwürdigung im Zwischendeck ließen Angus bald zu der Überzeugung kommen, daß Hunde, Affen und Papageien tausendmal glücklicher waren als die Sklaven, die sie transportierten. Trotz der schnellen Passagen mit der leicht verderblichen Fracht rechnete ein jeder an Bord von vornherein mit einer Schmälerung von bis zu zwanzig Prozent Sklaven pro Reise. Daran änderte auch die Rekordfahrt der NEGRIÉR über den Atlantik nichts, die von Kontinent zu Kontinent sage und schreibe nur siebzehn Tage dauerte.

Je öfter Angus auf der Sklavenbrigg über den Atlantik segelte und über das Unrecht seines Tuns nachdachte, um so häufiger verspürte er Panik, die Ketten des Sklavenhandels könnten ihn auf ewig an diesen Schnellsegler fesseln. Sklavensegler zählten inzwischen zu den Aussätzigen der Meere. Im Falle, daß sie von einem der zahlreichen Jäger aufgebracht werden sollten, riskierten sie ihren Kopf. Die vielen Jahre des Menschenhandels brachen zudem unweigerlich den Stolz eines jeden Mannes und beugten wie von selbst sein erhobenes Haupt. Die Schuld, die auf dem Gemüt lastete, wurde von Mal zu Mal schwerer.

Gerade beim letzten Übersetzen der Sklaven vom Sammelplatz an Land auf die Brigg hatte Angus etwas gesehen, was ihn nötigte, seinen Lebensplan erneut zu überdenken. Nahe der Anlegestelle, in einer kleinen Bucht vor dem Mündungsdelta des Kongo, entdeckte er im gelbbraunen Wasser zwischen treibenden Blättern, Ästen und einem regenbogenfarbenen Terpentinfilm den aufgetriebenen Leib eines Säuglings; darauf saß eine fette Ratte und fraß ein Loch in das Leichenfloß, auf dem sie trieb. Der Gedanke an die verzweifelten, erstickten Schreie der Kindsmutter schnitten durch Angus' harte Schale in den weichen Kern seiner Seele wie ein heißes Messer in einen Klumpen Wachs. Das Brustkind war der Mutter weggenommen und getötet worden. Säuglinge erzielten in der Neuen Welt keinen Preis ...

Gewiß, der finanzielle Gewinn war ein starker Antrieb, dem auch Angus sich nicht entziehen konnte. In erster Linie aber waren es die schnellen Passagen zwischen Afrika, Süd- und Mittelamerika, die ihn in Bann geschlagen hatten. Seine Aufgabe sah er im Aufspüren der besten Winde und in deren Umsetzung in maximale Knotenzahl bei optimalem Kurs. Seine Sprache reduzierte sich während der Fahrt auf Trimmbefehle, gegeben im knappen Stil des routinierten Seglers. Und genauso wurden sie durch eine eingespielte Mannschaft ausgeführt.

Doch Angus' Gelassenheit war seit dem Ankerlichten vor elf Tagen nur gespielt. Er hatte seine Entscheidung getroffen. Er wollte weder eines Tages am Galgen enden, noch ein weiteres Jahr auf einem Sklavenschiff zubringen. Nein, er gedachte am Ankunftsort die Flagge zu streichen und entlang der Ostküste Amerikas bis Nova Scotia zu reisen, um dort unter Schotten einen neuen Anfang zu wagen ...

Nachdenklich wanderte er auf dem Achterdeck hin und her. Die drohende Gefahr einer Meuterei, die seinen Plan vereiteln könnte, hatte er nicht einkalkuliert. Niemand war darauf vorbereitet, und so war der Ausgang der Reise nicht vorhersehbar. Dieser Druck und die Notwendigkeit, schnell handeln zu müssen, verzehrten ihn regelrecht. Die Taktik der aufgesetzten Zuversicht konnte er nun nicht länger aufrechterhalten, zumal die Mißstimmung unter den Offizieren die Lage an Bord zusätzlich verschärfte. Sein Freund Jim Horn und Duncan Campbell waren Todfeinde und hatten über die Jahre hinweg einen äußerst giftigen Dissens gepflegt. Zweifellos wurde der von Hiob gedemütigte Steuermann zum potentiellen Feind. Campbell könnte sich weigern, Käpt'n Hiob festzusetzen, ging es ihm durch den Kopf, und müßte daher sofort zur Räson gebracht werden.

Ohne Frage war jedoch die spanisch-sizilianische Fraktion an Bord der Negriér die größte Gefahr für das Überleben der »Offiziere«. Carlos Diaz, der Bootsmannsmaat, Ferreira Martins, der Quartiermeister und Verantwortliche für das Sklavendeck, Cesare Augusto, der üble Schläger, der eine tiefe Abneigung gegenüber jedem Engländer zeigte und den Rest der Besatzung wohl hinter sich wußte, würden jederzeit, wegen der erlittenen Demütigungen Spaniens durch die englische Krone, Rache nehmen. Am gefährlichsten waren für Angus zweifellos die Brüder Roberto und Brito Capelo – Roberto, weil er der Steward des Käpt'ns war und somit direkten Zugang zur Kapitänskajüte hatte; Brito, weil er sich als einziger auf der Negriér mit Cesare Augusto messen konnte und schon einmal der Rädelsführerschaft einer Meuterei auf einer französischen Brigg verdächtigt worden war. Seine Augen standen so dicht zusammen wie die eines Gorillas, und jeder wußte, daß er kein Seemann war. Er war Söldner. Ein Kämpfer. Ein Bandit.

Über den Zustand Hiobs, da war sich Angus sicher, war sich die Mannschaft im klaren. Rasend schnell entwickelte sich in seinem Kopf das Szenarium der Gefangennahme des Käpt'ns. Jeder wußte, daß Hiob seine Kajüttüre unversperrt ließ. Er brauchte also nur hineinzugehen und ihn in Ketten legen zu lassen. Wichtiger war, die zu erwartende Rebellion der Matrosen gegenüber den »Offizieren« und den zu erwartenden Widerstand von Duncan Campbell im Keim zu ersticken. Unkalkulierbar blieb, wie immer, die wahre Einstellung derjenigen, die sich jetzt für ein Absetzen Käpt'n Hiobs starkmachten.

Ein weiterer quälender Gedanke war die Tatsache, daß die Brigg nicht nur Sklaven transportierte, die am Zielort mit horrendem Gewinn weiterverkauft werden sollten, sondern auch Käpt'n Hiobs Diamantenschatz. Jeder kannte seine Vorliebe, den Erlös seiner Fracht in Diamanten einzutauschen. Die Gier auf diese lohnende Erbschaft konnte neben Hiobs Opiumdelirium ein weit wichtigeres Motiv sein, ihn in die Rädelsführerschaft hineintreiben zu wollen. Obwohl die Verschwörung zur Meuterei ihn mit Abscheu erfüllte, wußte Angus doch, daß sie die einzige Möglichkeit war, dem unausweichlichen Schicksal wenigstens die Richtung zu weisen.

»Allleeee…, allleee Offiii…ziereee auf deeem Ach…!« drang die Stimme Käpt'n Hiobs schwach vom Niedergang an sein Ohr. Angus blieb stehen und lauschte angestrengt nach unten. Kurz darauf erschien Jim, kam zum Achterdeck und flüsterte ihm zu: »Es ist soweit!«

Angus blickte schnell zum Fockmast. Die Männer hatten nichts bemerkt.

Mit einem stummen Kopfheber forderte Angus Jim Horn auf, zu reden.

»Dr. Ruffié hält den Käpt'n in seiner Kajüte fest. Die Offiziere sind versammelt! Du solltest sofort handeln!«

Duncan Campbell, der die Ruderwache hatte, reckte neugierig seinen Kopf aus dem Ruderhäuschen, um zu hören, was gesprochen wurde. Angus, der Campbells Nervosität spürte, befahl ihm: »Halte so gut wie möglich Kurs! Niemand verläßt seinen Posten!«, und zu Jim gewandt sagte er gedämpft: »Bewaffne dich. Nimm zwei Pistolen. Auf wen kannst du dich verlassen?«

»Burell!«

»Gut, gut! Du und der Bootsmann, ihr bewacht den Niedergang. Ich warte hier, bis ihr Posten bezogen habt! Bewege dich langsam zum Niedergang.«

Jim nickte und entfernte sich ohne Hast.

Wenig später tauchte Jim Horn zusammen mit Robert Burell am Niedergang auf.

»Hast du die Pistolen?« flüsterte Angus. Jim deutete stumm auf sein halboffenes, blousonartig geschnittenes Hemd.

»Gut, dann behaltet Cordosa, Brito und Augusto vorn am Fockmast im Auge. Sie dösen. Wenn sie nicht gehorchen, schießt ihr!«

»Was ist mit dem vorderen Luk?«

»Wir müssen es unten sichern. Ich lasse es sofort besetzten!«

Als Angus hierauf ohne Hast hinabstieg, flüsterte er: »Ab sofort kommt keine Seele ohne meinen ausdrücklichen Befehl an oder unter Deck. Campbell darf das Ruder nicht abgeben, bevor ich ihn nicht ausdrücklich ablösen lasse. An niemanden!«

»*Aye, aye, Sir!*« flüsterte Burell ehrfurchtsvoll zurück, als wäre Angus, der an ihm vorbei in das von Epidemien heimgesuchte Zwischendeck kletterte, schon der neue Captain.

In der Messe warteten auf ihn William Branwell, der Zimmermann, und de Beaumont sowie Claude Caldway, die dem Rang nach als Unteroffiziere eingestuft waren. Dr. Ruffié, den er ebenfalls in der Messe vermutet hatte, fehlte. »Wo ist der Doktor?«

Branwell deutete erst hinter Angus und bewegte danach den Zeigefinger nach achtern. Angus verstand.

»Einen Moment, meine Herren!« Schnell drehte sich Angus um, trat in den engen Gang hinaus und lauschte an Käpt'n Hiobs Kajüttür. Als er vorsichtig die Klinke drückte, bemerkte er mit Erstaunen, daß die Tür verschlossen war. Er drückte noch einmal und rief: »Dr. Ruffié?« Gleichzeitig hörte er hinter der Tür Bodenplanken knarzen.

»Dr. Ruffié! Käpt'n Hiob! Öffnen Sie!« rief er im unterdrückten Befehlston. Kurz darauf wurde die Tür von innen entriegelt. Dr. Ruffié stand mit ernster Miene vor ihm.

»Was ist los?« fragte Angus erstaunt.

Der Schiffsarzt trat zur Seite und gab den Blick in die geräumige Kapitänskajüte frei. Der Käpt'n lag halb zugedeckt in seiner Bettkiste, die an den Deckbalken mit Seilen aufgehängt war. Hiob war zu einem Skelett abgemagert, dem nur noch die gespannte Haut über den Knochen saß und dessen geschlossene, tiefliegende Augen ganz in ihren Höhlen versunken zu sein schienen. Angus sah Dr. Ruffié fragend an.

»Er ist soeben verstorben! Mr. Mackay, Sie sind jetzt unser rechtmäßiger Kapitän!«

»Gott sei gesegnet!« murmelte der Zimmermann hinter Angus'

Rücken. Angus trat an die Bettkiste heran, die bis zu seiner Brust herabreichte und leicht an ihren Seilen pendelte. Er faßte an die Halsschlagader Hiobs. Noch während er sie zu ertasten versuchte, wurde ihm bewußt, daß er einen Leichnam berührte. In der Kajüte roch es intensiv nach Opiumrauch.

Angus' letzter Blick auf das ausgezehrte Gesicht Marcel Hiobs erfaßte winzige helle Kristalle, die, einem trocknenden Rinnsal folgend, sich vom rechten Mundwinkel über die dunkelbraune Haut bis hinab zum Kinn ausbreiteten. Er maß dieser Beobachtung keine Bedeutung bei und fragte Dr. Ruffié mehr der Form nach: »Wie und wodurch ist er gestorben?«

Dieser hob ein schmutziges, schwarzverkrustetes Bambusrohr hoch, an dessen Ende ein Tonkopf saß, in dem sich wiederum ein kleiner Kopf aus Metall befand, der den Raum für die Größe einer Erbse aufwies. Hiobs Opiumpfeife.

»Es war seine letzte!« sagte Dr. Ruffié wie erlöst.

»Verschließt die Kajüte. Niemand betritt sie ohne meine Erlaubnis! Mr. Branwell, Mr. Caldway, bringen Sie unverzüglich die Waffenkiste in die Messe. Mr. de Beaumont, Sie bewaffnen sich mit zwei Pistolen und bewachen unter Deck das vordere Luk. Niemand wechselt ohne meinen ausdrücklichen Befehl die Decks. Sie schießen auf jeden, der den Befehl mißachtet.«

»*Aye, aye, Sir!*«

Die Männer handelten in Windeseile. In wenigen Augenblicken waren die Waffenkiste geöffnet, die zahlreich vorhandenen Feuerwaffen geladen und ein stattlicher Teil davon ausgegeben. Daraufhin befahl Angus alle an Deck. Als er sich zum Niedergang hin bewegte, legte Dr. Ruffié, der hinter ihm ging, seinen Arm auf Angus' Schulter. Dieser drehte sich gereizt um und fixierte den Schiffsarzt.

»Wir sollten uns vorher auf einige Punkte einigen!« sagte Dr. Ruffié halblaut.

»Einigen? Auf was?«

»Die Sklaven! Den Kurs! Unser Ziel!«

»Das alles werde ich danach entscheiden, Doktor. Ich werde Ihren Rat einholen, wann immer *ich* es für erforderlich halte.«

Dr. Ruffiés Gesichtszüge verrieten Unsicherheit und Unzufriedenheit, während der Befehl: »Alle Mann an Deck!« durch die Brigg lief.

»Was suchten Sie eigentlich in Hiobs Kajüte? Warum hielten Sie die Tür verschlossen?« fragte Angus mit ungewöhnlicher Schärfe, als sie direkt vor dem Niedergang standen. Dr. Ruffié zögerte und sah zur Seite.

»Hiob wollte ohne Bekleidung an Deck stürmen. Ich mußte den Käpt'n in seine Kajüte zurückdrängen. Er wollte uns Offiziere ebenfalls nackt auf dem Achterdeck antreten lassen, und mir befahl er, jeden von Ihnen auf Geschlechtskrankheiten hin zu untersuchen. Die Mannschaft sollte dabei Zeuge sein.«

Angus sah Dr. Ruffié ungläubig an. »Zum Teufel, warum nur?«

»In seinem Rausch machte er plötzlich die Offiziere für die Seuche an Bord verantwortlich«, fuhr Dr. Ruffié fort, »und wollte wohl ein Exempel statuieren. Ich sollte ihm dabei helfen. Ich konnte ihn gerade noch davon abbringen und mußte ihn gleichzeitig beruhigen. Daraufhin verlangte er sofort nach einer höheren Dosis Opium.«

»Hat er sie von Ihnen bekommen?«

»Er hat …!«

»An Deck!« sagte Angus. In seinem Kopf hämmerten die Gedanken. Jetzt galt es, jede mögliche Entwicklung vorauszudenken und bei Bedarf hart und rücksichtslos durchzugreifen. In den wenigen Minuten, die ihm blieben, mußte jede erdenkliche Maßnahme ergriffen werden, die der Sicherheit der Offiziere diente.

Bevor er selbst an Deck ging, befahl er Jim und Caldway, die Versammlung dazu zu nutzen, die Mannschaftsquartiere nach Waffen zu durchsuchen.

Die Überraschung war gelungen. Als Angus und die Offiziere, bis auf die Wachen am Niedergang, auf dem Achterdeck Position bezogen hatten, versammelte sich die verbliebene Mannschaft zwischen Fock- und Großmast. Angus begann unverzüglich:

»Männer! Käpt'n Hiob ist tot! Friedlich gestorben in seiner Bettkiste! Er war dem Opium verfallen, und wie Dr. Ruffié mir sagte, zeigte er erste Anzeichen einer Geisteskrankheit. Laßt uns die Schwächen unseres alten Kapitäns vergessen. Wir wollen ihn als einen Mann, der das Handwerk der Seefahrt aufs vortrefflichste beherrschte, in Erinnerung behalten. Gott hat es offenbar so gewollt. Wir achten jedoch die Gesetze zur See. Ich übernehme daher als ranghöchster Offizier das Kommando über die NEGRIÉR, mit allen Konsequenzen. Der erste Steuermann, Jim Horn, ist ab sofort Erster Offizier!«

Das heftige Gestikulieren und Tuscheln der Matrosen zeigte Angus, daß die stürmische Entwicklung an Bord der Brigg ihre heimlichen Pläne durchkreuzt hatte. Im gleichen Augenblick beschloß er, sie zu provozieren, um sofort Klarheit zu schaffen. Daher spannte er seine Pistole, zielte über ihre Köpfe und schoß.

Als wäre ein Säbel mit saftiger Blutrinne in ihre Leiber gefahren, verstummten die Matrosen und blickten regungslos auf ihren neuen Käpt'n.

Bevor die Männer auch nur ein Wort sagen konnten, begann Angus: »Die Gerechtigkeit und die Freiheit sollen auf der NEGRIÉR wieder zu Ehren kommen. Wer also auf diesem Schiff unter meinem Kommando bleiben will, nimmt an der Steuerbordreling Aufstellung. Wer bei Martinique die Brigg mit dem Kutter verlassen will, begibt sich sofort auf die Backbordseite.«

Brito Capelo und Cesare Augusto wechselten wilde Blicke und schauten wie gehetzt um sich, während der Rest der Matrosen sich zunächst unschlüssig mittschiffs bewegte, als wollten sie dem neuen Fürsten den Zehnten verweigern.

»Die Pistolen! Aufgepaßt!« zischte Angus seinen Offizieren zu, die daraufhin, bis auf Dr. Ruffié, zum Zeichen ihrer Entschlossenheit die Pistolen in Anschlag brachten.

»Ich stehe backbord!« rief Duncan Campbell überraschend in seinem Ruderhaus und blickte suchend nach vorn. Angus ging auf das Ruderhaus zu, riß seinen Säbel aus der Scheide und zielte damit auf Campbells Hals, während er in dessen Augen einen gefährlichen Glanz aufblitzen sah. Er faßte Campbell derb am Hemd, woraufhin dieser das Gleichgewicht verlor, ins Stolpern geriet und gegen die Steuerbordreling prallte. Daraufhin trieb ihn Angus mit der Spitze seines Säbels wieder zum Steuerhaus zurück.

»Ein Steuermann bleibt solange mittschiffs, bis der Käpt'n ihn ablösen läßt!« wies er ihn zurecht. Campbell nahm das Ruder sofort wieder in die Hand und sagte leise: »*Aye, aye, Sir.*«

»Lauter!« brüllte nun Angus

*»Aye, aye, Sir!«* tönte es über Deck.

Der kleine Zwischenfall wurde von den Matrosen aufmerksam verfolgt, doch es fehlte an Deck inzwischen die Glut, an der sich eine Meuterei hätte entzünden können. Einige der Matrosen standen unterdessen an der Steuerbordreling, während sich ein Großteil noch mittschiffs aufhielt.

»Sir?« meldete sich Roberto Capelo, der Steward Käpt'n Hiobs, mit erhobenem Arm.

Angus zeigte mit dem Säbel auf ihn, um ihn zum Reden aufzufordern. Der Steward verschränkte provozierend die Arme vor der Brust und begann in aufmüpfigem Ton:

»Sir! Wir segeln, wenn ich es richtig betrachte, auf einer Sklavenbrigg und stehen daher, wie jeder wohl weiß, außerhalb des Gesetzes. Ich denke, wir haben ein Recht darauf, selbst zu bestimmen, wohin die Reise gehen soll.« Beifälliges Gemurmel begleiteten Robertos Worte.

Angus spannte langsam den Hahn seiner zweiten Pistole, trat vor und antwortete bestimmend, doch kühl.

»Da wir uns auf dem Ozean befinden, bin ich an Bord das Gesetz. Unabhängig von dem, was ist und was noch kommen wird, werde ich als Käpt'n dieser Brigg streng darauf achten, daß sich niemand außerhalb der Gesetze bewegt. Es gelten daher ab sofort die vortrefflichen Kriegsartikel der britischen Marine!«

Roberto Capelo begehrte auf: »Hiob war unser Käpt'n. Er ist tot. Nur ihm …«

Der Schuß aus Angus' Pistole streifte den linken Arm des Wortführers. Die Wucht des Geschosses ließ ihn taumeln. Die Matrosen sprangen zur Seite, als wollten sie Deckung suchen. Mit einem Satz war Angus heran und schlug dem Verletzten mit der flachen Klinge auf die Brust. Roberto Capelo stürzte auf die Decksplanken.

»Ein Offizier oder Matrose, der aufrührerische oder meuterische Reden führt, wird mit dem Tode bestraft! Kriegsartikel Nummer eins auf dieser Brigg! Noch ein Wort …!«

Mit diesen Worten drehte Angus dem Verletzten verächtlich den Rücken zu. Er wußte, daß die gesamte Besatzung über seine Gelassenheit staunte. Als er wieder vor seinen bleichen Offizieren stand, donnerte er:

»Backbord oder Steuerbord! Die Entscheidung!«

Mit einem Ruck drängte sich die Mannschaft komplett an die Steuerbordseite, so daß Angus den Eindruck hatte, die Brigg kränge ein wenig mehr in der Dünung.

»Diaz, Martins und Branwell bringen sofort Käpt'n Hiob an Deck. Wir werden ihn mit allen Ehren der See übergeben.«

Im gleichen Moment kam Jim Horn den Niedergang herauf, und Angus unterbrach seine Rede. Jim trat näher und flüsterte ihm etwas ins Ohr.

»Augusto und die Capelo-Brüder bleiben unter Aufsicht von Jim Horn an Deck«, fuhr Angus fort. »Hurtig, Männer! Die Seuche wartet nicht!« blaffte er die Männer an.

Als die Matrosen unter Deck verschwunden waren, zeigte Angus Mackay mit dem Säbel auf den Schiffsarzt: »Dr. Ruffié, Martins und der Rest der Mannschaft sorgen dafür, daß alle Sklaven zur Begutachtung und Pflege an Deck gebracht werden.«

Als die Mannschaften erneut vollzählig an Deck angetreten und die Toten der See übergeben waren, trat Dr. Ruffié vor Angus hin und forderte die freigewordene Kapitänskajüte als Behandlungsraum, um die Seuche an Bord besser eindämmen zu können. Ein erwartungsvolles Aufblitzen in seinen Augen wie das Feuer von geschliffenen Diamanten begleiteten seine Forderung.

Angus ballte die Faust, da er spürte, wie der Schiffsarzt dreist seine Pflicht vorschob, um sich zu bereichern, ohne daß sein Gesicht auch nur ein einziges Anzeichen eines Gewissenskonfliktes verriet. Umgekehrt ahnte Dr. Ruffié nicht im entferntesten, daß seine Forderung den Käpt'n mit unmäßigem Zorn erfüllte.

Trotzdem wußte Angus ganz genau, wie er die kreisende Gedankenwelt des Arztes aus dem Gleichgewicht bringen konnte, und sagte daher: »Holen Sie Ihre Angel ein. Sie werden den Fisch nicht ausweiden, denn Sie werden ihn nie bekommen! Und nun nehmen Sie Ihre Pflichten wahr!«

Dr. Ruffié begab sich wortlos zum Niedergang, und Angus wußte, daß Mars, der die Stunde regierte, auf seiner Seite war.

»Leiche backbordbug!« meldete der Ausguck im Fockmast der Sea Lark.

Commander Markham und Morgan Mackay erblickten zur gleichen Zeit, wie der aufgedunsene Torso eines Negers in der See senkrecht auf und ab tanzte, langsam vorbeiglitt und kurz darauf von Haien gänzlich in Stücke gerissen wurde.

»Der Kurs ist eine einzige Freßstrecke für die Haie!« bemerkte Markham. »Sechsundvierzig Leichen in knapp zwei Tagen. Was glauben Sie, wie viele mögen es in Wirklichkeit gewesen sein?«

»Schwer zu beurteilen, Sir. Er scheint seine gesamte Sklavenladung zu verlieren. Vielleicht das Doppelte? Vielleicht auch mehr!«

»Was ist der Grund? Warum so viele Leichen auf einmal?«

»Die Leiche von gestern, die Dr. Fraser bergen ließ, wies keine Verletzungen auf. Sonst konnte er nichts Außergewöhnliches erkennen. Sie war zwar schlank, aber nicht auffallend abgemagert. So kurz vor dem Ziel ist das offensichtlich normal. Sklaven sollen ja während der Überfahrt an Gewicht verlieren«, meinte Morgan grüblerisch.

Beide spähten auf die See, auf der ein Schwarm von fliegenden Fischen die Sea Lark begleitete, und gingen zusammen langsam zum Bug vor.

»Was denken Sie, Mr. Mackay? Wie viele Meilen ist uns das Sklavenschiff voraus?«

»Nach dem Zustand der Leichen und der Flaute zu urteilen, sechzig bis maximal neunzig Meilen. Wir werden den Wind zuerst bekommen, werden sie einholen und überlaufen, Sir.«

»Mhm! Sie könnten recht behalten. Ich danke Ihnen, Mr. Mackay!« rief Markham und verschwand, eine Melodie vor sich hin summend, unter Deck.

Bei Sonnenuntergang begannen die Blöcke und Schoten im aufkommenden Passat zu knarzen und die Masten unter dem zunehmenden achterlichen Winddruck zu ächzen. Die Sea Lark passierte noch fünf weitere Leichen und noch mehr Haie, die demselben Futter versprechenden Kurs folgten.

Eine Stunde später machte die Sea Lark schon acht Knoten Fahrt. Der Wind nahm stetig zu und blies günstig aus Ostnordost. Doch er hatte einen ungewöhnlichen Biß in den Böen und brachte eine Feuchtigkeit mit, die nichts Gutes verhieß.

Die gesamte Mannschaft versammelte sich an Deck, um nach Tagen der Windstille und der quälenden Schwüle die frische Brise zu genießen. Der volle Mond zauberte ein breites, gleißendes Band auf die Wasseroberfläche, warf ein gespenstisches Schattenmuster des straffen Riggs auf das weißgeschrubbte Deck und ließ die Menschen darauf für einige Momente vergessen, daß sie ein Schiff jagten, das Leichen wie Markierungsbojen in die See warf.

Beim Gewittersturm des anbrechenden Tages flogen sie mit gut achtzehn Knoten nach Westen.

Am Nachmittag des darauffolgenden Tages meldete der Ausguck das Auftauchen von zwei Royals über der Kimm. Commander Markham ließ sofort Tuch wegnehmen, um hinter der Kimm zu bleiben. Erst im Schutz der Dunkelheit wollte er den Sklaventransporter gänzlich einholen. Die letzte Nacht und den gesamten Tag über hatten sie keine Leichen mehr gesichtet. Doch die Haie verrieten, daß sie sich nach wie vor auf dem richtigen Kurs befanden.

Das Abendessen in der Messe verlief ziemlich schweigsam. Neil Sutherland meinte: »Dr. Fraser, Sie möchten wohl, daß wir das Sklavenschiff erst ausräuchern, bevor geentert wird?«

»Warum ausräuchern? Bevor wir herankommen, werden sie alle gestorben sein. Vorgestern, so glaube ich, trieb auch ein weißer Mann in einem Wellental an uns vorüber.«

»Oh, das heißt doch noch lange nicht, daß die Seuche das Schiff verlassen hat«, sagte Sutherland in einem Ton, der Sorge verriet.

»Aha! Ja, gewiß. Jetzt weiß ich, worauf Sie hinauswollen. Mr. Sutherland, ich kann Sie aber beruhigen ...« Dr. Fraser zwinkerte Morgan, O'Shannachan und Baxter unbemerkt zu, als er fortfuhr: »Sie müssen nur gewaschene Seidenstrümpfe tragen, wenn Sie hinüberentern. Die Seuche mag keine frisch gewaschenen Seidenstrümpfe. Das schreckt sie ab.«

Ein Gejohle begleitete Dr. Frasers Ausführungen und ließ Sutherland die Röte ins Gesicht schießen. Dann grinste auch er. Gerade bei den letzten Zusammenkünften hatte sich eine bemerkenswert lockere, kameradschaftliche Stimmung am Tisch breitgemacht.

Schließlich erhob sich Dr. Fraser. »Doch, ja, Mr. Sutherland hat nicht ganz unrecht mit dem, was er sagte. Ich habe die ganze Zeit über versucht, mir die Situation auf dem fremden Schiff vorzustellen. Es muß Entsetzliches darauf passieren. Bald wissen wir mehr darüber.« In der Tür blieb er stehen, blickte auf den Boden und meinte gedankenverloren: »Vielleicht wäre es für uns besser, das Leichenschiff bliebe namenlos und verschwände unentdeckt von den Weltmeeren.« Alles verstummte, und die Gesichter wurden ernst.

An Deck zurückgekehrt, fand Morgan Commander Markham im hellen Mondschein am Bug stehen, wo er sich vom Ausguck herab jede Beobachtung melden ließ.

»Brigg voraus!« hörte Morgan von der Fockmars herab.

»Na, also«, sagte der Commander und schob sein Teleskop klickend zusammen.

»Mr. Mackay, die Sklavenbrigg segelt exakt unseren Kurs, wenn auch sehr langsam. Der Teufel mag wissen, warum der Fockmast kein einziges Segel trägt. Nehmen Sie das Teleskop, und überprüfen Sie die Lage.«

Morgan kletterte die Fockwanten hoch und suchte den breiten, glitzernden Teppich ab, den der Mond auf die Wasseroberfläche zauberte. An der klar erkennbaren Grenzlinie, wo der schwarze westliche Nachthimmel in einen silbernen Saum überging, entdeckte er die Brigg. Der Fockmast trug tatsächlich keine Segel, doch schien er vollkommen unbeschädigt zu sein.

Als Morgan wieder an Deck stand, wußte er auf die Frage des Commanders, was er davon hielte, keine schlüssige Antwort.

»Zweifelsfrei wird die Brigg auf Kurs gehalten, Sir. Auch wenn die Besatzung stark dezimiert wäre, bleibt ihre Segelführung völlig unverständlich.«

»Wir werden sehen! In vier bis fünf Stunden sind wir heran«, erwiderte Markham in rauhem Ton.

Als der östliche Nachthimmel aufhellte und die funkelnden Sterne am westlichen Horizont löschte, begann der Tambour der Seesoldaten zu trommeln. Die Bootsmannsgehilfen rannten durch das Zwischendeck und riefen: »Alle Mann auf ihre Posten!«

Kurz darauf polterten verschlafene Seesoldaten und Matrosen der Freiwache die Niedergänge hinauf, gruppierten sich an den Masten, Fallen, Brassen, Pumpen und machten das Jagdgeschütz am Bug gefechtsklar. Der Passat blies stetig, schob die SEA LARK unerbittlich näher, und die Temperatur stieg von Stunde zu Stunde.

Keine fünf Meilen voraus segelte die Brigg mit unverändert langsamer Fahrt, als hätte die Besatzung die drohende Gefahr in ihrem Kielwasser noch nicht bemerkt. Die Offiziere standen gefechtsbereit und schwitzten in der Schwüle der frühen Morgenstunden in ihren goldbesetzten Uniformröcken mit den hohen Stehkragen, Kniehosen und weißen Seidenhemden.

Morgan erinnerte sich an West Loch Tarbert, als sie sich mit der SHAMROCK an die WILD FIRE herangeschlichen hatten. Er zwang sich, ruhig zu bleiben, und unterdrückte den Impuls, nervös mit den Füßen zu scharren.

Der Brigg, soviel stand für ihn fest, fehlte das Kommando und damit der Wille zur Flucht. Weder nützte sie die volle Besegelung noch die zusätzlichen Leesegel, mit denen sie der SEA LARK über viele Tage hinweg in der Geschwindigkeit ebenbürtig gewesen wäre. Die Trimmbefehle auf der SEA LARK waren daher verstummt, da nur noch die exakte Zeit des Längsseitsgehens für alle von Interesse war. Markham war seinen Offizieren gegenüber zu dem Schluß gekommen, daß an diesem Einsatz nichts war wie sonst, und Morgan hatte das unerklärliche Gefühl, daß die Ereignisse so ungewöhnlich bleiben sollten.

Die Dünung war über Nacht stärker geworden, und die SEA LARK schnitt in stetigem Rhythmus den Kamm der Wellenberge und knarrte in das darauffolgende Wellental nieder. Dabei geite sie vor dem Wind unablässig von steuerbord- nach backbordbug und wieder zurück.

Markham blickte durch sein Teleskop. »Sie ist wie ein französisches Kriegsschiff gebaut, doch trägt sie keine Kanonen. Die Stückpforten sind mit Pech und Werg kalfatert.«

Wenig später sagte er triumphierend: »Es ist die Negriér. Ihr Name steht auf dem Heckspiegel. Sie gehört Käpt'n Hiob. Seit Jahren wird er auf dem Atlantik von uns gejagt. Wie ich vermutet habe, hat er sie auf Schnelligkeit ausgelegt, unter dem Verzicht auf Kanonen, zugunsten seiner Ladung. Doch er hat die Ladung offensichtlich verloren, denn der Rumpf ragt hoch aus dem Wasser.«

Als sie auf Kernschußweite heran waren, gab der Captain den Befehl, etwas nach steuerbord abzufallen, um einen Schuß hart an der Steuerbordseite der Brigg vorbei abzufeuern. Als der Rückstoß das Deck vibrieren ließ, starrten neben dem Captain gleichzeitig Sutherland und Mackay durch ihre Kieker. Beide hatten sie das Ruderhaus auf dem Achterdeck im Visier, dessen Steuerrad ein Mensch regungslos umklammert hielt.

Als die Sea Lark von achtern aufschloß und die Brigg in ihre Abdeckung geriet, feuerten die Seesoldaten eine Musketensalve. Da keine Reaktion erfolgte und kein einziger Matrose sich an Deck zeigte, ließ Markham die Enterhaken vorbereiten. Die Jagdkanone auf dem Vorderdeck war inzwischen mit einem Fäßchen Eisensplitter geladen worden, um damit das gegnerische Deck bei Bedarf leerfegen zu können. Zum gleichen Zwecke waren die Seesoldaten an Deck und in den Wanten verteilt. In die gespannte Stille hinein peitschten, kaum hörbar, zwei Pistolenschüsse unter Deck der Sklavenbrigg.

»Eines ist gewiß«, sagte der Profos Mr. Baxter so, daß alle ihn hören konnten, »wer immer diese Hunde sind, sie haben die Schüsse gewiß nicht zu unserer Warnung abgegeben. Die bringen sich gegenseitig um. Hoffentlich bleibt mir auch noch etwas zu tun!« schnaubte er wütend.

Niemand erwiderte etwas darauf, was er offenbar nicht verstand, da er hilfesuchend in die Runde sah.

»Behaltet die Luken im Auge!« befahl der Commander dem Leutnant zur See, der die Seesoldaten an Bord kommandierte.

Kurz darauf segelten sie parallel. Markham befahl das Bergen der Bram- und Schonersegel und ließ nur noch Klüver und Innenklüver stehen, während er das Groß-Segel mittschiffs holen ließ. Als die Geschwindigkeit angepaßt war, befahl er, den Wasserkorridor zwischen den beiden Seglern langsam zu verringern.

»Zwei Männer liegen regungslos auf dem Vordeck nahe dem vorderen Luk!« meldete der Ausguck.

»Nehmt sie sofort unter Feuer, falls sie sich rühren!« befahl der Commander daraufhin dem Leutnant.

Morgan lächelte bei dem Gedanken an eine ernste Auseinandersetzung. Zu ungleich schien ihm die Paarung. Ein kleiner und ein großer Raubvogel, wie ein Eisvogel und ein Adler, ging es ihm durch den Kopf.

Morgans Grübeln wurde unterbrochen, als der erste Wurfspeer an einer leichten Leine sich in den Wanten des Großmastes der Brigg festhakte. Gespenstisch leer wirkte das Deck der NEGRIÉR. Der Mann im Ruderhaus lag immer noch reglos über dem Steuerrad. Alles schien darauf hinzudeuten, daß er verletzt war, da er auf keinen Zuruf reagierte ...

Je geringer der seitliche Abstand, desto schwerer wurden die Wurfspeere, bis endlich eine zugtaugliche Trosse zum Einsatz gebracht werden konnte. Patrick O'Shannachan steuerte die SEA LARK auf exaktem Parallelkurs, während Matrosen bereit standen, bei Gefahr die Leinen zu kappen, wodurch jederzeit eine Kollision vermieden werden konnte. Schon hangelten sich vier Seesoldaten und ein Steuermannsmaat an den Leinen hinüber zur Brigg. O'Shannachan bewies erneut seine große Steuerkunst.

»Meine Flüstertüte, Mister Munn«, verlangte der Commander.

*»Aye, aye, Sir.«*

Markham nahm sein glänzendes Mundstück, während er die Atlantikdünung, die zwischen der Brigg und dem Sklavenjäger mit mächtigen Wellen hindurch schob, genauestens beobachtete. Royal- und Bramsegel des Großmastes der Brigg waren gebläht, so daß die Fahrt noch gute sechs Knoten betrug. Neben der Sicherheit der Männer war die wichtigste Aufgabe das Bergen der Segel, um die Fahrt der Brigg zu verlangsamen. Erst später, wenn ein weiteres Kommando sicher übergesetzt hatte, würde man mit der Inspektion der Brigg beginnen.

Schon waren die Männer an Deck. Seesoldaten sicherten den Niedergang und das vordere Luk, während zwei von ihnen den Mann vom Steuerrad herunternahmen und auf Deck ablegten, um die Brigg sicher auf Kurs zu halten. Auf Befehl des Commanders hangelten sich weitere zehn Matrosen am Tau entlang zur Brigg, während die Seesoldaten das Manöver mit ihren Musketen von der SEA LARK aus sicherten.

Als auf der Brigg die Segel des Großmastes bis auf die Untermarssegel geborgen und zur Kursstabilisierung der Binnenklüver gesetzt waren, schritt Captain Markham auf Morgan zu und sagte: »Sie kennen das Verfahren, nehme ich an.«

Morgan konnte nur vermuten, was der Captain vorhatte, doch so schnell und kräftig hatte er sein »*Aye, aye, Sir!*« noch nie parat.

Markham legte Morgan eine Hand auf die Schulter. »Sie haben das Kommando!«

Morgans Augen waren rund vor Erstaunen, doch gleichzeitig strahlten sie voller Stolz.

»Stellen Sie sich Ihre Besatzung von zwanzig Mann selbst zusammen. Dr. Fraser wird Sie begleiten und bei der Inspektion beraten. Seekarten, Proviant und alles, was Sie so brauchen werden, lasse ich zusammenstellen.« Daraufhin hielt Commander Markham seinen Handrücken vor den Mund und räusperte sich. Morgan hatte den Eindruck, daß er dies mehr aus Verlegenheit tat. »Ich muß die Brigg zunächst unter Quarantäne stellen, Mr. Morgan. Doch wir kreuzen sofort zurück, nachdem Sie übergesetzt sind und die Decks inspiziert haben. Sie haben dazu genau eine Stunde Zeit. Wir werden solange beigedreht bleiben.«

Daraufhin ging er zum Heck und hob die Hand in Richtung Osten. »Generalkurs Kapverdische Inseln. Sie folgen der SEA LARK in Sichtweite. Vielleicht läßt sich die Zeit der Quarantäne verkürzen. Notieren Sie alle Beobachtungen. Gefangene sind streng zu verhören, die Ergebnisse zu protokollieren. Logbücher und Schiffspapiere der NEGRIÉR sind ebenfalls an mich zu übergeben. Ihren schriftlichen Bericht erwarte ich noch heute, nachdem Sie die Brigg das erste Mal inspiziert haben. Meine Gig wird das Hin und Her besorgen. Jedenfalls wünsche ich Ihnen viel Glück mit Ihrer ersten Prise!«

»*Aye, aye, Sir!*«

Die SEA LARK und die NEGRIÉR lagen beigedreht. Genau zur Mittagszeit hatte Morgan seine Mannschaft zusammengestellt und seine persönlichen Dinge gepackt, so daß die Gig das letzte Mal ablegen konnte. Bevor er salutierte, um sich von Commander Lukas Markham zu verabschieden, notierte Neil Sutherland die neue Position in das Logbuch, nachdem er die Sonne mit seinem Sextanten »geschossen« hatte: *3° 30' Nord, 50° 20' West.*

Commander Morgan Mackay enterte das Deck der NEGRIÉR, gespannt wie das Zugseil am Kranbalken, mit dem gerade Fässer und Kisten an Deck gehievt wurden. Seine Augen starrten über den hohen Freibord der Brigg hinweg, wo ihre Masten und Rahen wie Kreuze auf einem Grabhügel in sein Gesichtsfeld traten. Schnell verdrängte er die Vision und stieg, so schnell er konnte, das Fallreep empor. Das erste, was ihm auffiel, waren das blitzsaubere, geschrubbte Deck und der tadellose Zustand des stehenden und laufenden Gutes.

Während der Austausch der Mannschaften fast lautlos vor sich ging, meldete der Leutnant zur See: »Zwei Tote auf dem Vordeck. Verblutet durch Schußverletzungen. Die Toten sind am Fockmast abgelegt. Der Rudergänger hat eine Schußverletzung am Kopf. Er lebt noch und liegt auf der Backbordseite neben dem Ruderhaus.«

»Irgendein Anzeichen von Leben unter Deck?«

»In den unteren Decks ist nichts zu hören. Lediglich unterhalb der Treppe des vorderen Luks liegt ein Toter. Wir hatten ausdrücklich Befehl, nur das Deck zu sichern!«

»Gut! Kehren Sie zur SEA LARK zurück. Wegtreten!«

*»Aye, aye, Sir!«*

Morgan betrachtete den Stapel Kisten, Säcke und Proviantfässer auf dem Vordeck, wo ihn die Betriebsamkeit der Matrosen an das Auslaufen eines Schiffes erinnerte. Die Matrosen wußten, daß die Zeit knapp bemessen war. Markham hatte ihm ohne Widerrede die besten Matrosen überlassen. Wenn nicht ein übler Umstand eintrat, so ging es Morgan durch den Kopf, dann mußte sein erstes Kommando auf dem Schnellsegler erfolgreich zu Ende gehen.

Stolz erfüllte ihn, als er entlang des mächtigen, überlangen Bugspriets des Sklavenseglers in den flimmernden Dunst spähte, der in der Ferne in das Blau des Wassers überging. Doch über das Lebensrätsel nachzugrübeln war jetzt keine Zeit, und so wandte er sich an den Schiffsarzt, der hinter ihm stand.

»Dr. Fraser, wir sehen gleich nach dem Verletzten beim Ruderhaus!« Dann befahl er Georg Munn, dem Bootsmann: »Lassen Sie das Ruder neu besetzen. Danach inspizieren wir sofort die unteren Decks der Brigg. Sie und fünf Seesoldaten werden das zusammen mit mir übernehmen. Der Rest der Mannschaft folgt uns und verstaut die gesamte Fracht unter Deck. In genau einer Stunde lassen Sie die Segel setzen. Wir folgen der SEA LARK im Abstand von drei Seemeilen. Kurs Ost! «

*»Aye, aye, Sir!«* sagte Munn.

Daraufhin schritt er mit Fraser mühsam nach achtern, da die Brigg in der Dünung rollte und zudem unberechenbar nach Steuerbord und Backbord tanzte. Am Ruderhaus angekommen, sahen sie einen Mann, der auf dem Bauch lag und dessen Kopf blutverkrustet zur Heckseite hin auf den Planken ruhte. Das angewinkelte rechte Bein verhinderte, daß er auf dem tanzenden Deck hin und her rollte. Fraser kniete sich neben ihn und zog den Körper grob vom Ruderstand weg, nahm die rechte Hand des Fremden, faßte das Knie und drehte ihn mit einer einzigen Wendung auf den Rücken. Dabei ließ er Arm und Bein zurück auf die Planken klatschen, als hätte er ein Stück Vieh zu seinen Füßen liegen. Das Hemd war bis hinunter zum Gürtel mit Blut getränkt. Der Verletzte atmete flach. Das Gesicht war etwas geschwollen, und die langen blonden, blutverschmierten Haare klebten die rechte Gesichtshälfte zu. Fraser nahm das Büschel blutverkrusteter Haare und riß es dem Fremden grob aus dem Gesicht. Gleichzeitig drehte er den Kopf auf die linke Seite und besah sich die Wunde. Die Verletzung begann oberhalb der rechten Schläfe und zog sich bis hinter das rechte Ohr. Das Blut war in der Furche geronnen, so daß nicht endgültig auszumachen war, ob die Kugel in den Schädel eingedrungen war. Der Verletzte begann zu stöhnen.

»Der arme Gentleman wird das nicht überleben, denke ich!« bemerkte Fraser.

Das ursprünglich braungebrannte Gesicht des Fremden hatte sich zum Violetten hin verschattet. Morgan hatte ebenfalls den Eindruck, daß der Mann an der Schwelle des Todes stand.

»Ich will sein Gesicht sehen«, sagte Morgan.

Der Schiffsarzt drehte den Kopf zu Morgan, und dieser stellte sich direkt über den Verletzten.

»Schnell, säubern Sie sein Gesicht!« sagte Morgan plötzlich in scharfem Ton.

Fraser sah den neuernannten Commander verwundert an und sah sich hilflos an Deck um.

»Nehmt die Pütz dort!« sagte Morgan und zeigte voll Ungeduld neben den Großmast. Fraser nahm die lange, angespleißte Leine, warf die Pütz über die Reling, um Wasser von außenbords zu holen.

Morgan kniete und besah sich das Gesicht. Wie ein Blitz durchfuhr es ihn. Kein Zweifel, er hatte dieses Gesicht schon einmal gesehen. Die Gedanken kreisten wie ein Mühlrad in seinem Kopf.

»Verdammt! Nein!« entfuhr es ihm. Hastig drehte er sich um. Dr. Fraser war ein rundliches, kleines Mannsbild, dem ein dicker grauer Zopf im Nacken hing. Er war offensichtlich mit der Aufgabe, Wasser mit der Pütz zu schöpfen, nicht vertraut, da er erst nach mehrmaligen Versuchen den Kübel etwas füllen konnte. Mit schlingernden Schritten hielt er auf das Ruderhaus zu und vergoß dabei die Hälfte des Seewassers auf die Decksplanken.

»Tölpel!« zischte Morgan leise. Mit empörter Miene reichte der Schiffsarzt Morgan die Pütz. Als Morgan zu ihm aufsah, mußte er blinzeln, weil ihm die Sonne in die Augen stach. Ihr grelles Licht fiel auf den sprießenden grauen Stoppelbart, der die Wülste unter Frasers Kinn bedeckte.

»Geben Sie her!« sagte Morgan gereizt.

Vorsichtig goß er in Abständen Salzwasser auf das Gesicht, bis sich alle Haare von Stirn und Wangen gelöst hatten. Der Mann unter ihm stöhnte laut auf. Der Mund öffnete sich: »Wasser ... Wasser ...«

Mit einem Mal richtete sich Morgan auf. Hätte der Schiffsarzt ihm direkt in das Gesicht gesehen, so wäre ihm sicher die Blutleere darin aufgefallen. Morgan rang nach Luft.

»Sir? Was ist mit ...«

»Holen Sie Süßwasser aus dem Faß! Ich will, daß der Mann überlebt!« herrschte er Fraser an.

Er selbst ging einen Schritt hinter das Ruderhaus, wo ein Matrose wie abwesend das Steuerrad hielt. Eine rotgefärbte Lache breitete sich vor seinen Füßen aus.

Morgan überlegte. Er ging zur Reling und schlug mit der Faust darauf. *West Loch Tarbert!* zuckte es im selben Augenblick durch seinen Kopf.

Schnell bewegte er sich mittschiffs, wo der Bootsmann mit den Seesoldaten schon auf ihn wartete. Während der paar Schritte versuchte er krampfhaft, sich zu erinnern. Kein Zweifel, das war der Mann, der zusammen mit seinem jüngsten Bruder Angus von der WILD FIRE gesprungen war.

Als Fraser, in der einen Hand die Schöpfkelle Wasser, in der anderen die Instrumententasche, wieder zurück nach achtern eilen wollte, stoppte ihn Morgan mit den Worten: »Halten Sie ihn am Leben, er ist äußerst wichtig für uns!«

»*Aye, aye, Sir!*« keuchte Fraser.

»Vielleicht machen wir dort unten noch einen Fang, Sir!« sagte Munn und erinnerte Morgan daran, daß die Zeit drängte.

»Also los! Nach unten. Zwei sichern von oben und Sie, Munn, gehen voran. Ich folge Ihnen.«

Munn deutete mit der Pistole zum Niedergang. Ein Soldat reagierte darauf. Munn hatte, bevor Morgan die Abfolge nannte, schon bestimmt, wer als erster zu gehen hatte. Der Seesoldat stieg mutig und ohne Zögern die Stufen hinab.

Obwohl von oben genügend frische Luft unter das Deck strömte, nahm Morgan einen seltsam stechenden Geruch war. Unten war es finster. Bis die Augen sich daran gewöhnt hatten, herrschte für Sekunden vollkommene Dunkelheit. Durch die Bordwände vernahm man das Klatschen der See, in der die Brigg schaukelte und die den gesamte Rumpf im ewigen Auf und Ab knarren und ächzen ließ.

Während Morgan am unteren Ende des Niedergangs stehenblieb, huschten die restlichen Soldaten in den kurzen, verwinkelten Gang.

»Alle Türen öffnen!« befahl er.

Fußtritte sprengten knallend die Türen auf. Sofort flutete Licht durch das offene Deckensüll. Die Männer sahen sich um. Die Quartiere waren leer und wirkten seltsam aufgeräumt. Der Bootsmann trat unterdessen mehrmals gegen eine große achterliche Tür, die nicht nachgeben wollte und hinter der zweifellos die Kapitänskajüte lag. Als Licht darauf fiel, bemerkten alle, daß sie mit Brettern vernagelt war. Staunend sahen sich die Männer an.

»Später! Vorwärts!« sagte Morgan.

Der Gang hörte nach wenigen Schritten auf, da er zur Hälfte von Balken geteilt, mit Planken versehen und mit grobem Holz verkleidet war. Der größere Teil des Achterdecks war noch einmal durch ein Zwischendeck geteilt worden. Mehr Stapelfläche für Sklaven, schloß Morgan aus seiner Beobachtung.

Der erste Soldat duckte sich ganz zusammen und bewegte sich in Richtung Kuhl davon. Morgan schauderte im gleichen Moment, da er sich vorstellte, das unterteilte Deck der Brigg voll mit toten Sklaven vorzufinden. Eine Tür knarzte, und ein Lichtschein fiel nun auch von vorn ein.

»Die Tür läßt sich nicht ganz öffnen«, meldete der Soldat nach achtern und kurz darauf: »Dahinter liegt einer ... er scheint noch zu leben ... sein Fuß bewegt sich ...«

Morgan zögerte keinen Moment. »Drei bleiben hier. Munn und die anderen folgen mir. Wir gehen durch das vordere Luk. Unternehmen Sie hier unten nichts!«

Die Seesoldaten nahmen mit ihren geladenen Musketen vor den leeren Quartieren Aufstellung.

Als Morgan über das Deck zum Fockmast hastete, sagte Munn neben ihm: »Ich glaube, Sir, es befindet sich kein einziger Sklave mehr an Bord.«

»Wie kommen Sie darauf?«

»Der Gestank, Sir. Er fehlt ...«

»So, so!« antwortete Morgan etwas abwesend und folgte dem ersten Seesoldaten, der schon nach unten verschwunden war. In diesem Abschnitt des Zwischendecks war es etwas heller, da durch zwei Grätings genügend Licht einfiel. Munn kniete sich neben den toten Mann, den die ersten Seesoldaten schon entdeckt hatten und der in seinem Blut lag. Die Leiche hielt noch eine Pistole in der

Faust. Sie war halbnackt und wirkte stark aufgedunsen. Entstellter konnte ein Gesicht nicht sein.

»Er starb wohl langsam«, bemerkte Munn.

»Nicht berühren!« warnte Morgan, als Munn ihn näher untersuchen wollte.

Morgan betrachtete angestrengt das Gesicht des Toten. Er zeigte sich ein wenig beruhigt, da sich eine Befürchtung, die in ihm wühlte, nicht bestätigt hatte.

Munn wies nach achtern. »Der Lage nach zu urteilen, ist er von achtern her erschossen worden.«

Die Planken des Zwischendecks waren feucht, als wären sie erst vor kurzem gereinigt worden. Dazu roch es auch hier stechend. Während in Hufeisenform entlang der Bordwände Pritschen gezimmert waren, befanden sich in der Mitte des zusätzlich eingezogenen Decks grob gezimmerte Mannschaftsquartiere. Sie waren genauso niedrig wie das Sklavendeck und somit nur zum Schlafen gedacht. Auch sie waren leer.

»Die Matrosen vegetierten hier genauso wie die Sklaven«, sagte Munn, als hätte er die Gedanken der anderen erraten.

Da, wo der Großmast die Decks durchbrach, befand sich ein Schott. Dahinter mußte sich der Gang befinden, der das Achterdeck mit dem Sklavendeck verband.

»Inspizieren wir zur Sicherheit erst das untere Deck«, sagte Morgan.

Ein Gräting wurde daraufhin gleich neben der Treppe entfernt. Eine kurze Leiter führte auf das eigentliche untere Deck. Es war ebenfalls erst vor kurzem gereinigt worden und zeigte sich menschenleer. Nur der durchdringende Geruch wurde etwas intensiver. Die gesamte Fläche vom Bug bis zum Heck war mittels flacher, gerundeter Leisten unterteilt. Morgan sah darin ein äußeres Hufeisen, mit Rechtecken darin. Zwei bis zum mittleren Schott. Drei an der Stelle, wo die Brigg ihre größte Breite hatte, und wiederum zwei Rechtecke zum Heck zu. Zur Bugseite hin, genau zwischen dem Bogen des Hufeisens und dem ersten Rechteck, befand sich die Abmessung eines gleichschenkligen Dreiecks.

»Was soll das?« staunte der Bootsmann. Morgan zeigte zum inneren Rechteck.

»Legen Sie sich quer mittschiffs dort hinein«, befahl er einem Soldaten. Als der Soldat sich flach gelegt hatte, paßte er von der Länge her.

»Der Stapelplan für die Sklaven, meine Herren!« sagte Morgan mit leicht triumphierender Stimme. Gleich darauf zeigte er auf die beiden Luken mit Süll und Deckel, durch die man in den Kielraum gelangte. »Dafür brauchen wir eine Laterne. Mr. Munn, das übernehmen Sie, und verholen Sie die Fässer durch das Ladeluk in dieses Deck!« Daraufhin befahl er den Soldaten: »Jetzt zu dem Mann hinter der Tür.«

Zurück im Zwischendeck, wartete Morgan, bis die Seesoldaten den Mann aus dem niedrigen Gang gezogen hatten. Der Kopf war auf die Brust gesunken, als sie ihn bis zum vorderen Luk trugen und ihn neben dem Toten ablegten. Der Mann lebte zwar, doch hatte er durch eine Schußverletzung, die sich in der Schultergegend ausmachen ließ, viel Blut verloren.

Als der Kopf rückwärts auf die Planken sank, erstarrte Morgan. Ihm wurde abwechselnd heiß und kalt. Sein Herz schien zu bersten. Bilder jagten durch seinen Kopf, von Angst und Hoffnung genährte Visionen von kalten Monden, gefrorenen Lochs, Ruinen mit faulenden Leichen, von blendend weißen Segeln, Wolken und stürmischen Seen – und Gesichter, junge, lachende, brüderliche, aus einer längst vergangenen Zeit.

*Angus ...*

Sekunden verstrichen. Aus den Augenwinkeln heraus sah er, wie der Seesoldat versuchte, dem Verletzten das Hemd zu öffnen, um die Wunde zu betasten. Morgan spürte, wie eine gallenbittere Erkenntnis ihm die Kehle zuschnürte. Er konnte es nicht riskieren, die Wahrheit zu sagen. Nicht jetzt. Vielleicht nie ...

*Angus, mein Bruder, was ist mir dir geschehen?*

»Halt!« Morgans Stimme klang fremd in seinen eigenen Ohren. »Das soll der Doktor sich ansehen. Wir brauchen ihn lebend. Er ist ein wichtiger Zeuge der Admiralität!«

Der Soldat sah zu Morgan auf, der an der Treppe lehnte, als könnte er nicht mehr aus eigener Kraft stehen.

»Bringt ihn nach oben! Dr. Fraser wird sich sofort um ihn kümmern.«

435

Als sie Angus nach oben stemmten, half Morgan eifrig mit, was die Soldaten als ungewöhnlich empfanden. Mit absoluter Verwunderung nahmen sie jedoch sein ständiges: »Vorsichtig, Leute! Vorsichtig!« zur Kenntnis.

Kaum lag Angus an Deck, rief Morgan Fraser zu sich.

»Ihn zuerst!«

»Ja, aber ich bin gerade dabei ...!« sagte Fraser und zeigte mit einer etwas verzweifelten Geste zum Ruderhaus.

»Ihn zuerst, habe ich gesagt.« Morgan ahnte, daß es nötig war, seinen Bruder so rasch wie möglich zu versorgen. Er lag in tiefer Bewußtlosigkeit, und schon bald konnte es mit ihm zu Ende sein.

Die ungeschlachten Bewegungen des Doktors, dazu der grobe Umgang mit dem Verletzten brachten Morgan fast aus der Fassung. Doch konnte er es sich keinesfalls leisten, den Schiffsarzt zurechtzuweisen, da er sich sonst möglicherweise verraten hätte. Fraser würde sofort bemerken, daß es mit Morgans innerer Ruhe seit der Begegnung mit dem Verwundeten nicht so weit her war, wie er sich den Anschein gab. Außerdem wären seine Autorität und damit alle seine künftigen Entscheidungen in Frage gestellt, würde auch nur einer der Männer vermuten, daß zwischen ihm und dem verwundeten Sklaventreiber eine Verbindung bestand.

Fraser gab Anweisung, den Verletzten nach achtern zu tragen, da er ihn nur unter Deck untersuchen wollte. Morgan ging voraus und sah, daß die letzten Fässer eilig durch das Ladeluk in das untere Deck verholt wurden. Als er am Niedergang angekommen war, sagte der Bootsmann: »Sir, uns bleiben nur noch zwanzig Minuten.«

»Das reicht uns. Lassen Sie die Kapitänskajüte aufbrechen. Wir brauchen Platz. Danach lassen Sie den Rest der Mannschaft an Deck antreten, um die Brigg an den Wind zu bringen.«

»*Aye, aye, Sir!*«

Morgan betrat die Kapitänskajüte. Sie war sorgsam aufgeräumt, und alles schien unberührt. Die leere Bettkiste, aufgehängt in der Mitte des Raumes, suchte sich fortwährend schaukelnd lautlos und gespenstisch ihren Schwerpunkt. Morgan konnte sich auf all das, was er bisher an Bord erlebt hatte, keinen Reim machen. Sein Blick fiel auf den übergroßen Kartentisch an der Backbordseite, der sich hervorragend für Operationen eignete.

Fraser, der hinter Morgan getreten war, strahlte. »Ausgezeichnet! Ausgezeichnet!« schwärmte er und rieb sich seine kleinen Hände, deren Finger aufgeblasenen Wursthäuten glichen. »Bringt die Verwundeten herunter!« brüllte er den Niedergang empor. Doch gleich verdüsterte sich sein fettes Gesicht, als er wieder an Morgan herantrat. »Sir! Mit welchem soll ich beginnen?«

»Wie beurteilen *Sie* die Aussichten der beiden Patienten?«

»Beide eher schlecht. Einer wird sterben – denke ich.«

»Ich spiele ungern Gott!« sagte Morgan in festem Ton. »Nehmen Sie sich zuerst den Mann mit dem Schulterschuß vor!«

*»Aye, aye, Sir!* Wie Sie befehlen. Ich benötige sofort zwei Männer – Sir. Meine Vorbereitungen dauern etwa dreißig Minuten. Außerdem brauche ich heißes Wasser aus der Kombüse.«

Morgan erkannte sofort, welche Hinterlist der Schiffsarzt an den Tag legte. In wenigen Minuten gingen die SEA LARK und die NEGRIÉR auf neuen Kurs – gegen den Wind. Ein Feuer in der Kombüse zu unterhalten, während die Brigg hart gegen Wind und Wogen kreuzte, war schier undenkbar. Außerdem rechnete er mit einem harten Dienst an Deck, da Commander Markham befohlen hatte, daß die Brigg im Abstand von drei Meilen folgen sollte. Er wollte sich mit der Brigg auf dem Kreuzkurs messen. Würde er das Hecklicht der SEA LARK während der kommenden Nacht verlieren, würde Markham dies als ein erstes Versagen werten. Da Dr. Fraser lange genug zur See gefahren war, waren ihm die Umstände, unter denen er operieren sollte, bis ins kleinste Detail bekannt. Der Mensch, so schoß es Morgan durch den Kopf, hatte es auf etwas anderes abgesehen …

»Nehmen Sie Rum, Brandy oder Whisky, aber erhalten Sie das junge Leben. Wenn nicht, dann lasse ich Sie an der Rahnock aufknüpfen!«

Als Angus auf dem Kartentisch abgelegt wurde, schloß Dr. Fraser langsam und stumm die Tür vor seinem Commander. Morgan war sich sicher, ein unterdrücktes Grinsen auf dessen Gesicht bemerkt zu haben.

»Alle Mann an Deck!« hörte er den Bootsmann oben rufen.

Langsam stieg er an Deck und fragte sich unwillkürlich: Wo in aller Welt kann es schöner sein als hier in der freien Weite des Atlantiks, am Rande der Tropen, wo der Passat am frischesten weht? Die kühnsten Träume eines Poeten können die Herrlichkeit dieser Breitengrade nicht erfassen.

Was hatte das Elend, das Unglück, hier zu suchen? Das schnöde Geld, das die britische Regierung für Sklaventransporter zahlte, die auf hoher See aufgebracht wurden? Sklaven, die sie dem wachsenden Rivalen in der Neuen Welt nicht gönnte, nur weil sie selbst das Geschäft auf dem nordamerikanischen Kontinent völlig verloren hatte? Britannien, der große Geburtshelfer und das historische Vorbild des atlantischen Sklavenhandels, hatte sich den moralischen Mantel der Entrüstung über seine eigene lange Tradition des Menschenhandels gehängt. Doch den gelben Saum von Neid, Mißgunst und Angst vor dem neuen, wachsenden Gegner im Westen schleifte es wie eine Schleppe weit sichtbar hinter sich her.

Morgan blieb auf dem Niedergang stehen und schwor: Angus soll dieser Heuchelei nicht zum Opfer fallen!

Schnell stieg er wieder hinab und riß die Tür zur Kapitänskajüte auf. Fraser war gerade dabei, Angus zu entkleiden. Aufgeschreckt blickte er über seine Schulter.

»Wieviel Zeit benötigen Sie für die Operation?«

Morgans Blick fiel auf das häßliche Loch in der linken Schulter, etwa in der Höhe des Schlüsselbeins, aus dem noch immer dunkelrotes Blut sickerte.

Fraser überlegte einen Moment. »Wenn alles gut geht, etwa eine Stunde!«

Morgan schloß wortlos die Tür. Mit einem Satz stand er auf dem Deck. »Das Sprachrohr! Mr. Munn.«

Morgan nahm es entgegen und richtete den Trichter zur Sea Lark hinüber, die knappe dreihundert Yards querab beigedreht lag.

»Commander Markham! Hier ist Mackay! Können Sie mich verstehen?«

Kurz darauf kam die Antwort. »Ich kann Sie verstehen.«

»Wir haben einen einzigen wichtigen Zeugen an Bord, der schwer verwundet ist. Dr. Fraser beginnt gerade mit der Operation. Er benötigt einen ruhigen Kiel!«

Nach wenigen Augenblicken kam die Antwort: »Halber Wind! Südsüdost! Setzen Sie die rote Flagge, wenn Dr. Fraser fertig ist!«

»*Aye, aye, Sir!*«

»Mr. Munn! Lassen Sie in die Toppen entern. Gehen Sie mit Backbordhalsen an den Wind!«

Morgan war zufrieden. Nichtsdestoweniger wünschte er Dr. Fraser eine ruhige Hand und sich selbst, daß ihm der Schiffsarzt ein bißchen sympathischer gewesen wäre.

Morgan Mackay musterte seine Brigg mit dem kritischen Blick eines jungen Commanders, der sich bei seiner ersten Fahrt keinen einzigen Fehler leisten wollte. Keine zwei Seemeilen voraus segelte die Sea Lark auf Steuerbordburg den gleichen Kurs.

Morgan grinste in sich hinein. Lucas Markham hatte in den vergangenen Tagen durch stetiges Trimmen alles versucht, um der Brigg auf und davon zu segeln, doch die Absicht war dem beutehungrigen Schnellsegler durch kein noch so präzises Manöver gelungen. Morgan machte die Erfahrung, daß Rumpf und Takelung sowohl der Sea Lark als auch der Negriér jedem Neubau eines Atlantikseglers als Vorbild dienen konnten, denn bei halbem Wind liefen beide zwölf bis vierzehn Knoten.

Eine beträchtliche Zeit der Überfahrt nutzte Morgan daher, um die Konstruktionslinien und die Abmessungen der Brigg zu ermitteln. Sie war ein französischer Entwurf und aus besten Holzsorten gebaut. Ihr Bug war sehr scharf, schmal und fünf bis sechs Fuß unterhalb der Wasserlinie beachtlich hohl gehalten. Es gab eine große Familienähnlichkeit zwischen den drei bekanntesten Typen des Seglers – dem englischen Kutter, dem französischen Lugger und der Brigg – und dem amerikanischen Clipper wie der Sea Lark. Bei halbem Wind segelten sie besonders schnell. Morgan hätte sich etwas mehr Ballast für die Brigg gewünscht, dann wäre sie der Sea Lark auch hoch am Wind absolut ebenbürtig gewesen.

Seine Augen wanderten das Deck entlang, dann in die Takelage und zuletzt wieder steuerbordbug voraus, wo sich die Inseln der Kapverden als dunkle Schatten im Morgenlicht erhoben. In zwölf Tagen nur waren beide Schnellsegler in einer verwegenen Wettfahrt zurückgekreuzt, um erneut die Jagd auf Sklaventransporter vor der afrikanischen Küste aufzunehmen. Gleichwohl waren erst vier Tage vergangen, seit der einzige Überlebende der Sklavenbrigg das erste Mal wieder das Deck betreten konnte.

Sobald die Dunkelheit hereingebrochen war, wollte Morgan mit seinem Bruder Angus das entscheidende Gespräch führen. Die Mannschaft hatte bislang, Gott sei's gedankt, nichts Ungewöhnliches an dem Gefangenen bemerkt, was auf Angus' Schweigsamkeit gegenüber Dr. Fraser zurückzuführen war ...

»Dann kann das Leben für den jungen Mann ja wieder beginnen«, hatte Morgan festgestellt, als Dr. Fraser am zweiten Tag nach der Operation aus der Kapitänskajüte gekommen war und berichtet hatte, daß das Befinden des verletzten Mannes seinen besten Erwartungen entsprach. Fraser hatte außergewöhnlich gute Arbeit geleistet. Die Kugel, zu einer unförmigen Scheibe zusammengedrückt, bewahrte Morgan nun in seiner Brusttasche auf. Sie war nach Dr. Frasers Rapport den Knochen am Schultergürtel entlanggeschrammt, den er *clavicula* nannte, und im *musculus pectoralis major*, wie er sich auszudrücken pflegte, steckengeblieben. Dort verletzte das deformierte Geschoß die *vena axillaris*, was Angus den Tod hätte bringen können, wäre es Fraser nicht gelungen, die Blutung zu stoppen. Außerdem konnte er den Wundbrand verhindern, was er der peinlich genauen Wundsäuberung, dem reichlich vergossenen Whisky und der Jugend seines Patienten zuschrieb. Ein beachtlicher Teil des Whiskys freilich, dessen war sich Morgan sicher, hatte die Wunde sicher nie benetzt.

Angus' Überleben bedeutete allerdings den Tod seines einzigen Freundes Jim Horn, dem die Kugel in den Schädel gefahren war. Noch in seinem Todeskampf, wie sich herausstellte, hatte er die Brigg auf Kurs gehalten, da er sich über das Steuerrad geworfen hatte, bevor die Brigg von den Seesoldaten der SEA LARK geentert worden war. Getötet worden war er offenbar von Dr. Ruffié, der wiederum als letzter der Meuterer von Angus unter Deck erschossen wurde, jedoch um den Preis, daß dieser durch Ruffiés Pistolenkugel, die dieser noch im Fallen abfeuern konnte, ebenfalls bald sein Leben ausgehaucht hätte.

Auf die Frage Morgans, ob der verletzte junge Mann irgend etwas geäußert habe, antwortete Fraser: »Er ist stumm wie ein Fisch! Er kennt weder Schmerzen noch Dankbarkeit.« Und etwas resignierend seufzte er: »Was macht das schon? Meine Kunst ist umsonst, da er so oder so hängen wird.«

Jedenfalls verschob Morgan auf Anraten des Doktors sein erstes »Verhör« auf den Morgen des dritten Tages. Das wichtigste war, die erste Begegnung ohne eine weitere Person stattfinden zu lassen. Morgan gab daher als Dank für die chirurgische Leistung eine Gallone Rum an Dr. Fraser aus, was diesen erwartungsgemäß bis in die Mittagsstunden des neuen Tages in seiner Bettkiste festhielt. Die Deckswache tat ihre Pflicht. Die Kursänderung der voraussegelnden SEA LARK war erst beim dritten Wachwechsel zu erwarten, und die Wachposten vor Angus' Kajüte waren abkommandiert.

Morgan befürchtete, bei einer Aufdeckung der familiären Beziehung sofort seines Kommandos enthoben zu werden, zumal England und die übrigen europäischen Staaten endgültig zur Generalreinigung des Atlantiks von Sklavenschiffen angetreten waren. Er mußte also jedes Risiko ausschalten, wollte er seinen Dienst auf der Brigg weiter versehen und seinen Plan zur Rettung des Bruders ausführen.

Noch vor Sonnenaufgang verließ er mit einer Blendlaterne und einer Rolle Pergament seine Kapitänskajüte, schickte die Wache in die Messe und drückte vorsichtig die Klinke.

Angus lag wach in seiner Koje und hob langsam den gesunden Arm, um von der Laterne nicht geblendet zu werden. Die Jugend war aus seinem Gesicht gewichen. Er zeigte eine Wachsamkeit, die verriet, daß er sich keine Schwäche erlauben würde. Der frische weiße Verband zierte die braunen, muskulösen Schultern wie eine Schärpe. Unruhig geworden, wollte er sich etwas aufsetzen. Doch schon war Morgan heran und drückte ihn zurück auf das Kissen, indem er ihm hart den Mund zuhielt und mit seinem Ellenbogen gleichzeitig den rechten Arm blockierte. Er beugte sich zu Angus' Ohr herab.

»Ruhig, Angus! Still! Ich bin's, Morgan, dein Bruder!«

Als er merkte, daß Angus' Kopf energisch hin und her rollte, um die Hand auf seinem Mund loszuwerden, drehte Morgan die Laterne, so daß Angus sein Gesicht erkennen konnte. Gleichzeitig flüsterte er die Worte: »Scoury House, Mactaggart, Loch Tarbert, Mackay, *Mackay*! *Manu forti!*«

Morgan beobachtete, wie Angus' stahlblaue Augen zu einem Kobrablick erstarrten, um sich mit einem Mal mit Tränen zu füllen. Morgan verspürte einen Anfall von Scham, allerdings mehr wegen seiner eigenen Rührung als wegen Angus. Langsam nahm er die Hand von Angus' Mund, dessen Lippen sich verzerrten, ein wenig öffneten und feucht glänzten. Morgan ließ die Laterne sinken, schloß die Augen, wobei seine Hand den Arm des Bruders festhielt. Morgan spürte, wie Angus mit den Tränen kämpfte. Er senkte seinen Kopf auf die Kante der Bettkiste und verharrte eine Weile, bis er und sein Bruder sich wieder gefaßt hatten.

Morgan drehte die Laterne in die Ecke der engen Kajüte, so daß beide genügend voneinander sahen.

Morgan betrachtete Angus' gerötete Lider und die tränennassen Wangen. »Wie fühlst du dich?« flüsterte er.

»Besser! Viel besser ...«, antwortete Angus mit erstickter Stimme. Und nach einem kurzen Augenblick flüsterte er: »Sag mir, daß ich davonkommen werde. Versprich es!«

Morgan wartete mit seiner Antwort, drückte Angus' Arm und umfaßte mit der freien Hand die Bettkiste. Diese Haltung hatte etwas seltsam Tröstliches. Morgan lächelte, und allein die Tatsache, daß er angesichts der schwierigen Situation lächeln konnte, beruhigte Angus ungemein. Nach einigen langen Minuten antwortete Morgan gefaßt:

»Auf diesem Schiff ist nichts, was dir gefährlich werden kann. Noch nicht!« Und nach einer weiteren bedeutungsvollen Pause sagte er eindringlich: »Du mußt daher befolgen, was wir jetzt absprechen«, zog sein Tuch, reichte es seinem Bruder, der zustimmend nickte und sich die Tränen aus dem Gesicht wischte.

»Ich bin als Commander auf dieser Brigg eingesetzt. Die Sea Lark, ein englischer Sklavenjäger, hat euch aufgebracht. Ich war Zweiter Offizier auf dem Schoner. Klar, Bruder, ich werde alles versuchen, um dich vor dem Galgen zu retten. Doch das kann ich nur, wenn niemand erfährt, wer du wirklich bist. Gibt es an irgendeinem Platz auf diesem Schiff ein Logbuch?«

Angus schüttelte den Kopf. »Nein! Dr. Ruffié, dieser Mörder, hat alles über Bord geworfen.«

»Keine Listen, keine Dokumente oder sonst irgend etwas, was deine Herkunft oder deinen Namen verraten könnte?«

»Nein, es existiert kein einziges Schriftstück mehr an Bord. Alles wurde gründlich ausgeräumt.«

»Gut, dann erzähle deine Geschichte, so wie sie ist. Bis auf eine wesentliche Änderung. Sag, du kommst aus Lochinver und heißt Neil Finlay. Vergiß das nie: Neil Finlay! Wiederhole!«

»Neil Finlay, Lochinver ...«

»Gut so. Zur Sicherheit sprichst du mich ab sofort mit *Sir* an. Ich nenne dich nur noch Mr. Finlay.« Gleich darauf sagte Morgan laut und vernehmlich: »Ich werde das Verhör beginnen, Mr. Finlay.«

»*Aye, aye, Sir ...*«, gab Angus mit schwacher Stimme zurück.

In der darauffolgenden Stunde berichtete »Mr. Finlay« dem Commander Morgan Mackay über die Odyssee der vergangenen Jahre bis zu den schrecklichen Ereignissen an Bord der Brigg, nachdem Käpt'n Hiob gestorben war.

Angus erzählte mit Wut, Ernst und Anteilnahme. Er hatte Dr. Ruffié vertraut. Das war, so gestand er, sein größter Fehler gewesen. Zudem hatte er den Einfluß des Schiffsarztes auf die Mannschaft und dessen blinde Gier völlig unterschätzt. Anscheinend hatte nicht nur Angus geplant, daß dies sein letzter Sklaventransport über den Atlantik werden sollte. Und damit hatte das Todesurteil für Käpt'n Hiob festgestanden.

Dr. Ruffiés Tun war allein darauf ausgerichtet gewesen, dem Käpt'n die Diamanten zu entreißen. Er zeigte sich immer treuherzig, sanft und bescheiden. Doch wer nicht in seine Pläne paßte oder sich diesen auch nur geringfügig widersetzte, den räumte er bedenkenlos aus dem Weg.

Der Doktor kannte alle Schwächen Käpt'n Hiobs. So nutzte er zwei davon und brachte ihn durch Wollust und Opium in seine Abhängigkeit, bis er ihn zum Schluß vergiften mußte, da der Käpt'n das Versteck der Diamanten nicht preisgeben wollte. Ruffié vermutete die Edelsteine in der Kapitänskajüte. Doch um an diese Beute heranzukommen, mußten alle Widerstände und Widersacher beseitigt werden. Niemand konnte ahnen, was Ruffié mit der lebenden Fracht der Brigg vorhatte.

»Nichts von alledem war Schicksal, Sir«, erzählte Angus mit bebenden Lippen. »Alles war berechnet, und das nur, weil ein Mann das Ganze für sich haben wollte. Ruffiés Ziel war es, die Sklaven vollständig von der Brigg zu entfernen und danach die Mannschaft zu dezimieren.

Es gelang ihm, mich zu überzeugen, daß die Sklaven an die frische Luft müßten. Bewegung, Reinigung und reichliche Verpflegung, so sein Rat, würden der Ausbreitung der Seuche Einhalt gebieten. Zur Sicherheit aller Gesunden, so ermahnte er die Mannschaft, sollte sich jedoch niemand zu nahe an die Sklaven heranwagen, um sich nicht anzustecken. Als Burell, der Bootsmann, zu bedenken gab, daß die Sklaven, einmal an Deck, den Freitod suchen könnten, kanzelte ihn der Doktor mit dem Satz ab: ›Halten Sie einfach Ihren blöden Mund!‹

Das Entsetzliche passierte noch am gleichen Tage. Ruffié wartete, bis ich mich, erschöpft von den Anstrengungen der Nächte und Tage, dazu entschied, mich für eine Stunde zurückzuziehen. Mein Gebet beschwor den Wind, er möge uns über die Wogen fliegen lassen. Ich schlief rasch ein. Das Oberlicht war geöffnet. Ein regelmäßiges Aufklatschen außenbords weckte mich. Ein klammer, seltsamer Geruch drang von oben herein und warf mich geradezu aus meiner Bettkiste. Ein Geruch, der mich an faulendes Gebein erinnerte. Ich warf mir etwas über und stürzte an Deck.

Zuerst erblickte ich die schwärigen Afrikanerinnen, wie sie von der abwärts geschrägten Leiter des vorderen Niederganges von zwei schwarzen Sklaven, wie aus der Dunkelheit eines engen Bergwerkstollens, ans Licht gezogen wurden. Verfallene Geschöpfe, bei denen es schwerfiel zu glauben, daß sie menschlichen Ursprungs waren.

Die Matrosen bildeten eine Gasse, die direkt zur Relingspforte führte. Ich konnte nicht glauben, was ich zu sehen bekam. Die Frauen schleppten sich stumm und ohne jegliche Gegenwehr die kurze Gasse entlang, hielten für einen kurzen Moment an der Fallreepstreppe, hoben den Kopf und ließen sich wie verkümmerte Bäume über Bord fallen.«

Angus klebte die Zunge am Gaumen, und Morgan konnte sich des Gefühls nicht erwehren, daß die widerwärtigen Träume seiner Kindheit wie Geister zurückkehrten.

»Ich war außer mir«, fuhr Angus fort zu erzählen. »Als ich Ruffié zur Rede stellen wollte, warum er diesen geschlossenen Freitod zuließ und obendrein ohne meinen Befehl handelte, bedeutete er mir zu schweigen, da durch meine Frage offenbar der zügige Ablauf gestört würde.

›Sie oder wir!‹ zischte er mich an. ›Sie pissen Blut, sind infiziert und des Todes! Seht doch, wie sie ihren Instinkten folgen.‹

Ruffié zeigte sich eiskalt und berechnend. Er war ein Mann ohne Familie, oder sofern er noch eine besaß, hatte sie vergessen, daß er noch lebte. Das einzige, was er in jenem Moment besaß, war der Respekt der Mannschaft. Dies verhinderte mein Eingreifen. Das wußte er, und plärrte über Deck, so daß ein jeder es hören konnte: ›Ich schütze Sie, Sir, die Offiziere und die Mannschaften vor dem sicheren Tod! Wenn Sie die Sklaven am Freitod hindern, Sir, so wird die Negriér in wenigen Tagen ein schwimmender Sarkophag sein und wir der stinkende Inhalt!‹

Die Blicke der Offiziere und der Matrosen waren Warnung genug. Ich konnte es nicht riskieren. Die Sklaven stürzten in die Fluten, und Ruffié tat so, als ob es ein Geschenk an die Geknechteten gewesen wäre. Tatsächlich aber wußte er um die Schwermut, welche die Sklaven schon nach wenigen Tagen willenlos machte. Oft konnte sie nicht mal die Peitsche dazu bewegen, Nahrung aufzunehmen. Die ersten Toten auf der Negriér waren immer die Sklaven, denen das Herz gebrochen war. Jeder Sklavensegler weiß um diesen Schwund ...

Doch Dr. Ruffié beherrschte als einziger an Bord Proto-Bantu, Swahili, Sukuma und noch einige weitere afrikanische Dialekte. Er hatte zweifellos herausgefunden, daß die Sklaven glaubten, sie würden in ihr Dorf zurückkehren, wenn sie gestorben seien. Jim Horn erzählte mir am anderen Morgen, daß der Schiffsarzt während meiner Ruhestunde durch das Deck gelaufen war und mit den abgestumpften, dahinvegetierenden Sklaven im beschwörenden Ton gesprochen hatte. Danach lösten die ›Spanier‹, die ihm gefolgt waren, die Fußeisen der Männer. Ein Sklave nach dem anderen schleppte sich zum Niedergang. Mit Gegenwehr war nicht zu rechnen. Nach den Männern auf der Steuerbordseite des Zwischendecks, die wie Löffel gelegt waren, folgten wie in Trance die Sklavinnen, die achtern unterhalb der Offizierskajüten zusammengepfercht waren ...

Als ich an die Heckreling trat, um einen klaren Kopf zu bekommen, wurde mir übel. Vom Heckspiegel beginnend bis über fünf, sechs Wellentäler hinweg, sah ich die Flossen von Haifischen, die wie berauscht über das Lebendfutter herfielen. Sie haben sich an unserer Ladung geradezu gemästet. Manchmal stauten sich die Sklaven an der Relingspforte. Sie warteten geduldig, bis sie dran waren, gefressen zu werden, um endgültig heimzukehren. Dreihundertvierzig Sklaven haben die Haie im Kielwasser der Negriér auf einer Strecke von wenigen Seemeilen zerfleischt ...«

»Alle Sklaven sprangen über Bord? Alle?« fragte Morgan ungläubig.

»Alle! Ohne Ausnahme! Für sie war das Siechtum beendet. Erleichterung auch bei uns, da der Gestank mittlerweile so stark geworden war, daß wir würgen mußten, sobald wir auch nur in die Nähe der Grätings und der Niedergänge kamen.«

»So eine ...«, Morgan preßte die Lippen zusammen und schloß das, was er sagen wollte, dahinter ein. »Was passierte danach, Mr. Finlay?«

Angus berichtete weiter: »Ohne es richtig wahrhaben zu wollen, wußte ich doch, daß Ruffié insgeheim das Kommando an Bord übernommen hatte. Mißtrauisch gegenüber seinen wahren Absichten wurde ich erst, nachdem ich entdeckte, daß er uns belogen hatte. Im Laderaum befanden sich noch genügend Fässer mit Essig, die auf Geheiß von Dr. Ruffié sofort zur Reinigung der unteren Decks und der Bilge eingesetzt wurden. Den Essig hätten wir schon wesentlich früher nötig gehabt. Die Männer schrubbten über zwölf Stunden die unteren Decks und saugten den Sumpf ebenfalls über zwölf Stunden mit der Bilgenpumpe aus dem Rumpf der Brigg. Als ob eine Leiche in der Sonne ihren letzten Atem ausrülpsen würde, so entsetzlich stank das Bilgenwasser. Die Männer an der Pumpe wollten nicht mehr atmen. Und wenn sie atmeten, rochen sie die Toten. Dr. Ruffié scherte sich einen Dreck darum, ob die Sklaven die Überfahrt überleben würden. Noch am gleichen Abend hob er sein Glas und trank auf die ›Verstorbenen‹, die um uns herum schwammen.«

Angus bat um Wasser. Als er getrunken hatte, fuhr er mit leiser Stimme fort: »Grausam war die Flaute zu uns. Das vergiftete Wasser verdunstete um unsere Brigg herum und hüllte uns ein wie in einen unsichtbaren Nebel. Am selben Abend noch klagte Roberto Capelo, der ehemalige Steward Käpt'n Hiobs, über Schmerzen in seinem Arm, wo ihn meine Kugel getroffen hatte. Ruffié gab ihm eine Medizin. Am morgen danach lag Roberto tot in seiner Hängematte.«

»Vergiftet?«

»Da bin ich mir sicher. Roberto wußte zuviel über Ruffiés Therapie an Käpt'n Hiob. Vielleicht kannte er auch das Diamantenversteck. Jedenfalls wollte sein Bruder Brito dem Doktor an den Kragen, was gerade noch verhindert werden konnte. Doch das war nur der Beginn der tödlichen Auseinandersetzung, die sich über die Nacht hinzog und in den Morgenstunden des darauffolgenden Tages entschieden wurde.

Der Doktor kam zu mir und machte zusammen mit dem Bootsmann, dem zweiten Steuermann Duncan Campbell, dem Zimmermann und dem Quartiermeister den Vorschlag, die Kapitänskajüte von allem verräterischen Papierkram zu säubern. Alles, was einen Sklaventransporter verraten könnte, sollte über Bord geworfen werden. Ich stimmte dem Vorschlag zu, da ich selbst an eine unbeschwerte Zukunft gedacht hatte. Zweifellos hofften alle, dabei auf verborgene Schätze zu stoßen, die zur Aufteilung gekommen wären. Nur der Doktor wußte, daß es nichts zu teilen gab, da er die Kapitänskajüte bestimmt schon mehrmals gründlich durchstöbert hatte.

Als alle Aufzeichnungen in einem beschwerten Sack über Bord gingen und kein einziger Diamant gefunden worden war, reklamierte Dr. Ruffié vor der gesamten Mannschaft die Kapitänskajüte als Behandlungsraum für sich. Als Begründung gab er an, daß er seine Instrumente und seine Medizin dort endlich besser aufbewahren und der Kartentisch bei Bedarf als Operationstisch, zum Wohle der gesamten Besatzung, genutzt werden könne. Als Brito Capelo und Cesare Augusto seinem Vorschlag unerwartet widersprachen, wandte er sich an mich und fragte keck, ob es nun soweit sei, daß die Mannschaft an Bord das Sagen habe.

Ich entschied, daß außer mir niemand Zutritt zur Kapitänskajüte haben solle. Außerdem gebe es wichtigere Dinge. Zuerst müsse unter den Offizieren geklärt werde, welchen neuen Kurs die Negriér segeln werde.

Cesare Augusto gab sich damit nicht zufrieden und beanspruchte plötzlich für die Mannschaften den halben Anteil am Diamantenschatz. Beifälliges Gemurmel der Matrosen begleiteten seine Forderung. Damit war die Katze aus dem Sack gelassen. Ich zog meine Pistolen zum Zeichen meiner Entschlossenheit, setzte ein Lächeln auf und sagte, daß Käpt'n Hiob sein Geheimnis wohl mit ins Seemannsgrab genommen hätte; denn die genaue Inspektion der Kajüte und seiner persönlichen Dinge hätten keinen einzigen Diamanten ans Licht befördert.

Dabei rückte ich Dr. Ruffié sofort wieder ins Rampenlicht, als ich sagte, daß er mir wohl zustimmen müsse, da er sich in den letzten Wochen, neben dem toten Roberto Capelo, von allen Besatzungsmitgliedern nicht nur am häufigsten, sondern auch am längsten allein in der Kapitänskajüte aufgehalten hatte.

Ruffié wurde bleich vor Zorn, da ich mit meinen Bemerkungen alles Mißtrauen auf ihn gelenkt hatte. Capelo und Augusto zeigten sich unschlüssig, was ich sofort nutzte, um die Versammlung aufzulösen, indem ich sie in die Wanten befahl. Die Männer folgten dem Befehl, wenn auch murrend.

Anschließend befahl ich dem Zimmermann William Branwell, die Kapitänskajüte zu verschalken.«

»Mr. Finlay, wie spät war es, als der Passat auffrischte?« unterbrach Morgan die Schilderung seines Bruders.

»Etwa gegen neun Uhr morgens.«

»Dann haben wir ja schnell aufgeholt«, bemerkte Morgan. »Wie war die Seemannschaft?«

»Ungenügend. Sie rotteten sich unter Deck sofort zusammen, um sich zu beraten. Eine Stunde später traten der Steuermannsmaat António Maria Cordosa und der Bootsmannsmaat Carlos Diaz an mich heran, um mich im Namen der restlichen Mannschaft darum zu bitten, das Schiff komplett durchsuchen zu lassen. Jedermann wisse, so ihre Begründung, daß sich der Diamantenschatz Käpt'n Hiobs an Bord befinden müsse. Da er nun tot sei, wäre es nur gerecht, wenn die Sklavenbeute unter allen aufgeteilt würde. Die Brigg, so ihr Beschluß, könnten die Offiziere behalten.

Ich erwiderte, daß ich mir sicher sei, daß inzwischen alle Winkel, einschließlich der Kapitänskajüte, peinlichst durchsucht worden seien, und ich keinen Sinn darin sähe, das Schiff auf See zu zerlegen.

Cordosa und Diaz sahen sich daraufhin an und grinsten. Als ich die Unterredung beenden wollte, sagte Diaz in frechem Ton, daß es nicht nur um die Kapitänskajüte gehe, sondern um alle Kajüten. Das war eindeutig. Sie verlangten quasi die Durchsuchung der Offizierskajüten einschließlich meiner eigenen.

Eine Stimme ertönte in meinem Kopf, die beiden sofort hängen zu lassen. Doch das wäre ebenso dumm gewesen, wie sein Geld darauf zu setzen, daß sich dem Wind befehlen ließe. Mir war klar, daß es zur tödlichen Auseinandersetzung kommen mußte. So wiegte ich sie weiter in Hoffnung, indem ich versprach, ihren Vorschlag zu überdenken.

Ich befahl, daß alle Offiziere ihre Waffen zu tragen und sich nur zu zweit unter- und oberhalb der Decks zu bewegen hätten. Als einziger wollte Dr. Ruffié auf Waffen verzichten und bot sich gleichzeitig an, die Verbindung zur Mannschaft aufrechtzuerhalten. Ich hatte nichts dagegen, obwohl ich eine üble Taktik dahinter vermutete. Ich sollte recht behalten. Er war der leibhaftige Teufel.

Gleich nach unserer Unterredung begab er sich furchtlos durch das offene vordere Luk in das Mannschaftsquartier. Trotz der hohen Dünung, die sich sofort aufbaute, ließen wir das Luk geöffnet, um die Decks endlich vollständig durchlüften zu können.

Dort mußte etwas geschehen sein, womit wir alle nicht gerechnet hatten. Ich stand mit Horn und Campbell an Deck, ging auf und ab und fühlte, wie das Unglück heraufkroch. Je länger Ruffié unter Deck blieb, um so stärker konzentrierte sich meine ganze Aufmerksamkeit auf das Luk. Er war ein Verräter, ging es mir durch den Kopf. Kein Tier war so hinterlistig wie er. Weder eine Schlange, ein Kojote, eine Ratte, ein Skorpion noch ein Geier paßten für den Vergleich.

>Zugleich, zugleich! Zu-gleich! Zu-GLEICH!< tönte es da von unten hervor.

Zuerst passierte nichts. Wir brachten die Pistolen in Anschlag. Dann, als hätte Ruffié sie widerstandslos gemacht, zogen Diaz und Augusto William Branwell, den Zimmermann, an Deck. Er war an Füßen und Händen gefesselt.

>Sofort über Bord mit ihm. Er hat die Pest!< schrie Ruffié, halb mit dem Kopf aus dem Luk ragend, aufgeregt über Deck.

Wir waren vor Schreck wie gelähmt. Ich sah nur den Knebel im Mund von Branwell, als er über die Reling flog. Als ich mit Campbell zum Bug stürmte, um Diaz und Augusto zu stellen, fielen unter Deck hintereinander vier Schüsse ...«

Angus holte tief Atem. »Verdammte Scheiße, Sir, es lief alles verkehrt. Ich hätte die Banditen sofort erschießen müssen. Statt dessen zwang ich Diaz und Augusto dazu, sich ausgestreckt auf die Decksplanken zu legen, und ließ Campbell als Wache zurück.

Irgend jemand hatte inzwischen das Luk geschlossen. Ich stürzte zum Niedergang zurück, während nur noch Horn und Campbell an Deck blieben. Als ich unten stand, wälzte sich dort Burell in seinem Blut. Ferreira Martins, der Quartiermeister, stand mit einer rauchenden Pistole daneben und berichtete, daß durch die Verbindungstür zum vorderen Zwischendeck hindurch zweimal auf Burell geschossen worden war. Er habe sofort zurückgeschossen und auch wohl getroffen. Auf meine Frage hin, wer geschossen hatte, konnte er nur mit einem Achselzucken antworten.

Burell starb wenig später in meinen Armen, während auch vom Zwischendeck deutlich das Stöhnen eines Verwundeten zu hören war. Da sich Diaz und Augusto oben an Deck befanden, mußten sich Brito Capelo und der Steuermannsmaat António Maria Cordosa neben Ruffié hinter der Tür, im Mannschaftsquartier des Zwischendecks, befinden. Im gleichen Moment, als Burell starb, fielen die ersten Schüsse an Deck.

Während Ferreira sich die restlichen Pistolen unter Deck zurechtlegte, um die Tür zum Zwischendeck zu verteidigen, eilte ich den Niedergang hoch, um vorsichtig über das Deck zu peilen. Jim schrie vom Ruderstand, daß Campbell getroffen worden sei, er aber noch Cesare Augusto habe niederschießen können, bevor er hinter Diaz unter Deck entkommen sei. Ich sprang an Deck und zielte auf das Luk. Es war wieder geschlossen worden. Ich kroch an Campbell heran, um ihn auf das sichere Achterdeck zu ziehen. Doch es war vergebens. Campbell war tödlich getroffen. Ebenso Augusto, der hinter dem Luk lag. Das Lager war geteilt: Jim, Ferreira und ich gegen Ruffié, Diaz, Brito Capelo und Cordosa. Wobei einer von ihnen verletzt sein mußte.«

»Warum hat er sich selbst geschwächt, als er den Zimmermann über Bord werfen ließ?«

»Ich habe lange darüber nachgedacht, Sir. Entweder wußte der Zimmermann über das Versteck mehr, als er zugab, und Ruffié ließ ihn dafür töten, oder er weigerte sich, sich gegen uns zu stellen. Die Rede von der Pest diente lediglich als Ablenkungsmanöver während des Überfalls unter Deck.«

»Was passierte danach?«

»Ruffié führte Krieg mit seinem Maul. So schrie er unter Deck, mehr aus Wut als aus Überzeugung, daß es keine Rolle spiele, wie sehr ich mich auch wehren würde, ich würde ihm nicht entkommen. Für uns war es nur wichtig zu wissen, wie viele Pistolen er hatte beiseite schaffen können, und zu erahnen, wie seine nächsten Schritte aussehen mochten.

Nach einer kurzen Lagebesprechung mit Jim entschieden wir uns für den sofortigen Angriff. Ich begab mich wieder unter Deck, kroch bis zur Zwischentür, während Martins nun an Deck ging, um das vordere Luk vom Bug her unter Feuer zu nehmen, sobald sich das Süll bewegte. Ich zog die Tür zum Zwischendeck auf und feuerte sofort meine Pistolen ab. Schemenhaft sah ich durch den Pulverdampf eine Gestalt auf den Boden sinken. Bevor ich mich wieder zurückziehen konnte, schlugen Kugeln neben mir in die Bretter. Gleichzeitig wurden Schüsse auf Deck abgegeben.

Ich zog mich unverletzt zurück, nahm zwei geladene Pistolen an mich und begab mich zum Niedergang, ohne die Tür aus den Augen zu lassen. Danach rief ich nach Jim. Er gab mir vom Ruderstand aus zu verstehen, daß insgesamt fünf Schüsse gefallen waren.

Ein Mann hatte das Süll aufgestoßen und sofort auf Martins geschossen. Dieser konnte zwar zurückschießen, wurde aber offensichtlich schwer getroffen.

Jim hatte von seinem Ruderstand aus nach vorn gezielt und den Mann, es war offenbar Diaz, in den Rücken getroffen. Der Mann fiel lautlos zurück unter Deck. Martins brach auf dem Vordeck zusammen. Wir haben uns selbst ausgemerzt. Ich hasse dieses Schiff!«

»Das ist Wahnsinn«, sagte Morgan, aber er sagte es mit hohler, kraftloser Stimme. »Ich sah die Männer, bevor wir sie der See übergaben. Ich wußte nur nicht, wie sie auf dieser Brigg gestorben waren.« Morgan umfaßte erneut die Hand seines Bruders, und Angus spürte, wie er wieder Zuversicht faßte.

Angus versuchte seine Gedenken zu ordnen und fuhr fort: »Die Nacht blieb stumm. Die Entscheidung fiel im Morgengrauen, als uns der Schlaf übermannte. Jim wurde von einem Mann, der plötzlich an Deck stand, getroffen. Ich war auf dem ersten Absatz des Niedergangs eingeschlafen. Während Jim oben an Deck noch zurückschießen konnte, feuerte ich sofort im Dunklen auf die Tür und hatte Glück. Ich sprang zur Tür, stieß sie vollends auf und knallte blind hinein. Als ich selbst getroffen wurde, hörte ich noch einen dumpfen Aufprall im Dunkel des Zwischendecks … Den Rest kennen Sie, Sir!«

Morgan nickte stumm, bevor er sich erhob und leise sagte: »Mr. Finlay, Sie sollten sich erst mit einem guten Frühstück stärken. Ich werde dafür sorgen.«

»Aye, aye, Sir!«

Die Hand an der Klinke, drehte sich Morgan noch mal um und fragte: »Die Diamanten? Was glauben Sie, Mr. Finlay? Sind sie noch an Bord?«

Mr. Finlay zwinkerte: »Natürlich, sie sind hier an Bord!«

Morgan sah noch einmal zum Bug vor, peilte die SEA LARK, die jetzt auf die Spitze von Sao Vicente zuhielt, während der Steuermann der Brigg seinen Kurs auf das schäumende Kielwasser des Toppsegelschoners hin korrigierte. Zufrieden bewegte er sich zum Niedergang.

Als Angus und der Wachsoldat die Kapitänskajüte betraten, saß Morgan am Kartentisch und betrachtete die Eintragungen auf der Seekarte. Angus grüßte förmlich, Commander Mackay erwiderte trocken im Marinestil und befahl dem Seesoldaten abzutreten. Doch kaum war die Kajüttür geschlossen, machte sich neben der Vertrautheit der Brüder Spannung bemerkbar.

»Mr. Finlay, lesen Sie sich das Dokument durch«, sagte Morgan und reichte seinem Bruder einen kleinen Pergamentstreifen.

*Commander Lucas Markham wird dich morgen*
*an Bord der Sea Lark verhören lassen!*
*Nächste Tage ungewiß!*
*Flucht unmöglich.*
*Abwarten!*
*Bevor du nicht in England bist, lebst du!*

Während Angus' älterer Bruder den Zettel wieder an sich nahm und ihn in kleinste Schnipsel zerriß, zischte Angus: »Morgan, gottverdammt noch mal!«

»Abwarten!« zischte Morgan zurück.

»Ich will …«, flüsterte Angus, doch Morgan unterbrach ihn und flüsterte zurück.

»Angus! Was du willst, spielt in den nächsten Tagen keine Rolle.«

»Wir machen es wie in Loch Tarbert …«

»Der Atlantik ist nicht Loch Tarbert. Dazu die schwierige Küste! Kein weiteres Wort!«

Angus antwortete nicht. Er hielt den Kopf gesenkt. Morgan hatte jedoch nicht den Eindruck, daß die Haltung Fügung oder Resignation ausdrückte. In gewisser Weise wußte Angus wohl, was in den nächsten Stunden passieren könnte, und das war das Schlimmste daran.

»Überlasse es einzig und allein mir!« beschwor ihn Morgan. »Ich finde eine Lösung.«

»Gut«, erwiderte Angus knapp.

Plötzlich hörten sie Getrampel an Deck. »Signal von der Sea Lark, Sir!« meldete kurz darauf der Bootsmann.

»Führen Sie den Gefangenen in seine Kajüte!« befahl Morgan. Angus hatte es dort angenehm, solange der Schiffsarzt ihn nicht für gesund erklärte ...

Oben am Achterdeck blendete die Sonne.

»Ein dritter Segler wurde gesichtet mit Kurs Südsüdwest!« meldete der Erste Offizier.

»Neues Signal, Sir!« meldete abermals der Erste. Und wenig später: »Commander Markham befiehlt Sie auf die Sea Lark, Sir.«

»Was ist mit dem Segler?«

Der Erste spähte durch den Kieker und meldete: »Ein Schoner, der sich rasch entfernt, Sir!«

Morgan nahm seinen eigenen Kieker und beobachtete steuerbord achteraus die Kimm. Dann schwenkte er nach Osten und beobachtete, wie die Rahsegel der Sea Lark aufgeeit wurden.

»Gehen Sie längsseits, und lassen Sie das Boot zu Wasser!«

Als die Brigg, ebenfalls mit aufgeeiten Segeln, längsseits kam, sah Morgan Commander Markham mittschiffs an der Reling stehen. Morgan grüßte, worauf Markham sein Sprachrohr hob und über den schmalen Wasserkorridor hinweg rief: »Sparen Sie sich den Weg, Commander. Lassen Sie Ihre gesamten Wasservorräte übersetzen. Sie können sich auf Sao Vicente mit allem versorgen. Wir machen sofort Jagd auf den Sklavenschoner. Es ist die Black Venus. Bringen Sie den Gefangenen Neil Finlay und die Prise nach London. Ich lasse Ihre Befehle gerade ausfertigen!«

*»Aye, aye, Sir!«*

Trotz des Glücksgefühls, trotz der überschäumenden Freude und der glühenden Sonne, die höher und höher stieg, versuchte sich Morgan zurechtzulegen, was er nun zur Rettung seines Bruders als nächstes veranlassen mußte ...

»Ich hatte nicht erwartet«, sagte Dr. Fraser mit glänzenden Augen in die Runde, »daß wir England so schnell wiedersehen würden.«

In weniger als einer Stunde waren die Wasserfässer übergesetzt. Die unverhohlene Freude der Mannschaft über eine schnelle Rückkehr nach England ließ die gesamte Besatzung der Negriér begeistert mitbrüllen, als der Befehl des Ersten Offiziers, »Hol ran das Boot!«, an sie erging.

»Ruder hart backbord!« befahl Commander Mackay, als Commander Markham die Sea Lark halsen ließ, um sie vor den Wind zu bekommen. Als sie hinter der Kimm verschwunden war, rief Morgan seinen Ersten Offizier zu sich.

»Nehmen Sie Kurs auf Sao Vicente. Wir übernehmen heute noch frisches Wasser und nehmen danach sofort Kurs auf England!«

Morgan hatte den Eindruck, die Mannschaft wetteifere in den Wanten, als hätte sie Angst, den Wind zu verpassen, der sie auf Heimatkurs bringen sollte.

Morgan erwachte. Noch hatte er verschwommen das entzückende Bild vor Augen. Das weibliche Traumwesen weckte seit Stunden seine leidenschaftlichen Gefühle, und der Ozean, der als Hindernis zwischen ihm und dem reizvollen Ziel lag, steigerte seine Erregung nur noch. Je geringer die Entfernung nach Greenwich, um so häufiger verfolgten ihn die sinnlichen Träume und entfalteten ihre Zauberkraft.

Lag er wach, so kreisten seine erotischen Phantasien erneut um seine Geliebte Sarah, und es fiel ihm besonders schwer, diesen Tagtraum aus seinem Kopf zu verbannen. Seine Vorstellungen stimmten, bei Gott, nicht mit dem bisher Erlebten überein und hatten nur wenig mit dem wirklichen Leben zu tun. Doch Morgan genoß mit einem Male nicht nur seine wollüstigen Phantasien, sondern gefiel sich darin, Einsichten in seinen Gefühlszustand zu gewinnen. Jedenfalls nahm er sich vor, nach seiner Rückkehr viel mehr Zeit mit Sarah zu verbringen.

Um Abstand von seinen Träumen zu bekommen, versuchte Morgan noch im Liegen, unter Beobachtung der Bewegung der Brigg, Windstärke, Seegang und Kurs zu ergründen.

»Steuerbordbug, mäßige Brise, leicht bewegte See, Ostnordost!« sagte er sich laut vor und wollte mit dem gewonnenen Ergebnis schon seine Bettkiste verlassen. Doch er erinnerte sich der inneren Stimme, die ihn an jenem Abend, als sie die Reede von Sao Vicente verlassen hatten, sagte, er möge jeden Tag gründlich darüber nachdenken, wo Käpt'n Hiob seinen Diamantenschatz an Bord der Negriér versteckt haben mochte.

Morgan blickte zu den Decksbalken empor, die dicht über seinem Kopf vom Heck in Richtung Bug verliefen. Eine Nische, ein kleiner Hohlraum oder eine Aussparung müßte es sein, wo der alte Sklavenkapitän sein Diamantensäckchen versteckt hielt. Zusammen mit Angus hatte er sich ausgerechnet, daß Hiob in den Jahren einige Karat angesammelt haben mußte; denn nach Erledigung der Geschäfte im Westen war er vorzugsweise direkt nach Guyana gesegelt, um mit den Silberdollars Diamanten zu kaufen.

Angus hatte von der Besessenheit Hiobs berichtet, an die *adamas*, die unbezwingbaren Steine, heranzukommen. Einmal hatte sich die Rückreise nach Afrika um gute drei Wochen verzögert, da er auf den Schliff eines einzigen Diamanten wartete. Auf Bort- und Ballasvarietäten wie trübe, feinkörnige Diamanten legte Käpt'n Hiob angeblich keinen Wert. Der Sklavenkapitän kaufte nur echte geschliffene, farblose Steine. Er kaufte nichts anderes als weiße Diamanten! Mit einem weiteren Teil des Gewinnes erwarb Lucas Hiob außerdem moderne Handwaffen, die er an der afrikanischen Ostküste nahe der Diamantenfundorte der Sierra Leone, der Elfenbeinküste und Beguela gegen weiße »Unbezwingbare« eintauschte ...

Wieder und wieder suchten Morgans Blicke die Spanten, Balken und die Innenbeplankung ab. Er hatte fast täglich alles abgeklopft, abgetastet und mit dem Messer nach lockeren Planken gesucht und nach vermuteten Hohlräumen gebohrt.

»Das Knarren und Knarzen! Das könnte es sein ...«, flüsterte er zu sich selbst. »Mensch, warum achtest du nie auf das Ächzen des Holzes!« schimpfte er leise vor sich hin.

Schon nach wenigen Minuten konnte er bestimmte Geräusche ausfiltern. Störend empfand er das Quietschen der Püttingseisen und der Rüstjungfer, das durch die Außenbeplankung und Spanten drang. Gleichzeitig hörte er das Gurgeln und Platschen der Heckwelle durch Spiegel-, Heck- und Arcassenbalken, untermalt durch das rhythmische Vibrieren des Ruders, das den Druck der Atlantikwellen auf den Rumpf übertrug. Die Gillungs- und Spiegelbalken knarzten immer dann, wenn das Schiff durch eine querschlagende Welle auf den Backbordbug und gleich danach wieder auf den Steuerbordbug zurückgeworfen wurde.

Gleichzeitig versuchte Morgan, sich die Holzkonstruktion des Hecks vorzustellen und die darin verborgenen Hohlräume. Er schloß die Augen und lauschte. Da waren noch viele weitere Geräusche, die er nicht zuordnen konnte. Darunter ein heller, fiepender Ton, wie von einer stockheiseren Flöte. Das Fiepen fiel immer mit querlaufenden Wellen und dem darauffolgenden »Bocksprung« der Brigg zusammen. Der Ton kam aus der Richtung, wo der große, schwere Kartentisch stand.

Morgan streckte seinen Kopf, um sein linkes Ohr näher an die Quelle des Fiepens heranzubringen. Hatte er sich getäuscht? War es das Seil, das seine Bettkiste trug und am Decksbalken durch eine Öse geschoren war? Nein! Er hatte sich nicht geirrt. Es kam aus Richtung des Kartentisches.

»Ich werde das Versteck finden! Ich werde es finden!« sprach er entschlossen zu sich selbst. Er richtete sich auf, ließ die Füße von der Bettkiste herabbaumeln und lauschte angestrengt auf den sich in regelmäßigen Abständen wiederholenden Ton.

Morgan hatte das Gefühl, daß Fortuna ihm ein Zeichen des Wohlwollens schickte. Langsam kippte die Backbordseite der Bettkiste, so daß er bequem von der Kante rutschen konnte. Sein Gang war etwas schwankend, und er ging in die Hocke, um sein Gleichgewicht wiederzufinden. In gebückter Haltung näherte er sich dem Kartentisch.

Der Tisch hatte eine Plattenlänge von sechseinhalb Fuß, die Tiefe betrug zweiunddreißig und die Höhe knapp dreißig Zoll. Unterhalb der Platte, die mit einem stark abgewetzten Leder überzogen war, hingen zwei schwere Schubladen, die Morgan selbst schon mehrmals genauestens untersucht hatte. Eine Besonderheit des Tisches bestand in der Neigung der Platte, die ungefähr fünfzehn Grad zur horizontalen Ebene betrug. Um das Abrutschen von Papier, Zirkel und Karten zu verhindern, hatte man die Vorderseite mit einer nach oben vorspringenden Leiste versehen.

Die zweite Besonderheit bestand zweifellos darin, daß man die wuchtigen Tischbeine auch einzeln gut als Blumensäule hätte verwenden können. Sie waren teilweise kunstvoll geschnitzt. Der mittlere Abschnitt war mit Kanneluren versehen, während ober- und unterhalb dieser handgefertigten Verzierung Sockel, Gurte, Kränze und Gesimse als Verdoppelung aufgeleimt und miteinander verdübelt waren.

Morgan setzte sich direkt vor den Kartentisch und horchte auf das leise, wiederkehrende Fiepen. Die nächste querlaufende Welle brachte Gewißheit.

»Nicht übel!« sagte er und pfiff durch die Zähne.

Das linke Tischbein saß wohl locker und verursachte während des »Bocksprunges« der Brigg, ähnlich dem eines klapprigen Bettgestells, den auffälligen Ton. Morgan inspizierte das Tischbein genauer. Der erste Sockel, der die Tischplatte mit dem Bein verband, war an der einen Ecke etwas gesprungen. Offensichtlich war der Sockel an den Ecken mittels einer verdeckten Gehrung zusammengezinkt und danach mit naturalistischen Knospen- und Blattansätzen verziert worden. Morgan wunderte sich darüber, da man im einfachsten Fall die Sockelstücke als massiven Klotz hätte konstruieren können ...

Mit Wucht schlug Morgan seine rechte Faust mehrmals klatschend in seine linke Handfläche, stieß die Luft zwischen den Zähnen aus, und starrte dabei unentwegt das Tischbein an. Seine Augen funkelten wie glühende Kohlen.

Mit einem Satz sprang er auf die Beine. Das Tischbein hatte ihn auf eine grandiose Idee gebracht: Der Tisch würde als Floß gute Dienste leisten! Dieser Gedanke gab ihm einen solch kräftigen Antrieb, daß Morgan mit einem Ruck die Platte des Tisches anhob und sie mit einem mittelalterlichen Armsessel abstützte. Morgan spürte einen Kloß in der Kehle.

Er ging um den Stuhl herum, fixierte das linke Tischbein, ergriff mit beiden Händen die Mitte des Beines und zog es kräftig nach unten. Das Bein gab nach. Vier Dübel wurden sichtbar. Langsam zog Morgan das Tischbein nach außen weg. Es war schwer.

Er richtete sich auf und blickte auf einen Deckel, der in das Tischbein eingelassen war und in der Mitte eine runde Öffnung besaß. Sein Herz begann zu rasen. Vorsichtig steckte er seinen Zeigefinger in die Öffnung und hob das Deckelchen an.

In einer quadratischem Öffnung von etwa fünf Zoll Seitenlänge steckte ein kleines weißes Leinensäckchen, das mit einer dünnen braunen Kordel geschnürt war.

Vor Spannung zitterten ihm die Hände. Vorsichtig, als ob eine Giftschlange darin sein könnte, zog Morgan mit seiner Rechten das Säckchen an der Kordel heraus und lehnte das Tischbein an die Armlehne des Sessels. In seiner Rechten wog er das kleine Bündel.

»O Pharao, o Moses!« ächzte er, blickte zum Oberlicht und schob den kleinen Vorhang zur Seite, so daß das Morgenlicht voll hereinfluten konnte. Behutsam lockerte er die Kordel, weitete den Hals des Säckchens und brachte es ins Licht.

Seine Augen weiteten sich, als würden Sonne und Sterne gleichzeitig vor seinen Augen aufsteigen. Der blitzende, funkelnde Glanz und das feurige Farbenspiel der Kostbarkeiten ließen Morgan erbeben. Mit großen Augen und trockener Kehle betrachtete er das Funkeln in seiner Hand, das versprach, daß statt Dunkelheit nur noch Helligkeit das Leben der Mackays bestimmen würde.

Morgan blickte zum Oberlicht empor, streckte sich und hüpfte vor Ausgelassenheit mehrmals um seine Bettkiste herum. Durch seinen Körper zuckten Schauer der Freude; ihm war, als würde das Feuer der Brillanten durch seinen Körper fließen. Stolz richtete er sich auf. Er ahnte, daß diese Energie ausreichen würde, um alles, was er begehrte, zu erreichen.

Das Tor zur Freude stand weit offen, doch wie von selbst gesellte sich zu seinem Triumph auch Entsetzen. Langsam und unerbittlich schlich sich die Erkenntnis an Morgan heran, daß die Kostbarkeiten nicht vom Himmel, sondern aus der Hölle kamen.

»Verdammt! Das Unheil ist zusammen mit Hiob über Bord gegangen. Es kann kein Unrecht sein, ein Vermögen zu finden«, knurrte er vor sich hin, als wollte er das Unheil bannen, auf daß es niemals in diese Kajüte zurückkehre. Sein Blick fiel auf ein Stück Pergament, welches verglast, eingerahmt und verdübelt an der Innenseite der Kajüttür angebracht war. Er war sich der Bedeutung des Bibelspruches nie bewußt gewesen. Doch in jenem Moment begriff er, was den Sklavenkapitän bis in seinen Tod hinein verfolgt hatte …

*Es hat das Silber seine Gänge,*
*und das Gold, das man läutert, seinen Ort.*
*Eisen bringt man aus der Erde,*
*und aus den Steinen schmelzt man Erz.*
*Man findet Saphir an etlichen Örtern,*
*und Erdenklöße, da Gold ist.*
*Man wehrt dem Strome des Wassers*
*und bringt, das darinnen verborgen ist, ans Licht.*

Hiob, Kap. 28


*Wo will man aber Diamanten finden?*
*Wo ist die Stätte des ewigen Glücks?*
*Dem Seeadler gleich erspähe ich die Steine ...*

Käpt'n Hiob

Ruhig und gelassen legte Morgan das Säckchen in die Vertiefung des Tischbeins zurück und brachte dieses wieder am Kartentisch an. Während er seine Bettkiste abbaute und verstaute, versuchte er den Ablauf der nächsten vierundzwanzig Stunden zu planen.

Morgan war kein Grünschnabel, sondern ein Mann, den man aus dem Bett holen und direkt ins Gefecht schicken konnte. Aber die Diamanten übten einen ganz besonderen Einfluß auf ihn aus. Sie diktierten plötzlich jede Minute des Tages. Das Säckchen befahl, jedes Risiko zu vermeiden, und machte ihm bewußt, daß er auf der Flucht war. Morgan wußte, er würde sich nur noch auf die Route nach Portsmouth konzentrieren. Es war der einzige Ort, an den er zurückkommen mußte – ohne seinen Bruder Angus ...

Nicht ein einziges schlampig ausgeführtes Manöver würde er dulden und jede noch so kleine Kursabweichung hart bestrafen!

Doch es gelang Morgan noch während des Ankleidens, den Übermut in sich zu bremsen. Dafür drängte es ihn noch vor dem Frühstück an Deck. In stolzer Haltung betrat er das Achterdeck, und in seinen Augen lag der Blick eines gezähmten Tigers, in dem sich Lust und Gier vereinten.

Der hohe gußeiserne Wasserkessel aus Käpt'n Hiobs Hinterlassenschaft, den ein Bronzedeckel mit durchbrochenem Knauf zierte, trug die japanische Inschrift »Kiefernwind«. Angus, der seinem Bruder Morgan in der Kapitänskajüte gegenübersaß, konnte das Zeichen deuten. Der Sklavenkapitän hatte es dem Smutje irgendwann einmal übersetzt, und dieser hatte es den Offizieren weitererzählt. Der Wasserkessel stand auf einer kleinen eisernen Wanne, die mit glühender Holzkohle gefüllt war. Sie verbreitete jene meditative Stimmung, die Morgan an die Sonnenuntergänge in den Passatbreiten erinnerte.

Das tägliche »Verhör« des jungen Neil Finlay nahm mittlerweile Stunden in Anspruch. Beide schlürften eine Schale grünen Tees. Das in heißem Wasser aufzuschäumende Pulver war dank Käpt'n Hiob reichlich an Bord vorhanden und inzwischen sehr begehrt. Die Holzkohle knackte leise, als Morgan den Deckel des Kessels schloß, aus dem er nun schon zum dritten Male das kochende Wasser schöpfte.

Morgans ausgelassene Freude über seinen Fund war der Besonnenheit gewichen, die seine Weitsicht ihm gebot. So zog er Angus erst zwei Tage später ins Vertrauen, verschwieg allerdings die Details über Fundort und Menge der Diamanten. Angus mußte dies akzeptieren, zumal sein weiteres Schicksal vom Gelingen der geplanten Schritte abhing.

Morgan hatte in den letzten Tagen, seit sie sich den Kanarischen Inseln näherten, die Zügel seines Gefangenen gelockert. »Mr. Finlay« konnte sich an Deck frei bewegen, solange er Lust dazu verspürte. Die Mannschaft mochte den zurückhaltenden, sympathischen Schotten, der sich zudem in der Kombüse nützlich machte. Auch Commander Morgan Mackay war inzwischen in seiner Kapitänskajüte von »Mr. Finlay« zum vertrauten »Angus« zurückgekehrt. Am späten Nachmittag eines jeden Tages beliebte es dem

Commander, seinen Gefangenen zu verhören und mit ihm Tee zu trinken.

Angus hielt die Teeschale in beiden Händen und starrte hinauf zum Oberlicht.

»Alles in Ordnung?« fragte Morgan besorgt.

»Eine Minute. Laß mich nachdenken, Bruder.«

Morgan sank etwas tiefer in seinen Sessel, plazierte die Füße auf dem Kartentisch und legte die Fingerspitzen unter dem Kinn gegeneinander.

»Schlag dir England aus dem Kopf«, sagte er nur.

»Nicht schon wieder, Bruder!« entgegnete Angus unwillig. »Also, wir erreichen morgen abend die Südspitze von Lanzarote und werden an der Ostküste nördlich gehen.«

»So denke ich mir das.«

»Zeig mir noch einmal die Stelle auf der Karte.«

Morgan stemmte sich aus seinem bequemen Sessel. »Du mußt darauf vertrauen, daß du von dort besser wegkommst als von irgendeiner anderen Insel im Atlantik. Auswandererschiffe steuern oft den Hafen von Arrecife an.«

»Ich will es ja glauben«, sagte Angus, während sich Morgan über die Seekarte beugte.

»Denk an die Wasserfässer!« Morgan zeigte auf einen Punkt, etwa zwei Seemeilen vor dem Hafen. »Ich habe nur dort einen plausiblen Grund, so nah wie irgend möglich unter Land zu gehen. Außerdem haben wir an der Ostküste flache Strände, keine gefährliche Brandung oder Strömungen.«

»Wann verlasse ich die Brigg?«

»Nicht vor Mitternacht. Nach meinen Berechnungen wird es genau Ende der vierten Wache sein, wenn wir vor Anker gehen.«

Angus zögerte. »Was wirst du sonst noch für mich tun?«

»Nicht ich, *du* wirst etwas tun. Ab heute abend gehst du stündlich vor zum Bug auf die Latrine. Gleichzeitig läßt du nach Dr. Fraser rufen, dem du Symptome schilderst, die ihn beunruhigen dürften, da sie ihn an Ruhr erinnern werden. Außerdem fühlst du dich von Mal zu Mal schwächer. Am Ende bist du offensichtlich beim Latrinengang über Bord gefallen.«

»So eine Schei...!«

»Solltest du im entscheidenden Moment beobachtet werden, wird die Mannschaft nichts Besonderes darin sehen, wenn du die Strecke zum Bug nicht schaffen solltest und statt dessen einmal zum Heck eilst. Besser ist es natürlich, du wirst morgen nacht von niemandem bemerkt, wenn du im Schutze der Dunkelheit zum Heck schleichst.«

Beide Brüder dachten einen Moment lang nach und schlürften genüßlich ihren Tee. Dann ergriff Morgan wieder das Wort:

»Der Clan in London wird es nicht glauben, wenn ich ihnen von unserer zweiten Begegnung erzähle. Doch jeder wird sich damit einverstanden zeigen, daß du nicht nach England kommst, sondern versuchen wirst, nach Nova Scotia zu gehen. Vielleicht kommst du beim Clan von Vaters Bruder Hugh unter. Jedenfalls mußt du uns sofort nach Greenwich schreiben, wenn du in der Neuen Welt angekommen bist.

Inzwischen gilt Neil Finlay in allen Logbüchern und Gerichtsakten als gestorben. Würdest du nach London gehen, um für Gerechtigkeit in deiner Sache zu kämpfen, müßtest du, ohne Pardon, für Englands Schmach in der Geschichte büßen. Sie würden an dir, einem Schotten, ein Exempel statuieren. Das ändert nichts daran, daß die Schweine selbst Sklaven ihrer Freiheit sind. Sie bezahlen für ihre Ruhe nur zu teuer und glauben, daß das, was sie auswärts sehen, die Hölle ist. Sie meinen, der Franzose wäre ein Sklave, der in seinen Fesseln tanzt. Und der Deutsche wäre ein gutes Rindvieh, das seine Last zieht, ohne sich viel umzusehen. Doch am Ende kannst du England die Füße küssen; denn England fürchtet, eines Tages selbst versklavt zu werden. Die Engländer stehen daher ständig und überall Wache. Von der Themse bis an den Ganges. Es geht ihnen wie den Menschen, die einmal bestohlen worden sind; sie träumen immer von Dieben, die ihnen Gesundheit, Freiheit und Reichtum nehmen könnten.

Vergiß nie, du hast mit den Sklaventransporten dem neuen, schnell wachsenden Gegner im Westen geholfen. Er wird für England, das sehe nicht nur ich so, in Zukunft der größte Rivale sein. Dafür würden sie dich doppelt hart bestrafen.«

Angus nickte: »Ich hab's längst kapiert, Bruder. Ich sitze tief in der Scheiße! Was ist mit den Diamanten?«

»Du bekommst reichlich Geld von mir. Obendrein suche ich dir einen Diamanten heraus.«

»*Einen?*«

»Ganz richtig. Nur einen. Einen kleinen. Dein Startkapital in der Neuen Welt – bis du eines Tages nach England oder Schottland zurückkehren wirst.«

Morgan schlug Angus belustigt auf die Schulter: »Dein Anteil wird wachsen. Du bist ein reicher Mann, wenn du heimkehrst, und wirst dir Ardvreck Castle leisten können.«

Angus dachte einen Augenblick nach. »Das sind doch alles Luftschlösser. Vielleicht wäre es besser, wenn ich überhaupt nie mehr heimkehrte?«

Morgan schritt zur Kajüttür, machte sie auf, spähte nach draußen und kontrollierte den Niedergang. Zufrieden schloß er sie wieder und trat nah an Angus heran.

»Es ist wohl allerhand Zweifel in dir. Du vergißt, daß du ein Sterblicher bist, der gerade anfängt zu fliegen, falls der Flugversuch aus dem Nest der NEGRIÉR heraus gelingt.«

Angus räusperte sich und versuchte seine Stimme klingen zu lassen. »Also, Commander, wenn Sie in Greenwich beim Tee sitzen, dann denken Sie wenigstens ein wenig an mich.«

»Angus Mackay«, sagte Morgan, »ich bin manchmal gut im Lügen, doch der Teufel soll mich holen, wenn ich jetzt nicht die Wahrheit spreche. Dein Vater hat mit Tränen in den Augen geahnt, gespürt, daß du«, und Morgan deutete zur Steuerbordseite hin, »da *draußen* lebst. Du kannst sicher sein, er sehnt sich danach, dich nach all den Jahren der Trennung in seine Arme schließen zu können. Doch den Umständen nach zu urteilen, wird er meine Entscheidung für richtig halten.«

»*Aye, aye, Sir!*«

Morgan lächelte verschmitzt. »Ich würde dich gern zu meinem Ersten ernennen. Vielleicht bei unserer dritten Begegnung auf irgendeinem Ozean! Gibt es sonst noch etwas?«

»Ich brauche zwei Stichwaffen, eine Pistole und neue Kleidung.«

»Werde ich zusammenpacken. Dazu ein gelbes Tuch, das du am Strand sichtbar ausbreiten wirst als Zeichen deiner geglückten Strandung. Ich lege die Sachen selbst in deine Kajüte. Morgen nachmittag werde ich dich dann zum letzten Mal verhören. Danach gehst du immerfort auf die Latrine.«

Angus lächelte, und es war sein warmes, vertrauensvolles Lächeln, das nur selten seinen Zweck verfehlte.

In sternenklarer doch mondloser Nacht, im Schutze absoluter Dunkelheit, schlich Angus auf Morgans Zeichen hin an Deck, robbte am Ruderhaus vorbei und glitt achtern backbord lautlos über die Reling.

Der Wind hatte sich die letzten Meilen fast gelegt, so daß der direkte Sprung ins Wasser zweifellos gehört worden wäre. Auch wenn seines Bruders Befehle noch so laut über Deck gellten, das Aufklatschen auf die glatte, unbewegte See hätte ihn verraten können. So klammerte er sich außerbords an den stehenden Pardunen des Großmastes fest, während seine Füße auf dem Spreizbalken ausreichend Halt fanden. In dieser luftigen Position harrte er aus und konzentrierte sich ganz auf das Fallen des Ankers.

Die Kommandos kannte er im Schlaf, doch das Ausrauschen der Kette konnte je nach seemannschaftlichem Können unterschiedlich viel Zeit in Anspruch nehmen. Die Brigg fuhr mit geborgenem Segel, so daß die Mannschaften gerade die Wanten herunterkamen.

»Ruder in Lee!«

»Klar bei Steuerbordanker!«

»Aus der Kette!«

»Fallen Anker!«

Angus kniete auf dem Spreizbalken, hielt sich an dem schmalen Vorsprung fest und ließ sich hinuntersinken. Fast im gleichen Moment, als der Anker auf das Wasser klatschte, ließ er sich herabfallen. Er tauchte unter, schwamm achtern auf die Steuerbordseite, um in der Abdeckung des Hecks langsam aufzutauchen. Angestrengt lauschte er nach oben.

»Klüver bergen!« hörte er die beherrschte Stimme seines Bruders an Deck.

Das Wasser war warm und doch belebend. In Angus keimte neue Hoffnung auf. Die flache Küste von Lanzarote lag noch querab backbord, doch bald würde die schwache, ablandige Brise die Brigg am Anker schwojen lassen, so daß binnen kurzem ihr Bug zum Land stehen würde. Angus entschloß sich, zunächst achteraus zu schwimmen, um ausreichend Distanz zum Schiff zu gewinnen.

Die Strecke zum Ufer betrug eine knappe Seemeile. Als er etwa die Hälfte der Strecke geschafft hatte, schwamm er zum Ausgleich auf dem Rücken weiter und betrachtete die schwarzen Masten der Sklavenbrigg, die wie schwarze Kreuze in den Sternenhimmel ragten. Häßliche Fragmente des Erlebten jagten durch seinen Kopf. Sie zerschlugen das große Gefühl der Freiheit und färbten es mit düsteren Gedanken an Mord, Siechtum und Verderben. Diese Erinnerungen waren die Ernte der fauligen Früchte seiner Vergangenheit.

Als Angus erschöpft den Strand erreichte, setzte er sich in den Sand, wickelte seine trockenen Kleidungsstücke aus dem geölten Leinen, breitete das gelbe Tuch aus und spähte hinaus auf die schwarze See, wo er die schwachen Umrisse der Brigg gerade noch ausmachen konnte.

Eine große Last fiel von Angus ab und ließ ihn einen Schwur zum Himmel schicken. Er kniete nieder und sagte: »In mir ist alles leer! Herr, laß mich mein Leben in Zukunft mit redlichen Dingen füllen!«

# 9

## Opium

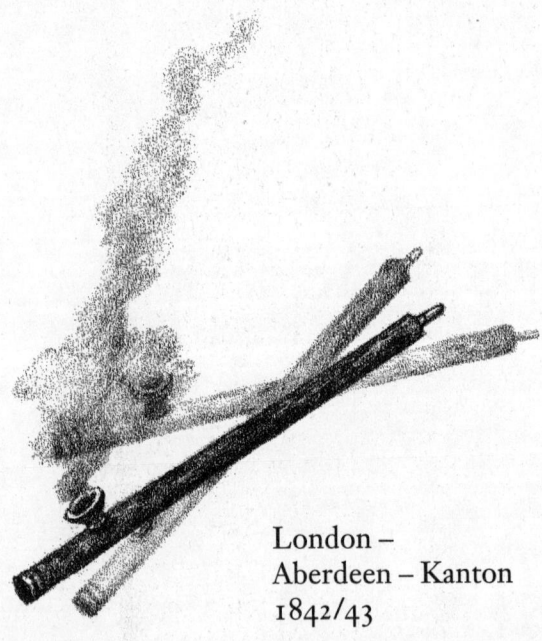

London –
Aberdeen – Kanton
1842/43

ie Sie erkennen, ist die See Britanniens Eigentum, Mr. Mackay. Ein schönes Sümmchen für Sie. Freuen Sie sich auf das nächste Kommando«, knarrte die Stimme des Fregattenkapitäns Price, Prisenverwalter der königlichen Marine in Plymouth, der Morgan den Anteil an der gekaperten Sklavenbrigg Negriér aushändigte.

Morgan hatte es eilig. Er wollte so schnell wie möglich zur Pier, wo eines der Paketschiffe nach London auf ihn wartete. Inzwischen haßte er alle Marinegebäude, da in den Amtsstuben meist der Verlust der persönlichen Unabhängigkeit begann. Auch die Wochen seiner Rückreise nach Portsmouth, als »freier« Commander, konnten nichts an seiner Einstellung zur Royal Navy ändern. Hastig griff er seinen Hut, grüßte und verließ das nach Teer und Brackwasser stinkende Gebäude.

»Gute Reise nach London«, hallte die Reibeisenstimme hinter ihm her.

Unten in der Vorhalle wartete ein Matrose der Negriér mit seiner Seemannskiste. Morgans Rang erlaubte ihm, die Halfpenny-Gate-Brücke ohne Bezahlung zu passieren. Gemeinsam mit seinem Helfer hastete er an herumlungernden Bootsleuten und streitenden Fuhrleuten vorbei und betrat gerade noch rechtzeitig das Einhundertachtzig-Tonnen-Paketschiff Duke of Marlborough.

Die Duke kam aus Lissabon und war bis auf den letzten Platz belegt. Als das Schiff auslief und eine steife Brise über das Deck wehte, verkroch sich das zugestiegene gemeine Volk schnell unter Deck. Der Wind stand Südsüdwest und erwärmte den ersten Sams-

tag im August. So schoß die Brigg – trotz mangelhafter Seemannschaft, wie Morgan beobachten konnte – wie ein Pfeil die Kanalküste entlang, Richtung Dover. Morgan begann zu rechnen. Dem
Wind nach waren sechs Stunden bis zur Themsemündung anzusetzen. Wenn die Brigg mit der halben Flut in die Themse einlief und
sofort an der Blackwall Pier anlegen konnte, müßte er es bis in die
frühen Nachtstunden nach Greenwich schaffen.

Unter einem blau-weißen Himmel zog die DUKE OF MARL-
BOROUGH über die von weißem Schaum gekrönte See des Ärmelkanals nordwärts, während Morgan sich auf Einladung des Käpt'ns
auf dem schwankenden Achterdeck bewegen durfte.

»Ladies und Gentlemen, alles unter Deck!« befahl der Wachoffizier auf Anweisung des Käpt'ns, als der Wind nochmals auffrischte. Morgan konnte bleiben. Er vermied es, unter Deck zu gehen, da er gehört hatte, daß es unten schlimmer aussah als in einem
Schweinestall.

»Bleiben Sie an Deck«, riet auch der Wachoffizier. »Der eine er-
bricht sich hierhin, der andere dorthin. Garstige Händel zwischen
Gestank, Ekel und vollen Eimern. Die Weibsleute heulen. Nur
einige wenige mit Pferdenaturen machen sich einen Spaß daraus.«

Morgan nickte wie abwesend. Er wollte von alldem nichts hören
und sehen, geschweige denn riechen. Seine Gedanken kreisten um
seine Ankunft in Greenwich Hill und um das, was darauf folgen
würde. Erst Vater, dann die Diamanten, danach die Zukunft ...

Der Sonntag würde selbstredend Kenneth und ihm ganz allein
gehören. Sein Bruder kannte jede feine Adresse. Jenes Fieber, nämlich das nach der holden Weiblichkeit, konnte gewiß an keinem
besseren Tag als am Sonntag geheilt werden. Der besondere Reiz
lag darin, daß jegliche Ergötzung in London sonntags untersagt
war. Verbote, wo man nur hinsah. Tanz, Musik, Kartenspiel – alles
verboten. Ja, selbst der Verkauf von alltäglichen Lebensmitteln war
untersagt. Spöttisch lachte er in sich hinein. Er war sich sicher, die
Glut seiner Lenden würde am Sonntag gelöscht werden.

Vorbei an Beachy Head, Shakespeare Cliff, Margate, durch die
Mündungsbucht des Medway – von wo aus er vor Monaten auf der
SEA LARK in See gestochen war –, lief die DUKE am späten Nach-
mittag auf der dunklen Themsebrühe in London ein. Der Gezei-

tenfluß, die Lebensader Londons, arbeitete mit hohem Schwell. Die Flut trug die Brigg hinein, überschwemmte die Ufer des Flußlaufes, auf dem die Ärmsten der Armen versuchten, im Unrat noch Brauchbares zu finden.

Morgan drückte sich das Taschentuch fester vors Gesicht. Statt vor dem Gestank zu flüchten, der die Nasen nach Monaten reinster Luft marterte, stürzten sich Dutzende von großen Seglern in das Zentrum des Flußtrichters. Über den braunschwarzen Fluten leuchtete ein Meer von bunten Flaggen, das über die Toppen aufgezogen war und sich von dem Blau und Weiß des Wolkenbildes abhob. Auf den Decks wirbelten die Matrosen in farbigen Hemden, und die goldbetreßten Uniformen der Offiziere glänzten in der Sonne. Ein farbenprächtiges Bild ohnegleichen, das sogar bei »Landratten« Begeisterung zu wecken verstand.

Zwischen großen Barken der *East India Company*, zwei Fregatten der Royal Navy, Brigantinen, Briggs, Dreimastschonern, Kuttern, Smacks und Ketschs aller Nationen tummelten sich wie ein Schwarm von Schmetterlingen die Segel der Lastkähne, Kohle-, Fischer- und Lotsenschoner. Über dem Gewimmel der Schiffsbäuche, beladen mit wertvollen Gütern aller erschlossenen Erdteile, brüllten Lotsen und Offiziere um Vorfahrt, da sie im Wettrennen um die besten Liegeplätze die Ersten an Bojen, Piers und Docks sein wollten. Wogegen die einfachen Matrosen sich schon glücklich und zufrieden bei den Dirnen liegen sahen.

Mit Interesse folgte Morgans Blick zwei Dampfbooten, die unter qualmenden Schornsteinen an armdicken Tauen einen schwer beladenen Dreimaster im Schlepp hatten. Obwohl der Wind günstig stand, zogen sie das tiefliegende Schiff flott an den Segelschiffen vorbei. Ein unbestreitbarer Vorteil, zumal wenn der Wind direkt auf dem Bug der Schiffe stand.

Die Duke of Marlborough hatte es nicht so eilig, da ihr Ankerplatz an der Blackwall Pier reserviert war. Für Morgan blieb es auch diesmal wieder ein Geheimnis, wie Zusammenstöße, die unvermeidlich schienen, durch das Geschick der Lotsen – oft um Haaresbreite – verhindert wurden. Um so bemerkenswerter, als ihnen gleichzeitig große, schwere Segler aus den Londoner Docks entgegenkamen, die ihrerseits themseabwärts geschleppt wurden. Ein ungeschriebener Flußkodex schien allen hier vertraut zu sein; das Rangieren funktionierte reibungslos. Karambolagen auf der »Hauptstraße« Londons, die breit, tief, anmutig, jedoch stinkend dahinfloß, beschränkten sich auf Zusammenstöße, die ein guter Werftarbeiter mit einem Pinsel voll Farbe oder einer Quaste Teer beheben konnte. Echte Gefahr drohte nur von den »stummen Lastkähnen«, die ausschließlich den Strom der Gezeiten nutzten, auf dem sie breit und träge dahindrifteten, wobei sie oft mit ihrer Breitseite den halben Strom blockierten. Hitzige Wortgefechte der Lotsen begleiteten solche Manöver und waren oft der Anlaß von Schlägereien in den Pubs von Billingsgate.

Die Themse, so ging es Morgan durch den Kopf, glich einer Seebucht, im Norden grenzte sie an die Hügel von Highgate und Hampstead, im Süden an Camberwell und Sydenham. Die Ufer von London lagen tiefer, so daß die Fluten durch gewaltige Embankments eingedämmt werden mußten.

Die Bugsby's Marshes am Südufer und der Beginn der Westham Abbey Marsh am nördlichen Themseufer kündigten an, daß sie steuerbordbug bald die Mündung des Bow Creek und die Schleuse zu den East India Docks passieren würden. Als Morgan das riesige Masthaus direkt am Kopf des Docks betrachtete, kam die Isle of Dogs in Sicht, die von der Themse in Form eines Hufeisens umflutet wurde. Der Käpt'n an Deck der DUKE gab den Befehl zum Anlegemanöver. Als die Brigg das Ruder legte, schnitt ihr Bug Blackwall Reach, den Anfang der Themseschleife, an deren tiefstem Punkt die Terrasse des Royal Hospital von Greenwich bis an das Ufer reichte. Von der Anhöhe Blackheath hatte Morgan oft das Themsehufeisen betrachtet, auf dessen Fluten die fernen Schiffe wie kleine schwimmende Käfer wirkten. Doch sein erster Blick in die Schleife hinein raubte ihm fast den Atem, so imposant nahm sich der Mastenwald vor der Kulisse der Schleusen und der steinernen Embankments entlang des nördlichen Themseufers aus. Die DUKE glitt an den zahlreichen kleineren Reparaturdocks von Blackwall vorbei und wollte direkt vor dem Molenkopf der Schleuse anlegen, durch die sie in das Blackwall Basin, zum Löschen ihrer Fracht, verholt werden sollte. Doch die Anlegestelle war durch zwei andere Paketschiffe und ein Auswandererschiff blockiert.

»Verdammter Mist! Bei allen Meerjungfrauen, das habe ich nicht verdient«, schimpfte der Käpt'n und entschied, die Themseschleife bis Limhouse Reach zu passieren, um sich in das West Basin verholen zu lassen. So weit das Auge reichte, setzte sich der Wald von Masten fort. Direkt hinter dem Blackwall Basin lagen die West India Docks. Sie waren getrennt in ein Import- und ein Exportdock. Zusammen mit dem South Dock City Canal, durch den man die Themseschleife kürzen konnte, und dem Timber Dock war dies die größte Dockanlage der Welt.

Kurz vor der Schleusenpier, der westlichen Einfahrt zu den West India Docks, warf die Sonne ihre letzten wärmenden Strahlen auf Londons Quelle des Reichtums, den Strom des Glanzes und des Elends. Obwohl Morgan die Themse ungezählte Male überquert hatte, war er immer wieder überwältigt von der Konzentration der Handelsschiffe, die aus den entferntesten Teilen des Erdballs hier anliefen und sich nun vor dem London, Brunswick, West India, Surrey Commercial und St. Katherine's Dock zusammengezogen hatten.

Der »Pool«, der belebteste Teil des Flusses, quoll vor Schiffen beinahe über. Eine unübersehbare Anzahl von Seglern lag im Paket links und rechts des Ufers vor Anker und wartete auf das Verholen durch die Schleusen in die Docks. Nur in der Mitte des Pools wurde per Gesetz, unter Androhung drakonischer Strafen, eine Fahrrinne von gut hundert Yards freigehalten, um größeren Unfällen vorzubeugen. Das scheinbare Durcheinander von Seglern verschiedener Länder der Erde, jeder Größe, aller Typen und Konstruktionen vermittelte Morgan einen gewaltigen Eindruck vom Welthandel, den kein anderer Strom in dem Maße anzog. Kähne wimmelten um die Schiffe, die bereits angelegt oder ihre Liegeplätze eingenommen hatten.

»Dreitausend Kähne sollen es sein, die den Verkehr zwischen den einzelnen Stadtteilen Londons aufrechterhalten, Mr. Mackay«, sagte der Käpt'n des Paketschiffes, als hätte er Morgans Gedanken gelesen.

»Ich habe den Eindruck, daß das Wasser der Themse keine Minute am Tag undurchpflügt bleibt«, sagte Morgan nachdenklich. »Sind es nicht zu viele?«

Der Käpt'n zupfte an seinem Bart. »Offenkundig nein! Doch ich mag sie nicht. Für mich sind sie die Nachfahren der Themsepiraten, die hier seit Generationen um jede Fracht kämpfen, um sie plündern zu können. Hätten wir nicht die Docks und das System der geschlossenen Warenhäuser erfunden, würde sich das Diebesgesindel bei Tag wie bei Nacht schamlos über unsere kostbare Fracht hermachen. Passen Sie bloß auf Ihr Gepäck auf, wenn Sie uns an der Pier verlassen. Die Nacht rückt näher. Lassen Sie sich auf nichts ein, sonst besitzen Sie morgen früh nicht mal mehr Ihre Hose.«

Morgan tastete unbewußt nach dem Lederbeutel, den er seit dem Verlassen der Sklavenbrigg um seinen Hals trug. »Würde denn etwas dagegen sprechen, wenn ich Ihr Schiff erst im Dock verlasse?«

»Sie können als Marineoffizier auf der Brigg bleiben, bis wir im West India Dock liegen. Nehmen Sie von dort aus einen Einspänner. Das ist sicherer.«

»Ich werde Ihren Rat befolgen, Sir!«

Eine gute Stunde später, nachdem die Passagiere des Paketschiffes über die Pier strömten, öffnete sich die Schleuse zum Kanal in das Bassin. An schweren Tauen wurde die Brigg von Menschenkraft in das Becken verholt. Der mit der Themse verbundene Schleusenkanal mündete in ein von festen Uferdämmen umrahmtes Wasserbecken, gut zehn Hektar groß. Wenig später öffnete sich an der Ostseite eine zweite Schleuse, durch die die Brigg in das riesige West India Import Dock gezogen wurde.

Morgan traute seinen Augen nicht. Das Becken war rechteckig angelegt und sein Ende in der Dämmerung nicht auszumachen. Auf Befragen des Käpt'ns erfuhr er, daß das Import Dock eine Fläche von mehr als hundertdreißig Hektar umfaßte und das südlich angrenzende Export Dock eine Fläche von gut hundert Hektar einnahm. Die hochstöckigen Warenlager gruppierten sich in regelmäßigen Abständen um das Becken. Stapelbare Waren türmten sich bis in Höhe der oberen Stockwerke, während Hunderte geschäftiger Arbeiter sie Stück für Stück in die Lagerhäuser schleppten. Die gesamte Dockanlage war mit einer hohen, von Männern bewachten Mauer umgeben, um jeglichen Diebstahl und jedes Zollvergehen zu unterbinden.

»Beeindruckt?« fragte der Käpt'n, der plötzlich neben Morgan stand.

»Unglaublich. Aus der Ferne ist diese Größe nicht zu vermuten. Wie viele Schiffe liegen hier an den Piers?«

Der Käpt'n zögerte etwas; im schwachen Licht konnte er die Anzahl nicht genau ausmachen. »Ich denke es werden gut vier- bis fünfhundert sein, wenn man bedenkt, daß täglich etwa bis zu hundert größere Schiffe ihre Fracht nach London bringen. Ich weiß aber, daß man die Gesamtzahl der ständig vor Anker liegenden Schiffe – auf der Themse und in allen anderen Docks – auf etwa dreitausend veranschlagt.«

Morgan kam aus dem Staunen nicht heraus. Zwar wußte er um die Tonnagen an Handelsgütern, die nach London gebracht wurden; er kannte die Statistiken in der *Times* und die aus seiner Zeit auf dem Zollkutter. Doch mit welch einer Flotte an Handelsschiffen dies bewältigt wurde, überraschte ihn selbst.

Der Käpt'n zeigte in die Runde. »Die aus Indien, China, Australien und Amerika eingetroffenen Schiffe entladen gerade ihre Schätze in die Warenhäuser der Handelsgesellschaften.«

Morgan nickte stumm.

»Es sind aber zugleich die Schätze der Krone«, fuhr der Käpt'n fort. »Die Hälfte aller Steuern des Königreiches werden hier gezahlt!«

Während die Postbrigg zu ihrem Liegeplatz gezogen wurde, sah Morgan im Dämmerlicht an der gegenüber liegenden Pier einen Segler, der ihn hellwach werden ließ. Für einen Moment glaubte er die SEA LARK zu erkennen. Angestrengt spähte er durch das schwache Licht des sich neigenden Tages.

»Was Besonderes?« fragte der Käpt'n neugierig. Morgan zeigte hinüber.

»Ich sah gerade ein Trugbild dort drüben an der gegenüberliegenden Pier. Ein Segler, der mich an einen anderen Toppsegelschoner erinnerte.«

Der Käpt'n blickte hinüber und sagte: »Es ist die SCOTTISH MAID, Mr. Mackay. Die Schottin ist ein verdammt guter Segler. Sie ist dazu noch eine Jungfrau. Keine drei Jahre alt. Wurde auf der Werft von Alexander Hall in Aberdeen geboren, und wartet auf einen neuen Schiffseigner. Demnächst ist die Versteigerung.« Er wandte sich ab, begab sich mittschiffs, überprüfte mit einem Blick die Arbeit seiner Mannschaft und murmelte: »Schade! Mein Vermögen ist viel zu gering, als daß ich mir die hübsche Lady leisten könnte.«

»Ein weiterer echter Schatz in diesem Dock – wie mir scheint«, antwortete Morgan gelassen. Der Käpt'n zwinkerte Morgan zu.

»Sie können mir glauben: Kurtisanen, Heilige und Mütter voller Tränen würde ich für sie verlassen.«

»Ich kann Sie verstehen«, erwiderte Morgan jovial.

Kurz danach, als seine Seemannskiste auf der Pier zum Abtransport bereit stand, dankte Morgan dem Käpt'n herzlich, verabschiedete sich und verließ die DUKE OF MARLBOROUGH. Als er das West India Dock nach der Zollkontrolle verließ, drehte er sich noch einmal um und starrte durch die Dunkelheit zurück, in die Richtung des vertäuten Seglers an der Pier.

»SCOTTISH MAID ...«, flüsterte er zärtlich, als sähe er eine feingliedrige Elfe vor sich. »SCOTTISH MAID ...!«

In der »Gondel von London«, einer eleganten, geschlossenen Tilling-Hansom-Droschke, die für zwei Passagiere Platz bot, ließ sich Morgan durch die Nacht nach Greenwich bringen. Der handliche, leichte und auch schnelle Umgang mit dem Gefährt machte den Einspänner zur erfolgreichsten Mietdroschke Londons. Der Kutscher saß hinter der kleinen Kabine auf dem Bock und konnte durch Verlagern seines Körpergewichts, je nach Zuladung und Gelände, die Deichsel und damit das Pferd entlasten. Imposant war die Länge der Peitsche, die der Kutscher mitführte. Außerdem konnte Morgan, wenn er es gewollt hätte, durch eine kleine Falltür im Dach mit dem Mann sprechen. Doch er zog es vor, mit seinen Gedanken allein zu sein und die Fahrt entlang des Themseufers zu genießen.

Zunächst ging es westwärts, zur London Bridge, da keine andere Brücke weiter ostwärts die City mit dem rechten Themseufer verband. Konnte der Kutscher die Uferstraße noch im leichten Trab nehmen, so ging es über die gewaltige London Bridge nur mehr im Schritt. Die Blendlaternen zu beiden Seiten der Kabine warfen ihr Licht auf zahlreiche Droschken und Fuhrwerke unterschiedlicher Größe. Die Karrenschieber und Fußgänger, die auch des Nachts in dichtem Schwarm über die Brücke drängten, verloren sich zwischen den Herden von Zugpferden, welche sich auf der Brücke dampfend aneinander vorbeischoben. Morgan dachte an die Berge von Hafer, die täglich benötigt wurden. Gleichzeitig wurde ihm bewußt, daß Hafer in London Pferde, in Schottland hingegen Menschen sättigte – wenn es in der Heimat überhaupt Getreide gab ...

Doch schon nach wenigen Meilen ostwärts, zwischen Rotherhithe und Deptford, waren nur noch vereinzelt Menschen auf der nachtschwarzen Straße zu sehen. Männer, Jungen und schlampige Frauen, mehr aus- als angezogen, dazwischen Betrunkene, die grölten oder sich gegenseitig beschimpften. Das Strandgut der Stadt.

Morgan schloß die Augen. Nach den durchlebten Abenteuern auf dem Atlantik fühlte er sich stark und selbstbewußt. Da war zuerst die glückliche Fügung, von Captain Markham zum Commander über die Sklavenbrigg Negriér ernannt worden zu sein, dann, Bruder Angus gerettet, und schließlich, die Prise sicher nach Portsmouth gebracht zu haben. Sein neues Selbstvertrauen nährte sich allerdings auch von den geschliffenen Diamanten, die er bei sich trug.

Ferner hatte er sich Gedanken über das Lügen gemacht. Die Wahrheit, so glaubte er, würde in Zukunft öfter zur Geltung gelangen. Bisher wurde sie bei den Mackays eher klein geschrieben. Die Lügen der Vergangenheit ließen ihn oft in sich gehen. Er hatte die Lüge studiert. Die schöne, die häßliche, die nützliche, die marternde, die zerstörende, die erfolgreiche Lüge. Jetzt war es geschafft. Er konnte dagegenhalten, konnte sie auswählen und benutzen, wann immer er wollte. Der unsagbare Reichtum würde ihn, Kenneth und auch ihrem Vater endlich erlauben, frei zu planen und zu agieren.

Morgans Gedanken schweiften ab, zu anderen Dingen, die er

sich für seine Rückkehr nach London ausgemalt hatte. Die besten Huren Londons würden es zu schätzen wissen, wenn er, Herzbube Morgan Mackay, mit Bündeln von Pfundnoten im Gehrock ankäme, um sich von ihnen verwöhnen zu lassen. Er träumte von Brüsten und Schenkeln, von geilen Posen, mit schönen Frauen auf Kissen weich gebettet. Die Vorstellung berauschte ihn, und er ließ seine Seele davon trinken.

»Wie leicht die Menschen sich doch einem zu Füßen legen«, sagte er sich. Die makellosen Schönen wie die harten Geschäftsmänner würden bald die Köpfe neigen, die Knie beugen und um seine Gunst wetteifern. Auch der Respekt, die Achtung und die Anerkennung der Bankiers gegenüber den Mackays würde schon bald wie eine Lawine anwachsen. Bis zu diesem Punkt waren allerdings noch einige Schwierigkeiten zu überwinden; denn der Ursprung allen Erfolges mußte korrekt »verbucht« und dennoch geschickt verschleiert werden. Die Brillanten, daran bestand kein Zweifel, waren selbst für Londons Juwelenhändler und Banken eine Sensation ...

Sein Gedankenfluß wurde gestört, als plötzlich eine Gruppe von fünf Männern in den Lichtkegel der Blendlaterne geriet. Morgan umfaßte seine Waffe fester. Er erinnerte sich an die Worte des Kutschers vor Beginn der Fahrt.

»Ich muß Sie warnen, Sir«, hatte der Mann auf dem Bock zögerlich zu sprechen angesetzt. »Haben Sie mehr Geld bei sich, als Sie gern verlieren möchten, so lassen Sie ein paar Guineen in Ihrer Börse stecken. Die Räuber visitieren nicht genau. Auch Ihrer Uhr können Sie sicher sein. Uhren werden nicht genommen, da sie leicht wiederzuerkennen sind.«

Morgan hatte verständnisvoll genickt, seiner Seemannskiste unbemerkt eine Pistole entnommen und sie während der ersten Meile schußbereit gemacht. List, Mut und Energie ließen ihn auf alles vorbereitet sein. Er würde in jedem Fall schneller sein als diejenigen, die ihn berauben wollten.

Vielleicht sollte die Justiz wieder jene Kniegalgen zur Abschreckung aufstellen lassen, in denen die Diebe in eisernen Karkassen hingen, bis sie starben. Noch vor fünfzig Jahren wußte jedes Kind in London, daß man Räuber, die gemordet hatten, in der Luft verfaulen ließ.

Das Rumpeln über Kopfsteinpflaster verriet Morgan, daß sie sich Greenwich näherten. Das Pferd wurde langsamer, da der Weg nach Blackheath bergan ging. Morgan sah die langen erleuchteten Fensterreihen des Royal Hospital in der Ferne flimmern. Kein königlicher Palast kann prächtiger gebaut werden, dachte er. Trotzdem kein angenehmer Ort, wenn einem die Seeschlacht die Glieder geraubt hatte. Solches Unglück konnte in Morgans Augen auch der unvergleichlich schöne und anziehende Park nicht vergessen machen, in dem sich zahmes Wild aufhielt und zur Betrachtung einlud.

Er freute sich auf die Tage und Wochen, die vor ihm lagen. Unbeschwert würde er die Zeit genießen, im vollen Bewußtsein, daß er den Marinedienst nun ohne ernste Konsequenzen verweigern konnte.

Die Messingbeschläge der Eingangspforte von Blackheath Paragon glänzten trotz des trüben Lichts, das die Gaslaterne darauf warf. Die Marmorfassade schien während seiner Abwesenheit gewaschen und poliert worden zu sein. Die Fenster des Salons, oben im ersten Stock, waren erleuchtet. Sein Puls beschleunigte sich, als er die Glocke zog.

»Mr. Morgan!« rief Malcolm, der Hausdiener, freudig überrascht. Das Auftreten des hochgewachsenen Schwarzen in seiner tadellosen Livree hatte mehr denn je etwas Aristokratisches und verbat sich jede neugierige Frage. Er verbeugte sich leicht. »Ich werde Ihre Ankunft melden und danach die Angelegenheit mit der Kutsche regeln, Sir!«

»Nur zu, melde mich«, ließ er Malcolm gewähren, blieb für einen Moment in der Eingangshalle stehen, richtete seinen Uniformrock und lauschte nach oben.

»Morgan? Wahrhaftig!« rief Kenneth erstaunt, als er seinen Bruder erblickte, und im selben Atemzug: »Vater! Morgan ist zurück.«

Kenneth kam die Treppe herab, und Morgan ging ihm entgegen. Auf dem ersten Absatz umarmten sie sich und fühlten sich auf einer Welle gegenseitiger Freude getragen.

»Wo ist der Kapitän der sieben Meere?« brandete Vater Magnus' Stimme herab. Morgan ging die Stufen hoch, um seinen Vater in den Arm zu nehmen. Nachdem sie sich wieder gelöst hatten, hielten sie sich für einen kurzen Moment an den Händen fest.

»Mein Sohn, ich freue mich, daß du gesund heimkehrst«, sagte Magnus im besten väterlichen Ton, und Morgan registrierte, wie sein Vater mit Stolz die neue Uniform betrachtete. »Wie aus einem Guß, mein Junge.«

Morgan ließ die Worte seines Vaters im Raum stehen. »Laßt uns in den Salon gehen und auf meine Rückkehr anstoßen«, schlug er vor und schritt voran.

»Morgan hatte schon immer die besten Ideen, Vater. Jetzt erst merke ich, wie sehr er mir in den vergangenen Monaten gefehlt hat«, gab Kenneth, der reizbare Kampfhahn des Clans, in Festtagslaune zu.

»Ich wäre überrascht gewesen, heute keinen Whisky zwischen deinen Fingern zu finden«, spottete Magnus und schlug Kenneth auf die Schulter. »Gieß ein, mein Sohn. Auch meine Kehle ist trocken.«

Mit leuchtenden Augen hob Vater Magnus das schwere Glas. »Morgan! Ich möchte einen Toast auf dich ausbringen. Wir trinken auf deine erste große, abgeschlossene Reise, auf deinen Erfolg in der königlichen Marine und auf deine gesunde Rückkehr nach Blackheath! Wir sind stolz auf dich. Es lebe Bonnie Prince Charlie!«

»Auf Bonnie Prince Charlie«, erwiderten die Brüder. Es folgte eine weitere innige Umarmung mit feucht glänzenden Augen.

Nach diesen Gefühlsausbrüchen war es etwas schwierig, die Unterhaltung dorthin zu lenken, was Morgan wirklich bewegte. Kenneth rettete die Situation. »Nun mach es dir bequem. Es gibt sicher viel zu erzählen. Wo warst du? Was hast du erlebt? Wann bist du angekommen? Ich platze vor Neugier. Etwas zu essen?«

»Kein Essen. Im Moment kann ich keinen Bissen runterbringen«, sagte Morgan und ging zum Kamin, in dem ein angenehmes Torffeuer glühte. Magnus hatte wieder seinen bequemen Sessel aufgesucht, auf dessen Beistelltisch die zerknitterte Ausgabe der neuesten *Times* lag. Die Pause irritierte ihn wohl, doch zeigte er gegenüber Morgan nicht die geringste Spur von Neugier. Morgan kippte den Whisky hinunter, drehte das leere Glas um und gab

Kenneth mit dieser schwungvollen Geste zu verstehen: »Noch einen, bitte.«

Mit dem vollen Glas ging er langsam auf den großen runden Eßtisch zu, auf dem ein fünfarmiger Kerzenständer brannte. »Es gibt mehr zu erzählen, als ihr ahnen könnt.«

Vater Magnus furchte die Stirn. Morgan deutete auf die Mitte des Tisches: »Setzt euch bitte hierhin.«

Als Vater und Bruder zögernd Platz nahmen, schloß Morgan die Tür zum Treppenhaus.

»Mach schon! Worum geht es?« drängte Kenneth.

Morgan setzte sich und sah Kenneth und Magnus bedeutungsvoll an. Vater und Sohn fixierten sich. Morgan hob die Hand und streckte Daumen und Zeigefinger: »Zwei Dinge sind es, Vater, die unser Leben ab heute entscheidend verändern werden. Ich habe Angus auf einer Sklavenbrigg wiedergesehen. Er segelte unter eigener Flagge, ist gesund, und ich hoffe, er befindet sich jetzt in dieser Stunde auf der Reise nach Nova Scotia ...«

Morgan spürte, daß die Nachricht Vater und Bruder wie eine Faust in den Magen traf. Bevor sie in der Lage waren, eine Frage zu stellen, öffnete Morgan sein Hemd, griff den Lederbeutel, riß ihn sich vom Hals, lockerte das Lederband und schüttete den Inhalt nach und nach auf die Tischplatte. Vater und Bruder blinzelten, als hätten sie plötzlich und unerwartet in ein gleißendes Licht geblickt. Sprachlos starrten sie auf die funkelnde Straße vollendeter Schönheit.

In die Grabesstille hinein pfiff Kenneth durch die Zähne, während Magnus voller Ehrfurcht wisperte: »Was für ein Feuer! Der Aufenthalt Gottes und alle Farben unserer Welt sind darin.«

Morgan schlug mit der flachen Hand auf den Tisch und erwiderte trocken: »Ab heute sind wir reich und unabhängig! Die Diamanten werden die Schatten der Vergangenheit für immer aus unserem Hause verbannen.«

»Wie viele Leute wissen davon?« fragte Magnus.

»Niemand außer uns dreien – und Angus natürlich«, entgegnete Morgan.

Behutsam nahm Vater Magnus mit Daumen und Zeigefinger einen der Diamanten, der in Tropfenform geschliffen war und das Kerzenlicht in allen Regenbogenfarben zurückwarf. »Wieviel Karat wird der wohl haben?«

»Dieser? Annähernd fünfzehn, denke ich! Alle anderen liegen, wenn sie ebenfalls geschliffen sind, sicher zwischen ein und sechs Karat.«

Magnus legte den Diamant wieder zurück auf die Tischplatte, während Kenneth, immer noch sprachlos, den Kopf auf seine Faust gestützt, das funkelnde Wunder betrachtete.

»Was ist passiert? Woher kommen die Steine? Erzähle, erzähle!« Vater Magnus war nun voller Wißbegier.

Morgan sprach mit erhobenen Händen; beide Handflächen waren Vater und Bruder zugewandt. »Es waren die aufregendsten, aber auch verheißungsvollsten Wochen meines Lebens ...«

In den frühen Morgenstunden des anbrechenden Sonntags, als Morgan geendet hatte, saßen Magnus und Kenneth erschöpft auf ihren Stühlen. Vater Magnus erhob sich schwer, richtete sich langsam auf und musterte Morgan.

»Das alles grenzt an ein Wunder. Ein unvergleichliches Geschehnis.« Nach einer kurzen Pause fuhr er fort: »Wir dürfen jetzt keine Fehler machen. Wenn uns dies gelingt, gehen wir alle einer sorglosen Zukunft entgegen.«

Morgan stand ebenfalls auf, ging hinüber zum Sessel, ließ sich hineinfallen und legte die Füße auf den Beistelltisch. »Ich sage nur: Wirf einen Blick in die West India Docks, und du siehst die Zukunft klar vor dir, Vater. Erst ein eigenes Schiff, und dann nehmen wir Kurs auf die ertragreichsten Jagdgründe des englischen Empire.«

Magnus stand für einen Moment wie eine Säule im Raum. Dann ging er zum Sessel, stützte sich auf der Lehne ab und beugte sich tief zu Morgan herab. »Bist du sicher, daß von der Besatzung der Negriér niemand überlebt hat?«

»Kein einziger! Es sei denn, er hätte hinter uns im Kielwasser den Atlantik durchschwommen.«

»Wir wissen aber nicht, wie viele noch davon Wind bekommen haben, daß Marcel Hiob ein Vermögen in Diamanten besaß.«

»Sei beruhigt. Nur Angus, als letzter Überlebender, wußte etwas von den Diamanten an Bord der Negriér. Die Marine hat keine Ahnung, und ich habe sie nur durch großes Glück gefunden. Hiob kaufte oder raubte die Diamanten. Wahrscheinlich beides. Das wußte wohl nur Doktor Ruffié genauer. Doch Käpt'n Hiob beschaffte sie sich nie an einem einzigen Ort. Selbst der Schiffsarzt hat von der Größe und Zahl der Steine sicher nur etwas geahnt, obwohl er lange Jahre mit Hiob zusammen auf den Weltmeeren gesegelt ist.«

Magnus richtete sich auf und ging rastlos im Salon auf und ab. »Gut! Dann können wir davon ausgehen, daß hier in London keine Menschenseele davon weiß.«

»So wird es sein, Vater.«

Magnus trat ans Fenster und blickte in die Dämmerung des anbrechenden Tages hinaus. »Am Montag werde ich mich über die Bedingungen einer Beleihung kundig machen.«

»Tu das, Vater. Jedenfalls werde ich gleichzeitig in der Bank von England ein eigenes Konto eröffnen. Auf diesen Moment habe ich lange genug gewartet.«

Magnus ging wieder zum Sessel, wo sich Morgan zufrieden räkelte.

»Nur auf eine einzige Weise werden *wir* unser Schicksal meistern. Durch prompten und peinlichen Gehorsam! Du kannst dein Konto haben. Doch über alle wichtigen Transaktionen werden wir zusammen entscheiden. Mein Sohn, versprich mir, daß wir es auch in Zukunft so halten werden.« Magnus streckte seine Hand aus und forderte seinen Sohn auf: »Deine Hand darauf!«

»Was verstehst du darunter, Vater? Bei welchem Betrag beginnen denn *wichtige* Transaktionen?«

»Bei einhundert Pfund«, kam es prompt über Magnus' Lippen.

Morgan sprang aus seinem Sessel. »Einhundert Pfund? Verzeih, aber du machst einen Scherz angesichts dessen, was dort an Werten auf dem Tisch liegt. Ab tausend-, oder zweitausend können wir von mir aus den Kriegsrat einberufen. Darüber hinaus wird mein Konto und das von Kenneth von vornherein mit fünftausend Pfund ausgestattet. Und wir werden gewiß nicht jedesmal Rechenschaft darüber ablegen, wie wir das Kapital einzusetzen gedenken. Darauf gebe ich dir gern meine Hand!«

Vater Magnus wurde blaß. Morgan ging auf ihn zu und faßte seine Hand. »Vater, du kannst nicht ewig derjenige sein, der alles und jedes bestimmen will. Wir haben heißes Geld in den Händen und werden lernen, damit umzugehen. Du hast unseren Respekt, Vater, du hast aber auch erwachsene, selbständige Söhne!«

Langsam entzog ihm Magnus die Hand, wandte sich ab und begann langsam im Salon auf und ab zu wandern. Kenneth und Morgan spürten, daß ihr Vater mit sich kämpfte.

Minuten verstrichen, und als Magnus endlich wieder das Wort ergriff, lag in seiner Stimme eine ungewohnte Weichheit, die der alte Clanführer selbst nicht für möglich gehalten hätte:

»Meine Söhne, wir sind nicht so verschieden. Beurteilt euren Vater nicht falsch. Ich vertraue euch. Natürlich könnt ihr eure eigenen Konten haben. Und angesichts des gewonnenen Vermögens ist die Summe wahrhaftig unmaßgeblich. Vielleicht liegt es daran, daß wir zwar alle Tugenden der Schotten besitzen, doch gleichwohl uns darum bemühen, die der Römer anzunehmen.«

Es gab keinen Zweifel. Während er sprach, spürten die Söhne, wie Reue in ihrem Vater aufstieg. Ihre Blicke hingen aneinander wie bei einer Feuertaufe. Kenneth räusperte sich.

»Ja, du hast recht, Vater. Wir wollten uns gerade etwas von den Römern einverleiben.«

Als sie nebeneinander standen und sich gegenseitig die Arme um die Schultern legten, sagte Magnus: »Ich denke, es wird eine gesunde Mischung daraus.«

Nach einem weiteren Glas alten Portweins und etwas Cheddarkäse trübte sich langsam der Blick der drei Männer. Mit schwerer Zunge lobten sie die Tugenden des Mackay-Clans, und selbst die Laster und Schandtaten der Vergangenheit verwandelten sich plötzlich in persönliche Auszeichungen. Man sah die übrige Familie in offener Marschordnung daherkommen, steifnackig und kerzengerade. Die Plaids um die Schulter geschlungen, stürmten sie London und ließen die verhaßten Engländer für sich arbeiten. Am Ende lallte Magnus: »Ich wünsch... ein... Fam... Familie, Enkelkinder uuund ... Enkel ... im Jahr, Hochzeit ... Eure Hand ...«

Während Morgan die Diamanten einsammelte, rief Kenneth den Diener Malcolm, der Vater Magnus zu Bett brachte.

Als die Brüder unter sich waren, wurden sie sich schnell einig, was sie mit dem angebrochenen Sonntag anzufangen gedachten.

»Wohin gehen wir?« fragte Morgan.

»Ins *George Inn*. Dort sind die besten Frauen des Empires zu finden. Sobald es hell wird, werde ich einen Boten schicken. Es wird alles für uns gerichtet sein. «

»Ausgezeichnet, ausgezeichnet, Bruderherz! Im übrigen habe ich einen Schoner gesehen. Ich sage dir: ein Rumpf, eine Takelage, ein Traum von einem Schiff!«

»Wo hast du ihn gesehen?«

»Im West India Dock. Scottish Maid heißt die Dame. Kommt aus Aberdeen. Wir werden uns darum kümmern müssen.«

»Und ob wir uns darum kümmern werden!« stimmte Kenneth zu. »Wir kümmern uns um jede Maid! Das werden wir! Das Leben wird erst jetzt so richtig beginnen, du Teufelsbraten«, jubelte er und schlug sich mit der Hand auf den Schenkel.

Kurz darauf wurde er wieder ernst. »Hoffentlich hat Angus es geschafft. Wenn ich es recht bedenke, hat ihm die Vorsehung die härtesten Prüfungen auferlegt.«

»Der Junge schafft es. Wir werden bald von ihm hören«, meinte Morgan zuversichtlich.

Daraufhin entschlossen sich Kenneth und Morgan, ihre Zimmer aufzusuchen.

Als Morgan seine Tür zum Schlafgemach öffnete, sagte er zu seinem Bruder: »Übrigens, der Diamant ist der Edelstein der Venus, der Lehrerin der Dämonen. Vergiß das nicht!«

Kenneth nickte schwach, und Morgan wußte nicht, ob sein Bruder verstanden hatte, was er damit sagen wollte. Alles verschwamm, als er auf der Bettkante saß. Nur halb entkleidet, sank Morgan in tiefen Schlaf.

Malcolm, der Hausdiener, trug im Salon das Teeservice ab und meldete den Herren Kenneth und Morgan, daß die Kutsche bereitstehe, um sie nach London zu bringen. Beide hatten bis in die Mittagsstunden hinein geschlafen, während Vater Magnus schon früh am Morgen Blackheath Paragon verlassen hatte, um sich im *Garraways* mit dem Londoner Diamantenhandel vertraut zu machen.

Bevor die Söhne in bester Laune das Haus verließen, steckte Morgan Malcolm einen versiegelten Brief zu, mit dem Auftrag, diesen per Kurier zu Lady Sarah Goldsmith bringen zu lassen. In diesem Schreiben gab er ihr seine gesunde Rückkehr nach Greenwich bekannt und schlug zugleich ein Wiedersehen in den nächsten Tagen vor.

»Southwark, Nummer einundsiebzig«, sagte Kenneth zum Kutscher, bevor er in die Karosse stieg. Er schenkte sich die Ergänzung Borough High Street, da jeder Kutscher wußte, wo sich die »Nummer einundsiebzig« befand.

»Ach! Was für ein herrlicher Tag, was für eine Zukunft, was für ein Leben, Bruderherz«, jubelte Kenneth überschwenglich, als die Kutsche sich in Bewegung setzte.

»Ich habe dieses Glück lange, lange Nächte über still in meiner Bettkiste auf der Sklavenbrigg ausgekostet. Du wirst noch Tage brauchen, um zu erfassen, was sich alles für uns geändert hat. Die Zeit der Zwänge ist vorbei; wir streben endlich auf unsere Unabhängigkeit zu. Und niemand wird uns sagen, was wir zu tun und zu lassen haben. Wir sind nun die Herren, Kenneth!«

»Mhm! Ich bewundere die diamantene Schärfe deiner Gedanken. Wohin wird unsere Unabhängigkeit uns denn als nächstes führen?«

Morgan reckte den Hals, hob seinen Spazierstock und deutete hinüber zur Isle of Dogs.

»Gleich morgen werden wir uns hinüberbegeben und uns erkundigen, wer die Versteigerung der Scottish Maid veranlaßt und wann diese stattfinden soll.«

»Mhm! Was hat eigentlich dein Augenmerk auf dieses Schiff gelenkt? Du hast sie doch noch nie zuvor gesehen.«

Morgan schmunzelte. »Es ist so wie mit einem hübschen Mädchen. Entweder – oder!«

»Das kann doch nicht alles sein.«

»Ist es auch nicht. Es war zwar schon dämmrig, doch ich habe auf einen Blick gesehen, daß an der Pier ein schnelles Schiff liegt. Wenn es in Aberdeen gebaut worden ist, dann haben sie in der Heimat etwas Neues, außerordentlich Schnelles geschaffen.«

»Du sagtest, bei *Alexander Hall & Sons*?«

»Ja, so sagte mir der Käpt'n der Postbrigg.«

»Wie war sie denn getakelt?«

»Natürlich Schonertakelung. Aber daran gab es nichts Neues zu entdecken, abgesehen vielleicht von der extremen Neigung der Masten nach achtern. Nein, ich habe sofort erkannt, was außergewöhnlich an ihr ist. Ihr Rumpf ist flacher gehalten, dafür hatte sie eine größere Länge als der amerikanische Schoner Sea Lark, und ihr Rumpf ist auch länger als der der Sklavenbrigg. Was mir außerdem sofort gefiel, war ihr graziöser Bug, bei dem der Vorsteven das Galion bildet. Wenn ich mich nicht täusche, verlaufen im Bereich des Vorschiffes alle ihre Wasserlinien ohne Ausnahme konvex.«

Kenneth grinste. »Ich weiß nicht ... ich weiß nicht ... Ob die Damen der Nacht je mit ihr konkurrieren können?«

»Keine Frau kann das, Kenneth. Doch auch bei den Damen sollten an Heck und Bug die besten Konstruktionslinien sein ...«

Kenneth lachte. »Was hast du mit ihr vor, oder was planen wir mit der Scottish Maid?«

»Darüber habe ich mir noch keine genauen Gedanken gemacht. Wir werden auf jeden Fall Profit machen. Geld und nochmals Geld! Das Empire bietet uns dazu einige Möglichkeiten, die wir schnellstens prüfen sollten.«

»Ich hätte da eine Idee«, erwiderte Kenneth.

»Los, raus damit.«

»Wie du weißt, führen die Engländer Krieg gegen die Chinesen. In der *Times* stand gestern, daß sie geschlagen wurden und nun gezwungen werden sollen, den freien Opiumhandel wieder zuzulassen. Stell dir vor: Sechshundert Millionen Chinkies sollen gegen den Willen ihres Kaisers angehalten werden, mehr Opium zu rauchen ...«

»... oder zu essen«, ergänzte Morgan und entgegnete: »Gut! Aber was haben wir davon?«

»Drei Jahre etwa ruhte der Handel. Jetzt, nach dem Sieg der Engländer und mit dem, was sie den Chinesen vertraglich aufzwingen werden, sind die Voraussetzungen besser als je zuvor. Dem Opiumhandel zwischen Indien und China, da bin ich mir sicher, fehlen inzwischen die schnellen Schiffe, um den Bedarf an Chinas Küsten zu decken. Ich könnte darauf wetten, daß in den nächsten Jahren in dieser Ecke des Erdballs die profitabelsten Geschäfte aller Zeiten zu machen sind.«

»Hört sich gut an. Wir sollten die Entwicklung verfolgen und uns in Leadenhall und den Docks umhören. Wichtiger wäre allerdings, etwas mehr über die SCOTTISH MAID in Erfahrung zu bringen. Wo war sie im Einsatz? Warum soll sie versteigert werden? Und ich möchte ein wenig mehr über ihre Konstruktion wissen.«

»Was hältst du davon, wenn wir uns direkt nach Norden wenden?« schlug Kenneth vor.

»Aberdeen?«

»Aberdeen! Warum nicht?«

»Ja! Warum eigentlich nicht? Wo können wir mehr über die SCOTTISH MAID und den Clipperbau in Erfahrung bringen als auf der Werft?« Morgan ließ sich von Kenneths Begeisterung anstecken.

»Dann wären die Weichen für die nächsten Wochen gestellt«, bemerkte dieser.

Während die Mackay-Brüder weiter planten, rollte die Kutsche durch Bermondsey, vorbei an Brauereien, Gin- und Essigfabriken, passierte Hovis Gezeitenmühlen entlang der Themse und holperte an Betrieben vorüber, die Schiffszwieback und andere Lebensmittel für lange Seereisen produzierten. Entlang der Jamaica Road und Tooley Street näherten sie sich Southwark.

Je näher sie an London Bridge herankamen, um so auffallender wurde, daß dies der Teil Londons war, der auf der Rangliste des

Wohlstands ganz unten, dagegen auf der Skala der Bordelle und Gasthäuser ganz oben stand. Die Themse zeigte sich an diesem Ort als besonders krasse Grenze. Sämtliche Straßen aus dem Süden und Südosten bündelten sich hier zur Endstation, zum Umschlagplatz von Waren und Menschen. Zwischen den zahlreichen Gasthäusern säumten nun immer häufiger Bretterbuden die Straße. Billigste Unterkünfte, vollgestopft mit Reisenden, Handwerksburschen und Matrosen aus allen Kontinenten.

»*Sailortown*«, bemerkte Kenneth, als sie eine grölende Gruppe von Matrosen passierten. »Ein Ort, wo anständige Bürger lieber nicht gesehen werden wollen.«

»Das paßt ja. Wir wollen doch gar nicht anständig sein. Wenigsten heute nicht!«

»Gehst du oft ins Bordell?« fragte Morgan.

»Hm, na ja, so …«

»Wann warst du das letzte Mal im *George Inn*?«

»Vor zwei Wochen.«

»Und?«

»Ich hatte eine Russin. Sie ist aus Petersburg und neu im *George*. Prall, jung, doch unerfahren. Sie war schon von zwei Glas Wasser und meinem Pendulum berauscht. Erst als sie Glühwein aus der Salatschüssel trank und ich damit drohte, ihr eine Ohrfeige zu verpassen, wenn sie nicht machte, daß es mir kommt, kreisten ihre Hüften plötzlich in Vollendung. Das einzige, was mich störte, waren ihre Achselhöhlen, die einer Bärenfellmütze glichen. Ich zwang sie, die Haare zu entfernen, und nicht nur dort. Danach war alles bestens. Sie war jedenfalls der schönste Gang des Nachtmahls. Inzwischen ist sie bestimmt schon etwas gereift und serviert sich selbst wie auf einem Marzipankuchen.« Kenneth streckte sich. »Ach ja, es ist eine Lust zu erleben, wie schnell die Weiber in diesem Fach meisterhaft werden.«

»Sind die Frauen alle gesund?« fragte Morgan besorgt.

»Ich sag' dir doch: Ihre Ärsche gehen im *George* nicht reihum wie abgegriffene Münzen in der City«, ereiferte sich Kenneth. »Unsere Pfundnoten trennen sie in gewisser Weise vor der Gefahr einer Ansteckung. Ich glaube, sie haben, wenn es hoch kommt, drei, vier, fünf Liebhaber in der Woche. Dort draußen in den Bretterbuden haben sie hingegen fünfzig, hundert, was weiß ich! Im *George* bleibt das Schmutzige, Zwielichtige und Kranke vor der Tür.«

»Schon gut, schon gut! Ich glaub' dir ja.«

»Du hast einfach zuviel über Seuchen auf Sklavenschiffen gehört. Aber du kannst ja die Damen vorher untersuchen wie Euer Doktor Ruffié«, spöttelte Kenneth.

»Ich hab's verstanden: Wir betreten keinen Friedhof«, schloß Morgan. »Ich meine nur, daß man nicht vorsichtig genug sein kann ...«

Als sie in die Borough High Street einbogen, die in nördlicher Richtung direkt auf die London Bridge zulief, stoppte die Kutsche. Von Sonntagsruhe war hier nichts zu spüren. Höllischer Lärm drang durch die Scheiben. Ein Blick durch die rauchgeschwängerte Luft in südlicher Richtung zeigte, daß die High Street von Postkutschen, Pferdeomnibussen und Pferdebahnen verstopft war. Pünktlichkeit und Fahrgeschwindigkeit schienen hier bedeutungslos zu sein, was den Vorteil der Bequemlichkeit wieder aufwog. Die Zylinderhüte auf den Köpfen der Kutscher zitterten vor Wut, und manche behandschuhte Faust schwang drohend durch die Luft.

»Verdammte Sauerei! Die haben sich wohl alle hier verabredet«, schimpfte der Kutscher.

»Schlag eine Bresche!« schrie Kenneth durch das geöffnete Dachfenster. Eine weitere Kaskade von Flüchen war die Antwort.

Morgan sah dem Treiben gelassen zu.

»Wir könnten das letzte Stück zu Fuß laufen«, schlug Kenneth vor.

»Lieber nicht. Pferdemist zusammen mit den Staubmassen und dem Rauch aus den Kaminen würde uns die Kleidung und das Haar verderben. Ich möchte mich nicht nochmals einseifen müssen. Warten wir ab, Kenneth.«

Kaum daß er geendet hatte, knallte die Peitsche, und mit einem Ruck bogen sie endgültig in die High Street ein.

»Was hältst du von der Gründung einer eigenen Familie?« fragte Morgan und überraschte Kenneth damit völlig.

»Du ... du ... erstaunst mich mit deiner Frage. Gerade jetzt, wo wir ...«

»Ach was! Dieser Sonntagsausflug hat doch mit den grundsätzlichen Entscheidungen unseres Lebens überhaupt nichts zu tun. Ich wälze den Gedanken schon länger im Kopf.«

»Seit wann denn?«

»Genau genommen seit der letzten Seereise!«

»Trägt Vater Schuld an der Eingebung?«

»Ha! Ha! Vaters Strenge ist zwar ein belebendes Element meiner Phantasie, doch dafür kann er nichts.«

»Ist es Sarah?«

»Sie könnte es sein. Jedenfalls ist sie keine Frau, die sich vom Glück im Vorübergehen anreden läßt. Sie ist nicht wie eine, die man einfach nur kennt, keine, die man schnell vergißt, wenn sie geht.«

»Eine echte Dame also und keine Dirne, willst du sagen ...«

»Genau. Ich habe sie beobachtet und studiert wie ein Ethnologe einen fremden Stamm. Ich spüre einfach, Sarah paßt zu mir.«

»Aber sie ist Jüdin. Vielleicht will sie durch Heirat aus der verhaßten Herkunft ausbrechen.«

»Mir ist es gleich, ob sie Jüdin ist oder nicht. Ich spüre zwar manchmal ihre verletzte Seele, doch dafür ist sie klug und mutig. Vielleicht kann ich sie glücklich machen und ihre Seele heilen. Gefällt dir daran etwas nicht?«

»Hmm. Ich meine, wenn wir neue Dinge anpacken wollen, ist eine Frau oder vielleicht gar eine Familie hinderlich.«

»Ach was, Kenneth! Der Lebensentwurf muß stets neu in Frage gestellt werden können. Nein, nein! Wir haben doch schon so viele Herausforderungen zusammen bestanden. Damit sage ich nicht, daß wir Helden sind, sondern meine nur, daß wir eine Zeit erleben, in der wir neue Wege gehen werden. Wege, die aus dem Labyrinth der Vergangenheit und der väterlichen Zwänge herausführen. Dazu gehört für mich auch die freie Wahl, eine eigene Familie zu gründen. Vielleicht wäre es auch für dich eine gute Entscheidung, zumal die Gefahr, daß unser Leben irgendwo sinnlos verblutet, damit endgültig vorbei ist.«

Kenneth gab darauf keine Antwort, sondern hob nur leicht seine Schulter. Durch das Kutschenfenster konnte er die Einfahrt des *King's Head Inn* ausmachen.

»Jetzt noch das *White Hart Inn*, und schon sind wir da«, sagte er.

Als sie den Innenhof des *George Inn* mit seinen Arkadenbögen betraten, fragte Kenneth: »Worin liegt für dich eigentlich der Sinn einer Ehe?«

»Ich glaube einfach nicht, daß ich ohne Leidenschaft im Leben auskomme. Auch der Schmerz und die Angst gehören dazu.«

»Ich verstehe immer weniger von dem, was du sagst!«

Morgan lachte und schlug seinem Bruder kräftig in den Rücken. »Für uns als Highlander ist es doch normal, am Abgrund zu stehen; wir haben gelernt, uns nicht hinabzustürzen, sondern ihn gefaßt in Augenschein zu nehmen. Ohne diesen Anblick, mein lieber Bruder, würden wir schnell das Wesentliche im Leben vermissen.«

Vom Aufwärter geleitet, betraten Morgan und Kenneth ein separates, fensterlos gemauertes Zimmer. Im Moment des Eintretens glaubten sie, sich in einem riesigen griechischen Opfertempel zu befinden. Der Eindruck wollte nicht weichen, da sich die vier Säulen in den verspiegelten Wänden wiederholten und so eine unendliche Galerie erzeugten, die sich nach allen Seiten im vorgetäuschten Raum verlor. Ebenso spiegelte sich der achtarmige Kerzenleuchter auf dem runden, mit weißem Porzellan eingedeckten Tisch.

Die Farbenwahl des Interieurs war vorwiegend auf dunkles Rot gefallen. Die Vorhänge, mit denen man die Illusion der Spiegel aufheben konnte, die Teppiche, sogar das rote Mobiliar unterstrichen das anrüchige Ambiente, wogegen die reich vergoldeten Kapitelle der Säulen und Deckengesimse Luxus versprachen. Zusätzlich übten die erotischen Bilder und zahlreichen Nippsachen eine überaus anziehende Wirkung auf die Betrachter aus.

Lediglich das Durcheinander von Gerüchen störte etwas. Kerzenqualm, Staub und süßes Parfüm ergaben eine aufdringliche Mischung.

Aber schon knallten die Champagnerkorken, und kurz darauf

perlte das göttliche Getränk in vier Gläsern, die von Dienern in Livree gereicht wurden.

»Sind die Herren bereit, die Damen zu empfangen?« säuselte einer der Livrierten.

»Wir sind bereit«, erwiderte Kenneth.

Morgan blickte fragend zu Kenneth. Dieser flüsterte in einem günstigen Moment: »Alles von mir bestellt! Auch die französischen Damen habe ich ausgesucht. Du hast freie Wahl. Plaziere die Erwählte rechts von dir ...«

»Denise und Gisette«, kündete der Diener, lautstark wie ein Herold, den Einzug der Damen in das Spiegelkabinett.

Denise kam als erste herein, lächelte, trat sofort an Morgan heran, legte ihre Hand sanft auf seine Schulter und begrüßte ihn mit einem Kuß auf die Wange. Sie trug eine schwarze, enganliegende Robe mit goldenen Litzen, die an eine Art Tunika erinnerte, wäre sie nicht seitlich, bis zum Oberschenkel herauf, geschlitzt gewesen. Auf dem Kopf trug sie einen Putz aus schwarzer Spitze, unter dem sich eine engelsgleiche, blonde, kunstvoll gewundene Lockenpracht entfaltete. Im Halbschatten ihrer schwarzen Wimpern glitzerten Augen von durchsichtigem Blau. Als sie eine halbe Drehung vollführte, um das gereichte Glas vom Tablett zu nehmen, erblickte Morgan ihr entblößtes Bein, das so lang war wie das einer Göttin auf einem Renaissancegemälde. Er war für einen Moment so gefangen von Denises langen, schlanken Beinen, daß er Gisette übersah, die inzwischen ebenfalls den Salon betreten hatte.

Als er sie bemerkte, starrte Morgan in das Gesicht einer beachtlichen Schönheit. Er konnte kaum glauben, was er sah. Gisette war, wie Denise, hoch gewachsen mit flachem Leib und trug die gleiche Robe in Taubenblau. Etwas irritiert wanderte sein Blick zwischen den Damen hin und her. Hatte er doch mehr mit der Ungeniertheit von Dirnen gerechnet, gepaart mit unübertrefflicher Raffinesse. Machte Denise schon eine Ausnahme, so mußte sich Gisette ganz gewiß in das *George Inn* verirrt haben. Ihre intelligente, magnetische Schönheit wirkte auf ihn wie die einer antiken Statue. Ihr Haar war rotbraun, seitlich kurz gescheitelt und fiel gelöst in breiten, glatten Bahnen bis auf ihre schmalen Schultern. Wie ein Heiligenschein umrahmte es die hohe, gewölbte Stirn, die großen Augen, die hohen Wangenknochen und die schmale Kinnpartie. Dazu war sie hell geschminkt wie eine venezianische Maske. Nur ihre tiefe Stimme paßte zum Etablissement; dagegen entsprachen ihre Höflichkeit und Liebenswürdigkeit mehr der Herablassung des gehobenen Bürgertums. Alles in allem, so glaubte Morgan, würde sie es fertigbringen, daß ein Priester sein Gewand ablegte, um sie zu heiraten.

Als man sich gegenseitig bekannt gemacht hatte, hob Kenneth das Glas: »Auf die Töchter des französischen Paradieses!«

»Auf die schottischen Freier, die vor der Pforte stehen«, parierte Gisette. Denise nahm langsam ihr Glas von den Lippen, trat an Morgans Seite und gurrte: »Du kommst gerade aus wärmeren Zonen, nicht wahr?«

»Spürst du die Hitze? Oder wie kommst du darauf?«

»Dein gegerbter Teint verrät dich. Du warst auf See. Dagegen ist dein Bruder, nach seiner Haut zu urteilen, von allen möglichen Orten des Erdballs geprägt.«

»Du hast recht. Er ist Sklavenhändler und Kunstmaler in einem, kennt die dunkelsten Quellen, hat den Charakter eines Wikingers und die Augen eines Juden«, stimmte Morgan zu.

»Wie einfach hast du es dagegen, Bruderherz. Siehst aus wie ein Tenor aus dem Süden, und das Zurückwerfen deiner Haare zeugt von glückseliger, unverfälschter Zufriedenheit. Er hat oft aus der Ferne sein Auge auf Wäscherinnen und Tänzerinnen geworfen. Nur mit der Leidenschaft kam er nicht ganz zurecht, meine Damen. Die Schiffe, auf denen er segelte, hatten selten den richtigen Kurs. Bis auf eine einzige Ausnahme ...«

»O welch ein Glück wir haben, Denise«, sagte Gisette, »stell dir vor, Morgan wäre in Grönland gestrandet.«

»Nicht auszudenken, Gisette. Ich brauche Wärme ...«

»Auf die Töchter der Lust!« Morgan hob erneut das Glas. Als er es geleert hatte, wandte er sich an Denise: »Denise, komm doch bitte an meine rechte Seite«, und signalisierte Kenneth damit seine Entscheidung.

Während Denise sich anschmiegte wie eine Katze, die möglichst bald mit ihrem Kater zusammen Honigmilch schlecken wollte, verriet ein Blick über den Tisch, daß auch Gisette plötzlich Samtaugen machte, die wie heiße Liebkosungen waren, als Kenneth ihrem Blick begegnete.

Denise beflügelte zunehmend Morgans Phantasie. Er wußte von Kenneth, daß im *George Inn* verschiedene Räume mit unterschiedlichster Ausstattung zu haben waren. Darunter befand sich auch eine Kapitänskajüte mit Hängematte, Seemannsstuhl, Fallreep und verschiedenen Vorrichtungen aus Tauen und Blöcken. In Gedanken trieb er es schon mit ihr in der Hängematte wie an einem freischwebenden Fallreep. Manchmal berührten sich ihre Knie, was Morgan dazu verführte, seine Hand unter dem Tisch zwischen Denise' Beine gleiten zu lassen. Während sie das Dessert einnahmen, flüsterte Denise in Morgans Ohr: »Wollen wir hier bleiben?«

Morgan sah sie zweifelnd an. »Hier«, flüsterte er zurück.

»Ja, hier. Ich mache es so gern auf dem Tisch.«

»Mhm.« Ihr Vorschlag heizte seine Phantasie weiter an, obwohl er insgeheim die Kapitänskajüte favorisiert hatte. Doch er entsprach Denise' Ansinnen, da er sich dachte, daß es für sie von besonderem Reiz sei.

Nachdem abserviert worden war, trank man Portwein. Nach dem vierten Glas zeigten sich Denise und Gisette leicht beschwipst.

»Wir bleiben hier«, sagte Morgan zu Kenneth, der darauf kurzerhand mit Gisette im Arm den Salon verließ.

Denise wußte, was sie sich schuldig war, und wollte sich nicht allzu schnell erobern lassen. Erst entfernte sie die Tischdecke, stellte den Kerzenleuchter an den äußeren Rand und schob den Riegel vor die Tür.

Flink entwand sie sich Morgans Griff und wich den Klapsen auf den Po elegant aus. Dafür stieg sie auf den Stuhl und streckte sich so, daß ihre Brüste und Hinterbacken hervortraten. Ihr schlanker Körper füllte die schwarze Abendrobe nun prall aus. Sie trug kein Korsett, und doch zeichnete ihre Figur die Kurven der Frauen, die eins trugen. Langsam beugte sie die Knie, setzte sich auf den Tisch und ließ sich zurücksinken. Als sie auf dem Rücken lag, zog sie das rechte Knie etwas an.

Morgan sah ihr weißes, wohlgeformtes Bein, da ihr die Robe zwischen die Schenkel gerutscht war. Er trat nah heran und wollte den Rock ganz nach oben drücken, um seinen Kopf zwischen ihre

Schenkel zu pressen, doch Denise rollte sich auf der polierten Tischplatte etwas zur Seite, zog ihre Beine an und drehte elegant auf ihrem Po eine Pirouette. Mit beiden Armen hielt sie ihre Knie umschlossen, so daß Morgan ihre rote, seidene Wäsche sehen konnte. Er war derart erregt, daß er kurz davor stand, sich auf sie zu stürzen. Die lange Zeit der Entbehrung auf See schrie geradezu nach einer schnellen Vereinigung. Aufgegeilt von ihrer gespielten Lüsternheit, wollte er schnell zwischen ihre gespreizten Schenkel eintauchen. Doch Denise wollte sich Zeit lassen. All ihre Gesten hatten sich verlangsamt, so auch, als sie ihm bedeutete, sich auf den Stuhl zu setzen.

Morgan gehorchte. Kaum saß er, als Denise direkt vor seinem Gesicht ihr Höschen abstreifte und ihre Hand zwischen die Schenkel legte, um ihre Scham zu bedecken.

»Zieh den Vorhang hinter mir weg«, gurrte sie.

Morgan fügte sich wie in Trance. Er kehrte zurück und setzte sich wieder auf den Stuhl. Kaum daß er seinen Platz eingenommen hatte, richtete sich Denise zur vollen Körpergröße auf, stellte sich auf die Zehenspitzen, trippelte, bis sie seitwärts stand und zog in dieser Pose das Kleid bis in die Höhe ihrer Pobacken hoch, während der vordere Teil der Robe wie ein Lendenschurz ihre Scham bedeckte. Sie besah sich selbst im Spiegel, begann mit ihrem Po zu kreisen, und bot Morgan ihre wohlgeformten Hinterbacken zum Küssen an, worin er sich als zärtlicher Genießer zeigte.

Abermals versuchte er kühn seine Hand zwischen ihre Schenkel zu legen, was sie jedoch elegant zu verhindern wußte. »Langsam, Liebster, wie haben viel Zeit …« Morgan atmete tief durch, versuchte seine Bauchmuskeln zu entspannen und stellte sich vor, die Luft durch den Penis in den Körper zu saugen, sobald die Erregung ihn zu übermannen drohte. Doch statt die Lust zu bremsen, führte ihn Denise mit ihren lasziven Bewegungen zielsicher zum Orgasmus *ante portas*.

Als sie das Abendkleid endgültig abstreifte, erst die Hocke wählte, danach direkt vor Morgan die Sitzposition einnahm, langsam ihre Beine öffnete, sie auf Morgans Schultern ablegte, jedoch mit der Hand ihre Scham bedeckt hielt, war es endgültig soweit. Ein kurzes Aufstöhnen von Morgan und ein Absenken seines

Kopfes zeigten Denise, daß sie gut gearbeitet hatte. Endlich gab sie ihr Geschlecht frei. Die Haut war makellos, die Vulva rosig und voll. Während Morgan sich dem Pulsieren seiner Lenden überließ, öffnete Denise ihren Schoß wie eine Blüte. Morgan beugte sich nach vorn und versenkte seinen Kopf darin.

»Das lange Warten auf See ... wie ein Blitzschlag – und vorbei ...«, stammelte er Worte der Entschuldigung. Verständnisvoll streichelte Denise über seine Locken, während Morgan sie zwischen den Schenkeln küßte. Als er den Kopf hob und in ihre Augen sah, flüsterte Denise nachsichtig: »Geh dich säubern, und wenn du zurückkommst, wird die Leidenschaft neu entflammen. Ich verspreche es!«

Als Morgan den Riegel zurückschob, sagte Denise: »Liebster! Nur ein kleiner Rat. Wenn du spürst, daß du dich dem Höhepunkt zu schnell näherst, zwicke mich das nächste Mal in den Po. Ich halte dir dann die Hoden vom Körper weg. Das wirkt immer.«

Morgan verschlug die Art und Weise, wie Denise Tabus brach, die Sprache. Als er sich wieder gefaßt hatte, meinte er beim Hinausgehen: »Ich weiß etwas Besseres. Ich werde lange Pausen der Enthaltsamkeit einfach nicht mehr hinnehmen.«

»Mhmm! Ich freue mich, daß du öfter zu mir kommen willst«, sagte sie mit einem Augenzwinkern.

Bevor er zu Denise in das Spiegelzimmer zurückkehrte, dachte er an Sarah und an die Folgen, wäre das Malheur bei ihr passiert. Trotzdem fühlte er sich gedemütigt, und Denise' Vorschlag zur Behebung seiner gezeigten Schwäche hemmte ihn eher, als daß sie seine Lust auf einen neuen Versuch förderte. Doch kaum war er wieder in den Spiegelsalon eingetreten, brachte Denise durch eine raffiniert variierte Abfolge ihrer Verführungskünste erneut sein Blut in Wallung. Sie verstand es in den darauffolgenden Stunden eine intime Zweisamkeit herzustellen, die den leisesten Verdacht eines unromantischen Koitus zwischen ihnen ausräumte. Sodann erzählten sie sich von den wenigen köstlichen Stunden ihrer Jugend, Stunden, in denen sie an der Küste liegend träumerisch dem Naturschauspiel der Brandung lauschten. Er in Schottland, sie in der Bretagne.

Satt und entspannt, begannen sie sich wenig später für das Mitternachtsdinner herzurichten. Als Morgan und Denise wieder mit Kenneth und Gisette zusammentrafen, hatte das abschließende Mahl den Hauch einer Märchenstimmung. Der köstliche Nachgeschmack der vorangegangenen Stunden verhieß den Brüdern Mackay eine herrliche, lebensfrohe und goldene Zukunft.

»Aberdeen in Sicht! Aberdeen in Sicht!« lief kreischend ein Schiffsjunge durch das Deck.

»Gott sei's gedankt! Es gibt schlechtes Wetter«, äußerte zum wiederholten Male ein junger Mann neben Morgan, der halbstündlich über das Fallen des Barometers berichtete. Seine Vorstellung von schlechtem Wetter war offensichtlich eine andere als die eines erfahrenen Seemanns. Wer weder Orkan noch Sintflut auf See erlebt hatte, so ging es Morgan durch den Kopf, dem fehlte eben etwas.

Als die Smack der *Aberdeen & London Steam Navigation Co.* hoch am Wind eine schnell verfließende Furche durch die graue, steil gewellte See pflügte und sich durch turmhohe Gischtfontänen der Einfahrt des Hafens von Aberdeen näherte, nahm Morgan erneut den Bericht der *Times* zur Hand. Und wieder nahm er die Abschrift der Abnahmeurkunde aus seiner Reisetasche, um sich die Daten der Baubeschreibung der Scottish Maid einzuprägen.

Mit der Aufforderung an Kenneth: »Lies dir das noch einmal durch«, reichte er seinem Bruder die Zeitung. Kenneth vertiefte sich in den Artikel ...

### SCHIFFBAU

#### Die »Scottish Maid«.

Die Scottish Maid, ein neuer Schoner für den Londonhandel, ist ein schönes Schiff, das den bestmöglichen Maßen für ein

Fahrzeug dieses Typs näherkommt als irgendeines, das man je in Aberdeen hat vom Stapel laufen sehen. Sie mißt 80 Fuß Kiellänge; äußerste Länge an Deck 100 Fuß; äußerste Breite 22 Fuß; Tiefe 12 Fuß. Nach der alten Vermessungsregel faßt sie 195 Tonnen, nach der neuen aber nur 145. Der Bug ist scharf, doch schön gerundet mit einem graduellen Anstieg vom Boden zum Bugspriet, wo sie ein wenig einfällt, und macht den Anblick vom Heck aus besonders »augenfällig«. Bevor sie zu Wasser gelassen wurde, glaubten manche, sie würde krängen, aber darin wurden sie enttäuscht, denn sie lag ganz ruhig und zog eine schöne Wasserlinie. Die Schiffbauer, Messrs. A. Hall & Sons, haben ihren Fortschritt mit großer Anteilnahme verfolgt und ihre Möglichkeiten in jeder Beziehung voll ausgeschöpft. Sie gaben dem innigen Wunsch Ausdruck, daß die SCOTTISH MAID sich in jeder Beziehung dem »Land, das sie geboren hat« würdig erweisen möge.

Zwei Seemeilen vor der Hafeneinfahrt verstaute Morgan die Unterlagen wieder in seiner Tasche. »Laß uns an Deck gehen«, sagte er zu Kenneth.

»Mir erscheint die ganze Sache etwas seltsam«, meinte Kenneth, während sie an Deck stiegen. Oben angekommen, fanden sie in Lee des Jollboots ein wenig Schutz vor dem frischen, böigen Wind.

»Was findest du seltsam?« fragte Morgan.

»Die Lobeshymnen und gleichzeitig die Verkaufsabsichten der Eigner nach so kurzer Zeit. Das paßt nicht zusammen. Wir sollten die Wahrheit herausfinden, warum Alexander Nicole und George Munro die SCOTTISH MAID verkaufen wollen.«

»Konzentriere du dich auf diesen Punkt, wenn wir mit den Hall-Brüdern sprechen. Ich werde versuchen, sie über die Geheimnisse der Rumpfkonstruktion auszuforschen.«

»Ich denke, wir werden alles erfahren«, meinte Kenneth zuversichtlich, während die Segel teilweise geborgen wurden, da die Smack die Mole der Hafeneinfahrt erreicht hatte. Obwohl Kenneth schon vor fast zehn Jahren mit seinem Vater auf der Flucht nach London durch diese Stadt am Meer gekommen war, schien es ihm, als wäre es erst gestern gewesen.

»Offiziell sind wir damals in die Neue Welt abgereist«, sagte er leise zu Morgan. »Und vergiß nicht. Wenn sie uns nach dem Woher fragen, so kommen wir von Boston über London hierher!«

»Ich vergesse es nicht. Sollte es schwierig werden, gibt es drüben in Nova Scotia jede Menge Mackays, hinter denen wir uns verstecken können«, beschwichtigte Morgan.

Längs der ausgedehnten Kaimauer, vorbei am runden Lichthaus, hinter dem sich die Fischersiedlung erstreckte, fand die Smack ihre Anlegestelle am Pocra Quay, der Pier von Aberdeen. Die Aberdonians bezeichneten das Hafenviertel liebevoll mit »Fittie«, während sie die englische Bezeichnung »Footdee« konsequent verschmähten.

»Wo finden wir die Werft von *Alexander Hall & Sons*?« fragte Kenneth einen Fischer, der auf dem Kai neugierig die Ankommenden beobachtete. Verdutzt sah dieser Kenneth an. Nach einer Weile zeigte er stumm auf die Holzgerippe mehrerer Bootsrümpfe, die nur einen Steinwurf neben dem Pocra Quay unübersehbar in den Himmel wuchsen.

»Zu Fuß oder übers Wasser?« fragte der Fischer.

»Eine Frage des Preises«, entgegnete Kenneth.

»Seemann oder Landlubber?«

»Seemann«, antwortete Morgan halb beleidigt.

»Zwei Penny«, sagte der Fischer mit allem Mut, den er aufzubringen imstande war. Kenneth und Morgan konnten ein Grinsen nicht unterdrücken.

»Abgemacht, über den Strom«, willigte Kenneth ein.

Da das Wasser im Hafen den Gezeiten unterworfen war und der Ebbstrom schon eine gute Stunde vorherrschte, mußte sich der Fischer die wenigen Yards tüchtig in die Riemen legen. Als erstes passierten sie ein stattliches Holzlager, dem sich ein großer Schiffbauplatz anschloß, wo insgesamt drei große und vier kleinere Schiffsrümpfe zwischen bizarren Gerüsten auf Hellingen lagen und ihre Vollendung erwarteten. Alexander Hall war der Gründer dieser Werft, doch hatten seine Söhne James und William, wie Morgan in London erfahren hatte, vor gut zwölf Jahren die Leitung der Firma übernommen. Etwas umständlich, doch stilgerecht strandeten Kenneth und Morgan auf dem flachen Streifen der vorgelagerten Marsch. Der Fischer zog das Boot neben einem Pferd, das von einem Knecht im flachen Wasser gereinigt wurde, auf das befestigte Ufer.

Trockenen Fußes wandten sich die Mackay-Brüder zum Eingang des Wohnhauses. Hinter einem kleinen Gemüsegarten, der mit wuchtigen Stämmen und Brettern wie durch eine massive Schiffsreling zur Wasserseite hin geschützt war, standen quer zum Hafen hin zwei einfache, weißgetünchte, einstöckige Häuser mit Giebelkaminen, durch einen schmalen Durchgang voneinander getrennt. Zwei riesige bleiche Walrippen waren im Vorgarten zu einem gotischen Spitzbogen aufgerichtet, als würden sie die Eingangspforte zu einem Ossarium darstellen. Hinter dem Gemüsegarten schloß sich ein zweiter Vorgarten an. Neben einem zweiten Spitzbogen aus Walrippen befand sich dort der ebenso riesige Stoßzahn eines Narwals, der wie ein Fahnenmast aufgestellt war und um den eine Gruppe Kinder spielte.

Kenneth und Morgan gingen ein Stück den Weg hinauf, der offensichtlich zur York Street führte, auf welcher man von der Landseite her direkt zum Wohnhaus der Halls gelangte. Erst jetzt bemerkten sie, daß sie vor einem Anwesen standen, das wie ein Vierfirst-Gehöft angelegt war.

Kaum waren sie dem Hauseingang näher gekommen, als sie ein Laufbursche fragte, ob er behilflich sein könne.

»Kenneth und Morgan Mackay aus Greenwich, London. Wir werden von Mr. James und William Hall erwartet.«

Der junge Bursche hieß Robert Croll und war einer der Bürogehilfen von William Hall.

»Gentlemen, bitte folgen Sie mir«, sagte er höflich.

Wenig später betraten die Mackay-Brüder das Büro von William Hall, das sich im Erdgeschoß befand. Das Fenster zur Südseite gab den Blick auf den Hafen und über die Sandbänke des Flusses Dee frei, wogegen das nördliche Fenster zum Innenhof hinausging. Morgan blickte auf ein großes Quergebäude, in dem offensichtlich verschiedene Werkstätten untergebracht waren.

Der erste Eindruck während der Begrüßung war freundlich, die Antworten aber knapp und präzise. Die äußere Erscheinung William Halls war das getreue Abbild seines Charakters: Selbstsicher, robust und doch sensibel. Er hätte die Stellung eines Admirals oder die eines Kardinals einnehmen können. Auffallend waren seine hohe, breite Stirn und sein Gesichtsausdruck, in dem sich immer ein leichtes Lächeln abzeichnete. Er hatte sich etwas von seiner Jugend in die Dreißiger hineingerettet, während sein gestutzter schwarzer Backenbart schon einen silbrigen Schimmer zeigte. Er trug ein langes, dunkelbraunes Jackett mit Weste, darunter ein Hemd, dessen Stehkragen mit einem dünnen gelben Schal zusammengehalten wurde. Vor seinem Schreibtisch lag der Brief Morgans, den dieser zwei Wochen zuvor an die Werft abgeschickt hatte. Das Büro war dunkel getäfelt, das Mobiliar aus Kirschholz gearbeitet. An der fensterlosen Wand hingen von der Decke bis zum Boden Blockmodelle von Schiffshälften. Auf der anderen Seite hing über einem halbhohen Aktenschrank eine Art Werbeplakat, auf dem der Linienriß und das Design eines eleganten Schiffsrumpfes dargestellt waren. Darunter waren Maße angegeben, die Morgan aufgrund der räumlichen Entfernung nicht entziffern konnte.

Hall bot seinen Besuchern zwei Stühle vor seinem Schreibtisch an und nahm danach selbst Platz.

»Meine Herren, was führt Sie zu uns?« eröffnete er das Gespräch.

Morgan schlug die Beine übereinander: »Wir beabsichtigen in der nächsten Woche in London die SCOTTISH MAID zu ersteigern. Zuvor hoffen wir hier am Ort ihrer Geburt Aufschluß über die Besonderheiten des Entwurfs und über die Konstruktionsmerkmale des Clipper-Schoners zu bekommen. Unsere Reise zu Ihnen, Mr. Hall, soll uns darin bestärken, daß wir unser hart erarbeitetes Geld richtig investieren. Mein Bruder und ich würden uns außerordentlich glücklich schätzen, wenn Sie unserem Wunsch entgegenkommen könnten.«

Hall zeigte ein breites Lächeln und entblößte dabei seine gesunden Zähne. Er setzte sich aufrecht, faltete seine Hände wie zum Gebet, wobei seine kräftigen Gliedmaßen seinen Anzug spannten.

»Es ehrt mich, meine Herren, daß Sie die Reise nach Schottland nicht gescheut haben. Darf ich erfahren, was Sie mit unserer MAID beabsichtigen und was Sie über den Schoner bereits wissen?«

Morgan faßte seine Reisetasche, entnahm ihr die Abschrift der

Urkunde über die Abnahme der Scottish Maid und legte sie behutsam auf William Halls Schreibtisch. »Lloyd's Register!«

Hall zog die Augenbrauen hoch und strich sich über das Kinn. Nachdem er die vier Seiten durchgesehen hatte, zeigte er sich zufrieden: »Ich sehe, meine Herren, Sie kennen sich aus. Darf ich erfahren, wie Sie die Maid einsetzen wollen?«

»Wir beabsichtigen die Maid im Tee- und Gewürzhandel einzusetzen«, antwortete ihm Kenneth.

»Indien? China?«

»Beides!«

William Hall richtete seinen Blick direkt auf Morgan. »Ich vermute, Sie waren auf See, Mr. Mackay. Besitzen Sie ein Patent?«

»Erster Offizier! Zuletzt Commander einer Prise der Royal Navy.«

»Auf welchem Schiff haben Sie die Prise erobert?«

»Der Sea Lark, Mr. Hall.«

»Unter welchem Kapitän?«

»Captain Lucas Markham.«

William Halls Lächeln wurde noch etwas breiter. »Aye, aye! Sie sind also auf dem berühmten amerikanischen Clipper-Schoner gesegelt. Welch eine Ehre, Sir!« Er lehnte sich entspannt zurück und fuhr fort: »Verzeihen Sie, daß ich Sie etwas genauer gefragt habe. Ich weiß nun, was ich Ihnen zumuten kann. Jedenfalls verstehen Sie etwas von schnellen Rumpfformen. Was wollen Sie nun genau über unsere Maid wissen?«

Morgan ergriff das Wort. »Mr. Hall, ich bin mir sicher, Sie kennen die Gründe für die exzellenten Segeleigenschaften der Sea Lark. Welche Unterschiede bestehen zwischen den beiden Rumpfformen?«

An William Halls Weste hing eine dünne goldene Uhrkette, die er ertastete, um sie umständlich in die Tasche zurückzustopfen. »Mhm! Eine schwierige Frage, Mr. Mackay, zumal nicht ich, sondern unser Vater sich damals die genauen Daten über den amerikanischen Clipper verschafft hat. Doch Sie werden erstaunt sein, wenn ich Ihnen berichte, daß die Rumpfform der Scottish Maid mehr durch die neue Vermessungsregel zustande kam als durch Zirkel und Papier.«

»Ich muß gestehen, daß ich Ihnen da nicht ganz folgen kann ...«, sagte Morgan.

William Hall stand auf, nahm ein Halbmodell von der Wand, setzte sich wieder, stützte die Ellenbogen auf dem Schreibtisch ab und hob das Modell in Augenhöhe der beiden Besucher. Ab der Wasserlinie bis zum Kiel war das Modell kupferfarben gestrichen, oberhalb der Linie waren die Planken in Aberdeen-Grün gehalten.

»Im Grunde ist es ganz einfach, Gentlemen. Was wir uns damals ausgedacht haben, diente dazu, das neue Gesetzeswerk der zu besteuernden Registertonnagen zu umgehen. Sie sehen hier die Rumpfform unserer MAID. Nach den neuen Vermessungs- und Berechnungsmethoden von 1836 kam es darauf an, für unsere Kunden Wege zu finden, um einen möglichst niedrigen Wert der zu besteuernden Registertonnage zu erhalten. Das Ergebnis halte ich in meinen Händen.«

Kenneth und Morgan rutschten mit ihren Stühlen vollends an den Schreibtisch heran, um den Ausführungen Halls am Modell besser folgen zu können.

»Sehen Sie, ab 1836 wird die Tiefe eines Schiffes besteuert. Daraus ergab sich für uns die Konsequenz, den Rumpf flacher konstruieren zu müssen. Allerdings mußte die Ladekapazität mindestens gleich bleiben, wenn nicht sogar größer werden. Sonst ergäbe dies keinen Vorteil für den Schiffseigner. Daher gaben wir der SCOTTISH MAID zur Erzielung einer besseren Ladefähigkeit mehr Länge. Außerdem wirkte sich bei dieser Konstruktion günstig aus, daß die Länge des Rumpfes nur in Höhe der halben Tiefe vermessen wird.« Hall fuhr mehrmals mit dem Finger an der Wasserlinie des Modells entlang und deutete abwechselnd auf Bug und Heck. »Wir konnten somit die beiden Schiffsenden ausgiebig verlängern, um die begehrten freien Tonnagen zu gewinnen.«

Morgan wandte sich belustigt an Kenneth: »Was meinst du? Werden wir es in dieser neuen Fachsprache jemals zur Meisterschaft bringen?«

»Wir werden das auf der Rückfahrt nach London ausgiebig üben«, versetzte Kenneth.

Das herzhafte Lachen der drei Männer schaffte eine entspannte Atmosphäre.

»Gentlemen, was springt Ihnen bei diesem Modell sofort ins Auge?«

»Vor- und Achtersteven hängen beträchtlich über«, antwortete Morgan wie aus der Pistole geschossen. Er erinnerte sich, daß die SEA LARK die gleichen Merkmale aufwies.

»Richtig, Gentlemen! Verursacht durch die Länge des Decks, die nun weit größer ist als die des Kiels. Was wir allerdings vorher nicht beabsichtigt hatten, war die neue Bugform.«

Morgan stellten sich bei diesen Worten förmlich die Ohren auf. Um seine Neugier zu verbergen, lehnte er sich auf seinem Stuhl zurück.

»Wir begannen bei der MAID mit den Spanten achtern, bis wir das vordere Ende des Kiels erreicht hatten. Um neben der geringeren Registertonnage einen schärferen Bug mit einem größeren Auftrieb zu bekommen, unterbreiteten wir den Eignern Mr. Nicole und Mr. Munro den Vorschlag, den Vorsteven so weit nach vorn auslaufen zu lassen wie ein Galion ...«

»Sie waren wohl begeistert darüber«, unterbrach Kenneth.

»Im Gegenteil, Gentlemen. Skepsis und Unentschlossenheit herrschten vor. Wir konnten sie anfänglich für einen Bug, der das Wasser leicht durchschneidet, nicht begeistern. Erst als wir ein weiteres Skelettmodell anfertigten, welches sich nun im Besitz von Mr. Munro befindet, konnten wir die Herren überzeugen und die SCOTTISH MAID auch vollenden und vom Stapel lassen.«

William Hall fuhr fast zärtlich mit dem Zeigefinger die Buglinie des Modells entlang. »Als mein Vater, mein Bruder und ich die MAID das erste Mal im Wasser schwimmen sahen, waren wir davon überzeugt, einen vollkommenen Bug geschaffen zu haben. Sogar unsere härtesten Gegner zählen nun zu den wärmsten Befürwortern. Sie nennen ihn nun voller Respekt den ›Aberdeen-Bug‹!«

»Mr. Hall, wir gratulieren ebenfalls mit allem Respekt zu dieser Leistung und sind gleichzeitig stolz auf Schottland! Gibt es denn noch eine wesentliche Neuerung an ihr, von der wir wissen sollten und die für unsere Entscheidung, die MAID zu kaufen, von Bedeutung wäre?«

»Die Bemastung und die Takelung sind neu. Neben dem ordentlichen Fall nach achtern haben wir die Bugsprietbefestigung neu konstruiert. Sie ragt nicht wie bei einer Brigg aus dem Rumpf heraus, sondern durchstößt die Relingslinie klar vor der Galionsfigur. Der Neigungswinkel ist damit geringer. Dies ergibt mehr Tuch am Wind. Der Fuß des Bugspriets ist in den Pallpfosten eingelassen, während die nach vorn geneigten Betinge zusätzlich Halt geben, wobei das Wasserstag und die Bugstage es fest am Bug absichern. Ein klares Erkennungszeichen unserer Clipper, Gentlemen, und die Krönung des Aberdeen-Bugs!«

Morgan rückte wieder etwas näher an den Tisch heran, um seinerseits mit der Hand am Bug entlangzufahren.

»Was für einen entscheidenden Vorteil hat Ihrer Erfahrung nach die konvexe Linie des Vorschiffes?«

William Hall zögerte etwas. Morgan spürte, daß er sich nahe genug an ein Schiffbaugeheimnis herangetastet hatte.

»Ich kann es Ihnen nicht erklären, jedoch zeigen.« Hall deutete hinter sich Richtung Innenhof. »Wenn es Ihre Zeit zuläßt, Gentlemen, können wir den Versuch drüben in der Werkstatt wagen.«

»Mit dem größten Vergnügen, Mr. Hall«, stimmte Morgan freudig zu.

Während Hall das Halbmodell wieder zurück an die Wand hängte, ergriff Kenneth das Wort. »Mr. Hall, eine Frage im Zusammenhang mit den Eignern beschäftigt uns zunehmend, und wir hoffen, Sie können uns ohne jegliche Verletzung der Diskretion etwas darüber berichten. Aus welchem Grund soll dieser exzellente Clipper-Schoner verkauft werden?«

Hall blieb im Raum stehen und blickte zu Boden als mustere er seine Schuhe. »Sie müssen verstehen, Gentlemen, ich kann Sie aus Gründen der Verschwiegenheit gegenüber meinen Kunden nicht vollständig über die Hintergründe und Ursachen des Verkaufs aufklären. Doch soviel kann ich sagen, daß unsere MAID technisch in bestem Zustand und in ihrer Schnelligkeit noch unübertroffen ist. Sie segelt die Strecke London–Aberdeen in achtundvierzig Stunden, und es ist die volle Wahrheit, wenn ich sage, daß unser Clipper am Wind, bei frischer Brise, doppelt so schnell läuft wie die Smack, auf der Sie hierher gesegelt sind. Sie werden erleben, daß *in puncto* Ladefähigkeit und im Abwettern eines Sturmes kein anderer Schoner es mit unserer SCOTTISH MAID aufnehmen kann.«

Hall machte eine kleine Pause und setzte sich wieder an seinen Schreibtisch. Dann sah er abwechselnd Morgan und Kenneth an. »Gentlemen! Achtzehn Personen haben während des Baus der Scottish Maid versucht, ihre Ideen einzubringen. Sie alle besaßen Anteile an dem Schoner. Mr. Nicole und Mr. Munro besitzen, soweit ich weiß, inzwischen mehr als die Hälfte der Anteile und wollen nun selbst Haupteigner werden. Es kommen neue Schiffe. Mehr kann ich Ihnen nicht sagen.«

»Herzlichen Dank, Mr. Hall. Sie haben uns damit sehr geholfen«, erwiderte Kenneth.

William Hall nickte stumm.

»Wenn Sie noch eine Frage gestatten«, übernahm Morgan wieder das Gespräch.

»Bitte!«

»Ich habe aus dem Besichtigungsbrief für das Lloyd's Register entnommen, daß die Maid die Klasse 5 A 1 erhielt. Warum diese niedrige Klasse?«

»Wir nehmen zum großen Teil Kiefernholz. Für den Vor- und Achtersteven sowie für die Außenhautbeplankung über dem Boden verwenden wir Eiche und für die Bodenwrangen Buche.« Hall erhob sich abrupt von seinem Stuhl und sagte selbstbewußt: »Gentlemen, wir leisten beste handwerkliche Arbeit und bieten unseren Kunden vernünftige Preise. Die Anerkennung unserer Arbeit reicht inzwischen über England hinaus. Darf ich Sie nun hinüber in die Werkstatt bitten?«

Mit eiligen Schritten durchmaß William Hall den Innenhof, öffnete den Flügel eines Tores und führte seine Gäste aus Greenwich in eine mehrfach abgeteilte Halle, die Schmiede und Schreinerei in einem war. Neben Zimmermannsarbeiten für den Innenausbau wurden in dieser Abteilung augenscheinlich Blöcke, Jungfern, Belegnägel und Klampen gefertigt. Hall schritt auf zwei Werkbänke zu, zwischen denen ein mit Wasser gefüllter Glastank aufgestellt war.

»Mr. Hadden, bringen Sie mir das Terpentin«, wies er den Mann an, der die Eintretenden zuvor höflich begrüßt hatte.

»Gentlemen, ich hatte versprochen, Ihnen etwas zu demonstrieren, was sich nicht erklären läßt.«

Morgan und Kenneth bestaunten einen Glastank, der eine Länge von etwa zehn und eine Breite von knapp zwei Fuß aufwies. William Hall ließ sich ein definiertes Quantum Terpentin in einen Meßbecher abfüllen. Das goß er in den Tank und wartete, bis sich der rote Film gleichmäßig über die Wasseroberfläche verteilt hatte. Kenneth und Morgan beobachteten den Vorgang gebannt. Nun entnahm William Hall aus einer Werkbank zwei sauber gearbeitete Schiffsrümpfe, die etwa zwanzig Zoll lang waren und in der Position der Großmasten einen hölzernen Rundstab aufwiesen. An ihm befestigte er eine Zugleine, die am Ende des Tanks über eine leichtgängige Rolle lief, und setzte das Schiff am anderen Kopfende in den Tank.

»Gentlemen, dies ist ein konventioneller Rumpf. Achten Sie bitte auf das Wellenbild.«

Daraufhin zog er den Rumpf gleichmäßig durch den Tank. Der Bug verursachte eine deutlich ausgeprägte Störung des Terpentinfilms am Bug, sowie eine Verwirbelung mit klarem Wasser am Heck. Als das Modell am Rand des Tanks anstieß, hob er es heraus und wiederholte die Versuchsanordnung mit dem zweiten Modell.

»Gentlemen, dies ist eine getreue Nachbildung des Rumpfes der SCOTTISH MAID!«

Die Mackay-Brüder verfolgten fasziniert den zweiten Versuch. »Nicht zu glauben! Unfaßbar!« meinte Morgan. »Phänomenal!« pflichtete Kenneth ihm bei. Die Oberfläche des Terpentins blieb glatt, wie von einem Messer durchschnitten. Weder eine ausgeprägte Bugwelle war zu beobachten, noch wurde eine Verwirbelung am Heck sichtbar, obwohl William Hall das Modell der MAID etwas schneller durch den Tank gezogen hatte.

»Gentlemen, ich hoffe, der Versuch hat Sie überzeugt. Ich bin mir sicher, Sie werden sich, noch bevor Sie Ihren Fuß wieder an Land setzen, für die SCOTTISH MAID entschieden haben.« Daraufhin zückte er seine Taschenuhr: »Sie müssen mich nun entschuldigen. Die Geschäfte. Ich werde auf der Werft gebraucht.«

Morgan trat an William Hall heran. »Mr. Hall, wir haben zu danken für Ihre Offenheit und die guten Eindrücke, die wir von Aberdeen und Ihrer Werft mitnehmen dürfen. Sie werden von uns hören.«

»Ich würde mich sehr darüber freuen zu erfahren, ob es Ihnen gelungen ist, unsere MAID zu erwerben.«

»Darauf können Sie sich verlassen, Mr. Hall«, erwiderte Morgan.

Beim Hinausgehen auf den Innenhof fragte Morgan wie beiläufig. »Ach, Mr. Hall! Was würde ich bezahlen müssen, wenn ich heute einen Kontrakt mit Ihnen über die SCOTTISH MAID abschließen würde?«

»Ausgerüstet und vollkommen seeklar 1700 Pfund!«

Morgan verbeugte sich knapp und sagte: »Mast- und Schotbruch!«

Auf der York Street, dem Hafen zustrebend, fragte Kenneth seinen Bruder: »Zufrieden?«

»Sehr!«

Einige Schritte weiter sagte Morgan: »Erinnere mich bitte daran, daß ich George Munro das Skelettmodell der Bugform abverlange.«

»Geht klar! Vermutest du was?«

»Ich bin mir sicher, es ist die Bugkonstruktion der SEA LARK!«

Es war der letzte Freitag im September und weiß Gott kein gewöhnlicher Tag für die Mackays. Schon deshalb nicht, weil der Tag sich sonnig-mild zeigte und – was selten genug der Fall war – fast völlige Windstille auf der Blackwall Pier herrschte, so daß die Damen einmal nicht um ihre Hüte bangen mußten.

Rund um die Anlegestellen befanden sich heute so viele Spaziergänger, daß sie die Masse der Uniformierten, die aus den Rümpfen der Schiffe hervorquoll, aufwogen. Blackwall Pier zeigte sich von seiner besten Seite. Keine Auswanderer, die, zwischen Kisten und Bündeln zusammengedrängt, stoisch auf ihre Abreise warteten. Keine Bankrotteure, keine meuternden Soldaten, keine wüsten Schläger und auch keine gestrandeten, bärtigen Veteranen.

Zwei Besonderheiten zauberten an jenem Vormittag ein zufriedenes Lächeln in Magnus' Gesicht: Zum einen flankierten ihn die Damen seiner Söhne, Sarah Goldsmith und Anna Leskowa, die mit ihm gemeinsam die Mole entlangspazierten; zum anderen war es die Gewißheit, daß sie, wenn sie alle zusammen Blackwall Pier wieder verlassen würden, Eigner des schnellsten Clipper-Schoners Englands sein würden ...

Neben einigen Marineoffizieren strebten vor allem zylinderbewehrte Zivilisten dem Blackwall-Dock Nummer drei entgegen, wo die Versteigerung der SCOTTISH MAID ab elf Uhr beginnen würde. Manch elegant gekleidete Dame, die von ihrem Begleiter eilig über das Pflaster gezogen wurde, hatte sich mit einem Blumenstrauß eingefunden, um vermutlich jemanden willkommen zu heißen oder, dem Anlaß entsprechend, einfach nur festlich geschmückt dem Spektakel beizuwohnen.

Die Mackays schlenderten dagegen gemütlich einher, wobei viel durcheinander geredet und das meiste sofort wieder vergessen wurde. Die Fröhlichkeit und das Lachen, das sie umgab, paßte zum Plätschern und Gurgeln der Themsewellen, die gegen die Kaimauer schlugen. Die milde Luft, der Geruch des Meeres, die Hügel von Greenwich vor dem glitzernden Wasser des Themsebogens und das beständige Vorüberziehen geschäftiger, geputzter Leute ließen sogar den Anblick der nüchternen Dockanlagen märchenhaft erscheinen.

Magnus hatte sich schon lange nicht mehr so glücklich gefühlt wie in diesen Stunden. Die Abgeklärtheit des Alters gegenüber den Turbulenzen des Lebens war einer jugendlichen Vorfreude gewichen. Die jungen Frauen, rechts und links untergehakt, erfüllten ihn mit einer inneren Zufriedenheit. Vielleicht lag es auch daran, daß Blackwall für die meisten Seefahrer als die »glückliche Pier« galt. Ein Treffpunkt für junge Paare, in Wahrheit aber auch ein Ort vieler Spannungen und Wechselfälle des Lebens.

Die Fröhlichkeit der jungen Damen förderte Magnus' gute Laune zusätzlich. Ihre Höflichkeit ihm gegenüber war von allerlei Neckereien gewürzt. Beide Damen hatten sich offensichtlich ein Bild von ihm gemacht, das der Wirklichkeit nicht ganz entsprach. Magnus hatte ihnen, ohne es zu wollen, etwas vorgemacht. Seine

Strenge, seine Machtbesessenheit und auch das bewegte Leben der Vergangenheit blieben den Damen verborgen.

Sie schätzten an ihm das abgeklärte Bild eines wohlhabenden Mannes, der einen feinen Palast auf dem vornehmen Hügel von Blackheath besaß, und die Art, sich zu geben, die man in London als altväterlich bezeichnete.

Magnus jedenfalls genoß die Stunden mit den charmanten Damen. In seinem Gedächtnis lebte plötzlich alles wieder auf: sowohl das, was am Assynt geschehen war, als auch die Erinnerungen an die verliebten Tage auf Skye, als er seine junge Frau Barbara zu sich nach Scoury House holte. Er verfiel in Tagträume, und in seiner Phantasie vermischte sich das Gewesene mit dem, was kommen würde. Jedenfalls, so sagte er sich, hatte sich zu guter Letzt alles gelohnt. Das Schreckgespenst eines gestutzten, flügellosen Lebens war erfolgreich abgewendet, und wie er die Damen links und rechts neben sich einschätzte, würde der Mackay-Clan bald wieder zu wachsen beginnen. Endlich!

Nahe dem Dockeingang kamen sie am verrufenen *Tap House* vorbei, in dem, so hieß es, soviel Alkohol getrunken wurde, wie die Gezeiten Wasser die Themse hochspülten, um die Marschen zu überfluten. Kaum ein Matrose auf den Ozeanen der Erde, der nicht schon an der Theke einen »Pier-head-jump« seine Kehle hinuntergeschüttet hattte. Auch der blinde Billy war schon auf den Beinen und pries vor dem Tor die Qualität seiner Süßigkeiten mit der Stimme eines Nebelhorns an.

Morgan blickte auf seine Taschenuhr. »Es wird Zeit. Ein wenig Orientierung kann nie schaden.«

»Orientieren wir uns am Objekt der stillen Träume und holen es herüber in die Wirklichkeit«, sagte Sarah schelmisch.

Als sie Blackwall Nummer drei betraten, sahen sie die Scottish Maid, an Steuerbord- und Backbordseite durch eine Reihe schwerer Balken abgestützt, im Trockendock liegen.

»Das sieht ja aus, als müßte man sie rudern«, lachte Miss Anna.

Die Gesellschaft stimmte in ihr Gelächter ein, denn man konnte tatsächlich den Eindruck gewinnen, es handele sich bei den Stützen um gigantische Riemen, die zur Ausrüstung einer Galeasse moderner Art gehörten.

Sie traten bis an das leere Bassin heran und sahen, daß sich Menschen wie Ameisen auf dem Clipper-Schoner tummelten, offensichtlich die letzte Gelegenheit wahrnehmend, den inneren und äußeren Zustand des Schoners zu überprüfen.

»Ist sie nicht scharf gebaut«, wisperte Morgan, wobei seine Augen glänzten.

»Ja, wie Pfeffer«, machte sich Sarah über ihn lustig.

»Ja, doch. Wohlgeformt das Galion, gut proportioniert das überhängende Heck und, ich kann's nur bestätigen, scharf und klar die Linien«, tönte Kenneth und löste bei den Damen ein heiteres Lachen aus.

Magnus, der schon vom Ernst der kommenden Stunde ergriffen war, winkte seine Söhne zu sich.

»Verzeihen Sie, meine Damen, aber wir haben noch eine Kleinigkeit zu besprechen.«

Als sie sich einige Schritte entfernt hatten, repetierte Magnus wie aus einem Katechismus: »Also hört! Das Einstiegsgebot wird sicher bei eintausend Pfund liegen. Du, Morgan, steigerst anfangs als einziger von uns mit. Mitbieten im vorgegeben Rahmen! Sollten sich am Ende zwei oder drei hartnäckige Käuferseelen hervortun, werden wir die Steigerungsraten schlicht verdoppeln. Um sie endgültig zu demoralisieren, wirst du, Kenneth, auf mein Zeichen hin, die Steigerung im richtigen Moment verdreifachen, und du, Morgan, wirst gleich danach draufsatteln. Wir setzen damit unsere Macht kontrolliert ein. Ihr werdet sehen, wir putzen die Konkurrenz schnell weg und kommen dabei noch günstig davon. Es ist eine alte Erfahrung, die nur wenige nutzen. Erst bei den Sprüngen nach oben ziehen die meisten nicht mehr mit, wogegen sie sich mit kleinen Summen immer weiter nach vorne wagen.« Magnus fixierte seine Söhne: »Gibt es noch etwas zu besprechen?«

Morgan und Kenneth verneinten.

»Was ist mit deinen Leuten?« richtete Magnus seine Frage an Kenneth.

»Alle drüben an Bord, wie ich sehen konnte.«

»Gut so. Schlechtes Kiefernholz läßt den Mut der Mitbieter am schnellsten sinken. Ich hoffe nur, sie übertreiben bei der Verbreitung des Gerüchts nicht allzusehr.«

»Keine Sorge, Vater, sie sind Meister im Aussäen wohldosierter Gerüchte.«

Schon hörten sie den hellen Schlag einer Schiffsglocke und einen Hammer, der dreimal dumpf auf ein Brett pochte. Ein Riese von Mann in Frack und Zylinder erklomm mit einem Hammer in der Linken ein Podest, stellte sich an das Rednerpult, und eröffnete die Auktion mit sonorer Stimme: »Ladies und Gentlemen, *Russel & Co.* haben mich beauftragt, im Namen der hier anwesenden Haupteigner und Korrespondenzreeder Messrs. Alexander Nicole und George Munro, den hier im Trockendock zu besichtigenden Clipper-Schoner, SCOTTISH MAID, an den Meistbietenden zu versteigern. Treten Sie näher! Treten Sie näher!«

Wie an unsichtbaren Schnüren gezogen, versammelten sich alle, die sich auf dem Gelände und auf der MAID bewegt hatten, am westlichen Kopf des Docks. Es mochten wohl an die zweihundert Personen sein, von denen sicher nur einige wenige dem Beginn der Versteigerung entgegenfieberten.

Magnus zog sich mit den Damen auf den linken Flügel zurück und stellte sich auf eine gemauerte Plattform, von wo aus er von seinen Söhnen, die auf dem rechten Flügel der Menschenansammlung Position bezogen hatten, gut gesehen werden konnte. Links neben dem Pult des Auktionators saßen an einem grob gezimmerten Tisch zwei Männer, etwas beschattet von Holunderbüschen. Der eine von ihnen stopfte sich eine Pfeife, so geruhsam, als säße er in seinem eigenen Garten. Magnus ahnte, daß es George Munro, der Haupteigner der MAID war, der sich, einfach gekleidet, zwischen all den modischen Fräcken bescheiden zeigte.

Der Hammer des Auktionators krachte zum wiederholten Male auf das Schlagbrett. Seine Größe und sein dunkler Gesichtsausdruck waren respekteinflößend. Wäre Magnus ein Maler, der einen Tyrannen auf die Leinwand bannen wollte, so hätte er kein besseres Modell finden können.

»Der zur Versteigerung aufgerufene Schoner«, rief der Auktionator durchdringend über die versammelte Menschenmenge hinweg, »wurde auf der Werft *Hall & Sons* in Aberdeen gebaut, SCOTTISH MAID getauft, am 6. August 1839 abgenommen, und in Anwesenheit der Herren Eigner Munro und Nicole vom Stapel gelassen. Sie besitzt die Abmessungen 28,16 mal 5,91 mal 3,48 Meter und 124 *tons* neuer Vermessung!«

In schneller Folge verlas er weitere wesentliche Daten des Schoners, von den Spieren über die Masten bis hinunter zum Kielschwein und beendete den Pflichtteil mit der Aufzählung der wichtigsten Ausrüstungsgegenstände, beginnend vom Anker, über Signalflaggen, bis hin zur vorhandenen Sackleinwand.

Hatten die meisten Zuhörer bis dahin mehr gelangweilt als interessiert zugehört, so wußte doch ein jeder, daß die nun zu erwartenden Ausführungen des Auktionators über die besonderen Verwendungsmöglichkeiten des Schoners den Ausgang der Auktion und damit die Höhe des zu erzielenden Preises erheblich beeinflussen konnten. Magnus wünschte ihm daher einen schlechten Tag.

Es entstand eine kleine Pause, in der Mr. Nicole an das Pult herantrat, um dem Versteigerer etwas zuzuflüstern. Gemurmel erhob sich, das augenblicklich mit einem Hammerschlag verstummte.

»Ladies und Gentlemen! Die Scottish Maid ist wie geschaffen für die Verwendung als Opiumschiff zwischen Bombay, Kalkutta und dem neu gewonnen Handelsstützpunkt in China, der Insel Hongkong, die China, aufgrund der neuen Verträge von Nanking, auf ewig an die britische Krone abtreten mußte. Sie können sicher sein, daß die Scottish Maid schneller als irgendein anderes Schiff in diesem Handelszweig sein wird. Der Sieg Britanniens über China wird dazu führen, daß die eingeführte Opiummenge von durchschnittlich dreitausend Tonnen pro Jahr in Zukunft bei weitem überschritten wird. Horrende Gewinne lassen sich damit erzielen, die den Mindestkaufpreis der Scottish Maid von £ 1100 lächerlich erscheinen lassen. Sie ist im Holz völlig gesund und wie ein neues Schiff durchgehend kupferfest verbolzt. Sie konnten sich davon überzeugen, daß auch die Decks, das Oberwasserschiff und die Spieren noch recht neu sind. Sie ist mit großer Sorgfalt und einem Kostenaufwand von damals £ 1700 gebaut worden, so daß das Mindestgebot für Britanniens schnellsten Clipper-Schoner in meinen Augen zu niedrig angesetzt ist. Ich füge mich jedoch dem Willen der Eigner. Damit Sie aus diesem schnellen Schiff das Beste machen, nehme ich nun Ihre Angebote entgegen. Eintausendeinhundert Pfund sind gefordert! Eintausendeinhundert ... Wer bietet mehr für den schnellsten ..., Eintausendeinhunderzwanzig sind geboten! Einhundertzwanzig! Vierzig ..., sechzig ..., Eintausendeinhundertachtzig ...«

Während Magnus sich eingestehen mußte, daß der Auktionator einen besonders guten Tag erwischt hatte, waren Morgan und Kenneth auf dem anderen Flügel vor Wut erblaßt. Sie mußten sich eingestehen, daß ihre geheimsten Pläne und Überlegungen plötzlich vor einer gierigen Meute von Profiteuren hinausposaunt worden waren. Zornig schwor sich Morgan, daß er Blackwall nicht ohne die MAID verlassen würde.

An der Verfolgungsjagd der hübschen schottischen Maid beteiligten sich bei »eintausendzweihundertsechzig« noch sechs Mitbieter, bei »eintausenddreihundertvierzig« noch drei und bei »eintausenddreihundertachtzig« offensichtlich nur noch zwei Herren, die sie ernsthaft entern wollten.

In jenem Augenblick gab Magnus das verabredete Zeichen.

»Eintausendvierhundertzwanzig«, schrie Kenneth sein Angebot heraus. Daraufhin brüllte Morgan, ohne das weitere Ritual des Auktionators abzuwarten, sein: »... vierhundertsechzig!« hinterher.

Die Köpfe der Menschen drehten sich in seine Richtung und hielten Ausschau nach dem kühnen Bieter. Plötzlich rief Vater Mackay am anderen Flügel, zum Erstaunen seiner Söhne: »Eintausendfünfhundert!«

»Oh! Oh! Hört! Verrückt!« riefen einige in der Menge.

Die Köpfe der Menschen schnellten zurück auf den linken Flügel, dort wo Magnus mit den beiden Damen stand, wobei sich gespannte Stille im Publikum breitmachte. Sogar der Gorilla auf dem Podest vergaß für einen Moment seine Aufgabe. Aber er hatte sich schnell wieder in der Kontrolle.

»Eintausendfünfhundert sind geboten durch den Herrn mit den beiden Ladies. Ladies and Gentlemen: eintausendfünfhundert!« Er blickte routiniert in die Runde, doch keine Hand bewegte sich mehr nach oben. »Eintausendfünfhundert! Zum Ersten! Zum Zweiten! Und zum ...!« Der Hammer knallte nieder.

Trunken vor Freude riß Morgan die Hände hoch, während Kenneth sich durch die lebhaft diskutierende Menge kämpfte, um zu seinem Bruder zu gelangen. Wie Lausbuben, denen ein besonderer Streich geglückt war, freuten sie sich der Tatsache, daß die MAID nun endlich ihnen gehörte. Die Arme gegenseitig über die Schulter gelegt gingen sie die wenigen Schritte, abseits der Menschenmenge, zum Trockendock.

Morgan breitete die Arme aus: »Sie wird uns Appetit machen auf mehr Geld und auf mehr Macht! Lächerliche eintausendfünfhundert Pfund für diese Schönheit, für dieses Wunder, für diese Ästhetik. Ich werde sie immer lieben!«

»He! Ihr verwegenen Piraten, vergeßt uns nicht dabei«, rief eine fröhliche Stimme hinter ihnen. Sarah und Anna waren herübergeeilt, um die Freude der Brüder zu teilen. Während Kenneth Anna stürmisch umarmte, faßte Morgan Sarah bei den Hüften und stemmte sie nach oben. Als er sich mit ihr drehte, zappelte sie und rief:»Laß mich runter, laß mich runter…«

»Miss Sarah! Nur wenn Sie mit meinem Vorschlag einverstanden sind.« Behutsam setzte er sie wieder ab.

»Was für ein Vorschlag?« fragte Sarah laut.

»Psssst«, zischte Morgan und verschloß ihr mit der Hand sanft die Lippen. Dann flüsterte er ihr ins Ohr: »Wir können sie unmöglich die erste Nacht allein im Dock liegen lassen. Das würde sie uns nie verzeihen. Eine SCOTTISH MAID besteht darauf, die erste Nacht zusammen mit ihrem neuen Eigner zu verbringen. Das ist Pflicht!«

»Sie sind verrückt, Morgan.«

»Es ist Brauch und wird uns auf allen Meeren Glück bringen. Wir werden es dringend brauchen … du … und … ich …«

Erst überlegte sie. Doch das *»du … und … ich …«* wirbelte ein warmes Glücksgefühl in ihrem Innersten auf. Es gibt nur wenige Momente im Leben, in denen der Mensch ganz besonders dicht an der Schwelle des wachen Lebens steht und erkennt, daß die Welt, die vor ihm liegt, nicht mehr dieselbe ist. Morgan glaubte, dies in Sarahs Augen zu erkennen.

Doch schon quälte Sarah der Gedanke, daß sie wohl nie Morgans Frau werden konnte. Was suchte eine Jüdin in einer christlichen Clan-Familie? Würde sie als jüdische Schwiegertochter akzeptiert werden? Vielleicht gab es Ausnahmen? Doch geschah dies unter Bedingungen, die, wie sie glaubte, nur wenige erfüllen konnten. Sarahs Lebenserfahrung sagte ihr, daß Geld, viel Geld mühelos Schwiegerväter und Vettern findet, denn nur wo Münzen klirrten, schwiegen die Philister. Eine zweite Chance, trotz ihrer Abstammung akzeptiert zu werden, unterlag einer Bedingung, die sie, so fand sie, ebenfalls nicht erfüllen konnte. Die auserwählte Frau mußte außergewöhnlich begehrenswert sein. Ein einzigartiges, bezauberndes Geschöpf, von Männern umlagert! Doch am aussichtsreichsten, das sah sie mit klarem Verstand, wäre beides zusammen: schön und reich zu sein. Davon, so quälte sie sich, war sie freilich weit entfernt. Nur ein Wunder konnte die Hindernisse aus dem Weg schaffen.

»Was ist mit dir?« fragte Morgan besorgt, der die Veränderung ihrer Stimmung bemerkt hatte.

»Ach nichts, es war nur ... ein Tagtraum, eine winzige Anlehnung an die MAID ...«

Morgan bot ihr seinen Arm an. »Wir sollten die Anlehnung zur Neigung machen!«

»Oh! Diesen Arm nehme ich gern an ...«

Als sie sich gemeinsam Pult und Tisch näherten, sahen sie, wie Magnus mit Mr. Nicole und Mr. Munro die Verträge studierte.

»Da sind ja meine Söhne!«

Mr. Munro, Mr. Nicole, der Auktionator und ein Jurist namens Spencer sahen ihnen entgegen. Magnus lachte, schürzte gutgelaunt die Lippen, während er die verblüfften Gesichter musterte.

»Ich verstehe nicht ...«, sagte Mr. Munro.

»Machen Sie sich darüber keine Gedanken. Es handelt sich um eine reine Clan-Angelegenheit.«

Bevor die Herren antworten konnten, sagte Morgan: »Gentlemen, wir unterzeichnen die Verträge in der Kapitänskajüte der SCOTTISH MAID.«

Obwohl dies als ungewöhnlich galt, entsprach die Gegenseite Morgans Wunsch. Auf dem Weg zum Schiff vereinbarten Morgan und Mr. Munro den baldigen Austausch des Bug-Skeletts, von dem William Hall den Mackay-Brüdern berichtet hatte. Als sie in der Kajüte um den Eichentisch Platz nahmen, rief Vater Magnus nach Sarah und Anna, die am Niedergang warteten: »Ladies, treten Sie näher. Lassen Sie uns den Augenblick zusammen genießen.«

Wenig später verlas der Jurist feierlich den Kaufvertrag. Als am Ende alle ihre Unterschriften daruntergesetzt hatten, blickte Morgan voll Stolz auf den Absatz der Urkunde, der die Eigneranteile an der SCOTTISH MAID festschrieb:

| | |
|---|---|
| Morgan Mackay | 51 % |
| Kenneth Mackay | 29 % |
| Magnus Mackay | 20 % |

George Munro erhob sich als Erster. »Gentlemen, es ist zwar nicht mehr mein Schiff, doch ich weiß, wo ein guter Whisky versteckt ist. Sie gestatten?«

»Nur zu«, ermunterte ihn Morgan.

Munro öffnete eine Schranktür und entnahm einem abschließbaren Fach einen Halter mit zwölf Bechern, dazu eine Flasche Whisky, stellte alles auf den Tisch und füllte die Trinkgefäße. Als die Becher gefüllt waren, hob Munro den seinen und brachte einen Toast aus: »Auf Britannien und die Königin ...«

Morgan setzte seinen Becher ab. Sein Vater und Kenneth folgten ihm sogleich. Gleichzeitig nahmen auch die Damen ihre Becher von den Lippen. Munro war irritiert und blickte hilfesuchend um sich. Seine Begleiter sahen konsterniert zu Boden.

Morgan grinste, erhob seinen Becher erneut und beschrieb damit einen Halbkreis: »Gentlemen, dies ist ein schottischer Schoner! Der Tradition gehorchend, hat sich unsere MAID einen schottischen Trinkspruch verdient. Auf die SCOTTISH MAID und Bonnie Prince Charlie!«

»Bonnie Prince Charlie!« donnerten Magnus und Kenneth als Erwiderung. Bis auf Mr. Spencer tranken alle mit.

Kurz darauf verließen Mr. Munro und sein Gefolge fluchtartig das Schiff. Kaum waren sie verschwunden, als unter Deck ausgelassene Heiterkeit losbrach.

»Ich vermute, das Zutrauen der Gentlemen in unsere Friedfertigkeit hielt sich in Grenzen«, prustete Kenneth los.

Man schob die Stühle in die Mitte der Kajüte, ließ die Flasche kreisen, erklärte den Beginn eines neuen Zeitalters und bezeichnete die MAID von nun an als eine Art internationale Insel, als einen

Freihafen, in dem nur die Clan-Mitglieder anlegen durften. Die Damen erklärten im Gegenzug die Kapitänskajüte zu ihrem Salon, zu einem Theaterfoyer, sollte der Schoner gelöscht im Black Wall Dock liegen, und als Beichtstuhl, sobald er nach seiner Rückkehr von den Ozeanen in der Themse seinen Anker werfen sollte. Kenneth dagegen schwor, daß sie auf der MAID demnächst, auf großer Fahrt, miteinander wie Brüder in der Messe essen, dafür aber wie Kampfhähne leben würden. ...

Schritte auf dem Deck kündigten an, daß Dockarbeiter den Schoner betreten hatten, um ihn, wie geplant, in das Bassin zu verholen.

»Vater! Kenneth und ich werden die erste Nacht hier an Bord verbringen. Morgen werden wir die weiteren Pläne besprechen und daran gehen, die Mannschaft zu rekrutieren.«

»Was ist mit den Damen? Nehme ich sie mit?«

»Vater!«

Morgan meinte zu beobachten, daß die Gesichtsfarbe seines Vaters plötzlich ins Rötliche spielte.

»Ich ... ich wollte ja nur ...«

»Wir sehen uns spätestens morgen abend im Paragon«, sagte Morgan trocken, und begab sich mit allen anderen gemeinsam an Deck, um die Arbeiten der Matrosen und das Fluten des Docks zu beobachten.

Am späten Nachmittag lag die SCOTTISH MAID fest vertäut an der östlichen Pier des West India Dock.

Während der Schoner durch die Schleusen verholt worden war, hatten Sarah und Anna in der Messe genügend Vorräte gefunden, aus denen sich ein akzeptables Buffet arrangieren ließ. Bei geöffneten Oberlichtern, auf einem blütenweißen Hafentischtuch und bei Kerzenlicht entkorkte Morgan Flaschen von rotem Burgunder, die er unter den zurückgelassenen Schätzen in der Kapitänskajüte gefunden hatte. Mit jedem weiteren Glas trieb die Vorstellungskraft der Mackay-Brüder neue Blüten. Die Seerouten nach Indien und China lagen klar vor ihnen, obwohl sie bislang, nicht einmal in ihren kühnsten Gedanken, weder das Kap der Guten Hoffnung noch Kap Hoorn umrundet hatten. So wiegten sie sich in friedlichem Selbstvertrauen und träumten von einer schwimmenden

Wohnstätte, den schönsten Abenteuern und der besten Eintracht. Es kam ihnen vor, als hätte eine mächtige Hand in den verlorenen Menschenhaufen der Highlander hineingegriffen, sie an der Schulter gepackt, hinausgewirbelt aus ihrer vertrauten Umgebung und ihr Schicksal zu unbegreiflichen Zielen, in eine nie geträumte Richtung gewendet.

Die Nacht war längst fortgeschritten, die Kapitäns- und die Offizierskajüte für die Nacht mit je einem zusätzlichen Bett bestückt, das Frühstück für acht Uhr geplant, als Morgan ein Stück Papier aus dem Kartentisch zog, auf dem er vermerkte: »Hausflagge besorgen!«

Während Sarah und Anna jede für sich die Betten für die Nachtruhe vorbereiteten, begaben sich die Brüder noch einmal an Deck. Jeder Handgriff, jedes kleine erlebte Ereignis an Bord der MAID war für sie etwas prickelnd Neuartiges. Stumm sahen sie den geisterhaften Bewegungen der schwarzen Kreuze aus Masten und Spieren zu, die davon zeugten, daß auch die Nacht hindurch von der Themse kommende Handelsschiffe in das Dock verholt wurden. Das Wasser im Bassin murmelte, bewegt vom unaufhörlichen Öffnen und Schließen der Schleusen. Ab und zu durchwehte der Wind mit leichten Stößen das Rigg und verursachte ein sanftes Vibrieren auf Deck. Kurz darauf wünschten sich die Brüder eine aufregende, endlose Nacht und begaben sich unter Deck.

Die Laternen waren gelöscht, und es dauerte einen Moment, bis Morgan sich an die Dunkelheit gewöhnt hatte. Der schwache Schimmer, der durch die Öffnung des Oberlichts hereinfiel, ließ die Gesichtszüge Sarahs erkennen, die auf dem Rücken lag und das Bettuch bis zum Hals heraufgezogen hatte.

Morgan setzte sich auf seine Koje und betrachtete stumm Sarahs Profil. Sie verkörperte für ihn genau das Gegenteil von Denise aus dem *George Inn*. Und doch glaubte er zu spüren, daß Sarah keinerlei Scheu vor Ekstasen der Liebe hatte.

Er beugte sich etwas vor, um ihrem Gesicht näher zu sein. Er lauschte Sarahs Atmung, die etwas flacher und schneller ging. Ihre hohe Stirn, die kleine, etwas nach innen gebogene Nase und ihr natürlich roter Mund faszinierten ihn. Er grübelte, ob sie ahnte, daß er eine leidenschaftliche Verbindung mit ihr wünschte, die

Wärme ihrer Wonnen fühlen wollte und sie als Frau an seiner Seite sah.

Er überlegte, wie sie wohl reagieren würde, wenn er auf das Recht pochte, mit ihr in Zukunft so zusammenzuleben wie bisher: Zeit für Ozeane, Zeit für Geschäfte und Zeit für seine ihr unbekannten Huren. Wie würde sie es auffassen, wenn er ihr gleichzeitig das Versprechen abnahm, treu zu sein, nicht zu flirten, sich auf keine aufregenden Eskapaden einzulassen, während er sich jahrelang auf See befand und von Zeit zu Zeit Häfen ansteuern ließ? Was wäre, wenn er darauf bestand, daß Fehltritte ihrerseits sofort eingestanden werden müßten?

Er verbannte seine geheimen Gedanken. In einer spontanen Aufwallung griff er unter Sarahs Bettuch und stellte fest, daß sie sich vollkommen angekleidet niedergelegt hatte. Morgan, von Verlangen nach Sarahs Körper getrieben, konnte sich nun nicht mehr zurückhalten und entkleidete sie trotz ihrer anfänglichen Rebellion. Zwischendrin protestierte sie heftig und konnte doch das Eigentliche nicht aussprechen. Morgans Zärtlichkeiten waren Wechselbäder: Manchmal weich und schmelzend und dann wieder heftig fordernd, doch eintönig waren sie nie; denn für Schläfrigkeit war in jener ersten Nacht an Bord der SCOTTISH MAID keine Zeit.

Erst weit nach Mitternacht, als Morgan um ihre Hand anhielt, legte sich Sarahs Widerstand gänzlich. Nackt neben ihm liegend sprach sie endlich davon, daß sie Jüdin sei, ein in London wie in Schottland nicht unproblematischer Stand. Mit seinem spontanen Entschluß, daß sie zum protestantischen Glauben übertreten solle, wischte er auch die letzten Bedenken vom Bettlaken. Die folgenden Stunden waren angefüllt mit Zärtlichkeiten, Zukunftsplänen und Leidenschaft. Nachdem Morgan Sarah so zur Frau gemacht hatte, sank er wie betäubt in einen tiefen Schlaf.

Morgan war als erster auf den Beinen. Er brachte Wasser und frische Tücher und überließ Sarah die Kapitänskajüte, während er mit Kenneth in der Messe das Frühstück bereitete. Die Brüder zeigten sich zufrieden und tauschten sich über das Erlebte der vergangenen Nacht aus.

»Vater wird sich freuen. Wann sollen unsere Hochzeiten sein?« fragte Morgan wie beiläufig.

»Laß mich überlegen«, sagte Kenneth. Nach einer Weile meinte er: »Viel Zeit bleibt uns nicht. Wenn wir Ende Oktober Abschied von Europa nehmen wollen, sollten wir den Termin auf Mitte Oktober legen.«

»Gut! Wir werden unseren Ladies das Datum der glücklichen Fügung während des Frühstücks mitteilen.«

»Abgemacht«, erwiderte nun Kenneth.

Das Frühstück endete mit der Bekanntgabe der Hochzeitstermine. Kurz darauf drängte die erste Mackay-Besatzung der SCOTTISH MAID zum Aufbruch in den neuen Tag.

Morgan ging von der Messe allein zurück in die Kapitänskajüte. Bevor er an Deck stieg, wollte er seine Weste, als erstes Kleidungsstück von sich, im Schrank zurücklassen. Als er ihn öffnete, entdeckte er an der Innenseite der Tür ein kleines, mit Bleistift gezeichnetes Bild der SCOTTISH MAID, das jemand dort angebracht hatte. Seine Augen weiteten sich, als er den Text darunter las:

*Schmücke dich mit Pracht, und erhebe dich;*
*ziehe Majestät und Herrlichkeit an!*

Hiob, Kap. 40, Vers 10

Morgan brütete seit Tagen weit mehr über Stapeln von Papier, als ihm angenehm war. So machte er zum erstenmal direkte Bekanntschaft mit dicken Folianten nautischer Veröffentlichungen und einer Reihe von Logbüchern aus dem *Depot of Charts*, die über Seereisen in das Südchinesische Meer berichteten. Er verglich Zahlenkolonnen, anhand derer er überprüfte, welche unglaublichen Mengen an Ausrüstung und Proviant benötigt wurden. Dazu kamen ermüdende Buchhaltungsaufgaben, die ahnen ließen, welche Summen Geldes aufzubringen sein würden. Morgan stellte daraufhin bei jeder sich bietenden Gelegenheit fest, daß ihn diese abstrakte Planung anödete.

Kenneth und sein Bruder hatten sich die Arbeit zwar redlich aufgeteilt, doch Morgan glaubte, daß er den mühsameren Part erwischt hatte. Während Kenneth sich im »Pool« und in den Tavernen beiderseits des Themseufers um die Auswahl der zukünftigen Mannschaft der Scottish Maid kümmerte, erledigte Morgan die Kopfarbeit: Was benötigte ein Bootsmann an Ersatz von Jungfern, Blöcken und Scheiben? Wieviel einfache, doppelte, dreifache? Was brauchte der Zimmermann alles an Bord? Wieviel Schiffszwieback, wieviel Pökelfleisch, wieviel Trockensuppen waren nötig, damit der Smutje fünfundzwanzig hungrige Mäuler füttern konnte? Allein die Frage der Menge an Wasserfässern bereitete ihm heftige Kopfschmerzen. Morgan hatte zwar reichlich seglerische Erfahrung auf seinen Reisen gesammelt, doch einen Schoner für eine derartige Reise komplett auszurüsten geriet für ihn zu einer Pioniertat. Die Zahl der Unbekannten in seiner Rechnung wurden bei jeder Überlegung mehr.

Jedenfalls war die Durchführung in der kurzen Frist, die sie sich selbst gesetzt hatten, nicht zu schaffen. Erstellung von Proviantplänen, Warenbestellungen, Gespräche mit Händlern und Ausrüstern bei gleichzeitiger Prüfung der Angebote, Kontrolle von gezogenen Proben, die Bewaffnung und schließlich auch noch dafür zu sorgen, daß alles und jedes sicher das Black Wall Dock erreichte, war für einen einzelnen Menschen einfach zuviel …

Zwei junge, willige Gehilfen, von Morgan spöttisch Flic und Flac getauft, wurden angeheuert, um ihm wenigstens die zahlreichen Botengänge und das lästige Überprüfen der georderten Waren abzunehmen. Vater Magnus war in diesen Tagen keine Hilfe, da er mit den Vorbereitungen zur Doppelhochzeit vollauf beschäftigt war. In Blackheath Paragon brummte es wie in einem Bienenkorb.

Das einzige, was Morgan über die zähe Arbeit hinwegtröstete, waren der goldene Herbst und der Blick durch das große Fenster seines Arbeitszimmers hinaus zum klaren Himmel. Oft peilte er über den Hügel hinweg, in deren verlängerter Linie die Scottish Maid vermurt im Black Wall Dock liegen mußte.

Verklärt griff er abends zu den Reiseberichten, sog sich voll mit Kapiteln über die Routenwahl und wurde schließlich satt beim Lesen der Segelanweisungen für den Indischen Ozean. Bis in die

Morgenstunden hinein verschlang er Niederschriften über die Sunda-, Bali-, Lombok-, Atlas-, Sapi-, Ombai-Straße und träumte noch im kurzen Schlaf von den Seestraßen nach der Nordküste Javas, nach Celebes, den Molukken und Singapur. Er umrundete fast in jedem Traum, von Europa kommend, das Kap der Guten Hoffnung. Und oft hörte er eine ferne Stimme, die ihn davor warnte, daß er, einmal im Indischen Ozean, das Kap nicht noch mal runden würde. Doch geträumte Prophezeiungen schreckten ihn nicht, und Gefahren waren für ihn etwas Natürliches, gleich ob bei Tag oder Nacht.

Wovor er tatsächlich Respekt hatte und was ihm ein flaues Gefühl verursachte, waren die Berichte über die komplizierten Windverhältnisse, Strömungen und Taifune zu den wechselnden Monsunzeiten. Untiefen konnte man messen, an der Wasserfärbung erkennen, ihnen ausweichen; ja, man konnte sogar vor Anker gehen, um sich über eine Durchfahrt ein genaueres Bild zu verschaffen. Doch die Ungewißheit über Stürme der Tropenzonen, nördlich und südlich des Äquators, ließen sein Gemüt nicht zur Ruhe kommen.

Eines Morgens überzeugte er Kenneth davon, daß er neben einem erfahrenen Ersten Offizier einen Mann anwerben sollte, der mit den Windverhältnissen, Stürmen, Gezeitenerscheinungen, Magnetismen und der Navigation im Indischen Ozean sowie der Chinesischen See vertraut war. Kenneths Wahl fiel auf Maxton Shaw, einen Sonderling von knapp vierzig Jahren, dessen Wissen und Fleiß von der *East India Company* nie genutzt und anerkannt worden war. Shaw war mehr als ein Jahrzehnt für die Company gesegelt und hatte sich in jenen Jahren alles über Wetter, Winde und Meeresströmungen notiert. Vor fünf Jahren war er auf der Seereise von Kanton nach London, südlich des Äquators, in einen Zyklon geraten. Schon damals beherrschte er die Beobachtung des Barometers sowie die Zyklonenregeln perfekt. Deshalb wußte er, daß ein Segelschiff einen Wirbelsturm überstehen kann, wenn es den Wind ganze vier Strich von Backbord nimmt. Leider war seine Fähigkeit, sich durchzusetzen, nicht so gut wie seine Kenntnisse. Sein ehemaliger Kapitän ignorierte Shaws Warnungen. Er vermutete das Zentrum des Wirbelsturms auf der Breite von 12° Süd und der Länge von 70° im Nordwesten. So ließ er Kurs Südwest steuern, im Glauben, den Sturm für eine schnelle Reise ausnutzen zu können.

Doch Shaw wußte, daß sie sich schon auf einer Windbahn befanden, die in das Zentrum des eigentlichen Orkans führte. Das Schiff segelte eindeutig auf dem gefährlichen Halbkreis der Sturmbahn. Vergeblich beschwor er seinen Käpt'n, den Kurs zu ändern. Das Barometer fiel weiter, der Wind nahm an Heftigkeit zu, in einer immer schwerer und wilder werdenden See. Als der Kapitän sich zu fragen begann, ob der Sturm sich nicht doch mehr südwärts bewegte, als er angenommen hatte, oder ob derselbe nicht am Ende im Umbiegen begriffen war, kam das rettende Manöver zu spät. Ängstlich und unsicher geworden, verloren sie im unendlichen Toben der Elemente alle Masten und Spieren. Maxton Shaw wurde die Kniescheibe zertrümmerte, und er büßte obendrein noch seinen linken Arm ein ...

In den Jahren danach hatte Shaw immer wieder durch Eingaben an die Royal Navy versucht, seine Auswertung von Logbüchern fortsetzen zu dürfen, doch die verantwortlichen Marineoffiziere ließen sich nicht vom Nutzen seiner Arbeit überzeugen. Jedenfalls war Morgan froh, als Maxton, einen Tag vor der Doppelhochzeit, für die Reise auf der Scottish Maid unterschrieb.

Natürlich hatten es die Brüder eilig, die Verehelichung hinter sich zu bringen. Unabhängig davon wurde in Blackheath Paragon in den letzten Tagen mit großem Eifer gerüstet. Sarah zeigte sich glückselig über die in ihren Augen »göttliche Fügung«, wenn auch hie und da Besorgnis in ihr emporkroch, wie sie wohl die nächsten Monate und Jahre allein, ohne Morgan, in Blackheath Paragon zurechtkommen würde.

Auch Anna machte sich Gedanken darüber. Sie kamen darauf, als sie nach einem Mittagsmahl im Park spazierengingen und Sarah feststellte: »Morgan ist ein ganz anderer Mensch geworden, seit er die Scottish Maid ersteigert hat.«

»Ja, das finde ich auch, Kenneth und Morgan sind seitdem wie verwandelt.«

»Kann ich ganz offen mit dir sprechen?« fragte Sarah.

»Ja, natürlich! Das ist doch selbstverständlich.«

»Ich muß gestehen, jetzt so kurz vor der Hochzeit ... da bin ich schon ein wenig nervös ..., ich meine, ich ...«

»Da bist du nicht die einzige; das geht mir genauso ...«, fiel Anna ihr erleichtert ins Wort.

»Was hältst du von dem ganzen Vorhaben?«

»Chinesische See? Indischer Ozean? Ich weiß nicht. Ich kenne mich zu wenig aus. Nur eben das, was ich in der Zeitung darüber lese.«

»Mhm, ich habe auch etwas darüber gelesen«, erwiderte Sarah. »Für Engländer ist es in China schwieriger geworden. Der Krieg ist gewonnen, doch können jetzt alle Staaten dort Handel treiben. Engländer, so hab' ich gelesen, sind dort keine Respektspersonen mehr. Nur gut bewaffnet kann man sich im Land bewegen. Doch wie die Dinge in China wirklich liegen, davon bekommen wir hier nichts mit.«

»Laß uns auch die andere Seite betrachten, Sarah. Wir lieben Männer, die etwas verändern wollen, die alles unternehmen werden, damit es unseren Familien auch in ferner Zukunft gut geht. Natürlich werden wir viele, viele Nächte lang im Bett liegen und uns fragen, was sie gerade tun. Und natürlich werden wir Angst um sie haben.«

Sie blieben für einen Augenblick stehen und sahen sich in die Augen. Anna fuhr fort: »Ich meine, solche Gedanken sollten wir schnell wegschieben und an etwas Schönes denken. Meine Mutter hat einmal gesagt, denk an ein schönes Theaterstück mit einem glücklichen Ausgang.«

Sarah lächelte verhalten. »Da ist noch etwas.«

Anna blieb stumm. Sarah zögerte. »Er schläft kaum noch, und er ißt auch manchmal nichts.«

»Es kommt eben alles zusammen. Das Schiff, die Vorbereitungen für die Reise, unsere Hochzeiten ...«

»Nein! Es ist, als ob er hinter einer Mauer lebte. Das ich da bin, merkt er manchmal gar nicht«, brach es aus Sarah heraus.

»Es ist nur dieses Schiff. Doch du wirst sehen, das Schlimmste ist nun bald überstanden. Dann haben wir zwei, vielleicht drei Wochen ...«

»Wenig genug ...«

»Ich bin auch nicht glücklich darüber, Sarah. Doch wir haben uns nun mal für die Mackays entschieden.« Sie nahm Sarahs Hände. »Alles wird gut. Was wir brauchen sind Geduld und Zuversicht ...«

Sarah tat es gut, wenigstens mit Anna über ihre Gefühle reden zu können, wenn die Situation schon nicht zu ändern war. Wünschte sie sich doch in ihrem Herzen so sehr eine Stütze, einen Mann, einen Ehemann, und das in enger Zweisamkeit und auf Dauer ...

Der Tag rückte näher, an dem sich die Bräute eine beeindruckende, wahrhaft feierliche Trauung mit allem Drum und Dran erhofften. Eine Heirat, an der die gesamte Familie und, soweit wie nur möglich, auch der vollständige Mackay-Clan teilnehmen sollte. Magnus hatte nur allzugern die Vorstellungen seiner zukünftigen Schwiegertöchter erfüllt, die sich eine würdige Zeremonie wünschten und keinesfalls wollten, daß man ihre Hochzeit mit einer Zirkusvorstellung verwechselte. Er hatte daher keine Kosten gescheut, da er gern selbst als doppelter Brautvater glänzen und dem eigenen Clan sowie den Gästen seinen gewonnenen Wohlstand präsentieren wollte.

Die Überraschungen begannen mit der feierlichen Trauung selbst, die der Bischof von Canterbury in der St. Alfege Church, nahe der Greenwich Pier, vornahm. Die Kirche war bis auf den letzten Platz besetzt, so daß Malcolm mit Unterstützung von zwei weiteren Helfern Türdienst am Eingangsportal des Gotteshauses halten mußte, um neugieriges Volk, das in die Kirche drängte, auszusperren.

Die zweite Überraschung waren die Bräute Sarah und Anna, die an jenem Tag in ihren Kleidern den Höhepunkt des Pariser Chic vorführten. Gebleichter Batist und bestickter Organza nahmen dem ungewöhnlichen Umfang der Kleider die Schwere. Die breit geschnittenen Schultern betonten die Wespentaillen der jungen Frauen, und die fußfreien Röcke gaben Sarahs und Annas Erscheinung eine zierliche Grazie. Doch die Eleganz der Bräute ergab sich fürwahr durch die meisterhafte Arbeit der besten Putzmacherinnen Londons. Die Hochzeitsgäste sahen die kompliziertesten Gebäude aus Spitzen, Rüschen, Bändern, Blumen, Federn, welche die Haarkünstlerinnen zu bilden vermochten. Jeder Kopfputz für sich war in Farbe und Form auf das Gesicht seiner Trägerin abgestimmt. Sarah trug als Schmuck eine kunstvoll gearbeitete Ferronnière, eine kokette Goldkette, die von einer diamantbesetzten Schließe in der Mitte der Stirn festgehalten wurde. Dazu trug sie noch zwei erlesene Diamantringe über den Handschuhen. In Annas Haartracht glänzten perlenbesetzte Nadeln, hinzu kamen ein auserlesenes Kollier und eine teure goldene Schließe am Gürtel. Die großen Dekolletés begeisterten nicht nur ihre zukünftigen Ehemänner; auch die übrigen männlichen Gäste reckten die Hälse und hefteten feurige Blicke auf die zarte Haut ...

Morgan und Kenneth hatten sich für den Frack entschieden und für verschiedenartige Westen aus weißem Pikee, deren Knöpfe aus Goldtopasen gearbeitet waren. Als sie nach der Trauungszeremonie vor das Eingangsportal der Kirche traten, brach ein unbeschreiblicher Jubel los. Fahnenabordnungen der Themselotsen, der Dockarbeiter, des Zolls und Teile von der Besatzung der SEA LARK hatten sich neben viel Volk aus allen Himmelsrichtungen eingefunden. Die schmucken Paare wurden beäugt, beklatscht, berührt und mit Glückwünschen überhäuft. Ein Blumenkorso quer durch Greenwich bis hinauf nach Blackheath bildete den glanzvollen Abschluß der kirchlichen Zeremonie.

Danach zogen die jungen Paare, von Trommlerjungen und Dudelsackpfeifern begleitet, samt den Familien und geladenen Gästen in Blackheath Paragon ein, dessen Fassade sich festlich geschmückt zeigte. Der Weg führte über das Treppenhaus, wo eine Musikkapelle Aufstellung genommen hatte. Im großen Salon war die Hochzeitstafel gedeckt. Die Stimmung stieg merklich, als die livrierten Diener nach dem üppigen Mahl Whisky, Malvasier und Perlwein in großen Mengen ausschenkten. Magnus saß in seinem Ohrensessel und lächelte zufrieden. Seine Töchter Mistress und Florence waren mit ihren Männern aus Glasgow angereist. Die ersten drei Enkelkinder, zwei Jungen und ein Mädchen, im Alter von fünf, vier und drei Jahren, spielten zu seinen Füßen. Catharine beglückte ihren Vater mit der Nachricht, daß sie noch im gleichen Jahr nach London ziehen würde.

Morgan, der sich schon in den Nachmittagsstunden erschöpft

fühlte, zwang sich unter Aufbietung aller Willenskraft, sich wenigstens in diesen Feststunden ganz auf seine Braut, seine Geschwister und seine Gäste zu konzentrieren. Pausenlos wollte jemand mit ihm auf sein Glück anstoßen.

»Auf Schottland …! Auf Morgan und Sarah …! Auf Kenneth und Anna …! Auf die Mackays …! Auf Bonnie Prince Charlie …!« Aber er trank nicht. Er saß unter seinen liebsten Gästen und trank nicht. Sie wußten alle um seine Verantwortung und nahmen es ihm nicht übel. Als das bestellte Marinemusikkorps Chatham »Zur Nacht« spielte, verließen die geladenen Gäste Blackheath Paragon. Für die Familienmitglieder standen Kutschen bereit, die sie zurück in noble Gasthäuser brachten.

Als sie im kleinen Kreis noch beisammen saßen, erwähnte Magnus mit Stolz, daß auch die *Times* die Doppelhochzeit der Mackays eine Nachricht wert gewesen war. Etwas später bestaunten sie noch die Berge von Geschenken, die zwei Räume füllten. Unbemerkt wankte Morgan aus dem Zimmer, wie ein geschlagener Soldat vom Schlachtfeld.

»Was ist?« fragte Kenneth, der ihm ins Treppenhaus gefolgt war.

»Müde, sehr müde.« Morgan griff sich an die Stirn. »Verdammt, irgend etwas wollte ich mit dir noch besprechen …« Nach einer Weile fiel es ihm wieder ein. Er blickte nach allen Seiten, um sicher zu gehen, daß niemand ihn hören konnte. »Mir ist noch eingefallen, daß wir dringend jemanden an Bord haben sollten, der sich mit narkotischen Genußmitteln auskennt. Du mußt dafür eine Koryphäe finden!«

Kenneth grübelte. »Ich glaube, ich kenne da jemanden in Southwark.«

»Finde und verpflichte ihn!«

»*Aye, aye, Sir*«, erwiderte Kenneth und salutierte.

»Stehen Sie bequem«, versetzte Morgan. Beide mußten herzlich lachen.

Kurz darauf trat Sarah an Morgans Seite. »Es war ein herrlicher, gottgefälliger Tag für uns alle«, sagte sie voller Freude. Dann flüsterte sie Morgan ins Ohr: »Komm, wir wollen zu Bett gehen, Liebster.«

Wenig später fiel die Tür ihres Schlafgemachs hinter ihnen ins

Schloß. Ihre Zärtlichkeit umhüllte ihn bald wie ein weicher Flor, und sein Geist kam endlich zur Ruhe.

Unter Kapitän Morgan Mackay und seiner sorgsam ausgewählten Besatzung schlüpfte die SCOTTISH MAID am letzten Oktobertag des Jahres 1842 durch die Schleuse des West India Dock, um Kurs auf den Indischen Ozean zu nehmen. Sarah, Anna und Vater Magnus standen noch lange winkend auf der Black Wall Pier. Morgan war nicht abergläubisch, doch während der ersten Tage auf dem Atlantik erinnerte er sich zur selben Stunde eines jeden Tages an ihr Winken. In diesen Augenblicken stahlen sich Sarahs Abschiedsworte in sein Bewußtsein. »Liebster, ich bin sehr eifersüchtig auf sie ...«

»Warum?« fragte er staunend zurück.

»Eine schottische Maid entführt mir auf Jahre meinen Mann, meinen Geliebten und dazu noch meinen besten Freund ...« Sarah liefen Tränen über die Wangen, und Morgan hielt sie fest umschlungen.

»Gott sei mit dir«, hauchte sie, als er sich sanft von ihr löste und mit Kenneth an Bord ging. Sarah versprach, von Zeit zu Zeit Briefe an die Handelsniederlassungen der *East India Company* in Kalkutta und Kanton zu schicken, um von Blackheath Paragon zu berichten. Morgan versprach seinerseits, so oft er könne, Post nach Greenwich zu senden ...

Während der gesamten Reise standen Maate und Mannschaften unter der Aufsicht von Jack Moodie, dem Ersten Offizier an Bord, der vornehmlich damit beschäftigt war, die Segelstellungen bei unterschiedlichsten Winden zu justieren. Der optimale Trimm der Segel bewirkte, daß das Etmal, die Summe der gesegelten Seemeilen von Mittag zu Mittag, oft über dreihundert lag. Die von Kenneth ausgewählte Besatzung bestand ihre ersten Tests mit Bravour.

Vor allem die Verpflichtung von Maxton Shaw als Navigationsoffizier war eine der glücklichsten Entscheidungen, die Kenneth getroffen hatte. Maxton schlug vor, den Kurs des Schoners vom mittleren Seglerweg durch den Atlantik nach Westen zu verlegen, um auf günstigere Winde zu treffen. Dank der Erfahrungswerte aus den ausgewerteten Logbüchern wußte er, daß sich die unentbehrlichen Passatwinde jahreszeitlich immer ein wenig verschoben.

»Der kürzere Weg ist keineswegs immer der kürzeste«, war Maxtons Credo.

So segelten sie über 60° westlicher Länge hinaus, bevor sie nach Südosten abdrehten. Dem starken Äquatorialstrom trotzend, schnitten sie am günstigsten Punkt die Äquatorlinie, erwischten den Brasilstrom, der dort leicht nach Osten abbog und näherten sich mit raumem Wind, nun auf der anderen Erdhalbkugel segelnd, rasch dem Kap der Guten Hoffnung. Frühmorgens am 5. Dezember sah die Wache zahlreiche Kaptauben und einige Albatrosse, die in der Nähe der SCOTTISH MAID aufgetaucht waren. In Kapstadt ergänzten sie ihre Wasservorräte, rundeten am 9. Dezember das Kap selbst und gelangten in den Indischen Ozean.

Ein weiterer Glücksgriff war die Wahl von Abraham Matheson. Matheson war Anfang der dreißiger Jahre, bis zur Aufhebung des Handelsmonopols der East Indian Company, als Beamter der Company im Teehandel beschäftigt gewesen. Er wußte, daß der Schwerpunkt im Opiumhandel bei den britischen Freihändlern lag, die man in der Company als »country traders« bezeichnete. Ein Jahr später war er aufgrund der lockenden Gewinne selbst zu den Opiumhändlern gewechselt und blieb bis zum Ausbruch des ›Opiumkrieges‹ von 1840 unter Kapitän Charles Richardson auf der Brigg LORD AMHERST. Die Brigg gehörte zur Opiumflotte Bob Jardines und pendelte zwischen Indien und Kanton.

Wie sich bald herausstellen sollte, waren Mathesons Opiumkenntnisse für Morgan und Kenneth von unschätzbarem Wert. Er war nicht nur ein hervorragender Kenner der langjährigen diplomatischen und wirtschaftlichen Verwicklungen zwischen China und England in dieser Region, sondern war darüber hinaus mit allen Details und Facetten des Opiumschmuggels an den Küsten und Flüssen Chinas vertraut. Außerdem kannte er die Opiumsorten, die in Kalkutta angeboten wurden.

Die Verpflichtung von Abraham Matheson hatte ihren Preis, der den Mackay-Brüdern zunächst als unangemessen hoch erschienen war. Schließlich hatte man sich mit dem Ergebnis geeinigt, daß Matheson an den Gewinnen des Opiumschmuggels mit zehn Prozent beteiligt werden sollte.

Die Wochen auf See nutzten die Partner für die Festlegung ihrer Strategien. Nach dem gemeinsamen Mahl in der Offiziersmesse zog man sich allabendlich in Morgans Kapitänskajüte zurück, um bei frisch gebackenem Kuchen, Tee, Wein oder Whisky über den weiteren Ablauf und die zu erwartenden Probleme zu debattieren. Am »inneren Zirkel«, wie ihn Morgan nannte, nahmen nur Kenneth, Shaw und eben Matheson teil.

Ihnen allen war klar, daß Clipperschoner wie die MAID aufgrund ihrer geringen Größe zu wenig Gewinn für die Paketlinie erwirtschafteten. Auch die stark bevorzugte Strecke London–Aberdeen machte da keine Ausnahme. Gleiches galt für den Einsatz der Schoner in der Passagierfahrt, da sie selbst für die Auswanderertransporte zu wenig Komfort boten. Die wendigen Segler waren jedoch bestens geeignet, gegen die Monsune aufzukreuzen und den Piraten dieser Gewässer zu entgehen. So kreisten die Gespräche vornehmlich um die Fragen des Opiumeinkaufs und -transports, die Kontakte zu den Küstenschmugglern Chinas, zu erwartende Widerstände, Gefahren und Gewinne.

Morgan zeigte sich äußerst wißbegierig. Um Matheson auszuhorchen, begann er meist mit einem jovialen:»Sie können mir bestimmt mehr darüber erzählen ...«

Eines Abends wandte sich Morgan mit einer wichtigen Frage an Matheson. »Sind Sie sicher, daß der Opiumhandel an Chinas Küste auch nach dem Krieg in den Ihnen bekannten Bahnen verläuft?«

»Todsicher, Sir!«

»Worauf gründet sich Ihre Sicherheit?« bohrte er nach.

»Der Krieg hat doch nur zwei Dinge entschieden: Zum einen war es für uns von Bedeutung, den Chinesischen Hof zu zwingen, das bestehende Kantonsystem abzuschaffen; denn vor dem Krieg bestand der Hof hartnäckig darauf, daß alle Geschäfte ausländischer Handelsgesellschaften ausnahmslos über die bestellten *Hong*-Kaufleute abgewickelt werden müssen.«

»Eine Behinderung des freien Handels erster Güte«, warf Morgan ein.

»So ist es. Dieses chinesische Monopol wurde zerbrochen. Zum zweiten haben wir neben Kanton nun auch Hongkong, Amoy, Ninghsien und Schanghai als offene Handelsstützpunkte gewonnen, die frei sind von chinesischen Reglementierungen. Das Empire ist gewachsen!«

»Das wird für alle Opiumhändler eine Erleichterung sein«, sagte Kenneth.

Matheson schüttelte den Kopf. »Den Opiumschmuggel hat das nie interessiert, Mr. Kenneth. Geschmuggelt wird immer!«

»Im Klartext?« fragte Kenneth.

»Das heißt schlicht, daß wir versuchen sollten, die englischen Einfuhrzölle zu umgehen.«

Morgan hob stumm sein Glas, was Matheson als stilles Einverständnis wertete.

»Wurde der Opiumschmuggel durch die chinesischen Behörden stark behindert?« wollte Kenneth wissen.

»Die chinesische Marine war damals schon in einem desolaten Zustand. Personal und Einrichtungen waren verlottert, und es ist zu erwarten, daß sich die Situation nach dem Krieg eher verschlechtert hat.«

»Was ist mit der Flußpolizei?«

»Bestechlich und meist auf den eigenen Vorteil bedacht.«

»Wer schmiert die Flußpolizei?«

»Das regeln die Händler. Die Abgabe ist im Preis enthalten. Aber das war nicht das entscheidende Problem vor dem Krieg.«

»Worin lag das Problem dann?« hakte Kenneth nach.

»In der *Company* waren sich alle darin einig, daß China nie den ernsthaften Versuch unternommen hatte, den Opiumhandel wirksam zu unterbinden. Sie wollten nur die Britische Präsenz und die Forderungen des 1838 neu ernannten Chief of the Commission, Kapitän Charles Elliot, abwehren. Er hatte weder den Status eines Konsuls noch den eines Taipans. Das Parlament hatte mit seiner Entsendung – als völlig einseitige Maßnahme übrigens – praktisch einen ständigen diplomatischen Vertreter nach China geschmuggelt.«

535

»Die verdammten Engländer! Wie Hunde müssen sie überall hinpinkeln, um ihr Revier zu markieren«, fluchte Kenneth.

Doch Matheson fuhr unbeeindruckt fort:

»Der Chief war ein Segen für uns, für China aber eine ernste Bedrohung.«

»Wie kam es zum Krieg? Was waren die eigentlichen Hintergründe?« fragte nun Maxton Shaw.

»Man muß dazu eines verstehen: Der Kaiser von China hält sich für erwählt und empfindet sich als ›Himmelssohn‹. Wir leben außerhalb seines ›Himmlischen Königreichs‹ und gelten bei ihm und seinem Volk als Barbaren, als fremde Teufel, als *Fan Qui*! Die Kontakte mit den ›Teufeln‹ sollten daher auf ein Minimum beschränkt bleiben.«

»Wir werden das zu verhindern wissen«, bemerkte Morgan.

»Ich denke, die Chinesen wußten es besser zu verhindern.«

»Sie können mir bestimmt mehr darüber erzählen …«

»Nun, es war natürlich der Schmuggel insgesamt. Die *Hong* wollten, daß nur ›Ware gegen Ware‹ getauscht werden sollte. Wenn das nicht möglich war, sollten wir mit Sterling-Silber bezahlen. Den Tee gab es übrigens *nur* gegen Barzahlung in Silber. Also, je mehr Tee im Empire verbraucht wurde, desto mehr Silberbarren flossen nach China. Was bot sich daher besser an, als das illegale Zahlungsmittel Opium nach China zu bringen? Waren zunächst unsere Staatsfinanzen in Gefahr, so gestaltete sich bald die Handelsbilanz der Chinesen immer schlechter. Das Silber floß nun in umgekehrter Richtung: von China nach England.«

»Teuflisch, kann man da nur sagen. Um die eigene Nation kostengünstig mit grünem Tee versorgen zu können, wurden Millionen Chinesen zu Süchtigen gemacht«, folgerte Morgan.

»So ist es, Sir! Den Bilanzen zuliebe taten England und die Company alles. Das geschmuggelte Opium war darin zwar ein beachtlicher Posten, aber es beherrschte nicht die Ein- und Ausfuhrbilanz Chinas; denn in Wirklichkeit ließen sich unterdessen alle Händler die Waren in chinesischem Feinsilber bezahlen.«

Kenneth fragte dazwischen: »Was können wir denn an Profit erwarten, wenn wir die erste Ladung zum Kauf anbieten?«

Matheson überhörte die Frage. »Also, auch als Engländer muß

ich gestehen, es war schon eine Frechheit, was sich Elliot alles her-
ausnahm. Es ging in all den Jahren vor dem ›Opiumkrieg‹ nicht
eigentlich um das Opium. Nein, es ging um die politische und wirtschaftliche Kontrolle in einem fremden Land, schlicht um die
chinesische Souveränität. Das Ergebnis ist Ihnen bekannt. Daß in
Zukunft weitere Millionen Chinesen dem Opium verfallen, geschieht nun zu unserem Nutzen. Darauf, meine Herren, sollten wir
das Glas erheben.«

»Gut gesprochen! Prost!«

»Auf ertragreiche Geschäfte!«

»Auf das Opium«, erwiderten die Herren nacheinander.

Kenneth, der sein Glas abgesetzt hatte, wiederholte: »Ich
möchte noch einmal auf meine Frage von vorhin zurückkommen.
Was können wir an Profit erwarten?«

»Tja, keine einfache Frage, da der Preis und die Gewinnspanne
von der Qualität der Opiumsorten abhängen, die am Ganges wachsen.«

»Qualität? Was hat es damit auf sich?« insistierte Kenneth.

»Der Unterschied liegt im Gehalt an Morphium und Narcotin.
Das *Hazareebaugh*-Opium hat auf 100 Teile 77 Teile trockene Substanz und enthält 4,5 Prozent Morphium und 4 Prozent Narkotin.
Wohingegen eine Probe vom besten *Patna-garden*-Opium mit 87
Prozent trockener Substanz, 10,75 Prozent Morphium und 6 Prozent Narkotin aufweist. Es kommt im übrigen den besten Sorten
aus der Türkei oder Ägypten gleich.«

»Also gut, nehmen wir an, wir kaufen in Kalkutta eintausend
Pfund *Patna garden*, was bleibt am Ende für uns übrig?«

»Wir haben das Pfund reines Opium, also ohne die Versiegelung,
für zehn Dollar in Kalkutta erstanden, und konnten es für fünfundzwanzig Dollar direkt an die Küstenschmuggler losschlagen. Einen
Teil haben wir immer in Singapore zu *Chandu*, rauchfertigem
Opium, weiterverarbeiten lassen. Für die Veredelung haben wir
zwei Dollar pro Pfund bezahlt, konnten aber die gleiche Menge danach für dreißig Dollar an den Händler weiterverkaufen.«

Morgan nahm Papier und einen Kohlestift und rechnete. »Wir
werden 15 000 Pfund kaufen, was uns runde 150 000 Dollar kosten
wird.«

Nach einer kurzen Weile hatte er das Ergebnis errechnet. Seine Augen blitzten, und seine Stimme zitterte etwas. »Wenn wir Glück haben, segeln wir von Kalkutta aus mit rund 420 000 Dollar zurück. Abzüglich der Kosten ein lohnendes Geschäft, wie ich denke.«

Die Männer zeigten sich beeindruckt. Kenneth nahm die Aufzeichnungen seines Bruders zur Hand.

»Du hast ja bei der Marine keinen Tag lang den Unterricht geschwänzt, Bruderherz. Doch wir nehmen nur Feinsilber«, witzelte er.

»Alsooo ... Feinsilber ...«, erwiderte Morgan gedehnt.

»Das ist völlig egal«, versetzte Matheson. »Der Gehalt an Feinsilber in den spanischen, mexikanischen und amerikanischen Dollars ist gegenüber den chinesischen Feinsilbermünzen praktisch gleich.«

Shaw, der sich meist zurückhaltend zeigte, versuchte sich jetzt an der Unterhaltung zu beteiligen: »Wie stark schätzen Sie den Bedarf ein? Existiert genügend Nachfrage?« wollte er von Matheson wissen.

Abraham Matheson mußte bei dieser Frage grinsen. »Meister der Gezeiten, Strömungen und Taifune«, begann er theatralisch, »dafür haben wir ja den Krieg geführt. Wir konnten es nicht zulassen, daß der chinesische Hof die Lage in den Griff bekam. Hunderte von Süchtigen wurden vor dem Krieg enthauptet oder gehenkt.«

»Zeigten die drakonischen Strafen Wirkung?« bohrte Shaw nach.

»Und ob! Der Rauschgiftpreis fiel in den Keller, zum schieren Entsetzen unserer Kauffahrer, die bald nicht mehr wußten, womit sie ihre Tee-Einkäufe finanzieren sollten. Als dann der Kaiser den unbestechlichen Hochkommissar Lin Tsa-Hau ernannte, der uns aufforderte, sämtliche Opiumvorräte auszuliefern und jedem unserer Händler mit der Todesstrafe drohte, auf dessen Schiff die Droge entdeckt würde, war für unseren Konsul, Kapitän Elliot, der Zeitpunkt des Handelns gekommen.« Abraham machte eine Pause und ließ sich das Glas mit Whisky füllen.

Als er keine Anstalten machte, fortzufahren, warf Morgan sein: »Sie können mir bestimmt mehr darüber erzählen ...« ein.

Abraham Matheson nippte genüßlich an seinem Whisky. »Unsere stolzen Kaufleute saßen in der Falle!«

Morgan und Kenneth beugten sich vor, um den Ausführungen besser folgen zu können. Sie wußten zwar um den Krieg im fernen Osten, doch nirgendwo hatten sie Genaueres erfahren können.

»Unserem arroganten Konsul, Kapitän Elliot, blieb gar nichts anderes übrig, als mit den Chinesen zu verhandeln. Doch er ließ sich etwas Geniales einfallen. Ich habe mir den Zettel mit dem Wortlaut für heute abend eingesteckt.«

»Nur zu! Lesen Sie, lesen Sie«, wurde Abraham ermuntert.

»Also: ›Gezwungen durch übergeordnete Umstände, die das Leben, die Sicherheit und Freiheit eines jeden in Kanton anwesenden Ausländers berühren, fordere ich, der Generalbevollmächtigte Ihrer Majestät, alle in Kanton anwesenden Untertanen Ihrer Majestät auf, mir das gesamte in ihrem Besitz befindliche Opium zur Auslieferung an die chinesische Regierung zu übergeben. Im Namen Ihrer britannischen Majestät übernehme ich, der Unterzeichnende, die volle und unbegrenzte Verantwortung für die Herausgabe britischen Opiums an die Regierung Chinas.‹«

Morgan rieb sich das Kinn. »Eine tolle Lösung. Nicht an China werden die Opiumkisten ausgeliefert, sondern an den autorisierten Vertreter des eigenen Landes.«

»Eine wahrhaft geniale Lösung – und ein Konsul Elliot, der sich von einer gerissenen Schar von Kauffahrern als ein Mann feiern ließ, welcher in dieser höchst prekären Lage einen kühlen Kopf bewahrt hatte. Die Kauffahrer hatten praktisch unverkäufliche, wertlos gewordenen Ware gegen Quittung abgeliefert. Gin und Whisky flossen in Strömen. *God save the Queen!*«

»Was geschah mit den zwanzigtausend Kisten?« fragte Shaw.

»Hunderte von Kulis mußten das in Kugelform gepreßte Opium in die Gräben kippen und zerstampfen. Das Ganze wurde unter einer Kalklösung zu einer breiigen Masse vermischt und schließlich durch die Schleusentore in den Flußlauf gespült.«

»Das Ganze ins Meer gespült?« fragte Shaw ungläubig.

»So war es! Noch Wochen später trieben in den südchinesischen Gewässern Tonnen vergifteten Fisches. Etwas später folgten dann chinesische Leichen.«

»Ich kann mich noch gut erinnern«, sagte Kenneth. »In London war die Empörung groß. Wir glaubten, die Kaufleute am Perlfluß wären bedroht und beinahe verhungert, und die Vernichtung der Opiumbestände wurde in der *Times* sogar als frevelhafter Übergriff auf britisches Eigentum dargestellt.«

»Das war auch die blanke Absicht, Mr. Mackay. Briten an chinesischen Galgen? Die Nation sollte die Ehre Britanniens besudelt sehen, denn um so heftiger würde sie Rache fordern. Die Handelshäuser in London, Bombay und Kalkutta empörten sich zusammen mit den Freihändlern; denn sie erwarteten, daß ihnen, verdammt noch mal, alle Welt die Türen aufhielt. So durfte man mit einer Weltmacht nicht umspringen! Das Gemetzel begann, wie Sie alle wissen, wenig später.«

»Sieg auf der ganzen Linie!«

»Nicht nur das. Der schwarze klebrige Stoff fließt – wenn auch gegen das Gesetz – nun gleich tonnenweise ins Reich der Mitte.«

»Damit haben wir im Opiumschmuggel endlich eine vernünftige Basis«, meinte Kenneth zufrieden.

Morgan erhob sich und ging einige Schritte auf dem schwankenden Boden auf und ab. »Werden sich nun nicht alle auf den Opiumschmuggel stürzen? Und wie steht es mit den käuflichen Mengen, Mr. Abraham?«

»Zum einen, wir sind zwar nicht die einzigen, aber wir sind früh genug am richtigen Ort. Zum anderen, wenn die Nachrichten der letzten Monate zutreffen, bin ich mir sicher, daß die Anbauflächen in Britisch-Indien bald nicht mehr ausreichen.«

»Haben Sie sie gesehen?« fragte Shaw dazwischen.

»Und ob ich sie gesehen habe. Sie befinden sich zwischen den großen zentralen Gebieten des Ganges, und ihre Ausdehnung beträgt etwa sechshundert Meilen in der Länge, und zweihundert in der Breite. Die Agenturen Behar und Benares beschäftigen mehr als einhunderttausend Handarbeiter in den Pflanzungen. Ich denke, das *Board of Customs, Salt and Opium* wird die Anbauflächen in Zukunft eher noch vergrößern müssen.«

Shaw zeigte sich fassungslos.

»Wie steht es mit dem Monsun?« richtete nun Matheson eine Frage an den Navigationsoffizier.

Shaw war etwas irritiert, da er sich die Menge an Opium vorstellte, die sich jährlich ihren Weg nach China bahnte. Doch zeigte er sich erfreut über das Interesse, das ihm Matheson entgegenbrachte. »Wir befinden uns nördlich des Äquators und haben das erste Windgebiet schon durchsegelt. Der frische Ostsüdost bescherte uns eine schnelle Fahrt, wie sie sicher bemerkt haben. Auf der Route nach der Bai von Bengalen werden wir noch zwei weitere Windgebiete durchsegeln müssen.«

»Gefährlich?«

»Ich kann Sie beruhigen. Nein! Heute nacht noch werden wir in eine Zone mit flauen und veränderlichen Winden geraten, mit einer Windrichtung, die mehr nach Süd und Südwest driften wird. Windstille ist keine Seltenheit in diesen Breiten. Doch in den Breitengraden von 7° Süd bis 1° oder 2° Nord kommen wir in den Gürtel des Nordwestmonsuns. Starke Regenschauer und Gewitter mit heftigen Böen sind dann zu erwarten. Unsere Fahrt wird trotzdem etwas langsamer werden, da selten eine frische und beständige Brise auftreten wird. Ich befürchte, unser Etmal wird bis auf einhundertvierzig Seemeilen sinken.«

»Das hört sich an, als wären Sie auf dem Ozean aufgewachsen.«

»Kein Geheimnis, Mr. Matheson. Täglich begegnen uns englische Handelsschiffe aus den Reishäfen Rangun, Bassein, Akyab und Moulmain. Andere wiederum kommen aus Kalkutta, und Chittagong. Doch egal aus welchem Hafen sie kommen, sie segeln alle durch den gleichen Ozean. Jeder Kapitän führt ein Logbuch und trägt dort Datum, Uhrzeit, Wetterbeobachtungen, Stromversetzungen und Segelstellungen ein. Ich habe etwa ein Dutzend Logbücher ausgewertet, die über diese Routen berichten. Etwas wenig, zugegeben, doch ausreichend, um die vorherrschenden Winde in den Regionen zu erkennen.«

»Ich finde es äußerst kurzsichtig von unserer Marine, daß man Sie nicht weiter daran arbeiten ließ.«

»Für die Ämter ist das keine lohnende Einnahmequelle. Also kümmert es niemanden«, bemerkte Kenneth.

»Was ist mit dem dritten Windgebiet, Mr. Shaw?« fragte Matheson.

»Nach meinen Aufzeichnungen werden wir in 3° bis 4° Nördlicher Breite das Gebiet des Nordostmonsuns erreicht haben, gegen den wir, bis zu unserem ersten Bestimmungsort am Ende der Bai von Bengalen, aufkreuzen müssen.«

Daraufhin empfahl sich Mr. Shaw an Deck, um am Ende der vierten Wache den Barometerstand zu kontrollieren.

Die SCOTTISH MAID wählte auf ihrem Kurs nach Kalkutta die Route westlich der Nikobaren und Andamanen. Eines Abends fing es im Nordwesten zu blitzen an, und eine schwarze Wolkenbank kam langsam auf. Morgan und Shaw dachten nicht, daß es schlimm werden würde, rechneten aber mit einigen starken Böen und ließen deshalb einen Teil der Segel reffen. Wenig später kam in die Wolkenbank etwas mehr Bewegung, und ehe sie sich versahen, waren die ersten Böenwalzen heran. Der Preß auf die Segel ließ die SCOTTISH MAID stark überholen.

»Alle Mann an Deck! Segel bergen!« gellten die Befehle durch das untere Deck.

Die Mannschaften zogen an den Geitauen, was die Muskelkraft nur hergeben konnten. Es half nichts. Die oberen Segel flogen aus den Lieken, was die Besatzung zwang, den Rest der Segel aufzufieren. Überall zuckten Blitze, und das fortwährende Donnern hallte wie das dumpfe Trommeln vor den Toren zur Hölle. Der Gewittersturm dauerte etwa eine Stunde. Dann hörte der Regen auf, der Wind nahm etwas ab und ging nördlicher. Die ganze Nacht hindurch wehte eine steife Brise aus Nord bis Nordost bei aufklarendem Himmel.

»Ihre Logbücher lügen wohl«, stichelte Matheson Mr. Shaw gegenüber.

»Sie lügen nicht, Mr. Matheson! Sie sind von den Wetterbeobachtungen her nicht vollständig.«

»Hab's nicht so gemeint«, antwortete Matheson sofort in versöhnlichem Ton.

»Sie haben ganz recht«, erwiderte Shaw, »es gibt noch keine Bibel über die Stürme auf dem Weg in die Bai von Bengalen. In mein Logbuch habe ich gerade notiert, daß vor diesen Nordwestböen nicht genug gewarnt werden kann, zumal man im allgemeinen nicht darauf vorbereitet ist und denkt, es wird wohl nicht so schlimm kommen.«

»Das sind eben Windrätsel, mein Bester! Wir sind ja kurz vorher in den äquatorialen Mallungen gewesen, und da hatten wir, weiß Gott, Gewitterböen genug, die allerdings nur selten viel Wind mit sich führten.«

»Es wird uns eine Lehre sein, Mr. Matheson. Der Wind hat die Segel zerfetzt, doch die MAID, unsere Tapfere, hat es, Gott sei's gedankt, überlebt!«

Eine knappe Woche später warf die SCOTTISH MAID auf der Reede vor Kalkutta ihren Anker. Silvester und das neue Jahr feierten und begrüßten Käpt'n Morgan Mackay und seine Besatzung im Hafen von Kalkutta. Innerhalb von nur drei weiteren Tagen bunkerten sie in Kisten für 150 000 Dollar bestes *Patna-garden*-Opium und nahmen, neu verproviantiert, am 6. Januar 1843 Kurs auf Singapur, um in die Chinesische See zu gelangen.

Das Himmelsdach spiegelte sich in der glatten See. Ein Gefährt in Gestalt eines Drachen glitt auf die SCOTTISH MAID zu. Die See blieb unbewegt, als schwebe wirklich ein Fabeltier heran, langsam doch stetig, und es schien, als wollte das Wesen die Unermeßlichkeit der Tiefe auskosten. Erst als eine Brise von Land her das Tuch blähte, zeigte die Fluß-Dschunke eine kräftige Bugwelle. Dort, wo man ein blendend weißes Segel erwarten konnte, hing ein rechteckiges, senkrecht stehendes Gewebe, das eine seltsame dunkelbraune Tönung aufwies.

Bis auf Abraham Matheson grübelten alle darüber nach. Kenneth war es schließlich, der aussprach, was alle dachten: »Was soll die braune Gardine am Mast?«

»Mit *T'ung*-Öl und Schweineblut imprägniert. Zusätzlich ist sie sicher mit dem Gerbsaft des Mangrovenbaumes getränkt worden. Dadurch ergibt sich die braune Tönung.«

»Danke, Sir«, erwiderte Kenneth. »Lektion eins, am heutigen Tage erhalten!«

Der »Innere Zirkel« stand steuerbord mittschiffs und beobachtete mit Fernrohren das Näherkommen der Dschunke.

»Hangschou-Dschunke«, stellte Matheson fest.

»Zauberhaft! Sie ist über und über mit Malereien verziert!« rief Morgan aus.

»Ein märchenhafter Drache kommt auf uns zu. Gentlemen, sehen Sie nur, wie das aufgerissene Maul schäumend das Wasser teilt«, begeisterte sich Shaw.

Als die Dschunke näher kam, erkannte man, daß der Rachen ihres Maules rot, die Zunge grün und die Zähne weiß angestrichen waren.

»Die Menschen hier sehen in der Dschunke ein lebendes Wesen. Sie ist dem Drachenfisch *Aoyü* nachempfunden. Mich wundert nur, sie hier zu sehen«, sagte Matheson und äugte angestrengt durch sein Glas. »Kein Zweifel, Hongschou«, bestätigte er noch mal seine Beobachtung. Er setzte sein Glas ab und grübelte. »Diese Gattung ist vorwiegend in der Provinz Fuchou anzutreffen. Ein weiter Weg bis zum Perlfluß.«

Als das Schiff auf eine Meile heran war, sah man deutlich, daß die Zähne die Form zweier in der Mitte zusammenlaufender Mondsicheln hatten. Die Augen des Drachenfisches waren geschnitzt und auf beiden Seiten der Bordwände am Bug der Dschunke aufgesetzt.

»Sieht ja richtig bedrohlich aus«, meinte Kenneth.

»Die Augen am Bug, so glauben die Menschen hier, weisen der Dschunke den richtigen Weg«, erklärte Matheson. »Außerdem benötigt sie sie, um Gefahren zu erkennen und ihnen auszuweichen. Sie dürfen nie verdeckt sein.

»Da sie unvermindert auf uns zuhält, kann das nur Gutes bedeuten«, bemerkte Morgan.

»Vielleicht sollten wir umgekehrt der MAID zwei herrliche Brüste verpassen«, sagte Kenneth scherzend.

Als zwischen der Dschunke und der MAID nur noch die Distanz einer halben Meile lag, fragte Maxton: »Was bedeutet die weiße Perle in ihrem Maul?«

»Sie soll vom Fisch verschlungen werden. Das bringt Glück«, antwortete Matheson zerstreut, da er sich in Gedanken schon auf die erste Begegnung mit dem Anführer der Dschunke konzentriert hatte. Wenig später, als sie längsseits kam, sahen alle, daß an Deck der Dschunke Räucherstäbchen qualmten.

Morgan hatte Vorsorge getroffen und je vier bronzene Drehbassen längs der Reling an Backbord und Steuerbord montieren lassen. Sie waren geladen und besetzt. An Deck waren sonst nur noch Matrosen zu sehen, die in der Lage waren, bei drohender Gefahr die MAID schnell seeklar zu bekommen. Der Rest der Mannschaft lauerte bewaffnet und abwehrbereit unter Deck an den Niedergängen. Dank der Schnelligkeit der SCOTTISH MAID hatte Morgan zwar in der Malaccastraße mühelos zwei Piratenangriffe durch Wendemanöver auskreuzen können und hatte nicht einen einzigen Schuß zur Warnung abgeben müssen. Vor Anker liegend aber wollte er kein Risiko eingehen.

An Deck der Dschunke waren nur vier Chinesen auszumachen. Es dauerte eine Weile, bis ein Mann der Dschunkenbesatzung, deren Rangunterschiede nicht von der Kleidung abzulesen waren, hervortrat. Während die Männer hinter ihm klein, schmächtig, die Gesichter ausgezehrt und vom Opium verfärbt waren, blitzten Morgan nun zwei gesunde Zahnreihen aus dem Gesicht des Dschunkenführers an.

Matheson, der die chinesische Sprache etwas beherrschte und sich somit verständlich machen konnte, führte die Verhandlungen. Morgan hörte oft die Worte *Jianshang* und *Yapian* heraus, was soviel bedeutete wie »ausländische Kaufleute« und »Opium«. Kurz darauf stellte sich jedoch heraus, daß der Dschunkenmann die Sprache der »Teufel« besser sprach als Matheson chinesisch.

»Geschäfte gut! Krieg vorbei! Geschäfte gut«, wiederholte er mehrmals.

»Können wir verhandeln?« fragte Matheson.

Der Dschunkenmann grinste, und seine Augen schlossen sich zu Schlitzen. Dann nickte er eifrig mit dem Kopf. »Wir können!«

»Wieviel Pfund Opium könnt ihr bezahlen«, fragte Matheson geschickt.

»Gib mir eine Probe von eurem Opium.«

»Wieviel Tage braucht ihr?«

»Nicht lange warten!«

»Für wen kauft ihr?«

Der Chinese grinste undurchsichtig und hob die Schulter.

»Yao Jin? Qu Kuan?« fragte Matheson.

Der Chinese wurde ernst. Im nächsten Augenblick schlug er sich selbst mit der Handkante erst gegen den Hals, dann zeigte er hinaus auf das Meer und beschrieb mit der flachen Hand einen Halbkreis. Auch ohne ein einziges Wort vernommen zu haben, wußte der Innere Kreis, was der Dschunkenmann damit ausdrücken wollte.

»Zeigt mir Papier und Zeichen«, forderte Matheson ihn auf.

»Kein Papier. Wort genügt!«

Abraham war klar, daß Morgan sich auf derartige »Verhandlungen« nicht einlassen wollte. Wie sollte er jetzt seinem Käpt'n erklären, daß er einem Chinesen nur auf einen symbolischen Händedruck hin das geben mußte, was er brauchte?

Morgan furchte die Stirn, als Matheson ihm bedeutete, eine Kiste Opium an Deck bringen zu lassen. »Sind Sie von Sinnen?« zischte er Matheson ärgerlich an.

Der Dschunkenführer hatte die kurze Szene an der Reling scharf beobachtet, worauf er mit seinem Finger schnippte. Einer seiner Männer begab sich unter Deck und reichte ihm kurz darauf einen Silberbarren, den er, ohne zu zögern, an Morgan weiterreichte. Morgan, etwas irritiert, nahm den Barren und gab ihn sogleich an Abraham weiter.

Dieser wog den Barren in seiner rechten Hand. »Ein Lac«, strahlte er Morgan an. »Fünfundzwanzigtausend Dollar.«

»Eine Kiste!« befahl Morgan prompt seinem Ersten.

Als die Kiste übergeben war, verschwand der Anführer unter das Deckshaus.

Während der Verhandlungspause ließ Morgan zwei Matrosen in die Masten schicken, mit dem Befehl, die Bucht Huangmao Hai scharf zu beobachten. In die Bucht mündeten zwei Seitenarme des Perlflusses, auf dem die Fluß-Dschunken dank der weit verzweigten Wasserstraße des Mündungsgebietes bis nach Kanton gelangen konnten. Ideal, um das Opium am Zoll vorbei in das Landesinnere zu transportieren. Die Bucht hatte die Form eines abgeknickten Trichters und eine Länge von etwa siebzehn Seemeilen. Sechs Meilen voraus sprang eine Landzunge hervor, die einen Blick auf die Mündung des einen Seitenarmes verhinderte. Aus der Bucht heraus war jedoch mit keiner Überraschung zu rechnen. Was Morgan Sorge bereitete, waren die beiden Inseln Hebao Dao und Gaolan Dao, die achterlich lagen und ein Entkommen aus der Bucht schwierig gestalten könnten. Bei gutem Wind war die MAID kaum zu fassen, bei den schwachen ablandigen Winden jedoch würde jedes Manöver ein Glücksspiel sein. Doch es blieb ruhig.

Nach etwa einer halben Stunde trat der Dschunkenführer wieder hervor, in der Hand ein langes Stück Bambusrohr, das Morgan unschwer als Feuerwerkskörper erkannte. Die Rakete zischte, einen schneeweißen Schweif hinter sich herziehend, in den Himmel. Am Ende platzte sie und fiel als rotes, gleißendes Licht zurück ins Meer.

Wenig später leuchtete die Antwort von der östlich gelegenen Halbinsel am Himmel auf.

Morgan und Kenneth sahen sich an. Der Küstenverlauf in diesem Abschnitt erinnerte sie an Schottland. Von dort oben hatten die Männer sicher den besten Überblick über die vorgelagerten Inseln und bei klarem Wetter Sicht bis Macao. Jedes chinesische oder englische Zollschiff war von dort oben über Meilen hinweg erkennbar.

Der Dschunkenmann zeigte sich zufrieden. »Gutes Opium! Wieviel Pfund sind an Bord?«

»Was ist euch das Pfund wert?« begann Matheson die Preisverhandlungen.

»Hohe Kosten! Hohe Zinsen! Was verlangt ihr?«

»Bestes *Patna-garden*-Opium! Fünfunddreißig Dollar das reine Pfund«, antwortete Matheson.

Morgan fragte sich, ob der Zorn des Dschunkenmannes echt oder gespielt war. Jedenfalls dauerte die für ihn zermürbende Verhandlung über die Reling hinweg weit länger als eine Stunde. Abraham Matheson zeigte, was er in seinen Dienstjahren als Hauptkaufmann der Ostindischen Handelskompanie in Kalkutta gelernt hatte. Am Ende erzielte er einen Preis von sage und schreibe dreißig Dollar für das Pfund Opium. Die Umrechnung in Feinsilberunzen verlief ohne Schwierigkeiten, da der Silbergehalt des Dollars jedem chinesischen Händler bekannt war.

Die Dschunke konnte die Kisten nicht auf einmal aufnehmen. So mußte sie ein zweites Mal anlegen, nachdem sie ihre Fracht unweit der Halbinsel gelöscht hatte. Nach Abschluß des Handels überreichte der Dschunkenführer Morgan einen Zettel.

Als der Befehl: »Anker auf!« an die Mannschaft erging, trat Morgan strahlend an Matheson heran und schüttelte ihm die Hand. »Großartig! Glückwunsch und Segen für uns alle!« Danach reichte er ihm den Zettel. Abraham entschlüsselte die chinesischen Schriftzeichen: *Ihr versteht es, meine flutende Lebenskraft zu stärken.* Unterzeichnet hatte der Schreiber mit dem Namen *Ye-Hengshu.*

Während die Matrosen in Erwartung der ausgelobten Prämien Shanties sangen, kreuzte die Scottish Maid hinaus auf die Chinesische See.

Danach segelte die Maid an Macao vorbei und steuerte die Insel Linding an, wo Kenneth die aus London mitgebrachten Wollerzeugnisse ordnungsgemäß verzollte und mit stolzem Gewinn nach Kanton verkaufte.

Während der Mannschaft zwei Wochen Landgang gewährt wurde, schrieben Kenneth und Morgan Briefe an ihre Frauen nach Greenwich und knüpften in Kanton ihre ersten Verbindungen zu den chinesischen und englischen Teehändlern. Zudem besichtigten sie die geschützte Bucht des neu gewonnenen englischen Stützpunktes Hongkong und schmiedeten Pläne für die nächste Opiumfahrt nach Kalkutta.

Die genaue Inspektion der Scottish Maid ergab keine großen Beanstandungen. Lediglich das Unterwasserschiff mußte von Bewuchs befreit, und drei Spieren sowie zerrissene Segel mußten ersetzt werden. Morgan gönnte seiner Maid einige Verschönerungen. So ließ er die Lukendeckel und -kappen, Skylights und die Reling durch Mahagoni sowie Spillköpfe und Schiffsglocke in Messing ersetzen. Gleichzeitig wurden die Kapitänskajüte, die Kajüten des »Inneren Zirkels« und die der Decksoffiziere einer Renovierung unterzogen. Für sich kaufte Morgan einen in feinstem Porzellan gefertigten Pinselhalter in Unterglasurblau, der mit Drachen verziert war. Nicht zuletzt dachte er in diesen Tagen an seine junge Frau, Sarah. Für sie erwarb er zwei Kisten mit feinstem Tischporzellan in blau-weißem Kassettendekor, das aus dem sechzehnten

Jahrhundert stammte, und ergänzte die Sammlung mit dem Kauf selbstausgewählter Porzellanvasen, Krüge, Platten und Dosen.

Matheson, der aus purer Neugier einem kantonesischen Opiumdiwan einen Besuch abgestattet hatte, berichtete, daß seiner Schätzung nach jeder vierte Chinese dem Opiumrauchen verfallen sei. Auf die Frage Kenneths, wie er die Zukunft der Chinesen sähe, meinte er düster: »Nach drei Jahren Opiumgenuß zieht man sich aus dem öffentlichen Leben zurück, unterhält keine gesellschaftlichen Kontakte mehr und führt das Leben eines Eremiten. Von Angesicht zu Angesicht herrscht nur noch Schweigen ...«

Exakt einen Monat nach ihrer Ankunft vor Macao nahm die SCOTTISH MAID am 15. März 1843 Kurs zurück nach Singapur, um noch vor dem Einsetzen des vollen Südwestmonsuns durch die Sunda-Straße in den Indischen Ozean zu gelangen. Als sie zwischen Hongkong und Macao auf die Chinesische See hinauskreuzten, meldete der Erste Wachoffizier an Käpt'n Morgan, daß ein riesiger Dreimaster gleich ihren Kurs kreuzen würde.

Wenig später stürmten alle die Niedergänge empor. An Deck stehend sahen sie einen Dreimaster hoch am Wind vorbeiziehen, der in Größe, Eleganz und Ebenmaß seinesgleichen suchte. Die turmhohen Pyramiden von Segeltuch ließen sie vor Staunen verstummen. Einen Clipper von dieser Größe hatte noch niemand an Bord des Schoners zu Gesicht bekommen. Das Schiff mochte gut sechshundertfünfzig Tonnen groß sein und hatte damit das Vielfache von dem der MAID.

Morgan ließ sich sein Fernrohr reichen und versuchte den Namen des Seglers am Bug zu erkennen. »AKBAR! Es ist die AKBAR!«

Daraufhin wandte er sich an Kenneth: »Was meinst du? Ein englischer Segler?«

Im gleichen Moment schüttelte Kenneth den Kopf und zeigte auf die Kreuz-Marsrah, an der sich die Flagge Amerikas im Wind entfaltete.

# 10

# Mackay and McKay

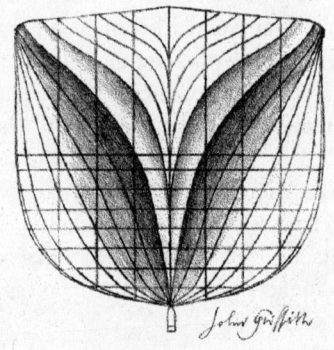

John Griffiths

New York
1842–1845

*ue ciudad más gris y fea!«* Enttäuschung schwang in der Stimme mit, die an Angus Mackays Ohr drang, als er am Ende der Landungsbrücke stehenblieb, um behutsam seinen rechten Fuß auf die Pier von Manhattan zu setzen.

Ungeachtet des schmetternden Jubels der Einwanderer beim Passieren des Signalturms von Sandy Hook in New Yorks Hafen hatten sich Angus' kühnste Hoffnungen erst mit dem Anlegemanöver an der Mole vom East River erfüllt. Freudig drehte er sich um und erwiderte dem Fremden: »Wenn dies New York ist, muß heute Sonntag sein!«

Angus durchschritt den Bogengang eines weißgetünchten Hauses, auf dessen Giebel die Aufschrift »South Street Ferry« gepinselt war, trat ins Freie, stellte sein einziges Gepäckstück ab und atmete tief durch. Wer die dumpfe Enge von Schiffsbäuchen kannte, so ging es ihm durch den Kopf, der mußte Brooklyn und Manhattan beiderseits des East River als äußerst freundlich empfinden. Sogar die Möwen, die langsam über ihn hinwegsegelten, schienen zu lachen. Eingerahmt von grünen Hügeln und einer abwechslungsreichen Küste, lud die Mole zum Spazierengehen ein.

Obwohl der Tag noch jung war, drängten sich die zur Ankunft des Schiffes herbeigeeilten Menschen auf dem großen Platz. Mit umgehängten Tafeln und Schellen in den Händen, versuchten sie die Ankommenden in Wirtshäuser und Herbergen zu locken. Sie rochen wohl das Geld, das der Einwandererstrom aus Spanien, Portugal und den Kanaren bei sich trug. Mit Mühe suchte sich Angus seinen Weg über die Fläche vor der South Street Ferry, auf der pausenlos Menschen, gleich Warenstapeln, von Kutschen und Fuhrwerken abtransportiert wurden.

Als Angus die Strecke bis zur South Street geschafft hatte, versuchte er sich zu orientieren. Links und rechts des Platzes reichten die Liegeplätze der Lager- und Handelshäuser so nah an die Piers heran, daß die Bugspriete der Segelschiffe fast in die Fenster der Kontore ragten. Vor allem zur Südspitze Manhattans hin drängte sich an den schier endlosen Piers Rahsegler neben Rahsegler. Das Gewirr von Masten und Takelagen verstellte den Blick. Eine unübersehbare Zahl von Dreimastern schien sich am East River verabredet zu haben. Angus hatte in seinem Leben schon einige Häfen angesteuert, und das Treiben davor und dahinter war ihm sehr vertraut geworden, doch das Seewegekreuz Manhattans übertraf alles, was er bisher gesehen hatte, und gab seinen hoffnungsvollen Träumen reichlich Nahrung.

Dem Auge des Seemanns reichte ein kurzer Blick über den Mastenwald, und sein Urteil stand fest: Auf den Piers von Manhattan lauschten mehr Matrosen den Geschichten über Stürme, Schiffbrüche, Kollisionen, Geisterschiffe, Kapitäne, Schätze und Frauen, als an irgendeinem anderen Ort der Erde. Er war dankbar, diesen Tag zu erleben, und nahm sich vor, in New York zu bleiben. Für Angus waren die meist fünf- oder sechsstöckigen, aus braunem Sandstein erbauten Häuser, die sich hinter den Lagerhäusern wie quadratische Würfel erhoben, der schönste Anblick gleich nach den Bergen des Assynt.

Sein Magen begann zu rebellieren. Er blickte die South Street entlang und entdeckte das Schild von *Sloopy Louie's Fish Restaurant*. Waren an der Pier noch alle Passagiere gleichrangig gewesen, so änderte sich dies schlagartig in der South Street. Schon bei der Bestellung hatte Angus das Gefühl, daß die Kellner zu taxieren versuchten, welchem Dienstrang er zuzuordnen war. Zwischen zwanzig und einhundert Dollar Heuer war man entweder »Klomatrose« oder »Großmast«. Angus war, bei Gott, schwer einzuordnen, und er spürte, daß er ihnen ein Rätsel aufgab. Offizier oder Matrose? Einwanderer? Nein, sein Auftreten war viel zu selbstsicher. Jedenfalls gehörte er nicht zu jener Sorte von Schiffsleuten, bei denen

sich die Heuer von acht Monaten binnen acht Tagen in Nichts auf-
löste.

»Fischreste mit Reis? Dorade? Oder darf es ein Büffelsteak
sein?«

»Büffelsteak«, entschied sich Angus. Zufrieden quittierte der
Kellner die Bestellung.

»Schotte?« fragte sein Gegenüber am gemeinsamen Tisch.

»Ja«, gab Angus zur Antwort, begleitet von einem höflichen
Lächeln. Vis-à-vis saß ein Mann mit einem zerfurchten, tiefbrau-
nen Gesicht, vollem Haarschopf, einem struppigen Backenbart und
einem stechenden Blick. Die schmalen Lippen verschlossen seinen
Mund schlecht, so daß es schien, als würden seine gelben Zähne im
Freien stehen. Das klebrige Etwas aus Fischresten und Reis, das auf
seinem Teller lag, stopfte er systematisch in sich hinein.

Da Angus schwieg, versuchte sich der Fremde als Gedankenleser.

»Gentleman! Die Unterkünfte in Manhattan sind mies und
teuer, Jobs gibt es nur durch Bestechung, die Arbeit ist hart, und
die Bedingungen sind menschenunwürdig.«

Angus lächelte den Mann an und erwiderte: »Leben, Freiheit
und ein Stück vom Glück setzten schon immer Geld voraus!
Warum sollte es in New York anders sein?«

Der Fremde musterte Angus, als stünde er vor einem Mysterium.
Seine stechenden Augen blieben an Angus' feinen, langgliedrigen
Händen haften.

»Weit gereist – in der Kajüte?«

»O nein, importiert! Nur importiert!«

»Geschäftlich! Ich verstehe.«

Der Mann verstand gar nichts. Aber Angus wollte ihm auch
nichts erzählen. Jeder Offizier eines Sklavenschiffes konnte, sofern
man ihn entdeckte, an England ausgeliefert werden. Jeder noch so
kleine Hinweis weckte die Neugier und beschwor Gefahr herauf.
Was suchte ein Schotte auf einem spanischen Auswandererschiff,
das aus Lanzarote kam? Wen interessierte es, daß sich die Inseln
entvölkerten? Wer konnte schon erahnen, was es bedeutete, sich
bei armen, unterdrückten Bauern zu verstecken und darauf zu warten, daß das erlösende Schiff endlich Arrecife anlief?

Angus erinnerte sich der bitteren Worte des Bauern, der ihn

tagsüber in einer Lavahöhle versteckt hielt: »Hier haben wir einen Gott, der uns, wenn es regnet, ins Meer schwemmt und der, wenn es nicht regnet, die Welt austrocknet. Hier kann man nicht leben. Der Herr schickt uns kein Glück. Ich habe einen Scheffel Samen ausgesät und nur die Hälfte geerntet. Der Boden ist unerbittlich …«

Wen interessierte es in New York, daß der Mann zwei Tage vor dem Eintreffen des Auswandererschiffes auf den Kanarischen Inseln gestorben war?

Angus schüttelte leicht den Kopf und blieb stumm. Ein unmißverständliches Zeichen, daß er darüber nicht reden wollte. Der Schmallippige ließ sich nicht beirren und fuhr munter fort, Hafenklatsch zu erzählen. Er lebte wohl in der South Street, denn er kannte die Namen der vermurten Schiffe an den Piers samt ihrer Tonnagen, dazu die Namen der Kapitäne. Angus ließ sich sein Steak schmecken und überlegte schon, den Tisch zu wechseln, um dem Schwätzer zu entkommen, als der plötzlich seine Gabel sinken ließ.

»… wissen Sie, China wird New York noch größer machen und einen Wohlstand bringen, von dem wir heute nur träumen können«, sagte der Schmallippige, lachte laut auf und rieb sich die Hände. »Ha! Ha! Amoy, Foochow, Ninghsien haben wir den Schlitzäugigen entrissen. Die Briten haben dabei verloren. Sie müssen sich nun in Zukunft den Teehandel Chinas mit uns teilen. Das Empire gegen New York, Boston und Philadelphia. Wir werden sie von Chinas Küsten verjagen, wie wir sie von Boston weggefegt haben. Gestern hörte ich, daß einige Schiffbauer planen, gewaltige Segler auf Kiel zu legen.«

»Welche Schiffbauer?« fragte Angus wie beiläufig.

»Die größten in New York sind *Smith & Dimon*. Sie bauen Schiffe für *Howland & Aspinwall*, die gerissensten Spediteure New Yorks. Sie machen den Atlantik zur überschaubaren Pfütze. Jetzt geht es über das Kap der Guten Hoffnung hinaus in die Weiten des Indischen Ozeans und hinein in die Chinesische See.«

Der Schmallippige beugte sich vor, seine Augen drohten Angus zu durchbohren: »Hin und zurück 30 000 Seemeilen am Stück!«

Angus nickte anerkennend und mimte den Staunenden. Daraufhin ließ sich der Schmallippige auf seinem Stuhl zurückkippen, breitete die Arme aus wie der Messias und offenbarte Angus: »Eröffnen Sie ein Teegeschäft oder handeln Sie mit Seide, Gewürzen oder Feuerwerkskörpern. Sie können nichts falsch machen.«

»Interessant …«, warf Angus dazwischen.

»Auch den Matrosen wird es besser gehen.«

»Wieso?«

»Die Kapitäne werden Mühe haben, Besatzungen anzuheuern. Die Gesamttonnage wird rasend steigen, und die Fabriken westlich von New York haben sich bestens entwickelt. Zwei Menschenfresser balgen sich um Mannschaften und Arbeitskräfte. Es gibt einfach zu wenig gute Seeleute. Das bedeutet mehr Heuer, bessere Aussichten.«

»Ich denke, Jobs gibt es nur durch Bestechung? Und was ist mit den menschenunwürdigen Bedingungen, von denen Sie vorhin geredet haben?«

»Ach was! Das war gestern!«

»Na, denn los! Wann und wo heuern Sie selbst an?« fragte Angus.

»Das hat noch ein wenig Zeit. Ich genieße den Landgang. Erst die Frauen, dann lange nichts, und danach kommt vielleicht auch wieder ein Schnellsegler.«

»Mhm! Sie sind ein Genießer!«

»Wollen Sie nicht mitkommen? Nach Wochen der Entsagung müssen Sie ja geradezu zerspringen vor Lust. Ich kenne die besten Bordelle in New York. Absolut in Ordnung, sag' ich Ihnen. Und erst die Frauen: Chinesinnen, Mexikanerinnen, heiße Squaws …«

»Vielen Dank«, winkte Angus ab. »Ich sehe mich selbst um.«

»Gut, gut, Gentleman! Wollte nicht aufdringlich sein. Sie sind in Ordnung. Ich mag euch Schotten. Gentleman, ich kenne eine Bar, nicht weit von hier. Die haben den besten Whisky. Ich gebe einen aus!«

Spätestens in diesem Moment bestätigte sich Angus' Verdacht. Vor ihm saß ein *crimp*, ein Kidnapper, der gegen Geld Menschen auf die Schiffe verschleppte, und versuchte ihn zu ködern. Southwark ist überall, ging es Angus durch den Kopf. Er faßte den Crimp blitzschnell am Revers seiner Jacke und zog ihn halb über den

Tisch. Der Teller flog, und die Menschen an den angrenzenden Tischen sprangen auf und wichen zurück.

»Ich pflege mir meine Schiffe selbst auszusuchen«, sagte Angus wütend. »Verschwinde, und laß dich in meiner Nähe nie mehr blicken!«

Der Schmallippige war trotz seines dunklen Teints erblaßt. »Ich ... bin ... Halbschotte ...«, stammelte er.

»Das reicht nicht«, erwiderte Angus und stieß ihn zurück. »Verschwinde!«

Der Schmallippige stürzte hinaus auf die South Street und war in wenigen Sekunden aus Angus' Blickfeld verschwunden. Das Gemurmel an den Tischen hob wieder an.

Angus zahlte und verließ kurz danach *Sloopy Louie's Fish Restaurant*. An der Ecke Peck Slip querte er die South Street, um zur Battery, der Südspitze Manhattans zu wandern. Schwarze Tafeln mit weißen Zahlen kennzeichneten die Piers und wiesen in absteigender Reihenfolge den Weg zu den verschiedenen Schiffen. Angus schlenderte von Pier No. 23, an der die Schiffe der *Black Ball Line of Liverpool Packets* anlegten, zu den Piers der *Red Star Line*, *Swallow Tail Line* und *Dramatic Line*, bis hinunter zur Pier No. 9, an der die Segler der Spedition *Howland & Aspinwall* festmachten. Von den phantasievoll gemalten Firmenschildern prangten die Zielhäfen herab: Liverpool, London, Le Havre, Glasgow. Etwas Wehmut kam auf, alles schien so vertraut und nah zu sein.

»Die gerissensten Spediteure New Yorks!« Angus hatte noch die Worte des Crimps im Ohr und nahm sich daher Zeit, um das Treiben zwischen Lagerhallen und Kais etwas genauer zu beobachten.

Zwei riesige Paketschiffe lagen an der Pier. Als Angus näher heran kam, konnte er die Namen am Bug erkennen. Es waren die Natchez und die Ann McKim. Beide waren dreimastige, vollgetakelte Rahsegler von etwa 150 Fuß Länge, die dem Linienriß eines schlanken Schiffes folgten. Obwohl beide gerade beladen wurden und demzufolge hoch aus dem Wasser ragten, boten sie mit niedrigem Freibord und ihren schmalen V-förmigen Rümpfen einen schönen Anblick. Angus fiel auf, daß beide Segler zwar einen anderen Bug hatten, als er es von den älteren Seglern der dreißiger Jahre her kannte, doch war dieser immer noch rund und nicht spitz geschnitten. Gleichwohl konnten beide Segler aufgrund der schlanken Rumpfformen sicher viel besser am Wind segeln als die meisten dickbauchigen, vollgetakelten Rahsegler an den benachbarten Piers. Angus schätzte, daß jeder der beiden Segler etwa eine Tragfähigkeit von gut fünfhundert Tonnen haben müßte, was nur der Hälfte dessen entsprach, was dickbauchige Schiffe gleicher Größe laden konnten.

Schließlich wurde seine Aufmerksamkeit auf die weibliche Galionsfigur am Bug der Natchez gelenkt. Schön und seltsam frisch wirkte ihr Blick. Wann sah man solch eine schmale Taille? Stolz wie eine Frau von edelster Statur, versehen mit schwellenden Brüsten, an denen sich die Wellen wie Bäche an runde Felsen lüstern drängen mochten, blickte sie lockend auf Manhattan. Angus fiel auf, daß im Vergleich zu den englischen Seglern, wo die Galionsfiguren aus den Vorderateven herauszuwachsen scheinen, die Amerikaner ihre Figuren auf eine Konsole oder Volute am vorderen Stevenende zu stellen pflegten. Die Figuren waren meist in aufrechter Haltung angebracht und die Füße nach außen gestellt. Eine Reliquie, die jede Tiefe überragte und der jeder Seemann insgeheim huldigte.

Angus blickte hinaus auf die Hafeneinfahrt. Ein frischer Wind aus Südost zauberte weiße Schaumkronen auf das Wasser der Upper Bay und ließ die weißen Segel der Küstenschoner und Briggs, die der Wind dem Hafen zutrieb, aufblitzen.

»Alles klar, Mister?« schnarrte eine rostige Stimme in Angus' Rücken.

Angus drehte sich um und sah zwei wasserhelle Augen auf sich gerichtet. Mehr war von dem Gesicht nicht zu sehen, da es von einem schwarzen, üppigen Vollbart umrahmt und von einem hohen Zylinder gekrönt war.

»Ich denke doch«, erwiderte er und trat zur Seite, um dem Hünen, der an der Spitze einer Männergruppe ging, Platz zu machen.

»Highland oder Lowland?« fragte der Mann zurück, der Angus' schottischen Akzent erkannt hatte. Er trug einen Gehrock, und seine Worte kamen so scharf über die Lippen wie die Bügelkanten seiner Hose.

»Northern Highland!«

Der Hüne blieb stehen und zeigte auf die Natchez. »Sie liebt

Männer wie Sie. Wenn sie auch nur einen Klüver und ein einziges Vor-Marssegel trägt, schwebt sie schon auf den Wellen dahin! Nun, was ist?«

Angus zeigte sich wortkarg. »Vielleicht im nächsten Jahr ...«

»He! Zahlmeister«, rief er einem seiner Männer zu, die ihn begleiteten. Noch bevor dieser heran war, fragte er Angus: »Verraten Sie mir Ihren Namen!«

»Mackay, Angus Mackay!«

Der Hüne stutzte. »McKay?« Daraufhin zog er den Zahlmeister am Arm zu sich heran und dröhnte: »Angus aus dem fernen Schottland, ein Sproß des ruhmreichen Clans der McKays, hat sich entschlossen, auf dem feinsten und schnellsten Paketschiff der Weltmeere, meiner NATCHEZ, anzuheuern, um die Reise nach Kanton anzutreten.«

»Sir! Ich sagte, vielleicht im nächsten Jahr«, widersprach Angus.

»Mr. McKay, eine Reise auf der NATCHEZ erlaubt keine Fristen!« Daraufhin wandte er sich an seine Gefolgschaft und grinste diabolisch. »Verdammt, ich glaube, wir haben des Schotten sieches Fleisch umsonst geschreckt!« Wie auf Befehl fingen die Männer an zu grölen, während der Wortführer noch einen draufsetzte: »Der Schotte ist morsch wie eine faule Schiffswand, behaust vom bohrenden Holzwurm!«

In Angus kroch Zorn empor. Er wandte sich an den Zahlmeister. »He! Was will der Makrelenbestatter eigentlich?« Der Zahlmeister erstarrte, während der Rest verstummte. Angus geriet in Fahrt: »Jeder Schoner nimmt euch und eurer NATCHEZ vierzehn Tage bis Kanton ab. Die steilen Brüste eurer Dame können nicht über den plumpen Bug des Seglers hinwegtäuschen. Ein erfahrener Käpt'n hätte wenigstens Spieren für Leesegel anbringen lassen. Und auf einem solchen lahmen Segler soll ich bis in die Chinesische See fahren? Ich bin doch nicht verrückt! Nicht für zweihundert Dollar geb' ich meine Unterschrift!«

Für einen Augenblick standen alle wie versteinert da.

Der Hüne brach schneidend die Stille: »Zweihundertfünfzig!«

Der Zahlmeister zuckte nervös und legte die Stirn in Falten.

»Danke, Sir! Ich will den Wahnsinn nicht. Nicht jetzt. Ich möchte das Neue nicht dort, sondern hier finden.«

Der Hüne hatte Angus' Gepäck entdeckt und grinste. Die Männer atmeten sichtlich erleichtert durch. »Suchen Sie Arbeit? Unterkunft?«

Angus nickte.

»Schiffbau?«

»Warum nicht?«

Der Hüne winkte erneut den Zahlmeister zu sich heran und forderte einen Zettel nebst Schreibgerät. Mit Schwung fixierte er einige Worte darauf und ließ den Zettel Angus reichen.

»Melde dich bei *Smith & Dimon*«, sagte er. »Wir sehen uns! Spätestens im nächsten Jahr …«

Die Gruppe entfernte sich mit schallendem Gelächter und hielt auf die NATCHEZ zu. Angus blickte auf den Zettel und las: *»Stellt ihn ein! Kapitän Robert W. Waterman.«*

Angus blickte die South Street zurück und hatte den Eindruck, ganz New York stelle sich als Exerzierplatz für seine Taten zur Verfügung.

Das erste, was Angus von der Werft *Smith & Dimon* zu Gesicht bekam, war der Flaggenmast, an dem, in Größe eines Vormarssegels, die Stars and Stripes knallend im Wind wehten. Das Gelände selbst lag oberhalb des East River gleich gegenüber der Mündung des Newton Creek, und war durch ein langes Sandsteingebäude zur Uferstraße hin abgeschirmt.

Angus näherte sich einem schmiedeeisernen Tor, das kunstvoll mit allen Typen von Ankern verziert war. Gerade als er sich anschickte, das Werftgelände zu betreten, wirbelte eine Wolke von Sägemehl heran. Angus drehte sich vom Wind weg, kniff die Augen zusammen und wartete, bis die Böe vorüber war. Der intensive Geruch von feuchtem Sägemehl, dazu das harzige Aroma der Hölzer, das in seiner Nase kitzelte, zeugten von gesunden Holzsorten bester Qualität.

Der Platz vor ihm fiel leicht zum East River hin ab, wo auf Stelzen ruhend, flankiert durch zwei Rampen, ein schlanker Rumpf mit gelbem Band seiner Vollendung entgegen ging. Auf einer Stelling, die den Rumpf umlief, arbeiteten zahlreiche Männer, die aus der Entfernung wie krabbelnde Ameisen wirkten.

Auf der nördlichen Seite des Geländes war ein gigantischer Holzlagerplatz eingerichtet, der nach Baumarten sortiert war und gut zwei Fünftel des Areals mit Stämmen bedeckte. Zur Mitte hin war der Lagerplatz durch ein halbes Dutzend Grubensägen unterteilt. Weiter nach Norden standen drei Wasserbecken, in denen Holzstämme gewässert wurden. Gegenüber, auf der südlichen Seite, entließ einer der hohen Kamine eine fette schwarze Rauchwolke, die der Wind im Nu verwirbelte. Der Amboß antwortete mit dumpfem Klang in regelmäßigen Intervallen dem Schlag des Hammers. Im überdachten Sägewerk, direkt am Wasser, ließ eine Dampfmaschine fauchend ihr Sägeblatt auf- und niedertanzen und verwandelte die mächtigen Stämme der Weißeiche aus Massachusetts, der Zedern- und Kiefernstämme aus Maine in Kiele, Spanten, Decksbalken und Planken.

Angus liebte den Geruch des Holzes, der am intensivsten am Splint heraustrat. Er peilte den mächtigen Stamm einer Weißeiche an, brachte seine Nase direkt zur Schnittstelle an das rohe Holz und schnupperte. Er fühlte sich in seine Kindheit zurückversetzt, als er dem gleichen Geruch entlang der Dachbalken nachgespürt hatte. Er sah auf und ließ seinen Blick über die Stämme wandern. »Ein ganzer Wald, um ein Schiff zu bauen …«, murmelte er vor sich hin.

Trotz aller Betriebsamkeit auf dem Gelände war Angus nicht unentdeckt geblieben. Ein Mann, der sich durch seine Kleidung als Zimmermann auswies, kam näher und fragte nach seinen Absichten. Darauf verschwand er in das braune dreistöckige Sandsteingebäude, um den Besucher zu melden.

Angus betrachtete die schwere eichene Tür, aus deren Füllung der Name, *Smith & Dimon*, als kunstvolles Relief herausgeschnitzt war. Die Minuten des Wartens entfachten in ihm Zweifel, die ihn zur Flucht drängten. Doch seine neugewonnene Einstellung zum Leben half ihm, nicht die Geduld zu verlieren. In Gedanken wiederholte er seinen Schwur von Lanzarote: »Herr, laß mich mein Leben in Zukunft mit redlichen Dingen füllen!«

»Angus McKay? Noch ein McKay!« hörte er eine Stimme aus dem Büro, dessen Tür sich gerade einen Spalt weit geöffnet hatte. Ein Bürogehilfe stieß die Tür auf und winkte Angus herein. Dieser entdeckte an der Stirnseite des gedrechselten, wuchtigen Schreibtisches ein Schild, auf dem der Name »S. D. Smith« in schwarzen Lettern aufgemalt war. Mit der Spannkraft und Geschmeidigkeit eines Geparden erhob sich dahinter Mr. Smith und kam um den Schreibtisch herum, um Angus per Handschlag zu begrüßen. Dabei musterte er seinen Besucher mit kühlem, doch aufmerksamem Blick. Er bot ihm einen Stuhl an, und setzte sich selbst wieder hinter seinen Schreibtisch, auf dem wohlgeordnet Schiffspläne und ein gutes Dutzend Bleistifte, ausgerichtet wie Orgelpfeifen, nebeneinander lagen.

Mr. Smiths Halsschleife war bis zum ersten Hemdenknopf gelockert, und er hatte die Hemdsärmel bis zu den Ellenbogen aufgekrempelt. Auf Angus wirkte er wie ein Mann, der unter großem Druck stand, ihn aber mit Selbstbeherrschung bekämpfte.

»Sie haben Sorgen?« fragte er mutig und traf damit den Nagel auf den Kopf.

»Einer unserer besten Kunden hat gerade ein Schiff im Indischen Ozean verloren …«

Angus wartete auf mehr, doch Smith sagte kein weiteres Wort.

»Das tut mir leid.«

»Mr. McKay! Es geht nicht darum, ob es Ihnen leid tut oder nicht. Es geht um Aufträge und um den Ruf unserer Clipper! Also, was wollen Sie?«

Angus deutete auf den Zettel, der vor Smith auf dem Schreibtisch lag. »Käpt'n Waterman …«

»Ich kenne ihn«, unterbrach er Angus schroff. »Er ist unser Angestellter. Einer unserer besten Kapitäne. Ich fragte, was *Sie* bei uns wollen?«

»Zwei Dinge, Mr. Smith. Ich will mithelfen, schnelle Schiffe zu bauen, und ich will in New York bleiben.«

»Wie lange sind Sie schon in New York?«

»Ich bin vor fünf Stunden angekommen.«

»Woher?«

»Mit einem Auswandererschiff von Cadiz über die Kanaren direkt nach Manhattan.«

Smith nahm die Haltung eines Wachpostens ein, der einen Eindringling beobachtete.

»Was sucht ein McKay in Spanien?«

»Das Schicksal eines Unerfahrenen aus Lochinver, der sich über eine Bar in London plötzlich auf einem Schmuggelschoner wiederfand.«

»Ich kann das nicht überprüfen, Mr. McKay, doch was befähigt Sie als Schmuggler, daß Sie sich plötzlich zum Clipperbau berufen fühlen?«

»Ich weiß, es klingt weit hergeholt, was ich Ihnen erzähle, doch der Schmuggel hat mich nie interessiert. Ich wurde einfach dazu gezwungen. Doch was mich seitdem begeistert, sind schnelle Passagen auf schnellen Rümpfen, überdimensionierte Takelagen und der beste Trimm.«

Mr. Smith blickte regungslos und schwieg.

»Sie glauben mir wohl nicht«, brach Angus das Schweigen.

»Ich maße mir kein Urteil über Sie an. Aber nach dem, was Sie gesagt haben, ist Ihre Heimat die See und nicht die Werft. Ich fürchte, Mr. McKay, daß Sie nichts gelernt haben, was unserer Werft von Nutzen sein könnte.«

Angus schaute zu Boden, als hätte sein Gegenüber ihm erklärt, daß er weiter nichts als ein Flegel wäre, mit dem man nur seine Zeit vergeudete. Er ließ die Stille wirken. Trotz giftiger Gefühle unterdrückte er die Wut, die in ihm aufkeimte. Angus erhob sich. »Ich merke, Sie können auf meine Erfahrungen, die ich auf Schnellseglern erworben habe, verzichten. Auch legen Sie offensichtlich keinen Wert darauf, daß ich bereit bin, mein Bestes für Sie zu geben.«

Mr. Smith schmunzelte plötzlich. Als Angus sich verabschieden wollte, blieb er sitzen. Er öffnete die Schleife bis zum zweiten Hemdenknopf. »Bitte, setzen Sie sich doch!«

Angus sah Smith verdutzt an und ließ sich langsam wieder auf den Stuhl nieder.

»Erzählen Sie mir Ihre ganze Geschichte.«

Während Angus die knappe, doch wohlüberlegte Version seiner

Lebensgeschichte zum Besten gab, machte Smith sich Notizen. »Ich kann Ihre Anstellung bei uns nicht allein entscheiden«, sagte er, als Angus geendet hatte. »Mein Partner, Mr. Dimon, und ich wählen neue Mitarbeiter gemeinsam aus. Gehen wir doch in sein Büro!«

Mr. Dimon schien der absolute Gegenpol zu Mr. Smith zu sein. Eine bärenhafte Gestalt schob sich auf Angus zu, als sie das Zimmer betraten. Große vorquellende Augen, Hängeschultern, Fettwülste an den Hüften und die nach außen gerichteten Plattfüße vermittelten den Eindruck eines trägen, hämorrhidalen Habitus. Was für ein oberflächlicher und beschränkter Popanz, dachte sich Angus, und er war sich sicher, daß Mr. Dimon impotent war. Doch als er mit einem bewußt eingesetzten Kellerbaß: »Wer sind Sie?«, die erste Frage abfeuerte, fegte er gleichzeitig die ersten Eindrücke mit hinweg.

Mr. Smith antwortete für Angus, bis Mr. Dimon seine zweite Frage direkt an Angus richtete. »Mr. McKay, Sie tragen den wohlklingenden Namen eines aufstrebenden Schiffbauers in Boston. Woher kommen Sie? Welchem Clan gehören Sie an?«

»Mein Clan lebte im Gleann Leireag, zwischen dem Sàil Gharbh und dem Gnoc á Bhainne ...«

»*Wow!*« grunzte Mr. Dimon dazwischen.

»... und ist den Scoury Mackays zuzuordnen. Doch wir wurden schon früh von einem Geldeintreiber auf die Klippen am Loch á Chàirn Bhàin verbannt, wo wir fast verhungert wären. Unser Clan ist seit jenen Tagen in alle Winde zerstreut.«

Mr. Smith raunte seinem Partner etwas zu. Dann wandte er sich an Angus und deutete mit einem Kopfnicken auf die Tür. »Warten Sie bitte draußen auf unsere Entscheidung!«

Angus trat auf den Gang hinaus und bewegte sich zum Fenster hinüber, wo sein Blick erneut hinüber zu dem schmalen Rumpf des Schiffes auf der Helling ging. An Deck sah er drei Fünfergruppen bei der Arbeit. Er beobachtete ihre Bewegungen. Der direkte Blick auf das Deck war ihm verwehrt, doch hätte Angus jede Wette angenommen, daß die Männer damit beschäftigt waren, das Oberdeck zu kalfatern.

Unweit von dem Gebäude standen zwei Männer, die einen Plan

betrachteten und heftig miteinander diskutierten. Angus sah sich in einem kurzen Tagtraum selbst dort unten stehen mit einem Plan in der Hand, auf dem der Entwurf eines revolutionären Clippers gezeichnet war. Alles schien ihm dort draußen vertraut. Er genoß die Eindrücke und hatte das unbestimmte Gefühl, als hätte seine Seele an diesem Ort schon einmal gelebt. Er war sich fast sicher, auch Käpt'n Waterman schon einmal begegnet zu sein.

Des Käpt'ns Zettel mit der Aufforderung: »*Stellt ihn ein!*« hatte offenbar eine ungeschriebene Regel zum Leben erweckt, der Respekt gezollt werden mußte.

Im nachhinein freute Angus sich, daß es ihm während des Gespräches gelungen war, seine eigenen Gefühle im Zaum zu halten, so daß ihm der Zorn die Denkfähigkeit nicht hatte rauben können. Die Wechselfälle des Lebens konnten ihm nichts mehr anhaben, und er würde bei einem enttäuschenden Ausgang an anderer Stelle weitermachen.

Die Tür hinter ihm wurde aufgestoßen.

»Mr. McKay, dürfen wir Sie bitten«, vernahm er die Stimme von Mr. Smith.

Er trat ein und sah ein breites Grinsen auf Mr. Dimons Gesicht, der hinter seinem Schreibtisch thronte. Mr. Smith setzte sich mit einer halben Hinterbacke auf den Schreibtisch, verschränkte die Finger ineinander und ließ jeden nur möglichen Knöchel knacken. Ein Bürogehilfe reichte durch eine Verbindungstür ein Papier herein, das Mr. Dimon an sich nahm.

Dann donnerte er los: »Mr. McKay! Nach eingehender Prüfung haben wir uns entschlossen, Ihnen als neuem schottischem Einwanderer eine faire Chance auf unserer Werft zu geben. Wir halten die Frist von einem Jahr für ausreichend, Sie in die Kunst des Handwerks eines Schiffszimmerers einzuweisen. Sollten wir mit Ihrer Arbeit und Lebensführung zufrieden sein, so werden Sie Assistent unseres Schiffskonstrukteurs John Willis Griffiths, der hier in diesem Gebäude arbeitet. Lesen Sie sich diesen Vertrag durch, und unterzeichnen Sie rechts unten.«

Angus nahm den Vertrag, überflog die Präliminarien und begann danach Absatz für Absatz aufmerksam zu lesen.

... erhält eine Anstellung, um zunächst die Arbeitsweise eines Schiffzimmerers zu erlernen. Nach Ablauf eines Jahres wird die Ausbildung als Schiffskonstrukteur unter Aufsicht von John Willis Griffiths fortgeführt.

Als Gegenleistung für die Ausbildung verpflichtet sich der Unterzeichnende, *Smith & Dimon* treu zu dienen, die Werftgeheimnisse für sich zu behalten und immer und überall Gehorsam zu leisten.

Weder bei Tag noch bei Nacht ist eine Entfernung vom Dienst ohne Zustimmung der Werftinhaber erlaubt.

Ein Herumtreiben in Bierschänken, Wirtshäusern, Tanzsälen und Spielhallen wird nicht geduldet.

Neben der Ausbildung werden für Essen, Trinken, Waschen, Unterkunft und andere Dinge 3,50 Dollar in der Woche und 60 Dollar im Jahr gezahlt.

Der Vertrag wird zwischen den Unterzeichnenden für den Zeitraum von einem Jahr geschlossen. Bei Zufriedenheit der Werftinhaber wird der Vertrag um weitere zwei Jahre verlängert.

Der Vertrag, das war Angus sofort klar, regelte wie von selbst jede Stunde des Tages. Dennoch zögerte er keinen Moment, unterschrieb mit »Angus Mackay« und reichte den Vertrag zur Gegenzeichnung an Mr. Dimon zurück.

»Mackay? Welch komische Schreibweise.«

»Wieso?«

»Sehen Sie, Mister ...«, Dimon nahm einen Zettel und schrieb darauf Angus' Clannamen. »Wir denken, daß die richtige Schreibweise Ihres Namens ›McKay‹ ist.«

Angus erhob sich. »Die schottische Schreibweise, seit Jahrhunderten die einzig gültige, Gentlemen, finden Sie mit meiner Unterschrift bestätigt.«

Dimons Augen funkelten erbost. »In Amerika wird ein Mackay zu einem McKay! Sie haben das zu respektieren!«

Mit dem Vorsatz, keine unnötigen Kämpfe auszufechten, fügte er sich der Ansicht von Mr. Dimon: »Wenn Amerika es so will, dann soll es seinen ›McKay‹ bekommen!«

Mr. Dimon sah seinen Partner Smith an. Beide strahlten Zufriedenheit aus.

Angus Mackay war es auch zufrieden; denn er würde tun, was er für richtig hielt. Er hatte sich geschworen, seinem eigenen Leitstern zu folgen.

Am Abend dieses Tages schrieb er seinen ersten Brief nach London.

»Mein lieber Vater,
meine lieben Brüder und Schwestern,

In Amerika angekommen, habe ich heute den ersten
Schritt getan, damit sich mein Traum von einem Leben
in Freiheit und Frieden erfüllt ...«

John Willis Griffiths, der geniale Schiffskonstrukteur bei *Smith &* *Dimon*, war ein Mann der Tat. »Machen wir uns daran«, sagte er meist mit entschlossener Miene. Er sagte es frühmorgens, spätabends, an Sonn- und Feiertagen und zu allen anderen unpassenden Gelegenheiten, ohne daß jemand auch nur im geringsten widersprach. Es protestierte auch dann niemand, wenn die Zeiger des Chronometers sich über Mitternacht hinwegschoben und anzeigten, daß an ausreichenden Schlaf wieder mal nicht zu denken war.

Angus litt wohl seit gut einem Jahr unter dem andauernden Schlafentzug, doch er arbeitete wie besessen mit John Willis zusammen, und beide waren so intensiv bei der Sache, daß man hätte meinen können, Anarchisten tüftelten eine neue Sprengstofformel aus.

Griffiths hatte eine selbständige Abteilung innerhalb der Werft und war unumstrittener Spezialist am Zeichenbrett. Er war der Sohn eines Schiffbauers und arbeitete zunächst in der Werft der U. S. Navy in Portsmouth, bevor er nach New York kam, um das

Angebot von *Smith & Dimon* anzunehmen. Er war nur vier Jahre älter als Angus, und vielleicht war dies der Grund, warum die beiden sich auf Anhieb gut verstanden.

In wenigen Gesprächen mit dem Zeichner bewies Angus, daß er sich *in puncto* geometrischer Formen von Schiffsrümpfen ein Spezialwissen angeeignet hatte, das auch Griffiths imponierte. Sowohl Angus als auch John Willis hatten sich unabhängig voneinander in die Arbeiten von Colonel Mark Beaufoy vertieft, der den Wasserwiderstand von verschiedenen Gegenständen getestet hatte, indem er sie durch einen mit Wasser gefüllten Behälter zog. John Willis war es dann auch, der Angus vorzeitig aus den Sägegruben des Werftgeländes herausholte, um mit ihm zusammen Beaufoys Theorien im selbstkonstruierten Wassertank zu überprüfen.

Schon bald bestätigte sich, daß mit zunehmender Länge des Gegenstandes der Wasserwiderstand abnahm, was neue Perspektiven für den Bau von Schiffsrümpfen eröffnete. Neu war auch ihr Ergebnis, daß der Boden eines schwimmenden Gegenstandes auf seiner gesamten Länge dreieckig oder V-förmig zu konstruieren sei. Diese Erkenntnisse kamen einer Revolution gleich, denn sie brachten ein jahrhundertealtes Dogma zum Einsturz.

Lebhaft erinnerte sich Angus an den Augenblick, als er nach Abschluß der ersten Testreihe voreilig die Schiffbauer der vergangenen Jahrhunderte verspottete: »Diese Nußschalenbauer! Vorn wie ein Dorsch und hinten wie eine Makrele! Ein Fisch ist doch kein Schiff! Wie konnten die Herren nur so irren?«

»Das ist falsch, Angus«, korrigierte ihn der Schiffbaumeister kühl. »Die Werften verfolgten damit eine absolut sichere Bauweise.« Daraufhin schloß er seine beiden Hände wie zum Gebet, öffnete sie langsam, formte mit den Händen einen Tulpenkelch, der den runden Bug symbolisieren sollte, und fuhr fort: »Der runde Bug, der tatsächlich oft dem Kopf eines Dorsches gleicht, wird von jeder Welle hochgetragen, schlägt auf das Wasser und drückt die Wellen zur Seite. Es sind durchwegs trockene Schiffe. Die Decks der Schiffe werden nicht so häufig überspült, wenn sie sich durch das Meer vorankämpfen. Doch die runde Bugkonstruktion geht auf Kosten der Schnelligkeit. Und nur das ist heutzutage von Bedeutung.«

»Mhm! Bei einigen Schiffstypen wie dem Kutter, dem Schoner oder bei manch einer Brigg hatte man aber das Prinzip der schärferen Wasserlinien schon verfolgt«, sagte Angus.

»Das ist richtig, doch nehmen wir den Kutter. Er ist dank seiner enormen Segelfläche meist übertakelt und damit nicht einfach zu beherrschen. Doch ist er dadurch wirklich erheblich schneller geworden?«

Angus zuckte die Schultern.

»Ich folgere aus unseren Versuchen, Angus, daß zusätzliche Segelflächen die alten Schiffe nur bis zu einem gewissen Grad schneller machten. Der Wasserwiderstand eines Rumpfes mit mehr oder weniger runden Bugformen ist einfach zu groß.« John Willis' Augen glänzten. »Ich sage dir, messerscharf muß ein Bug sein.«

Angus fragte besorgt: »Wird das Schiff dann nicht die turmhohen Seen unterschneiden?«

»Der neue Entwurf wird nicht nur schnell, sondern auch seetüchtig sein. Machen wir uns daran!«

Sie überprüften daraufhin die bekannten Pläne der Ann McKim, eines Schiffes, das alle Merkmale der besten Baltimoreclipper aufwies: einen ausfallenden Steven, einen stark aufkimmenden Boden und schlanke, aber konvexe Linien, verbunden mit geringem Freibord, sowie stark geneigte Masten. Angus hatte den Eindruck, daß die Ann McKim mehr einer Yacht als einem Frachtensegler glich. Tagelang analysierten sie die Linien auf dem Papier und waren sich bald einig darüber, daß ihr schlanker Rumpf und ihr schmaler Bug sie schneller gemacht hatte als andere Schiffe jener Zeit.

»Machen wir uns ein Modell«, beendete John Willis die theoretischen Betrachtungen. Er nahm einen Bogen Papier und begann zu zeichnen. »Wir machen den Bug schnittiger und geben dem Ganzen einen langen, spitz zulaufenden Rumpf. Die größte Breite werden wir dabei weiter nach achtern wandern lassen. Außerdem verpassen wir dem Modell ein breiteres Heck!«

»Du meinst wirklich, daß sich auch die Heckform auf die Schnelligkeit auswirkt?«

»Und ob! Du hast doch selbst gesehen, wie ruhig im Tank das Wasser am schlanken Rumpf entlangglitt, sich dann aber Wirbel am Flossenheck zeigten.«

»Ja, das habe ich beobachtet. Aber was vermutest du?«

»Der Versuch hat uns bewiesen, daß die flossenartige Heckform eine Gegenkraft erzeugt, die wie ein unsichtbarer Sog die Vorwärtsbewegung des Rumpfes bremst. Machen wir das Heck dagegen breit, dann kann das verdrängte Wasser ungehindert und leicht nach hinten abfließen.« Daraufhin schmunzelte er hintergründig: »Ich werde meine Ansichten zu Papier bringen, damit die alten Käpt'ns aufheulen können.«

Gesagt, getan! Zwei Wochen später veröffentlichte er seine Theorien in dem einflußreichsten Marine-Journal von New York und Boston unter dem Titel *Fast Sailing Ships: Their Design and Construction* und löste, wie vorhergesehen, eine Lawine der Kritik aus.

»... wir weisen Griffiths' Theorien aufs schärfste zurück!«

»... der Bug muß die Wellen überragen!«

»... niemals wird ein Schiff mit V-förmigem Bug Kap Hoorn umrunden!«

»Eine fünfzig Fuß hohe Wasserwand im südlichen Atlantik versenkt neuartiges Schiffsmodell im kleinen Wasserbecken«, lautete die Überschrift eines Briefes, den ein alter Käpt'n an John Willis schrieb ...

Unbeeindruckt von der Häme seiner Kritiker begann John Willis Griffiths sich zusammen mit *Smith & Dimon* um einen Auftrag zu bemühen. Das Glück spielte der Werft in jenem Jahr in die Hände. Im Herbst 1843 stürmte Mr. Smith in Griffiths' Büro, wedelte aufgeregt mit einem Brief in der Hand und rief: »Wir haben ihn! Wir haben ihn!«

»Was haben wir?« fragte John Willis erstaunt, der mit Angus ein Problem am Zeichentisch diskutierte.

»Den Auftrag, auf den wir gewartet haben!«

»Von wem?«

Smith reichte Griffiths den Brief. »*Howland & Aspinwall*! Sie wollen ein Schiff, das an Schnelligkeit alles hinter seinem Kielwasser läßt, was sich auf den Ozeanen herumtreibt!«

Auf der anderen Seite der Welt hatten die Ergebnisse des Opiumkrieges und der Vertrag von Kanton sich schneller bemerkbar gemacht, als die Firma *Smith & Dimon* es in New York ahnen konnte. Während John Willis den Brief überflog, ging Smith im Kreis und ließ seiner Begeisterung freien Lauf. »Der Teehandel explodiert geradezu! In New York, Boston, Philadelphia schreit man nach Hyson und Bohea, Imperial und Gunpowder, Lumking und Mowfoong! Ich denke, wir werden die Sorten sehr schnell nach New York bringen. Habt ihr gelesen, welches Problem sie unten an den Piers mit dem Tee haben?«

»Ich habe letztes Jahr davon gehört, Mr. Smith«, antwortete Griffiths. »Je mehr Schiffe New York erreichen, desto häufiger wird verdorbener Tee weggekippt ...«

»... und verschimmelter Tee mindert den Profit! Das ist unsere Chance, Männer«, ergänzte Smith euphorisch. Er ging um den Schreibtisch herum und ließ sich auf einen Stuhl fallen. »Die Kaufleute und Kenner reißen sich inzwischen um die frischesten Teesorten und bieten *Howland & Aspinwall* schon höhere Preise für kürzere Lieferzeiten.«

Griffiths tippte mit seinem Bleistift auf das Zeichenbrett und verkündete im Brustton der Überzeugung: »Boß! Mit diesem Entwurf werden wir die kürzesten Lieferzeiten anbieten.«

Smith sprang auf und kam zum Zeichenbrett, auf dem Seitenriß, Wasserlinienriß und Decklinienriß eines Clippers zu erkennen waren. Darüber stand in großen Lettern: Das erste extreme Clipperschiff von Howland & Aspinwall, nach Plänen von John W. Griffiths. Smith starrte Griffiths in die Augen, als wäre dort ein Geheimnis abzulesen. »Kein verschimmelter Tee?«

»Kein verschimmelter Tee! Wir werden die Klimazonen schneller durchsegeln als je ein Schiff zuvor.«

»Ich will es hoffen! Dem ersten Schiff, das New York am schnellsten mit der neuen Tee-Ernte erreicht, winken ab sofort enorme Profite.«

»Den Profit, Boß, sollten wir uns mit der Reederei teilen. Hongkong, Amoy, Foochow, Ninghsien und Schanghai warten auf dieses Schiff. Machen wir uns daran!«

»Morgen, Mr. Griffiths, werden wir die Verträge unterzeichnen. Stellen Sie alles zusammen, was wir an Unterlagen für den Vertragsabschluß brauchen.«

Als Mr. Smith Griffiths' Arbeitszimmer verlassen wollte, drehte er sich um und kam wieder zurück. »Ach ja! Was ich noch wissen wollte: Wie soll der Clipper heißen?«

Griffiths nahm einen dicken Zeichenstift und schrieb rechts oben auf den Plan den Namen »RAINBOW«.

Das Tor zur Werft von *Smith & Dimon* wurde ab Juli 1843 streng bewacht. Die Kunde des »grundsätzlich neuen Entwurfs« auf *Smith & Dimon*s Helling am East River hatte sich schnell über New York hinaus die Ostküste entlang nach Boston und Baltimore und über die Sand- und Schlammbänke des Mississippi hinweg bis nach New Orleans verbreitet. Die Spanten der RAINBOW ragten wie Rippen eines riesigen Urtiers in den Himmel und waren zum Wallfahrtsort aller neugierigen Seebären, Schiffbauer und Kaufleute geworden. Der Clipper war in seinen Abmessungen so gewaltig wie die größten Paket- und Postschiffe der Nordatlantikroute, doch sein Bug zeigte hohle Linien und war noch schärfer und schnittiger als der des flinken, jedoch kleineren Baltimore-Clippers ANN MCKIM. Obendrein hatte Griffiths der RAINBOW ein Heck verpaßt, das so rund und bauchig war wie der Bug eines traditionellen Handelsschiffes.

Von Neugier erfüllt, strömten Menschen herbei, um den Baufortschritt zu verfolgen. Doch nach dem ersten Mittwoch des Monats Juli entschloß sich die Leitung der Werft, den Besucherstrom zu reduzieren. Anlaß war ein Disput zwischen Mr. Dimon und mehreren Schiffbauern sowie einigen selbsternannten Experten aus Philadelphia gewesen. Auf der RAINBOW begannen gerade die Takelarbeiten an Fock- und Großmast, als einer der Besucher sich an Mr. Dimon wandte.

»Sir! Das Schiff liegt falsch auf der Helling. Man müßte es umdrehen«, feixte er und wurde von einem zweiten Besucher sofort darin unterstützt. »Klar, das Ruder gehört an den vorderen Steven, dann kann sie rückwärts segeln! Nur so kommt sie ans Ziel!«

»Ach was! Sie wird nie einen Hafen erreichen. Das Mißgebilde wird nicht mal bis zur Upper Bay segeln. Bei den hohen Masten reicht ein kleiner Windstoß, und schon geht alles über Bord«, ereiferte sich ein Dritter.

Mr. Dimon nahm zunächst alles gelassen hin und tat so, als hätte er es nicht gehört. Doch als die Worte »Todesschiff!« und »... die RAINBOW ist allein Dimons Torheit!« fielen, platzte ihm der Kragen. Mit zorngerötetem Gesicht und den Worten: »Nehmen Sie Ihren gottverdammten Arsch, und retten Sie ihn augenblicklich vom Boden meiner Werft«, trieb er mit Unterstützung seiner ebenso aufgebrachten Schiffszimmerleute das unverschämte Rudel zum Tor hinaus.

Doch die Kritiker verstummten nicht. Am Ende ließen sich sogar die Herren Reeder und Auftraggeber, Ernest Howland und William Aspinwall, von den an sie herangetragenen Gerüchten zum Entwurf der RAINBOW verunsichern.

Keine vierzehn Tage nach dem Hinauswurf der Besuchergruppe ließen Dimon und Smith Griffiths zu sich kommen. Aufgebracht reichte Mr. Smith John Willis einen Brief. »Lesen Sie diesen Mist!«

Griffiths entnahm dem Brief, daß Howland und Aspinwall beschlossen hatten, wegen der turmhohen Masten der RAINBOW einen unabhängigen Gutachter zu konsultieren.

»Stellen Sie sich vor, Mr. Griffiths«, sagte Dimon, »sie schicken die Pläne zur Prüfung nach England. Als ob die Briten uns voraus wären!«

Griffiths' Ärger entlud sich in einem knappen: »Ach du Scheiße!«

»Dummköpfe«, wetterte Smith. »Jawohl! Ich sage: Dummköpfe!«

Griffiths rieb sich grübelnd das Kinn. »Wie soll es nun mit der RAINBOW weitergehen?«

»Etwas gemütlicher, nehme ich an«, antwortete Mr. Dimon kühl. »Wir haben nun viel Zeit. Ein oder zwei Monate, denke ich. Die Arbeit geht uns deswegen nicht aus. Jedenfalls werden wir das Schiff erst etwas später fertigstellen können.«

Griffiths ging im Zimmer auf und ab und überlegte. Auf einmal blieb er vor Smith stehen und sagte: »Sir, ich habe einige Hinweise bekommen, die mich nachdenklich stimmen.« Die Herren blickten zu Griffiths. »Es gibt anscheinend ein gezieltes Komplott gegen die zügige Fertigstellung der RAINBOW.«

»Komplott? Wieso?« fragte Dimon.

»Erinnern Sie sich noch an die Gruppe von Männern, die sich vor zwei Wochen Ihnen gegenüber unflätig benommen hat? Mr. Mackay hat inzwischen herausgefunden, daß es sich dabei nicht um Besucher aus Philadelphia, sondern um Mitarbeiter der Werft *Brown & Bell* am Ende der Stanton Street handelte.«

Mr. Dimon streckte sich auf seinem Stuhl. »Sieh an, sieh an! Die Ratten von *Brown & Bell.* Ich frage mich, was genau sie damit erreichen wollen?«

»Ganz einfach, Sir. Wir haben Konkurrenz bekommen.«

»Konkurrenz?« fragte Smith ungläubig.

»Spätestens im Frühjahr nächsten Jahres wird die HOUQUA fertiggestellt sein«, sagte Griffiths.

»HOUQUA? Stimmt. Ein Paketschiff. Ich habe davon gehört«, entgegnete Mr. Dimon. Er überlegte kurz. »Houqua! Ist das nicht der Name dieses steinreichen schlitzäugigen Kaufmanns aus Kanton?«

»So ist es«, antwortete Smith.

»Nun, die Reederei *A. A. Low & Brothers* hat sie in Auftrag gegeben. Was ist daran so außergewöhnlich, Mr. Griffiths?« fragte Mr. Dimon.

»Ich schlage vor, Mr. Mackay darüber Auskunft geben zu lassen. Er kennt die Details etwas genauer.«

»McKay? Gut, lassen wir ihn kommen«, willigte Mr. Dimon ein.

Als Angus eintrat und die Blicke auf sich gerichtet sah, wußte er, daß er sich auf einen grollenden Vulkan begeben hatte.

Griffiths wandte sich an Angus. »Ich habe von deinen Beobachtungen berichtet. Es ist besser, du erzählst selbst, was du in Erfahrung bringen konntest.«

»Wie du willst«, antwortete Angus. In wenigen Sätzen erzählte er über seine Besuche in der Taverne *The Ear Inn* und über Gespräche, die er dort mitbekommen hatte. Angus endete mit der Feststellung, daß es die gleichen Männer waren, die er vorher regelmäßig auf dem Werftgelände beobachtet hatte und daß sie alle auf der Werft von *Brown & Bell* beschäftigt waren.

»Sind Sie sicher, daß die Männer über ihre Absichten sprachen, Howland und Aspinwall falsche Informationen über unsere Rainbow zuzuspielen?«

»Ich bin mir völlig sicher, zumal ich nicht der einzige war, der diese Gespräche mithören konnte.«

»Wer weiß noch davon?«

»Das kann ich nicht sagen, Sir. Jedenfalls wurde mir gestern über Wetten berichtet, daß die Houqua lange vor der Rainbow nach China segeln würde, um die erste Ladung der neuen Tee-Ernte nach New York zu bringen. Man sprach davon, daß sich die Fertigstellung der Rainbow dagegen erheblich verzögern dürfte.«

Dimon und Smith sahen sich lange an. »Mr. McKay«, wandte sich Dimon an Angus. »Darf ich fragen, was Sie nächtens drüben am Hudson River suchen?«

»Das hat ausschließlich private Gründe, Sir!«

Die mürrischen Mienen der Herren verrieten, daß sie sich mit der Auskunft offensichtlich nicht zufrieden geben wollten. Griffiths spürte, wie sich die Stimmung plötzlich gegen Angus richtete.

»Ich kann bezeugen, daß es wirklich nur persönliche Beweggründe sind, die Mr. Mackay hier nicht offenlegen will ...«, nahm Griffiths Partei für Angus.

Was Dimon nicht ahnen konnte, war, daß Angus sich in New York mittlerweile prächtig eingelebt hatte. Griffiths wußte zwar von den zarten Banden, die sein bester Zeichner und Mitdenker inzwischen geknüpft hatte, doch über sein knapp bemessenes Privatleben ließ Angus ansonsten so gut wie nichts verlauten.

Angus hatte zunächst mit einem Teil der Silberdollars, die sein Bruder Morgan ihm auf der Negriér gegeben hatte, ein Konto bei der *Bank of New York* eröffnet und seinen Kontostand schrittweise beachtlich angehoben. Gleichzeitig hatte er seinem lupenreinen Dreizehnkaräter im jüdischen Viertel einen perfekten Brillantschliff verleihen lassen. Nach einem halben Jahr deponierte er ihn als Sicherheit bei der Bank und war seither auch für außergewöhnlich hohe Summen kreditwürdig. In einem angemieteten Safe der Bank lagerte er auch die sorgsam gehüteten Windknoten.

Seine knapp bemessene Zeit verbrachte er jedoch am liebsten in der Wall Street, gegenüber dem Haus Nr. 48, wo unter freiem Himmel die Transaktionen der Aktienhändler stattfanden. Er setzte auf amerikanische Eisenbahnaktien und verdoppelte innerhalb eines halben Jahres seinen Einsatz. Überdies kaufte er mit den Aktiengewinnen ein sechsstöckiges Haus in der Pearl Street und ließ sich das oberste Stockwerk gediegen ausstatten.

Angus liebte sein Doppelleben. Es befriedigte alle seine Bedürfnisse. Sein Leben hatte Farbe, seine beruflichen Aussichten waren brillant, sein Konto hatte Gewicht, seine Seele hatte sich gereinigt; zum erstenmal in seinem Leben fühlte er sich wirklich frei. Es schien, als hätte er aus dem erlebten »Schiffbruch« doch noch Gewinn gezogen. Hinzu fügte sich das Glück einer Begegnung.

Die Gunst des Schicksals winkte ihm am Abend des Neujahrstages, als er nach einem langen Spaziergang entlang des Hudson River seine Schritte ins *Ear Inn* lenkte. Dort wollte er noch einen schottischen Whisky genießen.

Die Nacht war schnell hereingebrochen. Die Schatten der hohen Häuserwände füllten den Beginn der Pearl Street, als wollten sie Geheimnisse behüten, bis dann und wann ein schmaler Lichtstreifen des Mondes überhell und scharf die Dunkelheit durchschnitt. Einige Häuserblöcke weiter erreichte er sein Ziel. Große Fenster warfen ihr warmes Licht auf das Pflaster und luden zur Einkehr ein. Herausdringender Lärm bekundete, daß hier das Leben pulsierte, um das neue Jahr zu begrüßen.

Angus gab seine Garderobe ab, suchte sich unter den kleinen runden Tischchen einen freien Platz, bestellte sich seinen Whisky und entspannte seine müden Glieder. Kurz darauf entdeckten ihn Freunde, und ohne ein Wort der Verabredung kam man überein, das Gespräch des vorgestrigen Tages fortzusetzen.

Etwas seitlich von ihm vernahm er eine Frauenstimme, die seinen Drink ankündigte. Gerade goß die Frau das gewünschte edle Getränk von schöner Farbe, wundervollem Aroma und reichem Geschmack aus einem kristallenen Dekanter in sein Glas.

»Aus der Welt Merlins und der Gälen, Sir«, und gleich darauf hauchte sie: »Ihr *uisge beatha*, Mister, der King of Drinks aus dem Valley of Tranquillity. *Slainge whah!*«

Während er noch verträumt zusah, wie sich jenes dünne, bernsteinfarbene Rinnsal im Glase sammelte, wuchs Angus' Erstaunen. Zum ersten Male hörte er *»uisge beatha«* in reinem schottischem Gälisch, während in den Bars von New York meist nur das verballhornte *»usquebaugh«* zu hören war. Er versuchte in das Gesicht der Frau zu blicken, das sich zu seinem Leidwesen hinter einem Vorhang blonder Haare versteckt hielt. Beinahe hätte er in ihr Haar gegriffen, um es zur Seite zu streichen. Als sie sich aufrichtete und den Kopf schüttelte, so daß ihre Mähne zurückflog, sah er wie von Ferne die winterliche Bucht von Loch Inver und die Taverne *The Shank*.

Der dünne Schleier des kalten Wintermorgens von einst zerriß im Licht lachender Augen. Kein Zweifel! Vor ihm stand die junge, fesselnde Frau, die damals in blauer, eng taillierter Küchenschürze rasch neben Janet hantiert und mit flinken Augen den Küchenherd überwacht hatte.

Angus hatte damals seine Brüder Kenneth und Morgan beobachtet, wie sie die junge Frau angafften und Dinge sagten, die er zu jener Zeit noch nicht richtig verstand.

Nun stand eine reife Frau vor ihm, deren Lächeln ihn anzog wie ein Magnet. Ihr Äußeres hatte sich kaum verändert. Das blonde Haar reichte bis auf die Schultern. Sie war eine perfekte schottische Maid. Angus erinnerte sich an die Worte seines ältesten Bruders Kenneth, der damals meinte, er würde die Schlacht von Culloden zweimal schlagen, wäre sie der Preis für den Sieg. Angus konnte seine Brüder nun verstehen. Die blonde Fee war Hillary, die schon damals seine Brüder wie Fische im Netz hatte zappeln lassen.

Sie sagte etwas zu Angus, doch er war in seine Erinnerungen versunken, und somit drang keines ihrer Worte an sein Ohr. Sie zwinkerte ihm kurz zu und verschwand hinter einer Mauer von Männern, die sich wie schützende Wachttürme vor dem Tresen aufgebaut hatten.

»Was meinte sie mit Lochinver?« fragte einer von Angus' Freunden.

Angus blickte verträumt auf sein Glas. »Sie meinte sicher die beschauliche Bucht in den Highlands, wo dieser Whisky gehandelt wird.«

»Ach so! Mhm«, war die enttäuschte Reaktion.

Angus hatte sich nicht getäuscht. »Lochinver« war das Code-wort, worauf er noch zu antworten hatte. Während er saß, jede ihrer Bewegungen verstohlen beobachtete und nur mit halbem Ohr den Gesprächen folgte, eilte Hillary emsig von Tisch zu Tisch, er-ledigte routiniert ihre Arbeit und war sich dabei ihrer überaus an-ziehenden Weiblichkeit voll bewußt. Ab und zu blitzten ihre Augen zu ihm hinüber, was er als Zeichen wertete. Er hoffte im Gegenzug signalisieren zu können, daß er ein paar ganz bestimmte Fragen auf dem Herzen hatte.

In den darauffolgenden Stunden suchte er nach intelligenten Schachzügen, um das Spiel mit einem »Matt« siegreich beenden zu können. Plötzlich störte ihn der Lärmpegel, der erst recht das Be-wußtsein für die späte Stunde weckte, in der man doch am liebsten die Zweisamkeit suchte.

Weit nach Mitternacht drängten die Freunde endlich zum Auf-bruch, und als der letzte der Gruppe sich anschickte, die Schenke zu verlassen, entschwand Hillary vor seinen Augen hinaus in die Küche. Resigniert ließ Angus sich seinen Mantel bringen und hoffte, am nächsten Abend bessere Bedingungen für einen Kontakt herbeiführen zu können.

Draußen bildete der Atem weiße Dampfwölkchen. Es war eisig kalt geworden, und so schlug Angus den Kragen hoch und vergrub seine Hände tief in den Manteltaschen. Plötzlich blieb er unvermit-telt stehen, zog ein Stück Papier heraus, warf einen Blick darauf und prüfte seinen Mantel. »Meiner?« murmelte er zweifelnd. »Meiner!« bestätigte er sich selbst und querte daraufhin die Straße, um im Lichtschein eines Kneipenfensters die Schrift auf dem Zet-tel zu entziffern. Mit jedem Schritt schlug sein Herz schneller.

Sein Hand zitterte ein wenig, als er die drei Zeilen las:

*St. Paul's Chapel.*
*Am Sonntag nach der Messe.*
*Hillary*

Die Botschaft traf Angus wie eine Lawine; sie stürzte den Ablauf der folgenden Tage und Nächte gänzlich um. Auf dem Weg nach Hause in die Pearl Street suchte er Anzeichen einer überirdischen

Schicksalsmacht zu erkennen. Noch im letzten Tanz eines fallenden, trockenen Blattes sah er einen Wink Fortunas.

Das zu heftige Glück entzog sich in den ersten Wochen oft seinem klaren Bewußtsein. Schon nach ihrem ersten Treffen wuchs das Verlangen, sich, wann immer die Umstände es zuließen, zu sehen, und das nicht nur, um die gemeinsame Sehnsucht nach Erinnerungen an die Highlands zu teilen. So verabredeten sie sich, um einmal in der Woche das Abendessen gemeinsam einzunehmen. Angus bestimmte ein Ristorante im italienischen Viertel von Manhatten, das berühmt war für Küche und Keller. Aurelio Tomarelli, Chef im *Via Veneto*, stammte aus Perugia, war ein Meister im Zubereiten von Pasta jeder Art und ein wahrer Künstler im Grillen von Seefischen. Das *Via Veneto* hatte nicht nur den Vorzug, daß es inmitten von Manhattan lag, sondern es besaß eine Pergola, die an einen kleinen, romantisch angelegten Garten angrenzte. Doch was das Wichtigste war: Schon Anfang Februar zog Hillary zu ihrem verliebten Angus in die Pearl Street.

Griffiths bemerkte als erster die Veränderung an Angus. Er beobachtete ihn, wie er oft minutenlang versonnen über das Zeichenbrett hinweg durch das Fenster starrte. Als er ihn darauf ansprach, gestand Angus nach einigem wohldosierten Hin und Her seine neue Verbindung, jedoch ohne Preisgabe der wahren Verflechtungen.

Hillary, die ihre Arbeit, die Menschen und das Flair im *Ear Inn* schätzte, erzählte Angus eines Abends von Tischgesprächen über die Rainbow, die sie in regelmäßigen Abständen von einem bestimmten Grüppchen Männern mitbekam. Daraufhin plazierte sich Angus eines Abends nahe dem Tisch der bezeichneten Herren und fand Hillarys Berichte bestätigt.

Angus wandte sich an Mr. Dimon: »Statt unsere Fakten anzuerkennen, ging die Reederei offenbar der Propaganda auf den Leim. Die Gerüchteküche liegt eindeutig auf dem Gelände von *Brown & Bell* und der Vorhof der Unwissenheit im Warteraum zum Büro von Mr. Aspinwall. Keine Frage, neue Clipper-Entwürfe sind spannend. Brown kann uns nicht ignorieren, was für unsere Rainbow spricht. Doch ich meine, man sollte auf die Lügen und den begangenen Rufmord von *Brown & Bell* scharf reagieren und nicht darüber hinwegsehen.«

Mr. Dimon, der sich angegriffen fühlte, erwiderte schroff: »Mr. McKay, wir möchten von Ihnen nur wissen, was Sie gehört haben. Ich verbitte mir jegliche Belehrung! Behalten Sie Ihre Meinung also für sich.«

Angus antwortete mit einer knappen Verbeugung und verließ stumm Mr. Dimons Büro.

Als Griffiths von der Besprechung zurückkam, lobte er ausdrücklich Angus' Courage und berichtete wie beiläufig, daß sich Smith und Dimon über seine Informationen doch verwundert die Augen gerieben hätten.

Doch Angus merkte schnell, daß Griffiths seinen Ärger gegenüber der Werftleitung nur mit Mühe unterdrückte. Der Wutausbruch folgte etwas später. Plötzlich nahm Willis einen Stuhl und schleuderte ihn unter wildem Fluchen in die Zimmerecke, wo er zu Bruch ging. Daraufhin fing er an zu toben. »Das lasse ich mir nicht bieten!« Die Faust schlug dumpf auf das Zeichenbrett. »Verdammt, wir brauchen weder Luft noch Zeit, um technische Probleme zu lösen! Es gibt keine!«

Dann richtete er sich, aschfahl geworden, an Angus. »Dieser Idiot von Aspinwall! Eine bodenlose Unverschämtheit! Meine Entwürfe sollen überprüft werden! Überprüft? Als ob irgendein englischer Kutterbauer, Tausende Seemeilen von hier entfernt, in der Lage wäre, von unserer RAINBOW jemals etwas zu begreifen. Verstehst du das?«

»Ich glaube, die wollen die Revolution im Clipperbau auf dieser Werft einfach ersticken.«

Griffiths, der den zertrümmerten Stuhl betrachtete, erwiderte: »Da hast du wohl recht. Dimon will das nicht kapieren! Anstatt Howland und Aspinwall mit unseren Plänen zu überzeugen, zieht er lieber seinen krummen Schwanz ein und läßt sich in der Entwicklung seelenruhig von *Brown & Bell* überholen. Dafür verbringt er seine Zeit damit, alles wie ein Dobermann zu überwachen. Zum Henker! Diese Ignoranten! Nur weil ein Lügner einen Furz in die Welt entläßt, muß man nicht gleich an Vergiftung denken.«

Angus versuchte Griffiths zu beruhigen. »Geduld. Ich bin mir sicher, es wird nicht lange dauern, dann werden Smith und Dimon, falls sie Howland und Aspinwall gegenüber weich reagieren, Hohn und Spott ernten. Es wird so kommen, wie ich es voraussehe, und darauf, John Willis, müssen wir uns heute schon einstellen.«

Griffiths warf Angus einen finsteren Blick zu. »Was meinst du mit ›einstellen‹?«

»Spätestens, ich meine allerspätestens am Tage des Stapellaufs der Houqua wird unsere Stunde kommen. Darauf müssen wir vorbereitet sein.«

»Kannst du dich nicht etwas genauer ausdrücken?«

»Der Entwurf unserer Rainbow wird bestätigt werden. Dummerweise zu spät, wie es momentan aussieht, doch nicht zu spät für die sofortige Entwicklung eines noch besseren, extremen Clippers.«

»Du denkst an Käpt'n Watermans Vorschläge?«

Angus nickte zustimmend. Griffiths überlegte einen Moment, trat ans Fenster und sah hinüber zur halbfertigen Rainbow. Nach einer Weile drehte er sich wieder um, klatschte die Handflächen einander und rieb sich die Hände. »Keine schlechte Idee, Angus. Die Antwort auf die Antwort. Nun denn! Laß uns daran gehen, den ersten Entwurf des Neuen Testaments im Schiffbau aufzuzeichnen!«

Mit einem Instinkt für brenzlige Situationen legte Griffiths frühmorgens am Montag, dem 6. Mai 1844, den *New York Herald* in Mr. Dimons Büro. Er hatte die Zeitung so gefaltet, daß der Bericht über den Stapellauf der Houqua vom vergangenen Freitag sofort ins Auge stach.

Griffiths und Angus hatten gegenüber der Werftleitung nur noch auf die Wirkung von Fakten und nicht mehr auf Appelle oder langatmige Erklärungen gesetzt. In jener Stunde, auch wenn sie für John Willis Griffiths noch so bitter war, konnte er insgeheim triumphieren, da nun offenkundig wurde, daß sich Smith und Dimon Sand in die Augen hatten streuen lassen. Dagegen hatten Griffiths und Angus schon früh erkannt, daß die handelspolitischen Zusammenhänge – das hieß, der zukünftige Bedarf an schnellen Schiffen – nicht aus den Augen verloren werden durften. So hatten sie nebenher mit großer Energie an einem neuen, noch besseren Clipper-Entwurf gearbeitet ...

Im selben Moment, als Griffiths sein Büro wieder betrat, griff Mr. Dimon zum *N. Y. H.*, überflog die Titelzeile und suchte im Text aufgeregt nach einer bestimmten Information.


... die HOUQUA ist so scharf wie ein Schneidewerkzeug – so symmetrisch wie eine Yacht – in der Takelung so schnittig wie ein Kaperschiff – und an Deck und in den Kabinen so sauber wie das Boudoir einer Dame. Ihren Bug, der so spitz zuläuft wie ein paar chinesischer Schuhe, ziert eine Büste von Houqua.

Kapitän Nathaniel B. Palmer, Miteigner der HOUQUA und einer der führenden Kaufleute New Yorks, wird am 31. Mai nach Kanton segeln, um Tee nach New York zu bringen. Kapitän Palmer äußerte gegenüber dem New York Herald, daß er aufgrund des schlanken Rumpfes und der hohen Masten der HOUQUA die Rückfahrt in weniger als einhundert Tagen schaffen wird ...


Dimon riß die Augen auf und las ein zweites Mal: »... aufgrund des schlanken Rumpfes und der hohen Masten der HOUQUA die Rückfahrt in weniger als einhundert Tagen schaffen wird ...«

Daraufhin wiederholte er wütend jedes Wort. Der Patzer auf der eigenen Werft war nun für jedermann erwiesen und nicht mehr gutzumachen. Seine Gedanken sprangen zurück zu der Diskussion um die Fertigstellung der RAINBOW, und er befürchtete nun, daß der Markt nur noch Hohn und Spott für ihn und seinen Partner Smith bereithalten würde. Seine Wut richtete sich augenblicklich gegen die in seinen Augen wahren Zauderer: die Reederei *Howland & Aspinwall*.

Bebend vor Zorn sprang er auf. »Verdammt! Neun Monate verloren. Ganze neun Monate! Das ist nicht aufzuholen.« Dann schrie er nach seinem Bürogehilfen: »Holen Sie Griffiths und McKay sofort in mein Büro!«

Wenig später waren sie, einschließlich Mr. Smith, in Dimons Büro versammelt. Griffiths leugnete nicht die Kenntnis des Zeitungsberichtes. Smith hatte dagegen noch nichts davon gelesen und überflog eilig den Artikel.

»Ich stelle fest«, begann Dimon, »daß wir eine bittere Niederlage einzustecken haben. Käpt'n Palmer wird unter seinen angekündigten einhundert Tagen bleiben, und das mit einem Schiff, das der RAINBOW zwar ähnlich ist, doch nicht deren Abmessungen erreicht.«

Dimon blickte aufmerksam zu Griffiths, der sich kein Wort entgehen ließ.

»Ich stelle weiterhin fest, daß wir eine Reederei als Geschäftspartner haben, die zwar Weitsichtigkeit zeigt, doch jegliche Risikobereitschaft vermissen läßt.« Wiederum fixierte er Griffiths, als wollte er ihm eine Antwort entlocken.

»Ja, ich höre«, sagte dieser nur.

Dimon zögerte einen Moment. Dann wandte er sich an seinen Teilhaber. »Wir müssen mit Aspinwall reden, Smith. Wir dürfen *Brown & Bell* den Sieg nicht allein überlassen.«

»Okay. Was wollen wir Aspinwall raten?«

»Wir können keinesfalls auf ihren Beauftragten warten, bis der aus England mit neuen Takelplänen zurückgekehrt ist. Wie sehen Sie das, Mr. Griffiths?«

»Wenn Sie jetzt hingehen, bin ich sicher, daß dies der beste Moment sein dürfte, um die letzte Bauphase der RAINBOW durchzusetzen.«

»Und was meinen Sie, Mr. McKay?«

»Die Herren Howland und Aspinwall werden die Schädlichkeit ihres Zauderns nicht zugeben, doch ich glaube, der Stapellauf der HOUQUA wird alle ihre Bedenken gegenüber der Takelung der RAINBOW weggewischt haben.«

Dimon zeigte sich erleichtert. Smith und er kamen überein, noch am gleichen Tage zur Reederei *Howland & Aspinwall* zu fahren. Smith wandte sich daraufhin noch einmal an Griffiths. »Auch wenn ich Ihre Meinung dazu schon öfter gehört habe, möchte ich Sie dennoch fragen: Hat die HOUQUA unserer RAINBOW irgend etwas voraus?«

»Nein! Der Entwicklungssprung von schnellen Paketschiffen zu ihr ist kleiner als der von ihr zur RAINBOW.«

Smith lächelte befreit.

Griffiths winkte mit der Rechten ab. »Mr. Smith, das ist alles schon Geschichte. Wir haben die Zeit genützt. Ein neuer Clipper-Entwurf, an dem Mr. Mackay und ich seit neun Monaten gearbeitet haben, wird sogar die RAINBOW in allem weit übertreffen!«

Smith und Dimon starrten Griffiths an, als hätte er gerade den Untergang der HOUQUA im East River verkündet. Bevor sie begriffen, was Griffiths gesagt hatte, fuhr dieser fort:

»Mr. Smith, der Handel mit China wird so einträglich werden, daß *Howland & Aspinwall* in Kürze neue Schiffe in Auftrag werden geben müssen, wenn sie im Teegeschäft bleiben wollen.« Nach einer kleinen Pause fügte er leise hinzu. »*H. & A.* werden nicht zu *Brown & Bell* wechseln müssen!«

Griffiths hatte damit den Nerv getroffen. Auf Dimons Stirn hatten sich kleine Schweißperlen gebildet. Griffiths genoß die Situation nach den Monaten der Lähmung und des ewigen Wartens auf Entscheidungen.

»Mr. Dimon und Mr. Smith«, forderte er nun selbstbewußt, »unterbreiten Sie Aspinwall gleich das Angebot eines neuen Clippers. Ein Schiff, das in Zukunft alle Streckenrekorde auf den Routen von und nach China schlagen wird, egal wer sie zwischenzeitlich noch aufstellen mag. Holen Sie die Aufträge, meine Herren!«

Zur gleichen Stunde, als die Herren Smith und Dimon ihre Unterlagen sichteten, um sich auf den Weg zur Reederei zu machen, meldete der Pförtner völlig überraschend den Besuch der Herren aus der South Street. Sie waren der Absicht der Werftleitung zuvorgekommen. In einer knappen halben Stunde fiel in Mr. Dimons Büro die Entscheidung, die RAINBOW so schnell wie möglich fertigzustellen …

Das Thema »Einhundert Tage« beherrschte die Berichterstattung des *N. Y. H.* nicht nur bis zum Auslaufen der HOUQUA Ende Mai 1844, sondern darüber hinaus bis zur ihrer Rückkehr nach New

York Mitte Dezember des gleichen Jahres. Alle anderen Wirtschaftsberichte schrumpften in diesen Wochen und Monaten zur Marginalie. Unter Kapitän N. B. Palmer schaffte die Houqua die Strecke nach Kanton in fünfundneunzig Tagen und die Rückfahrt nach New York sogar in neunzig. Damit unterbot Palmer seinen eigenen Rekord auf dieser Strecke gleich um dreiundzwanzig Tage.

»*Eine große Sache*«, kommentierte der *N.Y.H.* und stachelte damit den Ehrgeiz der Männer auf der Werft von »*S. & D.*« an. Vor allem Mr. Dimon präsentierte von nun an der Presse Zahlen und Pläne, die alle eines belegten: Die Rainbow war spitzer und schlanker und hatte höhere Masten als jedes bekannte Schiff auf den Weltmeeren, natürlich einschließlich der Houqua. Dimon genoß seine neue Rolle, und sein Teilhaber Smith boxte ihn einmal zu Recht in die Seite, als er anhub, über den neuen Entwurf von Griffiths und McKay zu reden, und er hätte sich ansonsten sicher noch weiter verplappert, da er dem Reiz der Selbstdarstellung nicht widerstehen konnte ...

Im Januar 1845 stand fest, daß John Land, ein erfahrener Kapitän, das Kommando über die Rainbow haben würde. Er war ein stummer, in sich gekehrter Mann, der seinen Mund nur öffnete, um Befehle zu erteilen. Bei seiner Mannschaft war er wegen seines Könnens, seiner glücklichen Hand und seines untrüglichen Instinkts für herannahende Stürme sehr geachtet. Mit ihm war noch jede Besatzung in den sicheren Hafen zurückgekehrt, und so nannten sie ihn nicht nur wegen seines gestandenen Alters »Old Man Land«.

Im gleichen Monat kam der Beauftragte von *H. & A.* aus England mit einem Koffer voll Takelplänen zurück, die unausgewertet in Griffiths Schubladen verschwanden.

Am 22. Februar war es dann soweit. Der Werftplatz glich einem Ameisenhügel. Die Rainbow lief im Schneegestöber vom Stapel. Kein winterlicher Sonnenstrahl umspielte ihren scharfen Bug. Halb New York schien sich versammelt zu haben, um das Abgleiten des Wunders in den eisigen East River mitzuerleben. Inhaber aller Werften der amerikanischen Ostküste waren geladen, denen es nun zu beweisen galt, daß der Fortschritt bei *S. & D.* nicht nur auf dem Zeichentisch zu finden war.

Mrs. Hortensia Dimon sprach in frostiger Luft die warmen Worte zur Taufe. Sie hatte das Gedicht selbst verfaßt:

»Rainbow, prachtvoller Clipper,
Herrscher über Meerestiefen
sollst du sein
bei Wolken, Wind, Gewitter.

Fang den guten Wind in deine Segel ein,
entfalte deine Kraft, Herkules gleich!
Die Reichtümer Asiens bringe zum Genuß,
Seide, Porzellan und Tee im Überfluß!

Stürme, die den Seemann schrecken,
können keine Angst dir wecken;
über deinen Segeltürmen wacht das Glück,
Du bist ein Schiffbau-Meisterstück!

Rainbow, so taufen wir dich heut',
laß deine Farben leuchten weit in alle Welt!
Werft Smith und Dimon läßt dich nun gleiten,
in dein Element, die ewigen Gezeiten!«

Daraufhin ertönten dumpfe Schläge – für die Gäste ein beunruhigendes Dröhnen. Werftarbeiter zerschmetterten die Holzstapel, die den Kiel stützten. Das Gewicht des Schiffsrumpfes verlagerte sich auf die zusammengeleimten Gleitbalken, die man unter dem Bauch des Clippers aufgebaut hatte. Die Reibungsflächen waren gefettet, so daß im gleichen Augenblick, als das Gewicht der Rainbow sich darauf legte, die Balken langsam zu rutschen begannen. Unter dem Klappern der Stapelhölzer glitt, wie von Geisterhand bewegt, das Schiff einen künstlichen Abhang hinunter dem Wasser entgegen.

Angus und Hillary standen zusammen mit den Ehrengästen auf einer Plattform, die, zur Halfte auf Stelzen ruhend, längs des Schiffsrumpfes zum Ufer hinunter aufgebaut war. Griffiths hatte es sich nicht nehmen lassen, mit den Schiffszimmerleuten und den

Eignern, Mr. Howland und Mr. Aspinwall, an Deck zu gehen. Eingehüllt in einen schweren Pelzmantel, hatte er sich genau mittschiffs an die Steuerbordreling begeben und winkte herab, als sich die RAINBOW mit einem Grollen, das durch ihren Rumpf lief, in Bewegung setzte. Mit einer großen Wasserfontäne tauchte der Clipper, das Heck voran, ins Wasser ein.

»Der Moment der Wahrheit, Liebste«, wisperte Angus seiner Braut ins Ohr.

»Gleich kippt er um! Nein, er mimt gleich einen Wal«, neckte sie zurück.

Angus und alle, die an der RAINBOW mitgebaut hatten, warteten mit Spannung darauf, wie sich das Schiff seinem neuen Element anpassen würde. Als der Anker fiel, klatschten die Gäste Beifall und brachten Hochrufe aus. Die RAINBOW lag majestätisch im Wasser. Obwohl die Masten nicht fertig getakelt waren, wirkte sie ungemein elegant.

»Sie hat alle Reize einer schönen Frau«, flüsterte Angus Hillary ins Ohr.

»Das kannst du erst beurteilen, wenn sie mit gebauschtem Rock daherrauscht.«

»Du meinst mit geblähten Segeln.«

»Nein, gebauschtem Rock!«

»... Segel!«

»Bist du blind? *Ich* trage einen Rock!«

Als Angus versuchte, Hillary sanft an sich zu ziehen, sagte sie: »Ohne Spieren sieht sie aus wie ein unfertiger Kleiderständer.«

»Du hast recht. Die Rigger, wie sie die Takelmeister hier nennen, werden noch Meilen von Tauwerk an sie verschwenden müssen, damit die vorgewölbten bauschigen Röcke straff gezogen werden können!«

»Ja, und die schlanken Spieren jagen Rüschen vor sich her.«

»Sie foltern die Begier der Matrosen und reizen sie um so mehr«, erwiderte Angus vergnügt.

Kurz darauf setzte sich die Menge, Hunderte von Ehrengästen, Schaulustigen, Bewunderern und Verleumdern, in verschiedene Richtungen in Bewegung, was dazu führte, daß jeder jeden blockierte.

Die Ehrengäste und die Werftangehörigen waren nach guter Tradition auf den Mallboden geladen, um an den aufgebauten Tischen und Bänken das Festmahl einzunehmen. Nach den zahlreichen Toasts, Reden und Gegenreden begann dann endlich der lockere Teil des Festes.

Angus und Hillary genossen die Aufmerksamkeit, die ihnen als Paar zuteil wurde, in vollen Zügen. Hillary machte sich mit den Schiffszimmerleuten vertraut, diesem Universum begnadeter Handwerker, Künstler, Verrückter und Alkoholiker, in das sie nun eintauchte. Sie erfuhr an diesem Nachmittag, daß nur die Verschmelzung der Begabungen, angefangen von den Konstrukteuren bis hin zu den Abschlichtern, Schiffstischlern, Kalfaterern und Befestigern, allmählich einen so wundervollen Clipper wie die RAINBOW entstehen ließ.

Plötzlich stand John Willis am Tisch: »He, Angus! Am ersten Tisch sitzt ein Clanbruder aus dem fernen schottischen Hochland. Er würde sich freuen, deine Bekanntschaft zu machen.«

»Mach keinen Quatsch, Willis! Sag schon, wer ist der Mann?«

Er wollte seinen Ohren nicht trauen, als Willis den Namen Donald McKay nannte.

Angus wußte durch Willis' Erzählungen, daß Donald McKay als einer der begabtesten Schiffbauer in der Szene galt. In den dreißiger Jahren hatte er zusammen mit Willis als technischer Zeichner gearbeitet, war danach jahrelang Werkmeister auf der Werft der U. S. Navy in Brooklyn gewesen und arbeitete jetzt in Boston auf seiner eigenen Werft, wo sein Ruf als Schiffbauer unaufhörlich wuchs. Angus' Herz begann schneller zu schlagen, als stünde eine schwere Prüfung bevor. Er konnte es sich nicht erklären, doch in jenem Moment fühlte er sich nicht wohl in seiner Haut.

Angus stand auf, nahm sein Glas Wein in die Hand und sagte zu Hillary: »Ich gehe kurz an den anderen Tisch. Bin gleich wieder zurück«, und schob sich hinter Willis' Rücken durch die Festgesellschaft.

Auf der Bank saß ein fabelhaft aussehender Mann, offensichtlich schottischer Abstammung. Lediglich die elegante Kleidung irritierte etwas. Sie zeugte von Erfolg und Reichtum. Donald McKay unterhielt sich angeregt mit seinem Gegenüber. Angus fiel sofort der herrische Adlerblick auf, der durch Augenbrauen, welche die eines Dichters hätten sein können, etwas von seiner Kälte verlor. Mit vollem, gelocktem Haar, gerader Nase und einem weich geschwungenen Mund trug das Gesicht des Mannes den Stempel der Wahrheit, Sanftheit und Wildheit in einem. Das Urbild eines Schotten.

»Ein Bindeglied zu deinen schottischen Wurzeln, Donald. Das ist Angus Mackay, von dem ich dir erzählte!«

Donalds Gegenüber rutschte sofort zur Seite. Angus nahm den angebotenen Platz ein und stellte sein Glas Rotwein vor sich auf die Tischplatte.

Der Adlerblick Donalds begleitete Angus' Bewegungen, als ob er in der Ferne den Kamm einer Steilküste absuchen würde. Er schien alles zu sehen. Angus hielt dem Blick stand, bis Donald zu lächeln begann. Dann lächelte Angus zurück.

»Was für ein Mackay?«

»Scoury-Mackay!«

»Wessen Sohn?«

»Ich bin Magnus' jüngster Sohn. Geboren am Assynt, Scoury House!«

»Dann hatten wir vor zwei Generationen einen gemeinsamen Clan-Häuptling!«

Angus war ergriffen und nickte stumm.

Donald stützte einen Ellenbogen auf die Tischplatte, streifte seinen Ärmel zurück und forderte Angus stumm auf, seinem Beispiel zu folgen.

Ihre Hände faßten ineinander. Die Gespräche am Tisch verstummten. Angus spürte die Kraft einer Bärentatze. Er hielt dagegen und sie wußten beide: Sanftheit und Wildheit gehören zum ganzen Mann.

Danach kreuzten sie die Hände auf der Tischplatte und forderten den Nachbarn auf, das Glas Rotwein darüber zu gießen. Gebannt verfolgten die Gäste am Tisch die seltsame Zeremonie.

»Bruder Angus!«

»Bruder Donald!«

Die Gäste am Tisch wußten zwar nicht so genau, um was es gerade ging, doch sie beklatschten das Erlebnis freudig. Als die Gläser wieder gefüllt waren, prosteten Donald und Angus sich zu. »Auf Bonnie Prince Charlie!«

Den Amerikanern am Tisch gefiel der Trinkspruch offenbar, und sie stimmten fröhlich mit ein. »... auf Bonnie Prince Charlie!«

In wenigen Augenblicken sprang der Trinkspruch von Tisch zu Tisch. Nur einige wenige Gäste, wohl englischer Abstammung, zeigten betretene Mienen ...

»Was sind deine weiteren Pläne in New York?« fragte Donald.

»John Willis hat dir sicher berichtet, was wir demnächst bauen werden.«

»Ja, ein wenig. Wir hatten kaum Zeit darüber zu sprechen. Er machte nur Andeutungen.«

»Nur soviel: ein schneller Entwurf. Die RAINBOW ist zwar noch nicht unterwegs, doch sie wird beweisen, daß sich die Geschwindigkeit von Segelschiffen noch erheblich steigern läßt. Was baust du zur Zeit?«

»Schnelle, solide Post- und Paketschiffe. Dieses Jahr werde ich die WASHINGTON IRVING vom Stapel lassen. 751 Tonnen! Ich bin Handwerker, Angus, nütze aber jede gute Idee.«

»Für welche Linie baust du?« versuchte Angus abzulenken.

»Für die *Train's White Diamond Line*.«

»Welche Routen?«

»Boston, Liverpool! Sag, willst du ewig in New York bleiben?«

Angus sah in Donalds Augen eine unterdrückte Frage aufblitzen. »Ich will in diesem Jahr noch heiraten. Willst du mein Trauzeuge sein?«

Donald verstand die Brücke, die ihm Angus mit seinem Angebot baute.

»Natürlich werde ich zu diesem Clanfest kommen. Schreibe mir, sobald der Termin feststeht.«

»Das werde ich tun, Donald. Gib mir deine Adresse!«

Daraufhin schrieb dieser mit einem Bleistift auf einen Zettel: *Donald McKay, Shipyard, Border Street, East Boston*, und schob ihn über den Tisch. Angus las die Zeile aufmerksam. Dann zeigte er auf den Namen: »Du schreibst also unseren Clannamen ›McKay‹? Gegen alle Tradition?«

Donald zuckte die Achseln. »Bei der Registrierung hat irgendein

Yankee die Tradition unseres Namens nicht beachtet. Sie haben keine Ahnung und kürzten alle ›Mac‹s als ›Mc‹ ein. Den Macdonalds, Macduffs, Mackenzies oder Macphersons erging es nicht anders.«

Angus schüttelte den Kopf. »Ich mache das nicht mit!« erklärte er. »Früher nicht und in Zukunft auch nicht.«

Donald grinste breit. »Tu das. Ich schätze auch in diesem Punkt deine heldenhafte Haltung! Zeig den Schurken, was ein echter Mackay ist!«

»Ich glaube, wir lassen die Entscheidungsschlacht einfach ausfallen, Donald. Was soll's: Sieg oder Niederlage! Ein McKay bleibt ein Mackay!«

# II

## Sea Witch und *Camellia sinensis*

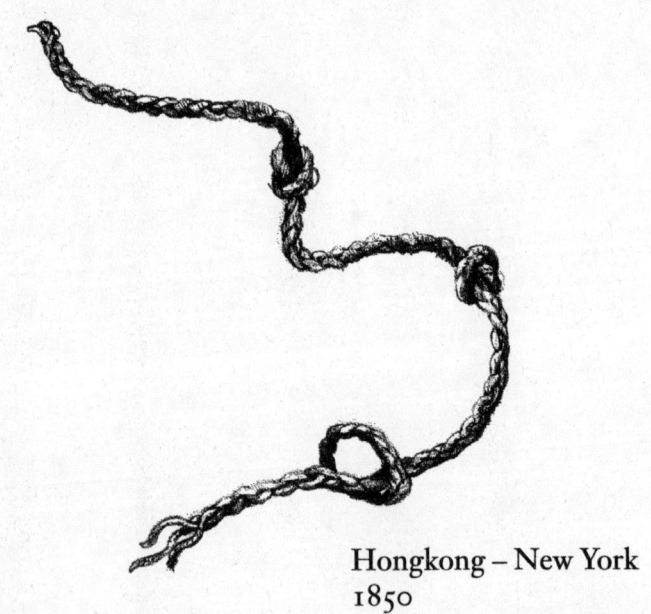

Hongkong – New York
1850

uf dem Victoria Peak von Hongkong Island wurde gerade der Union Jack gehißt, als Angus das Deck der SEA WITCH betrat.

Er strich sich fahrig durchs Haar, gähnte, streckte sich und blinzelte verkatert durch den Morgendunst hinüber zum Festland, wo er am Abend zuvor in verschiedenen Bordellen und Spelunken entlang des Uferstreifens freudig empfangen worden war. Er hatte knapp vier Stunden geschlafen und wollte sich an seinem letzten Tag im *Teegarten zum zehntausendfachen Gedeihen* noch einen Longijng-Tee aufgießen lassen. Außerdem mußte er noch das Porzellanservice abholen, das sorgsam ausgewählte Geschenk für seine Frau Hillary.

Käpt'n Waterman hatte ihm für den gesamten Tag Landgang gewährt, was Angus ablehnte, da die Beladung des Clippers mit Teekisten noch nicht ganz abgeschlossen war. Er wollte rechtzeitig zurück sein, um die restliche Übernahme des Tees und das Verschalken der Laderäume der SEA WITCH mit zu beaufsichtigen.

Wolken zogen in der Dämmerung des anbrechenden Tages gegen den Peak, und eine frische Morgenbrise wehte durch Victoria Harbour. Zwölf Rahsegler lagen auf Reede: sechs Engländer, zwei Franzosen und vier Amerikaner. Keines dieser Schiffe konnte es mit der Eleganz und der Schnelligkeit der SEA WITCH aufnehmen.

Als Angus am Fenster der Kapitänskajüte vorüberging, vermißte er die Rebhühner, die dort noch am vergangenen Tag gehangen hatten. In der Kombüse dagegen brannte schon die Laterne. Ein untrügliches Zeichen dafür, daß Christian Grainer, der exzellente deutsche Koch aus dem Königreich Bavaria, sich daran machte, Leib und Seele der Offiziere aufs neue zu beglücken.

Angus zog sich aus, ließ sich über die Pumpe einen Eimer Wasser füllen und wusch sich wach. Er hätte sich auch in der »Offiziersbadewanne« im Deckshaus waschen oder in eines der neuen Badehäuser am Ende der Queens Road, nahe West Point, bringen lassen können, um dort seinen Tee zu genießen. Anschließend hätte er sich in einem der großen Wasserbecken weichen lassen können, bevor der Rubbelmeister seine Haut mit einem halbfeuchten Handtuch abrieb. Den gesamten Tag konnte man dort verbringen. Wiederholtes Baden, Fuß- und Rückenmassagen lösten sich mit Teetrinken, Mahlzeiten und Ruhepausen ab. Mit den Gästen aus den Handelskontoren konnte man so den ganzen Tag verplaudern. Doch für diese Vergnügungen war die Zeit zu knapp geworden, und außerdem hatte sich China etwas entfernt, denn Hongkong war in allem endgültig englisch geworden.

Nachdem er seine ungemütliche Morgentoilette hinter sich gebracht hatte, ließ er sich auf das chinesische Festland bringen.

Wei Shanqing, der Kellner, der aussah, als würde er nie älter als zwanzig werden, kannte Angus, seit der vielbestaunte Teeclipper Sea Witch in Hongkong auf Reede lag. Er war freundlich, unterwürfig und bediente den Gast trotz der frühen Stunde aufmerksam und zuvorkommend.

Angus war sich sicher, daß der Chinese von der Affäre, die eben dieser Gast schon am zweiten Tage seiner Ankunft in Hongkong mit seiner Frau gehabt hatte, nichts ahnte. Er empfand zwar Sympathie für Wei, doch hatte er ihm die längsten Hörner aufgesetzt, die je ein Hahnrei in China tragen mußte.

Weis Frau wurde Lily genannt und hatte Angus wohl selbst zum »zehntausendfachen Gedeihen« benutzt. Die Eroberung eines »fremden Teufels« hatte sie verlockt; das Gefühl, einen »Feind« Chinas herumzukriegen, war für Lily der eigentliche Reiz, wie Angus vermutete. Trotz der Sprachschwierigkeiten vermochte er ihr eindeutig klarzumachen, daß er es anfangs am liebsten hätte, wenn sie sich vor seinen Augen selbst befriedigen würde. Als sie dann so vor ihm lag und sich langsam streichelte, war ihre eigene sexuelle Erregung für sie dabei weniger von Interesse gewesen als das Wissen, ihren Körper als Machtmittel einsetzen zu können. Das war auch nicht allzu schwierig, nachdem ein Mann vor ihr saß, der Zehntausende Seemeilen lang nach Duft, Formen und Liebeskunst eines weiblichen Wesens gehungert hatte.

Lily hatte sicher mehr »Feinde« in ihrem jungen Leben betört, als sie zugeben wollte. Auch konnte ihr Mann Wei nicht so ahnungslos sein, wie er sich gab.

Angus war daher gegenüber Wei besonders rücksichtsvoll, da es nur eines kleinen Händels bedurfte, um Chinesen aus der Nachbarschaft zum Schutz herbeistürmen zu lassen. Das war nichts Besonderes in jenen Zeiten; denn die Chinesen hätten am liebsten wegen des verlorenen Opiumkrieges und des entwürdigenden »Friedensvertrages« von Nanking gleich an jedem fremden Teufel einzeln Rache genommen. Zudem gab es hier immer jemanden, der genau wußte, was sich an sexuellen Ausschweifungen auf dem Lager des Nachbarn vollzog.

Wei war jedoch, wie immer, ausgeglichen und ruhig. Er kannte die Gäste genau, die sich von den Teeclippern und Handelskontoren regelmäßig auf das Festland trauten, von den kotelettengeschmückten amerikanischen Offizieren und Kapitänen bis hin zu den Sekretären der englischen, französischen und amerikanischen Handelshäuser. Angus hegte sogar den Verdacht, daß Wei eine genaue Liste jener Männer führte, die sich gern und oft in Opiumhöhlen berauschten. So brauchte der Chinese sich bei der Auswahl der Huren, die er ihnen zuführte, nicht allzu wählerisch zu zeigen. Wei behandelte auch Syphilis und amüsierte sich offensichtlich über die verschlungenen Pfade, auf denen sich die Infektion fortpflanzte …

Das Teehaus lag neben einem alten Tempel, an welchem eine Quelle sprudelte, aus der das Wasser für den Tee entnommen wurde. Angus' Blick fiel auf einen Teich, dessen Abfluß als Miniaturwasserfall gestaltet und der von Kiefern, Zedern und von einzelnen blühenden Sträuchern eingegrenzt war. Noch lag alles ruhig und still, doch keine Stunde mehr, dann würden die Menschen hereinströmen, um Bekannte zu treffen, Geschäfte abzuwickeln, verschiedene Sorten von Tee zu probieren, Gedanken auszutauschen, bei einer Schale Tee ihre Sorgen zu vergessen und Streitigkeiten zu schlichten. Betrunkene würden sich mit Tee ernüchtern, Müßiggänger bei einigen Schalen Tee ihren Tag vertrödeln.

Wei reichte Angus von dem ersten Aufguß. »Er wird geschmeidig Lippen und Kehle benetzen! Shen Nung trank ihn beim Lagern unter Bäumen und Bambus.«

Mit blumigen Worten kredenzte der Kellner jede Schale Tee und verwies dabei auf die Trinkgewohnheiten Shen Nungs. Wie Wei Angus während ihrer ersten Begegnung erzählt hatte, wurde Shen Nung, der vor mehr als dreitausend Jahren ein begeisterter Sammler von Kräutern gewesen war und somit als Vater und Entdecker des wohlriechenden Getränks galt, im Reich der Mitte als »Sohn des Himmels« verehrt. Wei kannte wohl Hunderte von Trinkgewohnheiten Shen Nungs. Jedenfalls hatte Angus noch nicht erlebt, daß sich Wei Shanqing ein einziges Mal wiederholt hätte.

Als er eine weitere Schale reichte, sagte Wei: »Die zweite vertreibt die Einsamkeit. Shen Nung beobachtete dabei die vorbeigleitenden Dschunken.« Und als Angus die dritte Schale nahm, lernte er: »Die dritte schärft das Verständnis für alles, was Ihr gesehen und gelesen habt. Shen Nung trank ihn im Brautgemach!«

An jenem Januarmorgen des neuen Jahres 1849 erinnerte sich Angus bei der dritten Schale grünen Tees daran, daß er vor gut acht Monaten New York an Bord der SEA WITCH verlassen hatte, um über Kap Hoorn und Valparaiso nach Hongkong zu gelangen.

Er blickte hinaus auf den Teich, schlürfte seinen Tee aus der dünnen Porzellanschale und las die Verse auf dem gespannten Seidentuch an der Wand. Einer der Verse des Teemeisters Chang T'ieh-Chün lautete:

*Auf und ab geht es im Leben,*
*So wie der Lauf der Sonne;*
*Warum die Tage in Hast und Sorge verbringen?*
*Nach Glück laßt uns streben als einzigem Ziel!*
*Was kümmert uns das Geschwätz in den Gassen,*
*Geht doch alles auf und ab,*
*Bleibet alles im Ungewissen …*

Ungewißheit prägte auch die Monate des Jahres 1846, als sich die RAINBOW mitten im Winter unter Käpt'n »Old Man Land« durch die Ozeane kämpfte. Während Griffiths und Angus in den schneereichen Winterwochen an ihren Zeichenbrettern standen, um den Entwurf der SEA WITCH voranzutreiben, erfaßte eine Sturmbö die RAINBOW, die unter Vollzeug den Atlantik hinunterstürmte, und zersplitterte ihr alle drei Bramstengen. Mit einer Nottakelage kam der Clipper nur mehr mühsam voran.

Käpt'n Land konnte daher Käpt'n Palmers Rekord mit der HOUQUA nicht brechen, zumal die RAINBOW, aus Profitgier der Reederei, zur falschen Zeit in See gegangen war. Old Man hatte mit ihr im Winter New York verlassen und zur Monsunzeit in das Chinesische Meer segeln müssen.

»Alle Mann an Deck!« wurde zum Dauerzustand, da der Monsun anhaltend von Nordost wehte und somit direkt auf den Bug knallte. Unzählige Brecher stürzten auf das Deck, furchtbare Kreuzseen drückten die RAINBOW beinahe unter Wasser, und das tage- und nächtelange Jaulen in der Takelage deuteten die Matrosen als Rasmus' Hohngelächter. 102 Tage dauerte die Fahrt nach Hongkong, doch unter diesen barbarischen Bedingungen, so meinte Griffiths, war die Fahrt eine herausragende Leistung. Als Old Man die Rückreise mit einer hochwertigen Ladung *Pekoe* antrat, hatte der Wind gedreht, und so mußte er gegen den Südwestmonsun ankreuzen. Die Rückreise dauerte genauso lang wie die Hinreise: 102 Tage!

Während die Herren Smith und Dimon enttäuscht die Logbücher studierten, da sie sich einen spektakulären neuen Rekord erwartet hatten, zeigten sich Howland und Aspinwall sehr zufrieden über einen, wie sie meinten, viel besseren Rekord, der allerdings »*S & D.*« nicht trösten konnte: Die Ladung *Pekoe first flush* hatte ihnen schon bei der ersten Reise doppelt soviel eingebracht, wie die RAINBOW gekostet hatte.

Griffiths und Angus filzten das Logbuch der Reise von vorn nach hinten und zurück. Nach wenigen Tagen waren sie sich sicher und präsentierten Mr. Dimon ihre Analyse zu dem Bruch der Bramstengen.

Griffiths' Fazit gipfelte in dem Satz: »Es ist wahr, Mr. Dimon. Die Stengen, Wanten und Topspieren sind knapp aufeinander abgestimmt. Trotzdem müssen wir an der Konstruktion der Masten und Spieren nichts ändern. Käpt'n Land verlor das obere Takelwerk, noch bevor er beurteilen konnte, wie viele Segel die RAINBOW bei verschiedenen Windbedingungen vertragen kann. Bei Windböen der Stärke sieben bis acht müssen die Bramsegel weggenommen werden.«

»Wie groß war die Gefahr eines Totalverlustes?« fragte Dimon dazwischen.

»Sie waren eindeutig einer großen Gefahr ausgesetzt, da die schottenlose RAINBOW durch die außerhalb der Steuerbord-Großwanten hängengebliebene Takelage jederzeit hätte leckschlagen können. Das trifft allerdings für jeden Teeclipper zu. Die abgebrochenen Marsstengen arbeiteten außerbords durch die Knickstellen scharnierartig, und so schwangen sie mit dem gesamten Gut des Großtopps bei jeder Krängung nach Steuerbord frei vom Schiff und schlugen bei jeder Gegenrollbewegung hart gegen die Unterwasser-Außenhaut. Dank der Umsichtigkeit des Kapitäns und der rasch zupackenden Mannschaft konnte Schlimmeres verhindert werden ...«

Die RAINBOW holte sich ihren Rekord noch im gleichen Jahr auf der zweiten Reise. Das Vorhaben war diesmal den Jahres- und den Monsunzeiten angepaßt. Sie legte die Strecke nach Hongkong in 99 Tagen zurück, und schon zwei Wochen später jagte sie so schnell über den Indischen Ozean und den Atlantik zurück nach New York, daß Käpt'n Land bereits nach 84 Tagen den Leuchtturm von Sandy Hook sichtete. Er löschte die erste frische Ladung Tee der neuen Ernte vor allen anderen Clippern, die nach China ausgelaufen waren, an der Pier No. 9 von Manhattan. Am Ende dieser Reise hatte sich die RAINBOW schon viermal bezahlt gemacht!

Damit war bei *Howland & Aspinwall* der Bann gegenüber noch schnelleren Clipperkonstruktionen endgültig gebrochen. Die Begeisterung kannte keine Grenzen, als Robert W. Waterman, der berühmteste Kapitän der Firma, mit dem alten Postschiff NATCHEZ die Strecke Macao–New York in 78 Tagen zurücklegte, was die Stadt geradezu in Aufruhr versetzte ...

Mr. Dimon jubelte: »Nur noch elf Wochen! Meine Herren, stellen Sie sich vor: Nur mehr elf Wochen dauert ab heute eine Fahrt nach China! Und das auf einem vierzehn Jahre alten Kahn. Waterman, dieser Teufelskerl, hat aus dem alten Postschiff einen Renner gemacht. Wie schnell wird er erst mit unserer SEA WITCH sein?«

Großzügig unterstützte die Werft die Arbeiten an den Plänen und der raschen Kiellegung. Angus und Griffiths bekamen alles, was sie brauchten. Sie suchten die Zusammenarbeit mit Käpt'n Waterman, und so vermählte sich am East River die Kunst der Entwürfe für schnellere Rumpfgeschwindigkeiten mit der Erfahrung eines technikbegeisterten Kapitäns. Das Ergebnis war das, was man in New York, Boston und Philadelphia unter den Besessenen schnell einen *echten* Clipper nannte: die SEA WITCH.

»Fünf zu eins! Einhundertsiebzig Fuß Länge, vierunddreißig Fuß Breite«, nannte Griffiths als Grundmaß, als er das zweite Mal zusammen mit Waterman die Pläne der SEA WITCH durchsah. »Ihr Bug wird noch spitzer zulaufen als bei der HOUQUA oder der RAINBOW.«

Als Waterman die Abmessungen der Masten aus dem Takelplan las, war er zufrieden, da er die ersten Zahlen als zu niedrig eingestuft hatte.

»Na also! Einhundertachtunddreißig Fuß!«

»Die höchsten Masten, die es je gegeben hat«, erwiderte Griffiths leise.

»Gut so!« Waterman sah die Pläne weiter durch und zählte die Segel am Großmast auf: »Großsegel, Marssegel, Bramsegel, Oberbramsegel und darüber in schwindelnder Höhe ein Skysegel. Mhm! Fock- und Besanmast tragen je fünf Rahen und dazu noch Leesegel. Respekt!«

Daraufhin sah er Griffiths in die Augen und sagte versonnen: »Wahrhaftig, mein Bester! Damit hast du ein neues Kapitel im Clipperbau geschrieben!«

Doch Griffiths blieb trotz des Lobes von Waterman bescheiden. »Was kann man noch besser machen?«

Waterman massierte sein Kinn. »Den Boden etwas flacher als bei der RAINBOW. Die HOUQUA war nur deshalb so schnell.«

»Habe ich berücksichtigt!« Griffiths fuhr mit dem Finger auf dem Plan den Linienriß entlang. »Hier: Die Wasserlinie verläuft im Vorschiff gerade. Weiter unten aber haben wir auch hohle Linien. Die Gewähr für ein hohes Geschwindigkeitspotential. Auf einem Viertel der Konstruktionsbreite liegt die Wasserlinie parallel zur Mitschiffsebene, die auch achtern als gerade Linie verläuft.«

Waterman blickte erst zu Griffiths, danach zu Angus. »Sie wird sich doch auch bei hoher See am Heck nicht in den Wellen festsaugen?«

»Nein! Ihr Rumpf ist so schlank wie der eines Windhundes!« sagte Angus.

»Na denn! Ich lese schon die übertriebenen Berichte des *N. Y. H*«, erwiderte Waterman, »»... das Ebenmaß dieses Fahrzeuges findet nach dem Urteil von Kritikern nicht seinesgleichen, und der Ruf der Erbauer bietet ausreichende Garantien dafür, daß Material und fachmännische Arbeit nicht zu übertreffen sind ...«

»Sie bewegen sich halt in einem engen Horizont, die Schreiberlinge. Nichtssagende Freundlichkeiten«, meinte Griffiths dazu.

Bis in die Nacht hinein diskutierten sie über Wasserlinien, überhängende Vor- und Achtersteven, konkave und konvexe Linien und optimale Spantenrisse. Sie waren geradezu verliebt in ihre Schöpfung und schworen sich, eine Schönheit zu erschaffen. Griffiths und Angus machten auch vor den drei Deckshäusern und deren Einbauten nicht halt. Auch hier wurde eine glückliche Synthese von Technik und Ästhetik angestrebt. Dieser Hang zur Perfektion war die wesentliche Voraussetzung, daß der Plan gelingen konnte.

Am 8. Dezember lief der »echte Clipper« vom Stapel, und als Höhepunkt dieser Tage feierten Angus und Hillary das Fest ihrer Vermählung.

Donald McKay hielt sein Versprechen, kam zum Stapellauf, blieb bis zur Trauung und stellte sich bereitwillig als Trauzeuge zur Verfügung. Er blieb noch etwas länger als geplant in New York und war ein gern gesehener Gast im Mackay-Haus an der Pearl Street.

Donald warb inzwischen offen um Angus. Er solle doch nach Boston kommen, um dort in verantwortlicher Position den Werft- und Clipperbau weiter voranzutreiben. Angus war nicht abgeneigt, doch bat er um etwas Bedenkzeit.

Überdies stand er inzwischen in engem Briefkontakt mit seiner Familie in Greenwich. So erfuhr er aus einem Brief seines Vaters Magnus von der Hochzeit seiner Brüder, vom Kauf der Scottish

MAID und - was ihm ein Kribbeln über den Rücken jagte - davon, daß Morgan und Kenneth zusammen auf der MAID lukrative Geschäfte zwischen Kalkutta, Hongkong und Kanton betrieben ...

Die Sonne durchbrach den Morgendunst in der Bucht. Wei Shanqing reichte Angus die vierte Schale Tees: »Die vierte beschwingt den Atem und läßt die Sorgen des Lebens durch die Poren entweichen. Shen Nung trank ihn voller wirrer Gedanken.«

Die Fehler der Reederei *H. & A.* wiederholten sich. Die Winterstürme tobten auf dem Atlantik, doch Käpt'n Bob Waterman konnte es nicht erwarten, den Racer SEA WITCH auf den Ozeanen zu erproben. Angus und Griffiths blutete das Herz, als sie erfuhren, daß Waterman darauf drängte, in See stechen zu können. Er wollte seinen eigenen Rekord, den er mit der NATCHEZ aufgestellt hatte, um jeden Preis brechen, und das möglichst schnell. Die Bedingungen waren ihm egal. Und so lichtete die SEA WITCH am 23. Dezember 1846 während eines Nordweststurms ihre Anker, zog hinaus auf die Upper Bay und nahm Kurs auf Kanton. Sie benötigte 104 Tage, zwei mehr als die RAINBOW in gleicher Situation, doch Waterman kam im Gegensatz zu Käpt'n Land mit heiler Takelage an. Die Rückfahrt erledigte er, beladen mit feinstem Pekoe, in nur 81 Tagen. Kaum zwei Wochen später stach er schon wieder in See. Diesmal erreichte er nach 105 Tagen Hongkong und brach endlich den eigenen Rekord: 77 Tage benötigte er für die Rückreise und unterbot die Zeit der NATCHEZ damit um einen Tag.

Doch Waterman war noch nicht zufrieden. Er sann auf noch schnellere Passagen.

Mit Griffiths und Angus diskutierte er nach jeder Fahrt die Aufzeichnungen anhand des Logbuchs. Anzahl der gesetzten Segel, Windgeschwindigkeiten, Wetterphänomene, Kurse, Etmale und Strömungen. Er wollte mit der SEA WITCH in Geschwindigkeitsbereiche vorstoßen, die nur den teuersten Yachtkonstruktionen vorbehalten waren. Als Lösung auf dem Weg zu deutlichen Verbesserungen, vor allem der Takelage, machte er Griffiths, der Reederei und der Werftleitung einen Vorschlag, der Angus Mackay betraf.

Griffiths, Waterman, Smith und Dimon hatten Angus erwartungsvoll entgegengeblickt, als er das Büro betrat. Eine Verschwörung, hatte er im ersten Augenblick gedacht. Waterman hatte das Wort geführt, als ob er alle Entscheidungen alleine träfe. Ein rätselhaftes Funkeln in seinen Augen verriet, daß er etwas ausgeheckt hatte. Er wollte Angus als »Segelmeister« auf der SEA WITCH mit nach Hongkong nehmen.

Abgesehen davon, daß es in der gesamten Handelsschiffahrt keinen einzigen »Segelmeister« auf Clippern gab, war klar, daß sein Vorhaben, den schnellsten Trimm herauszufinden, sowohl von Griffiths als auch von der Werft und der Reederei unterstützt wurde. Wenn eine der angesehensten Clipperwerften der Welt einem Kapitän derart freie Hand ließ, so kombinierte Angus, dann konnte dies nur daran liegen, daß zwischen beiden Firmen grundlegende Übereinstimmung herrschte.

Waterman wäre nicht Waterman, hätte er sich für die dritte Reise nicht etwas Besonderes einfallen lassen. Er war sich ziemlich sicher, diesmal einen neuen Rekord auf der Strecke Hongkong – New York aufzustellen. Dazu wollte er quasi über Kap Hoorn Anlauf nehmen.

Angus erinnerte sich: »Warum über die Hoorn?« fragte er Bob, als sie unter sich waren.

»Weil das die Zukunft ist«, erwiderte der etwas gereizt. »Wenn Kalifornien weiter so massiv besiedelt wird wie bisher, werden die Menschen dort verhungern. Sie werden uns das Ei in naher Zukunft um den zehnfachen Wert abkaufen – wenn wir es unbeschädigt über die Hoorn bringen.«

»Bob, das ist doch nicht die ganze Wahrheit. Was steckt wirklich dahinter?«

»Es steckt dahinter, daß wir vorausschauen müssen. Wie verhält sich der Clipper in den *roaring fourties*? Kann er sich aus den Monsterseen herauswühlen? Welche Sturmbesegelung verträgt die Takelage? Also, erst dort unten werden wir erkennen, was die Konstruktion wirklich leistet. Ich bin dankbar, daß du dabei bist, wenn wir dort auf der WITCH hineinreiten werden.«

Angus hatte verstanden. Keine Frage, wenn Kap Hoorn von Ost nach West umrundet würde, mußten sie mit den extremsten Situationen rechnen. Später, auf der bekannten Rückreiseroute von

Hongkong nach New York über das Kap der Guten Hoffnung würden ihnen diese Erkenntnisse zum Rekord verhelfen. Weder ein Monsun- noch ein Wirbelsturm könnten sie dann noch überraschen, was Besegelung und Belastbarkeit der Takelage anbelangte. Außerdem könnte Waterman auf diesem Ritt die nötigen Erfahrungen sammeln, sollte aus den Plänen mit Kalifornien etwas werden. Er hatte wahrhaftig an alles gedacht.

»Klar, Bob, wir müssen da durch. Koste es, was es wolle«, sagte Angus spöttisch ...

Wei Shanqing reichte den Tee: »Die fünfte Schale reinigt jedes Atom deines Seins. Shen Nung trank ihn vor dem Kauf seines Porzellans!«

Shanqing zeigte zum Eingang, und Angus dankte ihm dafür, daß er ihn darauf aufmerksam gemacht hatte, daß der Händler bereits auf ihn wartete. Doch da Angus beim Tee saß, hatte jener es nicht gewagt, ihn zu stören. Angus bat ihn an seinen Tisch, wo der Mann nur zögernd Platz nahm. Mit Hilfe der Gestik forderte Angus ihn auf, ihm das bestellte Service zu zeigen. Behutsam packte der Händler einige Teller, Schalen, Kaffeetassen sowie eine Terrine mit Deckel und Untersatz aus und stellte sie vor Angus auf den Tisch.

Angus zeigte sich schon bei den ersten Teilen beeindruckt. Die Chinesen waren ausgezeichnete Kopisten, und jede Zeichnung, jeder Druck und jedes Bild konnte auf Porzellan übertragen werden. So hatte Angus Zeichnungen von Hillary und von sich sowie Darstellungen der SEA WITCH, Szenen von Manhattan, Bilder des schottischen Hochlands und, neben keltischen Motiven, auch Gebäude wie Scoury House auf Hartporzellan kopieren lassen. Auch zwei erotische Themen waren auf seine Veranlassung hin unter einer Punschschale und auf einer Platte mit Grisaille-Dekor versteckt aufgemalt worden. Dazu hatte er auf dem Boden der Einzelstücke das Clanwappen der Mackays einbrennen lassen.

Während Angus die Stücke prüfte, lächelte der Händler in einem fort. Angus entrichtete den ausgehandelten Preis und ließ dem Porzellanverkäufer die sechste Schale Tee reichen. Er selbst nahm die siebte und letzte zu sich.

Shanqing trat in Aktion: »Die siebte ist das Äußerste, was du trinken kannst; eine leichte Brise entströmt den Achselhöhlen. Shen Nung trank ihn bei Besuch von Freunden, die von weither heimgekehrt waren!«

Als alles wieder verpackt war und er aus dem *Teegarten zum zehntausendfachen Gedeihen* ins Freie trat, verabschiedete ihn Shanqing mit dem Rat: »Nehmen Sie die See-Dschunke. Sie wurde von den Göttern gebaut, bevor die Menschen lebten!«

Die Morgensonne hatte den Dunst völlig aus Victoria Harbour vertrieben. Angus faßte sich ein Herz und verschmähte die Hongkong-Dschunke, deren Bauweise den europäischen Einfluß nicht leugnen konnte. Statt einer flachen und breiten Bugform, auf der sich die Dschunken die Wellen hinaufschieben, hatte die Hongkong-Dschunke schon einen Bug der die Wellen teilte. Sie war bestimmt nicht von Göttern gebaut, ging es Angus durch den Kopf. Ebensowenig die Lorcha-Dschunke, die portugiesischen Einfluß aufwies. Nein, Angus entschied sich für eine Chêkiang-Dschunke. Ihm imponierte das durch Segellatten ausgesteifte Tuch, das aus vielen rautenförmigen Stücken zusammengesetzt war, die ihn an eine Steppdecke erinnerten.

Als er mit seinem Gepäck das Deck betrat und für das Übersetzen bezahlen wollte, wedelte der Dschunkenführer zuerst mit zwei Stangen über seinem Kopf. Sie waren mit Papierbändern versehen, die gemalte Zeichen trugen. Angus ahnte, was der Mann gerade tat: Er wollte mit dieser Zeremonie böse Geister vertreiben und das Unglück bannen.

Kurz darauf gab der Dschunkenführer das Kommando zum Segelsetzen. Daraufhin erklang lautstark ein chinesisches Seemannslied. Angus hatte das Gefühl, als würde eine Schlacht bevorstehen.

*Mittag, 9. Januar 1849.*

»Alles bezahlt! Anker auf!« befahl Käpt'n Waterman. Der Erste Wachoffizier ließ daraufhin seine Befehle ertönen. Tom Fraser, bester Shantyman an Deck der Sᴇᴀ Wɪᴛᴄʜ, begann ohne Aufforderung einen Solo-Teil zu singen.

*»Ho-ee-oh! ee-oh-ho-ee!«*

Die Matrosen stürzten an das Ankerspill, während die Männer der Freiwache das schwere, dreikardeelige, mit Wasser vollgesogene Kabel faßten, um es zur Unterstützung der Männer am Spill an der Backbordseite nach achtern zu schleppen.

*»Ho-ee-oh! ee-oh-ho-ee!«*

Angus versuchte im Gesicht seines Kapitäns zu lesen. Die harten, entschlossenen Züge hellten sich ein wenig auf, als er den melodischen Klang Frasers aufnahm. Um keinen Preis würde sich der Shantyman das Singen befehlen lassen. Er tat es aus freien Stücken, zum guten Start der Wɪᴛᴄʜ am Beginn der Reise von gut 13 000 Seemeilen und zum Wohl der Besatzung. Fraser suchte nun den Rhythmus, der den Männern die Knochenarbeit erleichtern sollte:

*»Haul the anchorline,*
*The fore and main top anchorline«,*

worauf die Mannschaften nach sechs Schritten an Deck melodisch antworteten:

*»Haul the anchorline*
*The anchorline HAUL!«*

Das Heben des Ankers im Rhythmus des kehligen Gesangs ließ die Körper wie durch eine verborgene Glut brennen. In jenem Moment taten sich Entschlossenheit und Ehrgeiz zusammen: Der Backbordanker der Sᴇᴀ Wɪᴛᴄʜ sollte bis nach New York nie wieder den Grund des Meeres berühren.

Da es bei einem Shanty zu jedem Vers immer kleinere Variationen gab, achteten die Offiziere genau darauf, was an Text gejohlt wurde. Sie glaubten, daß sich darin die Stimmung der Matrosen widerspiegelte. Ob als Erleichterung der Arbeit oder als Gradmesser für die Stimmung an Bord, Angus vertrat die Auffassung, daß sich bei einem guten Shanty alles auf das letzte Wort reimen mußte, wie bei einem Knittelvers. So gesehen, klappte es vorzüglich an Bord der Sea Witch.

Als die Sea Witch sich genau über dem Anker befand, brach dieser aus dem Grund. Im gleichen Moment, als der schwere eiserne Anker unter den Kranbalken gehievt war, gaben zweiundzwanzig Matrosen, dreizehn Leichtmatrosen und drei Jungen den Ton an:

> *»The captain is a-growlin'!«*
> *»The ship she is a-rollin'!«*
> *»Sea Witch is my darlin'!«*

Der Antritt der Rückreise nach New York war in den Augen der Offiziere die einzige Chance, einen richtigen Shanty an Deck zu hören. Der Wind und die See würden schon bald den Chorus übertönen.

Die Ankerkette antwortete mit einem dumpfen Echo, als wäre sie besiegt, und wie ein bitteres Lachen erscholl der Matrosen Abgesang:

> *»Oh, your messenger take to,*
> *Heave your anchor to the bow,*
> *And we'll think of the girls*
> *When we're far, far away.«*

Mit offenen schneeweißen Hemden empfingen die Matrosen den ersten Hauch des Windes.

»Vor-, Groß-, Kreuzmarssegel setzen!« befahl der Käpt'n.

Die Toppsgasten enterten auf, kletterten auf die ihnen zugewiesenen Rahen und warfen die Beschlagzeisinge los, während ihre Kameraden an Deck die dazugehörigen Bauch- und Nockgordings sowie die Geitauen ergriffen. Die Männer waren ausgeruht und durch Kap Hoorn und den Pazifik trainiert. In wenigen Augenblicken wurden auf Kommando die Segel von ihren Rahen geworfen.

»Vorschoten!« brüllte der Erste.

Jeder Handgriff saß. Während die Männer die Marsfallen holten, kontrollierte der Decksoffizier, ob alles klar ging. Er konnte sich auf die Toppsgasten verlassen. Sie waren umsichtig und trugen ein hohes Maß an Eigenverantwortung – vierzehn Stockwerke über dem Deck.

Angus, der nach oben sah, um den Segeltrimm zu kontrollieren, besah sich zufrieden die säuberlich aufgeschossenen Beschlagszeisinge, die schon nach kurzer Zeit vor den Rahlieken der Segel hin- und herpendelten.

»Klüver und Außenklüver setzen!«

Der Wind stand mit Nordost äußerst günstig. Die SEA WITCH nahm trotz voller Beladung rasch Fahrt auf. Der Geruch des Tees, der aus den Teekisten drang und den gesamten Clipper auf seinem Liegeplatz umgeben hatte, war verflogen.

Käpt'n Waterman blickte stolz in die Runde. Er war sich bewußt, daß von Land her Hunderte von Augenpaaren auf seinen Teeclipper gerichtet waren. Es schmeichelte seiner Eitelkeit, daß die Manöver in gutem Tempo vonstatten gingen und er nicht zur Eile mahnen mußte.

»Vormars- und Focksegel setzen!« befahl der Erste.

Elegant glitt der Clipper in westlicher Richtung die Nordküste von Hongkong entlang.

In kurzer Folge kommandierte der Erste: »Großmarssegel und Großsegel setzen! – Kreuzmarssegel und Begiensegel setzen!«

Die Takelage knarrte, als die Sea Witch aus der Abdeckung der Insel Hongkong heraussegelte.

Mit der entfalteten steifen weißen Pracht über seinem Kopf zeigte sich der Käpt'n zufrieden. Als am späten Nachmittag Lantau voraus und Lamma Island querab in Sicht kamen, schritt er zum Kompaßhaus. Er peilte zum Bug und befahl dem Ersten Offizier: »Kurs zweihundertvierzig Grad!« Danach ging er zum Ruderstand und entließ den chinesischen Hafenlotsen.

Die WITCH zog hinaus auf das Südchinesische Meer. Käpt'n Waterman winkte Angus zu sich. »Was meinst du?«

Angus wußte, auf was sein Käpt'n hinauswollte. »Royal-, Sky- und Mondsegel. Der Wind paßt!«

In leisem Ton fragte Waterman: »Können wir die Leesegel riskieren?«

Angus verneinte mit einer Kopfbewegung. »Der Wind steht zwar richtig, doch der Steuermann sieht in der Dunkelheit zu wenig. Zu gefährlich! Sobald die Morgendämmerung anbricht und der Wind die Richtung hält, setzen wir alles verfügbare Tuch.«

Waterman schmunzelte zufrieden. Der Start erfüllte seine Erwartungen in jedem Punkt. Die Teefracht der SEA WITCH sollte, wie er es am Morgen befohlen hatte, auf schnellstem Kiel nach New York gebracht werden ...

Der Käpt'n kam, was ungewöhnlich war, vor dem Auslaufen zur frühen Morgenstunde in die Messe, um allen Offizieren seine Absichten bekanntzugegeben.

»Gentlemen«, begann der Käpt'n bedeutungsvoll, »ich will auf dieser Strecke einen neuen Rekord! Einen deutlichen Rekord, der nicht leicht zu übertreffen sein wird.«

Mit den Händen auf dem Rücken ging er daraufhin schweigend einige Schritte auf und ab.

»Seien Sie versichert: Er ist nur dann zu holen, wenn wir Schwierigkeiten vermeiden und trotzdem schnell sind! Blicken wir zurück. Wir haben erkennen müssen, daß die Segelführung als Maßstab der Windstärke blanke Theorie ist! Zu einer guten und äußerst schnellen Segelfähigkeit gehört eine energische und zugleich vorsichtige Führung der SEA WITCH. Gentlemen, ich erwarte daher von Ihnen, daß Sie in allen auftretenden Wind- und Wetterumständen richtig handeln! Jede Gefährdung des Takelwerks ist zu vermeiden, doch muß jeder halbwegs günstige Wind ausgenutzt werden! Die SEA WITCH ist nicht als Schlechtwettersegler gebaut; trotzdem können wir sie knüppeln und ihr alles abverlangen. Wir lassen die Segel stehen, solange wir es verantworten können, aber auch nicht länger! Kein einziges Segel fliegt mir aus den Lieken!«

Er machte eine lange Pause, um seinen Worten zusätzliche Wirkung zu verleihen. Dann neigte er sich vor und stützte sich mit seinen Fäusten auf der Back ab.

»Eines noch, Gentlemen: Ich verlange von Ihnen wie auch von den Mannschaften unbedingte Nüchternheit im Dienst! Wir werden bald die Inseln erreichen, die den Weg verstellen. Ein tückisches Gewässer! Wir werden Tag und Nacht segeln. Ich verlange von Ihnen, daß Sie immer den besten und sichersten Weg finden. Wir benötigen daher in jeder Phase höchste Aufmerksamkeit an Deck! Sollten wir auf ein Riff laufen, werden uns die Piraten gnadenlos bis aufs Hemd plündern. Schiff und Leben wären möglicherweise verloren. Ein Steuermann oder eine Wache, die angetrunken oder schlafend angetroffen werden, haben daher mit strengster Bestrafung zu rechnen!«

Er beendete seine Rede damit, daß er befahl, die Luken auf absolute Dichtigkeit zu kontrollieren. Das Überprüfen der Verschalkung war eine Aufgabe, die Angus und die Offiziere routinemäßig durchführten, die man jedoch nicht oft genug wiederholen konnte.

Durch Sonderzahlungen hatte Waterman erreicht, daß der Clipper Anfang des neuen Jahres auch als erstes Schiff mit Tee bestückt wurde. Die Witch lag zwar rechtzeitig auf Reede, doch wurde die Reihenfolge der Beladung oft durch Bestechung auf den Kopf gestellt. Das Beladen mit Tee erfolgte in fieberhaftem Tempo rund um die Uhr. Die Matrosen standen drohend mit der neunschwänzigen Katze bereit, um auf die Kulis einzuprügeln, falls diese beim Stauen bummeln sollten.

Doch trotz der geforderten Eile durfte die schwierige Kunst des Stauens nicht zu kurz kommen. Da der Tee wenig wog, mußte der Ballast richtig berechnet sein. Neben rund einhundert Tonnen Ballasteisen hatten Waterman und Angus noch einhundertvierzig Tonnen Kieselsteine laden lassen. Vor fast siebzig Jahren war es zufällig chinesisches Porzellan gewesen, das die Empress of China, die dem amerikanischen Handel mit China den Weg bereitete, als Ballast nach New York mitbrachte. Der Glücksfall wollte es, daß diese ungewollt gewählte Ladung in New York reißenden Absatz gefunden hatte.

Wer sich mit Clippern und deren Geschwindigkeiten auskannte, wußte, daß ein falscher Ladetrimm einen Knoten oder mehr an Fahrt kosten konnte. So waren es für Angus die interessantesten Tage an Bord, da er zum erstenmal erleben konnte, wie die kleinen Teekisten, von den Kulis kunstfertig Schicht für Schicht gelegt, den riesigen Laderaum der Witch füllten.

Über den Ballast wurde ein Fußboden aus Planken gelegt und fest verfugt. Darüber kamen Schicht für Schicht die Kisten mit Tee. So mancher Kapitän ließ mindere Sorten von »gebrochenen Teeblättern« bis zu »Fannings«, dem zusammengekehrten Dreck, als erste Schichten legen, damit die feinen Sorten weit genug vom schmutzigen Bilgenwasser entfernt lagen, sollte der Clipper Wasser machen. Doch die WITCH war dicht und der Laderaum zu kostbar, als daß auch nur ein einziger Kubikfuß verloren gegeben wurde.

Sie hatten die besten Pflückungen an Bord, die zu haben waren. Waterman bestand darauf, diejenigen vier Sorten zu kaufen, die einem in New York förmlich aus dem Stauraum gerissen wurden: *Dong Yang Dong Bai*, ein Grüntee mit blumigem Aroma und einem saftigen, nachhaltigen Geschmack; *Silver Dragon* mit seinem intensiven Aroma und süßlichen Geschmack; *Lung Chin* mit seiner jadegrünen Farbe und exquisitem Duft; dazu *Lapsang Souchong* mit seinem leichten Rauchgeschmack, da die breiten Blätter des Blattgrades über dem harzreichen Fichtenholz geröstet wurden. Daneben ergänzte er für Werft, Reederei und Geschäftsfreunde die Ladung mit kleineren Mengen von *Keemun*, einem Tee, der sich durch sein Orchideen-Aroma auszeichnete, und *Pi Lo Chun*, der nur sehr schwer zu bekommen war. Ein Tee von rundem Geschmack und lieblichem Aroma, den man wirklich nur zu besonderen Gelegenheiten trank. Dazu den kostbaren *Yin Zhen*, einen Tee aus der kaiserlichen Pflückung, dessen knospig frischer, duftiger Geschmack ihn nicht nur in Manhattan zur begehrtesten Teesorte machte. Auch der feinherbe, blumige *Pai Mu Tan* stellte eine Rarität auf den Weltmärkten dar. Letztere Sorten waren auch dazu bestimmt, den Geschmack und die Chancen der Akzeptanz in Amerika zu testen.

Angus bewunderte die Geschicklichkeit der chinesischen Kulis, von denen kein einziger in den Tagen des Beladens die »Katze« benötigte. Sie nutzten jeden Kubikzoll des Laderaumes. Alle Kisten wurden mit dem Hammer an ihren Platz geklopft, und an den Rundungen des Schiffsrumpfes wurden kleine »cutty boxes« verwendet, da sie dort besser gestaut werden konnten. Nach jeder neu gelegten Schicht aus Teekisten sah die Oberfläche des Laderaums aus wie ein schönes, neues, ebenes Deck. Die verbleibenden Nischen wurden mit Kieseln gefüllt, um sicher zu gehen, daß die Ladung auch bei schwerstem Orkan und Seegang keinen Zoll verrutschen konnte. Sogar den »Decksprung«, eine Wölbung, an der das Wasser vom Deck ablief, hatten sie berücksichtigt.

Am Ende wurden die Lukendeckel geschlossen und absolut wasserdicht verschalkt. Im Bauch der Witch ruhten nun insgesamt 1 280 050 Pfund Tee. Bei einer Frachtrate von 30 $ pro Tonne, die Waterman über den Agenten aushandeln konnte, waren deren Gewinnaussichten nicht schlecht.

Ein einziges Leck konnte die gesamte Ladung verderben, wenn nicht sogar den totalen Verlust des Clippers bedeuten, doch die Witch war tadellos verschalkt. Und dennoch drang der Duft des Tees aus dem versiegelten Laderaum durch verborgene Ritzen in das Deckshaus. Morgens war er am intensivsten, und man konnte glauben, man läge auf einem Kissen, das mit Teeblättern gefüllt war …

Bei wolkenlosem Himmel nahm die Sea Witch Kurs auf die Sunda-Straße, die enge Durchfahrt zwischen Sumatra und Java, durch die der Teeclipper vom Südchinesischen Meer in den Indischen Ozean wechseln würde. Gleich einem Engel, der mit ausgebreiteten weißen Flügeln der untergehenden Sonne nachschwebte, ließ das Schiff den West Lamm Channel hinter sich. Waterman rief die Offiziere zu sich: »Gentlemen, bei acht Glasen Captain's-Dinner!«

*9. Januar 1849 / Breite: 21° 37' N, Länge: 114° 19' Ost.*
Acht Glasen! Das Ende der dritten Wache. Der Steward zog den Stuhl des Käpt'ns ein wenig zurück, damit dieser bequem an der längs der Mittschiffsachse aufgehängten Tafel des Salons Platz nehmen konnte.

»Setzen Sie sich, Gentlemen!« forderte Waterman die drei Offiziere auf, seinem Beispiel zu folgen.

Es war schon eine besondere Tafel; sie war das Ergebnis der Tüftelei des Schiffskochs Christian Grainer und des Zimmermanns Albert Bear, welche die »schwingenden Tafel« schon vor Beginn der Reise installiert hatten. Die am häufigsten verwendeten Teile des Tafelgeschirrs, einschließlich Gläsern und Kerzenhaltern, steckten in präzise vermessenen, fein gearbeiteten hölzernen Steckringen, die in der Holzplatte fest verdübelt waren. Lag das Schiff wie am ersten Tag der Reise auf ebenem Kiel vor dem Wind, so konnte die Tafel sogar arretiert und jedes Eß- und Trinkgefäß ohne Gefahr auf zwei Drittel seines Fassungsvermögens gefüllt werden. Segelte der Clipper jedoch hoch am Wind, so konnte die Krängung dank der Aufhängevorrichtung zumindest weitgehend ausgeglichen werden. Lediglich bei der Verteilung der Plätze mußte man aufgrund der Schieflage die Körpergröße der Tafelnden berücksichtigen: die Kleinen in Luv, die Großen in Lee. Bei extrem böigen Wetterlagen, hohem Seegang oder gar bei Sturm war freilich an ein kultiviertes »Tafeln« kaum zu denken. Ein Test, den Christian während der Umrundung des stürmischen Kap Hoorn nichtsdestotrotz durchgeführt hatte, ergab, daß selbst bei schwerstem Seegang alles an Geschirr und Gläsern an seinem Platz blieb, wenngleich die Speisen und Getränke durch den Salon schwappten.

Jedenfalls versprach die Windrichtung diesmal ein absolut störungsfreies, ruhiges Dinner. Es war gute Tradition unter Käpt'n Waterman, am ersten Abend, in der Mitte und am Ende einer jeden Schiffsreise ein Offiziersdinner anzusetzen. Wurde jedoch während der Reise ein sehr gutes Etmal herausgesegelt, dann konnte jeder der Offiziere mit einem weiteren exquisiten Dinner rechnen. Allerdings lag die magische Zahl, wie jeder ahnte, bei mindestens zweihundertfünfzig gesegelten Seemeilen, gemessen von Mittag zu Mittag. Somit hofften alle Offiziere auf überdurchschnittliche Etmale und gleichzeitig auf eine erlesene Bordküche.

Christian war ein Zauberer an Herd und Pfanne. Davon profitierten auch die Mannschaften, was auf allen Rahseglern der Weltmeere eine absolute Seltenheit war, bekam man doch normalerweise schon nach wenigen Wochen lautstark und eindringlich den meistgesungenen Shanty zu hören:

»Mah'goni zum Schaffen, vergammelte Affen,
Der Koch, dieses Aas, zum Kotzen der Fraß.«

*Mah'goni*, das war das braun-rote, meist übelriechende Pökelfleisch, das in diesem Seemannslied besonders geehrt wurde.

Dieser Shanty war auf der SEA WITCH bisher kein einziges Mal zu hören gewesen. Die Gerichte waren locker und leicht, nicht so, wie man die amerikanische Küche erlebte, wo jedes Essen für einen axtschwingenden Pionier gedacht schien, der Wälder rodete oder Eisenbahnschienen verlegte. Nein, Christian kochte ohne viel Brimborium, dafür mit Phantasie.

Alle wußten, daß der Käpt'n sich für den ersten Abend nach dem Auslaufen Rebhuhn auf Sauerkohl gewünscht hatte. Während der Steward feierlich die Kerzen anzündete, betrat der Meisterkoch in schneeweißer Jacke und Schürze den Salon. Ein langer Surf und das Rauschen der mächtigen Bugwelle ließen das Brückenhaus vibrieren und das Kerzenlicht flackern. Während der Steward aus einer Karaffe einschenkte, kündete Christian mit unverwechselbarem deutschen Akzent den Wein an: »Château Lafitte.«

Als die Gläser alle gefüllt waren, reichte der Erste Offizier dem Käpt'n einen Zettel. Der las ihn und nickte zufrieden. Daraufhin erhob er sein Weinglas.

»Gentlemen, Mr. Fraser hat die Meilen errechnet, die unsere WITCH bis Mitternacht segeln wird.« Dann stand Waterman auf und erhob sein Glas. »Auf die ersten 88 Seemeilen, Gentlemen!«

»Das macht rund 180 Meilen bis Mittag. Gar nicht schlecht für den Start!« meinte Angus. Die Offiziere erhoben die Gläser: »Auf das erste halbe Etmal!«

Genießerisch verkosteten sie den Bordeaux. Als sie dem Schiffskoch anerkennend zunickten und die Gläser langsam in ihre Ringe abstellten, forderte Waterman Christian auf, das Menü des Abends zu verraten. Blond, streng gescheitelt und für einen Koch erstaunlich schlank, gab er mit wachen Augen und sonorer Stimme die Gänge bekannt: »Sir, wir starten mit Wurzelfleisch in einer Sahne-Meerrettich-Soße.«

Ein mehrstimmiges, wohliges »Mhmm! Mhmm!« begleitete seine Worte. Geschmeidig fuhr er fort:

»Der Hauptgang – auf Wunsch unseres Käpt'ns – Rebhuhn auf Sauerkohl!«

Das Klopfen auf dem Tisch hörte sich an wie ein Trommelfeuer. Waterman hob beruhigend die Arme.

»Neben dem Bordeaux habe ich für die Herren Offiziere wahlweise Bier vom Faß!«

Bevor die Anwesenden darauf reagieren konnten, warf Angus ein: »Bis auf den Ersten! Der hat Dienst.«

Schadenfrohes Gejohle brach los. Als der Koch etwas später wieder die Aufmerksamkeit hatte, gab er den letzten Gang bekannt: »Zum Schluß: Topfenschmarrn, Glühwein-Gugelhupf und Chinesischer Mandelkuchen. Dazu den Cocktail: ›Teeclipper‹!«

Der Beifall brauste auf, wie nach einer gelungenen Arie. Was der Koch verkündet hatte, war an Raffinesse und Erlesenheit nicht zu überbieten.

Schon in der Auswahl der Rebhühner zeigte sich seine Sorgfalt und Kenntnis. Das Geflügel wurde von ihm gerupft und abgehangen gekauft. Zum Braten hatte er für seinen Käpt'n nur junge Tiere besorgt. Das Alter lasse sich, so verriet er Angus, an den Füßen feststellen. Nur bei jungen Tieren seien diese gelb. Nach einigen Monaten, wenn der Vogel etwas fleischiger, aber immer noch zart wie Wildbret sei, wiesen die Füße eine bräunliche Färbung auf, die bei einem alten Rebhuhn in Schieferfarbe übergehe. Doch am einfachsten, so meinte er, sei der »Schnabeltest«, denn bei einem jungen Rebhuhn sei der Schnabel noch biegsam.

Er hatte die sieben Tiere, nachdem er sie an Bord gebracht hatte, mit schwarzen Trüffeln gefüllt und mit Einwilligung von Waterman zwei Tage lang aus dem Steuerbordfenster der Kapitänskajüte an die Luft gehängt. Der Erste Offizier und die Bootsmänner hatten derweil Sorge getragen, daß weder Möwen noch Ratten die Rebhühner verkosteten. Die Trüffel und die Seeluft gaben ihnen eine ganz besondere Note.

Nach dem Sonnenuntergang kamen die Rebhühner in die Kombüse, wo Christian sie mit Speckscheiben umhüllte und band. Die gefüllten Rebhühner ließ er daraufhin in reichlich Butter zusammen mit den Flügelspitzen, den Innereien, Wurzelgemüse und einem Zweig Thymian etwa zwanzig Minuten schmoren. Unter mehrmaligem Wenden wurden sie nun mit dem Bratenfond übergossen. Nach etwa fünf Minuten Garen gab Christian etwas vorbereiteten Rebhuhnfond dazu und übergoß sie damit ebenfalls regelmäßig.

Den Sauerkohl hatte er in kochendem Salzwasser blanchiert und, nachdem er abgetropft war, mit Rindfleischbrühe und kleinen Schinkenwürfeln weichgekocht. Zuletzt gab er neben Rheinwein noch ein wenig Rebhuhnfond, den er mit Butter gebunden hatte, hinzu, und ließ ihn kurz einköcheln.

Die sieben halbierten Hühner wurden auf eine stattliche Portion Kartoffelbrei geschichtet, der in der Mitte einer großen Silberplatte wie ein Eisberg auftragte. Um die Rebhühner herum wurde ein doppelter Kranz gelegt, bestehend aus Trüffeln und Sauerkohl. Zum Schluß übergoß der Schiffskoch die Rebhühner noch einmal mit dem köstlichen Bratenfond.

Das Lob am Ende des Hauptganges entwickelte sich zum schwelgerischen Kehrreim. Es war Watermans Idee gewesen, den deutschen Koch mit an Bord zu nehmen, und er wußte, wie man seine Offiziere bei Laune hielt. Schon aus diesem kulinarischen Grunde wollte jeder der Offiziere das Etmal von 250 Seemeilen so oft wie möglich einstellen.

Waterman zog seine Kapitänsjacke aus, krempelte die Ärmel hoch, stützte seine Ellbogen auf die Tafel und erzählte von alten Zeiten auf einem Post- und Passagierschiff der Nordatlantikroute:

»Gentlemen, es war damals nicht immer so, daß man bei Tische zu seinem Anteil kam. Wenn man sich nicht rechtzeitig um die Portionen kümmerte, so waren die Schüsseln leer gegessen, und sogar manch ein Offizier blieb ohne Essen. Am schlimmsten waren die gebildeten Gäste an Bord, welche die Doktorwürde erlangt hatten. Eines Tages, als bekannt wurde, daß unser letztes Schwein aufgetischt wurde, häufte sich mancher der Gefräßigen ohne Skrupel so viel auf den Teller, daß sie das, was sie nicht essen konnten, mit in ihre Kajüten nahmen, um es dort für den nächsten Tag zu verwahren.«

»Gute Idee, Käpt'n. Ab morgen werde ich dem Beispiel folgen«, scherzte Fred Dalton, der Zweite Offizier an Bord.

»Diesem Beispiel, Mr. Dalton, wollte *ich* damals nicht folgen.

Aber durch eine Beobachtung konnte ich schon am nächsten Tag über die gelehrte Fakultät triumphieren. Die Herren wußten, auf welcher Seite die Speisen zuerst serviert wurden. Sie saßen daher, ehe der Tisch gedeckt war, auf ihren Plätzen und hielten sie eisern besetzt. Sie nahmen, dank der »Luvseite«, ohne Rücksicht eine doppelte Portion vom Braten. Die Letzten bei Tisch blieben daher fast ohne Fleisch oder mußten sich mit Bürzel und Hals begnügen. Ich keilte mich, zum Ärgernis der verschworenen Fresser, einfach dazwischen. Allerdings gab ich meine Position bald wieder frei, denn nach jedem weiteren Tag auf See wurde ihr Benehmen schlimmer. Früh, mittags und auch beim Tee ging es bald ohne jegliche Zurückhaltung zu. Schließlich warfen sich die Hartsäufer schon beim Kampf um Apfelsinen und Zitronen Grobheiten an den Kopf.«

»Was meinte denn der Käpt'n dazu?« fragte Angus.

»Unser Käpt'n übersah gern alles. Er aß meist allein. Dafür ebenfalls doppelt. Er wollte sich offensichtlich nicht selbst kompromittieren. Wir folgten seinem Beispiel des Schweigens aus Achtung vor seiner außerordentlichen Selbstlosigkeit.«

Die Tür wurde geöffnet, und der Steward brachte den Cocktail.

»Der Teeclipper!« Als er dem Ersten Offizier ein Glas reichte, fügte er hinzu: »Für Sie hat der Koch die Zusammensetzung etwas variiert.« Daraufhin sahen alle erwartungsvoll auf den Steward, der hilflos in die Runde sah. Waterman erlöste ihn.

»Wir wollen mit dem Koch anstoßen! Holen Sie ihn.«

»*Aye, aye, Sir!*« erwiderte der Steward erleichtert und verschwand wieder durch die Tür. Wenig später erschien der Koch, und seine Kunst wurde mit Beifall belohnt. Er hatte sich seinen Cocktail mitgebracht, hob das Glas und bedankte sich für das Lob. Die Männer tranken und zeigten sich wiederum begeistert.

»Was haben Sie uns da Köstliches zusammengemixt?« fragte der Käpt'n.

»Mit Zimt aromatisierter *Gunpowder*. Kalt angesetzt. Mit Apfelsaft und Champagner aufgefüllt und mit einer Limettenscheibe garniert.«

»Bravo! Bravo!« riefen Angus und Dalton. Dann blickten sie auf Frasers Glas, der zwischendurch noch einmal daran genippt hatte.

»Was hat der Erste nicht in seinem Cocktail?« rätselte Waterman.

»Ich kann es mir denken«, erwiderte Angus. »Es fehlt etwas. Er hat keinen Tee*clipper*, er hat Tee*kutter* im Glas!«

»Ohne Champagner! Es lebe der wachhabende Offizier!« spottete Anthony Burghess, Dritter Offizier an Bord der SEA WITCH.

»Er kann froh sein, daß er einen guten Bootsmann draußen an Deck hat und der Wind stetig bläst, sonst müßte er an Deck, und wir hätten hier die doppelten Portionen verdrücken können«, versetzte Dalton.

»Lästert nur, Freunde. Ich werde gleich dafür sorgen, daß Ihr Landratten heute noch die Fische füttert!« versuchte Fraser zu kontern.

Waterman lenkte das Gespräch geschickt auf ein anderes Thema, das alle am Tisch wieder friedlich zusammenbrachte.

»Zurück zu unseren Zielen, Gentlemen. Was spricht eigentlich gegen die südliche Route? Warum segeln wir nicht durch die Mindoro-Straße in die Sulu-See und anschließend durch die Makassar- und Lombok-Straße in den Indischen Ozean? Warum haben wir den Weg durch die Chinasee gewählt? Warum gehen wir durch die Sunda-Straße in den Indischen Ozean?«

Jeder der Offiziere wußte, daß die Fragen des Käpt'ns dazu dienten, das geographische Wissen seiner Offiziere auf den gleichen Stand zu bringen. Wobei er davon ausging, daß sich alle in die offizziellen Segelanweisungen eingelesen und die Monsunzeiten und vorherrschenden Meeresströmungen in den Seestraßen ausgiebig studiert hatten.

Fraser antwortete als erster: »Sir, wir segeln in der günstigen Zeit des Nordostmonsuns, der in der Chinasee bereits im September einsetzt und erst im April enden wird. Doch kann es Ende März und im April vorkommen, daß in der Chinasee südwestliche Winde vorherrschen, dazu Stillen und Mallungen, so daß dann die südliche oder gar die östliche Route vorzuziehen wäre. Jetzt im Januar ist nur durch die Chinasee mit einer schnellen Passage in den Indischen Ozean zu rechnen.«

»Was meinen Sie, Burghess?«

»Ich denke auch, daß wir nur bei vollem Südwestmonsun, also

von Mai bis August, Veranlassung hätten, einen Schlag hinüber nach der Mindoro-Straße zu machen. In diesen Monaten hätten wir den Vorteil, daß erstens der Kurs nicht so direkt gegen den herrschenden Wind führt, zweitens die Windrichtung veränderlicher ist und drittens die Strömung, wenn auch nicht überall günstig, so doch weniger konträr ist als auf der Route durch die Chinasee.«

»Jede mögliche Route durch die Inseln wird in diesen Breiten durch die Monsunzeiten bestimmt«, klinkte sich Dalton in die Diskussion ein. »Die Logbücher lügen nicht! Ich habe holländische Auswertungen studiert, welche die Reisedauer Manila – Sundastraße von September bis April zum Gegenstand hatten.«

»Na, und? Wann und wie viele Tage?« nahm Waterman ihn beim Wort.

»Januar vierzehn, März schon vierundzwanzig! April gar siebenunddreißig Tage und im September katastrophale achtundvierzig!«

»Der Tee wäre inzwischen verschimmelt«, warf Fraser ein.

»In der Zeit werden wir mit der SEA WITCH im Atlantik schon über dem Äquator sein«, kommentierte Angus.

»Strömungen, Seestraßen, jede Menge Monsune! Ein Rätsel?« warf der Käpt'n erneut eine Frage auf. »Nein, Gentlemen, denn das ist nicht die ganze Wahrheit. Denken wir an die Segler. Das waren keine Clipper. Gegen den Wind effektiv zu kreuzen gehört normalerweise zum Rüstzeug eines geübten Kapitäns. Nehmen wir mal an, die Herren konnten alles am Wind, dann lag es nur an der Schwerfälligkeit der Segelschiffe. Ich meine, sie kreuzten nicht, sie lavierten gegen den Wind. Wie sonst kommen achtundvierzig Tage auf dieser Strecke zustande?«

»Ein gewaltiger Zeitverlust, in der Tat!« stimmte Fraser zu.

»Achtundvierzig Tage Manila – Sundastraße belegen meine These des Lavierens! Was meint eigentlich unser Freund Maury dazu, Angus?«

Waterman sprach seinen »Segelmeister« auf Matthew Fontaine Maury an, der als Leutnant der amerikanischen Marine Jahrzehnte damit verbrachte, die Winde und Strömungen der Meere anhand von Tausenden amerikanischen Schiffslogbüchern auszuwerten.

Seine »Windkarten« waren inzwischen zu einem wichtigen Bestandteil der Navigationsunterlagen eines jeden amerikanischen Seglers geworden. Wer gezwungen war, die Winde des ganzen Erdballs auf den Langstreckenrouten zu nutzen, für den waren Maurys Karten unverzichtbar. Amerikanische Kapitäne, deren Navigationsoffiziere Maurys Karten benutzten, segelten seitdem gut dreimal so schnell um die Welt wie vorher.

»Ich hatte Gelegenheit, Matthew vor unserer Abreise im *Depot of Charts and Instruments* in Washington zu sprechen«, begann Angus. »Ich meine, seine Auswertungen zu den Winden und Strömungen in diesem Seegebiet bedeuten für uns und die gesamte amerikanische Handelsschiffahrt einen extremen Vorsprung. Die Engländer haben nichts Vergleichbares vorzuweisen.«

»Das gefällt dir als Schotte! Was?« warf Fraser ein.

»Erzähl uns, was Maury über dieses Seegebiet herausgefunden hat«, sagte Waterman etwas ungeduldig.

»Er konnte mir beweisen, daß der Nordostmonsun in der Chinasee in diesen Wochen zuerst verstärkt im nördlichen Teil auftritt und erst später südwärts vordringt. Wir segeln daher zur Stunde mit der Witch ganz bewußt mehr im westlichen Gebiet der Chinasee. Der Nordostmonsun bläst um diese Zeit oft schon an der Küste von Cochinchina, während an der Küste von Mindoro und Luzon für längere Zeit noch südliche und südwestliche Winde vorherrschen. Also, aus allem was Maury herausgefunden hat, folgt, daß wir durch die Chinasee zu Anfang des Nordostmonuns die Westseite halten sollten.«

»Passieren wir die Paracel-Inseln ebenfalls westlich?« fragte Dalton.

»Auf jeden Fall! Wir gehen westlich der Paracels, steuern danach zwischen Anamba- und Natuna-Inseln hindurch und nehmen dann Kurs auf die Gaspar-Straße. Wenn wir die Sunda-Straße ansegeln, werden wir versuchen, frühzeitig unter die Küste von Sumatra zu gelangen. Dann benötigen wir ein wenig Glück, denn dort unten warten auf uns zu jeder Jahreszeit ungünstige Bedingungen.«

Waterman schlug mit den Händen flach auf die Tafel. »Gentlemen, ich bin zufrieden! Es ist bald acht Glasen. Der Wachwechsel steht an, und die Kojen warten!«

Damit war die Tafel aufgehoben. Während sich alle anschickten, das Brückenhaus, in dem der Salon des Käpt'ns untergebracht war, zu verlassen, um ihre Offizierskajüten aufzusuchen, hielt Waterman Angus für einen Moment zurück.

»Deine Prognose, Angus. Was werden wir die nächsten zwölf Stunden mit der WITCH heraussegeln?«

Waterman hatte es sich zur Angewohnheit gemacht, Angus während der Fahrt zwei- bis dreimal nach dem voraussichtlichen Etmal zu fragen.

»Insgesamt sicher über zweihundert, Bob. Doch leider kein Captain's-Dinner. Wir bedauern das alle sehr!«

»Ihr solltet öfter zu Rasmus beten, mein Bester!«

Als Angus das Deck betrat, spürte er die würzige Luft und den rhythmischen Surf der WITCH, der ihm bei diesem Kurs besonders ausgeprägt erschien. Er blickte hinauf zu der turmhohen Takelage und genoß den Anblick der in Europa und Amerika ungesehenen Sterne. Als ihm Gischttröpfchen ins Gesicht wehten, griff er instinktiv an seine Brust und befühlte den Beutel, den er unter dem Hemd trug. Dabei murmelte er: »Wenn ich wollte, wäre übermorgen Captain's-Dinner!«

*11. Januar 1849 / Breite: 16° 28' Nord, Länge: 110° 56' Ost.*
Die Schiffsglocke schlug zwei Glasen der zweiten Wache.

»Leesegel an der Luvseite setzen!«

Die Toppgasten enterten in der noch schwachen Dämmerung auf. Käpt'n Waterman konnte es kaum erwarten, das zusätzliche Tuch auf die Rahen zu bekommen. Die Ladung sollte so rasch wie möglich durch die Klimazonen gebracht werden, um die Qualität nicht zu schmälern. So hatte er befohlen, bei Anbruch des Tages die Leesegel zu setzen.

Die SEA WITCH hatte den Nordostmonsun an jenem Morgen direkt achterlich. Das Geschirr der Leesegel hatte der Käpt'n schon in Hongkong beisetzen lassen, was in New York in letzter Zeit kaum ratsam war, da es vorkam, daß Leesegelspieren im Hafen schon so manch einen Seemann davon abhielten, auf einem Clipper anzuheuern.

Kompliziert und gefährlich war die Bedienung dieser beigesetzten Segel, mit der die Segelfläche der Sea Witch um gut die Hälfte vergrößert werden konnte. Sie waren aus leichtem Tuch und konnten große Schwierigkeiten verursachen, wenn die Spieren brachen oder wenn sie aus den Lieken flogen. Dann flatterten sie als Riesenlappen über Brassen, Bulien und Stagen, was sich für jeden Wachoffizier zu einem Desaster entwickeln konnte. Für die Matrosen, die in diesen Höhen arbeiten mußten, wurde das Risiko des Herabstürzens von den Rahen unkalkulierbar. So waren die Wachhabenden meist froh, wenn die Leesegel wieder säuberlich aufgetucht und sicher an ihrem Platz an der Innenseite der Unter- und Stengenwanten verstaut waren. Außerdem waren Wachen in den Marsen unabdingbar, zumal plötzlich auftretende Untiefen bei vierzehn bis sechzehn Knoten Fahrt rasch den totalen Verlust des Clippers bedeuten konnten.

Dalton hatte die zweite Wache an Bord und geriet bei dem Manöver des Leesegelsetzens ordentlich ins Schwitzen. Angus, der vom Trampeln der Matrosen an Deck aus dem Schlaf gerissen worden war, ließ sich das Schauspiel nicht entgehen. Im Pazifik hatten sie, mit Kurs auf die Philippinen, nur zweimal die Gelegenheit gehabt, »Vollzeug« zu setzen.

Angus liebte die bevorstehende Aufführung. Es gab wohl kaum einen herrlicheren Anblick als den eines Clippers, der unter einer Wolke von Segeln dahinzieht.

Als die Leesegel an allen Masten standen, mußte der Trimm zu den Hauptsegeln rasch erfolgen.

»He, Angus«, sagte Dalton nervös. »Prüfe bitte mit, ob die Rahnocken auf der Leeseite klar gehalten werden können.«

Angus sah durch die Dämmerung, daß die Oberleesegel in Luv gut standen, da die äußere Nock nach vorn strebte und sich so die innere Nock vom Marssegel entfernte. Die Gefahr, das Segel zu beschädigen, war damit verringert. Angus wechselte auf die Leeseite. Er blickte angestrengt nach oben.

»Alles klar dort oben?« fragte Dalton, als er auf seiner Höhe stand.

Angus zeigte nach oben: »Was für ein Mist! Das seitlich hinter dem Marssegel beigesetzte Leesegel kann vom Marssegel kaum klar gehalten werden. Du mußt es sofort seitlich *vor* dem Marssegel setzen lassen. Die anderen Leesegel ebenfalls! Junge ...! Junge ...!«

Dalton sah Angus verdutzt an. »*Shit!* Ich hab' den Toppsgasten die falsche Anweisung gegeben.«

Angus schmunzelte. »Du hast noch etwas Zeit, bevor der Alte das Deck betritt. Einmal Kielholen hast du dir heute jedenfalls schon verdient.«

Dalton scheuchte die Matrosen der Freiwache in die Wanten, um die Männer auf den schwankenden Fußpferden bei ihrer gefahrvollen und schwierigen Arbeit zu unterstützen. Das Zusammenwirken von Stengenseitentakeln, Oberleesegelspieren, Bramleesegelaußenschoten, Hackenblöcken und vielem mehr war schon eine Wissenschaft für sich und mit einem hohen Grad gekonnter Seemannschaft verbunden.

Im Brückenhaus wuselten die Matrosen hin und her wie in einem Bienenstock. Die letzten Männer der Freiwache stürmten heraus.

Beiderseits der Kombüse lagen zwei große Mannschaftsräume mit je vierundzwanzig Kojen. Die Räume konnten vom Vordeck aus erreicht werden. Bei hohem Seegang wurden ihre Zugänge durch eiserne Schotten wasserdicht verschlossen. Die Unteroffiziere, Segelmacher, Zimmerleute und der Schmied hatten mittschiffs ihre Kammern, während Christian, der Schiffskoch, und der Steward in einer gemeinsamen Kammer an der Backbordseite schliefen. Im hinteren Teil des Aufbaus lag der geräumige Salon des Käpt'ns, an der Steuerbordseite seine Kabine und davor noch eine kleine Passagierkammer, die auf jener Reise unbelegt war. An der Backbordseite lag die gemeinsame Kammer des Zweiten und Dritten Offiziers. Der größte Raum im Brückenhaus war jedoch die Segelkoje, die eine Fläche von fast fünfhundert Quadratfuß beanspruchte.

Der Luxus an Bord der SEA WITCH kannte keine Grenzen, denn Griffiths und Angus hatten zusammen mit Waterman bei *Smith & Dimon* durchgesetzt, daß Kapitäns- und Offizierskabinen mit je einem Bad ausgerüstet wurden. Dagegen lagen die sanitären Einrichtungen für die Mannschaft unter der Back. Man gönnte den Männern jedoch ebenfalls ein Bad mit Wanne. Hinzu kamen Kammern für das Werkzeug der Handwerker und zwei Lampenspinde. Am Heck unter der Poop befanden sich neben einer weiteren Reservekammer das Hospital und der Notruderstand. Unter den Aufbauten und unter dem Deck gab es dann nichts anderes mehr als Tee und nochmals Tee ...

Angus konnte beobachten, wie Dalton die Sache in den Griff bekam. Der Tag begann, und auf der WITCH hatte sich nach den erforderlichen Aufklarungsarbeiten die Bordroutine wieder eingespielt.

Die noch tief hinter dem Horizont liegende Sonne erhellte langsam die Kimm. Angus, der neben dem Ruderhaus stand, beobachtete, wie der Steuermann in voller Konzentration das Schiff vor dem Wind auf Kurs hielt.

Der Clipper rauschte mit dröhnender Takelage, ächzendem Tauwerk und wimmernden Blöcken auf seinem Kurs. Ein Vibrieren des Rumpfes ließ vermuten, daß die WITCH ihrer höchsten Geschwindigkeit entgegenlief.

Plötzlich stand Waterman neben Angus. »Sie macht ja ordentlich Fahrt!« brüllte er hinauf in die Takelage. Dalton trat neben seinen Käpt'n und machte Meldung.

»Wieviel Knoten laufen wir?«

»Ich lasse gerade loggen, Sir!«

»Bringen Sie mir das Ergebnis, Dalton!«

»*Aye, aye, Sir!*«

Als Dalton dem Bootsmann befahl, nach achtern zu gehen, sah dieser, wie ein Matrose gerade die Logrolle mit beiden Händen über seinen Kopf hielt und ein zweiter Matrose das Logglas prüfte. Der letzte Sand im Glas lief gerade nach unten. Im gleichen Moment stoppte der erste Matrose mit einem Ruck die auslaufende Leine. Der Matrose prüfte die Markierung an der Leine, die sich seiner Hand am nächsten befand.

»Wieviel?«

»Zwischen sechzehn und siebzehn Knoten!«

»Donnerwetter!« rief der Bootsmann begeistert, eilte zurück

zum Ruderstand und machte gegenüber dem Wachoffizier Meldung.

Waterman, der alles mitbekommen hatte, meinte: »Damit hängen wir jeden Rahsegler auf den Weltmeeren ab.«

Im gleichen Moment gleißte die Sonne über die Kimm, und ihr Licht brach sich in der Gischt der gewaltigen Bugwelle. Die weißen Segel standen prall. Der Gipfel der majestätischen Eleganz war erreicht. Ein Erlebnis, eines der schönsten, das ein Mensch mit einem offenen Herzen für Wind, Meer und Geschwindigkeit überhaupt haben konnte. Drei himmelhohe Masten, jeder eine gewaltige Pyramide riesiger Segel, die alle von der Kraft des Windes gefüllt waren, dazwischen das Filigran der tausend Taue, die in der Feuchtigkeit des Morgentaus glänzten.

Die Männer standen stumm an Deck und sogen die Eindrücke in sich auf. Einige Zeit später wandte sich Waterman wieder an Angus. »Wir halten alle Trümpfe in der Hand. Wenn der Wind uns nur ewig so begleiten würde. Was, Angus?«

»In der Tat! Wir müssen für jede Stunde dieser Art dankbar sein.« Daraufhin spähte er backbordbug voraus auf die See. »Wenn der Wind hält, werden wir in wenigen Stunden backbord querab die Paracel-Inseln peilen können.«

»Mhm! Das heißt, wir sind in sechs Tagen durch die Sunda-Straße.«

»Viel zu schnell, Bob. Gemessen an den achtundvierzig Tagen, die jemand auf dieser Route vorgelegt hat, könnten wir ruhig ein wenig bummeln.«

»Laß uns frühstücken gehen. Bei einer Kanne *Yünnan* läßt sich am besten bummeln.«

»Einverstanden!«

»Du wirkst so abwesend«, sagte Waterman, als sie gemeinsam im Salon saßen.

»Meine Gedanken hängen wie die Geitaue in der Takelage.«

»Was quält dich?«

»Wir verlieren in den Nachtstunden zuviel an Geschwindigkeit.«

»Das ist auf Segelschiffen dieser Bauart üblich. Die Nacht verhindert einen optimalen Trimm. Es sein denn, du hättest die Augen einer Eule!«

»Ich habe eine Idee. Ich werde versuchen, sie in den nächsten Tagen und Nächten umzusetzen.«

»Was uns vorwärts treibt, hilft uns!« meinte Waterman trocken.

Als am Mittag querab der Paracel-Inseln gepeilt, die Position genommen und das Etmal errechnet wurde, hatte die SEA WITCH mit 237 Seemeilen das Captain's-Dinner um ganze 13 Seemeilen verfehlt. Auf die Fragen von Dalton, Fraser und Burghess, wann nun endlich wieder ein Dinner angesagt wäre, vertröstete Angus die Herren auf den Indischen Ozean. »Gentlemen, Rasmus wird ein Dinner vor der Sunda-Straße nicht mehr zulassen.«

Dieses Statement wurde mit entsprechenden Buh-Rufen quittiert, was Angus' Heiterkeit nur noch steigerte. »Was soll's! Laßt Euch die gute Laune nicht verblasen. Der Indische Ozean freut sich schon auf seine neue Tochter, die aufragt, schöner noch als eine Venus!«

»Ja, und der Passat wird sie treiben, daß der Segelmeister darüber die schmachtend heißen Nächte vergißt«, erwiderte Fraser.

Begleitet von einer Lachsalve schlugen die Männer die Richtung zur Messe ein.

»Schiff backbordbug voraus!« meldete plötzlich ein Matrose aus der Mars.

»Ein Schoner!« meldete kurz darauf der Erste Bootsmann.

Während die anderen sich in die Messe begaben, kehrte Angus zurück an die Reling und ließ sich den langen Kieker reichen. »Es ist die TORRINGTON!« sagte Angus, als er ihren Schriftzug am Bug erkannt hatte. Die englische Fahne wehte von der Gaffel. Der Schoner kreuzte unter allen Hauptsegeln hoch am Wind. »Ein Schnellsegler«, murmelte er.

»Sieht aus wie ein schneller Opium-Clipper aus Baltimore«, meinte der Bootsmann.

»Nein, es ist ein schottisches Schiff! Sie hat den Aberdeen-Bug!« sagte Angus schroff.

»Jawohl, Sir!« antwortete der Bootsmann und verstummte. Er hatte für die barsche Reaktion des Segelmeisters keine Erklärung.

In sich versunken beobachtete Angus, wie der Schoner nach achtern kreuzte und sich rasch entfernte. Seine beiden Masten wanderten allmählich in eins, sein Heck wurde schmal, nur die westlich stehende Sonne strahlte das hochgetürmte Weiß der Segel an, als wollte sie den Anblick in Angus' Augen einbrennen. Kurz danach tauchte der Rumpf unter die Kimm ...

*17. Januar 1849 / Breite: 5° 52' Süd, Länge: 105° 51' Ost.*
Bei Winden unterschiedlicher Ergiebigkeit, die auch in der Richtung keineswegs sehr ausgeprägt waren, peilte Burghess morgens, am Ende der zweiten Wache, die Sunda-Straße steuerbordbug voraus. Sie war das Haupteingangstor der Segler zu den ostasiatischen Gewässern, deren Ziel entweder ein Hafen an der Nordküste Javas, Singapurs, Cochinchinas, Siams, der Philippinen, Chinas oder Japans war.

Angus nahm seinen Kieker, wie so oft in den letzten Tagen, um die bezaubernde Inselwelt ringsum näher in Augenschein zu nehmen. Beide Inseln, Sumatra und Java, die durch die Sunda-Straße getrennt waren, wurden von hohen Gebirgen durchzogen, wobei die Küsten mit ihren steilen Vorgebirgen oft abweisend wirkten. Zahlreiche Flußmündungen ließen auf einen Reichtum an fließenden Gewässern schließen. Da der Äquator die Inselgruppen durchschnitt, wurde das heiße Klima nur durch Flüsse und die üppig wuchernde Pflanzen- und Baumwelt etwas gelindert. Das Thermometer am Kartenhaus zeigte, daß es innerhalb der letzten sieben Tage bei Temperaturen von über 30° Celsius außerordentlich warm geworden war. 1416 Seemeilen Distanz lagen zwischen den Paracels und dem neuen Standort des Clippers. Dies bedeutete, daß sich innerhalb kürzester Zeit das Klima völlig verändert hatte. Selbst nachts war es nicht viel kälter, was den Mannschaften zusetzte. Das Holz des Clippers arbeitete, was besonders nachts am Knarzen und Knacken der Balken zu hören war.

Angus hatte recht behalten. Sechsundfünfzig Seemeilen war das Etmal des vergangenen Tages gewesen, bei schwachen unsteten Winden. Deshalb standen die Männer unaufhörlich an den Brassen, um auch den minimalsten Hauch so gut als irgend möglich auszunutzen. Immer wieder tönten Kommandos, die kaum sichtbare Veränderungen in der Stellung der Rahen bewirkten und die WITCH, wenn auch langsam, vorankommen ließen.

Angus spürte, daß Waterman wegen der beiden Flautentage innerlich in Aufruhr war. Er hatte bisher noch nie die Sunda-Straße in Ost-West-Richtung durchsegelt, sondern die Route Mindoro-Straße – Celebes-See – Lombok-Straße gewählt, obwohl er mit den Windverhältnissen damals schlecht zurechtgekommen war. Der Käpt'n versuchte kühl zu wirken, doch er konnte seine Ungeduld kaum verbergen. Es wurmte ihn, daß Wind und Wetter wie vorausgesagt eintrafen und ihn, wenn auch für überschaubare Zeit, daran hinderten, zügig in den Indischen Ozean zu gelangen. Angus folgerte daraus, daß er wohl befürchtete, die einmalige Gelegenheit, einen neuen Rekord auf der Strecke Hongkong – New York aufstellen zu können, durch die schwachen Windtage zu verpassen. Ganz zu schweigen von den Sorgen, die er sich um die Frische des Tees im Laderaum machte.

Angus sah das distanzierter. Er war sich im klaren darüber, daß die SEA WITCH auf einem einmalig schnellen Rumpf segelte, und er wußte, daß die schwachen Windtage in diesen Breiten bei jeder Reise etwas Normales waren. Er wußte aber auch, daß die Passage Hongkong – Sunda-Straße von keinem anderen Clipper bisher so schnell durchsegelt worden war, was ein gutes Meilenpolster für die kommenden Passagen bedeutete.

Vielleicht lag es auch daran, daß Käpt'n Bob Waterman in den letzten beiden Tagen kaum Schlaf bekommen hatte. Auflandige Strömungen ergriffen den Clipper bei Flaute und schienen ihn auf eine der zahlreichen Inseln abdriften zu lassen. Seine Offiziere und er lagen Stunde um Stunde über die Seekarten gebeugt und überlegten voller Sorge, wie sich wohl die Strömungen auswirken könnten und welche Segelmanöver einzuleiten wären, um der drohenden Gefahr einer Strandung zu begegnen.

Angus, der seine Aufzeichnungen, die er während seiner Gespräche mit Maury angefertigt hatte, noch einmal genauestens durchgegangen war, zeigte sich nach deren erneutem Studium beruhigt.

»Gentlemen! Momentan herrscht im Indischen Ozean einschließlich der Sunda-Straße Westmonsun.« Angus griff nach dem

Stechzirkel und zeigte auf die Durchfahrt zwischen Sumatra und Java. »Nach Maurys Auswertungen findet hier in der Sunda-Straße nur einmal innerhalb vierundzwanzig Stunden ein Gezeitenwechsel statt. Der Strom setzt um diese Jahreszeit achtzehn Stunden ununterbrochen stark nach Nordost und nur für sechs Stunden schwach nach Südwest! Das Kippen des Stromes findet bei Tage statt!«

Waterman klopfte Angus vor Begeisterung auf die Schulter. »Gott sei Dank! Endlich etwas Konkretes!«

»Ich denke, Bob, wir sollten Maury dafür danken.«

»Sei nicht so bescheiden. Mach weiter, wir hören zu.«

»Wir haben also bei Nacht mit einer starken nordöstlichen Strömung zu rechnen.«

»Das heißt, wir müssen versuchen, tagsüber, wenn der Strom kippt, durch die Straße hindurchzusegeln und nachts zu ankern«, führte Waterman aus.

Angus ergänzte: »Ja, wir müssen versuchen, bei schwachen oder ungünstigen Winden zwischen ein Uhr mittags und sieben Uhr abends die Sunda-Straße zu passieren.«

»Es ist schon mal beruhigend zu wissen, wann der Strom kippt«, sagte Fraser erleichtert.

»Gentlemen, ich habe noch etwas gefunden. Ich habe notiert, daß sich zwischen Krakatau und den Prinzen-Inseln der Strom dem Verlauf der Küsten anpaßt. Die größte Stärke tritt im engen nördlichen Eingang der Straße auf, wo seine Geschwindigkeit oftmals über fünf Knoten hinausgehen kann. Das sollten wir beachten und uns bei der Durchfahrt gut in der Mitte halten.«

Waterman bestätigte dies mit seinen Erfahrungen von der Lombok-Straße.

Angus sah in die Runde und grinste. »Nun die Preisfrage: Wie viele Stunden, Tage, Wochen benötigen wir mit der SEA WITCH, um die Distanz von fünfundsiebzig Meilen durch die Straße hinter uns zu bringen?«

Die Offiziere grübelten; selbst Waterman wollte keinen Tip abgeben.

»Eine kleine Hilfe, Gentlemen«, Angus zog einen Zettel aus seiner Hemdtasche und begann zu lesen: »Laut Maurys Auswertung dauert die Durchfahrt in den meisten Fällen über zwei Tage, nicht selten eine Woche, oft aber auch weniger als vierundzwanzig Stunden. Das Minimum liegt bei etwa fünfzehn Stunden, das Maximum bei neunzehn Tagen.«

Angus sah Ehrgeiz in den Augen der Kameraden aufblitzen.

»Klar! Unter fünfzehn Stunden!« platzte Fraser heraus.

»Unter fünfzehn Stunden!« bestätigte Waterman, während die anderen nur nickten.

Plötzlich war allen klar, warum die Witch nur so langsam der Einfahrt zur Sunda-Straße näher kam. Die Segelanweisungen für den Rest des Tages und der darauffolgenden Nacht waren schnell gefaßt. Zwischen ein Uhr mittags und sieben Uhr wollte man mit dem starken Südweststrom so weit wie möglich durch die Straße kommen. Je nach Lage der Dinge wollte man abwarten und nach Bedarf vor Anker gehen. Christian schlug vor, die Vorräte mit Frischfleisch, Gemüse, Kaffee, Zucker, Reis und Südfrüchten aller Art durch Küstenhändler ergänzen zu lassen, um die vorausgesagten überragenden Etmale im Indischen Ozean gebührend feiern zu können.

Als die Sea Witch mittags in die enge Wasserstraße einlief, beobachteten sie, wie ein Rudel Sampans von der Küste abhielt und zunächst parallel zum Schiff lief. Waterman befahl die Bewaffnung seiner Offiziere und einer ausgewählten Gruppe von fünfzehn Matrosen, um auf Piratenübergriffe vorbereitet zu sein. Auf offener See waren es in diesem Meeresteil nur die unbekannten, auf keiner Seekarte verzeichneten Riffe, die er zu fürchten hatte; denn aufgrund der Schnelligkeit des Clippers waren chinesische und malaiische Piraten von vornherein chancenlos. Doch vor Anker oder in Küstennähe konnte man nicht vorsichtig genug sein.

Wie sich bald herausstellte, hatte die Sea Witch gleich zweimal Glück. Zum einen schafften sie an jenem Nachmittag mit günstigem Wind und Strom mehr als fünfzig Meilen durch die Sunda-Straße, zum anderen boten die Pidgin-Englisch sprechenden Malaien die erwünschten Nahrungsmittel an, was nicht nur des Schiffskochs Herz höher schlagen ließ. Als am Abend heftige Windböen aus westlicher Richtung durch die Sunda-Straße fegten, ging Waterman im Windschutz der Insel Krakatau vor Anker. Auf den Riffen einer kleineren vorgelagerten Insel ragten die Wracks von vier, fünf Segelschiffen aus den Fluten. Keine drei Stunden später, zu Beginn der Nachtwache, sprang der Wind wieder um.

»Alle Mann an Deck!«

Die Sea Witch war frei und lief in die unendlichen Wassermassen des Indischen Ozeans ein. Als der Doppelschlag die zweite Stunde der Nachtwache ankündigte, lag Angus erschöpft in seiner Koje. Er hatte zuvor auf der Seekarte mit dem Stechzirkel die Meilen auf der Seekarte abgegriffen und versucht, sich die Strecke von 5140 Seemeilen, die bis zum Kap der Guten Hoffnung vor ihnen lag, vorzustellen. Bevor er in tiefem Schlaf versank, hatte er das Gefühl, daß ihm die Weite des Indischen Ozeans den Sinn für etwas Ewiges eingegeben hatte.

*16. Februar 1849, Breite: 35° 39' Süd, Länge: 19° 48' Ost.*
Langsam und bedächtig zog Waterman den langen Kieker auseinander, hielt ihn gegen eine Pardun und zielte auf den Horizont im Westen. Neben ihm standen Angus und Fraser.

»Kap Agulhas«, sagte er halblaut, dennoch schien es jedermann an Deck gehört zu haben. Bald standen alle an der Steuerbordreling, um den südlichsten Punkt Afrikas am milchigen Horizont auszumachen. Sogar die Freiwache ließ ihren Nachmittagstee im Stich, stürzte aus dem Deckhaus an die Reling, starrte zunächst auf die Kimm, um dann in Jubel auszubrechen.

Die Bilanz der Witch am Ende der Reise durch den Indischen Ozean konnte sich sehen lassen. Captain's-Dinner gab es am 27. Januar nach 253, am 11. Februar nach 260 und exakt vor zwei Tagen mit 267 Seemeilen, was gleichzeitig das beste Etmal der bisherigen Reise bedeutete. Am 28. Januar verfehlte die Witch das Captain's-Dinner nur um lächerliche zwei, und einen Tag darauf sogar nur um eine einzige Seemeile. 5140 Seemeilen segelte der Clipper in nur dreißig Tagen …

Während der schnellen Reise hatte sich die Stimmung an Bord von Woche zu Woche gesteigert. Gleich an dreizehn Seglern aus verschiedenen Erdteilen, die sich auf demselben Kurs befanden, zog die SEA WITCH mühelos vorbei. Die Mannschaft spöttelte darüber, daß man angeblich sehen konnte, wie den Matrosen auf den anderen Schiffen der Mund offen stehen blieb. Das »Windwunder« auf den Wellen war Wirklichkeit. Backbordbug voraus schwammen Wale, um den Fockmast segelten Albatrosse, und Kaptauben ruhten sich in den Wanten aus. Niemand an Deck achtete darauf. Zu groß war die Freude über die wohl schnellste Reise, die je ein Schiff zwischen der Sunda-Straße und dem Kap hinter sich gebracht hatte.

»Joung Mans Tea-Whiskey! Für alle! Holt die Tassen!« rief der Käpt'n über die Köpfe der versammelten Matrosen hinweg und löste einen Sturm der Begeisterung aus.

Waterman hatte einen Kessel »Tea-Whiskey« vorbereiten lassen. Der Koch Christian verwendete dazu die Teesorte *Lung Chin*, den sie in Hongkong und Kanton »Drachenbrunnen« nannten. Hinzu gab er ein Quantum an Zucker, Zimtstangen, Gewürznelken, Zitronensaft und ausreichend Bourbon-Whiskey.

Waterman hatte damit seinen eigenen Vorsatz, keinen Alkohol während des Dienstes zu erlauben, über Bord geworfen. Seine vielen persönlichen Gespräche mit den Männern und seinen Offizieren hatten auf dieser Reise einen neuen Geist der Einsatzfreude und der Verantwortung bei allen geweckt. Durch seine neue Offenheit hatte er schnell herausgefunden, daß die meisten Matrosen seiner Besatzung eine bessere Urteilsfähigkeit hinsichtlich der Handhabung des Clippers besaßen als manch ein Offizier. Er hatte aber auch bald bemerkt, daß sich Angus aufgrund seiner Tüfteleien an den Brassen wie auch durch seinen Instinkt für den Wind und den besten Trimm des Clippers eine hohe Wertschätzung unter der Besatzung erworben hatte.

Angus' auffällige Bescheidenheit lockte den Käpt'n in jenem Moment aus der Reserve. Von der Back herunter rief er über die Köpfe der versammelten Matrosen: »Männer, hört her! Wir sollten unserem Ersten Segelmeister an Bord« – dabei zeigte er auf Angus – »in dieser Stunde eine weitere Ausnahme zugestehen.«

Ein vielfaches: »Bravo!« ertönte an Deck.

»Männer! Er bekommt etwas Besonderes zu trinken!«

»Ich dachte schon, er kriegt 'ne Meerjungfrau geschenkt«, murmelte einer der Matrosen, während der Rest angespannt lauschte.

»Er bekommt einen Schottentee ...«

»Buuuuuh ...! Buuuuh ...! Buuuuuh!« erscholl es aus der Menge.

Waterman zeigte sich schelmisch und hob beschwichtigend die Arme. »... dazu, Männer ..., dazu ein Fäßchen besten schottischen Whisky!«

Brausender Beifall und anhaltende Hochrufe waren die Antwort. Während sich die Matrosen an der Kombüse anstellten, um ihre Ration Tea-Whiskey in Empfang zu nehmen, stieg Waterman von der Back herunter und kam auf Angus zu. »Ich muß mich nachträglich bei dir bedanken! Ich bin heute froh, daß wir nach der Straße gleich Süd gemacht haben.«

Angus' Augen wurden ein wenig feucht. Er hatte sich vor einem Monat mit Vehemenz dafür eingesetzt, daß der Clipper gleich nach Verlassen der Sunda-Straße auf Südkurs ging, um schnell in den Passat zu kommen. Waterman hatte für einen Moment geglaubt, daß Angus seine Autorität untergraben wollte, und hatte es ihn spüren lassen. Doch es war die richtige Entscheidung gewesen.

»Übrigens, was du den Männern an den Brassen beigebracht hast, wird uns, glaube ich, den Rekord schenken«, fuhr er fort.

»Es ist die Leistung aller«, erwiderte Angus bescheiden. »Wir haben das Potential dieses Clippers nur an manchen Tagen richtig ausschöpfen können. Hoffen wir auf weitere Tage im Südatlantik. Das einzige, was uns noch daran hindern kann, New York mit einem neuen Rekord zu erreichen, sind die kommenden Roßbreiten mit ihren vielen windstillen Gebieten.«

»Wir müssen einfach einen weiteren Vorsprung heraussegeln, damit wir ein ordentliches Zeitpolster haben.« Bob legte den Arm um Angus' Schulter und gab sich zuversichtlich. »Du wirst sehen, es wird uns gelingen. Die Brassenmarkierungen haben sich doch bestens bewährt.«

»Das stimmt schon. Wir werden die Markierungen allerdings unter den Passatwinden des Atlantiks neu überprüfen müssen.«

»Bevor du das tust, laß uns zusammen einen heben!«

Angus bekam seinen Schottentee, gemixt aus heißem *Gunpowder*, weißem Kandis, einem randvollen Glas bestem schottischem Whisky, geschlagener Sahne aus frischer Ziegenmilch und einer Prise geriebener Muskatnuß. Waterman und sein Trimmspezialist stießen an und gingen nach achtern, wo am Schanzkleid die Brassen des Großmasts über verschiedene Leitblöcke an den Nagelbänken endeten. Sie waren mit unterschiedlichen Bändselknoten gekennzeichnet. Die Marken zeigten die Segelstellung für verschiedene Windrichtungen an. So konnten die Matrosen den holenden Part in seiner Länge je nach Segelstellung zum Wind schnell, synchron und genau auf den Nagelbänken belegen. Angus hatte ab der Insel Krakatau drei Markierungen an den Brassen anbringen lassen: Marken für das Segeln »Hoch am Wind«, »Raumen Wind« und für das wichtige »Vierkantbrassen«, das immer dann erforderlich wurde, wenn der Clipper direkt vor dem Wind lief und die Rahen genau quer zur Schiffslängsachse stehen sollten.

Waterman blickte zum Großmast hinauf. »Ich hätte nicht gedacht, daß das fächerförmige Brassen uns ein bis zwei Knoten an Schnelligkeit mehr bescheren würde. Was du da herausgefunden hast, ist wahrhaftig unbezahlbar!«

»Ich habe auf einem schnellen Kutter gelernt. Es war keine leichte Lehrzeit. In der Irischen See hätte ich damals beinahe mein Seemannsgrab gefunden. Doch Mactaggart, der Käpt'n, verstand sein Handwerk. Er brachte mir bei, daß der Wind einige Stockwerke über dem Deck raumer einfällt. Bei den vierzehn Stockwerken hier über uns herrschen auf jeder Etage andere Windverhältnisse.«

Beide blickten nach oben und waren sich einig, daß im Augenblick alle Segel optimal zum Wind standen.

»Kap Agulhas querab!« meldete der Erste Offizier.

Waterman ging mittschiffs und peilte den Kurs. Der Clipper lag auf Steuerbordbug und hielt auf die afrikanische Küste zu. Waterman zeigte sich schon wieder ungeduldig. »Verdammter Nordnordwest! Wir müssen so schnell wie möglich runter von dem 35. Breitengrad! Wie viele Meilen haben wir noch bis zum Kap der Guten Hoffnung?«

»Gute fünfundsiebzig, Sir!« erwiderte Dalton.

Waterman peilte die Distanz bis zur Küste. Dann wandte er sich wieder an Dalton.

»Lassen Sie rundbrassen!«

»Rundbrassen? *Aye, aye, Sir!*«

Angus wollte im gleichen Moment etwas dagegen sagen, doch er unterdrückte seinen Einspruch. Der Wind war steif und wurde etwas böiger, je näher man der Küste kam. Das bevorstehende Manöver verursachte ein dumpfes Pochen in seiner Magengrube. Die gute Ausführung einer Wende durch ein »Rundbrassen« war immer etwas fraglich. Doch Waterman war offensichtlich davon überzeugt, daß die Sea Witch die »quälende« Wende meistern würde. Jedenfalls durften die Matrosen nicht eher sämtliche Rahen herumbrassen, bevor der Wind nicht gut vom Leebug einfiel. Das hieß etwa sechs Strich anluven und den Punkt genau erwischen, an dem der Clipper im Abfallen begriffen ist.

Beim Kommando »Klar zum Wenden« wurden dagegen zur Unterstützung des Manövers Klüver-, Außenklüver-, Stagsegel- und Fockschot aufgefiert, um den Segeldruck am Bug zu vermindern. Zudem konnten noch einige Segel zur Unterstützung der Wende bedient oder geborgen werden. Beim bevorstehenden Manöver allerdings entfielen diese Vorsichtsmaßnahmen ...

Die Mannschaften traten in voller Stärke an und gruppierten sich nach ihrer Wacheinteilung. Angus ging hinter dem Rücken Daltons vorbei. Als Dalton den Kopf wendete, sah Angus Schweißperlen auf seiner Stirn glänzen.

»Die Toppsältesten nach oben«, flüsterte Angus ihm zu. Dalton nickte unmerklich. Diese Vorkehrung diente dazu, die erfahrensten Männer zur Hand zu haben, wenn in der Takelage etwas unklar kommen sollte.

Dalton versicherte sich noch einmal beim Steuermann, bevor er die Kommandos herauspreßte. »Klar zum Rundbrassen!«

»Steuerbord-Wache klar bei rund achtern!« – »Backbordwache klar bei rund vorne!« kamen die Meldungen zurück.

»Ruder in Lee! Los Vorschooten! Auf Halsen! Rund achtern! Rund vorne! Brass rund überall!«

Während Dalton brüllte, achteten die Wachführer darauf, daß die Manöver möglichst gleichzeitig ausgeführt wurden. Sie waren verantwortlich für das Kommandieren der Stationen. Aus der Kaskade von Befehlen hörte Angus vom Heck her: »Los Großmarsbrass!«, indessen vom Bug: »Los Fockbrass!« ertönte.

Doch alle Befehle klangen wie von ferne, denn Angus hatte seine Augen wie gebannt auf das Bugspriet und dessen stetige Wanderung durch den Wind gerichtet. Die Formen verschmolzen mit der glitzernden See, ergaben für einen Moment nur noch flüchtige Konturen, die sich in den Wellen hoben und senkten. Langsam nahmen die Konturen am Bug wieder Gestalt an. Der Steuermann hatte ein feines Händchen. Weder zu früh noch zu spät ließ er die WITCH über den anderen Bug kommen. Sie kreiste, als säße sie auf einem riesigen Drehteller. Als die WITCH durch den Wind war, legte der Steuermann sofort Gegenruder, um den Clipper nicht zu sehr abfallen zu lassen.

»Anbrassen!« kommandierte Dalton erleichtert. Langsam, nicht zu scharf wurde nun an den Leinen gearbeitet.

Mit seinem »Gott sei Dank, wir machen wieder Fahrt!« sprach Dalton in jenem Moment allen aus der Seele.

Stetig luvte der Teeclipper an und ging hoch am Wind wieder auf Kurs. Den Matrosen blieb nur eine kurze Verschnaufpause. Das Manöver wiederholte sich dreimal. Danach lag das Kap der Guten Hoffnung steuerbord voraus. Der Atlantik war gewonnen.

Waterman zeigte wieder beste Laune, als er mit seinen Offizieren an Deck zusammenstand. »In den nächsten dreißig Tagen, Gentlemen, erleben wir Frühling, Sommer, Herbst und Winter in einem.« Daraufhin rief er hinauf in die Takelage: »Ich hoffe, es bekommt dem Tee. *Come on, John! Come on ....!*« rief der Käpt'n nach dem Passat.

*20. März 1849, Breite: 30° 37' Nord, Länge: 66° 1' West.*
Vom Ruderstand tönte der Stundenschlag der Schiffsglocke. Angus hörte ihn im Großmast, gut hundertdreißig Fuß über Deck.

»Eine Hand fürs Schiff – eine Hand für dich!« führte er einen inneren Dialog, um mit der selbst auferlegten Aufgabe im Topp des Großmastes fertig zu werden. Jeder Wogenrücken, der unter dem Kiel der SEA WITCH hindurchrollte, nötigte ihn, seine Augen auf den Himmel zu richten, um das mächtige Ausschlagen der Mastspitze abzuwarten.

»Man muß vermeiden, auf das Deck hinabzublicken, wenn man in den Webeleinen und den Salingen steht. Sonst zwingt einen das drohende Deck hinab«, hatte ihm einer der erfahrensten Toppsgasten mit auf die Kletterpartie gegeben. Jeder Leichtmatrose war inzwischen in der Takelage besser geübt als Angus. »Enter auf!« – »Enter nieder!« erlebten die Offiziere an Deck meist mit tief in den Nacken gelegtem Kopf. Auch auf der Sklavenbrigg war Angus nie höher als zur Großmarsrah geklettert.

Doch all dies konnte ihn nicht davon abbringen, seinen Vorsatz, bei Sonnenuntergang erstmals den Großmast der WITCH aufzuentern, in die Tat umzusetzen.

»Festhalten, festhalten«, sagte er sich bei jedem Schritt, während sein Puls erneut beschleunigte. Die aus Hanfseilen geflochtenen Webeleinen der Wanten wurden nach oben hin immer schmaler. An der Royalrah angekommen, waren sie so eng, daß sein Stiefel kaum dazwischenpaßte. Er versuchte sich vorzustellen, wie es wohl sein mochte, wenn sich der Clipper in wenigen Stunden stampfend seinen Weg durch die tosende See bahnte, die Spieren in den Wellentälern die See berührten und schaumweiße Brecher, die ihre Gischtfahnen bis hoch zu Mars- und Brahmrah schleuderten, über das Deck donnerten. Was für eine Schinderei mochte es wohl sein, wenn die feuchten Nachtwinde zusammen mit dem Wasserrauch der Windseen das rauhe, harte Fasertauwerk glitschig und steif machten, so daß die harten Fäuste der Männer kaum Griff fanden ...

Wind und See waren jedoch in den letzten Wochen gutmütig – zu gutmütig. Käpt'n Waterman bangte erneut um seinen Rekord und mit ihm die gesamte Besatzung. Die Etmale durch den Südatlantik waren durchschnittlich gewesen und lagen zwischen 63 und maximal 191 Seemeilen. Die Seemannschaft war auf dem Höhepunkt, die Männer hatten die WITCH im Griff. Der wilde Atlantik sollte der letzte Prüfstein werden, doch zeigte er statt der rauhen nur seine weiche Seite.

Am 9. März erreichten sie den Nordostpassat und flogen mit immerhin zwölf Knoten für vier Tage der Heimat entgegen. Die Berechnungen ergaben, daß sie unter achtzig Tagen bleiben würden. Die Bermudas lagen schon steuerbordbug voraus. Eine windreiche Seegegend, doch der Wind flaute ab. Die Reizbarkeit Watermans wuchs von Glasen zu Glasen. Er ließ zwar die Metallteile der WITCH entrosten und für die Ankunft in New York frisch streichen, doch die schwachen Windtage waren Gift für sein Gemüt, für das es nur ein einziges Gegengift gab: Starkwind!

Doch das Wasser wurde immer glatter und öliger. Waterman kochte im Saft seiner eigenen Wut. Seine Tobsuchtsanfälle häuften sich. Auch die Besatzung war niedergedrückt, weil ihnen der Glanz der Ehre, für den sie sich monatelang aufgerieben hatten, versagt bleiben sollte. Die Flaute lähmte sie.

Nur ein Wunder konnte ihnen jetzt noch helfen.

Auch Angus wollte seine Weltumsegelung mit der SEA WITCH mit einem Höhepunkt gekrönt wissen. Der greifbare Rekord war nun auch für ihn von großer Wichtigkeit geworden.

Festgeklammert an der Royalstenge, wagte er einen Blick nach unten. Das Deck des Clippers sah so klein aus, daß Angus meinte, es wäre sein eigener Schuh. Er tastete nach dem verknoteten Wollfaden in dem Beutel um seinen Hals. Es waren *Mhor Bhans* Windknoten, die er in seiner Kindheit an seinem Thron auf dem Cnoc an Droighinn gefunden hatte.

Wie lange war das schon her, und doch erinnerte er sich, als wäre es erst gestern gewesen. *Mhor Bhan*, der einst, vor seinem Tod, ein berühmter Windverkäufer am Assynt gewesen war, hatte Angus damals im Traum verraten, daß in dem von ihm gefundenen verknoteten Wollfaden der Wind eingebunden sei. Sollte Angus einen Knoten lösen, wehte eine sanfte Brise. Der zweite würde eine steife Brise entfachen, der dritte aber einen heftigen Sturm.

Angus schloß die Augen und erinnerte sich an die Worte, die Mhor Bhan zu ihm im Traum gesprochen hatte: *»Bei deinem Leben, löse nie ohne Not den dritten! Vor allem nicht, wenn du dich selbst auf dem Meer befindest. Es könnte den Tod bedeuten!«*

Angus umschlang die Royalstenge, so daß die Hände freikamen. Er zog den Wollfaden hervor. Seine Hände zitterten. Er löste den ersten, danach den zweiten Knoten. Nach einem kurzen Zögern löste er auch den dritten.

Obwohl es warm war, umwehte plötzlich so kalte Luft die Royalstenge, daß Angus glaubte, er müßte erfrieren. Über die silberglänzende Kimm schoben sich urplötzlich samtschwarze Sturmwolken.

Angus begriff, was er heraufbeschworen hatte, und fürchtete, die Masten würden sich bald bis auf die Wellenkämme biegen. Angst erfaßte ihn. Er warf seinen Kopf herum. Links! Nein, rechts! Er glaubte eine Stimme zu hören.

*»Ich bin dir zu Diensten, werde dein Begehren erfüllten, doch sieh zu, daß du vom Meer verschwindest!«*

Von Panik ergriffen, begann Angus den Abstieg.

Unruhe und Beklemmung überschatteten auch das Deck. Angus trat Waterman mit starrem Gesichtsausdruck entgegen. Er rang nach Luft.

»Wir … wir … bekommen Sturm!«

Waterman ging an Angus vorüber, als hätte er ihn gar nicht wahrgenommen, und rief Fraser zu sich. »Wie es aussieht, werden wir eine schnelle Fahrt hinlegen!«

*»Aye, aye, Sir!«* erwiderte Fraser. »Das Barometer ist noch nie so schnell gefallen«, fügte er hinzu.

Sofort hagelten die Befehle nieder: »Beeilt euch! Laßt alles zurren und seefest machen! Verschalkung der Luken überprüfen! Strecktaue längs der Decks! Anker mit doppelter Laschung versehen!«

Während Fraser »Alle Mann an Deck!« befahl, kam Waterman zurück und sah Angus ins Gesicht. »Na, dem Klabautermann im Topp begegnet?«

»Nein, *Mhor Bhan* hat sich die Herrschaft über den Wind genommen«, sagte Angus, der sich wieder gefaßt hatte.

Waterman zeigte sich irritiert und wußte nichts darauf zu entgegnen. Er blickte zur Kimm, wo die schwarze Wolkenwand jetzt gigantische Ausmaße angenommen hatte.

»Royals, Außenklüver bergen! Marssegel ein Reff!« kommandierte er.

»Bob, nimm die Bram weg!« rief Angus dazwischen.

Waterman tat so, als ob er Angus nicht gehört hatte. Die erste hochgehende Dünung erreichte die SEA WITCH. Das drohende Unwetter zwang die Matrosen zum Rennen, Hasten und Spurten.

»Hart anbrassen!« brüllte Fraser.

Blöcke klapperten, Taue scharrten, rissen durch, bis sie feuerheiß in den Handflächen der Männer brannten. Das Stöhnen, Wuchten, Ächzen und Schnaufen beim Nachfassen und Steifsetzen der Taue konkurrierte mit dem beginnenden Heulen in der Takelage. Schaumkronige Wellenberge rollten heran. Die ersten schweren Böen fielen ein, blähten das seilstark gefesselte Tuch, als wollten sie es den Lieken, Legeln und Tauen entreißen. Der Wind fand Widerstand, faßte die Segelenden, zerrte an den Schothörnern. Die WITCH legte nach Lee über.

Angus spürte ein Vibrieren der Planken unter seinen Füßen. Als die erste Böenwalze hinweggefegt war, richtete sich die WITCH auf. Ihr Steven tauchte gischtumhüllt aus den Wogen wieder auf und ließ sie wie im Flug nach vorne über die Wellen schießen.

Das Unwetter brach los. Tag und Nacht, Nacht und Tag gingen ineinander über. Die Wellenberge wuchsen, und der Sturm legte an Heftigkeit zu.

Angus umfaßte Käpt'n Waterman und brüllte ihm ins Ohr: »Nimm endlich die Bram weg! Ein zweites Reff! Die Masten gehen über Bord!«

Als ein harter Brecher gegen den Bug wummerte und über Back und Vorschiff fegte, schien es, als stünde die WITCH für einen Moment still. Der Clipper zitterte in allen Nähten, als ein Wellenberg ihn daraufhin dwarssee traf. Schwere Regenböen peitschten ihn kurz darauf wieder durch Wellentäler, ließen den Bug durch Wellenkämme brechen, während die nächste mit Blitzen durchsetzte Böenwalze ihn wieder gefährlich nach Lee krängen ließ.

»Bram bergen! Ein zweites Reff in Mars und Untersegel!« brüllte Waterman Fraser ins Ohr.

Matrosen, die zu den Wanten eilten, fanden keinen Halt auf dem nassen, schlüpfrigen Deck. Sie mußten sich an den gespannten Strecktauen festklammern und abwarten, bis die kniehohe überkommende See über das Leedeck gurgelnd und schmatzend abgelaufen war. Ein Blick über die Verschanzung konnte einen das Fürchten lehren. Berghoch überragten plötzlich die weißgekrönten Wogengipfel der ablaufenden Leesee das Schanzkleid. Zwei Mann standen inzwischen am Ruder, um ein Querschlagen des Clippers zu verhindern.

Die Matrosen enterten auf. Angus lief ein kalter Schauer über den Rücken, als er sah, wie die Masten hin- und herschwankten. Wuchtiger prallten die Wogen, wütender fauchte der Sturm.

»Eine Hand für den Mann, die andere für die Witch«, sagte Angus tonlos.

Er beobachtete, wie die Männer auf Fußpferden die extrem schwankenden Rahen hinauswanderten, sich über die runden Raharme beugten und unter Aufbietung aller Kräfte versuchten, das schlagende Tuch zu bändigen.

»Rah in Windrichtung drehen!« brüllte Fraser zu den Männern an den Brassen. Er nahm damit den Wind aus den Segeln, um die kämpfenden Männer auf der Rah zu entlasten.

Angus schloß die Augen. Er sah, wie sich die Männer ins harte und feuchte Segeltuch krallten, das immer wieder ihren Händen entglitt und tödlich zuschlagen konnte, sobald der Wind einen Zipfel davon zu packen bekam. Reffen im Sturm, das wußte Angus nur zu gut, war die gefährlichste Pflicht eines Seemanns in der Takelage. Der schwierigste Teil davon war jedoch das Bergen der Marssegel. Nach dem Loswerfen der Fallen blieb keine Zeit für Besinnung. Nur seemännisches Können, Kraft und Schnelligkeit zählten dort oben in jenen Minuten.

Zu den »Ehrenplätzen« auf der Marsrah zählte die Luv- und die Lee-Rahnock. Wer dort während des Sturms hinauswandern mußte, sollte nicht nur der Mutigste, sondern auch der Wendigste sein. Wer zögerte, wurde von den Nachfolgenden ohne Rücksicht hinausgedrängt.

Ellbogen an Ellbogen ging die brutale Arbeit vonstatten. Der stärkste und erfahrenste Matrose stand in der Rahmitte, um den Bauch des Segels korrekt zu beschlagen. Während die Wache das Segel dichtgeite, wurde der Clipper von einer riesigen See angehoben, torkelte in ein Wellental und stampfte so hart, daß zwei schwere Seen über Back und Vorschiff fegten.

Angus und Fraser, die sich am Deckshaus mittels eines Strecktaus festhielten, sahen im Zwielicht der anbrechenden Nacht, wie zwei Matrosen, die am Großmast gestanden hatten, trotz der Strecktaue über die Reling gewaschen wurden. Sekunden später hatte sie die tosende See verschlungen.

Ein Stich ging durch Angus' Brust. »*Es könnte den Tod bedeuten.*« Nicht den seinen, aber den anderer Menschen, für die er die Verantwortung trug.

»Mann über Bord! Mann über Bord!«

Ein weiterer Brecher verschlang jeden Ton. Fraser wollte zum Heck eilen, doch Angus hielt ihn fest. Jeder Schritt an Deck ohne Sicherung war lebensbedrohlich, und jeder Seemann wußte, daß ein Rettungsversuch bei Dunkelheit aus brodelnder See meist nur aus reiner Verzweiflung unternommen wurde. Fraser hielt sich mit einer Hand fest und schlug vor schierer Hilflosigkeit mit der anderen auf die Bretter des Deckshauses.

Angus tastete das Seil entlang bis zum Kartenhaus. Der Clipper krängte, holte immer noch weit über und verlor in den Böen stetig an Fahrt. Dafür fegten die Brecher immer häufiger über das Deck. Das stehende und laufende Gut geriet in Gefahr zu brechen.

Kurz darauf stand Angus wassertriefend im Kartenhaus und stemmte sich gegen Wand und Tisch. Waterman hatte sich mit seinem Bein ebenfalls gegen die Wand abgestützt, um nicht hin und her geworfen zu werden. Zudem lag er fast über der Seekarte. Stumm blickte er in die Karte, als wüßte er, was auf ihn zukommen würde.

»Zwei Männer sind über Bord gespült worden!«

Waterman blickte in Angus' dunkelumrandete Augen. »Verdammt! Gleich zwei?« zischte er und schlug mit der Faust auf den Tisch.

»Ein drittes Reff, Bob! Wir haben zuviel Winddruck. Sonst werden wir New York nie zu sehen bekommen!«

Waterman kannte diesen beschwörenden Blick und wußte, daß er nachgeben würde. Er nickte zum Zeichen seines Einverständnisses. Als Angus gerade wieder zur Tür hinausschlüpfen wollte, sagte er in leisem Ton: »Der Sturm peitscht uns an den Bermudas vorbei. In seinem Sog kommen wir bis New York!«

Angus hatte den Eindruck, als hätte er in Watermans Gesicht den Hauch eines Lächelns entdeckt. Für einen Moment herrschte Totenstille im Kartenraum, als ob der Wind sich gelegt hätte.

»*Aye, aye, Sir*«, erwiderte Angus leise.

Als er wieder an Deck stand, zog ihm ein Brecher die Beine weg. Nur mit größter Mühe konnte er sich an dem Strecktau festklammern.

Doch er überlebte.

*Mhor Bhan* hatte sein Opfer bereits bekommen ...

Zwei Tage später flaute der Sturm ab, so daß mit optimalen Windverhältnissen alle Segel gesetzt werden konnten. Am 23. März gab Waterman das letzte Captain's-Dinner auf der SEA WITCH, und am 25. März 1849 peilten sie bei Breite 40° 27' Nord und Länge 73° 55' West den Signalturm auf Sandy Hook.

Käpt'n Bob Waterman trug das Ergebnis der Reise selbst in das Logbuch der SEA WITCH ein: Hongkong – New York: 74 Tage und 14 Stunden.

Als der Schlepper den Teeclipper durch die Narrows in die Lower Bay von New York zog, ließ Waterman seine Offiziere und Mannschaften an Deck antreten und verkündete stolz den neuen Rekord, der seinen alten um ganze drei Tage unterbot.

Bevor Angus in Manhattan an der Pier No. 9 unter dem Jubel der begeisterten Menschenmassen den Clipper verließ, um seine Frau am Kai zu umarmen, verabschiedete ihn Bob an der Reling: »Menschen und Schiffe sind immer zwei Extreme, Angus. Ich denke, wir haben sie nahe genug zusammengebracht. Vielleicht hält unser Rekord für alle Zeiten.«

»Ich wünsche es uns, Bob. Doch ist die Spanne Zeit, die wir herausgesegelt haben, nur ein winziger Tropfen im Meer der Ewigkeit.«

Als Angus die Gangway hinabschritt, sah er noch einmal hoch zum Himmel und flüsterte: »Ich danke dir, *Mhor Bhan*!«

*25. März 1849, Breite: 15° 31' Süd, Länge: 88° 29' Ost,* notierte Morgan Mackay den Schiffsort der TORRINGTON in das Logbuch. Gleich daneben trug er die Wetterbeobachtungen ein: *Bar 761,5 mm, bewölkt, Winde zwischen NO und SSO.*

Kenneth, der das Barometer eine halbe Stunde später noch einmal kontrolliert hatte, betrat die Kajüte. »Baro' 759!« meldete er besorgt.

Morgan blickte vom Kartentisch auf, die Stirn gefurcht. Kurz darauf vernahm sein Bruder ein ebenso besorgtes: »Mhm!« Nach einem Moment des Schweigens wischte Morgan sich den Schweiß von der Stirn. »Wenn das Barometer in den nächsten zwanzig Stunden weiter sinkt, gibt's was auf die Mütze! Ist es nicht so?«

»Ich möchte nicht recht behalten«, erwiderte Kenneth, »doch ich habe den Zyklon schon vor fünf Tagen in meinem Arm gespürt. Die Cirruswolken bestätigen mein Gefühl nur.«

»Die verfluchten Katzenhaare am Himmel!« schimpfte Morgan und meinte damit die feinen Wolkenstriche, die auf der Südhalbkugel bei der Entwicklung eines Zyklons den Himmel wie große lose Garben bedeckten. Sie galten als untrügliches Anzeichen eines drohenden Orkans. Morgan blickte auf die Seekarte: »Wann wird es soweit sein? Was meinst du?«

»Wenn ich die fetten Polster von Nimbuswolken sehe, dazu die lange Dünung, dann wird es weniger als zwanzig Stunden dauern, bevor uns die ersten Böen treffen.«

»Vorausgesetzt, das Barometer fällt weiter.«

»Glaube mir, es wird fallen. Welche Richtung wird der Zyklon nehmen?«

Kenneth beugte sich nun ebenfalls über die Karte und maß mit dem Stechzirkel rund um den Schiffsort der Torrington die Distanzen nach Nordwest und West, denn aus dieser Richtung erwartete er den Zyklon ...

Er hatte an Bord der TORRINGTON die Aufgabe von Maxton Shaw, dem Navigator auf der SCOTTISH MAID, übernommen. Die Mackay-Brüder waren vor vier Jahren, im Frühjahr 1845, nach London zurückgekehrt, nachdem sie zwei Jahre lang äußerst erfolgreich den Opiumschmuggel zwischen Indien und China betrieben hatten. Maxton hatte die Mackays nach dem Verkauf der SCOTTISH MAID verlassen und war auf ein Paketschiff gewechselt, das die Nordatlantikroute bediente.

Der im Opiumschmuggel erworbene Reichtum ermöglichte es Kenneth und Morgan, noch im gleichen Jahr bei *Hall & Sons* den schnellen Clipper TORRINGTON in Auftrag zu geben, der mit dem unverkennbaren eleganten und scharfen »Aberdeen-Bug« versehen war. Außerdem hatten sie eine eigene Handelsgesellschaft gegründet und setzten das Schiff zunächst sowohl in der Ostsee nach Rußland und Schweden als auch auf den Atlantikrouten nach Frankreich, Spanien und Portugal ein. Doch die Renditen im Stückguthandel waren ihnen, gemessen an den Gewinnen, die sie Jahre zuvor mit dem Opiumschmuggel erzielt hatten, zu gering. Außerdem wies der Schoner für lukrative Frachten in den europäischen Gewässern eine zu geringe Tonnage auf. Er war einfach nicht für den normalen Handel zwischen den Ländern Europas entworfen worden. Er mußte also dort eingesetzt werden, wo das Silber am schnellsten den Beutel füllte.

So setzten sie alles daran, wieder in den Bengalischen Golf und in die Chinesische See zu kommen. Das Familienleben in Blackheath Paragon und die Nähe ihrer Kinder genossen sie nur für kurze Zeit. Für die Brüder waren die Küsten Chinas zu einer zweiten Heimat geworden, zu etwas, das sie Tag und Nacht beschäftigte und worüber sie immer wieder redeten. Ihre neuen Entschlüsse, die in langen Nächten bei Whisky und üppigen Speisen ausgebrütet wurden, lockten sie unwiderstehlich über das Kap der Guten Hoffnung.

»Die Kinder kennen dich kaum. Sie sehen dich zu selten«, beklagte sich Sarah eines Abends bei Morgan.

»Ich werde ihnen später, wenn ich wieder zurück bin, erklären, wie das Licht des Himmels und die Gesetze der Erde zusammenwirken«, flüsterte Morgan seiner Frau ins Ohr, während sie sich liebten und gleichzeitig wieder für Jahre verabschiedeten.

»Du hättest dich wenigstens in einem Portrait verewigen lassen können. Die Kinder würden dich bei deiner Rückkehr besser wiedererkennen«, sprach sie bekümmert.

Doch es half nichts. Es war allein Sarahs Aufgabe, die Kinder zu erziehen, zu unterhalten, zu pflegen, kurz, alles für sie zu tun. Morgan und auch Kenneth liebten ihre Kinder sehr, nur wollten sie bei ihren Abenteuern nicht gestört werden. Gegenüber Vater Magnus begründeten sie ihren Entschluß damit, daß sie in Kanton vor Ort die Basis für einen profitablen Handel legen wollten. Natürlich zum Segen des Clans Mackay – was er gerne sah und daher auch voll unterstützte ...

Doch der Opiumschmuggel an Chinas Küsten hatte sich gewandelt. Mehr und mehr wurde er zu einer Domäne der britischen Handelshäuser. Da der Einfluß korrupter Gouverneure zudem immer lästiger wurde, konzentrierten sich Kenneth und Morgan auf den Teehandel. Ihre Kontakte in Kanton und Hongkong brachten sie endgültig zu der Überzeugung, daß dem Tee, im Gegensatz zum illegalen Opium, die Zukunft gehörte, da er auf Dauer bessere Renditen zu versprechen schien. Das einzige, was ihnen dazu fehlte, war ein geeigneter Segler mit entsprechendem Frachtraum. Die Torrington war zwar als Opiumschmuggler bestens geeignet, aber mit ihren 237 Tonnen konnte sie nur rund 250 000 Pfund Tee laden. Die beiden Einzelgänger der Meere ahnten noch nicht, daß sie mit der Teefracht, auf dem Kurs in die Heimat, am Wendepunkt ihres Schmugglerlebens angelangt waren ...

Kenneth klappte den Stechzirkel zusammen. »Das Zentrum! Wo liegt das Zentrum des Zyklons?«

»Wenn ich das nur wüßte«, erwiderte Morgan. »Der Zyklon kann Hunderte von Meilen Ausdehnung nach Nord und Süd besitzen. Zum Kerngebiet hin, das sich gegen den Uhrzeiger dreht, beginnen sich die Winde umzubiegen. Diese Tendenz verstärkt sich, je mehr wir uns dem Zentrum nähern«, fügte er hinzu.

»Aber wo ist das Zentrum?« wiederholte Kenneth. »Hier?« Er deutete auf das Seegebiet um Mauritius, nordwestlich ihres Standortes. »Wenn das so ist, ist die Lage beschissen. Der Wind weht inzwischen von Nordost bis Südsüdost. Allen Erfahrungen nach müßten wir jetzt schon beidrehen.«

»Ich vermute sogar, der Wind wird in Kürze direkt aus Südost kommen.«

»Dann kannst du sicher sein, daß er tangential zum Zyklonenzentrum weht. Wir müßten unseren Kurs mit dem Wind nur noch nach Nordwest fortsetzen, um die TORRINGTON direkt in das Herz des Wirbels und damit ins Verderben zu steuern!« sagte Morgan sarkastisch.

»Kommt nicht in Frage, Bruderherz. Dafür liebe ich den Schoner zu sehr! Einfacher wäre es für uns, wenn wir wüßten, ob wir uns auf der Nordseite des Zentrums befinden.«

»Das läßt sich erst dann feststellen, wenn der Wind von Süd durch West bis Nord wandert«, warf Morgan ein.

Mit der augenblicklichen Windsituation, dazu noch mit dem hohen, jedoch fallenden Barometer ließ sich das Zentrum des Zyklons nicht genau anpeilen.

Es half alles nichts. Sie einigten sich auf folgendes: Wenn der Wind in den nächsten Stunden entschieden südwärts holen und südlicher als Südsüdost gehen sollte, so würden sie sofort nach Nordwest segeln.

»Das heißt auch«, fügte Morgan hinzu, »daß wir unter keinen Umständen nach Süd oder Südwest laufen, sollte der Wind demnächst von Norden oder Osten her wehen. Sollte es so kommen, dann versuchen wir, soviel Ost als möglich gut zu machen.«

»Das beruhigt mich«, versetzte Kenneth, der sich anschickte, wieder an Deck zu gehen.

»Wir drehen bei! Ich will den Barometerstand viertelstündlich!« entschied Morgan.

»Aye, aye, Bruder! Es wird wohl für den Augenblick das Beste sein«, stimmte Kenneth zu. Er drehte sich um und kam wieder an den Kartentisch. »Also, fällt das Barometer um weitere 10 mm und der Wind nimmt aus Südost, wie von uns vermutet, stetig zu, setzen wir darauf, daß der Zyklon nach Süden oder Südosten wandert. Wir sollten dann nur noch entscheiden, ob wir da bleiben, wo wir gerade sind, oder uns ostwärts vorarbeiten.«

Morgan nickte. »Gib dem Ersten die Anweisung. Im Sturm wirst du keinen einzigen Befehl weitergeben können.« Damit beschwerte er die Karte mit einem Jadestein. Beim Verlassen der Kajüte meinte er: »Ein Zyklon bietet dir in der Phase der Unsicherheit immer die gesamte Windrose als Entscheidung an! Kümmern wir uns also um ihn.«

Schon unter Deck hatten sie bemerkt, daß die Dünung innerhalb der letzten Stunde merklich zugenommen hatte. An Deck stehend, sahen sie niedrige dunkelgraue, sehr schnell ziehende Nimbuswolken, die keinen Zweifel mehr über die Nähe eines Sturmes aufkommen ließen.

»Schiff und Takelage klarmachen! Luken verschalken!« erging der Befehl an Jack Moodie, der schon auf der SCOTTISH MAID die Position des Ersten eingenommen hatte.

Die Mannschaften arbeiteten fieberhaft an Deck und in der Takelage. Die Luft stand olivgrau wie eine drohende Mauer.

»Sturmsegel setzen!«

Daraufhin wurden die Schoten der Sturmsegel durchgeholt, ihre Fallen und Niederholer klar gelegt. Als alle Vorbereitungen abgeschlossen waren, gab Morgan den Befehl zum Beidrehen über Steuerbord. Das Barometer fiel bis zum Abend um weitere 6 mm, und der Wind nahm aus Südost stetig zu. Einige Tage vor dem Sturm waren die Wolken bei Sonnenauf- und -untergängen in einem trügerischen Orangerot eingefärbt, und die Widerspiegelung auf dem Wasser versetzte sogar den härtesten Matrosen in Entzücken. An jenem Abend ging die Färbung jedoch in ein unheimliches Kupferrot über, was die Gefahr in Erinnerung brachte, die sich hinter diesem Schauspiel verbarg.

Bei einbrechender Nacht nahm der Wind stark zu. In einer heftigen Böenwalze sahen Kenneth, Morgan und die Wache an Deck auf allen Toppen Elmsfeuer. Im Westen blitzte es eine volle Stunde, ohne aufzuhören, doch ohne Donner. Das Barometer sank auf 748 mm, worauf der Wind in den frühen Morgenstunden mit Orkanstärke und schweren Regenböen aus Südost loslegte und das Barometer um weitere 7 mm fallen ließ. Morgan befahl, zur Sicherheit jeden schweren Gegenstand unter Deck mit Reservelaschingen festzumachen. Kenneth peilte das Zentrum des Zyklons auf 8-10 Strich, als Winkel zwischen Wind und dem Mittelpunkt des Infernos. Kein Zweifel, die Zyklonbahn bog nach Südsüdost.

In richtiger Erkenntnis ihrer Lage rief Kenneth Morgan zu:

»Laß uns platt vor dem Winde laufen, sonst geraten wir in das Zentrum!«

Orkanböen zerfetzten wenig später die Sturmfock, die aufgrund des furchtbar wilden Seegangs nicht abgeschlagen werden konnte. Die TORRINGTON lag zeitweise mit ganzer Leeverschanzung unter Wasser und war nur schwer vor dem Wind zu steuern. Die Männer konnten sich kaum noch an Deck halten, Befehle drangen nicht mehr durch, allen verging Hören und Sehen vor Wasserdampf und Regen. Alle menschliche Macht schien erloschen.

Gegen sechs Uhr morgens zeigte das Barometer gegen 729 mm, und der Zeiger flog bald auf, bald nieder. Der Zyklon raste mit bis zu elf Windstärken. Erst gegen acht Uhr trat eine Pause ein, in der er etwas abflaute, dann aber wehte er wieder mit rasender Stärke bis gegen Mittag. Daraufhin nahm der Zyklon ab. Das Barometer stieg wieder auf 744 mm, und die TORRINGTON richtete sich wieder auf. Die See beruhigte sich zusehends und lag bald so, als wäre nichts vorgefallen. Nur die Fetzen der Sturmsegel flatterten an den Rahen.

Das Rigg war unversehrt. Morgan fand es merkwürdig, daß trotz der Gewalt des Windes nur das zweimal gereffte Marssegel standgehalten hatte. Ein entsetzliches Schauspiel war glücklich vorüber. Schon am frühen Nachmittag nahmen sie wieder Kurs auf das Kap Agulhas.

»Seefahrt ist ein Hundeleben …«, bemerkte Morgan, als er wenig später zusammen mit Kenneth das erste Essen zu sich nahm.

»Ich kenne dich«, erwiderte sein Bruder, »Weite, Wogenschlag und Wind fehlen dir doch spätestens nach einem Tag an Land – und der Anblick von zehn Mann, die im Sturm auf der Rah das Tuch reffen, ebenso.«

»Irgendwann reichen die vieltausend Meilen hinterm Heck …«

»Clipper backbordbug voraus!« hörten sie plötzlich den Bootsmann an Deck rufen.

Die Silhouette eines schwankenden Segelberges furchte gischtumhüllt die Wogen. Kenneth sah die Augen seines Bruders, wie sie sich vor Begeisterung weiteten.

»Ein Amerikaner!« meldete der Bootsmann.

»Kannst du den Namen am Bug erkennen?« rief Morgan ihm zu.

»Donnerwetter!« entfuhr es Kenneth. »So was Gewaltiges habe ich noch nie gesehen! Bei der Schnelligkeit überholt der noch den Zyklon.«

»Was schätzt du, wieviel Tonnen?« fragte Morgan, während die Mannschaften die Mützen schwenkten. Als der Clipper querab, in einer Entfernung von nur einer Meile die TORRINGTON passierte, war das Staunen an Deck noch größer geworden.

»Eintausendfünfhundert! Länge mindestens zweihundert Fuß! Masten fast genauso hoch!« knarrte Kenneths Stimme.

»STAG HOUND! Es ist die STAG HOUND!« rief der Bootsmann begeistert.

»Das ist eher traurig als erfreulich!« dämpfte Moodie die Begeisterung des Bootsmanns und fuhr zornig fort: »Erst führen wir Krieg und sterben für die Stützpunkte. Dann kommen die Amerikaner mit solchen Schiffen und mästen sich an unserem Tee! Leichenfledderei nenn' ich das!«

»Das ist einer der neuen Teeclipper aus New York oder Boston«, sagte Morgan besonnen, ohne auf den Wutausbruch von Moodie einzugehen, und sah verträumt dem Segler hinterher.

»... und du willst dem Wind auf dem Meer ade sagen?« spottete Kenneth, als sie allein an der Reling standen.

»Nein... nein ... Natürlich nicht!« erwiderte Morgan. »Es war nur der höllische Hauch des Zyklons, den ich gespürt habe.« Morgan zwinkerte: »Aber wer durch die Hölle gegangen ist, der braucht den Teufel nicht zu fürchten! Die Zukunft der Mackays liegt auf dem Meer.«

# 12

# Goldrausch

Boston –
New York – London
1850

**K** andiszucker oder pur?«
»Bitte mit, Liebste!« bat Angus, woraufhin Hillary der Silberdose ein Quantum von dem kristallinen Süß entnahm, das den Boden der Porzellanschale bedeckte. Auf Angus' Frühstücksteller dampfte Rührei mit Schinken, zu dem er am liebsten Chinas »großen Herrentee« trank, den sie in Südchina *Yünnan* nannten.

Als Hillary die Teeschale füllte, lauschte er verträumt dem Knistern des Kandiszuckers. Sie hatten den Dienstboten frei gegeben, um den letzten Sonntag vor Angus' Abreise nach London ungestört verbringen zu können. Angus schlürfte aus seiner Schale, schloß die Augen und setzte sie langsam ab. »Genau richtig!«

»Da bin ich aber froh!« Hillary spielte die Erleichterte. »Puyi hat sich wirklich Mühe gegeben, damit auch nicht das kleinste Detail bei der Zubereitung vergessen wird. Doch mit dem Wasser hat er mich genervt: ›... Yünnan, *kein* kochendes Wasser, Madam! Nur heiß! Lapsang Souchong andere Teekanne! Zwei dicke Scheiben Zitrone hineinlegen, bevor das *kochende* Wasser hineingegossen wird, Madam ...!‹ So ging es den halben Vormittag über ...«

Sun Puyi war nach eigener Schilderung im Schilfgebiet des Hsikiang, gegenüber der Insel Macao, geboren worden. Käpt'n Richardson auf dem McKay-Clipper STAG HOUND hatte Mitleid mit dem halb verhungerten Jungen gehabt und ihn an Bord geholt. Der Junge hielt einen kleinen Sack in seiner schmächtigen Hand. Darin waren rote Teeblätter vom Qingmao-Baum. Mit dem Inhalt dieses Säckchens hatte er offensichtlich überlebt. Sun bot sich an, für alle auf der STAG HOUND Tee zu kochen. Das Wasser für den Tee zu kochen war, wie es schien, das einzige, was er konnte. Doch schon bald bewies er, daß er sich bestens auf das Zubereiten der verschiedenen Teesorten verstand.

Sun vermied es, darüber zu reden, wo er die Kunst erlernt hatte. Binnen kurzem behandelte er die gesamte Mannschaft an Bord der STAG HOUND mit seinen Teerezepturen. Das Kurieren von Rachen-, Atemwegs- und Magenbeschwerden war seine Spezialität. Die Matrosen zeigten sich dankbar. Sie verzichteten auf die üblichen Peinigungen, denen er als Moses, wie man den jüngsten Schiffsjungen nannte, normalerweise ausgesetzt gewesen wäre.

Puyi kam, wie vorgesehen, nach Boston; dort sollte er nach dem Willen des Kapitäns in die Dienste Donald McKays treten. Doch Donald McKay machte sich nicht viel aus Tee, und so erklärte er sich gern einverstanden, als Angus ihn darum bat, Sun Puyi als Hausboy bei sich arbeiten zu lassen. Ein Glücksgriff, wie sich herausstellte.

Es war August gewesen, als Puyi zu Angus kam, fünf Monate, nachdem die SEA WITCH an den Piers von Manhattan festgemacht hatte.

Angus, nun vollends besessen von schnellen Clippern und den Gewinnen, die sich damit erzielen ließen, hatte es mit Macht nach Massachusetts gezogen, wo sein Clanbruder Donald gigantische Clipper auf Kiel zu legen begann. Er machte Angus ein großzügiges Angebot, das dieser nach der Weltumsegelung in New York vorfand. Da Angus nicht mit Aufschüben leben konnte, nahm er sofort an.

So wechselte er, von Griffiths bestärkt und in bestem Einvernehmen mit Waterman, direkt vom Deck der SEA WITCH in die Border Street nach East Boston, wo Donald inzwischen seine eigene Werft gegründet hatte. Hillary folgte ihm, nachdem sie in New York alle persönlichen Dinge geregelt hatte. Die Wohnung in ihrem Haus an der Pearl Street behielten sie, um in New York jederzeit wohnen zu können.

Angus schlürfte erneut aus seiner Schale. »Du bist wie der Tee, Liebste – geschmackvoll, stark, mit Finesse und zugleich süß wie Zucker.«

»Das sagst du nur, weil du mich morgen schon wieder verläßt!«

»Du tust mir Unrecht, Liebste! Du weißt, wie ich mich mit dieser Entscheidung gequält habe. Außerdem hast du mir selbst dringend geraten, dem Wunsch meines Vaters nachzukommen.«

»Ich weiß. Einerseits will ich dich festhalten, andererseits hat mich der Brief deines Vaters zu Tränen gerührt. Nein, nein, reise nur nach London. Wer weiß, wie lange er noch lebt.«

»Mein Vater ist zäh. Außerdem wird ein Scoury-Mackay uralt. Es ist nur der Zeitpunkt, der mir überhaupt nicht paßt.«

»So gesehen, wird es dir nie passen!« Nach einer kurzen Weile fragte sie: »Liegt es am neuen Clipper?«

»Ja! Während meiner Abwesenheit stehen einige Entscheidungen an, bei denen ich gerne mitgewirkt hätte.«

»Was für Entscheidungen?«

»Bautechnische Sachen. Spierenabmessungen, Takelung und auch Finanzierungsprobleme. Außerdem wächst die Besucherliste von prominenten Investoren. Sie ist inzwischen so lang wie die Border Street. Wahrscheinlich ist der Clipper schon teurer weiterverkauft, bevor er fertig ist.«

»Hmmmm!« Etwas beunruhigte Hillary. Sie legte ihre Hand auf die Lehne des Stuhls und beugte sich zu Angus hinab. »Ist das alles, Liebster?«

Angus und Hillary sahen sich tief in die Augen. »Nein. Ich mußte gerade daran denken, daß auch unten in der Werft der Zimmermann den Hobel und der Schmied den Hammer weglegt, um sich auf den Weg nach Kalifornien zu machen. Keine einfache Zeit für uns.«

»Das heißt, du willst in Wirklichkeit auch nach Kalifornien gehen!«

»Über London und Hongkong, so habe ich es geplant!« scherzte Angus.

»Untersteh dich!« erwiderte Hillary und kniff ihn in die Seite.

Angus erhob sich aus seinem Stuhl und ging zum Fenster. »Die Goldfunde in Kalifornien bringen auch die Reeder um ihren Verstand. Der Neubau lockt halb Amerika nach East Boston. Sie wissen, daß die Geburt eines außergewöhnlich großen und enorm schnellen Clippers bevorsteht. Von den Abmessungen her ist er der erste auf den sieben Weltmeeren, und die Reeder sind bereit, jeden Preis dafür zu zahlen.«

»Was soll er denn kosten?«

»Ich weiß was von 70 000 Dollar. Doch ich halte das für eine weit überzogene Summe.«

»Unglaublich«, bemerkte Hillary.

»Na ja, das Schiff hat die doppelte Ladekapazität der Sea Witch. Es soll auf der Route um Kap Hoorn eingesetzt werden. Ich denke, die Goldsucher in Kalifornien werden nicht verhungern!« Nach einer kurzen Pause fuhr er fort: »Die Kerle werden dafür alles teuer mit Nuggets bezahlen!«

»Auf welchen Namen wird der Clipper denn getauft?«

Angus drehte sich um, und seine Augen leuchteten auf: »Flying Cloud!« Daraufhin ging er zu seiner Frau und nahm sie in die Arme. »Weißt du, es ist spannend, was in den nächsten Tagen und Wochen dort unten passiert, und ich möchte einfach nichts versäumen.«

»Hast du Donald deine Geschichte erzählt?«

»Meinst du Schottland und meine Odyssee auf dem Atlantik?«

»Ja!«

»Ein wenig ausführlicher als allen anderen bisher.«

»Und?«

»Er rät mir zur Reise.«

»Dann ist London für dich ein Muß!«

Hillary löste sich sanft, ging zum Vorhang und ließ den Sonnenschutz an einem der beiden hohen Fenster zur Hälfte herunterrollen. Die Wintersonne stand tief und tauchte schon morgens den Salon auf dem Eagle Hill in volles Licht. Angus ging zum Schreibtisch und nahm den Brief seines Vaters zur Hand. Mit Brief und Teeschale setzte er sich in den Schaukelstuhl. Als er es sich bequem gemacht hatte, las er noch einmal Zeile für Zeile.

Greenwich, Blackheath Paragon, den 1. Oktober 1850

Mein geliebter Sohn Angus!

Mehr als ein gutes Jahrzehnt ist vergangen. Mut und Hoffnung, Dich lebend wiederzusehen, haben mich in diesen

schweren Zeiten nie verlassen. Dein Lebenslicht huschte wie
ein Leuchtfeuer über mein Herz und ließ dem dunklen Zweifel immer nur für wenige Sekunden Raum. Mein Glaube
daran, Dich bald in meine Arme schließen zu können, ist deshalb nicht geringer geworden. Aber um den Glauben brauche
ich mich nicht zu sorgen, es fehlt nur die Erfüllung. Um die
Gewißheit, daß Du eines Tages zu Deinem Vater, zu Deinem
Clan der Mackays nach London zurückkehren wirst, ist es
daher nicht gut bestellt.

Gleich dem Wechsel von Tag und Nacht folgen Gewißheit
und Zweifel um den Zeitpunkt Deiner Rückkehr. Bilder vom
Assynt durchzucken beständig meine Gedanken, und die
Empfindungen, die sie erwecken, sind freudig und grausam
zugleich. Du hast alle Arten der Todesbedrohungen und alle
Formen der Heimatlosigkeit durchkostet, doch ich hoffe sehr,
daß Dich diese Erinnerungen nicht mehr täglich peinigen.
Ich habe mich daher sehr gefreut zu lesen, daß es Dir in New
York gut geht und Du mit Deiner Gattin glücklich lebst.

Dennoch, Sein und Haben gewinnen in meinem fortge-
schrittenen Alter an Bedeutung. Es ist daher an der Zeit, daß
wir die dumpfen Erinnerungen hinter uns lassen und an den
ewigen Rhythmen von Tag und Nacht, Frühling und Herbst,
Sturm und Flaute, Ebbe und Flut wieder unbeschwert teilnehmen können. Ich werde es erst ab dem Tag können, an
dem Du zurückgekehrt sein wirst. Wann kommst Du?

Dein Dich liebender Vater
Magnus Mackay

Je öfter er den Brief las, desto mehr überwog darin die Selbstsucht
seines Vaters, die ihn zu ersticken drohte. Insgeheim mißbilligte er
die Forderung, die der Brief aussprach, nämlich eine Entscheidung
zwischen London und Boston zu treffen. Er legte den Brief auf
seine Knie und blickte durch das Fenster hinaus auf die wuchtigen
Äste der Eiche, die sich stumpf und grau vor dem klaren Blau des
Himmels abhoben. Sein Blick wanderte über die Dächer von Boston hinweg gen Osten, bis an die feinen Linien des Horizonts, die

den blaugrauen Spiegel des Atlantiks berührten. Er schloß die Augen, sah im erloschenen Gesicht seines Vaters ein glühendes Paar Augen, deren Blick nicht mehr von ihm lassen wollte. Eine unmißverständliche Mahnung, der er sich nicht entziehen konnte. Gleichwohl erschien ihm die Nähe zu seinem Clan, die der Brief seines Vaters einforderte, durch die Entfernung zwischen ihnen unerreichbar.

»Möchtest du noch Tee?« fragte ihn Hillary.

»Bitte!«

Hillary, die bemerkte, daß ihr Mann trüben Gedanken nachhing, versuchte ihn aufzumuntern und gab ihm einen Kuß auf die Stirn. »Freue dich auf London und auf das Wiedersehen mit deinen Brüdern.«

»Ich … ich möchte eigentlich nicht in die Vergangenheit zurück«, erwiderte er zögernd.

»Ach was! Die dunklen Zeiten sind endgültig vorüber. Vielleicht ist es gut für dein Gemüt, wenn du dich der ganzen Sache noch mal stellst.«

»Mhm! Vielleicht hast du recht …«

»Wann richten wir das Reisegepäck?« fragte Hillary leise, als sie ihm erneut die Teeschale füllte.

Angus wärmte sich die Hände, führte das Porzellan an seine Nase und sog ausgiebig das feine Aroma ein.

»Wenn wir die Teestunde gemeinsam beendet haben, Liebste.«

Hillary zog die Augenbrauen hoch. »Noch eine Kanne?«

Angus nickte und lächelte. Hillary ging und wiegte sich verführerisch in den Hüften. Angus dachte daran, daß im Grunde jeder Tag verloren war, an dem er *Eagle Hill* ohne Hillary verließ. Als er die Schale Tee geleert und seinen Blick wieder hinaus in die Ferne gerichtet hatte, war das Geräusch der schweren Schritte der Vergangenheit aus seinem Kopf verschwunden.

Auf dem Weg zur Pier ließ Angus die Kutsche am Werfttor anhalten. Er eilte zu seinem Büro, um noch einige Kopien des Takelplans der FLYING CLOUD mitzunehmen, an denen er während der Reise über den Atlantik arbeiten wollte.

»Du solltest dich lieber ausruhen und an London denken, als ständig über Plänen zu brüten«, rügte ihn Hillary.

Als Angus das Haupthaus der Werft betrat, blieb er verdutzt stehen. Er traute seinen Augen nicht. Die sonst so ruhigen, besonnenen Zeichner und Schiffbauingenieure jubelten zusammen mit den Angestellten ausgelassen in den Gängen, so daß es in den Ohren weh tat.

»90 000 Dollar! 90 000!« riefen sie ihm zu, als er sich zu seinem Arbeitszimmer durchkämpfte, das am Ende des Ganges lag.

»Habt ihr etwas gewonnen?«

»Nein! Die FLYING CLOUD! Sie ist für 90 000 Dollar verkauft!«

Angus holte tief Luft durch die Nase, weil er wollte, daß seine Stimme so klar wie möglich klang: »Wer hat sie gekauft?«

»Grinnell! Grinnell!« tönte es im Chor zurück. Angus ließ seinen Mund offen wie ein Fisch im Aquarium.

»Was suchst du noch hier?« rief am Ende des Ganges Donald McKay, der gerade die Transaktion bekanntgegeben hatte. »Ich vermutete dich schon an Bord«, sagte Donald erstaunt, als er die Tür zu seinem Büro hinter sich geschlossen hatte.

»Ich wollte auf der Überfahrt die Masten und Spieren der FLYING CLOUD noch einmal durchrechnen. Dazu brauche ich die Pläne aus meinem Schreibtisch.« Bevor Donald antworten konnte, fragte Angus: »Was habe ich da gehört? 90 000 Dollar?«

»Verrückt, was? Ja, es stimmt. Wie du weißt, hat die Firma *Enoch Train* die FLYING CLOUD bei uns bestellt. Nun, der Vetter und Teilhaber von Enoch, George Francis Train, hat plötzlich, wie er schreibt, der Firma *Grinnell, Minturn & Co.* in New York das halb-

fertige Schiff zum Kauf angeboten. Moses Grinnell hat es prompt
für 90 000 Dollar gekauft.«

»Halbfertig?«

»Halbfertig!« Donald nahm an seinem Schreibtisch Platz. »Ich
hatte schon vermutet, daß Train in Geldschwierigkeiten steckt.
Jetzt dürfte er zwar saniert sein, doch ich bin mir sicher, daß er sei-
nen Schritt noch bereuen wird.« Donald entnahm seinem Schreib-
tisch einen Stapel Zeitungen, stand auf und ging auf Angus zu.
Seine Augen verrieten unterdrückten Zorn. »Man verkauft kein
Schiff, von dem man vorher beteuerte, es würde auf der ganzen
Welt ein neues Zeitalter im Schiffbau einläuten.«

»Sie wollen eben alle am Gold Kaliforniens teilhaben.«

»Das können sie meinetwegen, doch werden wir in Zukunft die
Verträge so gestalten, daß meine Clipper nicht schon auf den Hellingen zu Spekulationsobjekten verkommen.«

»Das wird sich wieder normal gestalten, Donald«, versuchte Angus ihn zu beschwichtigen.

»Nein, Angus. Das volle Gewicht im Kampf um Schiffe, Waren,
Werftarbeiter und Matrosen wird uns erst im kommenden Jahr
treffen. Sieh her!« Daraufhin nahm er den Stapel Zeitungen, legte
ihn auf den Tisch und schlug die Titelseiten auf. »Alle von diesem
Monat.«

Angus folgte den Schlagzeilen: »Vom Kriegsschiff Ohio deser-
tieren 150 Soldaten!«, »Die gesamte Garnison verlässt Sono-
ra wegen Kaliforniengold!«, »Goldgräber aus Chile stürmen
Goldfelder Kaliforniens!«, »Gouverneur der Marquesas-In-
seln bleibt allein zurück!«, »3000 Männer verlassen Oregon!«

»Hier die neueste Ausgabe des *Constitutionel*!«

»Es bedarf Jahrhunderte und Millionen von Arbeitern, um
das Goldvorkommen zu erschöpfen!«

»Du siehst, inzwischen ist das ganze Land, von New Orleans bis
zu den Großen Seen, von Saint Louis bis zu uns nach Boston, vom
Goldfieber infiziert.«

»Glaubst du die Geschichten, die in den Zeitungen stehen?«

»Darauf kommt es nicht an. Es reicht, wenn sie schreiben, daß
ganze Berge von Gold gefunden worden seien. Und wenn jemand
liest oder sich vorlesen läßt, daß die Luft voller Goldstaub sei und

man nur seinen Mantel ausbürsten müsse, um reich zu werden, dann muß ich mich nicht wundern, wenn heute wieder fünf gute Männer auf meiner Werft fehlen.«

»Verstehe! Wir bluten langsam aus.«

»Wir müssen wahrscheinlich mehr bezahlen, damit die Männer bleiben.«

»Können wir uns das leisten?«

»Das Beispiel FLYING CLOUD zeigt, daß wir in Zukunft wesentlich höhere Preise für unsere Clipper erzielen werden. Die Anzahl der Schiffe um Kap Hoorn verdoppelt sich alle sechs Monate.«

»Soll ich meine Reise nach England verschieben?«

»Auf keinen Fall. Du reist, wie geplant, zu deinem Clan. Sieh dich in London um, und berichte, was es an neuen Entwicklungen drüben im Schiffbau gibt. Doch bleib nicht zu lange, sonst versäumst du den Stapellauf der FLYING CLOUD. Und jetzt mach, daß du über den Teich kommst.« Daraufhin öffnete er die Tür und begleitete Angus in sein Büro. Als dieser die Pläne an sich genommen hatte, strebten sie gemeinsam dem Ausgang zu.

»Ich werde zusehen, daß ich so schnell wie möglich wieder zurück bin.«

»Welches Schiff hast du gebucht?«

»Ich nehme die ANGLO SAXON bis New York, und übermorgen geht es mit der SULTANA über den Atlantik.«

Donald schmunzelte. Angus spürte, daß Donald Wohlgefallen daran fand, daß er ausschließlich auf Paketschiffen reiste, die auf seiner Werft vom Stapel liefen.

»Was wird das neue Jahr für uns bringen?« fragte Angus, als sie sich verabschiedeten.

»Wenn meine Informationen stimmen, werden wir den Bedarf an Clippern im nächsten Jahr kaum decken können. Alles, was Segel tragen kann, wird um Kap Hoorn eingesetzt. Trotzdem – keine Sorge. Auf meiner Werft werden nur Clipper von höchster Qualität gebaut.«

»*Excelsior?*« fragte Angus nach dem Wahlspruch Donalds, der für jeden auf der Werft verbindlich war.

»*Excelsior!*« erwiderte Donald. Angus wußte um die Einstellung Donalds, der von sich behauptete, daß er noch nie ein Schiff gebaut habe, das seinen eigenen Ansprüchen genüge. Dann schüttelten sie sich die Hände: »Grüß den Clan der Mackays! Regle deine Dinge in London, und komm gesund zurück. Du wirst hier dringend gebraucht.«

Bei diesen Worten umarmten sie sich.

Als Angus zu Hillary in die Kutsche stieg, rief er dem Mann auf dem Bock zu: »India Wharf. Im Galopp!«

Der *Blue Eagle*, die Hausflagge von Donald McKay, knatterte in der steifen, eisigen Brise am Topp des Großmastes der SULTANA. Angus sah keine Chance, auf Manhattans Pier No. 19 auch nur einen Schritt voranzukommen. Die blanke Hysterie schien sich breitgemacht zu haben. Menschen krakeelten, drängelten, schlugen und versuchten die Pier zu besetzen. Die Kleider dampften in der Kälte, und es stank bestialisch im Gewimmel. Matrosen preßten die johlende Menge zurück, um Platz für die Arbeiter zu schaffen, die zwischen Schiffen und Fuhrwerken hindurch mit Waren hin und her hetzten. Vor der Pier stauten sich obendrein Hunderte von Menschen. Emigranten der unterschiedlichsten Sprachen und Rassen versuchten vehement, einen Platz an Bord eines Kalifornienfahrers zu ergattern.

Auf der gegenüberliegenden Seite der Pier, wo normalerweise die Schiffe der *Swallow Tail Line* von *Grinnell, Minturn & Co.* von und nach London sowie nach Liverpool ablegten, konnte Angus die REINDEER ausmachen. Doch die Liegeplätze hatten anscheinend gewechselt, denn die REINDEER und ihre Ladung waren für San Francisco bestimmt.

»Sir! Kommt herüber!« rief eine Stimme hinter Angus, und eine Hand zupfte gleichzeitig an seinem Rock. Es war Peter Dowell von *Howland & Aspinwall*, der die Aufsicht an der Pier No. 9 führte. Die Neugierde hatte ihn wohl an die Pier No. 19 getrieben. Als sie sich rückwärts aus der Menge herausgeschält hatten, so daß sie wieder frei atmen konnten, sagte Dowell: »Ich bringe Sie mit dem Ruderboot an Bord der SULTANA.«

»Herzlichen Dank, mein Bester!« erwiderte Angus, wischte über seine Stiefel und strich seinen Reiserock glatt. »Was für ein Aufruhr!«

»Das erleben wir nun schon seit Wochen, und der Goldwahn wird immer größer. Es fehlen nur noch die Gewehrsalven und Kanonendonner. Ich sehe es noch kommen, daß die Wahnsinnigen Schiffe stürmen und uns dazu zwingen, Wehrtürme an jeder Pier zu errichten.«

Sie betraten die Landungsbrücke No. 11. Dowell zeigte auf ein Ruderboot, das am Kopf der Mole auf den eisigen Wellen tanzte. »Dort müssen wir hinunter.«

»Was ist mit Ihnen? Kein Gefallen an Goldnuggets in Kalifornien?« fragte Angus, als sie auf Tritteisen die Kaimauer hinunterstiegen.

»Ich gebe zu, Mr. Mackay, das Gold macht mich genauso unruhig. Angeblich ist jeder Zauderer schon bald verdammt, arm herumzulaufen. Mir hat ein Walfänger, der letzte Woche aus Kalifornien eintraf, erzählt, er habe in einigen Monaten Goldstaub für 300 000 Piaster geschürft. Solche Nachrichten stimmen auch mich nachdenklich.«

»Gold ist nicht unerschöpflich! Ich glaube, bei der Masse an Menschen, die sich gerade nach Kalifornien in Bewegung setzt, wird auf den Goldfeldern bald kein einziges Körnchen mehr zu finden sein.«

Dowell legte sich in die Riemen: »Verzeihung, Sir, dem widersprechen alle Berichte. Die Erde Kaliforniens und Nevadas scheint unerschöpflich. Siebzig Tonnen wurden angeblich allein in diesem Jahr geschürft.«

»Mag sein, Mr. Dowell. Doch spätestens in einem Jahr ist das Gold in New York und Boston. Wir brauchen es nicht zu schürfen, wir holen es uns einfach ab.«

Dowell sah Angus verdutzt an. »Sir, ich verstehe nicht …«

»Ganz einfach. Ich hörte, daß es drüben an allem fehlt. Ich habe daraufhin ein wenig gerechnet, Mr. Dowell. Angeblich zogen im Frühjahr 50 000 Menschen auf der südlichen Route durch Arizona bis San Diego oder auf dem Oregon Trail über Independence und Fort Laramie bis zum Humboldt River. Falls sie die Strapazen überlebt hatten und dort angekommen waren, zahlte jeder einzelne von ihnen für ein Ei bis zu einem Dollar! Wir sollten also beginnen, genügend Eier über Kap Hoorn zu bringen.«

»Ha! Ha! Sir, das ist gut. Eier! Nichts als Eier!«

»Nuggets für Eier – so einfach ist es, Mr. Dowell!«

Wenig später legten sie an der Steuerbordseite der Bark SULTANA an. Über das Fallreep erklomm Angus das Deck und ließ sich sogleich bei Käpt'n Albert Watson melden.

Watson, eingehüllt in einen Pelzmantel, stand pfeiferauchend an der Backbordreling und beobachtete gelassen das Treiben auf der Pier.

Als der wachhabende Offizier Meldung machte, kam er sofort auf Angus zu. »Herzlich willkommen an Bord, Mr. Mackay. Tut mir leid, daß Sie den Weg der Piraten wählen mußten, um an Bord zu gelangen.«

Eine kleine peinliche Pause trat ein, und es schien zunächst, als ob Freundlichkeit nicht Watsons Stärke war. Doch der Seebär mit grünen Augen, kantigen, geröteten Wangen, das Haar zerzaust, sprühte plötzlich vor Liebenswürdigkeit. »Ich fühle mich geehrt, daß Sie die SULTANA nach London gewählt haben. Außerdem möchte ich Sie beglückwünschen zur bisher schnellsten Passage Hongkong–New York. Wie man hört, waren Sie am Erfolg der SEA WITCH wesentlich beteiligt.«

»Jeder hat sein Bestes gegeben, Käpt'n. Außerdem, wer weiß, wie lange der Rekord hält.«

»Ich wünsche Ihnen, daß er ewig halten möge!«

»Sehr freundlich«, erwiderte Angus.

Im gleichen Augenblick fiel ein Schuß, der sie zusammenfahren ließ. Kurz darauf war ein Aufklatschen zu hören, gefolgt von infernalischem Gekreische.

»Der Dritte innerhalb der letzten fünf Stunden!« bemerkte Watson trocken. »Es wird Zeit, daß wir New York verlassen.«

Als sie zusammen zum Bug schritten und auf die Pier hinabsahen, konnten sie beobachten, wie drei Reihen schwer bewaffneter Matrosen eine Gasse durch die Menge freikämpften, um einigen

Fuhrwerken das Abrücken zu ermöglichen und gleichzeitig andere auf die Pier zu lotsen.

»Was ist mit meinem Gepäck?« fragte Angus beiläufig.

»Kommt direkt von der ANGLO SAXON auf dem Wasserweg. Ist sicherer. Ebenso die letzte Paketladung, die wir in der nächsten Stunde erwarten.«

Watson schüttelte seinen Kopf. »Dieses verrückte Volk. Keiner von denen wird reich in Kalifornien. Erpreßt, terrorisiert, geplündert und gebrandschatzt werden sie von Banditen, sobald sie Gold gefunden haben.« Dann beugte er sich weit über die Reling, um zu sehen, ob jemand im eiskalten Wasser schwamm. »Verschwunden! Die Pier wird noch zum Friedhof.« Er wandte sich wieder an Angus. »Mr. Mackay, wollen Sie nun Ihre Kabine in Augenschein nehmen?«

Angus bejahte und ging zusammen mit Watson nach achtern. Erst jetzt fiel ihm auf, daß Offiziere, Bootsmänner und einige Matrosen bewaffnet waren und die Niedergänge sowie das Deckshaus bewachten.

»Sklaven? Piraten?« fragte Angus nun seinerseits erstaunt.

»Wenn wir die Mannschaften nicht bewachen, Mr. Mackay, werden Sie wohl nie nach London kommen. Das verfluchte Gold in Kalifornien zwingt uns zu diesen Maßnahmen.«

»Die eigene Mannschaft? Sie scherzen!«

»Keineswegs, Mr. Mackay. Nordatlantikroute? London, Bristol, Liverpool – uninteressant! Kap Hoorn? Ja! Gold gleich Reichtum! Das ist die Devise. Wer seine Matrosen heutzutage nicht bewacht, bleibt in New York an der Pier kleben. Oder man geht gleich mit ihnen auf Goldkurs.«

Als sie das Rumpeln von schwer beladenen Fuhrwerken auf der Pier hörten, traten sie nochmals an die Reling. Die Planen von den Wagen wurden eilig zurückgeworfen.

»Lebensmittel«, kommentierte Watson. »Alles, was sie dort unten sehen, Mr. Mackay, wird in Kalifornien zu Gold. Sogar Kisten, Fässer, Leinwand, Säcke. Man sollte es gar nicht so laut verkünden.«

»Wirklich?« Angus spielte den Ungläubigen, um mehr zu erfahren.

»Fertige Zelte aus Schiffsleinwand sind der Renner in San Francisco. Verpackungskisten werden zu Nachtlagern erklärt, und ein Sitzplatz an einer Kiste kostet im Winter zehn Dollar Miete für nur wenige Stunden. Die Straßen sind um diese Jahreszeit reine Schlammflüsse, die nur mittels provisorischer Gehsteige überquert werden können. Wer will schon in einem Schlammloch versinken? Die Kisten und Fässer werden dort unten am Ende zu teurem Baumaterial.«

»Wart Ihr schon in San Francisco?« fragte Angus weiter.

»Nein. Aber ein befreundeter Käpt'n. Er hatte Glück und kam letzte Woche mit genau zehn Mann Besatzung heil über Kap Hoorn nach New York zurück. Er berichtete, daß seine Matrosen schon vor dem Ankergehen über Bord sprangen und an Land schwammen. Sehr beliebt ist unter den Steuerleuten neuerdings auch der Schlamm in der Bucht von Frisco. Es gibt dort weder einen Kai noch eine Mole. So segeln sie die Schiffe einfach in den Grund und lassen sie dort stecken, bis sie der Moder frißt. Damit ist eine Rückkehr ausgeschlossen, und die gesamte Mannschaft kann sich ungestört auf die Goldfelder stürzen. Die Bucht zieren daher immer mehr Schlammschiffe!«

»Was geschieht mit der Ladung?«

»Auf dem Rücken durch das Wasser ans Land. Dort existiert inzwischen eine Stadt aus Leinwänden.«

»Nicht zu fassen«, bemerkte Angus.

»Wollen Sie die neueste Ausgabe der *New York Evening Post* lesen?« bot der Käpt'n an.

»Sehr gern!«

Kurz darauf hielt Angus die Zeitung in seinen Händen. Eine Tabelle band seine ganze Aufmerksamkeit:

| | |
|---|---|
| Parker Hotel | 110 000 Dollar Jahresmiete |
| Einfache Holzbude | 3000 Dollar im Monat |
| Geldverleih | 5 % pro Woche |
| Alte Zeitungen | 10 Dollar das Stück |
| Schachtel Nägel | das Gewicht in Gold |
| Arbeitslohn | 20 Dollar pro Tag für einen Arbeiter |

Angus faltete die Zeitung und sah hinüber zur REINDEER, die gerade die letzten Kisten übernommen hatte. Ein 800-Tonnen-Paketschiff, das im Juni auf der Werft von Donald McKay fertiggestellt worden war. Sie segelte nun unter der Eignerflagge von George B. Upton, Boston. In Vertiefung seiner eigenen Erkenntnisse sah Angus für einen kurzen Moment an den Masten Elmsfeuer aufleuchten.

Er begann zu rechnen. Der Gewinn der Ladung, den er rasch geschätzt hatte, drängte ihn zum Handeln. Um eine Beteiligung an einer Warenladung zu ergattern, mußte er allerdings zurück zu den Reedereien in die South Street.

Rasch schritt er einige Male das Deck auf und ab. Er war unzufrieden mit sich selbst, weil er so lange gezögert hatte, selbst in diesen Handel zu investieren. Am liebsten wäre er gleich von Bord gegangen, um nach Boston zurückzukehren. Erneut blickte er hinüber zur REINDEER. »Upton kann sich nach dieser Fahrt die Masten vergolden lassen!« zischte er zornig und begab sich widerwillig unter Deck.

Angus richtete den Blick abwechselnd voraus auf die Schleuse zum West India Dock und nach achtern auf den Teeclipper ORIENTAL, welcher der SULTANA themseaufwärts gefolgt war.

Das Auftauchen des amerikanischen Teeclippers hatte ihn überrascht. Donald und er hatten den Schnellsegler auf der Route Hongkong–New York vermutet. Seinen Ärger über die hinterhältigen Taktiken der Werft *Brown & Bell* vor fünf Jahren, die die zügige Fertigstellung der RAINBOW auf der Werft von *Smith & Dimon* durch üble Machenschaften verhindert hatten, hatte Angus noch nicht vergessen. Doch er ließ darüber nichts verlauten.

»Was vermuten Sie?« fragte Käpt'n Albert Watson, der an Deck des Paketschiffs beobachtete, wie Ströme von Menschen in das West India Dock drängten.

»Ich hoffe doch sehr, daß es die Freude über meine Rückkehr nach London ist!« erwiderte Angus lachend.

»Wie konnte ich das nur vergessen, Mr. Mackay! Entschuldigen Sie meine Frage«, versetzte der Käpt'n gutgelaunt. »Doch ich denke, wir sollten Käpt'n Nat Palmer mit seiner Teeladung vor uns in das Dock lassen, damit Sie unbemerkt die Sultana verlassen können. Ihrer Gesundheit zuliebe!«

»Zu gütig, Käpt'n!«

Auf ein Flaggensignal hin glitt die Oriental unter Jager, Vorstengestagsegel, Voruntermarssegel und Besansegel langsam an der Sultana vorbei und lief in den Kanal ein, der parallel zu den Docks verlief. So wurde den großen Seglern der gefährliche Umweg um die Isle of Dogs erspart. Käpt'n Palmer bedankte sich bei Watson via Sprachrohr für die Großzügigkeit, während die Mannschaften gegenseitig ihre Mützen schwenkten. An der Gaffel führte die Oriental eine riesige *Stars-and-Stripes*-Flagge, die etwa in der Höhe der Spitze des Fockmastes der Sultana wehte und nachhaltig die seltene Präsenz eines amerikanischen Clippers in der Themse unterstrich.

»Die Oriental dürfte der erste amerikanische Teeclipper in den Docks von London sein«, bemerkte Watson beiläufig.

Im gleichen Moment war Angus klar, warum die Massen wie von Geisterhand gelenkt zum Ankerplatz der Oriental strömten. Was in New York, Boston, Kanton und Hongkong alltäglich war, geriet offensichtlich in London zur Sensation. Dennoch war die 1003 Tonnen große Oriental den meisten McKay-Clippern in allen Abmessungen weit unterlegen.

Angus dachte im selben Augenblick an die Flying Cloud, die nach ihrer Fertigstellung 1783 Tonnen groß sein würde. In London allerdings ahnte noch niemand etwas von Donald McKays gewaltigen Clipperbauten, die auf den Helligen in Boston heranwuchsen ...

Der 3. Dezember 1850 war ein kalter, aber klarer Wintertag. Ostwind war für den blauen Himmel über der Themse verantwortlich, da er die dicken schwarzbraunen Rauchfahnen aus den unzähligen Kaminen Londons nach Westen verblies. Gezwungenermaßen würde es nun eine weitere Stunde dauern, bis die Sultana zu ihrem Liegeplatz in das West India Dock einlaufen konnte. Angus hatte daher Zeit, sich zu orientieren. Durch Hinweise des Ersten Offiziers, der früher in London gelebt hatte, konnte er im Süden Greenwich Hill ausmachen.

Schauer liefen ihm ab und zu den Rücken hinab. Die Stunde der Wiederbegegnung mit seinem Vater rückte unerbittlich näher. Jeder Kutter, jede Brigg und auch jede Flußbiegung rief in Angus unterschiedliche Gedanken, Gefühle und Erinnerungen wach. Vor allem die Bilder der gewaltsamen und willkürlichen Trennung der Geschwister durch seinen Vater in jener Nacht am Assynt schoben sich erbarmungslos in den Vordergrund.

Angus kämpfte mit sich selbst. Er versuchte, sich von Schuldzuweisungen zu befreien und seine Aggressionen zu unterdrücken, um nicht von ihnen beherrscht zu werden. Und er hoffte, daß die Verletzungen, die hinter seinem Zorn steckten, durch eine Aussprache mit seinem Vater geheilt werden konnten. »Vielleicht«, so hielt er Zwiesprache mit sich, »können zwei gewinnen?« Dazwischen schob sich bisweilen aufkeimende Freude über das Wiedersehen mit seinen Geschwistern.

Mit gemischten Gefühlen verabschiedete er sich für nur drei Tage von Käpt'n Watson. Schon in New York hatte er entschieden, sich mit der SULTANA gleich wieder auf die Rückreise zu begeben.

Angus hatte nicht bemerkt, daß zwei gutgekleidete Herren mit tief in die Stirn gezogenen Zylindern jeden seiner Schritte auf der India-Pier aufmerksam beobachteten. Erst als er eine Kutsche heranwinkte, um sein Gepäck aufnehmen zu lassen, traten die Herren näher, legten wortlos ihre Hände auf seine Schultern und sahen ihn streng an.

Angus zuckte für einen kurzen Moment zusammen. Kein Wunder, die backenbärtigen, zylindertragenden Personen mit ihren finsteren Blicken taugten eher für den Empfang von Trauergästen als für die freudige Begrüßung eines Heimkehrers. Und doch schien das West India Dock ihr Revier zu sein.

Langsam, fast synchron, nahmen die beiden Männer ihre Zylinder vom Kopf. Der finstere Gesichtsausdruck der Herren ›Totengräber‹ wandelte sich zu einem breiten Grinsen. Angus' Gesicht färbte sich erst blaß, dann rot, gleichzeitig sackte sein Unterkiefer herunter. Dann verschwand sein mißtrauischer Blick, und er begann zu strahlen.

»Kenneth! Morgan!« rief er aus und bestaunte seine Brüder wie ein Ethnologe einen fremden Stamm.

»Donnerwetter, Angus! Unser Kleiner ist plötzlich der Größte!« rief Kenneth.

Mit einem Aufleuchten im Gesicht umschlang Angus seine Brüder. Für die Menschen, die immer noch in das Dock strömten, bildeten die reglos umschlungenen Männer ein seltsames Trio.

»Ich wußte es. Ein Mackay geht nie verloren«, sagte Morgan bestimmt, löste sich und schlug Angus vor die Brust. Seine Worte rührten Angus und schnürten ihm die Kehle zu.

»Wie war die Überfahrt?« rettete Kenneth die Situation.

»Danke!« sagte Angus knapp. Er rang noch mit seiner Fassung.

»Malcolm!« rief Morgan. »Das Gepäck!«

»Danke!« wiederholte Angus, der nun freudig lächeln konnte. Verwundert musterte er den hochgewachsenen Schwarzen, der gemessenen Schrittes zu der Gruppe hinzutrat und gar nichts von einem Diener an sich hatte.

»Komm, laß uns zur Kutsche gehen«, sagte Kenneth. »Der Clan ist mächtig stolz auf dich. Vater wollte zuerst mitkommen, doch wir haben anders entschieden.«

»Ihr habt anders …?« fragte Angus, doch der Schwarze unterbrach ihn.

»Sir, wo ist das restliche Gepäck?«

Angus drehte sich um und warf einen Blick auf sein Reisegepäck, das aus zwei handlichen Koffern bestand. »Das ist alles«, erwiderte er. Kenneth schien die Frage des Dieners gar nicht registriert zu haben, während Morgen verwundert die Schultern hob.

»Wie war die Überfahrt?« wiederholte Kenneth seine Frage.

»Schnell und stürmisch. Doch die SULTANA ist ein äußerst solides Paketschiff. Keine Probleme an Bord. Übrigens, unser Clanbruder Donald McKay hat sie gebaut.«

Kenneth und Morgan blieben abrupt stehen und drehten sich gleichzeitig um. »Du hattest uns ja geschrieben, daß du jetzt in Boston arbeitest«, sagte Morgan, während er die SULTANA noch einmal in Augenschein nahm.

»Ja. Ein gutes halbes Jahr ist das schon wieder her. Gleich nachdem ich auf der SEA WITCH von Hongkong nach New York zurückgekehrt war, bin ich von *Smith & Dimon* direkt zu Donald nach Boston gegangen.«

»SEA WITCH?« rief Morgan ungläubig.

»Wann war das genau?« fragte Kenneth.

»Warte mal. Wir haben am 9. Januar in Hongkong die Anker
gelichtet ...«

»Das gibt es nicht! «

»Doch!«

»Erinnerst du dich an einen schottischen Schoner nahe der Paracel-Inseln?«

»Klar doch!«

»Das war die TORRINGTON und ich ihr Käpt'n!« rief Morgan
stolz.

»Verflixt! Ich hatte immer nach dem Schoner SCOTTISH MAID
Ausschau gehalten. Von der TORRINGTON wußte ich nichts ...«
Angus schüttelte den Kopf. »Dann haben sich ja unsere Kurse
gekreuzt!«

»Ich sehe schon, es gibt viel zu erzählen. Die nächsten Wochen
sind gerettet«, sagte Kenneth und ließ seinen Blick schnell über das
Dock gleiten. Angus erwiderte nichts darauf.

Vor der Kutsche blieben sie stehen und peilten in die gleiche
Richtung. Dort, an der gegenüberliegenden Pier, wo die ORIENTAL
vertäut lag, hatte sich ein Pulk staunender Menschen eingefunden.
Ihre Masten glichen Mammutbäumen in einem Wald von Eichen.

»Man könnte meinen, sie wäre die Arche Noah«, sagte Morgan
mit Bewunderung.

»Eher das goldene Kalb!« versetzte Angus. »Den Clipper haben
gute Männer im Auftrag mieser Leute gebaut.«

Morgan und Kenneth sahen verdutzt drein.

»Es sieht so aus, als ob du uns eine Menge darüber berichten
könntest«, bemerkte Kenneth, ohne seinen Blick von der ORIENTAL
abzuwenden.

»Sie zählt inzwischen zu den kleineren Clippern auf den Weltmeeren! Doch England hat offensichtlich sogar der ORIENTAL
nichts Gleichwertiges entgegenzusetzen.«

»Wie es aussieht, haben sie hier den Anschluß an Amerika verloren«, bekannte Morgan.

»Was ist mit Aberdeen?« fragte Angus

»Opiumclipper. Schnelle Schiffe, keine Frage. Doch mehr als sieben- bis achthundert Tonnen sind nicht drin.«

»Mhm! In der Tat. Etwas zu wenig«, stellte Angus fest.

»Trotzdem muß ich sie mir genauer ansehen!« sagte Kenneth.

»Das machen wir in den nächsten Tagen. Wenn sie ihre Teeladung gelöscht hat, liegt sie höher. Dann können wir ihre Linien besser studieren. Sicher kann Angus uns dazu die Details erzählen. Nicht wahr?« sagte Morgan.

»Ich werde darüber nachdenken, Bruder.«

»Glaub mir, es wird sowieso alles ans Licht kommen. Londons Werften sind, wie ich gestern gehört habe, wegen des Amerikaners in Aufruhr. Kübelweise werden die Zeitungsschreiber Häme über die Köpfe der englischen Schiffbauingenieure gießen. Ich rechne damit, daß die *Times* schon morgen etwas darüber bringt«, bemerkte Kenneth.

Als sich die Kutsche Richtung Themsefähre in Bewegung setzte, fragte Angus: »Übrigens, woher wußtet ihr so genau, wann die SULTANA anlegt?«

»Mhm!« Kenneth tat geheimnisvoll. »Wir haben einige Freunde unter den Lotsen. In dem Moment, als die SULTANA um die Isle of Dogs manövrierte, erreichte uns schon die Nachricht. Die Kutsche stand bereit, die Greenwichfähre ebenso. Also, da sind wir.«

»Allen Respekt! Ich muß schon sagen, beeindruckend!« erwiderte Angus.

»Es ist Viertel vor eins«, stellte Morgan fest und sah zum Kutschenfenster hinaus. »Wir müssen uns beeilen. Die Sonne wird uns mit Nebel bestrafen. Auf nach Blackheath Paragon. Vater kann es kaum erwarten, dich zu sehen!«

Dunkelblond der eine, kahl der andere. Gleiche Stirn, gleiche Nase, gleicher Blick. Der sechzig Jahre alte Vater erwartete seinen jüngsten Sohn im Sessel sitzend. Trotz des bequemen Fauteuils wirkte Magnus' Pose gezwungen. Die Tür schloß sich. Vater und Sohn waren allein im Salon von Blackheath Paragon. Der Raum war von Kerzenlicht schwach erleuchtet, was die Konturen weichzeichnete. Steif und stumm sahen sie sich an. Etwas Hölzernes war beiden gemeinsam.

Magnus erhob sich aus seinem Sessel. Die dunkle Weste und der schwarze Gehrock über der Hose aus hellgrauem Tuch schienen seine Trübsal auch äußerlich zu bekunden, was durch die Tempelatmosphäre des Salons noch verstärkt wurde. Magnus trat vor seinen Sohn. Sein Mund stand etwas schief, die Mundwinkel zuckten.

Angus vernahm die Stimme seines Vaters wie aus dem Jenseits. »Ich habe dich gedemütigt ... und ließ dich hungern ... Die Gefahren ... Ich bin schuld ...«

Magnus klammerte sich fester an seinen dritten Sohn. »Ich weiß, alles war falsch: die Entscheidung in Scoury House, die Fluchtwege, die Kapitäne, die Schiffe, die Meeresrouten.« Dann, mit erstickter und zugleich flehender Stimme: »Verzeih mir! Verzeih!«

Angus erlebte zum erstenmal, daß sein Vater Gefühlen erlag. Er drückte ihn an sich, klopfte ihm leicht den Rücken, schluchzte und hielt auch seine Tränen nicht zurück. Dennoch blieb das Gefühl in Angus, daß er auf etwas Unbekanntes zusteuerte.

Behutsam lösten sie sich. »Ein Freudentag in meinem Leben!« sagte Magnus und hielt seinen Sohn bei den Schultern. Nach einer Weile ließ er die Arme sinken. Sie gingen zur Sitzgruppe und nahmen Platz. Vater Magnus versuchte die Unterhaltung in Gang zu bringen, und so fragte er höflich: »Wie geht es dir und deiner Frau?«

»Ich bin sehr glücklich mit Hillary, und Boston ist nun unsere

Heimat. Die Tage, Vater, an denen ich hoch in den Marsen ringsum nur gefährliche Riffe entdeckte, sind endgültig vorbei.«

Wieder zuckten bei seinem Vater die Mundwinkel: »Ich freue mich für dich.« Nach einer etwas längeren Pause fuhr er fort: »Ich wünsche mir, daß wir alle zusammen bleiben. Amerika ist eine andere Welt. Du gehörst zu uns nach London. Vielleicht gelingt es uns sogar, wieder nach Schottland zurückzukehren.«

Erneut entstand eine Pause, die Angus jedoch nicht bereit war zu füllen. Magnus hob die Hände und betrachtete sie. »Mein Sohn! Meine Kraft und meiner Hände Stärke schwinden, doch haben sie gerade noch den Reichtum geschaffen, der uns unabhängig macht. Du sollst ab sofort daran teilhaben.«

Angus beugte sich hinüber zum Sessel seines Vaters und legte seine Hand auf dessen Arm. »Es geht mir nicht um Reichtum. Ich wollte dich sehen, Vater, wollte mit dir sprechen. Hoffnungen und Ängste haben mich dabei begleitet. Es ist nun alles gut. Mehr wollte ich nicht.« Und nach einer kleinen Pause sagte er: »In drei Tagen segle ich auf der Sultana wieder zurück nach New York. Ich muß zurück!«

Angus spürte das Zucken, das seinen Vater bei dieser Ankündigung durchlief. Zugleich merkte er, wie Magnus sich dagegen auflehnte. »Blackheath Paragon ist ein wundervoller Ort ... Du solltest dir ...«

Angus hielt den Arm seines Vaters fester. »Das glaube ich gern, Vater. Doch die Zukunft zeigt mir einen anderen Weg. Wer weiß, vielleicht komme ich an eine Kreuzung und entscheide mich eines Tages für eine neue Richtung.«

Angus gab den Arm seines Vaters frei und lehnte sich wieder zurück. Die zitternde Erwartung war vorüber. Nun konnte er sich entspannen. Angus hatte in New York und auch in Boston immer öfter einen Zustand erlebt, den Hillary als Sonntagsmelancholie bezeichnete. Nun hatte er den Eindruck, als mache sich dieser Zustand rasch im Salon breit. Er mochte diese Stimmung und rutschte tiefer in seinen Sessel. »War inzwischen mal jemand von euch am Assynt?« Mit dieser Frage versuchte er die Unterhaltung wieder anzukurbeln.

Magnus atmete schwer. »Nein! Morgan und Kenneth waren

mehrmals in Aberdeen. Geschäftlich. Nördlicher zu gehen haben wir bis heute nicht gewagt.« Daraufhin erhob er sich aus dem Sessel, ging zum Schrank und entnahm ihm eine Flasche Whisky. Er füllte die bereit stehenden Gläser; als er Angus das Glas reichte, bat er ihn: »Erzähle mir ein wenig von deiner Odyssee. Sag, was hast du in all den Jahren gesehen?«

In den beiden darauffolgenden Stunden blieben Vater und Sohn ungestört, so daß Angus über die wichtigsten Ereignisse der vergangenen achtzehn Jahre berichten konnte.

»... ich habe der Schlechtigkeit die Zunge weit genug herausgestreckt. Nun ist sie beleidigt und läßt mich zufrieden. Der Clan hat mich wieder. Wenn auch in Boston«, beendete er seine Erzählung.

Magnus hatte nachdenklich zugehört und nur wenige Male mit Fragen unterbrochen.

»Donald McKay ...«, murmelte er versonnen. »Nachdem ich nun weiß, an welch einflußreicher Stelle du sitzt, kann ich dich gut verstehen. Verständlich, daß es dich mit Macht zurück auf die Werft zieht.«

»Der Clipperbau ist neben dem Goldrausch derzeitig das Faszinierendste, was es in der Neuen Welt gibt. Ich bin sicher, die englischen Werften werden alles unternehmen, um den technologischen Rückstand aufzuholen.«

»Vielleicht ist das irgendwann auch unsere Aufgabe, mein Sohn.«

»Das könnte ich mir durchaus vorstellen.«

Kurz darauf klopfte es an Tür.

»Kommt nur herein!« rief Magnus.

Sarah steckte ihren Kopf durch den Türspalt. »Sind die Herren mit ihrer Vergangenheit im reinen?«

»Sind wir!« antwortete Magnus mit frischer Stimme.

»Dann darf ich zum Abendessen bitten. Angus muß ja halb verhungert sein.«

Angus nahm an der großen gedeckten Tafel Platz. Bis auf die Familien von Mistress und Florence in Glasgow waren alle am Tisch versammelt.

Angus, von seinen jungen Basen und Vettern umringt, erzählte nach dem Essen bis spät in die Nacht hinein von seinen Abenteuern auf den Weltmeeren und der Rekordfahrt auf der Sea Witch. Später, nachdem alle in ihren Schlafgemächern verschwunden waren, saßen die Brüder beim Whisky im Salon beisammen und gaben die Anekdoten ihres Lebens zum Besten, die sie sogar dem Vater und ihren Frauen verschwiegen. Daneben schmiedeten sie Pläne für die Zukunft. Als der neue Tag heraufdämmerte, waren sie sich whiskyselig einig, daß das Ziel für die Zukunft nur eine eigene Clipperwerft in Schottland sein konnte.

»Was berichtet der ›Donnerer‹ über die Oriental?« fragte Kenneth, den Beinamen der *Times* benutzend, wie es in London allgemein üblich war.

Morgan hatte mit der neuesten Ausgabe als letzter die Kutsche bestiegen, mit der er und seine Brüder sich auf den Weg zum West India Dock machten. Schon auf der ersten Seite prangten die fetten Lettern der neidischen Kommentare. Morgan überflog die zahlreichen Artikel. Bei der Schlagzeile »Amerika beherrscht den Teehandel!« blieb er hängen.

»Hört, hört! Die düsteren Voraussagen überschlagen sich.« Er las vor: »»… wir müssen den Wettkampf gegen unseren gewaltigen, entfesselten Gegner aufnehmen. Wir müssen unsere langjährige Erfahrung, unseren unermüdlichen Fleiß und unseren hartnäckigen Willen seiner Jugend, seiner Erfindungsgabe und seinem Eifer entgegensetzen. Dies ist das Rennen eines Vaters gegen seinen Sohn. Eine unbarmherzige Notwendigkeit drängt uns, und wir dürfen nicht verlieren. Unsere Unternehmer und Schiffbauer sollten sich diese Warnung beizeiten zu Herzen nehmen.‹«

»Ich denke, sie werden sich schon bald daranmachen, jenen Gesetzen zu folgen, die am schnellsten den Fortschritt versprechen«, meldete sich Kenneth als erster zu Wort.

»Du meinst, sie werden sich holen, was sie brauchen?« fragte Morgan.

»Natürlich! Unsere sachkundigen Frühwarner haben Alarm geschlagen, der von allen Werften entlang der Themse wahrgenommen wurde. Webb, Griffiths oder Donald McKay werden bald einen wunderschönen extremen Teeclipper für eine der Londoner Reedereien bauen. Das ist die drängende ›unbarmherzige Notwendigkeit‹, von welcher der ›Donnerer‹ spricht.«

Sie hatten sich der Tordurchfahrt zum West India Dock genähert. Angus blickte angestrengt durch das Kutschenfenster. »Wo ist sie? Ich sehe ihre Masten nicht.« Er steckte seinen Kopf aus der Kutsche. Kenneth folgte dem Beispiel seines Bruders. »Tatsächlich! Sie ist fort!« bestätigte er.

»Macht ihr Witze?« meldete sich Morgan. Kurz darauf blieb die Karosse stehen.

»Verflucht, warum halten wir?« ereiferte sich Kenneth.

»Teekutscher!« schrie der Mann auf dem Bock.

»Das kann dauern«, seufzte Morgan resigniert.

Eine endlose Kette vierrädriger Fuhrwerke preschte vorbei.

»Fünfzig Kisten Tee pro Wagen«, kommentierte Morgan. »So schnell war die Fracht eines Clippers wohl noch nie gelöscht.«

»Wo bringen sie die Kisten hin?« erkundigte sich Angus.

»Sie werden zu den Speichern der Company in die City transportiert. Die Mincing Lane wird vor Tee überquellen.«

Als ihre Karosse endlich das Torhaus zum West India Import Dock passiert hatte, sprangen die Mackay-Brüder heraus.

Kenneth hob die Hand vor die Stirn, um nicht von der Morgensonne geblendet zu werden, und blinzelte nach Osten. »Aha! Ich hatte es schon vermutet …«

»Was hast du vermutet?« frage Morgan ungeduldig.

»Dort drüben! Kannst du ihre Masten erkennen?«

»Blackwall Dock!« rief Morgan erleichtert aus.

Auch Angus entdeckte nun hinter den Speicherhäusern die alles überragenden Masten der ORIENTAL.

»Was sucht sie dort?« fragte er.

»Dort drüben, am Ende des langen Beckens, befindet sich das Kernstück der Macht der *City and Shipping Interest.* West-, Ostindien-Reeder, Werften, Schiffsagenten und Kapitäne sorgen dafür, daß Londons zentrale Funktion im Welthandel aufrechterhalten bleibt. Dort werden alle Schiffe Londons ausgerüstet, repariert und für Lloyd's vermessen!«

»Die ORIENTAL wurde in New York gebaut!« hakte Angus nach.

»Genau das irritiert mich! Ist mir auch neu, daß Blackwall sie aufnimmt«, erwiderte Kenneth.

»Vielleicht soll ihr Unterwasserschiff gereinigt werden. Oder ...«, spekulierte Morgan.

»Das sollten wir uns einfach genauer ansehen«, schlug Kenneth vor.

Sie wechselten hinüber zum südlich gelegenen Export Dock. Vorbei am verwaisten Liegeplatz der TORRINGTON, die in den letzten Monaten im Fahrtgebiet London–Mittelmeer eingesetzt wurde, liefen sie das gut achthundert Yards lange Export Dock in östlicher Richtung hinunter. Ein kalter Wind trieb ihnen die Tränen in die Augen und zwang sie, die Krägen ihrer Mäntel hochzustellen.

»Verdammt kalt! Wir hätten die Kutsche nehmen sollen!« schimpfte Angus.

»Wirst dir schon nichts abfrieren«, versetzte Kenneth, und als sie an der östlichen Begrenzung heran waren, stellte er fest: »Sieh dir das an! Sie haben den Clipper schon in Greens Werft verholt.«

»Die Jungs sind schnell«, spottete Morgan. Auf der mit Granitsteinen gedeckten östlichen Haupteinfahrtstraße bewegten sie sich eilig auf das Dock zu. Schon stießen sie auf die Themsemole und liefen darauf Richtung Norden bis zu den Blackwall Docks. Das Tor zu Greens Werft stand offen, war jedoch von zwei finster dreinblickenden Männern bewacht.

»Kenneth Mackay!« hörte Angus seinen Bruder im Befehlston. »Zur Seite!« Wortlos traten die Männer zurück und ließen die Brüder passieren. Kurz darauf blickten sie in das leergepumpte Dock. Der Anblick des scharfen Belaufs des Vorschiffes und die sich auftürmenden Masten und Spieren der ORIENTAL waren zweifelsohne beeindruckend.

Sowohl in den Marsen als auch auf den treppenartig gestalteten Stützwänden des Docks wimmelte es wie auf einem angekratzten Ameisenhaufen. Wild gestikulierend versuchte der Menschenhaufen dem Rumpf der ORIENTAL das Geheimnis zu entlocken. Oberhalb des Bassins, etwa an Steuerbordseite mittschiffs, standen uniformierte Männer, welche wiederum von Helfern mit Schreibbrettern flankiert waren, die auf Zuruf Maße notierten.

»Das ist ja mehr als dreist! Sogar die Admiralität ist vertreten!« empörte sich Angus. »Sie hätten wenigstens die Nacht abwarten können.«

»Du meinst bei Fackelschein wäre Werftspionage etwas romantischer?« spöttelte Kenneth.

»Ach was! Ich verstehe nur nicht, daß Käpt'n Palmer das Aufmessen seiner ORIENTAL zuläßt?«

»Hier geht es ja wirklich hochoffiziell zu. Fragen wir doch einfach«, schlug Morgan vor. Daraufhin bewegten sie sich auf die Gruppe der Uniformierten zu. Kaum daß sie heran waren, trauten sie ihren Augen nicht. Eine amerikanische Uniform leuchtete ihnen entgegen. Käpt'n Palmer war einer von den drei Goldbetreßten. »Die Wirklichkeit ist um Längen spannender als die Einbildung«, flüsterte Kenneth, der hinter Angus ging.

»Laßt mich das machen!« zischte Angus wenige Schritte, bevor sie heran waren.

»... ich bin kein Schiffbaumeister! Es muß Ihnen genügen, was sie selbst in Augenschein nehmen können«, drang die Stimme von Käpt'n Ted Palmer an Angus' Ohr.

»Wo etwa sitzt der Hauptspant der ORIENTAL, Käpt'n?« fragte der englische Offizier beharrlich weiter.

»Etwa ... sechseinhalb Fuß vor der CWL-Mitte ...«, erwiderte Palmer zögernd.

»Mhm! Dadurch wird das Achterschiff wohl länger als das Vorschiff.«

Im selben Moment bemerkten die Goldbetreßten die Neuankömmlinge. Obwohl Angus Palmer noch nie persönlich begegnet war, konnte er sicher sein, daß Palmer ihn aufgrund der Auseinandersetzung zwischen den Werften *Smith & Dimon* und *Brown & Bell* namentlich kannte. Für einen Moment sah Angus in ihm den Judas, der dabei war, Verrat am amerikanischen Clipperbau zu üben.

»Angus Mackay, Boston! Meine Brüder«, stellte er sich knapp vor.

Palmer, ein Mann mit wachen Augen, aber ansonsten ohne ein markantes Merkmal, das im Gedächtnis haften blieb, zeigte sich mißtrauisch.

»Admiral Fraser!« stellte sich einer aus der Gruppe vor. »Und das ist Captain Biesty – Palmer, Käpt'n der ORIENTAL.« Daraufhin nickte man sich freundlich zu.

»Meine Brüder wollten den Clipper aus der Nähe betrachten. Wir waren schon sehr beunruhigt, da er nicht mehr im West India Dock lag. Probleme?« begann Angus das Gespräch.

»Nnnn... Nein«, erwiderte Palmer mit unsicherer Stimme. »Ich lasse ihr Unterwasserschiff überprüfen. Untiefen nahe der Sunda-Straße.«

»Verstehe«, meinte Angus knapp, während sich Morgan auffällig räusperte.

»Man könnte vermuten, Sie befürchten, daß Ihr Clipper dadurch kürzer geworden ist«, entschlüpfte es Kenneth, als Maßangaben von den Helfern aus dem Dock heraufgesungen wurden, worauf die Herren betreten schwiegen. Die Blicke der Offiziere verrieten nun offene Ablehnung. Ein Murmeln deutete an, daß sie ungestört bleiben wollten.

Käpt'n Palmer dagegen versuchte dem Ganzen eine andere Richtung zu geben. »Sie sind auf der SEA WITCH unter Käpt'n Waterman gesegelt. Nicht wahr?«

»Ganz recht. Auf Griffiths' Konstruktion.«

»Sie sind bescheiden, Mr. Mackay. Jeder kennt Ihren Anteil am Entwurf und an der Rekordfahrt der SEA WITCH.«

Angus winkte ab und trat näher an Palmer heran. »Ich möchte Sie allein sprechen.«

»Bitte!« Daraufhin entfernten sie sich einige Schritte von der Gruppe.

Den englischen Marineoffizieren wurde es unbehaglich. Mißbilligend äußerten sie gegenüber Kenneth: »Wer hat Ihnen den Zutritt gestattet?«

Auf diesen Moment schien Kenneth geradezu gewartet zu haben. »Kenneth Mackay«, stellte er sich mit drohender Stimme vor. »Ich bin Mitglied des *City and Shipping Interest* mit Sitz und Stimme. Wir sehen es nicht gern, wenn Offiziere der englischen Marine auch nur in den leisesten Verdacht geraten, amerikanische Kapitäne zu korrumpieren. Sie sollten vorsichtiger agieren!«

Captain Biesty, der aufbrausen wollte, wurde durch einen scharfen Blick des Admirals zum Schweigen gemahnt. Daraufhin drehten sich beide Herren um und entfernten sich wortlos. Kenneth und Morgan grinsten zufrieden.

»Warum tun Sie das?« fragte nun Angus Käpt'n Palmer.

»Ich sehe keine Veranlassung, mich Ihnen gegenüber zu rechtfertigen, Mr. Mackay. Zugegeben, die Situation mag verfänglich erscheinen, doch ich bekomme auf diese Weise den Rumpf der ORIENTAL kostenlos gereinigt.«

»Reinigung im Austausch von Konstruktionsdaten?«

»Mr. Mackay! Seien Sie versichert, hier nimmt keiner das exakte Maß vom Hauptspant ab. Kein einziger Engländer steigt mir mit einem Maßband in den Rumpf der ORIENTAL. Alles was sie dort unten außen am Rumpf nachmessen, bringt am Ende kein genaues Ergebnis. Das müßten Sie doch am besten wissen.«

»Dann gefallen Sie sich offensichtlich in der Rolle des ersten Kapitäns, der den rückständigen Engländern vorführen kann, was ein extremer amerikanischer Clipper ist.«

»Das kann ich nicht ganz abstreiten.«

»Mehr wollte ich nicht von Ihnen wissen, Käpt'n Palmer.«

Als die Brüder wieder zusammenstanden, erwiderte Angus auf die Frage Morgans, was er denn mit Palmer zu besprechen hatte: »Seine Beweggründe.«

»Und?«

»Der Verräter glaubt, er ist Herr des Verrats!«

»Gestern, heute, morgen! Die Entwicklung wird niemand aufhalten. Daran ändert auch dies beschämende Schauspiel nichts«, meinte Morgan, als sie sich auf dem Rückweg zur Kutsche befanden.

»Da muß ich dir ein wenig widersprechen, Morgan. Palmer sollte den Ehrenkodex der Schiffbauingenieure vom East River achten. Niemals würde einem von ihnen einfallen, nach London zu segeln, um den Clipper ohne eine adäquate Gegenleistung in das Trockendock schleppen zu lassen, damit er dort ungestört vermessen werden kann.«

»Ein starkes Stück, Bruderherz. Heißt das umgekehrt, wir können ab sofort nicht mehr mit deiner Offenheit rechnen?« stichelte Kenneth.

»Endlich hast du es begriffen, Kenneth! Die amerikanischen Konstruktionsprinzipien werden uns auf ewig verschlossen bleiben!« setzte Morgan noch einen drauf.

»Seid ihr Engländer?« spöttelte Angus zurück.

»Herrje!« rief Kenneth aus, »Bei unseren Clangeistern, das hatten wir ganz vergessen!« feixte Kenneth.

»Angus! Dann kannst du den Verrat ja ohne Skrupel begehen«, sagte Morgan.

»Kommt darauf an, ob ihr ihn bezahlen könnt!« erwiderte Angus und zog den Mantelkragen etwas höher.

Am Tage der Abreise begegnete Vater Magnus einem beschwingten Angus. In den wenigen Tagen seines Aufenthalts in Blackheath Paragon hatte er seinen jüngsten Sohn täglich ein Stück mehr bewundert. Im Gegensatz zu Kenneth und Morgan, so glaubte er festgestellt zu haben, fehlte Angus jeglicher Hang zum Leichtsinn; dafür dachte er schneller, dominierte auf Grund seiner besseren Kenntnisse rasch die Gespräche und setzte den vagen Plänen seiner Brüder erst das rechte Ziel. Er war kein Doktrinär wie Kenneth, der sich zudem oftmals an seiner eigenen Logik berauschte und sich in Eleganz und Ausdruck sonnte. Dem Schürzenjäger in Morgan hatte er allerdings nichts entgegenzusetzen, obwohl es ihm an Sinnlichkeit und Energie nicht fehlte.

Dafür hatte Angus es in seinen Augen in kürzester Zeit auf den amerikanischen Clipperwerften weit gebracht, ohne daß es ihn hochmütig gemacht hätte. Magnus war sich sicher, daß sein jüngster Sohn Schotte geblieben war, der nie den Clan und den Hochlandbauern verleugnen würde. »Schottland erlischt, wenn es die Clans nicht mehr gibt, und eines Tages werden wir selbst, aus eigener Kraft, die Rückkehr vorbereiten«, war ein Satz, der sich in Magnus' Gedächtnis besonders nachhaltig eingebrannt hatte. *»Manu forti!«* hatte er daraufhin einmal mehr mit loderndem Herzen ausgerufen.

Angus selbst hatte sich der alten Welt wieder voll geöffnet, doch der familiären Vereinnahmung auf Blackheath Paragon geschickt widersetzt. Seinem Vater und seinen Brüdern hatte er die Motive seines Abstands zu England plausibel und feinfühlig veranschaulichen können, so daß ein möglicher Bruch, verursacht durch seine Weigerung dazubleiben, vermieden wurde. Umgekehrt war sein Vater höchst dankbar für Angus' Versprechen, zurückzukehren, das dieser wie ein Pfand in Blackheath Paragon zurückließ.

Ansonsten blieben die Brüder weitestgehend unter sich. Sie lachten, fuhren gemeinsam in die City Londons und besuchten die besten Restaurants, um in Ruhe und ohne den Vater die weiteren Schritte zu planen.

Sie wurden schnell darüber einig, sich im Londoner Teehandel noch mehr zu engagieren als bisher. Zunächst sollte dies über Beteiligungen an den Teefrachten geschehen. Das Kapital von £ 150 000 wurde von allen dreien zu gleichen Teilen bereitgestellt. Es sollten sowohl englische als auch amerikanische Reedereien berücksichtigt werden. Morgan war mit deren Auswahl in London beauftragt, Angus in Boston und New York. Kenneth sollte sich nach wie vor um die Entwicklung der Werften in Schottland kümmern, technologische Fortschritte und Rückschritte registrieren und lohnende Investitionen auf dem Clippersektor ausfindig machen. Zugleich lud ihn Angus ein, im darauffolgenden Jahr nach Boston zu kommen, um die amerikanischen Werften und deren Arbeitsweisen kennenzulernen. Vor allem aber galt diese Einladung der Kontaktpflege und der Überwachung des Geschäftsverlaufs.

In der letzten Nacht vor Angus' Abreise brüteten sie zusammen über dem Takelplan der FLYING CLOUD, den Morgan und Kenneth in seinen Ausmaßen für ein regelrechtes Wunder hielten.

»Zweihundert Fuß«, raunte Morgan. »Das kommt ja einem zwanzigstöckigem Gebäude nahe!«

»Die Reederei wird sie sofort um die Hoorn nach San Francisco schicken!« sagte Angus.

»Kein Tee aus China?« fragte Kenneth.

»Nein, kein Tee! Das Gold Kaliforniens wird die Warenströme demnächst wie ein Magnet um Kap Hoorn ziehen. Je schneller, desto besser und so oft wie möglich. Die FLYING CLOUD ist wie geschaffen dafür. Der zu erwartende Profit ist gewaltig.«

»Und die Probleme werden es bald auch sein!« gab Morgan zu bedenken.

»Klar, nur wer am Anfang dabei ist, wird reichlich abkassieren können. Ich habe das Goldfieber auf den Kais von Manhattan gespürt. Ihr werdet verrückt, wenn ihr zu rechnen anfangt. Es ist, als ob nur an der gegenüberliegenden Küste des Kontinents Frauen leben würden und der einzige Weg, der zu ihnen führt, wäre der über Kap Hoorn. Der Drang, im Leben wenigstens einmal eine Frau gesehen zu haben, kommt dem erlebten ›Fieber‹ etwas nahe.«

»Ich hoffe, nur etwas …« Morgan feixte.

»Nein! Schon ganz ordentlich! Leider wird spätestens in zwei bis drei Jahren der Goldspuk wieder vorbei sein. Dann wird sich auch das Fieber legen«, scherzte Angus zurück.

»In der *Times* stand, 60 000 Goldsucher werden es in diesem Jahr sein, und mindestens 100 000 dürften im übernächsten Jahr dem Ruf des Goldes folgen«, wußte Kenneth zu sagen.

»Bis dahin haben auch wir unser Geschäft gemacht. Daher solltet ihr hier in London sofort Frachtraum für Tee mieten. Am besten für das komplette nächste Jahr; denn die Frachtpreise auf der Strecke China–England werden schon bald explodieren. Ihr wißt ja, daß alles, was Segel tragen kann, nach Kalifornien gehen wird.«

»Bei den Spieren der FLYING CLOUD, wir sollten doppelt am Goldrausch verdienen«, warf Kenneth ein.

»Um euch das beizubringen, dazu bin ich eigentlich nach London gekommen. Meine Mission ist damit erfüllt!« frotzelte Angus.

»Wäre es nicht besser, wir engagieren uns gleich direkt in New York?« fragte Morgan.

»Keine Chance, Brüder!«

»Warum eigentlich nicht?« fragte Kenneth mit Nachdruck.

»Für einen, der das Risiko für Schiff, Kapitän, Mannschaft und Warenladung allein tragen müßte, ist die Gefahr des Scheiterns zu groß. Das Risiko muß verteilt bleiben. Ein einziges Schiff, das durchkommt, bedeutet für uns den finanziellen Sieg; also setzen wir auf mehrere Schiffe, in der Hoffnung, es kommen alle durch!«

»Diesen Punkt werden wir in unser tägliches Gebet aufnehmen!« erwiderte Kenneth.

»Tut es! Laut und deutlich! Ich will es bis nach Boston hören!« gab Angus zurück.

Als sie wenig später, völlig übernächtigt, beim Frühstück saßen, äußerte Angus die Bitte, die Kutschfahrt zur Themse allein zurücklegen zu dürfen. Die Verabschiedung sollte in Blackheath Paragon erfolgen. Ihm war es lieber, seine Abreise im Glücksgefühl der Harmonie, ohne Beeinträchtigung durch langes Warten am Kai, endlose Umarmungen und andauerndes Winken anzutreten.

Mannhaft willigten sein Vater und die Brüder ein, während sich die Frauen zurückhielten, die Kinder dagegen offen ihre Enttäuschung zeigten. Die wechselnde Kulisse auf der Themse, auf die sie sich gefreut hatten, und das pulsierende Leben in den Docks würden ihnen nun entgehen. Angus entschädigte sie mit einer, wenn auch erfundenen, Geschichte eines Piratenüberfalls in der Chinesischen See, und sie sogen seine Worte begierig und mit strahlenden Augen auf. Als sie im Chor eine zweite Geschichte ertrotzen wollten, rettete ihn Sarah vor diesem piratengerechten Überfall.

Als Angus die Kutsche bestieg, nahm er mit dem Rücken zur Fahrtrichtung Platz, um den versammelten Clan so lange wie möglich sehen zu können. Als sich die Kutsche in Bewegung setzte, trafen seine Augen die seines Vaters. Jeder hielt dem Blick des anderen stand und fühlte sich als Gewinner …

# 13

## Excelsior

New York – Boston
1852/53

**A**nfang Mai 1852 unternahm Angus allem Anschein nach seine ganz normale monatliche Geschäftsreise von Boston nach New York. Ungewöhnlich daran war lediglich die umfangreiche Korrespondenz, die er mit der Reederei *Grinnell, Minturn & Co.*, dem Eigner der FLYING CLOUD, und der *Bank of New York* im Vorfeld seiner Reise geführt hatte. Gleich nach seiner Ankunft in Manhattan fielen ihm an der Pier No. 20 die unverkennbar riesigen, nach achtern geneigten Masten der FLYING CLOUD mit ihren schlanken Spieren ins Blickfeld. Wobei sein scharfes Auge zugleich auch die Schäden an Groß- und Kreuzmast erfaßte.

Als er sich in Richtung South Street aufmachte, zog es ihn zum Liegeplatz des Clippers. Die CLOUD war die Rekordhalterin auf der Strecke New York–San Francisco. Sie hatte die Reise unter Käpt'n Josiah P. Creesy, mit Umrundung des Kap Hoorn, in 89 Tagen und 21 Stunden zurückgelegt. Über Honolulu, Hongkong und um das Kap der Guten Hoffnung segelte sie nach New York zurück, wo sie vor einem Monat an der Pier Nr. 20 unter den Jubelrufen der Bevölkerung ihre Teeladung löschte.

Angus' Traum, auf ihr eine zweite Weltumsegelung erleben zu dürfen, versank in den Fluten der Clipper-Aufträge, die inzwischen nach Boston geschwappt waren. Donald konnte nicht auf ihn verzichten. Drei weitere extreme Clipperbauten waren noch im vergangenen Jahr vom Stapel gelaufen: die STAFFORDSHIRE im Juni sowie die NORTH AMERICA und die FLYING FISH, die beide gleichzeitig im Monat September fertiggestellt wurden.

Kaum waren die Clipper nach New York geschleppt, als drei

neue auf Kiel gelegt wurden. Die SOVEREIGN OF THE SEAS, der bisher gewaltigste Clipper der Welt, mit einem Gewicht von 2421 Tonnen, wuchs ihrer Fertigstellung entgegen. Parallel dazu wurden vor einem Monat die WESTWARD HO! und die BALD EAGLE auf Kiel gelegt. Trotzdem gingen vier Aufträge an andere Werften verloren, da sie nicht termingerecht ausgeführt werden konnten. Denn das Gold Kaliforniens lockte nach wie vor Menschen aus allen Erdteilen an und verursachte zudem einen regelrechten Mahlstrom, der aus allen Fabriken entlang der Ostküste Amerikas gigantische Mengen an Bau- und Ausrüstungsmaterialien ansog. San Francisco erlebte in einem Jahr drei verheerende Brände. Dreimal wurde in Windeseile zwischen rauchenden Ruinen eine neue Bretterstadt hochgezogen. Die Härten waren auch in Boston zu spüren. Auf Donald McKays Werft vergaß man die Sonntage. Es gab weder Atem-, noch Arbeits- und schon gar keine Ruhepausen ...

Mit etwas Wehmut in der Stimme sagte Angus: »Ein Jammer!« und berührte den schlanken Rumpf der CLOUD, als wollte er sie gleichzeitig trösten. Für einen Moment schloß er die Augen. Die unvergeßlichen Bilder des 15. April vergangenen Jahres tauchten aus seiner Erinnerung auf, jenes Tages, an dem die Menschenmassen zu Fuß, auf Fähren, Ruder- und Segelbooten nach East Boston geströmt waren, um von der Chelsea Bridge, von Dächern und sogar von Masten anderer Schiffe herab den Stapellauf von Donalds Meisterwerk miterleben zu können.

Doch mit der Begeisterung war es rasch vorbei gewesen. Extreme Clipperentwürfe liefen nun an der Ostküste gleich serienmäßig vom Stapel. Zudem machte sich Ernüchterung breit. Alle Kalifornien-Clipper, die über Kap Hoorn via San Francisco in ihre Heimathäfen zurückkehrten, wiesen erhebliche Schäden in der Takelage auf.

Angus legte seinen Kopf in den Nacken. Prüfend blickte er hinauf zu den Spieren der CLOUD. Sie waren fast alle notgelascht. Dem Bericht Käpt'n Creesys hatte er schon in Boston entnehmen können, daß sie in einem Sturm im Atlantik Groß- und Kreuz-Bramstenge, dazu noch die Groß-Marsrah verloren hatte.

Angus ärgerte sich, als er das geflickte Rigg betrachtete. In seinen ersten Takelageplänen hatte er den zu erwartenden gewaltigen

Segeldruck keineswegs unterschätzt. Masten und Spieren wären nach seinen Berechnungen stark genug ausgeführt gewesen. Doch er mußte dem Reeder nachgeben, der ein möglichst leichtes, aber stabiles Rigg verlangte, damit die Cloud auch in leichter Brise schnell segeln konnte. Natürlich war die dünnere Ausführung der Rahen und Spieren auch billiger, was wohl der eigentliche Beweggrund für die Durchsetzung der Änderungen gewesen war. Als die Großmarsrah heruntergebrochen sei, so schrieb Creesy, seien einige Toppsgasten nur mit knapper Not dem Tod entgangen. Doch das interessierte weder die Reeder noch die Teilhaber. Wichtig war nur, die Flying Cloud war nach New York zurückgekehrt. Die immensen Gewinne konnten ausbezahlt werden …

Angus verließ die Pier mit gemischten Gefühlen und begab sich in die South Street, zum Kontor der Reederei *Grinnell, Minturn & Co.* Angus wußte, daß Moses Grinnell, der an der Venuskrankheit litt, sich selbst mit Quecksilberpräparaten und Guajakholz behandelte. Deshalb schlief er mittags gewöhnlich zwei Stunden lang in seinem Büro und duldete während dieser Ruhepause keinen Besuch.

Diesmal jedoch empfing er Angus, ohne zuvor geruht zu haben. Angus hatte den Eindruck, als halte sich der Reeder der Flying Cloud nur mühsam auf den Beinen. Ausgeprägte Hautentzündungen an Wangen und Händen waren ebenso unübersehbar wie sein übermäßiger Speichelfluß. Zusätzlich zu diesem krankheitsbedingten Ungemach war er von geringem Wuchs, so daß seine Beine, wenn er saß, zwei Zoll über dem Boden baumelten. Er war ein erstaunlicher Mann, den sein Leben durch alle Höhen und Tiefen geschleift hatte. Die Jagd nach Glück hatte ihn, wie Angus, um die Welt getrieben. Seine Gesundheit hatte er in allen Breiten des Erdballs vernachlässigt und in den Absteigequartieren Londons, an den Spieltischen in Paris und bei den Huren Mexikos gefährdet. Er mochte gut zehn Jahre älter sein als Angus, aber er sah aus wie weit über fünfzig.

Ein kurzer Handschlag genügte beiden zur Begrüßung. Angus wußte, daß sich hinter der lebhaften Miene seines Gegenübers eine erstaunliche Energie verbarg. Schnell schob Moses mit seiner flachen, sehnigen Hand ein Blatt über den Tisch. »Ihr Gewinn! Ich habe ihn heute vormittag angewiesen!« Für einen Moment sah Angus ein knochiges Handgelenk aus dem Ärmel fahren, das sich schnell wieder zurückzog.

Angus nahm das Papier mit der Abrechnungstabelle in die Hand, ihn interessierte nur ein Betrag darauf. Er stand am Ende der Zahlenkolonne, gleich zweimal unterstrichen: 132 451 Dollar. Angus' Beteiligung an der Fracht der FLYING CLOUD betrug 40 000 Dollar. Bedächtig faltete er das Papier.

»Zufrieden, Mr. Mackay?«

»Es hätte mehr sein können!«

Die Maske Moses Grinnells wandelte sich. Begnadete Beredtsamkeit war ihm nicht gegeben, und er wußte es. Zwei Sätze hintereinander waren fast schon die Ausnahme. »Ein höherer Anteil an der Fracht war nicht möglich, Mr. Mackay. Mein Gewinn hätte sich noch weiter verringert, da Sie das Risiko der Schäden am Schiff nicht zu tragen brauchen.«

»Wie steht es mit der nächsten Reise der CLOUD?«

Moses' Stimme und Mimik änderten sich abermals. »Ich habe Ihre Briefe mit Aufmerksamkeit gelesen. Fünfzig Prozent ist ein Wort. Wenn Sie das Risiko der Schäden an Rigg und Rumpf mittragen wollen, können wir über eine höhere Beteiligung an der nächsten Fracht reden.«

»Ich trage schon das Risiko eines möglichen Totalverlustes. Dazu die anteiligen Kosten für Versicherung, Reise und Mannschaften ...«

»Gegenüber dem Risiko, das ich trage, ist das nichts, Mr. Mackay. Rund 100 000 Menschen sind im vergangenen Jahr von der Ostküste nach San Francisco gebracht worden. Die Besatzungen nicht mitgerechnet. Die meisten von ihnen, Offiziere wie Mannschaften, sind desertiert, um dem Gold nachzujagen. Das wäre nicht so tragisch, wenn nicht gleichzeitig die meisten Schiffe, die San Francisco erreicht haben, den Hafen nie wieder verlassen hätten.«

»Das sind doch Ausnahmen, Mr. Grinnell.«

»Ausnahmen? 775 Schiffe, Mr. Mackay, sind keine Ausnahmen. Vielleicht wird die FLYING CLOUD schon beim nächstenmal in der San Francisco Bay als Hotel oder gar als Gefängnisschiff enden.

Nein, Sie müssen nicht zustimmen. Die Liste der Bewerber unter den genannten Bedingungen wächst von Stunde zu Stunde. Es lohnt sich, auch wenn die CLOUD möglicherweise nicht mehr nach New York zurücksegeln kann.«

»Das ist doch nicht der wahre Grund, Mr. Grinnell!«

»Ach was! Das Risiko muß auf mehreren Schultern ruhen. Doch die Aussichten sind phantastisch. Verglichen mit den Erwartungen der zweiten Reise nach San Francisco ist das, was ich Ihnen gerade überwiesen habe, Klimpergeld!«

Angus ärgerte diese Übertreibung. »Dann werden Sie ja schon zum Frühstück Geld fressen.«

Moses Grinnell lächelte. »Sie wollen mich nicht verstehen, Mr. Mackay. Gründen Sie eine eigene Reederei, und Sie wissen sofort, worum es geht!«

Angus wußte, daß er Gefahr lief, seine Fassung zu verlieren, wenn er beginnen würde, mit Moses zu schachern. Deshalb erhob er sich langsam, während sich Grinnell lächelnd im Sessel zurücklehnte, so daß seine mickrige Gestalt fast darin verschwand. Dieses Lächeln war das gefährlichste Lächeln, das Angus je gesehen hatte.

»Wann werden Sie die FLYING CLOUD zur Reparatur ins Dock schicken?«

»Reparatur? Dock? Ich höre wohl schlecht! Sie kennen doch die Qualität Ihres Riggs. Sie wird in diesem Zustand jeden Orkan überstehen. Sie geht sofort wieder hinaus: Kurs Kap Hoorn!«

Angus wollte sich schon verabschieden. Grinnell bat ihn jedoch, noch einen Moment zu warten. Er ging ins Nebenzimmer und kam mit einem Buch unter dem Arm zurück. »Für Freunde der Firma *Grinnell, Minturn & Co.*« Es war das Logbuch, in dem die Rekordfahrt der FLYING CLOUD aufgezeichnet war. In goldenen Lettern auf weiße Seide gedruckt …

Angus hatte das Gefühl, daß in Moses eine Härte am Werk war, die noch tiefer wurzelte als die Habgier.

Angus ärgerte sich sehr über die Arroganz, die Moses Grinnell an den Tag legte. In seinen Augen waren die Bedingungen für eine weitere Beteiligung an den Frachten der FLYING CLOUD nichts als Gaunerei. Angus kannte die Selbstgerechtigkeit, mit der die Reeder die Gewinne aus den Reisen von und nach Hongkong oder San Francisco einheimsten, doch Grinnell überbot alle darin. Wahrscheinlich lag es an den Zeitungen und hing damit zusammen, was die Herren Nutznießer über sich und ihre märchenhaften Gewinne zu lesen bekamen. Jeder Reeder wollte den anderen übertrumpfen und zu denen gehören, denen unwägbare Risiken keine Angst einflößten. In Wahrheit konnten sie vor Sorge über das unberechenbar gewordene Geschäft nachts kein Auge mehr zutun. Doch der *gold rush* zwang sie weiterzumachen, auch wenn die Ereignisse um Kap Hoorn und San Francisco in den letzten Wochen für ausgeprägt schlechte Stimmung in den Kontoren der South Street gesorgt hatten. So stieg die Zahl der vermißten Schiffe um Kap Hoorn genauso dramatisch an wie die der flüchtigen Matrosen, sobald ihre Kapitäne den Anker in der San Francisco Bay geworfen hatten.

Angus wollte seinen Ärger über einem guten Fischgericht vergessen. Er klemmte seine Tasche mit dem Logbuch unter den Arm und steuerte auf *Sloopy Louie's Fish Restaurant* zu, das inzwischen zweimal umgebaut worden war, um bessere Kundschaft anzulocken. Der große Speiseraum, früher verpestet mit Gerüchen von Fisch, Fett, Schweiß und brennendem Petroleum, war in unterschiedlich große Nischen unterteilt, deren rötliche Ausstattung dem Restaurant einen Hauch von Anrüchigkeit verlieh.

Er blieb vor dem Spiegel am Eingang stehen, um seinen Rock und seine gebundene grüne Samtschleife zu richten. Danach ließ er sich von Alan, dem Oberkellner, seinen Platz zeigen.

Eine enorme Geräuschkulisse empfing ihn, als er durch die

Schwingtür trat. Den zahlreichen Uniformen nach zu urteilen, feierten alle New Yorker Kapitäne ein Fest. Am liebsten hätte er auf dem Absatz kehrtgemacht, um dem ganzen Trubel zu entfliehen. Doch als er an einem Raum vorbeigeführt wurde, auf dessen runder Tischplatte ein gutes Dutzend Matrosen je ein Bein plaziert hatten, blieb er für einen Moment neugierig stehen.

»Mr. Mackay! Kommen Sie herein. Feiern Sie mit uns!«

Angus blickte erstaunt in die Runde. Die Stimme war die von Anthony Burghess, der mit Angus auf der SEA WITCH gesegelt war. Um ihn herum saß ein Teil der Besatzung der FLYING CLOUD, stark angeheitert. Sprachlos betrachtete Angus das seltsame Bild, das sich ihm bot: Jeder der Seeleute hatte tatsächlich das rechte Bein auf der Tischplatte und hielt in der linken Hand ein volles Glas.

»Mr. Mackay!« rief Burghess erneut. »Wer Kap Hoorn unter Segel umrundet hat, darf nach dem Essen seinen Drink mit einem Fuß auf dem Tisch zu sich nehmen. So will es Neptun!«

Die Matrosen grölten Hurra, während Burghess sich erhob, einen weiteren Stuhl heranschob und Angus unter dem Jubel der Männer endgültig an den Tisch zog.

»Ruhe, Männer!« brüllte Burghess. »Wir begrüßen Mr. Angus Mackay, Rekordhalter auf der Route Hongkong–New York. Er hat ihn mit Käpt'n Waterman und natürlich mit mir auf der SEA WITCH herausgesegelt. Außerdem gehört er zu den Konstrukteuren Donald McKays, dem Erbauer der FLYING CLOUD!«

»Auf den Schotten!« brüllten die Männer und hoben ihre Gläser.

»Mr. Mackay, wir laden Sie ein, ebenfalls Ihr Bein auf die Tischplatte zu legen, um mit uns einen Drink zu nehmen«, animierte ihn Burghess, dem Beispiel aller zu folgen.

»Danke! Zu freundlich …« Angus ließ sich durch die gute Laune der Männer anstecken, legte sein rechtes Bein auf den Tisch und nahm ein volles Glas Scotch, das man ihm anbot, in seine Linke. Die Männer prosteten sich gegenseitig zu.

»Auf die Rekordfahrt der FLYING CLOUD!« revanchierte sich Angus bei den Matrosen.

»Auf den schnellsten Segler der bekannten Welt!« brüllte Burghess mit rotem Kopf.

Ein großer, schlottriger Leib, gekrönt von einem grauen, buschigen Haarschopf, hob rechts neben Angus zittrig das Glas. »Edmond Sand, Bootsmann auf der CLOUD«, stellte sich der Mann vor. Sie prosteten sich zu, dann fuhr Sand fort: »Ihren schönen Clipper hat es arg gebeutelt. Müßte dringend ins Dock!«

Angus konnte es sich gerade noch verkneifen, Grinnell als einen filzigen Knauser zu beschimpfen. Statt dessen fragte er Sand: »Wie kam es zu den Mastbrüchen?«

»Nichts gegen den Käpt'n, Mr. Mackay, doch er war nahe daran, durch Unterschneiden der turmhohen Wellen die CLOUD mit Vollzeug auf Grund zu segeln.«

»Vielleicht wollte er Mrs. Creesy imponieren, die er mit an Bord genommen hatte«, spottete ein Matrose mit galligem Teint und einer Warze von der Größe eines Kirschkerns zwischen Lippe und Nase. »Verdammt, wegen ihr konnten wir uns an Deck beim Waschen nicht nackt zeigen!«

»Angeber! Bei dir hätte Mrs. Creesy den Kieker nehmen müssen, um was zu entdecken!« höhnten die Männer.

»Die CLOUD ist ein fabelhafter Clipper, Sir!« tat sich der Matrose links von Angus hervor, den sie Franz nannten. Der Rotschopf trug die Kappe eines Marineoffiziers und eine Jacke von militärischem Schnitt unbekannter Herkunft. »Der Clipper reitet ganz famos auf der Ozeandünung«, fuhr er eifrig fort. »Durch die große Länge überbrückt er leicht die kürzeren Seen. Und er läuft schnell seine 16 oder 17 Knoten. Doch die sinnlose harte Segelei hat uns schon in den ersten Tagen unserer Reise fast eine Havarie eingebrockt.«

»Als der Wind zunahm, Mr. Mackay«, nahm Sand das Wort wieder an sich, »hatten wir den Eindruck, daß die Takelage wie eine Violine gestimmt war.«

»Wieviel Windstärken?«

»Wir hatten Nordwestwind. Ungewöhnlich für Anfang Juni. Er blies aus Südost mit Regen und fallendem Barometer. Später holte er von Nordost nach Nordwest durch. Er kam wie ein Wintersturm, anfangs mit Windstärke zwischen acht und zehn. Der Käpt'n glaubte scheinbar nicht an zunehmenden Winddruck, denn noch bei Windstärke zehn ließ er Vollzeug stehen.«

Angus dachte bei diesen Worten an Käpt'n Waterman, bei dem eine solche Leichtfertigkeit nie vorgekommen wäre.

»Jack, erzähl uns mal, was du an jenem Tag oben auf der Marsrah erlebt hast«, forderte Burghess den Toppsgast auf.

»Ich kontrollierte gerade die Schot der Großobermarsrah, als sich steuerbord querab ein dunkler Wolkenbogen zeigte. Aus solchen Wolkenbögen fallen meistens Böen von verheerender Stärke ein. Sie brausen heran, noch ehe sie den Zenit erreicht haben, und sind oft von Blitz und Donner begleitet. Der Käpt'n mußte das im gleichen Moment erkannt haben. Creesy hatte ein Megaphon aus Messing, Mr. Mackay, das fast zwei Fuß lang war. Wenn er seine Befehle hineinbrüllte, konnte man seine rauhe Stimme sogar bei Sturm noch bis zur Oberbramstenge verstehen. Das machte ihm keiner nach!«

»Was brüllte er denn?«

»Skysegel, Bramsegel bergen! Doch ich war allein im Großmast. Die Toppsgasten kamen gerade an Deck, als eine weiße Bö heranraste. Man konnte sie kaum erkennen. Doch ich sah, wie sie nahte. Krauses, gischtiges Wasser schob sie vor sich her. Ich ahnte, was dem Rigg bevorstand, und klammerte mich an die Großstengewanten. Plötzlich hörte ich nur noch ein Peitschenknallen um mich herum. Die CLOUD legte sich über. Die Leespieren des Großsegels tauchten in die Wellenberge. Wenig später sah ich ganze Mastteile samt Segel in die Tiefe fallen.«

Jack Dennery atmete tief durch, als hätte er die gefährliche Situation zum zweiten Male überlebt. »Anthony, erzähl du weiter«, wandte er sich an Burghess.

Anthony öffnete seine Seele. »Dieser verrückte Creesy! Alle spürten es. Er wollte um jeden Preis einen Rekord. Dabei hatte er den besten Clipper in seinen Händen und machte bedenkenlos ein halbes Wrack daraus! Ich kam gerade an Deck, als die Großbramstenge mit den daran befestigten Oberbram- und Skysegelstengen samt Segel und Blöcken polternd auf das Deck krachte. Zu guter Letzt kam auch noch die Bramstenge in einem Gewirr von Wanten herunter, die zu allem Übel die Takelage des Kreuzobermastes zerriß. Es sah aus, als hätte die FLYING CLOUD bei Trafalgar eine Breitseite der VICTORY erhalten.«

»Dann war sie ja halb entmastet«, stellte Angus trocken fest.

»Es kam noch dicker. Creesy schrie sich die Stimme aus dem

Leib. Er hetzte die Männer unter Todesgefahren in die noch stehenden Masten. Das lose Tauwerk schlug im Sturm mit einer ungeahnten Wucht, die einem jeden Knochen im Leib brechen konnte, sofern man getroffen wurde. Er ließ das Ruder mit zwei Männern besetzen, die unter Aufbietung aller Kräfte das schwere Steuerrad herumrissen, um die CLOUD abfallen zu lassen. Gerade als die Toppsgasten versuchten, auf die Rahen hinauszuklettern, krachte die Großmarsrah in einem Gewirr von Wanten und Stagen herab. Nun hatten wir genau die Situation, Mr. Mackay, die wir auf der SEA WITCH oft mit Käpt'n Waterman diskutiert hatten. Es bestand die Gefahr, daß die Mastteile, die außer Bord hingen, in den sturmgepeitschten Kreuzseen wie Rammböcke auf den Rumpf einwirken konnten.«

»Konntet ihr die Teile kappen?«

»Alles Seemannslehre! Blöcke schwirrten wie mörderische Pendel durch die Luft, und lose Rundhölzer schwangen todbringend über unseren Köpfen hin und her. Natürlich versuchten wir, die Leinen zu kappen, die über die Relinge zu den Bruchstücken ins Wasser führten. Das gelang nur teilweise, da Creesy sogar in diesem Durcheinander darauf achtete, daß nicht zuviel Material der See übergeben wurde. Brecher stürzten über Deck und vollendeten das Chaos. Zwei Matrosen wurden vor meinen Augen über Bord gespült. ›On The Banks Of Sacramento‹ hat uns an jenem Tag gleich zwei Menschenleben gekostet. Die Brecher tobten noch die ganze Nacht hindurch, und die wilde Gischt verrauschte erst am nächsten Tag, wenn auch äußerst langsam.«

Angus war ein wenig blaß geworden, da es ihn überraschte, wie leichtfertig Creesy seinen Einsatz von 40 000 Dollar aufs Spiel gesetzt hatte. Fassungslos schüttelte er den Kopf: »Wie habt ihr die CLOUD wieder flott gemacht?«

»Auf das Desaster folgte straffe Organisation, für die ich Creesy bewundere. Er schaffte es, während die FLYING CLOUD mühsam nach Osten lief, ihr innerhalb von nur zwei Tagen ein neues Rigg zu verpassen. Bramstenge und Rahen wurden ersetzt, das Ganze neu getakelt und gerigt. Die Arbeit war aufwendig und mühevoll, doch nach achtundvierzig Stunden hatte unser Clipper die volle Leistungsfähigkeit wiedererlangt.«

»Alle Achtung!« entfuhr es Angus.

»Aber das war erst das Vorspiel, Mr. Mackay!« rief ein Matrose quer über den Tisch. »Einen Tag später entdeckte ich, daß der Großmast gesplittert war, genau an der Stelle, wo die Bramstenge gesessen hatte.«

»Sie können sich vorstellen, was das für uns hieß. Der Südatlantik, Kap Hoorn und der Pazifik lagen noch vor uns«, sagte Burghess. »Außerdem hatte wir aufgrund des Mangels an Matrosen einige Landratten an Bord nehmen müssen, die noch nie auf See gewesen waren. Sie hatten nur angeheuert, um billig zu den Goldfeldern zu gelangen. Dafür fütterten sie nach Kräften die Fische. Die Männer hatten höllische Angst und wollten unbedingt an Land. Doch Creesy blieb hart und zeigte auch den besorgten Offizieren gegenüber keinerlei Entgegenkommen. So segelten wir mit einem angebrochenen Großmast Kap Hoorn entgegen.«

»Sie erzählen mir hoffentlich kein Seemannsgarn?« ließ Angus verlauten.

»Wenn Sie wollen, gehen wir zur Pier No. 20 und besichtigen den Mast!«

»Schon gut, Mr. Burghess. Es ist nur…«

»Niemand kann das auf Anhieb glauben, Mr. Mackay. Doch es ist die Wahrheit.«

»Erzählt weiter!«

»Der Mast hielt danach zwar einigen stürmischen Böen stand, doch es gab niemand an Bord, der nicht mit unverhohlener Sorge die ächzende Großstenge beobachtete. Mrs. Creesy jedoch entpuppte sich als eine ausgezeichnete Navigatorin. Sie brachte uns mit Hilfe von Maurys Seekarte in nur vier Tagen durch die Kalmenzone, so daß wir nach nur zweiundzwanzig Tagen über den Äquator gingen.«

»*Cape Stiff* war wohl äußerst gnädig mit der CLOUD«, lenkte Angus das Gespräch auf den Ort der Weltkarte, der jeden Seemann das Fürchten lehrte.

»*Blow, my boys, I long to hear you!*« knarzte Edmond Sand, dessen Augenbrauen sich wie ein von Spinnweben überzogener Strauch im Herbst ausnahmen, und genehmigte sich einen kräftigen Schluck aus seinem Whiskyglas.

Alles am Tisch verstummte. Jede Beschreibung, jede Erzählung mußte versagen, wenn sie den Kampf des Seemanns gegen den nassen Tod in der eiskalten brodelnden See wiedergeben sollte. Reflexe, Triebe und Instinkte mußten jeden Schritt, jeden Griff und jede Körperbewegung an Deck und in der Takelage zuverlässig steuern, um sicherzustellen, daß man der Vernichtung entging.

Langsam und still, dafür von allen Seiten, kamen die Emotionen, die der Name Kap Hoorn hervorrief, über den runden Tisch in *Sloopy Louie's Fish Restaurant* gekrochen. Angespannte Mienen, bebende Nasenflügel, das Zähneknirschen und die geballte Faust gaben die Empfindungen wieder, die das Kap der Stürme in den Köpfen der Matrosen auslöste.

Edmond Sand faßte sich als erster: »Die Stimmung auf der CLOUD war erbärmlich. Rio de Janeiro wurde passiert, der beschädigte Mast blieb unberührt. Das Wetter änderte sich rasch, so daß die angenehmen tropischen Temperaturen bald nur noch blasse Erinnerung waren. Einfallende Böen brachten wieder Hektik in die Takelage. Gewitterstürme kündigten sich an. Creesy taktierte plötzlich defensiver. Vorsorglich ließ er die Sky-, Oberbram- und Bramsegel einholen und die Toppsegel zweimal reffen. Obwohl der Sturm anhielt und über Nacht noch an Stärke zunahm, schoß der Clipper weiter nach Süden. Der Wind kam nun aus Westsüdwest und erreichte Orkanstärke. Dabei hatten wir noch nicht einmal den 55. Breitengrad erreicht. Mit einem Knall riß eine Orkanböe zwei der Stagsegel in Fetzen. Ich mußte, zusammen mit meinen Kameraden, aufentern. Wir holten die Reste der Segel ein. Trotz des Sturmgeheuls war das Ächzen und Krachen des geschwächten Großmasttopps über uns hörbar. Es drohte abzubrechen.« Sand unterbrach und nahm nun seinerseits bedächtig einen Schluck Whisky. Alle hingen wie gebannt an seinen Lippen.

»Als ich wieder an Deck stand, sagte ich Creesy, ohne jede Zurückhaltung, daß wir den Mast endgültig verlieren würden, wenn er nicht sofort etwas unternähme. Doch statt abzufallen und nach Rio zurückzulaufen, schickte er uns erneut in die Wanten, um die oberen Rahen herunterzuholen und damit den Mast zu entlasten. Wir waren allesamt todgeweiht. Während wir wieder in die

Wanten kletterten, bis zu zweihundert Fuß über Deck, holte der Clipper über, so daß seine Rahnocken in Lee durch die kochende See pflügten. Gleichzeitig brachen die Wellenberge über die Leereling herein und überfluteten das Deck hüfthoch. Der Großmast schwankte um gut hundert bis hundertdreißig Fuß nach Lee, um danach den gleichen Ausschlag nach Luv zu machen. Bei diesen Schaukelbewegungen, die von harten Bocksprüngen unterbrochen wurden, gelang es uns, die schweren Rundhölzer herunterzuholen. Es kam einem Wunder gleich, daß bei dieser Arbeit nur einer von uns aus den Wanten fiel. Wir alle trugen keinen einzigen trockenen Faden mehr am Leib, waren vor Kälte wie gelähmt und kamen gerade noch rechtzeitig an Deck zurück.« Sand machte eine kleine Pause. Dann sagte er in bitterem Ton: »Der Großmast wurde allerdings durch diesen Scheiß-Befehl gerettet.«

Angus nippte stumm an seinem Glas. Die ausgelassene Stimmung war längst verflogen, wenn auch die Füße noch auf dem Tisch ruhten. Er selbst witterte, daß etwas Wesentliches noch nicht angesprochen worden war. Vielleicht lag es auch daran, daß sich die Männer plötzlich an etwas erinnert sahen, das sie im *Sloopy Louie's* aus ihrem Gedächtnis verbannen wollten.

»Wie war es in der Hölle?« wandte sich Angus an Burghess, um die Unterhaltung wieder in Gang zu bringen.

»Mhm! Der Vorhof zur Hölle hat uns schon gereicht. Woodget, erzähl du die Geschichte!« Burghess sprach den Matrosen an, der Angus gegenüber saß. Er hatte den träge-lauernden Blick einer Echse. Wie er nun seitwärts blickte und den Kopf dabei neigte, hatte auch seine Haltung etwas Reptilhaftes an sich. Er war ein dumpfer, unheimlicher Mann.

»Okay, Burghess, wie du willst«, begann Woodget mit fester und durchdringender Stimme. »Es war an jenem Freitagmorgen, als ich unter dem fahlen Licht einer kalten Sonne meine Wache antrat. Backbordbug voraus kamen wie tiefliegende Wolken die Staateninseln in Sicht. Die See war ruppig, und der Clipper war von einer brodelnden, gischtigen See umgeben. Der Käpt'n stand auf dem Laufsteg, der das Deckshaus mit der Back verband. Er sah durch sein Fernrohr auf die gewaltigen Wellenberge, die aus Südwest, zwischen Staateninseln und Kap San Diego, heranrollten. Ich trat unter den Laufsteg. Der Käpt'n kam über den Steg heran. Dann brüllte ich meine Meldung, daß in unserem Mannschaftlogis unter der Back mehr Wasser über die Planken schwappte, als von Deck hereinkommen könne. Er sah zuerst ungläubig auf mich herab. Dann brüllte er zurück: ›Was glaubst du?‹

›Das Schiff macht Wasser, Sir!‹ erwiderte ich. Drei Stunden später war klar, daß die Pumpen das zulaufende Wasser aus der Bilge nicht lenzen konnten. An irgendeiner Stelle lief Wasser in den Rumpf der Cloud und drohte sie noch vor Kap Hoorn zu versenken.«

Woodgets verschlafener, eisiger Echsenblick wanderte zu Burghess. Seine kleinen erloschenen Augen, die Lider drumherum faltig und zerknittert, ruhten auf ihm. Offenbar wollte er sich versichern, daß er weitererzählen konnte. Burghess nickte.

»Zusammen mit dem Schiffszimmermann entdeckten wir bald das Leck. Unvorstellbares war passiert. Der Stöpsel der Ankerklüse auf der Backbordseite war absichtlich entfernt worden. Es war Sabotage! Ein Verrückter mußte sich an Bord befinden. Offensichtlich wollte jemand die Cloud versenken!«

»Der hatte wohl einen Pakt mit dem Teufel geschlossen!« ereiferte sich Angus und dachte dabei an seine Frachtbeteiligung von 40 000 Dollar. »Habt ihr den Schurken gefunden?«

»Wer einen Pakt mit dem Teufel schließen will, sucht entweder Reichtum oder Macht«, korrigierte Woodget Angus. »Das Scheusal, das wir fanden, hatte nur die Dummheit mit in die Wiege gelegt bekommen. Und er hatte noch dazu einen weitaus dümmeren Handlanger. Denn als wir die Öffnung gedichtet hatten, sahen wir, daß das Wasser nicht wie sonst durch die Speigatte abfloß. Durch ein etwa vier Zoll großes Loch in den Planken gurgelte es in den Laderaum, verdarb einen Teil der Ladung und floß im Innern bis zum tiefsten Punkt des Clippers. Der Irre und sein Helfer hatten das Loch genau unter ihren Kojen gebohrt. Sie hatten wohl darauf gesetzt, daß die Cloud durch ihre Tat gezwungen würde, noch vor Kap Hoorn einen Hafen anzulaufen.«

»Was hat Käpt'n Creesy mit den Halunken gemacht?«

»Zuerst haben wir uns natürlich um die Cloud gekümmert. Das Loch in den Planken wurde abgedichtet, die Mannschaftslogis und die Bilge gelenzt. Der Clipper lag stundenlang beigedreht, bevor er wieder auf Kurs gehen konnte. Die beiden Wahnsinnigen hatten nichts zu lachen. Bevor sie in Eisen gelegt wurden, haben wir ihnen einen Denkzettel verpaßt.« Woodget machte eine Pause. Anscheinend wollte er nicht näher darauf eingehen.

»Was für einen Denkzettel?« fragte Angus neugierig.

Woodget schlug mit der Faust auf den Tisch: »Mr. Mackay! Es ist die freie Entscheidung eines jeden Seemanns, sich für oder gegen Gott zu entscheiden, doch er darf sich *nie* gegen Schiff und Mannschaft stellen. Das hatten sie danach begriffen!«

»Ist gut, Woodget! Ist gut …«, beruhigte Burghess den Matrosen, der bald wieder seinen toten Reptilblick zeigte.

»Was tat sich um Kap Hoorn?« wandte sich Angus an Burghess.

»Der Sturm der darauffolgenden Nacht hätte die CLOUD wohl endgültig zum Sinken gebracht, wäre es uns nicht gelungen, das Leck zu finden. Doch die nächste Bedrohung ließ nicht lange auf sich warten. Allein Mrs. Creesy ist es zu verdanken, daß wir noch leben. Durch ihre sichere Navigation brachte sie uns heil um das Kap San Diego. Alle Welt glaubt, daß nahe der Ostküste von Patagonien Wetter und Winde günstiger sind und daß man unter Land viel leichter Fahrt nach Süden machen kann, als weit von der Küste entfernt. Jedenfalls hielten wir uns von 40 Grad südlicher Breite an auf der patagonischen Bank. Das stürmische Wetter ließ nicht lange auf sich warten. Es kam überfallartig mit Winden aus West und Südwest. Aus gleicher Richtung zogen drohende Wolkenbänke auf, und das Barometer hörte nicht auf zu fallen. An der Grenze des warmen Brasilstroms und des kalten Wassers der patagonischen Bank fielen erneut Böen von Orkanstärke über die Takelage her. Es wurde plötzlich eisig kalt. Wir hatten nur knapp acht Stunden Tageslicht, und die Sicht wurde immer schlechter. Hätte der Käpt'n, auf Anraten seiner Frau, nicht den Kurs geändert, so wäre die CLOUD in dem Schneesturm, der inzwischen tobte, direkt auf der felsigen Landzunge des Kaps zerschellt. Wir setzten mehr Segel, gingen auf neuen Kurs und hielten vom Land ab. Vierzehn Seemeilen beträgt die Distanz zwischen Kap San Diego und Kap Good Success, um in die Straße von Le Maire zu kommen. Mrs. Creesy koppelte uns bravourös hindurch.«

»Männer! Wir sollten unser Glas auf sie erheben!« unterbrach der Bootsmann.

»Auf Mrs. Creesy!«

Danach fuhr Burghess fort: »Die Schneeböen fegten waagerecht über das Deck und überzogen Wanten, Stagen, Masten und Spieren mit Eis. Der Käpt'n sah die Eisverkrustung mit Sorge, da die Masten nun dieses zusätzliche Gewicht tragen mußten. Diesmal ließ er nur die Toppsegel dichtgerefft stehen, damit die CLOUD auch in den turmhohen Wellentälern manövrierfähig blieb. Dabei war es für die Toppsgasten am schlimmsten, im Schneesturm die unteren großen Segel zu bergen. In diesen Höhen glichen die Teerjacken eher Eisvögeln. In den Mundwinkeln der Männer gefror der Saft des Kautabaks. Die Takelage flatterte in den ungeheuren Böen hin und her ...«

Burghess machte eine kleine Pause, um einen Schluck aus seinem Glas zu nehmen. Angus hatte eine klare Vorstellung von dem, was der Erste Offizier erzählte. Die Männer drohten auch sonst – ohne Schneesturm – von den Rahen zu fallen, wenn an Deck nicht richtig getrimmt wurde. Besonders gefährlich wurde es für die Männer oben auf den Fußpferden, wenn ihre Hände an den Brassen vor Kälte gefühllos wurden, während sie oben das klatschnasse, widerspenstige, mit Wucht schlagende Segeltuch kaum zu fassen bekamen, um es an den Rahen festzuzurren.

»Im heulenden Rigg sprach der Tod mit dem Sturm und pflückte sich weitere Opfer«, nahm Burghess die Erzählung wieder auf. »Die Ecke eines Segels riß und flatterte mit einer solchen Wucht über die Rah, daß zwei Männer auf den vereisten Fußleinen das Gleichgewicht verloren. Einer stürzte in die brodelnde See, der andere schlug an Deck auf. Beiden war nicht mehr zu helfen. Erschöpft, starr vor Kälte und mit blutenden Händen dankten wir jeder Stunde, die ein wenig Erleichterung versprach. Sobald es die See zuließ, erwiesen wir dem Unglücklichen im fahlen Morgenlicht die letzte Ehre. Als wir ihn der See übergeben wollten, wurde er von einem Brecher wieder an Deck gespült. Erst nach dem zweiten Versuch holte die See ihn heim. Danach machten wir uns wieder an die Arbeit. Keiner gönnte sich eine Pause. Wir wußten, es ging um Leben oder Tod.«

Es entstand eine lange Pause, die niemand zu unterbrechen wagte. Nach einer Weile sagte Burghess: »Zeigt eure Finger!«

Etwas zögerlich hoben einige ihre Hände und spreizten die Finger. Angus war ein erfahrener Seemann, doch was er hier sah, ließ ihn schlucken. Bei den meisten fehlten die Fingernägel …

»Sie blieben an den Segeltüchern festgefroren«, flüsterte Burghess. Wieder trat eine längere Pause ein, bevor er mit seinen Schilderungen fortfuhr. »Im Schneesturm kreuzten wir nach Süden, durch die Straße von Le Maire. Treibeisfelder waren von nun an eine weitere tödliche Gefahr. Dafür stieg die Temperatur an, und der Schnee ging wieder in Regen über. Neptun meinte es gut mit uns. Er erwies uns die Ehre, indem er uns erlaubte, nach Luv zu spucken. Am nächsten Morgen wehte nur eine steife Brise, und wir konnten wieder alle Segel setzen. Die CLOUD war schnell, so daß wir vor den nachfolgenden Seen ablaufen konnten, bevor sie uns von achtern nach vorn überliefen. Dafür schnitt sie gnadenlos jeden Wellenberg. Man durfte sich nicht umdrehen, da man sonst vor den furchterregenden Brechern erstarrte. Das Deck war in diesen Tagen pausenlos überflutet. Sand, du hattest Ruderwache an jenem Morgen, als Kap Hoorn um acht Uhr morgens vier Meilen querab gesichtet wurde.«

»Ja, der Mann auf der Mars im Fockmast sah die schneebedeckte Landspitze von Kap Hoorn als erster«, erzählte nun Sand weiter. »Hartruder segelten wir gegenan. Doch die CLOUD zeigte nun ihre besten Eigenschaften. Sie kreuzte gegen den aus westlichen Richtungen wehenden Starkwind gut auf und kam sogar gegen den nach Osten setzenden Strom an. Wenn wir uns auch die Hände an den Brassen blutig rieben, die gewonnene Strecke gegen Westen wurde durch den gegenläufigen Strom nicht zunichte gemacht. Was uns dagegen Sorge bereitete, waren die Tonnen von eiskaltem grünem Wasser, das zwischen den Verschanzungen von einer Seite zur anderen rollte und kaum noch ablaufen wollte. Doch das Deck war gut kalfatert. Wir machten kaum Wasser, und der Sturm konnte uns nicht festnageln. Die FLYING CLOUD bereitete ihrem Namen alle Ehre. Das machte uns Mut. Nur so konnten wir den endlosen Nächten trotzen, in denen eine beißende, lähmende Kälte von minus 17 Grad Celsius herrschte.«

»Wie lange habt ihr gegen Westen gekreuzt?« unterbrach ihn Angus.

»Kap Hoorn verschwand bald hinter einem weißen Vorhang. Wir machten nur vier Schläge zwischen dem Festland im Norden und der Eisgrenze im Süden. Wir kamen nur bis zu 56 Grad südlicher Breite. Seit vier Tagen konnten wir keine Beobachtungen mehr machen, doch auf den Koppelkurs von Mrs. Creesy konnte man sich verlassen. Gegen Mittag des 26. Juli befand sich die CLOUD auf 50 Grad 57 Minuten südlicher Breite. Wir ließen einen bleiernen Himmel hinter uns und liefen bei schöner Brise und klarem Himmel den Pazifik hinauf nach Norden.«

»Das waren ja nur drei Tage um Kap Hoorn!« rief Angus aus. Jeder am Tisch wußte, daß die meisten Schiffe manchmal Wochen, ja sogar Monate benötigten, um *Cape Stiff* zu umrunden. »Das brachte Creesy und euch den Rekord!« stellte Angus fest.

»Auf uns, Männer!« rief Burghess aus und hob sein Glas.

»Auf uns!« schmetterten die Männer im Chor zurück.

Als wieder etwas Ruhe am Tisch eingekehrt war, fuhr Burghess fort: »Der Rest der Reise war ein einziger Geschwindigkeitsrausch. Das Logscheit maß an manchen Tagen mehr als achtzehn Knoten Fahrt, und das größte Etmal betrug 325 Seemeilen, was einer Geschwindigkeit von durchschnittlich fünfzehneinhalb Knoten entsprach. Von Böen getrieben, schoß die FLYING CLOUD nur so in Richtung Golden Gate.«

»Wann ging es über den Äquator?«

»Am 12. August. Ab diesem Tage waren wir vom Glück begünstigt. Creesy roch den Braten. Er wollte den Rekord der SURPRISE, die ihn auf dieser Strecke mit 96 Tagen hielt, brechen. Zwölf Tage begleitete uns das Glück. Doch unser Käpt'n riskierte wieder zuviel. Der Wind frischte nach Tagen leichter, unsteter Winde am 29. August auf. Er ließ wieder alles an Tuch stehen und verlor prompt die Vorbramstenge in einer Bö ...«

Angus kratzte sich am Kopf, was er immer tat, bevor er Dampf abließ. »Ich glaube nun endgültig, er ist nicht der richtige Kapitän für eine solche brillante Konstruktion wie die CLOUD!« brach es aus ihm heraus. »Sie braucht nur einen ausreichend sensiblen Kommandanten. Das ist alles!«

»Das wissen wir heute auch, Mr. Mackay«, erwiderte Burghess. »Doch das Rekordfieber hatte uns plötzlich alle gepackt. Trotz der starken Sturmböen haben wir unter übermenschlichen Anstrengungen die Vorbramstenge in nur vierundzwanzig Stunden wieder angeschlagen. Am 31. August passierten wir South Farallone. Creesy ließ nun jeden Fetzen Segel setzen. Außer seiner Unterhose und dem Nachthemd seiner Frau trug die FLYING CLOUD alles, was an Leinwand noch aufzutreiben war. Bevor wir in die Bay von San Francisco einliefen, schossen wir elegant in den Wind und nahmen den Lotsen an Bord. Wenig später liefen wir durch das Golden Gate und warfen vor Alcatraz Island Anker. Mit 89 Tagen und 21 Stunden hatten wir den Rekord der SURPRISE um fast eine Woche unterboten!«

»Nochmals, Gratulation!« rief Angus und klopfte Burghess auf die Schulter. »Männer, ich geb' noch eine Runde aus. Ihr dürft nach dieser Reise von mir aus zwei Füße auf den Tisch legen!«

»Auf die Großzügigkeit von Mr. Mackay!« rief Edmond Sand.

»Zwei Füße! Hurra!« erwiderte die Runde und führte den Vorschlag prompt aus.

»Mir knurrt der Magen!« flüsterte Angus Burghess zu, erhob sich und nahm seine Tasche, um den ihm zugewiesenen Tisch außerhalb des Raums anzusteuern. Burghess begleitete ihn bis zu seinem Platz.

»Mit wieviel Mann seid ihr zurückgekehrt?« fragte er Burghess beiläufig.

»Ehrlich gesagt, mit weniger als der Hälfte!«

»Warum ist der Rest an Bord geblieben? Warum erlagen sie nicht den Reizen Kaliforniens?«

»Die Heuern für gute Matrosen und Wachoffiziere explodieren auf der Kalifornienroute genauso wie die Preise der Waren, die wir um Kap Hoorn bringen. Creesy hat uns die Heuer in San Francisco großzügig erhöht. Statt zwölf Dollar den Monat gab er den Männern fünfzig. Und dazu haben wir eine Prämie von einhundert Dollar mit ihm ausgehandelt, die sofort ausbezahlt wurde. Ansonsten läge die CLOUD jetzt noch in der San Francisco Bay. Das Schicksal war ihm gnädig. Die meisten der Männer, die am Tisch saßen, sind in New York und Boston verheiratet und haben Familie.

Sie bringen die höchste Heuer mit nach Hause, wenn sie nicht vorher das Geld in den Bordellen durchbringen. Wir hatten Glück im Unglück.«

»Das kann man wohl sagen, Mr. Burghess«, erwiderte Angus und wollte ihn schon entlassen, aber eines war ihm noch wichtig: »Mhm! Mr. Burghess. Die CLOUD. Wie beurteilen Sie den Zustand ihrer Takelage?«

»Bevor sie nicht im Dock war, wage ich es kein zweites Mal auf ihr. Tut mir leid. Es gibt genügend neue Clipper.«

»Haben Sie vielen Dank für Ihre Offenheit!«

Nachdem Burghess sich verabschiedet hatte, bestellte Angus sich eine Dorade vom Grill und entnahm seiner Tasche das protzige Logbuch über die Rekordfahrt der FLYING CLOUD. Auf der ersten Seite war ein Artikel aus dem *New York Herald* abgedruckt. Angus las die ersten Zeilen:

*»Das Logbuch der* FLYING CLOUD *liegt uns nun endlich vor. Niemals ist ein fesselnderer Bericht aus einer Feder geflossen; denn die Überfahrt erfolgte zwar außerordentlich schnell, aber die Umstände waren alles andere als günstig ...«*

Angus blätterte darin und überflog die Seite, auf der die halbe Entmastung der CLOUD notiert war. Die Namen der Toten waren unterstrichen. Er rieb sich das Kinn: »Trotz seines Rekordes«, murmelte er vor sich hin, »Creesy wird nie ein Herr des Windes werden!«

»Na? Siehst ja aus wie ein tropfender Anker am Kattbalken – Sorgen?« sprach Donald McKay, als Angus mit einer gefalteten Zeitung in der Hand sein Büro betrat. Ihm war aufgefallen, daß sein Vetter schon seit Tagen mißgelaunt herumlief. Angus antwortete mit einem Achselzucken.

»Wir sollten etwas Ordentliches trinken«, meinte Donald und erhob sich. »Ich hab' da was für uns!« Donald verließ den Raum.

Als er zurückkam, schwenkte er in seiner Rechten eine Flasche Talisker, während in seiner Armbeuge eine zweite Buddel schaukelte. Den Talisker stellte er auf seinem Schreibtisch ab und hob die zweite Flasche vor Angus' Gesicht.

»Der ist neu! Käpt'n Murdoch von der OCEAN MONARCH brachte ihn aus Liverpool mit. Eine Familie Stephenson brennt ihn in einem kleinen Fischerdorf namens Oban, südlich unserer Heimat. Oban liegt auf Kintyre, wie Murdoch mir sagte.«

Angus beobachtete, wie Donald die Flasche entkorkte, zwei feine, bauchige Gläser aus einem Schrank nahm und sie großzügig füllte. Dann reichte er Angus eines und bot ihm den Sessel an. »Nimm Platz. Mach's dir bequem. Der Whisky wird deine Seele wieder ins Gleichgewicht bringen!«

Angus nahm einen kräftigen Schluck und kaute ihn lange, bevor er ihn hinunterschluckte. Kurz darauf leuchtete Bewunderung in seinen Augen auf.

»Nun, was bedrückt dich?« fragte Donald. Sein scharfer Adlerblick, etwas gemildert durch die freundliche Mundpartie, registrierte jeden Gefühlsausdruck in Angus' Gesicht. Angus nahm die Zeitung und entfaltete sie. Es war der *California Courier*, eine Ausgabe vom Februar 1852. »Hast du etwas vom Desaster auf William Webbs CHALLENGE gehört?«

»Ja, ich habe davon gehört. Bin jedoch immer vorsichtig mit Meldungen, die einen langen Weg hinter sich haben.«

Angus reichte Donald die Zeitung. »Ich kann es nicht fassen, daß Käpt'n Waterman und seine Offiziere Männer auf der Reise nach San Francisco grausam ermordet haben sollen.«

Donald nahm die Zeitung und las aufmerksam den Bericht. Als er damit fertig war, meinte er: »Wahrhaftig, eine mörderische Reise! So viele Grausamkeiten und Tote gab es sicher noch nie an Bord eines Clippers.«

»Ich habe den Eindruck, auch an Bord unserer Clipper machen sich schlechte Bedingungen breit.«

Donald lehnte sich zurück. Eine senkrechte Falte bildete sich zwischen seinen Augenbrauen. »Wie meinst du das?«

»Wir bauen hier die besten Clipper, und die Mannschaften auf ihnen werden immer miserabler.«

»Dafür können wir nun wahrhaftig nichts, Angus! Und ich bin der Auffassung, die Kapitäne sollten daran gemessen werden, wie sie die Welt mit ihrem seemännischen Können verändern, und nicht an dem, was sie wegen Kap Hoorn zu verdauen haben. Keinen einzigen General hat unser Land je so zwischen den Zähnen geschüttelt wie die eisernen Kapitäne auf unseren Clippern!«

»Was nützen die besten Clipper, wenn sie bald keiner mehr handhaben kann?«

»Sei nicht zu pessimistisch. Dich verbindet einiges mit Waterman, was ich verstehen kann. Traurig, aber wahr, die CHALLENGE war wohl sein letztes Kommando.«

»Die CHALLENGE ist verflucht. Man hat ihr die Persönlichkeit und den Ruf gestohlen. Deshalb gilt sie von nun an als Unglücksschiff.«

Donalds Miene zeigte Verärgerung, doch Angus fuhr fort: »Unsere WESTWARD HO!, so habe ich von Käpt'n Johnson erfahren, hat erst zwanzig absolut unerfahrene Männer anheuern können. Sie lief am 14. September vom Stapel. Nun haben wir Anfang Oktober. In wenigen Wochen stellen wir die BALD EAGLE fertig...«

»Angus!« unterbrach ihn Donald scharf. »Wir bauen die Clipper im Auftrag der Reeder. Wir haben weder Einfluß auf die Auswahl der Kapitäne noch auf die Zusammenstellung der Besatzungen. Wir können den Reedern nicht befehlen, ihre Clipper technisch perfekt zu halten. Somit tragen wir auch keine Verantwortung für das, was auf den Routen der Weltmeere mit ihnen passiert!«

»Die Clipper werden hier getauft und bleiben mit dem Namen deiner Werft verbunden.«

Donald atmete tief durch. »Ich weiß nicht, was du willst.« Daraufhin nahm er die Zeitung, schlug sie wieder auf und meinte: »Wie aus dem Bericht hervorgeht, war Watermans Fehler, daß er den Menschenschinder James Douglass zum Ersten Offizier ernannte. Jedermann an der Ostküste weiß, daß Douglass dazu neigte, aus Landratten Seeleute oder Hackfleisch zu machen. Zudem tendierte auch Käpt'n Waterman zunehmend zu Gewalttätigkeiten, wie ich über die Reederei *N. L. & G. Griswold* erfahren habe.«

»Du meinst ›*No Loss and Great Gain*‹«, bemerkte Angus bissig.

»Kein Verlust und großer Gewinn ist durchaus ehrenwert«, erwiderte Donald gelassen.

»Ich kenne Waterman als einen besonnenen und gerechten Mann«, fuhr Angus wieder ruhiger fort.

»Wir müssen festellen, Kap Hoorn verändert die Menschen auffallend schnell! Bevor der Lotse die CHALLENGE am Ausgang von New York Habor verließ, hatte er gesehen, wie Waterman einem schwarzen Steward für ein Vergehen, das niemand beobachtet hatte, mit einem Messer die Kopfhaut aufritzte.«

Angus blickte Donald ungläubig an.

»Wußtest du, daß Waterman auf seinen letzten Fahrten ein merkwürdiges Ritual pflegte?«

Angus schüttelte stumm den Kopf. »Er ließ sich einen Eimer voll Meerwasser bringen, bespritzte sich damit das Gesicht, zum Zeichen, daß er damit seine Persönlichkeit abwusch. Für das Leben auf See, so verkündete er den Matrosen, die dem Ritual beiwohnen mußten, werde er gezwungen, einen anderen Charakter anzunehmen. Das ist aus dem berühmten Waterman geworden.«

»Das ändert nichts daran, daß hier auf unseren Straßen kranke, gestrandete Menschen, die noch nie zur See gefahren sind, von den *crimps* schanghait und am nächsten Morgen gnadenlos in die Toppen gejagt werden.«

»Auch das wird die McKay-Werft, Boston, nicht ändern können! Angus, sieh doch ein: Ich stehe mit den Werften im Kampf um die Aufträge der Reeder. Du stehst in Konkurrenz zu den Konstrukteuren und jeder Kapitän in Rivalität mit anderen, die jedesmal schneller sein wollen, um die ausgesetzten Prämien zu kassieren.«

»Bald bauen wir Clipper nur zur Vernichtung!«

Donald wurde bleich. Bedächtig stellte er sein Glas auf den Schreibtisch.

»Was reitet dich? Raus mit der Sprache! Was wirfst du mir vor?«

»Entschuldige! Ich wollte dich nicht persönlich angreifen. Ich habe mir vielleicht zu viele Einzelschicksale in den Tavernen angehört.«

Donald richtete sich in seinem Sessel auf und fixierte Angus. »Kann es sein, daß du dich selbst schuldig fühlst, weil du mit deinen

Beteiligungen und Spekulationen im Kaliforniengeschäft ordentliche Gewinne machst?«

Nun wurde Angus blaß. Donald stand auf. Er wirkte wie ein Wellenbrecher, als er sich hinabbeugte und sich dabei auf den Armlehnen des Sessel abstützte. Sein Stimmfall nahm etwas Aristokratisches an. »Deine eifrige Suche nach lohnenden Beteiligungen, dein gewaltiger Dollareinsatz bei den Frachten beschleunigt das Sterben auf den Schiffen. Ist es das, was in dir tobt? Doch ich will deiner Seele Absolution erteilen. Nichts wird durch dein Geld bewegt, nichts verbessert und nichts verschlimmert! Gegenüber dem Gold von Kalifornien bleiben wir arm, und gegenüber der Weltbühne San Franciscos sind wir nur Statisten. Aber an einem halte ich fest: Kein Clipper hat bis heute meinen eigenen Ansprüchen genügt. Das ist, im Gegensatz zu dir, *meine* einzige Triebfeder!«

Angus war nun ebenfalls aufgestanden. Er blickte beschämt zu Boden. Dann sah er Donald in die Augen. »Du hast recht. Das ist der Konflikt, den ich in mir trage. Mich empört vieles, und doch versuche ich mich gleichzeitig am Goldrausch zu beteiligen. Wie hast du das erraten?«

»Du hast bei den Banken und manchen Reedereien in New York einen glänzenden Ruf, mein Bester! Wenn du bei den Rumpf- und Mastkonstruktionen unserer Clipper nicht genauso erfolgreich wärst wie mit deinen Geschäften, hätte ich dich schon längst gefeuert!«

»*Excelsior!*« erwiderte Angus und hob sein Glas.

»*Excelsior!*«

Beide tranken ihre Gläser leer, woraufhin Donald nachschenkte. Sie traten mit ihren Drinks ans Fenster, wo auf einem Glastisch ein neuer Globus stand. Amerika war nach vorn zum Licht gedreht. Donald beugte sich über die Welt. »Sieh nur, die Strecke!« Sein Finger glitt um Südamerika und Kap Hoorn entlang. »Dreizehntausend Seemeilen an einem Stück!« Dann stieß sein Fingernagel wie eine Kralle auf den Isthmus von Panama. Mit ihm überquerte er mehrmals die Landbrücke von der Karibischen See zum Pazifik. »Und hier, an dieser Stelle auf dem Globus, wird sich alles wieder normalisieren. Die Dampfschiffe werden kommen. In den Kohlebunkern werden sie dann alle von der Segelei um Kap Hoorn schwärmen. Dieser Brückenkopf wird uns in wenigen Dezennien die wahren Probleme im Clipperbau bringen.«

Dann drehte er ab, überquerte mit seinem Finger den amerikanischen Kontinent. »Und hier, Amerika. Bald werden die Bahnen die Brücke nach Kalifornien schlagen. Bis dahin müssen wir die Clipper verbessern, müssen sie größer und schneller machen. Nur dann bleibt es unser Geschäft!«

»Du könntest dein Geschäft optimieren«, sagte Angus.

»Mhm! An was denkst du? Wie soll das aussehen?«

»Was hältst du davon, selbst als Reeder aufzutreten? Dein Bruder Lauchlan ist Kapitän ...«

Donald lächelte entspannt. »Daran habe ich schon gedacht. Daher habe ich mich entschlossen, der Eigner der SOVEREIGN OF THE SEAS zu bleiben. Mein Bruder ist inzwischen Kapitän der SOVEREIGN. Und sei beruhigt: Er hat sich eine ausgezeichnete Mannschaft zugelegt.«

Donalds Rede versetzte Angus einen Stich, da er gehofft hatte, Donald würde auf seinen Vorschlag hin ein gemeinsames Projekt vorschlagen.

»Genial, Donald! Gratuliere!« entgegnete Angus etwas gekünstelt, und die Enttäuschung war ihm anzumerken. Donald legte den Arm um seinen Vetter. »Ach, Angus! Ich kenne dich zu gut. Ich ahne, was dich bewegt. Doch ich habe die gleichen Überlegungen schon vor mehr als einem Jahr mit meinen Brüdern diskutiert.«

»Dann hast du alles erreicht, von dem ich noch träume.«

»Warum tust du dich nicht mit deinen Brüdern in England zusammen? Zusammen verfügt ihr doch über genügend Erfahrungen.«

»Erfahrungen ... Sicher verfügen *wir* über Erfahrungen. Ich denke, wir müssen noch etwas abwarten«, bemerkte Angus etwas hoffnungsfroher.

»Wann wollte dein Bruder Kenneth nach Boston kommen?«

»Sein Besuch ist für Mitte nächsten Jahres geplant.«

»Vielleicht läßt sich zusammen mit den Reedern in England etwas machen«, überlegte Donald

»Mal sehen ...«

»Übrigens, ich habe noch eine Neuigkeit für dich«, sagte Donald und warf einen Blick auf die Tür, um sich zu vergewissern, daß sie geschlossen war.

»Du machst mich neugierig!«

»Also: Kalifornien wird uns noch die nächsten Jahre fordern und den Tee Chinas nehmen wir mit, wo immer es geht. Aber: ein zweiter Goldrausch steht der Werft bevor!«

»Ein zweiter?« Angus war überrascht.

»Genau! Ein zweiter. Der fünfte Kontinent! Australien liegt genau auf der Route, wenn wir von San Francisco aus weiter westwärts segeln. In Ballarat und den Provinzen Neusüdwales und Victoria finden sie genausoviel Gold wie in Kalifornien. So viele Schiffe, wie benötigt werden, können wir gar nicht bauen. Ich denke, das ist auch für dich und deine Brüder eine riesige Chance.«

»Hört sich an, als wolltest du mich loswerden.«

»Angus, ich bin Realist. Früher oder später wirst du deine Pläne umsetzen wollen. Das Geld, so nehme ich an, hast du längst beisammen.«

»Es kann nie genug sein!«

»*A propos*, genug! Auf was für ein Schiff hast du gesetzt?«

Angus reagierte irritiert: »Du sprichst vom Rennen nach Kalifornien?«

»Ganz genau!«

»Ich habe natürlich auf unsere FLYING FISH gesetzt!« bekannte Angus.

»Mhm! Ich habe mich an die JOHN GILPIN herangeschmissen. Ich vertraue auf Käpt'n Putnam, auf sein Gespür für den Wind. Er wird das Rennen machen.«

»So, so! Dann sind wir ja Kontrahenten«, sagte Angus. »Trotzdem enttäuschst du mich. Schenkst einfach einem anderen Clipper dein Vertrauen. Ich dagegen setze sowohl auf unseren Entwurf als auch auf Käpt'n Nickels.«

Donald blickte etwas verunsichert drein. »Hast du besondere Gründe?« fragte er eilig.

»Käpt'n Nickels wird die Wind- und Strömungskarten von Maury auf der Strecke um Kap Hoorn am besten umsetzen. Wollen wir darauf eine private Wette abschließen?«

Donald zögerte. Angus spürte, daß sich Donald wohl selbst mit einem hohen Betrag an dem Ausgang des Rennens beteiligt hatte und sich seiner Entscheidung nun nicht mehr ganz sicher war. Es lag wohl daran, daß er die Erfahrungen seines Vetters mit Windrouten, Clippern und Kapitänen schätzte und neidlos anerkannte.

»Tausend Dollar!« sagte Donald mutig und reichte Angus die Hand.

»Tausend Dollar!« wiederholte Angus.

»Wie geht es Hillary?« fragte Donald, als sich Angus verabschiedete.

»Wir hoffen stark auf Nachwuchs!«

»*Excelsior!* Tut was für den Clan!« erwiderte Donald lächelnd.

Für das *Ristorante Casale* der Signori Mario Bensi und Giorgio Malandra verwendeten die Highlander den Begriff »Scotchman's Heaven«. Vielleicht lag es auch daran, daß unweit davon die »School of Venus«, das Edelbordell von East Boston, lag.

Ob in der flimmernden Gluthitze des Bostoner Hochsommers oder in der ungeahnt bitteren Kälte eines arktischen Winters, für Angus und Hillary schmeckte alles vertraut, aber doch jedesmal wieder ungeahnt köstlich. Man hatte den Eindruck, die Signori waren den Traditionen ihrer italienischen Heimat so lange auf den Grund gegangen, bis sie wußten, warum die Rezepte so und nicht anders lauteten.

Ihr Lächeln, als Antwort auf fremde Grüße von Handelsleuten, Offizieren, Reedern und Kapitänen, entspannte sofort deren oft kantige, harte Gesichtszüge. Die Signori waren mehr Gastgeber als Wirte, und die meisten Erstbesucher wurden zu Stammgästen. Mein Gott, wer hatte hier nicht schon alles gesessen und erlebt, wie die Aromen des *Misto delle paste* die Lebensfreude steigerten. Bei einer solchen Küche war es einfach, Genuß und Geschäftsbeziehung in Einklang zu bringen.

Die großen Fenster waren geöffnet, um die angenehme Wärme

des Juniabends durch die Räume strömen zu lassen, welche durch offene Türen verbunden waren. Den staunenden Blicken der Gäste boten sich unterschiedlichste Wandgemälde mit Motiven italienischer Städte und Landschaften dar. Abgerundete, helle, weich geschwungene Mäuerchen begrenzten die Marmortische und gliederten den großen, offenen Raum in Nischen, die Angus und Hillary scherzend »Herzkammern« nannten.

»*Fregnacce con Funghi, Ravioli di Ricotta e Cannoli con Gorgonzola*«, bestellte Angus als zweiten Gang für Hillary, Kenneth und sich. Sein Bruder hatte im *Ristorante Casale* den Eindruck gewonnen, daß er, von England kommend, die erste Welt der Bequemlichkeit zwar verlassen hatte, aber in eine zweite, noch bequemere eingetaucht war.

Es war zugleich der Abschiedsabend in Boston, zu dem Kenneth eingeladen hatte. Am nächsten Morgen würde er wieder an Bord gehen, um nach London zurückzukehren. Ereignisreiche drei Wochen waren vergangen. Unausgeschlafen, doch überwach hatten die Brüder die gemeinsamen Tage für sich genützt. Ein Zusammengehörigkeitsgefühl zwischen ihnen war gewachsen, das sie zuvor nicht gekannt hatten. So reisten sie schon in der ersten Woche nach Kenneths Ankunft nach New York, um die Siegesprämie der FLYING FISH zu kassieren. Angus hatte mit der gewonnenen Prämie wie auch mit der Beteiligung an der Fracht seinen Kapitalbesitz deutlich erhöhen können. Zudem hatte er auch die Wette mit Donald gewonnen, da die JOHN GILPIN mit 93 Tagen auf der Strecke New York – San Francisco einen Tag langsamer war als die FLYING FISH.

Beeindruckend waren für Kenneth die riesigen Piers von Manhattan und die gewaltige Anzahl der Clipperschiffe auf dem East River, der die Themse in seinen Augen zur Pfütze schrumpfen ließ. Überwältigt zeigte er sich auch von den Dimensionen der GREAT REPUBLIC, die gerade auf Donalds Werft auf Kiel gelegt wurde. Mit 4555 Tonnen durchpflügte ab September der größte Clipper der Welt die Wogen der Ozeane. Eigner dieses gigantischen Clippers würde Donald McKay sein …

Hillary, die in Boston geblieben war, als die Brüder nach New York reisten, um Stadt und Werften kennenzulernen, zeigte sich überglücklich über die Entscheidung ihres Mannes, im nächsten Jahr nach Schottland zurückzukehren. Ihre Ehe war bisher kinderlos geblieben, was beide oft traurig stimmte. Hillary erzählte Angus eines Nachts, nachdem sie sich geliebt hatten, daß sie in ihren Träumen oft ein Kind gebar. Auf sein Befragen hin erzählte sie, daß es immer der gleiche Ort sei, an dem sie mit einem Sohn niederkam.

»Das ist am Assynt«, murmelte Angus erstaunt, als durch Hillarys Schilderungen Bilder vom schottischen Hochland in ihm hochkamen.

»O ja, natürlich!« versicherte Hillary freudig. »Ich habe offenbar von alledem ein tiefes Gefühl zurückbehalten. Ich besitze jede noch so kleine Erinnerung daran.«

»Glaubst du, daß das der Grund sein könnte?«

»Ich kann es nicht sagen. Doch das Gefühl ist wirklich da. Manchmal kommt mir der Gedanke, daß ich nur in den Highlands Mutter werden kann. Es ist einfach unsere Heimat.«

»Ich habe immer geglaubt, du würdest dich in New York oder hier in Boston wohl fühlen.«

»Weil ich dich liebe, kann ich hier leben, ja. Doch was mich ganz erfüllen würde, bleibt bisher in der Ferne, als ein Juwel, das ich nicht berühren kann.«

Angus beugte sich im Kerzenschein über seine Frau und betrachtete ihr Gesicht lange. Sie lebte seit Jahren genauso getrennt von ihrer Familie wie er selbst. Aus ihren Augen spricht die Wahrheit, dachte er sich. Man konnte sie nicht mißverstehen. Als er für einen Moment selbst die Augen schloß, sah er seinen Felsenthron auf dem *Choc an Droighinn*. Mit der neuen Hoffnung, die sich hinsichtlich des ersehnten Nachwuchses auftat, atmete er befreit durch.

»Ich werde ausloten, ob es Hindernisse gibt. Ich verspreche es dir«, flüsterte er in Hillarys Ohr ...

Bevor Kenneth nach Boston kam, hatte ihn Angus in einem unverfänglichen Brief gebeten, die Situation vor Ort zu überprüfen. Kenneth hatte bei seinen Nachforschungen in Inverness keine Mühen gescheut. So brachte er in Erfahrung, daß die Ereignisse am Assynt vom Jahre 1832 in den Akten niedergelegt worden waren. In welchem Umfang allerdings, konnte er ohne Gefahr für sich und den Clan nicht vollständig ausloten. So drehte sich ein guter Teil der Gespräche zwischen den Brüdern um die Möglichkeiten, wie sich die verräterischen Papiere beseitigen lassen würden, um die letzten Spuren des schicksalhaften Jahres 1832 endgültig zu tilgen ...

»*Sparnocchio con Fagiolini, Pomodoro e Basilico*«, kündigte der Kellner den dritten Gang an. Kenneth nahm sein Rotweinglas und hielt es gegen die Kerze. Dann schwenkte er den Inhalt, schnupperte daran und prostete seiner Schwägerin zu: »Vollendet wie deine Schönheit!«

Hillary errötete und lachte, dann ließen sie die Gläser über dem Kompliment erklingen.

Angus tippte an sein Glas: »Du erstaunst mich immer mehr, Kenneth. Regt dich dieser gute Tropfen zu solch fundamentalen Erkenntnissen an?«

»Du bist nur neidisch, weil du nicht selbst auf diesen schönen Vergleich gekommen bist«, parierte Kenneth.

»Nicht gerade ...«

»Wir freuen uns jedenfalls über deine Inspiration«, unterbrach Hillary mit erhobenem Glas das Streitgespräch. »Wie steht es eigentlich mit euren Plänen, die Mackay-Reederei auszubauen?« fragte sie Kenneth.

»Ich habe Angus berichtet, daß im Londoner Sportmagazin *Bell's Life* im letzten Jahr eine Anzeige erschien, aufgegeben vom American Navigation Club, in dem die Schiffbauer Großbritanniens zu einem Clipper-Wettkampf herausgefordert wurden. Der Wetteinsatz sollte 50000 Dollar betragen. Soviel wie die Baukosten eines Clippers von tausend Tonnen.«

»Und, gingen die Briten darauf ein?«

»Nein. Sie haben zwar mit der CHRYSOLITE und STORNOWAY inzwischen zwei größere Clipper gebaut, doch beide blieben auf der Chinaroute hinter den besten Leistungen der McKay-Clipper weit zurück.«

»Ihr könnt ja den Briten auf die Sprünge helfen«, meinte Hillary unbefangen.

»Den Briten sicher nicht. Wenn, dann den Schotten. Nur Glasgow oder Aberdeen kämen dafür in Frage. Doch Aufbau bedeutet auch, daß man auf die richtigen Clipper setzen sollte«, gab Angus zu bedenken.

»Alles hängt davon ab, wie schnell Angus zurückkommt. Er ist der einzige von uns, der weiß, worauf es bei einem Clipper über tausend Tonnen ankommt«, stellte Kenneth fest.

Angus nahm sein Glas und betrachtete es lange. »Die Zeit drängt tatsächlich!«

Kenneth, der das Signal zu deuten verstand, hakte nach. »Was willst du uns damit sagen?«

Angus' Gesichtszüge verhärteten sich. »Ich habe heute morgen zufällig einen Brief auf Donalds Schreibtisch entdeckt.«

»Was stand drin?« wollte Hillary wissen.

»Es war die Antwort auf ein Angebot, das Donald gemacht hatte.«

»Und was ist das Besondere daran?«

»Haltet euch fest – *James Baines & Co.*, Liverpool, bestellt für seine *Australian Black Ball Line* gleich drei McKay-Clipper. Die LIGHTNING, die CHAMPION OF THE SEAS und die JAMES BAINES.«

»Donnerwetter! So schnell geht das über den Teich!« rief Kenneth entrüstet aus.

»Psst! Nicht so laut! Ich vermute, die Ursache für den Ausverkauf amerikanischer Clipper sind die neuen Goldfunde in Australien. Die englischen Reedereien wissen inzwischen längst, was ihnen das Gold für Gewinne bescheren wird. Also investieren sie in große Clipper mit entsprechenden Ladekapazitäten, nur bekommen sie diese in England nicht.«

»Jetzt wird mir klar, warum auf dem Schiff gleichzeitig einige Londoner Reeder nach New York kamen«, sagte Kenneth.

»Was mich allerdings ärgert«, fuhr Angus fort, »ist die Tatsache, daß Donald mir letztes Jahr noch geraten hatte, daß wir Brüder uns in England zusammentun sollten, um eine eigene Reederei zu gründen. Er muß damals schon Kontakte nach Liverpool geknüpft haben, hat mir aber nichts davon erzählt.«

»Er wollte dir offenbar nur die halbe Wahrheit mitteilen.« Angus schwieg betroffen. Nach einem Weilchen meinte Kenneth: »Wenn das so weitergeht, wird Britannien gänzlich von den Werften der amerikanischen Ostküste abhängig sein.«

»England ist es schon. Und unserem Vorhaben stehen die gleichen Riffe entgegen. Wollen wir unsere zukünftige Reederei auf größere Füße stellen, müssen wir nicht nur konkurrenzfähig sein, sondern den Handelshäusern auch die schnellsten Schiffe anbieten können, natürlich mit entsprechendem Frachtraum. Und das möglichst schnell, sonst ist der Kuchen in Australien längst verteilt, bevor wir zum Zuge kommen.« Angus lehnte sich zurück und wippte das Messer nervös in seiner Hand. »Die Clipper für Liverpool sollen Anfang nächsten Jahres vom Stapel gehen. Das heißt, von Donald haben wir 1854 keinen einzigen Clipper zu erwarten. Er ist mit Bestellungen ausgebucht.«

»Ich habe trotzdem Hoffnung, daß wir bald eigene Clipper von gleicher Größe und Schnelligkeit entwickeln werden.«

»Wer ist in Schottland dazu fähig? Hast du eine bestimmte Werft im Auge?«

»Vielleicht legen Hall in Aberdeen und Stephen in Glasgow bald konkurrenzfähige Clipper auf Kiel. Ich meine, wir sollten dabei ein wenig behilflich sein …«

»*Faraona alla Creta!*« kündigte der Aufwärter das köstliche Gericht im unversehrten irdenen Block an, den er am Tisch mit dem Hammer aufklopfte, um den Inhalt für Auge und Gaumen freizulegen.

Die Unterhaltung verstummte, da man sich dem Schauspiel der geschmackvollen Präsentation des Perlhuhns hingab. Dazu kredenzte Signore Bensi einen samtweichen Rotwein aus Montepulciano. Als er dann noch mit einem: »*Alla Scotland Triofante!*« anstieß, fiel die Tischrunde fröhlich mit ein. Später, nach *Panforte Senese* und *Torta alla Nonna*, hob man die Tafel auf.

Als die Brüder hinterher auf der Terrasse von Eagle Hill allein ihren Whisky schlürften, bat Kenneth seinen jüngeren Bruder um einen ausführlichen Bauplan eines McKay-Clippers von etwa 2000 Tonnen. »Wenn ich mich nicht irre, reist du doch morgen auf der Chariot of Fame zurück nach Liverpool?«

»Richtig«, bestätigte Kenneth.

»Dann kannst du während der Überfahrt alles an ihr studieren!«

Aus seinem privaten Archiv holte Angus die Pläne der Chariot, die im Mai des gleichen Jahres auf der McKay-Werft vom Stapel gelaufen und nun auf der Strecke Boston–Liverpool als Paketschiff eingesetzt war. »Was hast du damit vor?«

»Benützen wir sie als Eintrittskarte für die Werften an Dee und Clyde!«

»Am besten ist, wir treten zusammen ein«, erwiderte Angus. Wenig später begaben sie sich zur Ruhe.

Bevor die Morgensonne über den Horizont kletterte, legte die CHARIOT OF FAME von der Bostoner Pier No. 1 ab. »*Alla Scotland Triofante!*« rief Angus hinauf zur Reling, wo Kenneth winkte.

»Kehre heim, Angus!« hörte er seinen Bruder noch rufen.

# 14

## Im *Garraways*

London
1859

**C**assandra McCrary, genannt Cassie, Serviermädchen im *Garraways*, erinnerte Magnus Mackay mit ihrem schulterlangen, dunkelblonden Haar an seine älteste Enkelin. Sie hatte das gleiche strahlende Lächeln und die gleichen niedlichen Grübchen.

An jenem Aprilnachmittag des Jahres 1859 beanspruchte eine einzige Aufgabe die Aufmerksamkeit des jungen Mädchens. Es hatte behutsam eine hauchdünne chinesische Teeschale auf einem kleinen Tischchen abzustellen, an dem Magnus wie gewohnt seinen Platz eingenommen hatte. Die Schale war ein kostbares Einzelstück, das für ihn allein reserviert war. Magnus liebte dieses Kleinod. Er nahm es vom Tablett und prüfte wie immer die Marke der kaiserlichen chinesischen Manufaktur. Über die Jahre hatte er sich den Pinselstrich der Marken eingeprägt, die den Namen des Kaisers samt seiner Regierungsdevise enthielten. »Mhm! Kangsi-Periode ...«, stellte er zufrieden fest.

Wenig später wurde ihm wie selbstverständlich sein *Gunpowder* serviert. Die Zubereitung erfolgte am Tisch. Versonnen beobachtete er die sich entfaltenden Teeblätter im heißen Wasser. Magnus mochte den Augenblick, in dem der fertige Tee in die vorgewärmte Schale gegossen wurde. Er schlürfte genüßlich, wartete und spürte schon nach wenigen Augenblicken die beruhigende Wirkung.

Trotz des steigenden Lärmpegels gab er sich Minuten der Meditation hin. Die gelblich grüne Farbe des Tees erweckte das Blütendekor der Porzellanschale zum Leben und fesselte seinen Blick. Je nach Lichteinfall wechselte das Schlangenhautgrün in das etwas tiefer schillernde Apfelgrün, während das Motiv eines Phönix, am Boden der Schale, im Lichtspiel von Pfirsichfarbe über leuchtendes Kirschrot bis hin zu Blutrot und Kastanie wechselte. Magnus war in seinen Porzellanforschungen so weit vorgestoßen, daß er sicher war, daß diese Schale der *famille verte* zuzuordnen war, jenem grün-grundigen Porzellantypus, der vor mehr als zweihundert Jahren in der Stadt King-tê-chên erschaffen worden war.

In solcher Stimmung rief Magnus sich gern die Erzählungen der Teehändler ins Gedächtnis zurück. Er sah die halbrund geschnittenen Teesträucher vor sich und wünschte inständig, einmal in dem unbeweglichen Meer eines Teegartens wandeln zu können. »Tee-gärten haben alle etwas gemeinsam«, erinnerte er sich an die Worte eines Kaufmanns aus der Mincing Lane, den er regelmäßig im *Garraways* getroffen hatte, bevor er vergangenes Jahr verstorben war. »Morgens sind die Gärten meist wolkenverhangen und durch-weht von einem kühlen Bergwind. Überall tränkt sie der gleiche, prasselnde Regen. Die Geräusche des Wassers, das Tosen der Wild-bäche …« Ihm war, als hörte er die Wildbäche und Wasserfälle der Highlands. Der Geruch von warmer, feuchter Erde mußte an bei-den Orten gleich sein.

Unauffällig blickte er hinüber zum Chronometer. Wo blieb Mal-colm? Die *Times* war an jenem Tag vergriffen, und Magnus' Diener war auf der Jagd nach einem Exemplar. Magnus hätte sich die Tages-ausgabe von einem Gast ausleihen können, doch das entsprach nicht seinen Gepflogenheiten. Malcolm würde es schon schaffen. Was freilich Magnus' Unruhe zunehmend steigerte, waren die Neuigkei-ten, die der Grund für die Knappheit sein mußten.

Magnus streckte sich wohlig, sah in seine Teeschale und genoß wieder einmal seinen Triumph vom letzten Jahr, als es ihm endlich gelungen war, den »Ehrenplatz« in der Nähe des Kamins zu er-obern. Nebenbei bemerkte er, wie die leeren Tische im vorderen Bereich neu gruppiert wurden. Jedermann wußte, daß die Tische bei Bedarf gesondert aufgestellt wurden. Man mußte die Gruppie-rungen nur »lesen« können. Je nachdem, welcher Club sich ein-fand, war bis spät in die Nacht hinein für beste Unterhaltung ge-sorgt. Was nicht hieß, daß im Treffpunkt *Garraways* jedem existierenden Freundeskreis Londons Zutritt gewährt wurde.

Als die Tische arrangiert waren, hatte Magnus' schweifender Blick genug »gelesen«. Neben den City-Bankiers, die sicher kamen, um das Steigen und Fallen der Aktienkurse zu erörtern, wurde auch der Ausländische Gesandten-Club erwartet. Außerdem hatten sich offensichtlich der Londoner Chirurgen- und Apotheker-Club angesagt. Ihr Treffen ging zurück auf William Harveys Hinterlassenschaft von 1657, die aus sechsundfünfzig Pfund Kaffee bestand. Er hatte in seiner Arbeit *Exercitatio anatomica de motu cordis et sanguinis*, die in jener Zeit in Frankfurt veröffentlicht wurde, beschrieben, daß die Bewegung des Blutes im Menschen einem Kreislauf folgte. Harvey hatte seinen Kaffee mit der Auflage vermacht, daß das Kollegium sich jeden Monat bei diesem aromatischen Getränk versammeln sollte, um die anregende Wirkung des Kaffees und deren Nutzung für den Blutkreislauf zu diskutieren. Inzwischen war man auf Tee umgestiegen, was – wie man hörte – völlig neue wissenschaftliche Erkenntnisse für die Medizin gebracht hatte …

So war es schon immer im *Garraways*: Nachrichten waren von erdachten Geschichten sorgsam zu trennen. Manche Neuigkeit war verfälscht, manche dagegen, der kaum Beachtung geschenkt wurde, entsprach der puren Wahrheit. Dieses Phänomen galt nicht nur im *Garraways*, sondern auch innerhalb des Clans der Mackay. Magnus sah in seine frisch gefüllte Teeschale, schnupperte und schlürfte erneut genüßlich seinen *Gunpowder*. Er hatte sich stets der Menschen, die Neuigkeiten verbreiten, bedient, hatte zugehört und dafür weniger geredet. Meist war sein Verhalten erfolgreich, wenn seine Tips auch nicht immer von seinen Söhnen genutzt wurden …

Eigentlich hätten die allerersten Nachrichten über Goldfunde in Australien, die ihm schon vor sechs Jahren zu Ohren gekommen waren, dem Clan dazu verhelfen können, die finanzielle Unabhängigkeit beträchtlich auszubauen. Statt dessen standen sie am Ende des Jahres 1853 kurz vor dem Ruin. Seine Söhne Kenneth und Morgan versuchten ihren Traum, eine große Mackay-Reederei in Glasgow mit Niederlassungen in Liverpool und London zu gründen, auf einen Schlag zu verwirklichen. Doch statt am Goldrausch Australiens, wie von ihm gefordert, sicheres Geld zu verdienen, engagierten sie sich im brisanten Waffengeschäft, um ihre Ziele schnell realisieren zu können.

Am 4. Oktober 1853 erklärte das Osmanische Reich Rußland den Krieg, nachdem russische Truppen ohne Kriegserklärung die Donaufürstentümer besetzt hatten. Türkische Geschwader blockierten Rußlands Schwarzmeerküsten und die Krim. Kenneth und Morgen wollten in einer einzigen, dafür dreisten Aktion die türkische Küstenblockade durchbrechen, um sich mit Waffenlieferungen an Rußland den größtmöglichen finanziellen Spielraum zum Ausbau ihrer Reederei zu verschaffen. Vielleicht hatte sie der Ehrgeiz getrieben, ihre Pläne vor Rückkehr ihres Bruder Angus in die Tat umzusetzen. Ganz genau hatte Magnus das nie aus seinen Söhnen herausbekommen, doch er war sich der Motive seiner beiden Ältesten ziemlich sicher.

Jedenfalls wurden die acht angekauften Handelsschiffe, beladen mit begehrten Kriegsgütern für den russischen Vizeadmiral Nachimov, Anfang November von Osman Paschas türkischem Wintergeschwader gestellt. Die englischen Blockadebrecher führten keine Flaggen. Als sie fliehen wollten, wurden die Schiffe von Osman Paschas Fregatten gnadenlos versenkt. Seine Söhne konnten sich dank der hervorragenden Segeleigenschaften der TORRINGTON in die Nacht hinein retten und unbehelligt durch die Dardanellen zurück ins Mittelmeer entkommen. Die Ironie des Schicksals lag für Magnus darin, daß Paschas Wintergeschwader keine zwei Wochen später, am 20. November des gleichen Jahres, auf der Reede von Sinope von Vizeadmiral Nachimov versenkt wurde. Seine Söhne waren demnach nur zum falschen Zeitpunkt an der falschen Stelle aufgetaucht ...

Magnus hatte errechnet, daß Kenneth und Morgan mehr als eine Dreiviertelmillion Pfund in das Waffengeschäft investiert haben mußten, die seit dem Desaster für immer auf dem Schlick des Schwarzmeerbodens ruhten. Hinzu kamen Drohungen aus den Reihen der Londoner Waffenhändler, die die politischen Konstellationen benutzen wollten, um die Mackays durch Erpressung und andere Winkelzüge völlig aus dem Geschäft zu drängen. Da Großbritannien dem Osmanischen Reich seine politische und militärische Hilfe zugesagt hatte, kam der private Waffenhandel mit dem Feind einem Hochverrat gleich.

Wenn auch Kenneth später einmal erwähnte, daß die Erpressungsversuche auf »Highland-Art« gelöst worden waren, so war sich Magnus sicher, daß die Köpfe seiner Söhne nur deshalb nicht gerollt waren, weil noch einmal viel Geld geflossen war.

Der Rest der verbliebenen Gläubiger drohte dennoch mit Konsequenzen. Magnus selbst entging vor Aufregungen nur knapp dem Herztod. Was ihn jedoch etwas versöhnlicher stimmte, war die kämpferische Weise, in der seine Söhne die Herausforderung annahmen. Trotzdem sah er nur einen einzigen Ausweg, dem drohenden Verhängnis zu enteilen: Kenneth wurde beauftragt, wiederum nach Boston zu reisen, um finanzielle Hilfe von Angus zu erbitten. Im Reisegepäck brachte er jedoch gleichzeitig ein verlockendes Angebot aus Glasgow mit. Es war eine Offerte der Werft *Alexander Stephen & Co.*

Die Pläne der CHARIOT OF FAME hatten das Werfttor für Angus weit aufgestoßen. Alexander Stephen jr. kannte das Schiffbaubuch von John Griffiths und suchte dringend Mitarbeiter, die in der Lage waren, nach Griffiths' Erkenntnissen amerikanische Clipper zu entwerfen. Die Kontakte zu den unterschiedlichsten Gruppierungen rund um die Handels- und Marineschiffahrt, die Kenneth seit Jahren unermüdlich und mit großem Geschick pflegte, kamen nun wie gerufen. Neben Alexander Hall in Aberdeen unterhielt er auch mit Alexander Stephen jr. in Glasgow und Robert und William Steele in Greenock enge Kontakte. Sie alle wußten inzwischen von Kenneths Bruder Angus und dessen Verdiensten in New York bei *Smith & Dimon* sowie der Werft Donald McKays in Boston, der inzwischen bekanntesten und besten Clipperwerft entlang der gesamten amerikanischen Ostküste.

Die Dominanz der amerikanischen Clipper mit ihren hohen Frachtraten war monatelang das beherrschende Thema in allen Clubs Londons. Der gewaltige Ansporn, der britische wie schottische Werften erfaßte, mußte Früchte tragen, da entsprechende Aufträge von interessierten Reedern auf ihre Umsetzung warteten. Dagegen machte sich eine geradezu feindliche Einstellung gegenüber den übermächtig erscheinenden Amerikanern breit.

Magnus war damals, Ende 1854, wenig überrascht, als sich die Reeder aus der Mincing Lane im *Garraways* lauthals darüber empörten, daß ihr Konkurrent in Liverpool, James Baines, von Donald McKay nicht nur die LIGHTNING, CHAMPION OF THE SEAS und die JAMES BAINES geliefert bekam, sondern im gleichen Jahr auch noch die McKay-Clipper BLANCHE MOORE, SANTA CLAUS, BENIN, COMMODORE PERRY und die JAPAN orderte. Der Liverpooler Reeder durchbrach mit dem Ankauf der Clipper nicht nur das Monopol der Amerikaner auf der Australienroute, sondern sorgte auch für eine tiefe nationale Mißstimmung. Die mutige Konsequenz, mit der Baines seine Geschäfte mit Amerikas erstem Schiffbauer abwickelte, versetzte seine Neider in Atemlosigkeit. Bevor andere englische Reeder reagieren konnten, ließ Baines seine komplette Clipperflotte auf der Goldroute segeln. Kenneth brachte diese für Londons Reeder bestürzenden Nachrichten schon Anfang des Jahres mit nach Blackheath Paragon.

Für Vater Magnus hatte er dagegen eine ganz andere Nachricht von der Ostküste Amerikas mitgebracht. Es war zweifellos *der* Freudentag in jenen schwierigen Zeiten.

Magnus ließ sich seine Teeschale zum drittenmal füllen und erinnerte sich an den 1. März 1854, als Angus und Hillary, aus Boston kommend, wieder britischen Boden betraten. Später, am wärmenden Kamin, sprach Angus offen darüber, daß er sich von Donald in den letzten zwei Jahren mehr und mehr in den Hintergrund gedrängt gefühlt hatte. So erfuhr er erst hinterher, daß Donald selbst schon 1853 nach Liverpool gereist war, um mit Baines die Kontrakte abzuschließen. Im Schlepptau brachte Donald, zum Ärger aller, Käpt'n James Nicol Forbes aus Liverpool mit, der von Baines beauftragt war, die Fertigstellung der LIGHTNING auf Donalds Werft zu beaufsichtigen. In nautischen Kreisen Englands hatte sich Forbes vor allem durch seine erste, legendäre Reise nach Australien einen Namen gemacht, als er ein ganzes Regiment von Freudenmädchen auf einem Segler heil nach Australien brachte ...

Keine Frage, mit Donalds Hilfe revolutionierte Baines die bestehenden englischen Voraussetzungen für einen ebenbürtigen Wettstreit mit Amerika auf den Handelsrouten Chinas und Australiens.

»Wir Mackays haben den Herren Baines & Co. mehr gegeben, als sie geglaubt und erwartet haben. Es ist an der Zeit, daß Schottlands Werften ihre Stärke zeigen!« Das war das Resümee, das Angus nach dem ersten gemeinsamen Abend in Greenwich zog.

Magnus' Freude über die glückliche Fügung war kaum noch zu steigern. Angus nahm das Angebot von Alexander Stephen an. Um einen Neubeginn für den Clan zu ermöglichen, beglich er die Forderungen der Gläubiger seiner Brüder. Allen neugierigen Fragen seiner Brüder nach der Größe seines Vermögens wußte Angus jedoch geschickt auszuweichen. Von Glasgow aus kontrollierte er mit fester Hand alle Geschäfte seiner Geschwister und entschied, wenn nötig, in allen Familienangelegenheiten. Letzteres war der einzige Punkt, an dem Magnus insgeheim Anstoß nahm; denn damit war Angus und nicht mehr er »Chief« des gesamten Mackay-Clans in London und Glasgow ...

Angus brachte das Clipper-Erfolgskonzept von Boston schnell bei Alexander Stephen zum Tragen, und das Ergebnis war die STORM CLOUD. Magnus freute sich ungemein, als Angus ihm die Ausgabe des *Glasgow Herald* vom 17. Juli 1854 zusandte. Er nahm sie damals mit ins *Garraways* und verlas im Reigen der Teehändler mit stolzgeschwellter Brust die Nachricht. Sein Stolz ging so weit, daß ein jeder, der die »amerikanische« Wahrheit nicht akzeptieren wollte, den Inhalt zitiert bekam:

»Am Donnerstag nachmittag lief um vier Uhr auf der Werft Alexander Stephen & Sons, Kelvinhaugh, ein herrliches neues Clipper-Vollschiff unter dem Namen STORM CLOUD vom Stapel. Dieses wahrhaft edle Schiff wurde eigens im Hinblick auf die Erzielung einer höheren Geschwindigkeit konstruiert, als sie je von einem hier oder im Ausland gebauten Clipper erreicht wurde; und nach der erlesenen Schönheit seiner Form zu urteilen, verspricht es all diesen Erwartungen gerecht zu werden. Es ist schwer, seine bemerkenswerte und neuartige Bauweise zu erklären. Immerhin kann man sagen, daß sein scharfes, bis weit nach achtern reichendes Vorschiff dem der berühmten Clipper Amerikas nahekommt. Der Kiel ist nicht eben, sondern bildet ein langes scharfes Vorschiff mit hohem Belauf. Der Rumpf der STORM CLOUD wurde nach Vorschlägen Angus Mackays und nach den Strömungsprinzipien von John W. Griffiths konstruiert ...«

Magnus hatte in all den Jahren den Eindruck gewonnen, daß Angus das Glück an den Händen klebte. Kein Jahr später wurde sein jüngster Sohn der alleinige Eigner der WHITE EAGLE. Dabei wählte Angus die sichere Seite. Er setzte den Clipper als britischen Truppentransporter im Krimkrieg und 1857 während des Sepoy-Aufstandes als Transporter nach Indien ein. Die Soldatenfracht brachte während des Krieges mehr Geld ein als Teefrachten und der Warenhandel auf der Goldroute Australiens. Morgan begleitete jede Fahrt des Clippers als Offizier, und Kenneth hielt in London die Kontakte zu den Regierungsstellen. Magnus' Söhne verdienten wieder gut. Die Erinnerung an das ruinöse Unternehmen im Schwarzen Meer verblaßte zusehends …

Magnus' Aufmerksamkeit galt plötzlich dem kleinen Vorplatz des *Garraways*, der von der Change Alley begrenzt wurde. Ein dunkelhäutiger Hüne bahnte sich seinen Weg durch Gruppen diskutierender Menschen. Magnus sah es mit einem Schmunzeln. ›Zeit ist Tee – nicht Geld!‹ sagte er zu sich und setzte die Schale an seine Lippen.

Im *Garraways* kannte man die ritualisierte Handlung zwischen Magnus und seinem Lakaien, der die *Times* gefaltet, statt gerollt trug, und sie mit den Worten überreichte: »Sir, Ihre *Times*!« Es war die einzigartige Verbeugung Malcolms, die keine Unterwürfigkeit, sondern würdevolle Eleganz ausdrückte, was dem Vorgang seine Besonderheit verlieh.

Inzwischen war der ehemalige Lastenträger im feinen Wohngebiet Greenwichs nicht nur in Kreisen der schwarzen Dienerschaft zu einer Berühmtheit geworden. Jedermann zeigte sich von ihm angetan, denn Malcolm galt als höflich, freundlich, zuvorkommend und hilfsbereit. Von den Herrschaften Greenwichs wurde er geachtet, von den feinen Damen bewundert, von Söhnen und Töchtern ausgehorcht.

Der hochgewachsene Schwarze hatte sich auch das volle Vertrauen von Magnus' Söhnen erworben. Mit ihrer Billigung führte er die Oberaufsicht über die Gesundheit ihres Vaters. Er entschied inzwischen in London, was für Magnus richtig war und was falsch. Er hatte dabei auch die Unterstützung der Frauen von Kenneth und Morgan. Magnus, der sich an der »Gegenmacht« in Blackheath gern rieb, war gar nicht böse, wenn Malcolm ihn oft ungefragt aus dem

*Garraways* führte. Er hatte eingesehen, daß sein Diener immer den richtigen Zeitpunkt wählte, um nach Hause zurückzukehren.

Nun verließ Malcolm das *Garraways* wieder, um Besorgungen zu tätigen, während Magnus die *Times* nahm und die Titelseite studierte. Angesichts des bevorstehenden Krieges zwischen Österreich und Italien überboten sich die Publizisten in der Ausschmückung der Folgen für Europa. Die Schweizer Bundesversammlung, so entnahm er dem Leitartikel, hatte Guillaume Henri Dufour zum General gewählt, der sofort Truppen an der Grenze aufmarschieren ließ.

»Nichts als langweilige Bleiwüsten!« schnaubte Magnus und blätterte die zweite Seite auf. Er verlagerte das Gewicht auf seinem unbequemen Stuhl und schwor sich, diese Sitzgelegenheit gegen etwas Bequemeres austauschen zu lassen. Kurz darauf saß er in gespannter Haltung und hielt die Zeitung in den Schein des Kaminfeuers. Er hatte gefunden, was seiner Ansicht nach die Leserschaft der *Times* an jenem Tage verdoppelt hatte.

### SPATENSTICH MIT GROSSEM POMP
#### *30 000 Fronarbeiter graben den Suezkanal!*

Magnus fand es bezeichnend, daß die wichtigen Dinge der Welt oft erst auf der zweiten Seite der *Times* Erwähnung fanden, was untrüglich darauf schließen ließ, daß sich Großbritannien zurückgesetzt fühlte. Der Text bestätigte seine Vermutung:

Nach Einschätzung des Grafen Ferdinand von Lesseps werden sich die Baukosten des Suezkanals auf 160 Mio. Francs belaufen. Von den 400 000 Aktien im Gesamtwert von 200 Mio. Francs, die das Grundkapital der Gesellschaft bilden, wurden allein vom ägyptischen Vizekönig 177 642 Stück gezeichnet. Der Rest von 222 358 Aktien soll vornehmlich französischen Käufern angeboten werden, womit diese die Majorität besäßen. Zusammen mit dem Vizekönig von Ägypten wird Graf Ferdinand von Lesseps am 25. April mit großem Pomp den ersten Spatenstich tätigen.

Die Regierung nimmt dies zur Kenntnis, protestiert jedoch

gegen die Ignoranz und Ablehnung der englischen Pläne, die vorsahen, anstelle des Kanals eine von England gelieferte und mit Kohle versorgte Eisenbahn zu bauen. Außerdem wird seitens der Regierung nachdrücklich gegen den Einsatz von 30 000 Zwangsarbeitern protestiert und im Namen der Menschlichkeit Einspruch erhoben ...

»... englische Fäuste werden bald den Schlüssel zum blauen Tor des fernen Ostens umkrallen ...«, durchschnitt eine Stimme die ruhige Atmosphäre.

Magnus sah zur Tür. Der Ausländische Gesandten-Club betrat das *Garraways*.

»Nein, nein, verehrter Montesino«, erwiderte Mougel Bey, Vertreter der ägyptischen Regierung, dem Gesandten Madrids. »Palmerston wird den Kanal vor Wut mit eigenen Händen zuschaufeln wollen, sollte das Gold der Durchfahrtszölle die Tresore französischer Banken sprengen.«

Ein interessanter Nachmittag, sagte sich Magnus und beobachtete über den Zeitungsrand hinweg, wie die beiden Diskutanten, gefolgt von den Gesandten der Niederlande, Frankreichs und Deutschlands, ihre Plätze einnahmen.

»Schade, ich vermisse den Vertreter Englands!« sagte Rigaut de Genouilly, der zugleich im Rang eines französischen Konteradmirals stand. »Ich hätte ihn gern gefragt, was er zu der Absurdität eines Abgeordneten sagt, der sich im Parlament zu der Behauptung verstieg, daß Frankreich nur deshalb den Kanal baue, um England Indien entreißen zu können.«

»Das sind ja wenigstens noch handfeste Überlegungen, Monsieur de Genouilly«, erwiderte Graf Conrad, Gesandter der Niederlande. »Ich hielt heute eine angesehene Zeitung in der Hand, die prophezeite, Frankreich würde ganz Ägypten ersäufen, zumindest aber durch den Kanal die Haifische an Europas Küsten führen.«

»Das wird Frankreich gerade noch verkraften, verehrter Graf. Da ärgern uns die deutschen Bischöfe schon mehr, wenn sie deswegen Gottes Wort mißbrauchen«, entgegnete der Franzose.

»Da wissen Sie mehr als ich!« sagte Dr. Peter Lentze, Gesandter und Rat im preußischen Handelsministerium. »Lassen Sie hören!«

»Mir kam zu Ohren, daß einer ihrer Bischöfe in Berlin erklärte, was Gott getrennt habe, dürfe der Mensch nicht verbinden, und mit diesem verdrehten Bibelwort forderte er seine Gläubigen glatt zu einem Kreuzzug gegen die Meeresstraße auf.«

»Gott im Dienste der Kanalabwehr? Ich denke, preußische Kanonen wären wirkungsvoller, Monsieur de Genouilly – ohne daß ich damit irgend etwas andeuten möchte«, versetzte Dr. Lentze.

Kaum hatte der deutsche Gesandte geendet, als Mr. Mac Clean und Mr. Karl Manby eintraten. Beide waren Mitglieder der Londoner Ingenieursvereinigung und waren als Gesandte unter Lord Stephenson, der das englische Eisenbahnprojekt am Isthmus von Suez durchsetzen sollte, in Ägypten gewesen.

»Nehmen Sie Platz«, bot der ägyptische Gesandte die beiden noch freien Stühle neben sich an. Es entstand eine Pause, in der die Herren ihren Tee aussuchten. Nachdem die Bestellung aufgenommen war, hörte Magnus den rollenden Baß des ägyptischen Gesandten. »Ich halte die englische Diplomatie gegenüber dem Vizekönig von Ägypten für gescheitert, Mr. Manby. Ihre Regierung soll doch nicht glauben, mit ihren Angriffen«, dabei zitierte er den Artikel der *Times*, »»unser Projekt gefährden zu können‹!«

»Die *Times* verkündet nur die Wahrheit, Mr. Mougel Bey«, konterte Manby.

»Das weise ich zurück, Mr. Manby! Die Wahrheit ist doch, daß ein hoher Funktionär des britischen Kolonialreiches, der genau weiß, wie England mit Kanonen Millionen Farbige versklavt, im Unterhaus Krokodilstränen weint ob der armen Araber, die unseren Kanal graben müssen. Das ist bezeichnend für die ausgeprägte englische Heuchelei!«

»Ich verbiete Ihnen, das englische Unterhaus zu beleidigen!« rief Manby vor Zorn bebend.

»Beleidigen? Wie kann man denn England noch beleidigen? Das Volk nüchterner Verstandesmenschen, tüchtiger Mechaniker, versehen mit dem klaren Blick der geborenen Kaufleute. Kann man ein England beleidigen, dem es an Phantasie und Erfindergeist fehlt?«

»Ich verbiete Ihnen …!« schrie Manby aufgebracht zurück, doch der Baß des Ägypters setzte sich durch: »Englands Phantasie, sofern vorhanden, hätte das Kanalprojekt unterstützt und nicht angeordnet, unsere Pläne durch Lord Stratford de Redcliffe, dem wahren Herrn der Türkei, ständig durchkreuzen zu lassen!«

Magnus verstand, daß der Kanal auf dem Territorium des Osmanischen Reiches errichtet werden sollte. War doch Ägypten ein osmanisches Vizekönigtum.

»Ich kann Mr. Mougel Bey nur beipflichten!« sagte der Preuße. »Alle geistigen Schöpfungen kontinentaler Denker geben die Engländer nach einiger Zeit als Werke englischen Geistes aus.«

»Das sollten Sie erst beweisen, bevor Sie solche Ungeheuerlichkeiten von sich geben, Dr. Lentze!« griff ihn Mac Clean an.

»Beweisen? Aber gern. Ich will mich nicht in Einzelheiten verlieren, aber denken Sie nur an den Deutschen Josef Ressel. Seine Erfindung, Schiffe durch archimedische Schrauben statt wie bisher durch Schaufelräder anzutreiben, haben die Briten ganz einfach annektiert.«

»Ich habe es gewußt!« rief der Ägypter triumphierend dazwischen. »England läßt Schwarze für sich arbeiten, Braune für sich kämpfen und Weiße für sich denken und erhält sich so seine Macht!«

Magnus stand kurz davor, aufzuspringen, um Beifall zu spenden, doch statt dessen standen Mr. Mac Clean und Mr. Manby auf und drohten mit diplomatischen Konsequenzen, falls man sich für die ungeheuren Lügen nicht entschuldigen würde.

»Vergessen Sie nicht die amerikanischen Clipper der Reederei Baines in Liverpool!« rief der Gesandte Conrad aus den Niederlanden den Flüchtenden, zu Magnus' Erstaunen, hinterher.

»Jetzt können wir endlich unseren Tee genießen!« sagte der Ägypter vergnügt.

Magnus hatte die *Times* inzwischen schon zweimal durchgeblättert und bereits zum viertenmal *Gunpowder* aufbrühen lassen.

»Wie beurteilen Sie das Problem des Schleuseneinbaus?« richtete der Ägypter seine Frage an den Deutschen.

»Man sollte dem Ingenieur Negrelli vertrauen, der letztes Jahr verstarb. Soweit ich unterrichtet bin, argumentierten die Engländer und sogar auch einige Franzosen, daß durch fehlende Ein- und Ausfahrttore die Gefahr einer Kanalverschlammung bestehe und die Ruhe des Kanalspiegels nicht gesichert sei. Angeblich wäre man dann auch von den Gezeiten abhängig. Doch Negrelli konnte damals in Paris alle davon überzeugen, daß der Suezkanal keiner Schleusen bedürfe, da dort weder Gezeiten noch die angenommenen unterschiedlichen Meeresspiegelhöhen von Mittel- und Rotem Meer existieren!«

»Ich schließe mich Negrellis Ansicht an«, meinte Monsieur de Genouilly. »Was die Welt braucht, ist ein von Schleusen unbeschwerter, strömungsloser und für Schiffe aller Größen jederzeit befahrbarer Kanal. Ich bin zuversichtlich. Es wird funktionieren, trotz England!«

»Was halten Sie vom Kauf der Pläne Negrellis durch Lesseps?« fragte Dr. Lentze den französischen Gesandten.

»Lesseps wird den Kanal bauen, also wird ihm auch der Ruhm gehören.«

»Trotz des geistigen Eigentums Negrellis?«

»Ach, Dr. Lentze. Es wird genauso laufen wie mit ihrer archimedischen Schraube. Nachruhm und Vermögen werden dem gehören, der die Schrauben in möglichst viele Dampfer einbaut, um mit ihnen in wenigen Jahren durch den Suezkanal zu fahren.«

Magnus hatte das Gefühl, genug Neuigkeiten erfahren zu haben. Als weitere Mitglieder des Chirurgen- und Apothekerclubs Londons das *Garraways* füllten, wurde das Stimmengewirr durch die Flut der Gespräche über Medizin und Quacksalberei undurchdringlich. Magnus sah den Zeitpunkt gekommen, sich in der wartenden Kutsche nach Greenwich zurückfahren zu lassen. Versonnen polierte er sein Nugget am Jackettkragen. Angus hatte das ansehnliche Goldstück von den Schürffeldern Sacramentos als Ring fassen lassen und diesen seinem Vater anläßlich der Rückkehr nach Britannien geschenkt ...

Bevor Magnus sich in die Polster der Kutsche sinken ließ, wies er seinen Diener an: »Die archimedische Schraube, Malcolm. Erinnere mich an die archimedische Schraube, wenn wir in Blackheath Paragon angekommen sind!«

# 15

## Die Herren des Windes

Glasgow –
Foochow – London
1865/66

**I**n der wärmenden Sonne des ersten Maisonntags tollte Angus mit Sohn Benjamin und Tochter Helena am Ufer des Firth of Clyde entlang. Hillarys sehnlichster Wunsch, eine Familie zu gründen, war in Schottland endlich in Erfüllung gegangen. Benjamin war gerade sieben Jahre alt geworden und damit gut drei Jahre älter als seine Schwester. Angus nutzte jede freie Minute, um mit seinen Kindern zusammen zu sein. Im Gegensatz zu anderen Vätern mit gleich großem Geschäftssinn legte Angus viel Wert darauf, am Familienleben und damit auch an der Erziehung seiner Kinder mitzuwirken. Er tat es um so lieber, als er an den strahlenden Augen seiner Kinder ablesen konnte, wie wichtig ihnen das Spiel mit dem Vater war. Die Kinder waren das Salz im Leben von Angus und Hillary geworden, auch wenn sie ihnen oft schlaflose Nächte bereitet hatten.

Angus war aufgrund interner Zwistigkeiten von Alexander Stephens Werft zu Robert Steele gewechselt, der ihm eine Beteiligung angeboten hatte. Und Hillary verstand es, ein großbürgerliches Haus zu führen, das ihrem Stand, als Miteigner der Werft von *Robert Steele & Co.*, entsprach. So kauften sie im vergangenen Jahr, bei einer Auktion in Faculty Hall, die Villa *Fearaun Coille* von einem ehemaligen Gutsbesitzer, der sich Phillip Lucas nannte. Das Grundstück lag direkt am Ufer des Firth of Clyde, etwa eine Meile außerhalb von Dunoon, gleich gegenüber dem Leuchtturm Cloch Point, der den Schiffen den Weg zu den Werften Glasgows wies.

Die Villa hatte einen großen und einen kleineren Salon, ein Arbeitszimmer mit Bücherei, sieben Schlafzimmer und außerdem noch Räumlichkeiten für Bedienstete. In einem weiteren Gebäude, das sich an die Villa anschloß, befanden sich ein großer Billardraum und mehrere Gästezimmer. Das Grundstück verfügte über einen Brunnen mit einem reichen Vorrat an bestem Trinkwasser. Die gewerblichen Gebäude, bestehend aus Stallungen, Kutschenhaus und Kuhstall, waren ebenfalls großzügig angelegt und in gutem Zustand. Außerdem gab es auf dem Grund einen ummauerten Obstgarten nebst einer Orangerie. Das Stück Land hatte die Ausdehnung von elf Morgen und grenzte auf einer Länge von etwa einer Meile an die See.

Am Fuße der erhabenen Hügelkette des Cruach nan Capull, mit einem phantastischen Ausblick auf den Clyde, war *Fearaun Coille* sicher das attraktivste Anwesen entlang des Firth of Clyde. Diese märchenhafte Lage hatte für Angus und Hillary den Ausschlag gegeben, das Haus zu erwerben. Die betuchten Viktorianer Glasgows hatte es schon immer nach Westen gezogen, nach Charing Cross oder weiter nach Hillhead. Doch Angus und Hillary gingen noch ein Stück weiter nach Westen; sie gingen gleich über den Clyde ...

Kostbare Möbel, die sie teilweise vom Vorbesitzer übernommen hatten, komplettiert durch Mobiliar aus verschiedenen Werkstätten Londons, verliehen *Fearaun Coille* das Air vornehmen Wohlstands. Hillary hatte Angus dazu bewegen können, eine deutsche und eine italienische Gouvernante anzustellen, dazu eine Köchin, ein Dienstmädchen und zeitweise eine Hausschneiderin – genug, um den bevorstehenden Ansturm zahlreicher Gäste spielend zu bewältigen.

Ferner war Glasgow, mit seinen Werften in Greenock, leicht per Schiff zu erreichen. Einmal in der Woche ließ Angus sich von Hillary zu einem kurzen Ausritt bewegen; dafür tat sie alles, um Angus' Dinner-Partys zu glänzenden Höhepunkten zu machen. Es gab mehr Bordeaux und Punsch als Whisky, doch man achtete stets darauf, daß es nicht zu Besäufnissen kam. Wie man hörte, waren in manchen Villen die Bediensteten mit der Aufgabe betraut, den Gästen nach dem Essen die Krawatten zu lockern, damit die bis zur Besinnungslosigkeit Betrunkenen nicht erstickten. Gelage dieser Art gab es im Hause Mackay nicht. Dagegen knauserte Hillary nie an aufwendigen Speisen und erlesenen Getränken, so daß die »Villa

Angus-Hillary«, wie sie bald innerhalb des Clans, unter Freunden und Geschäftspartnern genannt wurde, in Kürze zu einem der begehrtesten Treffpunkte außerhalb Glasgows emporstieg.

Der gesellschaftliche Kreis der Mackays erweiterte sich, und Hillary fand zunehmend Freude an Literatur und Kunst. So arbeitete sie mit Erfolg an dem Projekt, den »Glasgow Art Club« ins Leben zu rufen. Manchmal wurde der Salon für private Theateraufführungen genutzt, denen auch die Kinder beiwohnten.

Angus sah es mit Wohlgefallen, da ihn die entspannenden Abende zu Hause für die erschöpfende Arbeit auf der Werft entschädigten. Außerdem erholte er sich auf seinem Anwesen am besten von den zahlreichen anstrengenden Reisen auf den Kontinent. Als er von einem Reedereibesuch aus Holland zurückgekehrt war und drei Aufträge für Compositeclipper mitgebracht hatte, amüsierte er Hillary und seine Kinder mit ein paar holländischen Wörtern, die die Kinder noch tagelang parodierten. In solchen Momenten vergaß er schnell alle Strapazen.

Zufrieden zeigte sich Angus auch mit dem wachsenden Zusammenhalt des Clans und dem Zuwachs des Clanvermögens, das er verwaltete. Seinen Schwestern und deren Familien kaufte er in Glasgow und London ausnahmslos Geschäftshäuser, die sie unterhielten und mit denen sie Angus' Investitionen abbezahlten. Der Clan der Scoury-Mackays traf sich regelmäßig in *Fearaun Coille*, was von Angus meist dazu genutzt wurde, sich über die Entwicklung der Geschäfte seiner Geschwister berichten zu lassen.

Von Bekleidung, über Möbel bis hin zum Handel mit Tee, Whisky und Bidets reichte die Palette, mit der die Mackays Profite erzielten. »Gemessen an der Vergangenheit«, bemerkte einmal seine Schwester Florence, »leben wir heute in einem Paradies, ohne es uns recht klar zu machen.«

Trotz der wiedergewonnenen Claneinheit und trotz gutlaufender Geschäfte bestand Angus auf einem inneren Zirkel, dem er selbst, seine Brüder und natürlich Vater Magnus angehörten. Die großen Geschäfte und Beteiligungen wurden nur dortselbst erörtert und entschieden. Doch aller Reichtum und Erfolg konnte nicht darüber hinwegtäuschen, daß die Abneigung gegenüber den Engländern und ihren treuen Vasallen, den schottischen Großgrundbesitzern, ständiger Begleiter blieb. »Sutherland« war das Brandmal auf der vernarbten Haut der Scoury-Mackays. Und es juckte in den vergangenen Jahren besonders quälend.

Wenn Angus an das Jahr 1832 rührte, so war es, als würde der gesamte Clan sein wahres Gesicht nach innen kehren; die verdrängten Gefühle peinigten sie noch immer. Die Elendsviertel der Glasgower Wohnbezirke, die Gorbals, ließen kein Vergessen zu.

Vater Magnus sprach oft über dieses Siechtum, von dem ein Großteil der vertriebenen Highlander betroffen war. Whiskyselig vertrat er die Meinung, die Schotten müßten kämpfen und selbst ihr Leben einsetzen; denn es gelte, sich gegen die Barbarei der Engländer und der Großgrundbesitzer zu wehren.

Dabei war Magnus noch moderat. Schlimmer ging es in den Tavernen und auf den Werften zu, wo Schwachköpfe sich schnell zu Kreuzzügen zusammenrotteten. Angus hatte die Erfahrung gemacht, daß der geistige Konkurs stets da lauerte, wo die Menschen schon unterjocht waren. Dort war die Gefahr eines Aufstandes am größten.

Magnus ließ freilich immer öfter erkennen, daß für ihn die Erfüllung des Lebens darin lag, eines Tages an den Assynt heimzukehren. In dieser Angelegenheit führte Angus schon lange seinen eigenen Feldzug, von dem der inzwischen fünfundsiebzigjährige Vater nichts wußte. Nur Kenneth und er kümmerten sich um die notwendigen Schritte, die zum Ziel hatten, die verräterischen Akten in Inverness der Vernichtung zuzuführen.

Kenneth kannte sehr viele Leute und hatte ein ungeheures Talent, mit ihnen ins Gespräch zu kommen. Doch sein Bruder bestand darauf, keinen Schritt ohne vorherige Abstimmung zu unternehmen. Angus selbst haßte den Schutzmantel der feingestrickten Lügen, der über seinem Leben lag und hoffte, ihn bald zerreißen zu können. Dafür mußte einiges aus dem Wege geräumt werden. Zudem wollte Angus, daß sein Vater noch erlebte, wie die Ahnen am Assynt wieder offen geehrt werden konnten.

Am schwierigsten gestaltete sich die verdeckte Recherche der Anwälte und Kundschafter in London, Edinburgh, Inverness, Inchnadamph und Lochinver. Ihr Auftrag war es, sich über einen möglichen Ankauf von Grundstücken um den Assynt herum zu informieren und alles über die Besitzverhältnisse herauszufinden. Bei ihren Nachforschungen sollten sie bis in die frühen dreißiger Jahre zurückgehen. Doch Schottlands Lord Advocates in Whitehall wie auch die Beamten in Schottlands Magazinen, Registraturen und der Auswanderungsbehörde waren mitunter genauso zäh und trocken wie die abgehangenen Keulen eines Cheviot-Schafes. Allmählich häuften sich die Informationen und Schriftstücke, einschließlich der Zeitungsberichte, die damals über die Vorkommnisse am Assynt angefertigt worden waren.

»Das Leben ist doch nur mit einer großen Portion Ironie auszuhalten!« sagte Kenneth, als er Angus nach dem Besuch bei einem ihrer Anwälte in Inverness berichtete, daß aus den Unterlagen im Town House eindeutig hervorging, die »Scoury-Mackays« am Assynt seien allesamt an der Cholera gestorben. Andererseits existiere ein Protokoll über die Untersuchung der Vorkommnisse am Eagle Rock. Vernommen wurde ein Norman Collins, der mit den Vermißten Donald Robertson, Ron Wright, Nick Ivey und Bob Fitzpatrick in Ardvreck Castle darüber zu wachen hatte, daß sich die Cholera nicht durch umherziehende Highlander ausbreitete. Angeblich war Robertson mit seinen Männern Choleraverdächtigen vom Assynt auf der Spur, die sich nach Inverness begeben wollten. Eingesetzte Suchtrupps blieben erfolglos. Robertson, seine Männer und die Flüchtigen vom Assynt blieben verschollen. Die Akte war mit einem roten Streifen auf dem Deckel gekennzeichnet, was bedeutete, daß sie als ungelöster Fall gesondert aufbewahrt werden mußte.

»Es ist nützlich, bei allen Nachforschungen die Namen der Beamten zu beachten, mit denen wir möglicherweise wieder in Kontakt treten müssen«, hatte Angus bei der Vergabe der Nachforschungen betont. Die Anwälte taten ihre Pflicht dementsprechend, und Kenneth trat in Aktion. Fast auf den Tag genau, als Angus und Hillary ihre Villa am Firth of Clyde bezogen, überbrachte Kenneth das Dokument.

»Teufelskerl! Wie hast du das geschafft?« fragte Hillary, als sich der erste Freudentaumel gelegte hatte.

»Ich habe das Protokoll einfach angefordert! Keine Bestechung, kein Mord, keine Erpressung!«

»Wie das?« staunte Angus.

»Die nächsthöhere Behörde ist immer die glaubwürdigste. Sie bekommt sofort alle Akten zugestellt, die sie anfordert. Ich ließ es also über Edinburgh laufen. Pergament, Siegel und eine überzeugende Unterschrift reichten völlig aus. Die Papiere kamen allerdings nie dort an.«

»Alle Schriftstücke sind demnach beseitigt?« erkundigte sich Angus.

»Restlos!«

»Dann laß uns zur Tat schreiten!« sprach Angus und entfachte selbst das Feuer im Kamin. »Ab heute brauchen wir weder unsere Herkunft, unsere Jugend noch unsere Qualen und niemals mehr unsere Gefühle zu verleugnen. Niemand kann mehr Rechenschaft von uns verlangen über jene dunkle Zeit; niemals mehr wird ein Mensch einen Ansatzpunkt für falsche Fragen finden. Wir sind frei!« Mit diesen Worten übergab er das Protokoll mit dem rotgestreiften Deckel dem Feuer.

»Was nun?« fragte Hillary ihren Mann, als das Papier sich zu Asche gewandelt hatte.

»Ich habe die Absicht, das zurückzufordern, was uns gehört. Und ich werde mit Scoury House beginnen.«

»Mit dem *claidheam-mór*?« scherzte Kenneth.

»Nein. Der Herzog von Sutherland wird bald einige unruhige Tage und Nächte erleben. Das Papier, auf dem ihm der beste Anwalt Glasgows schreiben wird, könnte sein Leichentuch sein, wenn er es nicht geschickt gefaltet zurückgibt.«

Kenneth trat ans Fenster und blickte lange hinaus auf den Clyde. »Jetzt weiß ich, warum ihr euch diesen Platz ausgewählt habt. Hier ist es wie am Assynt.«

»Mhm! In etwa, Kenneth, doch es fehlen für mich einige wichtige Details.«

»So? Welche denn?«

»Du wirst dich ein wenig gedulden müssen. Wenn wir uns alle dort zum ersten Male wieder versammeln, kann es durchaus sein, daß ich dir eines davon verrate.«

»Damit bereitest du mir eine unruhige Nacht!«

»Ach was, Kenneth, ich glaube, daß die Träume der Vergangenheit deinem Selbstgefühl eher schmeicheln werden. Wenn ich mich richtig entsinne, müssen die Kellergewölbe unter Scoury House voll von Whiskyfässern stecken.«

Kenneth Augen weiteten sich. Er hob die Hand vor seine Augen und sah hinaus auf die See: »Welch ein herrliches Whiskyfäßchen, das sich da langsam über die Kimm schiebt!«

»Bevor du hinausschwimmst, hätte ich dir noch einen Vorschlag zu machen.«

Kenneth drehte sich um und war plötzlich ernst geworden. In seinen Ohren hatte das Wort »Vorschlag« aus Angus' Munde schon seit geraumer Zeit eine besondere Bedeutung inne. »Ich höre!«

»Wollen wir uns nächstes Jahr im Teeclipper-Rennen engagieren?«

»Ich vermute, du hast besondere Vorstellungen über das ›Wie‹.«

»Das werden wir zusammen mit Vater und Morgan beraten. Ich sehe darin für uns eine außergewöhnlich gute Gelegenheit, Gewinn und Vergnügen miteinander zu verknüpfen.«

»Worin liegt der Gewinn, worin das Vergnügen?«

»Im Wettkampf und in der Ankunft!«

»Wettkampf? Nächstes Jahr? Das heißt, wir segeln schon im September.«

»Richtig. In zweieinhalb Monaten geht es für uns wieder einmal nach China!«

»Du machst mich richtig neugierig!«

»Du segelst auf der Taeping, Morgan auf der Serica, und ich werde auf unserem neuen Clipper Ariel mitsegeln.«

Kenneth schmunzelte und spähte wiederum auf den Clyde hinaus. Alle drei Teeclipper waren auf der Werft *R. Steele, A. Mackay & Co.* gebaut worden. Bei der Auftragserteilung hatten die Banken der Werft Finanzierungsprobleme signalisiert. Bevor die Taeping und die Serica 1863 vom Stapel liefen, sorgte Angus dafür, daß Kenneth wie Morgan sich über eine Mitfinanzierung der Clipper an den Reedereien *J. Findlay* und *A. Rodger* beteiligten. Als Miteigentümer konnten sie nun jederzeit auf den Clippern nach dem Rechten sehen.

»Was hast du nur vor?« fragte Kenneth.

Ohne näher darauf einzugehen, erwiderte Angus: »Was mir

daran so gut gefällt, ist die Tatsache, daß nur wir Mackay-Brüder in der Lage sind, den Plan durchzuführen!«

»Nun mach schon!« drängte ihn Kenneth.

»Anfang Juli, gemeinsam mit Vater und Morgan hier am Firth of Clyde!« sagte Angus und lächelte geheimnisvoll.

Robert Steele, Mitinhaber der Werft *R. Steele, A. Mackay & Co.*, traf am Morgen des 1. Juni 1865 auf seinen wohlgelaunten Partner. »Grund zur Freude, Angus?«

»Und ob!«

»Darf man den Anlaß erfahren?«

»Aber ja! Unsere Anwälte schrieben, daß wir nach wie vor Besitzer von Scoury House am Assynt sind. Die Not war damals groß, wir wurden vertrieben, doch wir haben nie verkauft! Mein Vater wird überglücklich sein …«

»Gratuliere!« rief Robert. Anschließend überlegte er kurz und fragte etwas besorgt: »Wollt ihr etwa umziehen?«

»Nein, wir bleiben natürlich auf *Fearaun Coille*. Mein Vater wird sicher an den Assynt heimkehren. Vielleicht auch ein Teil meiner Geschwister. Wie ich erfahren habe, wurde Scoury House niedergebrannt. Erst wenn die Ruinen beseitigt sind, kann der Wiederaufbau beginnen.«

»Wieviel Zeit werdet ihr dazu benötigen?«

»In dieser Gegend? Nun, ich rechne mit zwei, drei Jahren. Jedenfalls werden wir unseren Vater, wenn alles fertig sein wird, damit überraschen.«

»Ich freue mich für deinen Vater und besonders für dich, Angus.«

»Danke, danke!« rief Angus und wollte in sein Büro gehen.

Da sagte Robert in formellem Tonfall: »Kann ich dich bitte einen Moment sprechen?«

»Was gibt's?« Angus folgte ihm in sein Büro.

Steele nahm einen Kontrakt von seinem Schreibtisch und reichte ihn Angus. »Möchtest du für unsere Reederei einen amerikanischen Clipper zukaufen?«

»O je!« seufzte Angus, und ließ sich auf den Stuhl fallen. »Um was für ein Schiff geht es denn diesmal?«

»Es ist die ALHAMBRA, McKay, Boston!«

Angus überflog den Vertrag. »Reederei *Thwing & Co.*, 1859, 1097 Tonnen. Nichts für uns, Robert. Traurig, wenn ich an die Zeit von damals zurückdenke ...« Damit gab er Robert das Pergament zurück.

»Du hattest wohl vorausgesehen, wie die Entwicklung drüben laufen würde?«

»Das war abzusehen. Alles fing an mit dem Goldrausch, als eine einzige Fahrt um Kap Hoorn nach San Francisco genügte, damit sich die Investition rentierte. Zwar war meist die Takelage ruiniert, doch mit notdürftig geflicktem Rigg ging es dann in die zweite Runde. Totalverluste waren an der Tagesordnung. Die Reeder hat das kaum gekümmert; Donald war da noch eine rühmliche Ausnahme. Gut versichert, setzten die anderen auf den nächsten Clipper ...«

Robert hörte aufmerksam zu, als Angus ein wenig weiter ausholte, um die damalige Entwicklung des Clipperbaus in New York und Boston zu schildern. Der Druck auf die Reedereien war schon Mitte der fünfziger Jahre deutlich spürbar geworden. Billig, billig, dafür größer und immer größer, so lautete die Devise. Dadurch waren die Werften an der Ostküste Amerikas binnen weniger Jahre in eine schwere Krise geraten. Donalds Clipper hielten zwar auf allen wichtigen Handelsrouten inzwischen die Schnelligkeitsrekorde, doch das Überangebot an Frachtraum ließen die einst in schwindelerregende Höhen gestiegenen Frachtraten geradezu abstürzen. Als Beispiel nannte Angus die SOVEREIGN OF THE SEAS, die zu Beginn noch 84 $ je Tonne erzielte. Doch innerhalb von nur fünf Jahren fiel der Betrag auf 10 $ pro Tonne. Kalifornien begann seinen Weizen selbst anzubauen, und der Rest wurde auf einem gut ausgebauten Eisenbahnnetz transportiert, das sich immer weiter nach Westen fraß.

Angus nannte Zahlen, die Robert bis dahin unbekannt gewesen

waren. Sie stammten aus der Feder Donald McKays, der mit ihm weiterhin in regelmäßigem Briefkontakt stand. New Yorks Reeder hatten demnach errechnet, daß die Gesamttonnage auf dem Höhepunkt des kalifornischen Goldrausches bei 59 000 Tonnen lag. Sieben Jahre später, 1860, sank der Export auf lächerliche 15 000 Tonnen. Eine Einbuße von fünfundsiebzig Prozent!

»Der Bürgerkrieg hat dann die amerikanischen Clipper wohl vollends von den Weltmeeren vertrieben«, bemerkte Robert.

»Sie sind noch da. Nur die Flaggen haben gewechselt. Sieh dir den Vertrag dort an. Die Amerikaner versuchen immer noch ihre Schiffe zu verkaufen!«

»Wie viele Clipper segeln eigentlich noch unter amerikanischer Flagge?«

»Ich denke, die Reedereien haben während des Krieges in Panik alle ihre Schiffe verkauft. Donald schrieb mir, daß mehr als 1600 Schiffe, meist unter Wert, ins Ausland verkauft wurden.«

»Das war es auch, was wir in den letzten Jahren zu spüren bekommen haben«, meinte Robert.

»England, mein Verehrter, war nicht ganz unschuldig daran. Mit der Lieferung hölzerner Dampfschiffe an die Konföderierten hat Britannien sich für vieles an Amerika gerächt.«

»Durch die Kreuzer sind doch nur wenige Clipper versenkt worden!« entgegnete Robert.

»Das stimmt wohl, doch führten die drastischen Erhöhungen der Kriegsversicherungen dazu, daß die Reedereien verkaufen mußten. Die Versicherungsprämien überstiegen den zu erwartenden Gewinn. England war die Ursache, und die amerikanischen Schiffseigner haben die Wirkung zu spüren bekommen.«

»Wenn man es so recht betrachtet, sind wir aus dem Ganzen als Gewinner hervorgegangen.« Robert rieb sich die Hände.

»Leichenfledderer! Doch ich muß dir beipflichten. Schottland hat nun zweifelsohne bei den neuen Clippern die Nase vorn – und England im Chinahandel!« erwiderte Angus spöttisch.

»Es lebe der feine Unterschied, Herr Schotte!«

»Der feine Unterschied führte uns auf die richtige Spur, Robert. Ohne das Überangebot an Frachtraum wären auch wir nie gezwungen gewesen, einen neuen China-Clipper zu konstruieren. Unsere schottische ARIEL wird zwar niemals an die erstaunlichen Geschwindigkeiten herankommen, welche die FLYING CLOUD oder die SOVEREIGN OF THE SEAS bei stürmischem Wetter erreichten, doch bei leichten Winden hätte sie jederzeit mithalten können.«

Robert nickte zustimmend. »Britannien ist jedenfalls stolz auf unsere Clipper! Was hältst *du* von den Prämien, die unsere Teehändler seit neuestem ausloben?«

»Ich habe auch davon gehört. In London scheinen sie sich damit zu überbieten.«

»Zehn Shilling pro Tonne für den Besitzer des Clippers, der als erster mit Tee von der neuen Ernte in London anlegt.«

»Jedes Pfund ist willkommen«, sagte Angus bedeutungsvoll. Robert blickte Angus daraufhin eine Weile in die Augen, bis dieser zu grinsen begann. »Ich werde mit der ARIEL dabei sein!«

»Hab' ich es mir doch gedacht!« triumphierte Robert.

Angus erhob sich. »Meine ARIEL wird gewinnen, Robert. Den Ruhm werden wir uns teilen.«

Wenig später hatte die Nachricht, daß Angus auf der ARIEL das nächste Teerennen der Saison bestreiten würde, die Runde gemacht. Als er an seinem Schreibtisch saß, nahm er ein Blatt Papier zur Hand und rechnete die zu erwartende Prämie für das bevorstehende Teerennen aus. Sie wurde von den Teehändlern Londons an denjenigen Reeder bezahlt, dessen Clipper das Rennen von Foochow nach London gewann.

»Zweihundertfünfzig Pfund bei einer Ladung von einer Million Pfund Tee. Abzüglich einhundert Pfund für Käpt'n John Keay«, murmelte er vor sich hin. Daraufhin atmete er tief durch und warf den Federkiel zurück auf das Papier. »Lächerlich! Einfach lächerlich!« Sodann stand er auf, sah hinüber in das Trockendock und betrachtete stolz seine ARIEL, deren Unterwasserschiff gereinigt wurde. »Einhunderfünfzig Pfund? Eine Viertelmillion läßt sich mit dem Rennen verdienen!«

Zwei breite Schaufelräder, halb in einem Blechtunnel verborgen, gaben der Arche auf dem Firth of Clyde ihre Bewegung. Vom Bug kommend, schoß das Wasser in stürmischer Eile die Bordseiten entlang, wurde durch die Schaufeln erfaßt und hinten in weißen, wilden Wogen hinausgeworfen. »*Whap-whap-whap!*« schob sich der kleine Dampfer unaufhaltsam, bedrohlich rauchend, aus der Mündung des Clyde. Die Sicherheitsventile entließen weiße Wölkchen in den Himmel, und die blankgeputzten Messingteile blitzten wie römische Siegesstandarten in der Morgensonne.

Angus erwartete die Ankunft seines Vater und seiner Brüder. Er beobachtete den Schaufelraddampfer HIBERNIA, den er zum Spaß selbst schon einmal von Greenock nach Dunoon gesteuert hatte. Ab und zu geriet er aus dem Blickfeld, da zahlreiche Segler, dampfgetriebene Fahrgast- und Frachtschiffe, Dreimaster, Lastkähne und Fischerboote ihren Kurs kreuzten.

Der Bau der HIBERNIA hatte seinerzeit in Glasgow beträchtliches Aufsehen erregt. Ihr Zweck war es, Stückgut von Greenock nach Glasgow und zurück zu transportieren. Doch die unerwartete Böswilligkeit der am Ufer des Flusses beschäftigten Pferdekutscher gegenüber der Konkurrenz auf dem Clyde begann bald bedrohliche Ausmaße anzunehmen. Amtliche Zeugen mit Chronometer und wichtiger Miene wollten damals beweisen, daß Pferde auf der Strecke Clydebank Glasgow–Greenock schneller waren als die neuen Dampfschiffe.

Robert Steeles Vater steuerte die HIBERNIA. Man einigte sich auf ein Frachtvolumen, das auf einem Fuhrwerk Platz hatte. Um die Überlegenheit der HIBERNIA zu beweisen, ließ Steele jedoch die doppelte Last an Bord hieven.

Die Sache ging glänzend vonstatten. Während der Steamer rasch den Clyde hinabglitt, erschöpften sich die Pferde entlang der Uferstraße unter der Peitsche des Kutschers. Der Schaufelraddampfer kam eine Stunde früher in Greenock an als das Fuhrwerk und hatte damit die Wette gewonnen. Unter dem vielstimmigen Hurra der Werftarbeiter ging es damals zurück nach Greenock ...

In wenigen Augenblicken würde der kleine Dampfer in Dunoon anlegen. Angus setzte sich auf einen Poller, schob seinen weißen Hut in den Nacken und ließ sich die Sonne ins Gesicht scheinen. Das Tagesgestirn kroch höher, doch weiter östlich, den Clyde aufwärts, bildete der aufsteigende Qualm der Kamine eine riesige trübverwaschene Wolke. In diesem Moment überkam Angus ein Glücksgefühl. Er hatte es geschafft und war sogar der ewigen Dunstglocke über der Stadt entronnen. Neben den Werften, Kohle- und Erzbergwerken erzeugten rund um Glasgow Millionen Spindeln der Baumwollindustrie einen immensen Reichtum. Dafür sah man nirgends sonst eine so bleiche, kranke, von Elend und Unglück zerfressene Bevölkerung, wie sie aus den rauchigen Häusern der engen, dumpf riechenden Gassen der Gorbals herausäugte.

Glasgow war für Angus eine Stadt voll des merkwürdigsten Lebens: strotzende Entwicklung neben dem Wachstum immer neuen Elends. Das Schicksal hatte ihn zur rechten Zeit begünstigt. Er hielt Schritt mit dem Aufschwung in seinem Umfeld und genoß es, daß sein Leben sich nicht nach dem Schema Geborenwerden, Armut, Lohnarbeit, Krankheit und Sterben entwickelt hatte. Niemand im Clan der Mackays mußte die Berge hinter der Villa hinaufsteigen, um sich den Staub aus irgendwelchen Kohlegruben oder Fabriken Britanniens aus den Lungen fegen zu lassen.

Kurz darauf standen Vater Magnus und Angus' Brüder auf dem Dampfersteg von Dunoon. Alle freuten sich von Herzen über das Wiedersehen auf *Fearaun Coille*. Man beschloß, den Lunch auf der Terrasse der Villa einzunehmen. Danach wollte man die Pläne besprechen, die Angus' Gäste sichtlich unter Spannung hielten.

Eine angenehm milde Brise wehte aus Südwest und lud zum Spaziergang entlang des Ufers ein. Die Beschaulichkeit und das Tirilieren der Vögel in dem hügelumsäumten Paradies brachte die Männer schnell zusammen.

»Man spricht hier auf den Werften fast von nichts anderem mehr als vom nächsten Teeclipper-Rennen!« begann Angus. »Prämien werden ausgelobt, die jeden Kapitän reizen sollen, alles aus seinem

Clipper herauszuholen, um, von China kommend, als erster durch irgendein Schleusentor der Londoner Docks einzulaufen. Sagt mir, wie hoch sind zur Zeit die Prämien in London?«

»Dreihundertfünfzig Pfund, habe ich zuletzt gehört!« erwiderte Kenneth.

»Dreihundertfünfzig Pfund ...«, wiederholte Angus langsam. »Sollen es eintausend sein! Es ist ein lächerlicher Betrag, gemessen an dem, was uns die Ozeane auf der Reise abverlangen werden.«

»Große Gewinne erzielen eben nur die Reedereien und die Teehändler. Aber auf was willst du eigentlich hinaus?« fragte Magnus.

»An dem, was ich euch mitteilen werde, habe ich die letzten Monate ständig gearbeitet. Es geht um das nächste Teerennen, Foochow–London. Wissen um die Schnelligkeit der Clipper ist bei dieser Sache unverzichtbar, ebenso wie Geld, das man einsetzen muß. Doch das wichtigste bei diesem Unternehmen ist die Strategie. Zwei, drei gravierende Fehlentscheidungen, und wir sind wieder pleite. Wir müssen eine richtige Taktik entwickeln; dazu gehören allerdings Informationen, die den Ausgang des Rennens für uns kalkulierbar machen. Das Geld sprudelt danach von selbst.«

»Das heißt, wir müssen den Ausgang des Rennens beeinflussen«, warf Morgan ein.

»Beeinflussen ist zu wenig. Wir müssen vorher klar festlegen, welcher Clipper gewinnen soll.«

»Wie willst du das denn fertigbringen?« fragte Kenneth.

»Wir haben alles in der Hand!«

Die Männer blieben stehen und sahen Angus ungläubig an.

»Setzen wir uns ins Gras. Ich will euch meinen Plan erklären«, fuhr Angus fort.

Der besondere Reiz der Angelegenheit ließ Kenneth übermütig werden. »Laßt uns den Einzug mit Gesang begehen! Ich verehre den Altar der Natur mit Kuß und Inzensation!« Anschließend küßte er den Boden und machte mit seinem Arm Bewegungen, als würde er den Weihrauchkessel schwenken. Die Atmosphäre war gelöst, was der Besprechung zuträglich war.

»Wir kennen nicht nur die Clipper, die am Rennen teilnehmen, sondern wir wissen auch, welche die schnellsten von ihnen sind.

Von unserer Werft werden die Ariel, die Teaping, die Serica und die Sir Lancelot dabei sein. Kenneth segelt auf der Taeping, Morgan auf der Serica, und ich werde auf unserem neuen Clipper Ariel mitsegeln. Wir sind Teilhaber der Reedereien, also haben wir ein gewichtiges Wörtchen mitzureden. Insgesamt, so rechne ich, werden am Rennen etwa dreizehn bis achtzehn Clipper beteiligt sein. Es ist jedoch keiner darunter, der die Ariel, die Teaping oder die Serica auf der Strecke schlagen kann.«

»Wenn alles normal verläuft …«, wandte Magnus ein.

»Natürlich, Vater! Ein wenig Risiko muß sein!« flachste Kenneth.

»Was ist mit der Fiery Cross von William Rennie?« fragte Morgan.

»Keine Frage, ein schneller Clipper. Die Werft J. Inglis in Pointhouse liegt nicht weit von hier und ist ein solides Unternehmen. Doch wir haben gegenüber der Fiery Cross die Aufkimmung unserer Clipper stärker gewählt, und die zusätzliche Länge vergrößert auf jeden Fall deren Geschwindigkeitspotential. Außerdem könnt ihr sicher sein, daß bei unseren Clippern die Mastpositionen und die Ausgewogenheit der Segelfläche in ihrem Verhältnis zum Rumpf wesentlich verbessert wurden. Wir werden bei achterlicher See ein wenig Probleme mit dem Ruder haben, dafür segeln unsere Clipper hervorragend am Wind und sind bei leichter Brise schneller. Beides wichtige Tugenden für einen erfolgreichen China-Clipper!«

»Was macht dich so sicher, daß kein anderer Clipper an deine Konstruktion heranreicht?« insistierte Magnus.

»Vater, ich habe die Clipper für die Bedingungen der Chinesischen See, des Indischen und Atlantischen Ozeans konzipiert. Sie besitzen die Fähigkeiten, schon bei leichter Brise eine hohe Geschwindigkeit zu erreichen, können aber auch bei steifer Brise noch hart am Wind segeln. Die schnellen Reisen bestätigen das. Ich kenne im Moment keinen anderen Clipper auf der Route, der besser sein könnte.«

»Dann können wir ja dazu übergehen, den Ausgang des Rennens festzulegen«, meldete Morgan sich zu Wort.

Angus überhörte Morgans Bemerkung und sagte statt dessen:

»Geld ist ein Zeichen für Intelligenz, also sollte es in Richtung Gewinn fließen! Wird unsere Intelligenz bei einer Prämie von dreihundertfünfzig Pfund eigentlich ausreichend gefordert?«

»Mhm! Wie man es sehen will ...«, meinte Magnus.

»Was denkst du, Kenneth?« fragte Angus.

»Besser als gar nichts, doch für einen echten Spekulanten ist diese Summe keine besondere Verlockung!«

»Dann sollten wir eine echte Verlockung dagegensetzen!« entgegnete Angus. »Nicht die Prämie der Teehändler ist das Entscheidende, sondern die Wetten und Quoten in der City Londons. Ein Clipper muß gewinnen, der *nicht* Favorit ist.«

»Donnerwetter!« entfuhr es Kenneth, und er schlug sich auf den Schenkel.

Morgan und Kenneth sahen sich an. »Unser kleiner Bruder hat sich in Glasgow zum Spekulanten entwickelt!« rief Kenneth aus.

»Ich ahne was du vorhast, mein Sohn«, ergriff Magnus das Wort. »Du willst diejenigen hereinlegen, die auf einen scheinbar sicheren Sieger setzen.«

»So könnte man es sagen, Vater. Genau die Herren mit ihrem Spezialwissen werden wir mit dem Teeclipper-Rennen herausfordern.«

»Ich verstehe. Diese Herren haben zu viel Geld, so daß einiges davon in andere Hände übergehen sollte.«

»In unsere Hände ...«, ergänzte Morgan.

»Nun zum wichtigsten Punkt: Wer wird in London favorisiert?«

»Ariel, Fiery Cross, Serica ...«, zählte Kenneth auf.

»Wird die Teaping als Siegclipper gehandelt?« fragte Angus die Runde.

»Weniger ...«, war Kenneths zögernde Antwort.

»So habe ich mir das vorgestellt. Dann wird die Teaping das Rennen machen!« entschied Angus.

»Bist du sicher, daß ich mit der Teaping als erster ankomme?« fragte Kenneth.

»Ich vermute, wir können es hinkriegen, daß Ariel und Teaping etwa zur gleichen Zeit in den Kanal einlaufen. Mehr als eine, maximal zwei Tiden sollten die Ariel von der Teaping allerdings nicht trennen.«

»Vorausgesetzt, es läuft alles ohne Havarien ab!« zeigte sich Magnus besorgt.

»Natürlich, Vater. Deshalb müssen wir sicherstellen, daß beim Einlaufen in die Themse unsere Pläne nicht durch einen Fehler durchkreuzt werden.«

»Was willst du dagegen tun?«

»Kenneth hat die besten Kontakte zu den Themselotsen. Sollte wir knapp hintereinander liegen, wird die Entscheidung in der Themse fallen. Gesiegt hat traditionsgemäß derjenige Clipper, dessen erste Teekiste entladen ist und an der Pier bereitsteht. Daher muß Kenneth dafür sorgen, daß für die TEAPING, egal welcher Clipper zuerst Margate rundet, bei ihrer Ankunft in der Themsemündung der stärkste und schnellste Lotsendampfer bereitsteht.« Angus faßte seinen Bruder ins Auge. »Das wirst du doch hinbekommen, Kenneth?«

»Das läßt sich drehen! Was ist mit den Kosten?«

»Sei nur nicht zu großzügig. Denk an die geringe Prämie. Deine Lotsen werden dir für jedes geschenkte Pfund dankbar sein.«

»Und welche Aufgabe übernehme ich auf der SERICA?« fragte Morgan.

»Die SERICA muß versuchen, an uns dranzubleiben. Am besten wird es sein, wenn du an Bord dafür sorgst, daß Käpt'n Innes hinter unserem Heck bleibt, um bei Bedarf andere Clipper zum Luven zu zwingen. Die TEAPING sollte davon immer den Nutzen haben.«

Morgan hob seine Hand. »Sollen wir die Kapitäne mit einbeziehen?«

»Nicht um alles in der Welt!« entgegnete Angus. »Es ist und bleibt ein Rennen. Wir segeln auf den schnellsten Clippern, setzen unseren Einfluß ein, aber ich habe nicht vor, etwas abzusprechen, was nie unter der Teekiste bleiben würde.«

»Das würde auch nicht funktionieren. Die Kapitäne sind viel zu ehrgeizig. Einhundert Pfund sind für die ein halbes Vermögen«, pflichtete Kenneth bei.

»Wir werden von außen einwirken, da, wo es keiner für möglich hält!« sagte Angus und erhob sich wieder. »Wollen wir wieder ein Stückchen gehen?«

Als sie am Ufer entlanggingen, fuhr Angus fort: »Vater, das Tüpfelchen auf dem ›i‹ sind für uns die Spekulanten. Die ARIEL muß in der City als der kommende Sieger des Rennens gehandelt werden. Die Quoten müssen gegenüber der TEAPING hohe Differenzen aufweisen. Du mußt in den kommenden Wochen im *Garraways*, im *Forest's*, bei *Giles's*, bei *Lloyd's* oder *Old Slaughter's* eine echte Hebelwirkung bei den Quoten herbeiführen. Für die ARIEL und gegen die TEAPING!«

Magnus grinste, klopfte Angus auf die Schulter und meinte: »Auf deinen Vater kannst du dich verlassen! Du wirst die fulminante Londoner Wettdynamik auf den Ozeanen zwar nicht miterleben können, doch du kannst sicher sein, ich werde sie hochtreiben bis auf den Gipfel des Ben More Assynt. Bald werden alle wissen, warum die ARIEL in diesem Rennen unschlagbar ist.«

»Sie hätte es auch verdient«, räumte Angus ein. »Doch darauf können wir keine Rücksicht nehmen. Wir müssen für uns selbst zur Nummer eins werden!«

»Wie hoch soll unser Einsatz sein?« fragte Kenneth vorsichtig.

»Was können wir uns zutrauen?« gab Angus klugerweise die Frage an Vater Magnus weiter.

»Zweihunderttausend Pfund für jeden von uns«, sagte Magnus, ohne zu zögern. Kenneth und Morgan atmeten tief durch, während Angus davon völlig unbeeindruckt zu sein schien.

»Wie wird die Quote sein?« fragte Morgan.

»Wenn das Wettfieber ausbricht, ist von 1 : 10 bis 1 : 20 alles möglich«, erwiderte Magnus.

»Abgemacht! Vater wird das in die Hand nehmen«, erklärte sich Angus einverstanden, wobei er wußte, daß von seinen Brüdern keine Einwände zu erwarten waren.

Später, als sie zurückgekehrt waren und Angus mit seinem Vater allein auf der Terrasse der Villa stand, nutzte er die Gelegenheit, um mit seinem Vater ein Detail zu besprechen.

»Ich kenne da eine Geschichte, Vater, die zum Schmunzeln einlädt, die mich jedoch auf eine Idee gebracht hat, wie wir unseren Wetteinsatz vor größeren Verlusten schützen können.«

»Was für eine Idee?« wiederholte Magnus.

»Die Kapitäne unternehmen alles mögliche, um zu gewinnen. Vielleicht hast du auch gelesen, daß Käpt'n Jacob D. Whitmore von der SEA SERPENT sich vor einigen Jahren am Ende eines Teerennens in Plymouth an Land absetzen ließ. Danach fuhr er mit dem Zug nach London und erklärte, er sei angekommen, während seine Offiziere sein Schiff die Themse heraufbrachten.«

»Ja, ich habe von dem Witzbold gehört.«

»Nun, einfallsreich war der Bursche jedenfalls. Die Idee ist gut, obwohl sie Whitmore freilich nichts genützt hat. Ich denke, wir sollten sie für eine andere Mission übernehmen. Du verpflichtest einen verschwiegenen Mann und läßt ihn nach Plymouth reisen. Er wird nicht den Zug nach London nehmen, wenn die ersten Clipper eintreffen. Er wird zur nächsten Telegraphenstation eilen. So hast du schnell Sicherheit, wer vorn liegt.«

»Heißt das, du hegst noch Zweifel?«

»Zweifel? Nein, Vater. Die ARIEL wird vorn liegen. Die Quoten werden noch mal nach oben gehen. Ich verachte Hasardspiele. Dann könnte ich gleich eine Münze hochwerfen und auf Kopf oder Zahl setzen.«

»Wie willst du es anstellen? Das Risiko ist doch auf einer Strecke von mehr als 13 000 Seemeilen nicht zu kalkulieren.«

»Wenn du dich den Launen der Götter aussetzt, sicherlich. Man darf der Natur eben nicht passiv gegenüberstehen. Es wäre töricht, das Rennen als ein Glücksspiel zu betrachten. Nein, ich habe die Ungewißheit kalkuliert.«

Magnus sah seinen Sohn fragend an: »Was hast du kalkuliert?«

»Ich stütze mich auf Erfahrungswerte. Ich kenne die Clipper, die Winde, die Strömungen, und ich habe in den letzten Jahren alle Logbücher, an die ich rankommen konnte, auswerten lassen. Dazu kommen Matthew Maurys neueste Windkarten.« Angus machte einen Schritt auf seinen Vater zu und legte ihm beide Hände auf die Schultern: »Deine Söhne werden Instinkt und Berechnung miteinander verbinden!«

»Dann bin ich beruhigt!« sagte Magnus erleichtert.

»Die vergangenen Rennen sind ein guter Wegweiser für das kommende. Übrigens, bis zu welchem Zeitpunkt werden die letzten Wetten angenommen?«

»Bei der Summe wird es schwierig werden, auf Zeit zu spielen. Niemand wartet so lange, bis es keine Risiken mehr gibt. Ich werde das aber abklären. Auf jeden Fall werde ich mir Optionen schaffen.« Nach einer kleinen Pause meinte er: »Das mit Plymouth finde ich übrigens großartig. Doch mal ehrlich, Angus, wie sicher bist du dir wirklich?«

»Einhundert Prozent, Vater! Siebzig Prozent Wissen, der Rest besteht aus meinem guten Gefühl!«

*Foochow, Pagoda-Reede, 28. Mai 1866, / Breite: 16° 28' Nord, Länge: 110° 56' Ost.*

Lieblich weitet sich die Bucht von Foochow in Form eines Kleeblatts. Die Landzunge mit den geschwungenen grünen Hügeln, auf denen verstreut Tempel liegen, trennt die Förde vom Hauptstrom des Min-Flusses.

Auf der glatten Oberfläche des Wassers spiegelte sich der Wald von Masten wider. Mehr als ein Dutzend Clipper lag in der ruhigen Bucht vor Anker, und einige von ihnen zeigten noch hochragend ihre schlanken, kupferbeschlagenen Rümpfe. Als Sinnbild der Namengebung strahlte das Gold-Weiß ihrer Galionsfiguren in der Morgensonne. Exakt eingepaßt wuchsen Fabeltiere, Götter, Könige und Jungfrauen über den Galionsliegern heraus. Ihre Namen erinnerten an Mythen, Helden und Schnelligkeit: ARIEL, FIERY CROSS, SIR LANCELOT, FLYING VENUS, STORM CLOUD, LIGHTNING …

Angus saß auf einer steilen, hölzernen Treppe, erfreute sich an dem Zauber der Landschaft und lauschte entspannt dem Rauschen eines Wasserfalls, der neben der achtstöckigen Pagode in einen umfriedeten Teich stürzte. Die Luft war wohltuend warm. Ameisengleich glitt eine Armada von kleinen Sampans auf den Fluten des Min heran. Sie kam von den Plantagen Chingwo und Paklum, trieb flußabwärts und war vollbeladen mit Tee, in Kisten verpackt. Mühsam rundeten die Boote seit Tagen die Landzunge, steuerten auf die Pagoda-Reede zu, um ihre Fracht an den Bordwänden der Clipper zu löschen.

Foochow hatte inzwischen Kanton als wichtigsten Teehafen abgelöst, da die erste Pflückung in der umgebenden Provinz Fukien schon zwei Monate früher möglich wurde. Ein unschätzbarer Vorteil für die englischen Reedereien, wie sich bald herausstellte, da die Rückreise der Teeclipper zum Londonfluß noch vor dem Einsetzen der südwestlich wehenden Monsunstürme angetreten werden konnte.

Angus beobachtete, wie ein Teil der kleinen Boote begann, den ersten Clipper zu umkreisen, der an der Spitze der Pagoda-Reede ankerte. Es war die ARIEL. Sie lag schon tief im Wasser, was anzeigte, daß ihre Beladung vor dem Abschluß stand. Angus, Kenneth und Morgan hatten in ihren Reedereien durchgesetzt, daß sowohl ARIEL als auch SERICA und TAEPING England zwei Wochen früher verließen als ursprünglich geplant. Die Mackay-Brüder wollten damit sicherstellen, daß die Clipper frühzeitig auf der Pagoda-Reede erschienen, um vorneweg mit Tee der ersten Pflückung des Jahres bestückt zu werden.

Angus hatte richtig kalkuliert. Die ARIEL warf ihren Anker zuerst, doch die FIERY CROSS unter Käpt'n Richard Robinson, von William Rennie entworfen und bei Chaloner in Liverpool gebaut, die vier von fünf Rennen seit 1861 gewonnen hatte, traf ebenfalls unerwartet früh ein und ankerte als zweiter Clipper auf der Reede. SERICA und TAEPING erschienen als nächste.

So kam es, daß unter den sechzehn Clippern, die zum Teerennen des Jahres 1866 angetreten waren, drei von der Werft *R. Steele, A. Mackay & Co.* stammten.

Das Leben auf der Reede erwachte von neuem. Die Atmosphäre an Land und auf den Clippern hatte sich seit Angus' letzter Reise auf der SEA WITCH grundlegend geändert. Beim Gang durch die Korridore der Häuser chinesischer Teehändler in Foochow sah er an den Wänden die gleichen Plakate von den jährlichen Teerennen künden, wie sie in den Kontoren der Mincing Lane oder der Leadenhall Street zu sehen waren. Die Chinesen zeigten durchwegs auffallend ernste bis ablehnende Gesichter. Angus schloß daraus, daß sich ihr Leben nach der gewaltsamen Öffnung der Handelshäfen drastisch verändert haben mußte. Die fremden Teufel hatten gesiegt und bestimmten nun den Ablauf der Geschäfte, den Rhythmus der Tage und befahlen den Chinesen, was sie zu tun oder zu lassen hatten.

Obwohl ein geschäftiges Klima herrschte und jeder schon zwei Dinge gleichzeitig tat, trieben die Teehändler die Kulis auf den Sampans brutal zur Eile an. Das Bambusrohr der Aufseher hinterließ auf den Rücken der Arbeiter Striemen, so erhaben und dick wie Reffbändsel. Es war nicht zu übersehen, daß die Besatzungen einer zermürbenden Belastung ausgesetzt waren, wie es sie vor siebzehn Jahren noch nicht gegeben hatte.

Indes, diese Wirklichkeit Chinas zählte für Angus nicht mehr. Der schillernde Wasserfall ließ seine Träume fließen, und der Nachtigallengesang verzückte den Landgänger vom Abend bis zum Morgen. Die Ozeane ließen Leid und Schönheit miteinander verschmelzen, und was an trüben Gedanken übrigblieb, verklärte sich zusehends in den geräumigen, luxuriösen Deckkabinen der ARIEL, die in tropischen Nächten einem Feenschloß glich. Die Masten würden sich wieder recken und Winde, Wellen, Weiten den Hauch der Ewigkeit erwecken.

Angus spähte hinunter auf die Reede. Die Sampans verließen die ARIEL und gleich darauf auch die FIERY CROSS. Die Hammerschläge, die an Angus' Ohr drangen, machten ihm deutlich, daß die letzten Teekisten an ihren Platz geklopft wurden und Matrosen begannen, die vorderen Luken zu verschalken. Er erhob sich und stieg hinunter ans Ufer, um sich auf das Schiff zurückbringen zu lassen. Spätestens in zwei Stunden würde die ARIEL als erster Clipper die Pagoda-Reede verlassen.

Als er kurz vor dem Anlegen die gesamte Steuerbordseite der ARIEL betrachtete, stellte er mit Schrecken fest, daß der Trimm des Clippers nicht stimmen konnte. Der Wasserlinie nach lag sie mit dem Bug zu tief im Wasser.

»Sie ist vorlastig! Wir werden zwei Knoten an Schnelligkeit einbüßen!« rief er Käpt'n Keay zu, als er an Deck kletterte.

»Vorlastig?«

»Überprüfen Sie es selbst!« forderte Angus ihn auf.

Für einen Moment wirkte Kapt'n Keay starr wie eine griechische Statue, dann lief er los. Kaum war Keay das Fallreep hinuntergeklettert, als er schon wieder nach oben kam. Mit hochrotem Kopf brüllte er seine Befehle: »Achterluken offenhalten! Teekisten nach achtern laden!«

»Das wird nicht reichen, Käpt'n. Der Tee wiegt so gut wie nichts. Das Ballasteisen im Rumpf hätte vorher getrimmt werden müssen!«

Keays Gesichtsfarbe wechselte vor Erregung von rot zu wachsweiß. Wütend kaute er für einen Moment an seiner Schmach, während es schien, als würde Angus die Blamage des Käpt'ns wie ein Sorbet genüßlich hinunterschlürfen. »Was tun, Mr. Mackay? Die ISLAND QUEEN wird jeden Moment eintreffen, um uns den Min-Fluß hinabzuschleppen.«

»Laßt sie kommen und überlegt euch inzwischen, wie ihr den Trimm hinbekommen wollt. Wir werden jedenfalls keine einzige Minute länger als nötig hier vor Anker liegen bleiben.«

Käpt'n Keay war ein besonnener Mann, der die ARIEL mit einer Feinfühligkeit lenkte, als ob sie ein lebendes Geschöpf wäre. Um so härter traf ihn in jenem Moment der selbstverschuldete Fehler und weckte sein cholerisches Temperament. Er spuckte in weitem Bogen über die Reling und brüllte den Ersten Offizier an: »Schaffen Sie vierzig Kisten aus dem Vorschiff in meine Kajüte und lassen Sie die Kette, sobald der Anker gehievt ist, nach achtern bringen!« Daraufhin spuckte er in einem noch weiteren Bogen aus. »Der Zimmermann soll sofort zu mir kommen!«

Als Daniel Webster antrat, befahl ihm der Käpt'n, unverzüglich einen großen Kasten zu bauen, der mit tragbarem Ballast gefüllt werden konnte.

Kurz darauf meldete der Bootsmann die Ankunft des Dampfschleppers ISLAND QUEEN, der sich wenig später voraus legte und die Schleppleine der ARIEL übernahm.

Angus überprüfte die Ladung, indem er seinen Kopf in die Lukenöffnung des Vordecks steckte. Die Männer waren gerade dabei, die vierzig Kisten aus dem Verband herauszulösen. Die oberste Schicht wurde sichtbar, da die gespaltenen Bambusstangen und das Segeltuch noch einmal zur Seite geschoben werden mußten. Die Lage der Kisten war derart geneigt, daß das Seewasser, falls eine Luke undicht werden sollte, zu den Schiffswänden hin abgeleitet wurde, bis zum tiefsten Punkt, wo es mit der Bilgenpumpe außerbord gelenzt wurde. Die Arbeit ging schnell voran. Angus zeigte sich zufrieden.

»Toppsegel setzen!« gellte die Stimme des Ersten, als der Lotse mit seinem Gehilfen von der Island Queen das Deck betrat. Unterdessen wurde, begleitet von einem alten schottischen Shanty, die Ankerkette gehievt:

> *»Vayra, veyra, vayra, veyra*
> *Gentil gallantis veynde;*
> *I see hym, veynde, I see hym*
> *Pourbossa, pourbossa.*
> *Hail all and ane, hail all and ane;*
> *Hail him up til us, hail him up til us.«*

»Tragen Sie die Startzeit in das Logbuch ein!« befahl Käpt'n Keay dem Wachoffizier.

Der Chronometer zeigte 14.00 Uhr. Die Island Queen entließ fetten, schwarzen Rauch aus ihrem Schornstein und begann damit, die Ariel von der Pagoda-Reede zum Hauptstrom des Min-Flusses zu ziehen. Angus sah zum Heck. Bevor die Reede außer Sicht geriet, konnte er gerade noch erkennen, wie ein weiterer Dampfschlepper auf die Fiery Cross zuhielt. Gleich dahinter näherten sich zwei weitere Schlepper der Taeping und der Serica.

Kein Startvorteil für Kenneth und seine Taeping, überlegte Angus. Doch das Ziel, als erste in das Rennen zu gehen, war bis auf einen kleinen Schönheitsfehler erreicht. Die Ariel hatte sich als erster Clipper von der Pagoda-Reede verabschiedet, und die Taeping würde der Fiery Cross in knappem Abstand folgen.

Durch die steilen Felsenschluchten hin zum offenen Meer würde die Schleppfahrt bis zur Formosa-Straße einen guten Tag in Anspruch nehmen. Angus kalkulierte, daß die Fiery Cross zusammen mit der Taeping beim Erreichen des offenen Meeres nur mehr die Masten der Ariel am Horizont zu sehen bekäme. In den folgenden Tagen, da war sich Angus sicher, würde die Taeping die Fiery Cross überlaufen. Auf der Rennstrecke von 13 200 Seemeilen wäre zwar noch alles möglich, doch die Vorteile wie Clippergeschwindigkeit, Windtaktik und Routenkenntnisse lagen eindeutig auf der

Seite derjenigen Teeclipper, auf denen die Mackay-Brüder das Rennen bestritten.

Am späten Nachmittag hatte der Zimmermann den Kasten fertig. Neben der schweren Ankerkette schleppten die Matrosen Eisen, Reserveanker und Kohlen heran, um den Trimmkasten auf dem Achterdeck zu füllen. Angus zeigte keine Regung, obwohl er mit der schnellen Aktion sehr zufrieden war. Der Fehler Käpt'n Keays eröffnete zudem eine neue Möglichkeit des Trimms, da man den Ballast beliebig oft an Deck hin und her tragen konnte. Jedesmal wenn die ARIEL über Stag ging, war man nun in der Lage, die Trimmlage durch eine Gewichtsverlagerung zu verbessern.

»Zufrieden, Mr. Mackay?« trat Käpt'n Keay wieder gutgelaunt an Angus heran.

»Wir werden sehen, Käpt'n. Ziel eines jeden Rennclippers ist es, erfolgreich zu sein. Wir stehen am Anfang unserer Reise. Den Trimmfehler haben Sie mit Bravour behoben. Nun können Sie sich voll auf die Monsunwinde konzentrieren. Ich gehe davon aus, daß wir jeden Angriff der uns verfolgenden Clipper erfolgreich abwehren werden!«

»Es ist von Vorteil für uns, daß Sie an Bord der ARIEL sind, Mr. Mackay. Mit Ihrer Unterstützung werden wir die taktischen Aufgaben besser lösen und uns dadurch den Sieg holen.«

Angus stampfte mit dem Stiefel auf die Planken: »Es wird darauf ankommen, daß Sie und die Mannschaft die seglerischen Vorteile der ARIEL entschlossen ausnutzen. Das und nur das bringt uns London und der Prämie näher!«

»Gewiß, Mr. Mackay!«

Die Mannschaften drängten sich an Deck. Die steilen Felsschluchten des Min-Flusses waren nicht ungefährlich. In den Abendstunden würde man in den Hauptstrom einbiegen. Vorsorglich hatte man die großen Rahen nicht vierkant gebraßt, um zu vermeiden, daß sie in der Dunkelheit an die Felswände stießen. Dafür galt es, die Toppsegel nach dem Wind zu trimmen, um die Zugleine zu entlasten. Außerdem war man genötigt, die Zugkraft, die zum Schleppen gebraucht wurde, mittels Segelstellung ständig zu regulieren.

Die Männer an Deck blickten forsch einher; manche gaben sich prahlerisch, manche scherzten, andere priesen ihren eigenen Mut, und ihre gebräunten, schwieligen Hände packten bei jedem Befehl begeistert zu. Angus kannte den feinen Unterschied zwischen bloßem seemännischem Können und dem Willen, dieses Können entschlossen und kämpferisch einzusetzen. Die Männer, daran bestand kein Zweifel, waren bereit, die bevorstehenden Anstrengungen auf sich zu nehmen.

Gegen Abend zog der Schlepper die ARIEL in den Hauptstrom. Der Min-Fluß durchschnitt nun wie ein tiefer Graben das bergige, steile Ufer, das die Masten überragte. Je näher die Nacht heranrückte, desto mehr verschwammen die kargen Felsengipfel im fahlen, emporbrodelnden Dunst. Mit einem immer schwärzer werdenden Strom driftete die ARIEL der Flußmündung entgegen. Angus suchte seine Kajüte auf, um sich einige Stunden Schlaf zu gönnen. Zuvor gab er Anweisung, ihn zu wecken, sobald die ARIEL das offene Meer erreichte.

Als die Schiffsglocke vier Glasen der ersten Wache schlug, durchbrachen mehrere langgezogene Rufe die nächtliche Stille. Angus schreckte hoch. Der Lärm an Deck schwoll an. Angus sprang aus der Koje, warf sich seinen Morgenrock über und trat aus dem Deckshaus. Seine Augen waren an die Dunkelheit gewöhnt. Er sah sofort, daß einige Matrosen nach achtern eilten.

»Was ist passiert?« fragte er den Steuermann. Doch der gab keine Antwort. Angus wollte sich schon aufregen, da bemerkte er den chinesischen Lotsen am Ruder.

»Es muß die FIERY CROSS sein, Mr. Mackay«, sagte statt dessen der Matrose, der die Steuerbordwache hatte. Wortlos eilte Angus zum Heck.

»Hölle und Schwefel!«

»Versenkt sie!«

»Verdammt, das ist das Richtige. Wir sollten sie uns vom Leibe halten!« hörte Angus die Baritonstimme des Zweiten Offiziers aus dem Geschrei heraus.

»Bleiben Sie ruhig, Mr. Watson«, hörte er das Knurren von Käpt'n Keay.

Angus kam näher und starrte angestrengt nach achtern in die Dunkelheit. Er wischte sich die Augen. Achterlich querab backbordbug schob sich eine schwarze Masse langsam heran. Gespenstisch hoben sich Obermarssegel vom Himmel ab. Nun sah auch er den Schlepper etwa querab mittschiffs.

»Wie kann das sein, Käpt'n?«

»Die treiben schon seit gut drei Stunden mit uns Schindluder«, sagte er mit barscher Stimme, »aber der Scherz hier ist die Höhe!«

»Wer scherzt?«

»Die ISLAND QUEEN ist zu langsam. Die harmlosesten Stromschnellen machen ihr zu schaffen. Wir hätten sie fast überlaufen.«

»Und was ist das da drüben?«

»Das ist die FIERY CROSS. Der Raddampfer, der sie schleppt, ist wesentlich schneller, Mr. Mackay.«

Angus traute seinen Ohren nicht. »Das kann doch nicht wahr sein! Was sagt der Lotse?«

»Er sagt, er wisse nichts. Ansonsten schweigt er beharrlich.«

Für einen Augenblick herrschte Stille, dann erhob sich ein ohrenbetäubender Lärm. Deutlich waren Schmährufe von der FIERY CROSS zu hören. Die schwarze Traube menschlicher Gestalten schwankte entlang des Schanzkleides der ARIEL, am Deckshaus vorbei, Richtung mittschiffs.

»Zum Teufel mit euch … ha!« brüllten sie zurück. Einige rissen eiserne Belegnägel heraus und schleuderten sie durch die Dunkelheit hinüber zur FIERY CROSS. Angus blickte angestrengt nach oben. Die Toppsegel hingen schlaff an den Rahen herunter. Weitere Segel würden nichts nützen. Das einzige, worüber er sich im Moment freuen konnte, waren die Sterne, die ruhig über den schräggeneigten Mastspitzen funkelten.

»Offiziere ins Kartenhaus!« befahl der Käpt'n. Nach und nach erstarb das Wutgeheul der Freiwache, und die versammelten Offiziere besprachen die Ereignisse. Man war sich schnell darüber einig, daß man der FIERY CROSS nicht die Führung überlassen durfte.

»Wir sollten den Lotsen wechseln. Sobald es hell wird, kommen aus Tingjiang Raddampfer flußaufwärts.«

»Das heißt, frühestens in drei bis vier Stunden könnten wir den Dampfschlepper wechseln«, sagte der Erste Offizier.

»Vorausgesetzt, ein stärkerer Dampfer kommt uns entgegen«, bemerkte der Zweite Offizier.

Käpt'n Keay blieb äußerlich ruhig und hörte sich die geknurrten Argumente sowie die dazwischengeworfenen Bemerkungen seiner Offiziere nachdenklich an.

»Diese verdammten Chinesen!« rief er und schlug in plötzlich aufwallendem Ärger mit der Faust auf den Tisch. »Ich werde die Lotsen auf Trab bringen, meine Herren. Ich werde sie spüren lassen, daß wir die Zügel in der Hand halten.« Käpt'n Keay sprach Kantonesisch und auch ein paar Worte des örtlichen Dialekts, was sein Vorhaben erleichterte. Danach sagte er zu Angus: »Ich lege mich heute nacht nicht schlafen, Mr. Mackay. Gehen Sie ruhig zu Bett, ich werde Sie rufen lassen, sobald ...«

»Meine Schlafgewohnheiten überlassen Sie tunlichst mir allein. Kümmern Sie sich um einen stärkeren Dampfer!« unterbrach Angus den Kapitän gereizt. Daraufhin verließ er das Kartenhaus, um am Schanzkleid stehend die würzige Luft einzuatmen.

Käpt'n Keay erteilte der Deckswache währenddessen neue Befehle. Nacheinander eilten Matrosen herbei, hörten einen Moment zu, und rannten wieder vor zum Bug. Einige Matrosen der Freiwache flüsterten am gegenüberliegenden Schanzkleid verschwörerisch miteinander. Ab und zu schlugen sie sich dabei gegenseitig an die Brust, als ob sie damit ihre Argumente bekräftigen wollten.

Angus ging wieder in seine Kajüte und legte sich in die bequeme Koje. Kurz bevor er einschlief, hörte er durch das offene Kajütfenster noch Stimmen: »Es ist eine gottverdammte Schande!«, und jemand sagte leise: »Den Käpt'n hat das Glück verlassen. Erst der Trimm, jetzt der Schlepper ... lange Überfahrt ... der Käpt'n ist kein Narr ... der Mackay wird's schon richten ...«

Am Morgen bot die Ariel, die den zweiten Tag des Clipperrennens begrüßte, den Anblick feuchter Frische. Das gescheuerte Deck glänzte in der Morgensonne, und die Tautropfen in der Takelage funkelten wie Diamanten.

Das nächste, was Angus sah, war Mr. Watson, der am Ruder stand.

»Wo ist der Lotse?« fragte er Watson. Dieser deutete steuerbord voraus. »Der Käpt'n hat ihn ablösen lassen, Mr. Mackay.«

»Wenn die verdammten Chinesen ihre Arbeit so gut verstehen würden wie ich die meine, dann gäbe es keinen Ärger!« schimpfte

Käpt'n Keay, der das kleine Boot beobachtete, welches gerade die gefeuerten Lotsen zur Island Queen übersetzte.

»Auch das noch!« sagte Angus, als er neben den Käpt'n trat. Im gleichen Augenblick war das kleine Ruderboot auf den Wellen des Min-Flusses quer geschlagen und sofort gekentert. Das scheinbar lustige Bad zur frühen Morgenstunde entwickelte sich in wenigen Minuten zu einer lebensbedrohlichen Situation. Die schwimmenden Lotsen wurden schnell abgetrieben. Nur durch Hilfe anderer Boote, herbeigerufen durch die Matrosen der Ariel, konnte verhindert werden, daß die Männer ertranken. Das Rettungsmanöver zog sich bis zur Mittagsstunde hin.

Man beschloß, sich unter diesen Umständen doch durch die Island Queen weiter bis zur Flußmündung schleppen zu lassen, um nicht noch mehr Zeit zu verlieren. Währenddessen schlossen die nächsten drei Clipper auf ...

Angus stand am Bug der Ariel, als am Morgen des 30. Mai, im Mündungsgebiet des Min-Flusses, die Schleppleine endlich an Deck gezogen wurde. Sein Fernrohr war auf den Horizont gerichtet. Auf der silbrig glitzernden Kimm entdeckte er die Mastspitzen der Fiery Cross. Beherrscht schob er seinen Kieker zusammen. Als er sich umdrehte und zum Heck spähte, sah er, wie die Taeping, die Serica und die Taitsing mit gesetzten Segeln auf das offene Meer zuhielten und die Ariel kurz darauf überholten. »Gott sei Dank, die Taeping ...«, murmelte er. Mit zusammengezogenen Augenbrauen ging er auf Käpt'n Keay zu und sah ihn grimmig an. »Nun beweisen Sie, daß Sie ein Herr des Windes sind!«

*Chinesisches Meer, 9. Juni 1866 / Breite: 6° 3' Nord, Länge: 109° 15' Ost.*

Die Besatzung der Ariel kämpfte. Angus bestimmte den Kurs, ließ die Segel optimal trimmen, und von Tag zu Tag zeigte die Logge, daß die Ariel schneller wurde und das Etmal, die tägliche Segelleistung, damit immer größer. Manche Matrosen verdächtigten ihn, mit irgendeiner übernatürlichen Kraft in Verbindung zu stehen. Er hatte sie. Doch diesmal war sie irdischer Natur. Angus wählte seinen Kurs konsequent nach den verbesserten Segelanweisungen Matthew Fontaine Maurys. Damit nutzte er jede Gelegenheit, um mit dem vorherrschenden Südostmonsun nach Südwest zu kommen.

Der Kurs lag zwischen Hainan und den Paracels nach der Küste von Cochinchina. Der Clipper hielt sich konstant innerhalb eines Abstands von vierzig Seemeilen zur Küste und verringerte ihn mittags auf dreißig Seemeilen. Je näher man vor Sonnenuntergang der Küste kam, desto östlicher fiel der Wind ein, und um so platter konnte man vor dem Wind nach Westen laufen. Wurde der Wind allerdings flau, so ließ Käpt'n Keay sofort über Stag gehen, um nicht in die stundenlang anhaltenden Windstillen zu geraten. Außerdem vermied er es, durch die Mindor- und Makassar- nach der Lombok-Straße anzuholen, sondern nahm direkt Kurs auf die Sunda-Straße. Ab dem neunten Tag lagen sie somit auf dem alten Kurs der Sea Witch, der zwischen den Anamba- und Natuna-Inseln hindurchführte.

Auf der Ariel herrschte in den ersten acht Tagen aufgrund der Ungewißheit über die Position der Fiery Cross eine trübe Stimmung. Vielleicht trug auch der Dauerregen dazu bei, der die Deckshäuser langsam bis in die letzten Winkel hinein durchfeuchtete. Die Gedrücktheit schlug jedoch sofort in Begeisterung um, als steuerbord voraus Masten über die Kimm heraufwuchsen.

Angus hoffte, es möge die Fiery Cross sein. Nach weiteren drei Stunden hatte er wenigstens Gewißheit, daß es ein Teeclipper war. Er verbat es sich, selbst in die Wanten zu klettern. Äußerlich zeigte er sich ruhig, dafür verrieten seine flackernden tiefblauen Augen die innere Anspannung.

»Es ist die Taeping!« rief der Matrose von der Mars herab. Angus fluchte still vor sich hin. Niemand konnte ahnen, daß die Ariel den vermeintlichen Siegclipper eingeholt hatte. Die Taeping segelte in einer flauen Brise, während die Ariel eine stetige Brise mitbrachte, die allerdings ebenfalls einzuschlafen drohte.

»Gehen Sie in Luv heran«, sagte Angus zum Kapitän, »und fragen Sie über Flaggensignal, ob sie uns etwas über die Positionen der übrigen Clipper mitteilen kann.«

Wenig später tauschten sie auf die Distanz von einer knappen Meile Nachrichten aus.

»Kapitän McKinnon signalisiert, daß sie die Fiery Cross vor

zwei Tagen hinter sich gelassen haben«, meldete der Erste Offizier. Daraufhin brandete Jubel an Deck der ARIEL auf.

»Nun, dann liegen wir aller Wahrscheinlichkeit nach an der Spitze des Feldes!« kommentierte Keay die Nachricht stolz.

»Ich hoffe, die Botschaft wird uns auf Java bestätigt, mein verehrter Käpt'n«, sagte Angus mit hochgezogenen Brauen. Dann blickte er nach Südost, wo sich der Himmel dichtzog. Erneut kündigten sich Gewitterschauer mit einer steifen Brise an. »Lassen Sie alle Leesegel setzen!«

»*Aye, aye, Sir!*« erwiderte Käpt'n Keay, was für die Offiziere und Matrosen der ARIEL keinesfalls befremdlich klang.

*Sunda-Straße, 21. Juni 1866 / Mittagsort, Breite: 5° 55' Süd, Länge: 105° 48' Ost.*

Langsam schwojte die ARIEL an der einzig verbliebenen Ankerkette. Erwartungsvoll blickten Angus und Käpt'n Keay über die Reling südwärts in Richtung Küste. Ihre ganze Aufmerksamkeit gehörte dem kleinen Leuchtturm von Anyer Kidul und den Männern der Behörde von Anyer Lor auf Java, denen der Signalgast Edgar Smith den Schiffsnamen und die Position der ARIEL mit den entsprechenden Flaggen zu übermitteln hatte.

Smith, ein notorischer Heißsporn, aber ein Ungeheuer an Kraft, bewegte sich an Deck wie ein aufgerichteter Bär. Seine Tatzen verstanden sich auf das Flaggenalphabet, und er wollte offensichtlich zeigen, wie perfekt er es eingeübt hatte. Smith hatte die Flaggenleine am Fockmast gewählt. Angesichts der Schnelligkeit, mit der er die Flaggen aufzog und wieder einholte, hätte auch der beste Signaloffizier auf einem britischen Linienschiff seine Probleme gehabt, das Signal zu entziffern. Angus schüttelte den Kopf. Für ihn gebärdete sich Smith höchst unsinnig, und so forderte er ihn auf, die Nachricht zu wiederholen, jedoch in einem »lesbaren« Tempo.

»Wiederholen Sie!« herrschte Angus den Riesen an. Ein hervorbrechender, sinnloser Redeschwall von Smith war die Antwort.

»Das Signal, oder du bekommst die Katze!« brüllte nun der Erste Offizier und tat einige Schritte auf Smith zu. Dieser hatte nun endgültig verstanden, auf was er sich da einließ. Schnell stellte er sich wieder breitbeinig hin, entnahm aus seinem Signalkasten die befohlenen Flaggen, hob die Arme und begann sie erneut, nun in gemäßigtem Tempo, aufzuziehen.

Der Erste Offizier hielt den *Marryats Universal Code of Signals* bereit, der zum Entschlüsseln der Botschaften ausländischer Hafenbehörden und Kapitäne diente. Während die anderen Offiziere eine Weile durch ihren Kieker auf den Flaggstock des Leuchtturms starrten, zeigte sich Käpt'n Keay zunehmend ungeduldig: »Was wir eilig hinter uns bringen wollen, dauert dort drüben eine Ewigkeit!« sagte er zu Angus.

»Je weniger Tage auf See, desto mehr Pfund Sterling in London!« gab Angus zurück.

»Das Warten ist sicher eine Geduldsprobe. Doch ist es nicht sinnvoll, noch etwas Zeit zu investieren, Mr. Mackay? Dann hätten wir Gewißheit und könnten gleichzeitig unsere Vorräte ergänzen!«

Angus blickte über die Reling auf die See und erfaßte eine Armada von kleinen Händlerbooten, die auf den Teeclipper zuhielten. Angus kannte die Prozedur, die mehrere Stunden in Anspruch nehmen würde. Er runzelte die Stirn. »Wir befinden uns in einem Rennen, nicht auf einer Vergnügungsfahrt! Lassen Sie unverzüglich den Anker aufholen, und nehmen Sie Kurs auf Mauritius.«

»Gewiß, Mr. Mackay!« sagte Keay mit resigniertem Unterton.

Also erging der Befehl an den Ersten Offizier, das Ankermanöver durchzuführen. Die Mannschaft sah es nicht ungern. Das Deck der Ariel stand in einer Wolke von Teeduft. Er schien aus jeder Ritze zu ziehen, obwohl die Kalfaterung keine Lücke zwischen den Planken offen ließ. Es war ein Phänomen, das niemand verstand, doch jeder Windhauch war in der drückenden Schwüle an der Pforte zum Indischen Ozean willkommen. Schweißüberströmt braßten die Männer die vom letzten Regenguß noch vollgesogenen Taue und brachten die Ariel wieder an den Wind.

Angus mußte insgeheim schmunzeln. Für ihn war es zu diesem Zeitpunkt völlig gleichgültig, ob die Fiery Cross vor oder hinter der Ariel lag. Die Differenz auf dem zurückliegenden schwierigen Kurs durch das Chinesische Meer konnte höchstens einen Tag betragen. Aufgrund der Untiefen und der oft schwachen umlaufenden Winde konnte ein erfahrener Kapitän wie Richard Robinson auf der Fiery Cross jederzeit seinen Vorsprung halten.

Die Entscheidung, darüber war sich Angus mit seinen Brüdern schon in London sicher gewesen, würde im Indischen Ozean und im Atlantik fallen. Sie hatten ferner eine Zeittabelle erstellt, die über Ozeane hinweg den Stand im Rennen unsichtbar koordinieren half. Sie hatten sich dabei an den Rekordfahrten der früheren Jahre und Jahrzehnte orientiert, die bei den Teiletappen erstaunlich genaue Übereinstimmungen aufwiesen. So hatten sie auf der Strecke Foochow–Sunda-Straße, abhängig von den aktuellen Monsunzeiten, eine Maximalzeit von dreiundzwanzig und eine minimale von neunzehn Tagen errechnet. Für einen schnellen Clipper konnte man daher im Mittel mit einer Fahrtzeit von zwanzig bis einundzwanzig Tagen rechnen. Wenn die Schiffe in ihren Segeleigenschaften ungefähr gleich waren, dürfte es also auf dieser Etappe kaum größere Zeitunterschiede geben.

Die ARIEL hatte die Strecke in genau einundzwanzig Tagen durchsegelt. Soweit stimmten die Berechnungen. Was die Mackay-Brüder freilich nicht berücksichtigt hatten, waren langwierige Verproviantierungen an fremden Küsten und der umständliche Nachrichtenaustausch mittels Signalflaggen.

Angus deutete nach Westen: »Vorwärts, wir haben günstigen Wind!«

Eintragung im Logbuch der TAEPING / 22. Juni 1866

*»Peilten um 8ʰ morgens den Berg Imbong in WzN auf Sumatra. Gingen unter die Küste Javas und ankerten auf 14 Faden Tiefe. Um 9ʰ Austausch von Nachrichten mit Anyer Kitul. FIERY CROSS passierte die Sunda-Straße am 19. Juni, ARIEL am 20. Juni. Anyer signalisiert, Stand des Rennens wird per Telegraph nach London weitergegeben. Bei frischer Brise aus SO setzen wir unseren Kurs um 10ʰ auf Mauritius ab. Peilen 15ʰ Krakatau ONO und Prinzeninseln SOzO; waren klar von der Straße.«*

*Mauritius, 1. Juli 1866 / Mittagsort, Breite: 20° 37' Süd, Länge: 57° 45' Ost.*

Gischt leuchtete in der tropischen Sonne, während die salzverkrusteten Bärte der Matrosen weiß funkelten. Die ARIEL pflügte durch die schnellste und schönste Passage des Indischen Ozeans. In der Mitte des Meeres, durch welche die Route der Ariel führte, trat der Passat mit einer Stärke auf wie vielleicht in keinem anderen Gewässer. Auf der etwa 2000 Seemeilen langen Strecke von 100° bis 70° östlicher Länge blies der Passat mit solcher Ausdauer, daß die Windstärke nie unter 7 sank.

Angus riskierte diesmal alles. Obwohl der Wind in Böen oft zu stark wurde, ließ er die Leesegel stehen. Die Reise geriet zu einem äußerst nassen Rennen. Der schmale Rumpf schnitt zwar in extremer Schräglage die Wellen, doch die lange und hohe Dünung ließ den Rumpf im stetigen Rhythmus in die Wellentäler krachen. Über Deck flossen derweil die überkommenden Seen kniehoch nach Lee ab. Die Bilgenpumpe wurde zur Kontrolle jede Stunde bedient, um sicher zu gehen, daß die gewaltigen Schläge auf den Backbordbug die Plankennähte nicht aufspringen ließen. Die Ariel machte an manchen Tagen im Mittel siebzehn Knoten Fahrt, was das Etmal auf über 400 Seemeilen schraubte.

Doch die große Belastung forderte ihren Tribut. Ein Peitschenknall in der Takelage zeigte an, daß die Grenzen überschritten waren. Angus hielt sich gerade in der Offiziersmesse auf, als schwere Blöcke auf das Dach des Deckshauses krachten.

Sofort stürzten alle an Deck. Der erste Blick war nicht ermutigend. Durch die hochspritzende Gischt konnten sie erkennen, daß zwei Marsstengen direkt über dem Eselshaupt gebrochen waren. Die wild schlagenden Teile begannen die Luvwanten zu beschädigen. Nebenbei veranstalteten die losen Leinen mit dem laufenden Gut eine »Schlangenhochzeit«.

*»Alle Mann an Deck! Die Stengen! Kappen! Kappen!«* brüllte sich der wachhabende Offizier die Seele aus dem Leib.

Die Ariel lag auf Steuerbordbug und krängte stark in den Böen, so daß die luvwärtigen Rahnocken himmelwärts wiesen, während sich die riesigen Masten für Momente fast waagerecht zum Horizont neigten. Ein Todeskommando für jeden Matrosen, der in dieser Lage aufentern mußte.

»Nichts wird gekappt!« sagte Angus zu Käpt'n Keay, der gleichzeitig an Deck erschienen war, um sich Klarheit zu verschaffen. Daraufhin gab er die Befehle:

»Großsegel und Klüver bergen! Rahen nach achtern brassen!«

und an den Steuermann gerichtet: »Bring sie bei halbem Wind auf ebenen Kiel!«

Die Gefahr einer größeren Havarie wurde schnell gebannt. Der Steuermann und die Männer an den Brassen ließen die Segel in Richtung der Rahen wehen, so daß sie von den Matrosen leichter gegriffen werden konnten. Die gebrochenen Marsstengen wurden so weit heruntergefiert, daß die beschädigten Stellen kurz unter dem Eselshaupt hingen. Danach brachte der Zimmermann neue Schalungshölzer an, laschte sie gut fest, schlug Klampen in die Stengen, bohrte zusätzlich neue Löcher für die Schloßhölzer und ließ alle Pardunen und Stage neu anpassen.

Die Fahrt der ARIEL ging unterdessen, wenn auch mit verminderter Knotenzahl, stetig weiter. Nach fünf Stunden war der Schaden behoben, und der Clipper setzte unter Vollzeug seine Fahrt fort.

Auch am 2. Juli, zu Beginn der vierten Wache, trafen sich Käpt'n Keay und Angus wie immer zur Positionsbestimmung im Kartenhaus. Keay gab sich etwas redseliger als sonst. Er schwärmte von der ARIEL, ihren optimalen seglerischen Eigenschaften und ihrem neuen Rekord, dem Etmal von knapp über 400 Seemeilen.

»Dreihundertvierzig war bisher ihr bestes Ergebnis!« unterstrich Angus die Leistung, die herausgesegelt worden war.

»Ja, sie ist unter Ihrem Trimm schneller geworden. Ich habe übrigens ihren neuen Geschwindigkeitskoeffizienten errechnet, Mr. Mackay. Er liegt nun bei bravourösen 1,25!«

»Wußten Sie es nicht? Wir bauen Luxusschiffe, mein Verehrter. Mit unserem Eisenballast, der doppelten Besatzung und großzügig bezahlten Kapitänen segeln wir wie auf einer Yacht ...«

»Ich hatte es vermutet, als ich die Einrichtung der Deckshäuser sah!« scherzte Keay mit. »Als ich jung war, bin ich dermaßen eitel gewesen, daß ich mir nur die schönsten Schiffe herausgesucht habe. Gott sei Dank hat sich das bis heute fortgesetzt!«

Sie ließen sich über die Preise der Ostindienausrüster aus, da sie im nachhinein feststellen mußten, daß die gebrochenen Marsstengen aus minderwertigem Holz gefertigt worden waren. Der harte Konkurrenzkampf drückte auf die Baukosten und manchmal natürlich auch auf die handwerkliche Qualität der Arbeit, an die nun, im harten Rennen, höchste Anforderungen gestellt wurde.

»Der ganze Entwurf steht unter dem Gesichtspunkt der Geschwindigkeit. Die Ladefähigkeit rangiert erst an zweiter Stelle, und das Ganze soll nicht mehr als £ 18 pro Tonne kosten ...«

Wenig später beugte man sich gemeinsam über die Karten, um die neuen Segelanweisungen zu erarbeiten. »Der Stoff der Abenteuer besteht aus dem Unbekannten, das Erregung hervorruft. Was auf dem Indischen Ozean immer wieder gelingt!« meinte Keay, als er den Stechzirkel um Mauritius herum bewegte.

»Ein Abenteuer wäre in der bevorstehenden Phase des Rennens nicht dienlich«, meinte Angus und fuhr fort: »Bei Annäherung an Mauritius kommt es darauf an, daß bei der Wahl der Route in erster Linie darauf geachtet wird, sich möglichst lange im Gebiet der günstigen Passatwinde zu halten.«

»Das heißt, wir setzen unseren Kurs nicht zu südlich ab.«

»Genau das wollte ich vorschlagen«, antwortete Angus. »Wir sollten Kap St. Marie auf Madagaskar in ziemlicher Nähe passieren. Danach treffen wir auf die Route der Segler, die von Ostindien, Sansibar und anderen Plätzen Ostafrikas kommen und ebenfalls das Kap der Guten Hoffnung umrunden wollen.«

»Gut, wo gehen wir unter die Südküste Afrikas?«

Angus zeigte mit dem Stechzirkel auf die Karte: »Zwischen Port Natal und der Algoa-Bay. Die Strömungen unter der afrikanischen Küste sind dort günstiger für uns.«

Er rollte die Karten zusammen. Zufrieden verabredete man sich zum Dinner zu Beginn der ersten Nachtwache.

Am 3. Juli, morgens um 8 Uhr, peilte der Navigationsoffizier die Südspitze von Mauritius. Danach ging es Südsüdwest. Am 14. Juli umrundete die Ariel das Kap der Guten Hoffnung und zwanzig Tage später, am 4. August, auf dem Weg zur Themse, den Äquator.

Eintragung im Logbuch der Fiery Cross / 4. August 1866
*Segeln platt mit dem Südostpassat nach Nordwesten. Schneiden den Äquator bei 0° Breite und 18° W-Lg.*

Eintragung im Logbuch der Taeping / 4. August 1866
*Segeln mit dem Südostpassat westlicher als üblich und schneiden den Äquator bei 0° Breite und 25° W-Lg. Nutzen jede noch so geringe Rich-*

*tungsänderung des Windes, um alle Rahsegel voll zum Stehen zu bringen. Halten uns strikt an die Karte von Maury, um die Doldrums schnell zu queren.*

Eintragung im Logbuch der ARIEL / 4. August 1866

*Schneiden den Äquator bei 0° Breite und 28° W-Lg. Der Weg ist dadurch verlängert, doch wir sind sicher, schneller durch die Windstillen der Doldrums zu kommen, als wenn wir östlicher stehen würden. Nach Maurys Tabelle müßten wir 3,7 Tage weniger brauchen als Schiffe, die auf der Linie östlicher stehen. Außerdem nutzen wir jede Gelegenheit, um Nord zu machen.*

*Bishop Rock, 5. September 1866 / Breite: 48° 42' Nord, Länge: 6° 28' West.*

Acht Glasen – Mitternacht! Das Brausen herannahender brechender Seen verursachte plötzlich ein bleiernes Gefühl in Angus' Magengegend. Das Wasser tropfte durch die dicht angezogenen Bullaugen. Er saß im Kartenhaus und verglich, wie so oft, seine Vorausberechnungen mit der tatsächlichen Position der ARIEL. Die Tatsache, daß er sich nur um einen lächerlichen halben Tag verschätzt hatte, stimmte ihn nicht lange zufrieden; vielmehr zerbrach er sich den Kopf wegen der vermuteten Position der TAEPING und der FIERY CROSS. Ihre Positionen bestimmten den Kurs der ARIEL durch den Ärmelkanal von Land's End bis Margate.

Angus vermutete, daß Richard Robinson, Kapitän auf der FIERY CROSS, den Äquator nach den englischen Segelanweisungen für die Atlantik-Äquatorialzone überquert hatte. Somit müßte er den Äquator östlicher als die ARIEL und vermutlich auch östlicher als die TAEPING geschnitten haben. Matthew Fontaine Maurys Segelanweisungen waren für dieses Seegebiet zwar wesentlich genauer, doch er war für die meisten englischen Kapitäne einfach nur ein »Amerikaner«. »Die USA besitzen, im Gegensatz zu Britannien, zur See einfach keine Tradition«, war unter englischen Handelskapitänen ein beliebtes Argument zur Abwertung von Maurys Leistungen. Angus rechnete mit dem spezifischen »Britannien-Effekt« seiner ärgsten Konkurrenten.

Mit den Worten: »Die Arroganz der Kapitäne gegenüber

Maurys Erkenntnissen wird uns helfen, das Teerennen nach unseren Plänen zu entscheiden«, hatte Angus noch vor Antritt der Reise seinen Brüdern je eine Ledermappe übergeben. Sie enthielten die neuesten *Wind and Current Charts* für die Passatgebiete des Atlantiks, insbesondere die der Doldrums. Angus hatte diese vor Beginn der Reise nach China direkt vom *Depot of Charts and Instruments* aus Washington angefordert. Nach Maurys Auswertungen benötigten alle Segler, die östlich von 20° Westlicher Länge den Äquator nach Norden querten, im Durchschnitt drei Tage länger als Segler, die westlicher segelten. Auch wenn das einen »Umweg« bedeutete, so wurden der Gürtel der Äquatorialstillen schneller passiert, da die Zone auf der westlichen Seite bedeutend schmaler war als auf der östlichen.

Auf der Basis dieser Erkenntnisse hatten sie in den Nächten vor der Abreise untereinander eigene Segelanweisungen für die Westwindgebiete, für das Äquatorialgebiet, die Äquatorschnittpunkte und für den Nordostpassat ausgearbeitet. Hinzu kamen klare Vorstellungen von den Zusammenhängen zwischen Luftdruckverteilung und Windstärken und dem Einfluß der Änderung des Luftdrucks auf die Windrichtung. Sie nutzten nicht den Wind, sie nutzten alle Winde! Als Miteigentümer der Reedereien konnten sie ihre Empfehlungen den Kapitänen aufdiktieren, zumal diese von eigenen Erfahrungen in diesen Seegebieten gestützt wurden ...

Das alles ergab zwar ein gutes Ruhekissen, doch die Spannung, der tobende Sturm und manche Ungereimtheiten hatten Angus aus der »Emigrantenkoje« getrieben, wie er die unbeweibte Schlafstätte inzwischen getauft hatte. Zweifel hingen plötzlich wie Eisenketten an seinem Herzen. Stimmten die Berechnungen noch nach unberechenbaren 13 000 Seemeilen über Grund durch wilde Ozeane und launische Windgürtel? Lag die ARIEL zusammen mit der TAEPING tatsächlich in Führung?

Gedanken, die er seit Monaten hin und her wälzte, wurden ihm langsam zur Qual und ließen ihn kaum noch Schlaf finden. Zum einen war er nahe daran, seine Überzeugungen aufzugeben, zum anderen verdrängte er sofort jeden Zweifel an der Richtigkeit seiner Berechnungen. Gleichzeitig erschrak er über seine eigene Vermessenheit. Ihn belastete, daß es keinen Menschen an Bord gab, dem er sich anvertrauen konnte. Er trug ein Geheimnis mit sich herum, das ihn zwang, auf sich selbst gestellt zu bleiben.

Das einzige, was ihn tröstete, war das nahende Finale des Rennens. Die entscheidende Phase begann zur selben mitternächtlichen Stunde. Bei Sonnenaufgang würde sich die Wahrheit über den sturmgepeitschen Wellenbergen zeigen. Wenn die TAEPING unterwegs nicht entmastet wurde, so sein Gedanke, dann müßte sie sich ebenfalls nahe der Einfahrt zum Kanal befinden.

»Kenneth wird es geschafft haben! Er ist sicher ebenso hart gesegelt wie wir und hat sich bestimmt genau an die Vorgaben gehalten.« Doch auch dieses Selbstgespräch vermochte ihn nicht zu beruhigen. Zudem zehrte der seit zwei Tagen tobende Sturm an den letzten Reserven.

Das Rennen hatte alle an Bord verändert. Beängstigend wirkte sich die Situation auf die Matrosen aus, die sich nichts sehnlicher herbeiwünschten als das Ende dieser Wahnsinnsfahrt. Verursacher war der Käpt'n, denn auf den letzten 7000 Seemeilen hatte er sich als ein äußerst harter, ruhmsüchtiger Mann entpuppt. Durch Angus' Beispiel hatte er schnell herausgefunden, daß ihm nur ein optimal getrimmtes Rigg eine Chance auf die Extraprämie von einhundert Pfund gab. Dementsprechend oft waren die Wachen in den Wanten und an den Brassen zu finden. In wenigen Wochen hatte er die Matrosen aufgerieben. Sie ließen sich nur noch an Deck sehen, wenn sie gerufen wurden. Käpt'n Keay galt unter den Matrosen bald als ein »Whole-Hogger« – ein Hundertfünfzigprozentiger. Er selbst gönnte sich kaum noch Schlaf, und Angus meinte einige neue, besonders tiefe Querfalten auf seiner Stirn entdeckt zu haben.

Die ARIEL neigte sich plötzlich heftig über, um sich gleich darauf vollständig auf die Seite zu legen. Etwas länger als je zuvor blieb sie auf der Steuerbordseite liegen. Zwischen Kartentisch und Wand versuchte Angus sein Gleichgewicht zu halten.

»Ariel! Luftgeist verschone uns!« stieß er hervor. Als ob seine Worte Gehör fanden, richtete sich der Clipper langsam wieder auf und kam auf geradem Kiel zu liegen. »Verdammte Brecher!« fluchte er. Angus wußte, daß der Steuermann die riesigen brechenden Kämme, die nachts von achtern heranrollten, kaum aussteuern konnte. Gewiß trug auch das niedrige, nur gut drei Fuß hohe Schanzkleid dazu bei, daß der Clipper bei schweren achterlichen Seen zum Querschlagen neigte. Das Deck der ARIEL wurde pausenlos überspült. Es glich einem Wunder, daß die 1 108 000 Pfund Tee in ihrem Bauch bislang keinen einzigen Tropfen Seewasser abbekommen hatten. Der nächste Entwurf, so schwor er sich, würde in der Breite um ein bis zwei Fuß größer ausfallen, um die Stabilität unter Sturmbesegelung zu erhöhen.

Angus hatte es sich zur Gewohnheit werden lassen, seine Schlaflosigkeit bis zur völligen Ermüdung neben dem Ruder zu bekämpfen. McGregor, einer der besten Steuerleute, brachte die ARIEL in jener Nacht durch die schwere See. Ganz achtern standen sie zusammen auf einem kurzen, erhöhten Deck, einem der wenigen Plätze, an dem man trockene Füße behielt – vorausgesetzt, man kam trockenen Fußes über das Deck bis zum Ruderstand.

Angus richtete seinen Blick auf das Kompaßhäuschen und beobachtete die tanzende Nadel, die genauso bockte und ausschlug wie Bug und Heck.

»Backbordbug voraus! Signalfeuer, Sir!« rief McGregor heiser. Kaum daß er geendet hatte, hangelte sich der Wachoffizier entlang der Streckleinen nach achtern.

»Bishop Rock!« brüllte er gegen den Sturm an. »Es muß der Leuchtturm sein!«

Angus blickte auf den Chronometer. »Ein Uhr dreißig! In weniger als einer Stunde müßten wir das Leuchtfeuer von St. Agnes querab ausmachen können!« brüllte er zurück. Weiße Wasserberge zeichneten sich gegen den dunklen Himmel ab, und sobald sie die ARIEL unterliefen und anhoben, konnte man für einen kurzen Augenblick das Feuer durch die Gischt ausmachen.

Peitschender Regen setzte ein und schwärzte die Nacht endgültig. Das einzige Licht kam nun von den phosphoreszierenden Wellenkämmen, die sich in jede Richtung brachen. Angus war einen Moment lang irritiert. Die sich in der Entfernung brechenden Kämme leuchteten so stark, daß man sie mit dem Widerschein des Leuchtfeuers von St. Agnes hätte verwechseln können.

»Bleiben Sie auf Kurs!« sagte er zu McGregor, der einige Male Opfer des gleichen Phänomens wurde. Kurz darauf hatte man Gewißheit. Das Feuer von St. Agnes war für wenige Augenblicke eindeutig auszumachen.

Die Ariel passierte im Sturm die Scilly-Inseln südsüdost und hielt sich frei. Die Nacht blieb aber weiter unangenehm, so daß die Männer am Ruder stündlich abgelöst werden mußten. Das Barometer stieg langsam bis in die Morgenstunden an. Die schwere Depression zog nach Osten ab, was ein Abflauen des Sturms versprach. Angus zog sich daraufhin für drei Stunden in seine Kajüte zurück. Trotz seiner Erschöpfung war es nicht einfach für ihn, bei dem Seegang einzuschlafen ...

Der Morgen begrüßte die Ariel und ihre Besatzung sonnig-freundlich. Der Sturm war abgeflaut; es wehte Starkwind aus Westsüdwest. Hatte die Ariel gerefft durch die Nacht segeln müssen, so konnte sie jetzt, bei idealer Windrichtung, Vollzeug segeln.

»Alle Mann an Deck!« gellte der Befehl des Ersten. Die Männer enterten schneller auf als sonst. Das Ziel vor Augen verlieh ihnen die Kraft, noch mal das Letzte aus sich herauszuholen.

»Wir sind offensichtlich die ersten im Kanal!« triumphierte Keay und trommelte mit den Fäusten auf die Reling. »Niemand weit und breit, Mr. Mackay. Wir werden gewinnen!«

Angus fiel es schwer, unbeschwert zu wirken, steckte er doch voller Hoffnungen und Ungewißheiten. Während er grübelte, knüppelte Keay den Clipper mit vierzehn Knoten durch den Kanal. Der kurze Kamin der Kombüse entließ kräftigen Rauch, der sofort verblasen wurde. Der Käpt'n hatte dem Schiffskoch befohlen, daß alle noch vorhandenen Eier zusammen mit dem verbliebenen Speck zu einem kräftigen Frühstück für die Mannschaft zubereitet werden sollten. Dazu gab es Kaffee und Tee mit Rum ...

»Wir sollten einen Kurs nahe der englische Kanalküste steuern«, schlug Angus ohne Begründung vor, was von Keay widerspruchslos hingenommen wurde. Er bemerkte nicht, daß Angus an jenem Morgen sein Fernrohr ständig am Auge führte und ausnahmslos an Heck und Steuerbordseite in Richtung der französischen Küste peilte. Außerdem wanderte er rastlos auf dem gischtnassen Deck umher, was sonst nicht seine Art war. Doch die Anspannung, die alle an Bord erfaßt hatte, machte sie blind für ihre Umgebung. Kaum hatte sich Angus entschlossen, seine Kajüte aufzusuchen, um seiner Müdigkeit nachzugeben, zwang ihn die Ungeduld wieder an Deck ...

Als die Mittagsbreite genommen wurde, lag Plymouth querab. Angus nahm seinen Kieker und konnte deutlich die von Menschenmassen belagerte Plymouth Hoe ausmachen. Irgendwo dort oben mußte jemand stehen, den Magnus zur Beobachtung entsendet hatte, ging es ihm durch den Kopf. »Hoffentlich macht er sich nicht sofort auf den Weg zum Telegraphen! Er sollte die Abstände wissen ...«, betete er geradezu inbrünstig.

»Sie wollen sich das Schauspiel nicht entgehen lassen!« kommentierte Keay stolz das, was er durch sein Fernrohr sah. Dann blickte er zu den Masten hoch und rief begeistert: »Ist sie nicht herrlich anzusehen!«

»Gewiß!« erwiderte Angus. Auch wenn er sich kurz angebunden zeigte, so berauschte ihn der Anblick doch. Die ARIEL glich einem weißen Adler, der zu seinem Horst flog. Mit riesigen Schwingen schnitt sie pfeilschnell und gischtaufwühlend durch die tiefblauen, mit Schaumkronen besetzten Wellen. Die Wolken flogen über die Mastspitzen dahin nach Osten. Sie waren frei, doch heimatlos ...

Einige Minuten später passierten sie die Eddystone-Felsen südlich. Fischerboote säumten in respektvollem Abstand ihren Kurs, die Fischer schwenkten vor Begeisterung die Mützen.

Angus setzte das Fernrohr ans Auge und blickte über das Heck hinweg auf die Kimm. Sein Pulsschlag raste. Wie vom Blitz gerührt, erspähte er, wie sich ein Großsky- und ein Vorroyalsegel über die Kimm schoben. Seine Gesichtszüge erstarrten zur Maske. Dahinter verbarg sich seine Anspannung. Angus tat so, als hätte er nichts gesehen. Der Matrose in der Mars mußte auf freien Kurs achten, da er sofort zu melden hatte, wenn ein anderes Schiff im Kanal auf Kollisionskurs lag. Seine Aufmerksamkeit war damit geteilt, und jede Meile, die sich der Verfolger unentdeckt heranschieben konnte, war von Vorteil. Für Angus bestand kein Zweifel: Der Verfolger mußte die TAEPING sein.

Um nicht aufzufallen, ging er vor zum Bug, und blickte mit seinem Fernrohr nach Backbord, hinüber zur englischen Küste. Die Ufer und Hügel waren gesäumt von Menschengruppen, die sich das Schauspiel der dahinjagenden Teeclipper anschauten. Außerdem war anzunehmen, daß die Telegraphenstationen entlang des Kanals den Fortgang des Rennens nach London melden würden.

Angus stieg auf die Vorderluke, um ein wenig erhöht zu stehen. Vorbei am Fockmast peilte er wieder über das Heck hinweg. Groß- und Vorbramsegel des Verfolgers waren nun schon deutlich zu erkennen. Ein Freudenschauer lief über seinen Rücken. Welcher Clipper es auch immer sein mochte, die FIERY CROSS konnte es nicht sein. Ihre Masten führten drei Skyrahsegel, und die Höhen von Fockmast zum Großmast waren annähernd gleich. Dagegen zeigte der Verfolger die gleichen unterschiedlichen Masthöhen wie die TAEPING und die ARIEL selbst.

Die Sonne gleißte, die Luft war feucht, und die Sicht wurde dadurch immer diesiger. Die Mannschaften und die Offiziere waren mit dem Trimmen der Segel beschäftigt. Angus wußte, daß bei kippendem Strom die Gezeitenströme auf der kontinentale Seite des Ärmelkanals geringer ausfielen als nahe der englischen Küste. Bei Portland Bill betrug die Strömung mitunter drei bis fünf Knoten über dem Mittel. Käpt'n Keay wußte davon, doch im Gefühl des sicheren Sieges spielte diese Strömungsbremse eine untergeordnete Rolle. Angus hätte sich schwer getan, den Kapitän davon zu überzeugen, die ARIEL auf dem gleichen Kurs weitersegeln zu lassen, wäre die TAEPING im Dunst entdeckt worden. Kenneth und Käpt'n Donald McKinnon auf der TAEPING mußte die ausbleibende Kurskorrektur seltsam vorkommen, wenn sie auch gewiß ihren Vorteil daraus zogen.

Erst am späten Nachmittag, als die Isle of Wight querab lag, wurde die Sicht wieder etwas klarer. Dann kam, was kommen mußte. »Clipper an Steuerbordseite!« brüllte der Matrose aus der Mars der ARIEL herab. Die Köpfe flogen herum, die Fernrohre wurden wie Pistolen gezogen und visiert. Die Männer schienen wie gelähmt. Nach Sekunden, die eine Ewigkeit zu dauern schienen, fuhr John Keay herum und suchte Angus mit Blicken. Die Stimme des Käpt'ns klirrte wie Eisstückchen. »Ist sie es?«

»Es ist die TAEPING!« erwiderte Angus, als wäre es eine Selbstverständlichkeit, daß sie plötzlich fast gleichauf segelten. John Keays Atem ging schwer. Er nahm die Kopfbedeckung ab und strich sich fahrig durch sein drahtiges Haar.

»Ich will, das jeder Fetzen Tuch gesetzt wird, der auf diesem Schiff aufzutreiben ist!« donnerte seine Stimme über Deck. Ihm war es plötzlich egal, ob es Stengen kosten würde. Die Takelage war durch den böigen, steifen Wind schon stark belastet, das schwere Tuch bretthart, so daß die Matrosen es nur noch als »Nonnenwäsche« bezeichneten. Doch Käpt'n Keay wollte auf den letzten Meilen aus dem schnellen Rennen ein noch schnelleres machen.

Seine Miene erschreckte Angus. Es schien, als wäre Keay plötzlich um Jahre gealtert. Mit stampfenden Schritten durchmaß er das Achterdeck. Er fluchte, daß selbst die Möwen erröteten. Dann wandte er sich an Angus: »Wie konnte ich das vergessen? Warum habe ich nicht darauf geachtet? Die verdammte Strömung. Drake und Frobisher haben das schon vor mehr als zweihundertfünfzig Jahren gewußt, als sie die Spanier an gleicher Stelle übertölpelten! Das muß ausgerechnet mir passieren!«

»Noch sind wir nicht in der Themse, Mr. Keay!« sagte Angus mit einem Schimmer Hoffnung in seiner Stimme. Keay zeigte sich etwas erleichtert, hatte er doch bittere Vorwürfe von seinem Reeder erwartet.

»Für Sie ist es einfacher, damit fertigzuwerden, Mr. Mackay. Einer Ihrer Clipper wird auf jeden Fall gewinnen …«

»Jetzt verfallen Sie nicht in Selbstmitleid! Ich erwarte, daß Mannschaften und Offiziere um den Sieg kämpfen!«

*»Aye, aye, Sir!«* kam es kleinlaut zurück. Eine Bestätigung, die von einem Käpt'n gegenüber einem Passagier nie zu hören war.

Ein gigantisches Schauspiel begann: Drei weitere Vollschiffe, die kaum noch Raum nach Osten hatten, wurden durch die TAEPING ohne Rücksicht auf den Rammkurs gnadenlos in Luv überlaufen. Die anderen Segler hatten die Royals bei dieser Windstärke festgemacht, Keay hingegen versuchte, die Leesegel der ARIEL in Luv zu setzen.

Angus war entsetzt; er hatte es nie für möglich gehalten, daß ein anständiger Christenmensch nur wegen einhundert Pfund Prämie so verrückt segelte. Aber der Kapitän ging in jener Stunde ebenso rücksichtslos mit dem Material um wie mit seinen Mannschaften. Die Trossen und alles laufende Gut waren so aufgequollen, daß sie nur noch schwer durch die Blöcke rutschten. Die schwieligen

Hände der Matrosen rissen bis aufs rohe Fleisch ein. Dazu waren sie so durchnäßt wie bei einer winterlichen Kap-Hoorn-Umrundung. Der Befehl: ›Alle Mann an Deck!‹ verhinderte zudem, daß die vor Salzwasser triefenden Kleidungsstücke überhaupt zwischendurch trocknen konnten.

In fieberhafter Eile ließ der Käpt'n bei stürmischer Brise alle verfügbaren Segel setzten und zwang Bootsmänner wie Leichtmatrosen zum Einsatz ihrer letzten Kräfte. Es gab keine Freiwache, »Backen und Banken« fiel aus. Dessen ungeachtet enterten die Männer auf und bewegten sich gewandt wie Katzen auf den schwankenden Rahen bis hinaus auf die tanzenden Nocken.

ARIEL und TAEPING lagen zu jenem Zeitpunkt auf exaktem Parallelkurs. Sie boten einen prächtigen Anblick. In nur vierhundert Yard Abstand pflügten sie, wie von einer Titanenfaust geschoben, nordwärts. Die Steuerbordreling der Clipper schleifte durchs Wasser, die Leeseen schäumten hoch bis zu den Nocken der Untersegel, und das gischtumhüllte Vorschiff ließ die Bugseen bis zur Mars spritzen. Das Stöhnen in der Takelage glich dem einer gemarterten Kreatur.

Während dieser wilden Hatz, als der Wasserkorridor einmal auf gut dreihundert Yard schrumpfte, versuchte Angus, wie auch die Offiziere, mit seinem Fernrohr das Deck der TAEPING zu inspizieren. Für einen Moment glaubte er seinen Bruder Kenneth mittschiffs winken zu sehen. Jedenfalls blickten auch von der TAEPING eine Reihe von Männern in Uniformen mit ihren Fernrohren herüber.

Bis zur Dunkelheit, über die Isle of Wight hinaus, stand es unentschieden. Beide Teeclipper blieben dicht beieinander. Auch während der hereinbrechenden Nacht versuchten die Offiziere beider Schiffe jede Maßnahme, jeden Handgriff, jede Bewegung an Deck und in der Takelage des anderen zu erkunden. Doch als die mondlose Nacht sich gänzlich breitmachte, war von der TAEPING nur noch die Gischtwolke am Bug auszumachen. Gegen Mitternacht verschluckte die Dunkelheit den Clipper vollends.

Käpt'n Keay ließ das Vollzeug stehen und dachte nicht daran, zu reffen. Angus ließ ihn gewähren, obwohl schon zwei kleine Fischerboote in der Bug- und Heckwelle der ARIEL gekentert waren. Das eigene Sprühwasser, aufgepeitscht durch vierzehn Knoten Fahrt, verdeckte meist die Leuchtfeuer an der Küste und spritzte durch die Gewalt der zerschlagenen Bugwellen inzwischen bis zur Obermarsrah auf.

Gegen Mitternacht passierten sie das Leuchtfeuer von Beachy Head, und Angus war nun sicher, daß die ARIEL unter dem brettsteifen Tuch trotz heulender Böen und pfeifendem Südwest ohne Bruch von Stengen und Pardunen bis Dungeness durchhalten würde. Zur Hälfte der ersten Wache gab es keinen einzigen Matrosen, den es unter Deck gehalten hätte. Noch nie hatte man zu dieser Stunde das Deck der ARIEL so dicht besetzt gesehen.

Gegen drei Uhr morgens konnten die Männer das Leuchtfeuer von Dungeness ausmachen, wo jeder Teeclipper einen Lotsen aufnehmen mußte, der die Schiffe bis zu den Downs brachte. Dort lagen die Schlepper, um die Clipper themseaufwärts bis zu ihren Liegeplätzen in den Docks zu ziehen.

Plötzlich hob eine Stimme an, die das Heulen des Windes durchdrang:

»*Rolling Home ...! Rolling Home ...!*«

In der Dunkelheit der Nacht stimmten die Matrosen an Deck einen vielstimmigen Shanty an, der Angus vor Ergriffenheit eine Gänsehaut über den Rücken jagte:

*»Many thousand miles behind us,*
*Many thousand miles before,*
*Ancient ocean heave to waft us*
*To the well-remembered shore.*

*Cheer up, Jack, bright smiles await you*
*From the fairest of the fair,*
*And her loving eyes will greet you*
*With kind welcomes everywhere.*

*Rolling home, rolling home,*
*Rolling home across the sea;*

*Rolling home to dear old England,*
*Rolling home, dear land, to thee.«*

Die ARIEL nahm Kurs auf Dungeness. Je näher sie der Küste kam, um so wilder rollten querlaufende Seen heran. Käpt'n Keay ließ die Großsegel einholen. »Raketen abfeuern!« befahl er, noch bevor der Clipper beigedreht hatte.

Während der Himmel unter dem bunten Feuerregen der Raketen hell aufleuchtete, richtete sich Angus' Aufmerksamkeit nach achtern. Vom Verfolger war nichts zu sehen. Die ARIEL hatte offensichtlich einen Vorsprung herausgesegelt. Gejohle und Freudenschreie drangen vom Deck des Clippers durch die Dunkelheit bis an die Küste. John Keay ließ das Fallreep ausbringen.

Angus spürte Keays Erregung. Angespannt starrte der Kapitän in die Finsternis und versuchte vergeblich, sie zu durchdringen. Doch kein einziger Lotsenkutter verließ die kleine Hafenausfahrt. Nach jeder Rakete, die abgeschossen wurde, forderte er eine neue. In heller Empörung ließ er alle noch verbliebenen Raketen zünden. Die Wut der Matrosen entlud sich in lauten Verwünschungen und Flüchen, die der Wind verblies. Wie ein schnürender Wolf lief John Keay, nachdem sie eine knappe Stunde vergeblich gewartet hatten, an der Reling auf und ab, wobei sich ein wirrer Fluß ohnmächtiger Gedanken aus seinem Mund entlud.

»Verrat!«

»Hängt sie an der Rahnock auf!«

»Wir werden um unseren Sieg gebracht!«

»Die Lotsen vögeln lieber ihre Weiber, statt an Bord zu kommen!«

»Schneidet ihnen die Schwänze ab!«

Die bange Erwartung an Deck der ARIEL drohte in Gewalt umzuschlagen. Schon wurden Pistolen und Gewehre gefordert. Die Situation begann zu eskalieren. Einige forderten Käpt'n Keay auf, mit dem Gigboot bewaffnete Matrosen an Land zu setzen, um die Lotsen aus den Betten zu holen.

»Leuchtfeuer achtern!« schrie plötzlich ein Matrose.

»Die TAEPING!« hauchte ein Matrose neben Angus, als ob sein Ende nahte. Auch sie feuerte Leuchtkugeln in den Himmel, um sich anzukündigen.

Angus grinste bis über beiden Ohren. Nur die Dunkelheit verbarg seine Freude über ihr Erscheinen. Sein doppeltes Spiel hatte einen verführerischen Reiz angenommen. Die Wirklichkeit war plötzlich auch für ihn spannender als die Spekulationen, die er vor dem Teerennen aufgestellt hatte.

Angus ahnte voraus, was in wenigen Minuten tatsächlich eintrat. Käpt'n Donald McKinnon passierte die ARIEL, ohne auch nur ein einziges Segel zu bergen und lief stetig auf die Hafeneinfahrt von Dungeness zu. Kenneth hatte wohl exakte Karten über die Untiefen vor Dungeness an Bord.

»Der Schweinekerl will uns auch noch den Lotsen wegschnappen!« explodierte Keay. »Segel setzen!«

Angus versuchte die sich abzeichnende Situation zu Ende zu denken. Sein verborgener Egoismus paarte sich mit der wachsenden Sorge, John Keay könnte vor blinder Wut eine Kollision herbeiführen. Der Eigensinn, mit dem er das Ruder selbst in die Hand nahm, gab zu einer solchen Befürchtung Anlaß.

Als der Kapitän Nordost steuerte, lag er mit der TAEPING, die gerade im Begriff war beizudrehen, auf Rammkurs.

»Was fällt Ihnen ein! Ändern Sie sofort den Kurs!« schrie Angus und eilte zum Ruderstand.

»Er wird ausweichen! Dieses Schwein!«

»Verdammt! Sie sollen vorbeisteuern.«

Käpt'n McKinnon auf der TAEPING mußte beobachtet haben, daß der dunkle Schatten der ARIEL bedrohlich auf ihn zuhielt. Sein Instinkt sagte ihm wohl, daß er keine andere Wahl hatte, als in den Wind zu schießen, seine Fahrt zu verringern, um die drohende Kollision zu vermeiden.

»Was hab' ich Ihnen gesagt. McKinnon zieht den Schwanz ein!« triumphierte John Keay.

Angus wollte im ersten Moment Keay zur Rede stellen, doch das

Triumphgeheul der gesamten Mannschaft und die Hochrufe auf den Käpt'n ließen ihn davon Abstand nehmen. Zu leicht könnten die kochenden Emotionen sich gegen ihn wenden.

Keay übergab das Ruder wieder an McGregor. Im Schein der Laterne konnte Angus beobachten, wie seine Kiefer mahlten, wobei sich auf seiner Stirn Querfalten wie auf einem Waschbrett zeigten. Jedenfalls hatte er durch die gefährliche Aktion erreicht, daß von den zwei Lotsenkuttern, die nun von Dungeness heraussegelten, der erste an der ARIEL längsseits ging. Wenige Minuten später stand ein unterwürfiger Speichellecker an Deck, der Keay überschwenglich zu seinem ersten Platz gratulierte. Statt die geheuchelte Ehrung anzunehmen, ließ Keay seine Verachtung an dem Mann aus: »Ich wußte bis heute nicht, daß die Lotsen von Dungeness Diebe sind! Eine Stunde habt ihr mir gestohlen! Eine ganze Stunde! Halunken! Denn noch haben wir nicht gewonnen!«

Der Mann senkte konsterniert den Kopf und begab sich wortlos zum Ruderstand. Indessen mußten die Offiziere mit äußerster Schärfe vorgehen, um die Matrosen vor Gewalttätigkeiten gegenüber dem Lotsen abzuhalten.

»In die Wanten! Segel setzen!« Damit war die Wut im Keim erstickt.

Kaum war der zweite Kutter an der TAEPING längsseits gegangen, als deutlich wurde, daß McKinnon alles auf eine Karte setzte. Während Keay den Lotsen beschimpfte, hatte der Kapitän der TAEPING die Leesegel an der Steuerbordseite setzen lassen. Mit dieser gewaltigen Vergrößerung der Segelfläche holte sie rasch auf.

»Was meinen Sie? Sollten wir nicht auch Leesegel setzen?« fragte McGregor Angus.

»Mhm! Bei Margate werden sie eher hinderlich sein. Doch der Käpt'n trifft die Entscheidung!« erwiderte Angus ausweichend.

»Leesegel an Steuerbord setzen!« kommandierte im gleichen Augenblick der Erste Offizier auf Anweisung des Käpt'ns. Schon wurden die Spieren der Vormars-, und der Großmarsleesegel ausgebracht.

»Lassen Sie das Manöver stoppen!« revidierte Keay seinen Befehl, als ob er Angus' Äußerung vernommen hätte. Doch Keay war keineswegs ein Greenhorn zur See. Er wußte genausogut wie alle anderen erfahrenen Kapitäne, daß es nicht mehr lange dauern konnte, bevor sie von Ost- auf Nordkurs gehen mußten, um die Themsemündung anzusteuern. Die Leesegel würden bald wie nasse Handtücher herabhängen.

Im geisterhaften Grau der sich wandelnden Nacht beobachteten die Matrosen, wie die TAEPING versuchte, auf den letzten Meilen auch auf der Luvseite Leesegel zu setzen. Doch der Kurs war zu spitz zum einfallenden Wind. Die Segel hatten keinen Preß und zogen nicht …

»Erkennungszeichen setzen!« befahl der Erste Offizier.

Die ARIEL hatte eine knappe Seemeile Vorsprung, als sie in den Downs vor dem Lotsenhafen Deal alle Segel bergen ließ. Keays Augen glänzten ironisch, als er registrierte, daß die TAEPING seinem Beispiel folgte und ebenfalls fast alle Segel einholte. Mit ätzender Stimme sagte er: »Acht Minuten Vorsprung nach 13 200 Seemeilen und 99 Tagen. Wenn das kein heißes Rennen war!« Dabei strotzte er vor Selbstzufriedenheit.

»Ich kann das nur unterstreichen, Mr. Keay. Eine knappe Sache, die uns da bevorsteht!«

Keays Stirn zeigte wieder das Waschbrettmuster. »Wir bekommen den ersten Schlepper, Mr. Mackay. Darauf kam es an!«

»Das ist richtig. Doch nur durch ein riskantes Manöver, das ich hiermit mißbillige. Der Erfolg rechtfertigt nicht im geringsten, daß nach 13 000 Seemeilen Schiff und Ladung auf halsbrecherische Art und Weise von Ihnen aufs Spiel gesetzt werden!«

Keay zeigte sich deutlich gekränkt. Müde und mit leerem Magen hatte er nicht mehr die Kraft, sich gegenüber seinem Reeder zu rechtfertigen. Statt dessen fügte er sich. »*Aye, aye, Sir!*« zischte er mehr spöttisch als fügsam. Der Ruhm würde ihn bald erhöhen und alles andere vergessen machen. Dann konnte er auch über einen Angus Mackay triumphieren.

Angus begab sich unterdessen an die Reling, um das Herannahen des Lotsendampfers zu beobachten. Eine Schicksalsstunde nahte. Wer verlor, wer gewann? Wind, Trimm und Kurs waren den Kapitänen genommen. Nun entschied allein die Dampfkraft. Kenneths Verbindungen zur Themse-Lotsenbruderschaft mußten nun zum Tragen kommen.

Angus' Hände zitterten etwas, als er den Namen des Schlepp-dampfers, der sich der ARIEL näherte, durch sein Fernrohr auszu-machen suchte. MONSUN oder TAIFUN? Windsystem oder Wirbel-sturm?

»Monsun ... Monsun ... Monsun ...«, flüsterte er freudig erregt. Nichts hätte in diesem Augenblick Angus' Wohlbehagen steigern können. Der Schlepper MONSUN, an Dampfkraft unterlegen, über-nahm von den unwissenden Matrosen der ARIEL und unter den glänzenden Augen Käpt'n Keays die ersehnte Trosse, als würden Clipper und Dampfboot den Bund fürs Leben schließen.

Der Schlepperkapitän gab Dampf auf die Kolben. Langsam straffte sich die durchhängende Trosse. Unter dem Jubel der Mannschaft nahm die ARIEL Fahrt auf. Käpt'n Keays Aufmerksam-keit konzentrierte sich nun voll auf die TAEPING, die nur wenig spä-ter von der TAIFUN in Schlepp genommen wurde. Gebannt sahen nun auch die Matrosen zum Heck. Angus stand neben Keay. Nach zwei Meilen Fahrt richteten sich alle Augen auf den Käpt'n. Dieser beobachtete entsetzt das sich bietende Schauspiel!

»Der Teufel soll sie alle holen! Erst die FIERY CROSS, jetzt die TAEPING! Das kann doch nicht mit rechten Dingen zugehen! Wir haben schon wieder den schlechteren Schlepper bekommen!«

Die Sätze gingen im Krakeelen und Fluchen der Matrosen unter. Angus schwieg, verschlossen wie eine Auster. Keays Augen weiteten sich, als sähe er durch ihn hindurch.

»Verzeihen Sie mir, Mr. Mackay. Doch wenn ich eine Kanone an Bord hätte, ich würde McKinnon und die TAEPING augenblicklich versenken! Dem Mann fehlt jeglicher Sinn für Fairneß!«

Als die TAEPING im Schlepp der TAIFUN vorbeiglitt, verebbte der Orkan der Wut an Deck der ARIEL für einige Augenblicke. Das Rennen schien verloren. An der Reling der TAEPING dagegen stan-den die Matrosen dicht gedrängt, johlten herüber, schwenkten schadenfroh ihre Mützen. Das ließ die Stimmung der Besatzung der ARIEL erneut sieden. Die Schimpfworte wurden verletzender, und gedämpft waren auch Vorwürfe gegen Keay herauszuhören. Es kostete ihn und seine Offiziere Nerven, ruhig zu bleiben

»Die Gezeitentabelle! Bringen Sie mir die Tabelle!« schrie Käpt'n Keay plötzlich und befahl die Offiziere in das Kartenhaus.

Schnell hatten sie herausgefunden, daß beide Clipper die Themse bei Niedrigwasser erreichen würden.

»Habe ich es mir doch gedacht! Weder wir noch die TAEPING werden flußaufwärts geschleppt werden können. Der Wasserstand bei Tilbury wird bei unserer Ankunft zu niedrig sein. Damit haben wir einige Stunden Zeit gewonnen. Die Entscheidung ist daher noch nicht gefallen.«

Er rieb sich mehrmals das Kinn und sah auf die Karte, die die Themse von Southend-on-Sea bis hinauf zum London und East India Dock zeigte. Die Offiziere standen eng um ihn herum und waren plötzlich wieder voller Hoffnung.

»Ich habe eine Idee«, fuhr er fort. Dann wandte er sich an seinen Zweiten Offizier: »Die MONSUN soll sofort die Fahrt verringern ...« Er stockte. »Ist es eigentlich verboten, zwei Schlepper zu nehmen?«

»Davon ist nichts bekannt!« erwiderte der Erste Offizier.

»Gut! Wenn dem so ist, werden wir, wenn die TAEPING weit genug voraus ist, einen zweiten Schlepper heransignalisieren!« Daraufhin blickte er zu Angus hinüber. »Die Kosten für den zweiten Schlepper übernehme ich!«

Angus nickte stumm. Seine Finger trommelten nervös an der Hosennaht.

»Lassen wir der TAEPING ihren Vorsprung?« fragte der Erste Offizier.

Keay zeigte auf einen Punkt der Themsekarte. Dort wo der Fluß ein Knie beschrieb, stieß sein Zeigefinger zu. »Hier bei Gravesend muß sie vor Anker gehen. Wenn wir die Zeit berücksichtigen, bis sie dort eintrifft, wird sie dort weitere drei Stunden warten müssen, bis der Strom wieder kippt.« Dann richtete er sich zur vollen Größe auf. »Aber, meine Herren, das ist noch lange nicht alles ...«

Die Männer hingen an seinen Lippen.

»Auf den richtigen Zeitpunkt und auf die Kraft der Schlepper wird es ankommen, sobald die Flut einsetzt. Gleich nach den Blythe Sands werden wir hier am Themseknie bei Lower Hope Anlauf nehmen. Erst wenn wir das Knie durchfahren haben, wird McKinnon merken, daß wir mit zwei Schleppern und entsprechender Geschwindigkeit an ihnen vorbeiziehen. Ich bin sicher, der Trick wird gelingen! Der Sieg wird uns nicht mehr zu nehmen sein.«

»Bravo! Bravo! Ein Hoch auf unsern Käpt'n!« Spontane Freude, Begeisterung und Bewunderung schlugen Keay entgegen.

»Ich werde der Besatzung unsere Pläne bekanntgeben, damit sie wieder Hoffnung schöpft. Nun führt die Befehle aus!« Damit stürmten er und seine Offiziere hinaus auf Deck.

Während die Besatzung neuen Mut faßte, wurde Angus ganz schwindlig. Sein Glaube an die Berechenbarkeit des Rennens geriet durch die neue Situation ins Wanken. Die Möglichkeit, einen zweiten Schlepper heranzuholen, hatte er nicht in Betracht gezogen. Aber, so sagte er sich, auch wenn das Überholmanöver in der Themse nicht gelingen sollte, würde die ARIEL, knapp hinter der TAEPING hereingeschleppt, ihren Bestimmungsort früher erreichen als die TAEPING. Für die ARIEL hieß das Ziel East India Dock, das weiter flußabwärts lag als das London Dock, das Ziel der TAEPING.

»Verdammt! Dieser Mistkerl!« fluchte Angus leise vor sich hin. »Beweist er am Ende doch noch Geschick und Können!«

»Ist der Plan unseres Käpt'ns nicht genial, Mr. Mackay?« kam McGregor freudig gestimmt auf Angus zu. Doch dieser hatte nur ein Achselzucken statt einer Antwort.

»Warum so zurückhaltend?« insistierte McGregor.

»Die gegenwärtigen Ereignisse lassen in der Tat hoffen! Doch erst wenn die Fracht auf der Pier des East India Dock bereitsteht, haben wir tatsächlich gewonnen, Mr. McGregor.«

»Was soll noch schiefgehen?«

»Hoffentlich nichts mehr!« preßte Angus die Antwort widerwillig aus sich heraus.

Nicht lange und ein zweiter Schleppdampfer erwiderte das Signal der ARIEL und übernahm eine zweite Trosse. Der Kapitän überbrachte die Nachricht seiner Lotsenstation, nach der die SERICA nur gut zwei Stunden zurücklag.

»Gratuliere, Mr. Mackay! Drei Clipper Ihrer Werft werden London zuerst anlaufen. Welch ein Triumph für Sie und die Werft!« sagte Keay, während alle Umstehenden applaudierten.

Angus bedankte sich und winkte ab, was alle für bewundernswerte Bescheidenheit hielten.

Durch genaue Zeitvorgaben erreichten sie im Augenblick des kippenden Tidenstromes das Themseknie Lower Hope. Auf ein verabredetes Signal hin zogen die Schlepper die ARIEL mit voller Kraft stromaufwärts. Am späten Nachmittag hatten sie das Themseknie durchfahren und konnten beobachten, wie die TAEPING in Steuerbord querab dabei war, die Anker zu lichten.

Im Augenblick, da die ARIEL die TAEPING passierte, hob die Besatzung ein Triumphgeheul an.

Angus, der an Steuerbord mittschiffs stand, entdeckte seinen Bruder Kenneth an der Backbordreling der TAEPING. Er hatte den Eindruck, als würde dieser fassungslos zu ihm herüberstarren. An Deck der ARIEL löste ein Shanty den anderen ab, und die Matrosen tanzten zur Fiedel.

Angus überlegte indessen fieberhaft, wie sich das Schicksal doch noch zu seinen Gunsten wenden ließe. Er dachte an die horrende Summe des Wetteinsatzes, die verloren gehen würde, sollte die ARIEL als erster Clipper die Teekisten auf die Pier werfen.

Inzwischen begleiteten Dutzende von Booten die beiden Teeclipper themseaufwärts. Angus ging in seine Kajüte. Statt sich aufzuregen, setzte er sich in seinen Sessel und zwang sich zur Ruhe. Schließlich wollten die Mackays eine gewaltige Wette gewinnen und nicht in erster Linie nach der Prämie und den Gewinnen der Teefracht schielen. Er schloß die Augen. Wilde Gedanken jagten durch seinen Kopf. Alles sah düster aus. An eine Havarie vor dem Ziel war nicht zu denken. Kein Befehl der Welt konnte die siegversprechende Schleppfahrt noch stoppen. Immer wieder zogen die Themse, ihre Ufer, die Piers und das Schleusentor des East India Dock als vage Bilder durch seine Gedanken.

»Das Schleusentor! Das Schleusentor …!« grübelte er laut vor sich hin.

Plötzlich riß er die Augen auf. Schnell blickte er auf seinen Chronometer. »Zwanzig Uhr«, stellte er fest. Er sah zum Fenster des Deckshauses hinaus. In der sich ankündigenden Dämmerung geriet Woolwich in sein Blickfeld.

Angus sprang auf, riß die Tür auf und eilte zum Kartenhaus. Dort fand er auf dem Tisch die Gezeitentabelle der Themse und deren Höhenstände in Abhängigkeit der Flußmeilen. Seine Hände zitterten vor Aufregung. Schnell hatte er den Höhenstand des Schleusentores des East India Dock gefunden.

»O Gott!« rief er aus, als wäre er gerade vor dem Teufel gerettet worden. »Der Tiefgang? Wie groß war gleich die Differenz zwischen beiden?« sagte er vor sich hin, schnappte sich die Tabelle und eilte wieder zurück in seine Kabine. Dort angekommen, entnahm er aus seiner Seekiste ein Büchlein, in dem er die gängigsten Abmessungen aller Clipper der Werft notiert hatte. Sein Finger rutschte zwischen den Zeile hin und her, während er verglich:

TAEPING: 1863 / *Länge: 55,99 m, Breite: 9,48 m, Tiefe 6,07 m, tons unter Deck 723,85.*

ARIEL: 1865 / *Länge 60,17 m, Breite 10,33 m, Tiefe 6,40 m, tons unter Deck 852,87.*

Vor Freude schlug er sich auf die Schenkel. Tiefgang und Tonnen gaben dem Rennen eine völlig neue Wendung. Da es sich um Registerabmessungen handelte, war der Tiefgang mit Fracht noch zu berücksichtigen. Wegen der größeren Nettotonnage war die Zuladung an Tee bei der ARIEL erheblich größer als auf der TAEPING, was einem Tiefgang von etwa gut acht Metern nahe kam. Schnell verglich er noch die zeitabhängigen Tidenwasserstände der London- und East-India-Dock-Schleusen mit dem Tiefgang der Clipper. Kein Zweifel. Der Vorteil lag bei der TAEPING! Da jeder Zentimeter zählte, um am Ende die Schleusentore passieren zu können, würde die TAEPING ihre Schleuse am London Dock aufgrund ihres geringeren Tiefganges früher passieren können als die tiefer liegende ARIEL die ihre. Sie würde dabei nicht einmal zeitlich in Bedrängnis geraten.

»Verrückt, verrückt, verrückt!« jubelte Angus innerlich. Er schloß die Augen, schwelgend in der gewonnenen Erkenntnis. Daraus mußte der Stoff der Glückseligkeit gemacht sein ...

Nach einer Weile erhob er sich, verstaute sein Notizbuch, nahm die Tidentabelle, betrat das Deck und schlenderte zum Kartenhaus, wo er sie wieder auf dem Tisch plazierte. Daraufhin begab er sich abermals an Deck, um an den Kreuzmast gelehnt abzuwarten, wie sich die Dinge entwickeln würden.

An der Grenze zwischen Dämmerung und Nacht begann ein seltsames Schauspiel zwischen Ruderstand, Kartenhaus und Ankerwinde. Käpt'n Keay hastete mehrmals hin und her und diskutierte heftigst mit dem Ersten Offizier, während die TAEPING an ihnen vorbei weiter die Themse aufwärts geschleppt wurde. Bald darauf kamen sie gemeinsam auf Angus zugeschritten. »Das Rennen hat sich der Teufel ausgedacht, Mr. Mackay!«

»Was ist passiert?«

»Wir können das Schleusentor nicht passieren. Der Lotse sagt, der Wasserstand sei noch zu niedrig.«

»Mhm! Dann bleibt wohl nichts anderes zu tun als abzuwarten.«

»Gestatten Sie mir eine Frage?«

»Bitte!«

»Wie tief liegt die TAEPING?«

»Oh! Da muß ich überlegen.« Angus schwieg ein Weilchen. »Die Schiffe sind annähernd gleich. Ein wenig mehr Ladung auf der Ariel, ein wenig mehr an Tiefgang ... Dafür hat die Taeping einen weiteren Weg bis zum London Dock.«

»Verzeihen Sie, aber wie tief liegt die TAEPING?« bohrte Keay nach.

Angus überlegte: »Beim besten Willen. Ich habe nicht alle ihre Meßdaten im Kopf. Doch was macht's. So oder so. Gewinnen oder verlieren. Es liegt offenbar nicht mehr in unserer Hand. Der Wasserstand der Themse wird nun entscheiden. Erfahren werden wir's noch früh genug! Doch abgesehen vom unbestimmten Ausgang: Sie haben sich, bei Gott, mit Bravour geschlagen, Käpt'n!«

»Danke, Mr. Mackay«, sagte Keay und verneigte sich leicht. »Sie haben wohl recht. Die Themse nimmt und schenkt den Ruhm nach ihrem Tidenstand.«

»Nun wollen wir in Ruhe abwarten, Mr. Keay. Die Clipper mit ihren Teeladungen sind jedenfalls gut in London angekommen. Das sollten wir nicht geringschätzen!«

»Gewiß, Mr. Mackay, gewiß!«

Nach dem Chronometer vergingen für Käpt'n Keay und seine Offiziere samt der Besatzung exakt dreiundachtzig zermürbende Minuten, bevor sie durch das Schleusentor geschleppt werden konnten. Um 23.20 Uhr machte die ARIEL an ihrer Pier im East India Dock fest. Die Stimmung an Bord der ARIEL schwankte zwischen Skepsis und Zuversicht. Die Spannung war nicht mehr zu steigern. Keay stand auf der Pier, unter einer Gaslaterne, als ein Mann in Uniform auf ihn zugeeilt kam.

Was Offiziere und Besatzung noch nicht wissen konnten, war die Tatsache, daß sich die Teekisten der TAEPING seit genau 22.00 Uhr auf der Pier im London Dock stapelten.

Angus stand noch an Deck, als Käpt'n Keay die Nachricht auf der Pier entgegennahm. Der Mann, der die Botschaft überbrachte, entfernte sich schnell.

Einsam und wie erstarrt stand der Käpt'n am Kai. Vor Erschöpfung und im Bewußtsein der Niederlage war ihm das Kinn bis auf die Brust gesunken. Sein langer Schatten war wie ein Finger, der ins Jenseits wies. So stand er lange Zeit – ein entseelter Leib, aufrecht vor seiner Gruft.

Die Tür des *Garraways* wurde aufgestoßen. Bei dem Anblick, der sich ihnen bot, sprangen Magnus, Angus und Morgan von ihren Stühlen auf. Kenneth wurde auf den Schultern der Offiziere des Teeclippers TAEPING unter dem frenetischen Beifall einer ausgelassen feiernden Gesellschaft hereingetragen.

Magnus hielt es nicht auf seinem Platz. Trotz seines Alters wühlte er sich durch die Menge. Über seinem roten Hemd trug er eine große weiße Weste, und im Knopfloch steckte eine gelbe Rose. Er nahm sie und streckte sie seinem ältesten Sohn entgegen. Dieser dirigierte die Träger in Richtung seines Vaters und pflückte sie aus seiner Hand. »*Manu forti!*« rief er seinem Vater zu.

Der Jubel hallte bis in die Morgendämmerung hinaus, und freudige Bekenntnisse über die Leistungen schottischer Kapitäne wogten durch das Kaffeehaus! Die Offiziere drehten sich im Kreis. Jeder der Gäste, die sich immer dichter im *Garraways* drängten, versuchten wenigstens einmal Kenneths ausgestreckte Hand zu ergreifen.

Der Sieg der TAEPING und ihrer Mannschaft wurde in jener Nacht in ganz London gefeiert. Käpt'n McKinnon hatte gleich nach dem Rennen bekanntgegeben, daß der Triumph in gleichem Maße Kenneth Mackay zuzuschreiben sei, dessen taktisches Konzept auf den Ozeanen wie auf der Themse die Grundlage für den Erfolg der TAEPING gewesen sei. Die Besatzung sah es einfacher: »Ohne Kenneth Mackay hätten *wir* das Rennen nie gewonnen ...«, war ihr Credo.

Vater Magnus hatte Angus im East India Dock abgeholt. Kenneth, McKinnon und die Mannschaft der TAEPING wurde im London Dock von einer begeisterten Menschenmenge belagert. Magnus ließ Kenneth Nachricht über ihren Treffpunkt überbringen, und auch Morgan wurde informiert und traf noch vor Kenneth in der Change Alley ein, um im *Garraways* das Meisterstück des Mackay-Clans zu feiern.

Ganz London schien in dieser schwülen Nacht auf den Beinen zu sein. Die Dramatik des spektakulären Teerennens von 1866 hatte alle Einwohner der Stadt erfaßt. Von den Docks bis zur City war ganz London auf den Beinen, um sich über die letzten Ereignisse berichten zu lassen.

Endlich wurde Kenneth von den Schultern gehoben und konnte den freigehaltenen Platz an der Seite seines Vaters einnehmen.

»Champagner!« rief Magnus, reckte erst die klassische Dickbauchflasche wie einen Dolch nach oben, senkte sie abrupt und schenkte Kenneth ein Glas ein. Den Rest verteilte er auf die anderen Gläser und orderte gleichzeitig eine neue Flasche.

Während sie sich gegenübersaßen und sich feixend anblickten, vergaßen sie den Lärm um sich herum. Sie warteten auf das Zeichen ihres Vaters. Ihren lauernden Blicken entging nicht, daß Magnus für einen Moment leicht verlegen wirkte, was ihre erwartungsvolle Neugierde erheblich verstärkte.

»Gut siehst du aus, Vater!« durchbrach Kenneth die Anspannung. Doch Magnus schwieg.

Bedächtig erhob er das Glas Dom Pérignon; ein spitzbübisch bis diabolisches Lächeln umspielte seine Lippen. Dann holte er tief Luft: »Meine Söhne! Die Quote?« Er machte eine Pause. Die Nerven lagen blank. »Mhm! Zwölf zu eins!«

Magnus' Söhne katapultierten sich wie auf Kommando aus den Sesseln. Mit übermüdeten, tiefliegenden Augen, doch überglücklich umarmten sie sich. Niemand von den Gästen im *Garraways* ahnte den Reichtum, mit dem sich die Mackays selbst überschüttet hatten. Donnernde Hochrufe in der Lautstärke eines Boule-vardtheaters feierten den Clan.

»Auf die Herren des Windes!« rief ein Unbekannter, der einen Umhang mit Kapuze trug. Angus erstarrte. Einen Augenblick lang glaubte er den Sprecher erkannt zu haben. Hatte er dieses Gesicht nicht schon einmal gesehen, damals, als Junge, in der Bucht von Loch Inver? »*... wenn du dein kleines Licht am Leben erhältst, wird es dich durch Nacht und Sturm retten und läßt dich das Glück der verges-senen Jahre wiederfinden ...*«, schossen ihm die Worte des Sehers durch den Kopf. Bevor er sich vergewissern konnte, war der Mann in der Menschenmenge verschwunden.

»Auf die Herren des Windes!« hallte die Erwiderung der Menge wie Donner in den Ohren. Es schien, als genügte den Gästen, die nach verrückten Abenteuern dürsteten, ein Blick in die Gesichter der Mackays mit ihren zerzausten Bärten, den salzgebleichten Haarsträhnen und der sonnengegerbten Haut, um ihre eigenen Sehnsüchte zu betäuben. *»Blow, ye Winds, in the Morning«* wurde intoniert, Zigeuner kamen herein, die ihre Geigen so gekonnt auf-schluchzen ließen, bis in Magnus' Augen Tränen schimmerten ...

Der Tisch wurde neu eingedeckt. Man wollte sich stärken. Zu einem Menü, dessen Hauptgang wahlweise aus Steak oder gegrill-tem Fisch bestand, wurde Bordeaux geordert. Nach dem Dessert gab es starken Kaffee, um den anbrechenden Tag nicht zu verschla-fen. Nach wie vor drängten Menschen herein. Das *Garraways* war bis auf den letzten Platz besetzt.

Etwa morgens um sieben Uhr erschienen Mr. Maxton, Teilhaber der ARIEL, und Mr. Rodger, Teilhaber der TAEPING. Sie kamen di-rekt von der Mincing Lane, wo sie im *Ship and Turtle* miterlebt hat-ten, wie die Teehändler über den Ausgang des Rennens untereinan-der in Streit geraten waren. Die Herren nahmen bei den Mackays Platz. Maxton und Rodger setzten ernste Mienen auf.

»Ich will Ihre Siegesfeier nicht trüben«, begann Maxton, »doch für uns als Reeder und auch für die Teehändler sieht es bitter aus.«

»Wieso?« ergriff Kenneth das Wort.

»Die Teepreise sind in den letzten Monaten rapide gesunken. Die Speicher quellen über. Es gibt einfach zuviel Tee in London«, antwortete Mr. Rodger.

Kenneth hob lächelnd sein Glas: »Mr. Rodger, dann werden wir eben warten, bis die Teepreise wieder steigen.«

»Die Verluste, die sich inzwischen ergeben haben, sind auch Ihre Verluste. Sie werden unsere Gewinnaussichten erheblich schmälern!« warf Maxton ein.

»Gut, dann werden wir uns eben mit weniger zufrieden geben müssen«, entgegnete Kenneth gelassen. Maxton ahnte nicht, daß die Gewinne aus dem hart umkämpften Teegeschäft für die Mackays seit mehreren Stunden nur noch eine untergeordnete Rolle spielten. »Da ist noch etwas.«

»Dann legen Sie mal los! Sie finden bei uns immer geneigte Ohren und auch tatkräftige Hilfe«, versetzte Kenneth.

Maxton versicherte sich, daß keiner der Gäste lauschte. Dann flüsterte er: »Was wir hier besprechen, muß unbedingt unter uns bleiben.«

»Uns kann man alles anvertrauen. Unter guten Geschäftspartnern sollte das so üblich sein«, nahm Angus das Wort.

»Sehr liebenswürdig, sehr entgegenkommend.«

»Geldschwierigkeiten, Anfeindungen, unbequeme Widersacher?« forschte Kenneth.

Maxton erwiderte: »Nein, das ... ist es nicht. Wir befürchten, daß die Teehändler im Falle von Streitigkeiten zwischen unseren Reedereien die Gelegenheit nützen könnten, sich um die Prämien zu drücken. Das ist auch der Grund, warum ich nach dem Erhalt des Telegramms aus Deal, das mir die Nachricht von der Ankunft beider Clipper vor den Downs übermittelte, sofort mit Mr. Rodger Kontakt aufgenommen habe.«

»Wer streitet?« fragte Kenneth zurück.

»Sehen Sie, daß ist eben meine Hoffnung. Sie sind mit mir Teilhaber der TEAPING und Ihr Bruder gleichzeitig Teilhaber der ARIEL. Wir haben nichts zu verlieren, wenn wir uns schnell einig werden«, meinte Rodger.

»Was schlagen Sie vor?«

»Käpt'n Keay muß ruhiggestellt werden. Er ist verbittert. Die letzten Stunden kämpfte er im *Ship and Turtle* zusammen mit den Teehändlern wie ein Eiferer um Gerechtigkeit. Er will durchsetzen, daß der Ausgang des Rennens für ungültig erklärt wird.«

Magnus erkannte sofort, daß sich aus dieser überaus heiklen Konstellation auch Komplikationen für die abgeschlossenen Wetten ergeben könnten. Ein Blick zu Kenneth sagte ihm, daß sein ältester Sohn die Brisanz der Lage ebenfalls sofort erfaßt hatte.

»Wie glauben Sie, können wir Keay zufriedenstellen?«

Rodger rückte näher und sprach in gedämpftem Ton, so daß man seine Stimme durch den Krach kaum noch vernahm. »Eine mögliche Übereinkunft könnte sein, daß die TAEPING, da sie als erster Clipper an der Pier im London Dock festgemacht hat, ohne Protest von Ihnen, Mr. Maxton, und Ihnen, Mr. Mackay, zum Sieger erklärt wird. Dafür biete ich Ihnen an, Ihr Einverständnis vorausgesetzt«, dabei sah er Kenneth an, »daß wir die Prämie unter uns teilen. Des weiteren schlage ich vor, den Bonus von einhundert Pfund, den wir Reeder ausgesetzt haben, unter den Kapitänen Keay und McKinnon aufzuteilen. Damit wird Keay sicher zufrieden sein.«

Kenneth sah in die Runde. Sein Blick blieb bei Angus hängen. Als dieser nickte, erhob er das Glas: »Auf unsere Übereinkunft!«

Magnus schenkte Champagner nach, und alle prosteten sich genußvoll zu. »Auf die Übereinkunft!« erwiderte die Runde.

Daraufhin verabschiedeten sich die Herren eilig, um sich wieder in die Mincing Lane zu begeben. Als sie das *Garraways* verlassen hatten, prusteten die Mackays los. Das Lachen und die ausgelassene Heiterkeit über die Sorgen der Partner wollten kein Ende nehmen.

»Wer oder was auch immer! Diese Art von Schönheitsfehler lass' ich mir glatt einhundert Pfund extra kosten«, rief Morgan dazwischen.

»Halt! Hört auf!« stoppte Magnus den Übermut seiner Söhne. »Wir haben bei allem Können und aller Planung Glück gehabt. Wollen wir dem Herrn danken und hoffen, daß es uns auch in Zukunft treu bleibt.«

Schlagartig verebbte die ausgelassene Stimmung. Müdigkeit machte sich breit, jene Erschöpfung, die nach großer Anspannung und Freude wie ein Blitz aus heiterem Himmel selbst den stärksten Riesen zu Fall bringt.

Als die Morgensonne ihre ersten Strahlen durch die hohen Fenster des *Garraways* schickte, begannen alle zu gähnen. Jetzt zeigte der Champagner seine besondere Wirkung. Verblüffend kurz war die Zeitspanne, in der Magnus' Söhne auf ihren Sesseln einschliefen. Magnus ließ nach Malcolm rufen. Kurz danach brachte er seine schnarchende Fracht mit der Kutsche nach Greenwich.

Einen Tag darauf wurde das Rennen offiziell anerkannt und die TAEPING zum Sieger erklärt. Erst danach sickerte in London durch, mit welchen Haken und Ösen auf der Themse um den Sieg gerungen worden war. Die Tage danach waren mit Presseerklärungen und Besuchen in privaten Clubs angefüllt, in denen heftige Auseinandersetzungen über den Ausgang des Rennens geführt wurden. Bei den Teehändlern und auch beim Publikum blieb ein bitterer Geschmack zurück, obwohl sie nichts von den Absprachen der Reeder wußten.

Während Angus nach Auszahlung der horrenden Wettgelder die Geldangelegenheiten des Clans mit den Banken regelte, kümmerten sich sein Vater und seine Brüder sowohl um die Stimmung in der City als auch um die Meinungen rund um die Mincing Lane und Leadenhall Street. Sie amüsierten sich teilweise köstlich über die hitzigen Debatten über Wettbewerbsregeln, Dampfschlepper und über abenteuerlich anmutende Kriterien, die aufgestellt werden sollten, um zukünftige Rennen »gerechter« zu entscheiden. Käpt'n Keay versuchte vergeblich, Angus Mackay für seine Zwecke einzuspannen. Er konnte nicht verstehen, daß Ruhm für Angus ohne Bedeutung war. Für Keay war dieser Ausgang des Rennens die größte Enttäuschung seiner Laufbahn; er blieb für den Rest seines Lebens ein gebrochener Mann.

Doch die Geschichte ist immer ungerecht zu den Verlierern. Angesichts des dramatischen Finales der beiden Clipper, die sich auf 13 200 Seemeilen das knappste Teerennen der Geschichte geliefert hatten, verlor die Leistung der Kapitäne und Matrosen der übrigen Schiffe an Bedeutung. Die FIERY CROSS lief zwei Tage später zusammen mit der TAITSING in das East India Dock ein, und so wurden, zusammen mit den Erstplazierten, insgesamt 4 754 818 Pfund frischen Tees innerhalb von zwei Tagen auf die Piers von London geworfen. Die Teepreise versprachen erst wieder im Herbst zu steigen …

Genügend Anlaß, so fand Magnus, um das »wahre« Rennen mit einem Fest auf Blackheath Paragon im Kreise des gesamten

Mackay-Clans von Glasgow und London würdig zu begehen. Magnus hielt, als Clanältester, eine denkwürdige Rede auf die Leistung seiner Söhne auf den Ozeanen, die mit den Worten schloß: »... mein Herz war durch zugefügte Schmach, Härte und Enttäuschung jahrelang wie versteinert. Erst die Gewißheit, daß Angus noch am Leben war, hat den Stein erweicht. Ich glaube daher: Wer wirklich leben will, muß selbst den Schmerz erfahren haben von der Zerrissenheit der Seele, muß eine Ahnung haben von Stürmen und Stille der Ozeane, von Todesangst und Lebenswillen, von Armut und den Wohltaten des Reichtums. Unser Clan hat das erfahren. Heiterkeit und Harmonie haben wir lange entbehrt. Wir haben uns alles zurückerobert. Trotzdem sind wir fremd im Zentrum Britanniens. Die ›Herren des Windes‹, wie ein Fremder im *Garraways* euch bezeichnete, mögen nun den Sturm ernten, der uns dem Ort unserer Väter, dem Assynt, näherbringt! Erheben wir die Gläser auf den Clan Mackay! Es lebe Bonnie Prince Charlie!«

Keiner unter den Anwesenden, dessen Auge nicht feucht geworden wäre. Angus, der inzwischen tiefe Gefühle für seinen Vater entwickelt hatte, konnte sich nur mit Mühe zurückhalten, nichts darüber verlauten zu lassen, was er und seine Brüder inzwischen schon unternommen hatten, um den Traum ihres Vaters von der Rückkehr in die Heimat der Wirklichkeit näherzubringen.

Noch am selben Abend vereinbarte Angus mit Kenneth, daß dieser den Wiederaufbau am Assynt direkt beaufsichtigen solle. Magnus gegenüber erklärten sie, Kenneth werde für einige Monate auf der Werft und für Auslandsreisen benötigt. Morgan sollte derweil die Verbindung zwischen London und Glasgow pflegen. Seinen Vater lud Angus ein, die Sommermonate mit seinen Enkelkindern in der Villa *Fearaun Coille* am Firth of Clyde zu verbringen.

Als er Angus' Kutsche von Blackheath nach Greenwich entschwinden sah, hatte Magnus Mackay eine Vision. Er sah sich erneut am Ufer des Loch Assynt stehen, bei den Mauern von Scoury House, vor sich die Ruine von Ardvreck Castle und den gleißenden Spiegel des Sees. Geblendet schloß er die Augen. Narrheiten eines alten Mannes, dachte er und schüttelte den Kopf, ehe er wieder zurück ins Haus ging.

# 16

*»Manu forti!«*

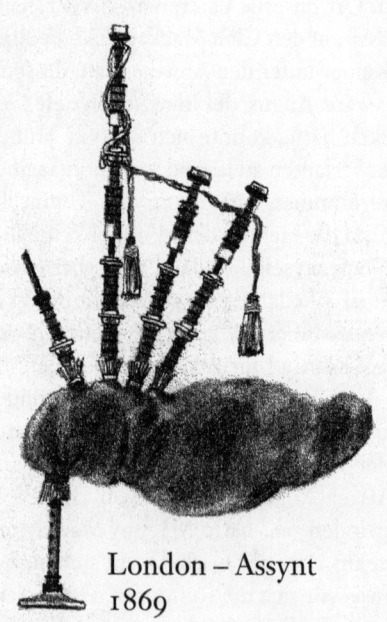

London – Assynt
1869

**F**reitag, *19. November 1869*
Malcolm setzte sich zum Kutscher auf den Bock. Im Innern der Kalesche saß Magnus ganz allein. Während der Fahrt vom *Garraways* zur Themse zog er noch einmal den Brief seines Sohnes Angus aus seinem Jackett und begann zu lesen:

Mein lieber Vater,
tief in Deinem Herzen hegtest Du einen Wunsch, den keiner von uns vor diesem Herbst erfüllen konnte. Nun aber ist es soweit. Wir, Deine Söhne, haben zwar Jahre dafür gebraucht, doch wir sind glücklich, Dich nun an den Ort bringen zu können, der für uns oft das Sinnbild einer verlorenen Zeit gewesen ist.
Die Qual des Nichtvergessenkönnens ist vorbei. Unsere Heimat ist jetzt frei von Feinden, und ihre Umgebung wird wieder von den Gesetzen des Verstandes und der Menschlichkeit beherrscht.
Du wirst erraten können, wohin die Reise geht. Vertraue auf Malcolm, der Dir ja ans Herz gewachsen ist. Das Schiff, welches Dich von London nach Glasgow bringen wird, dient als Symbol für das Zukünftige …
Der Clan erwartet Dich!

Dein Dich ehrender Sohn
Angus Mackay

Wiederum kämpfte er mit den Tränen. Um sie zu unterdrücken wollte er aufbrausen: »Malcolm, dieser Teufel, hat doch glatt hinter meinem Rücken ...!« Doch als er den Brief wieder faltete, um ihn wegzustecken, sagte er zu sich selbst: »Zweifellos ist das Schicksal entschlossen, mich glücklich zu machen.«

»Zum Pool!« hörte er den Baß seines Dieners, der dem Kutscher die Route durch die City von London vorgab.

»Der gute Budd ist mir tatsächlich ans Herz gewachsen. Ich verzeihe ihm scheinbar alles!« sagte er mit einem Schmunzeln.

Dabei gab es zwei empörend gute Eigenschaften, die Budd alias Malcolm als Diener auszeichneten. Zum einen trat er Magnus nie zu nahe, zum anderen gab er ihm das Gefühl, daß er seine Anordnungen weisungsgemäß ausführte. In Wahrheit bestimmte er freilich allein die Distanz und tat im übrigen das, was er für richtig hielt. Zum Nutzen seines Herrn – so auch diesmal.

Die Kutsche bog von dem Themseabschnitt unterhalb der London Bridge auf die Upper Thames Street ein. Der Wald von Masten, die Anzahl der Schiffsrümpfe und die rauchenden Schornsteine der Dampfsegelschiffe waren nicht zu zählen. Sie kamen aus so abgelegenen Gegenden, daß diese sogar auf den besten Karten nicht leicht zu finden waren. Britannien besaß mehr als dreißig Kolonien, und die Marine des Empires ankerte in allen strategisch wichtigen Häfen der Welt. Von Singapur aus wurde das Südchinesische Meer, von Kapstadt und Mauritius aus der Indische Ozean und von Malta und Gibraltar aus das Mittelmeer kontrolliert.

Doch das Britische Empire war längst in die Defensive geraten. Magnus erinnerte sich an eine Auseinandersetzung, die er vor zwei Tagen im *Garraways* mit angehört hatte. Handelskapitäne und Abgeordnete, die mehr Ehrentitel als Hemden besaßen, hatten glatt behauptet, hinter den unscheinbaren grauen Fassaden der Kolonialministerien würde nicht etwa der britische Machtanspruch verteidigt, sondern vielmehr der freiheitlichen Pionier- und Forschungstradition des Empires Rechnung getragen. Der Staatssekretär für Kolonien, versehen mit Monokel und einer welken Blume im Knopfloch, behauptete sogar, er würde sich zukünftig weigern, Titel anzunehmen, die nur seine treuen Verdienste bestätigten, nicht aber dazu dienten, seinen Ruhm zu mehren. An dieser Stelle hatte Magnus aufgehört, sich über das Gemisch von verdrehtem Ehrgeiz und erbärmlichen Ansprüchen zu empören.

Magnus Mackay war und blieb ein Schotte, und er hatte seine eigene Meinung dazu, auch wenn er selbst mitunter hin und her gerissen war. In den seltsamen Jahren seit dem Teerennen von 1866 hatte er fast jeden Tag erlebt, wie Menschen ihre Fahne nach dem Wind hängten, gerade wenn es um die Freiheit Schottlands ging, für die er in den letzten Jahren vehement gekämpft hatte. Magnus' ganzes Verlangen richtete sich daher immer stärker darauf, den Norden Schottlands wiederzusehen. ›Sein‹ *Garraways* war für ihn zwar die interessanteste Bühne Londons gewesen, da die Welt jeden Tag auf dem Spielplan stand, doch er war alt geworden, und der Aufenthalt darin ermüdete ihn zunehmend …

Die Kutsche rollte die Lower Thames Street entlang und bog vor dem Custom House direkt zur Themse ab, wo sie an einem der neu errichteten Dampferstege hielt. Der Verschlag wurde geöffnet, und Malcolm bot Magnus seinen Arm an: »Sir! Ihr Schiff ist zum Auslaufen bereit!«

Magnus schälte sich aus seinen wärmenden Decken und stieg aus der Kutsche. Der Nachmittag war kalt. Der Wind trieb den beißenden Rauch der ausufernden Metropole nach Westen und bescherte damit eine klare Sicht.

»Wo ist das Gepäck? Ohne meine persönlichen Sachen reise ich nicht!«

»Es ist alles verpackt und verstaut, Sir!«

»Was ist wo verpackt und verstaut …?«

Malcolm zeigte auf den Dampfer am Steg. Dort hatte ein stählerner Drache, der fetten Rauch qualmte, festgemacht. Magnus betrachtete das Ungetüm von zweihundert Fuß Länge mit seinen zwei Masten und über dreißig Fuß Breite mit kritischen Augen. Der Dampfer war neu. Anhand der Mastkonstruktionen stellte er fest, daß bei jenem Schiff, im Gegensatz zu den Auxilliarschiffen, der Dampfantrieb der Hauptantrieb war. Seine Augen weiteten sich, als er den Namen am Bug sah. Das Schiff trug den Namen Loch Assynt!

»Das Zukünftige …«, murmelte er glückstrahlend. Kurz darauf kam der Kapitän über die Verbindungsbrücke auf Magnus zugeschritten. »Mr. Mackay, es ist mir eine besondere Ehre, Sie auf der LOCH ASSYNT nach Glasgow bringen zu dürfen.«

»Käpt'n McKinnon! Vom Wind direkt auf Kohle umgestiegen?«

»Nicht ganz, wie Sie sehen können. Aber die Maschinen werden immer zuverlässiger. Eine neue Zeit. Jedenfalls wurde der Wind auf der ASSYNT bisher kaum gebraucht!«

Magnus wies auf die LOCH ASSYNT. »Von *Steele, Mackay?*«

»Ja! Clipper, kombinierte und reine Dampfschiffe werden heute alle in Greenock gebaut.«

Ein Lächeln huschte über Magnus' Gesicht. »Na, dann will ich mein Leben in Ihre Hand legen!« erwiderte er und ging über die Brücke an Bord.

Während Malcolm das restliche Gepäck an Bord brachte, eilte der Bordingenieur von *Steele, Mackay & Co.* unermüdlich durch das Schiff und schien jede Niete und jede Schraube zu kontrollieren. Wenig später legten sie ab und dampften themseabwärts.

Magnus stand am Heck und starrte hinunter in den brausenden Schaum, der unter dem Heck hervorquoll. Es war, als würde gleichsam die Vergangenheit hochgewirbelt. Er dachte an die Katastrophe vor mehr als fünfunddreißig Jahren und an das wiedergeschenkte Leben, das jeden Wert verändert hatte. Beides wurde miteinander verwirbelt, wie das Wasser durch die Schiffsschraube. Das muß ein Traum sein, ging es ihm durch den Kopf. Doch es war Wirklichkeit …

Die Kuppel von St. Paul's verschwand im Dunst. Er nahm seinen persönlichen Abschied von London. »Wir waren – wir werden sein«, flüsterte er. Eine festliche Stimmung überkam ihn; selbst die Möwen, die dem Heckwasser folgten, schienen in der Luft stillzustehen. Die Themse spülte ihn ruhig und stetig Schottland entgegen …

Unter Deck war die ASSYNT kaum mehr als ein riesiger Lagerschuppen. Für die Mannschaften gab es zwar neuerdings beheizte Kajüten, doch abgesehen von den nackten Bänken und Holztischen in der Messe fehlte jeglicher Komfort.

Aber es gab eine großartige Ausnahme an Bord: die Kapitänskajüte. Sie war für Magnus reserviert. Nur das Beste war anscheinend gut genug für Männer, die alle Stürme der Weltmeere bezwungen hatten. Auf dem Kaminsims stand ein Blumenstrauß, was in dieser Jahreszeit ein großer Luxus war. Mahagonigetäfelte Wände verliehen dem Raum Wärme. Der große Sekretär, eine Chaiselongue aus rotem Plüsch, ein lederner Ohrensessel, Marmortisch und kostbare Teppiche strahlten Behaglichkeit aus. Nur das fortwährende Vibrieren der Maschinen und das mahlende Geräusch der Antriebswelle machte auch vor der Kapitänskajüte nicht Halt.

Noch auf der Themse riet Käpt'n McKinnon zum Abendessen, da erwartet wurde, daß sich das Wetter spätestens ab der Isle of Wight verschlechtern würde. Nach der knusprigen Flugentenbrust wurde Tee serviert. Als die letzten Krümel vom Tischtuch gefegt waren, legte Magnus sich in sein Bett, das mit hohen, gepolsterten Seitenrändern versehen war, damit man bei hohem Seegang nicht hinausfiel. Als die Dunkelheit hereinbrach, dröhnte der tiefe Ton der Dampfsirene dreimal. Das war das Zeichen, daß der Lotse von Bord ging. Die Schraube trieb das Schiff nun mit maximaler Drehzahl und ließ Rumpf und Schotten erzittern. Während die LOCH ASSYNT Margate umrundete, um in den Kanal einzulaufen, schnitt der Dampfer noch durch ruhige Dünung. Die Küste lag steuerbordbug. Die ASSYNT hielt ab, und bald schon konnte man die Küstenlichter nicht mehr durch die Bullaugen erkennen.

Die gesamte Reise über durch die Irische See bis hinauf in den Firth of Clyde war die LOCH ASSYNT für Magnus Gegenstand des Staunens und des Schreckens. Das Wetter verschlechterte sich, wie nicht anders zu erwarten. Selbst die Stimmung des Wackersten wurde durch das Bocken, Stampfen und Erbeben des Dampfers gedämpft. Der Seegang drang durch Mark und Bein. Die Wogen brachen sich an Deck, der Schornstein war bis zum Gipfel mit Salz überkrustet, und jedermann hatte Mühe zu zielen, wollte er glücklich durch eine Tür kommen. Magnus hatte reichlich Gelegenheit, in dem stöhnenden und krächzenden Choral seine Seekrankheit zu studieren.

Halb verhungert, doch unfähig zu essen, preßte er, diagonal ausgestreckt in seiner Bettkiste, Hände und Füße gegen die Langbretter der Koje. Damit glaubte er das Auf- und Abgehen des Schiffes, das sich alle vier bis sechs Sekunden wiederholte, abzufangen. Er begann das Hinauf- und Hinunterwiegen in Fuß abzuschätzen und mußte erleben, daß seine Bewertungen immer zu lang oder zu kurz ausfielen. Danach versuchte er die vorherrschenden Bewegungsarten herauszufinden. Drehung links – auf, Drehung rechts – ab ... Mal hatte er die Empfindung, durch ein Wellental in den Meeresgrund geschraubt zu werden, mal den Eindruck, schwerelos zu sein. Zwischen Kopf und Kissen, Matratze und Körper lösten sich immer von neuem Druck und Schwerelosigkeit ab. Dämonische Kräfte wirkten auch auf seine Organe. Er spürte sein Gehirn als etwas Getrenntes, und auch sein Magen schien ein Eigenleben zu führen. Er wußte nicht mehr, wie oft er sich in den letzten Tagen schon erbrochen hatte. Der alte Mann hatte zu kämpfen ...

Ein Trost war, daß er das Schicksal mit jungen, starken Matrosen an Bord der Loch Assynt teilte. Nur Malcolm blieb von der Seekrankheit wie durch ein Wunder verschont.

Das Martyrium war schließlich für alle vorüber, als sie in den Firth of Clyde einliefen. Das erste Essen, nach Tagen genußvoll eingenommen, ließ sofort alle Strapazen vergessen. Malcolm und Käpt'n McKinnon hatten Order, bei der Anlegestelle Dunnon auf den neuen Küstendampfer, die Magnus Mackay, zu wechseln. Sie war ebenfalls auf der Werft *Steele, Mackay & Co.* in Glasgow vom Stapel gelaufen und vorgesehen, die Linie Glasgow – Liverpool – Newport – Plymouth zu bedienen. Da sie kleiner war, konnte sie auch in enge Buchten einlaufen ...

Am 25. November morgens um sieben Uhr versenkte Käpt'n McKinnon den Anker in der Bucht von Loch Inver. Der tiefe Ton aus der Dampfpfeife drang mit dem klaren morgendlichen Lichtstrahl in die Kapitänskajüte und bahnte sich einen Weg in Magnus' Schlaf. Seit Verlassen des Firth of Clyde hatte er die Nächte an Bord des Dampfers, der seinen Namen trug, gut durchgeschlafen. Für einen Moment orientierungslos, sah Magnus sich blinzelnd um und erinnerte sich, wo er war.

Malcolm half ihm bei der Morgentoilette und legte die Kleider zurecht. Wenig später betrat Magnus frisch und munter das Deck.

Tief sog er die würzige Luft ein. Die See in der Bucht von Loch Inver war spiegelglatt, und es lag ein leichter bläulicher Dunst über dem Wasser. Der Himmel war völlig klar, wie das erste reine Whiskydestillat. Der Tag versprach mild und sonnig zu werden.

Magnus trat an die Reling und blickte hinüber zum Ufer. Er hatte sie noch deutlich vor Augen gehabt – diese Taverne mit ihren freundlichen grünen Fenstern, die es erlaubten, bei Sturm und Hagel die Läden vorzulegen und geschützt weiterzuzechen. Dach und Nebengebäude waren neu eingedeckt, und alles erstrahlte in frischem Glanz. Lediglich die kleine Steinkirche oben auf dem Hügel war verschwunden. Doch ansonsten lag die Bucht ruhig und friedvoll da, und Magnus spürte, wie sich der Frieden bei diesem Anblick auch in sein Herz hinabzusenken begann.

Die Gig des Kapitäns brachte ihn und seinen Diener zum Steg hinüber, wo ihn Käpt'n McKinnon verabschiedete. Alles war wie von Geisterhand vorbereitet. Das Frühstück nahmen er und Malcolm im *The Shank* ein, das von neuen Besitzern bewirtschaftet wurde.

Dann kamen zwei Männer zur Tür herein, und Magnus wurde plötzlich von Unruhe gepackt. Mit ausdruckslosen Gesichtern teilten sie ihm mit, daß die Clydesdales *Windhexe* und *Prinz von Assynt* vorgespannt seien, um den Clanältesten der Scoury-Mackays hinauf an den Assynt zu bringen.

Magnus' Knie begannen zu zittern, als er zur Tür hinaustrat und die stattlichen Pferde sah. Sie ähnelten in Zeichnung und Färbung ihren Vorgängern. Tränen schossen ihm in die Augen, und er versank unvermittelt in Erinnerungen. Bilder der Vergangenheit drängten nach oben, und ohne es recht wahrzunehmen, tauchte er wieder in das Leben ein, das ihm seit der Flucht aus den Highlands wie abgerissen erschienen war.

Die beiden wortkargen Männer hatten die Pferde vor einen schweren gefederten Wagen gespannt, auf den eine Reisekabine geschraubt war, welche von einer kleineren Postkutsche stammte. Jedenfalls war sie bequem, bot Schutz vor Wind und Wetter und war ausreichend mit wärmenden Decken bestückt. Auf den Höhen ringsum lag etwas Schnee. Die Straßen waren gefroren, aber noch gut befahrbar.

Magnus hatte keine Vorstellung von dem, was ihn am Assynt erwartete. Auch Malcolm war in die Dinge, die sich geheimnisvoll um Scoury House rankten, entweder nicht eingeweiht, oder er verschwieg es. Entlang des River Inver ging es durch das Inver Valley bergan. Nach zwei Stunden Fahrt erblickte Magnus zum erstenmal nach einem halben Leben wieder den Assynt.

Er ließ das Gespann anhalten. Der Quinag ragte zur Linken auf, wogegen der Gipfel des Ben More Assynt im milchigen Licht östlich des Lochs zu vermuten war. Freudige Schauer erfaßten ihn. »Weiter«, drängte er den Kutscher. »Schneller!«

Die Clydesdales zogen an. Seine Erinnerungen waren, trotz der vergangenen Dekaden, keineswegs verschwommen. Die Bäume, Sträucher, Bäche und Inselchen am Ufer längs des Assynt hatte die Vergangenheit nicht ausgesiebt. Das Gedächtnis hatte länger gewährt als nur einen Monat oder ein Jahr. Als die Kutsche über die Bohlen der Skiag Bridge rumpelte, entdeckte er ein neues Schild, das die Abzweigung zur Achmore Farm kennzeichnete.

Kurz darauf geriet Ardvreck Castle in sein Blickfeld. Die Burg war verlassen, verfallen. Kein Lebenszeichen kam von dort. Sein und Haben, ging es ihm durch den Kopf, wuchsen damals durch diese Mauern zu einer unerhörten, lebensbedrohlichen Bedeutung heran. Das Sein bestimmte im Endeffekt das Handeln, bis das Haben nur noch aus einem Schatten bestand. Er hatte richtig gehandelt. Keinen seiner Söhne und keine einzige Tochter hatte er verloren. Sie waren durch die Flucht nicht ärmer geworden, sondern reicher und im Geist nicht enger, sondern weiter …

»Scoury House!« rief der Kutscher auf dem Bock.

Im gleichen Moment hatte Magnus die Umrisse von Scoury House entdeckt. Unzählige weiße, sich kräuselnde Wellen ließen die Wasseroberfläche des Assynt glitzern, vor der sich dunkel die hohen Giebel der beiden Häuser abhoben. Flüchtige Augenblicke des gelebten Lebens drängten sich in Magnus' Bewußtsein, um schnell in der strahlenden Helle des klaren Novembertages wie Schatten zu vergehen.

Magnus riß die Augen auf.

Der Vorplatz, auf den sie zurollten, war geebnet, eingefaßt und etwa zu zwei Dritteln gepflastert worden. Die Dächer waren mit grauen Schieferplatten kunstvoll gedeckt und die ehemaligen Doppelmauern mit neuen Quadern hochgezogen. Beim Näherkommen entdeckte er, daß die massiven Bögen der Fensterrahmen mit in Stein gehauenen Details von Blumen und Distelblättern gearbeitet waren. Die Fenster waren größer und teilweise neu angeordnet.

*Windhexe* und *Prinz vom Assynt* zogen den Wagen nun in einem weiten Bogen auf den großzügig angelegten Vorplatz. Aus dem Schatten der westlichen Giebelmauer, die den Blick auf das Eingangsportal noch verstellte, rollten sie langsam in die Sonne.

Magnus' Herzschlag beschleunigte sich. Ein Freudengeheul aus den Kehlen von mehr als dreißig Enkelkindern, die von einer errichteten Holztribüne herab angestürmt kamen, umtoste ihn.

Der gesamte Clan, im Kilt, gehalten in den Farben der Mackays, hatte die Rückkehr ihres Clanältesten festlich vorbereitet. Die südliche Fassade war geschmückt, und in aufgestellten Holzkohlebecken glühten Wärmefeuer. Magnus stieg mit Hilfe von Malcolm bedächtig vom Wagen herab. Seinen Blick auf den rechten Fuß geheftet, betrat er unter dem Freudengeschrei der Kinder ureigenen Boden. Ein Beifallssturm auf der Tribüne begleitete ihn. Irgend jemand gab das Zeichen, und das Schrillen von Dudelsackpfeifen erhob sich zum *ceòl mór*. Angus hatte den Pibroch »Zu Unrecht in der Fremde« zur Begrüßung seines Vaters ausgewählt.

Getrieben von unbeschreiblichen Gefühlen wankte Magnus ein paar Schritte. Angus kam ihm entgegen. Beide schlossen sich in die Arme. Die Rührung des Augenblicks übermannte nicht nur Vater und Sohn. Lange blieben sie so, getragen von der Musik, auf dem Vorplatz stehen. Die durchgehenden Baßtöne wurden durch die hohen südlichen Mauern zurückgeworfen und ließen die Körper geradezu vibrieren.

Nach Angus traten seine Geschwister zur Begrüßung heran, danach die Frauen und Männer der Clan-Familien. Schließlich forderte noch jedes einzelne Kind seine Begrüßung.

Kenneth hatte zwei Whiskyfässer aufstellen lassen, die in den vergangenen Jahren in dem unentdeckt gebliebenen Destillierkeller zu erstaunlicher Vollendung herangereift waren. Während die Quaichs gefüllt wurden, wechselte Magnus von seinen Reisekleidern in eine neue, für ihn maßgeschneiderte Tracht. Die hochstehende Sonne wärmte den Vorplatz wie an einem milden Frühlingstag. Als Vater Magnus im Kilt aus dem Portal trat, schallte ihm ein donnerndes »*Manu forti!*« entgegen.

Das schüttere Haar im Wind, den Blick erst auf den Assynt gerichtet, danach etwas in sich gekehrt, sagte er: »Ich bin heimgekehrt! Und ich bin glücklich, da ich nun weiß, daß ich diesen Ort nie wieder verlassen muß.«

Erneut brandete Beifall auf. Danach gab Angus das Zeichen, und die Piper begannen den *ceòl beag* vorzutragen. Das waren schwingende Weisen, deren Takt bald alle mit den Füßen mitstampften.

Magnus trat an Angus heran und nahm ihn zur Seite. »Ich weiß, daß ich das alles dir zu verdanken habe. Das Ausmaß meines Stolzes ist nur mit dem gewaltigen Ben More Assynt zu vergleichen.« Er klopfte Angus anerkennend auf den Rücken. Als sie sich wieder zu den anderen begaben, flüsterte er: »Welcher Hochlandgeist hat dir eigentlich dabei geholfen? War es die *Caointeach* oder die Hexe von Strathkinness?«

»Nein. Es war ein Windverkäufer!«

Magnus nickte zufrieden: »Er war es also, der dich zum Herrn über den Wind gemacht hat!«

»Ja, aber vergiß es gleich wieder.«

»Ich werde es versuchen, mein Sohn!«

Später, als Hillary Angus fragte, was er mit seinem Vater so Wichtiges zu besprechen hatte, zeigte er hinauf auf den Cnoc an Droighinn. »Meine Mutter hatte mir immer verboten, dort hinauf zu gehen. Doch auf dem Gipfel dieses Hügels habe ich das empfangen, was die Mackays groß gemacht hat.«

»Was hast du denn dort oben empfangen?« fragte sie interessiert.

Angus faßte in seine Jackentasche und zog eine Handvoll Schafwolle heraus. Schelmisch blickte er um sich. Dann richtete er seinen Blick auf den Gipfel und prüfte den Stand der Sonne. »Wir haben noch genügend Zeit«, sagte er zu seiner Frau und nahm sie bei der Hand. »Komm, wir gehen auf den Gipfel – ich lasse mir dort oben neue Windknoten schenken!«

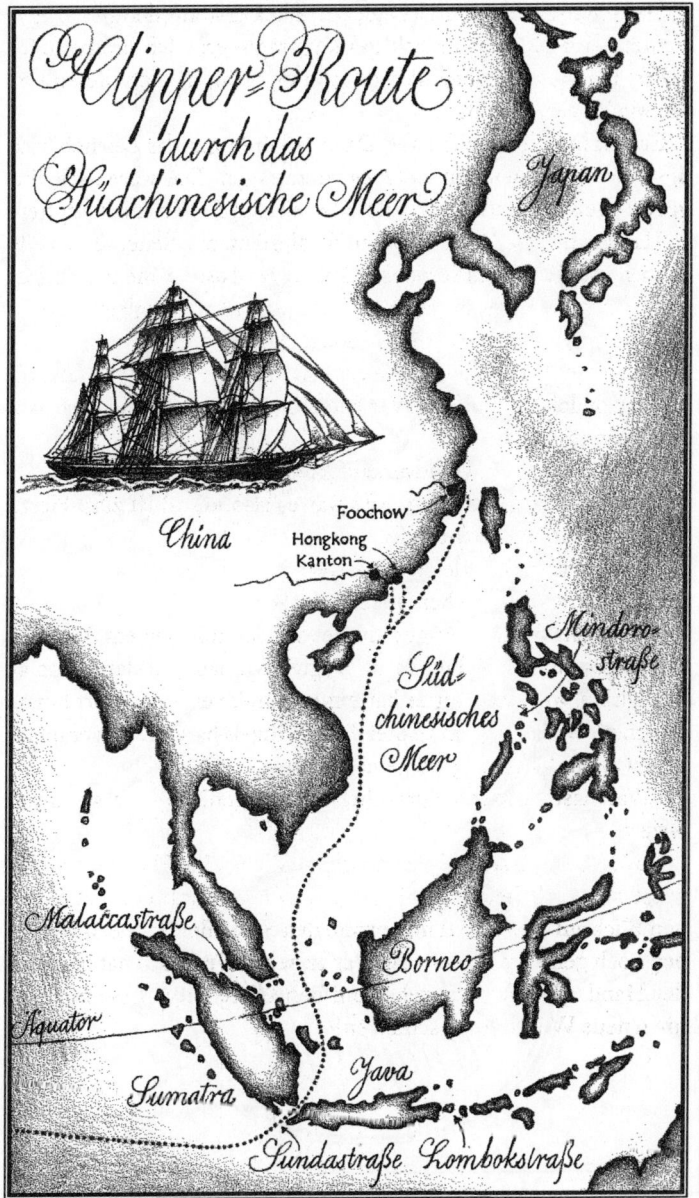

Clipper=Route
durch das
Südchinesische Meer

Japan

China

Foochow
Hongkong
Kanton

Süd=
chinesisches
Meer

Mindoro=
straße

Malaccastraße

Borneo

Äquator

Sumatra

Java

Sundastraße Lombokstraße

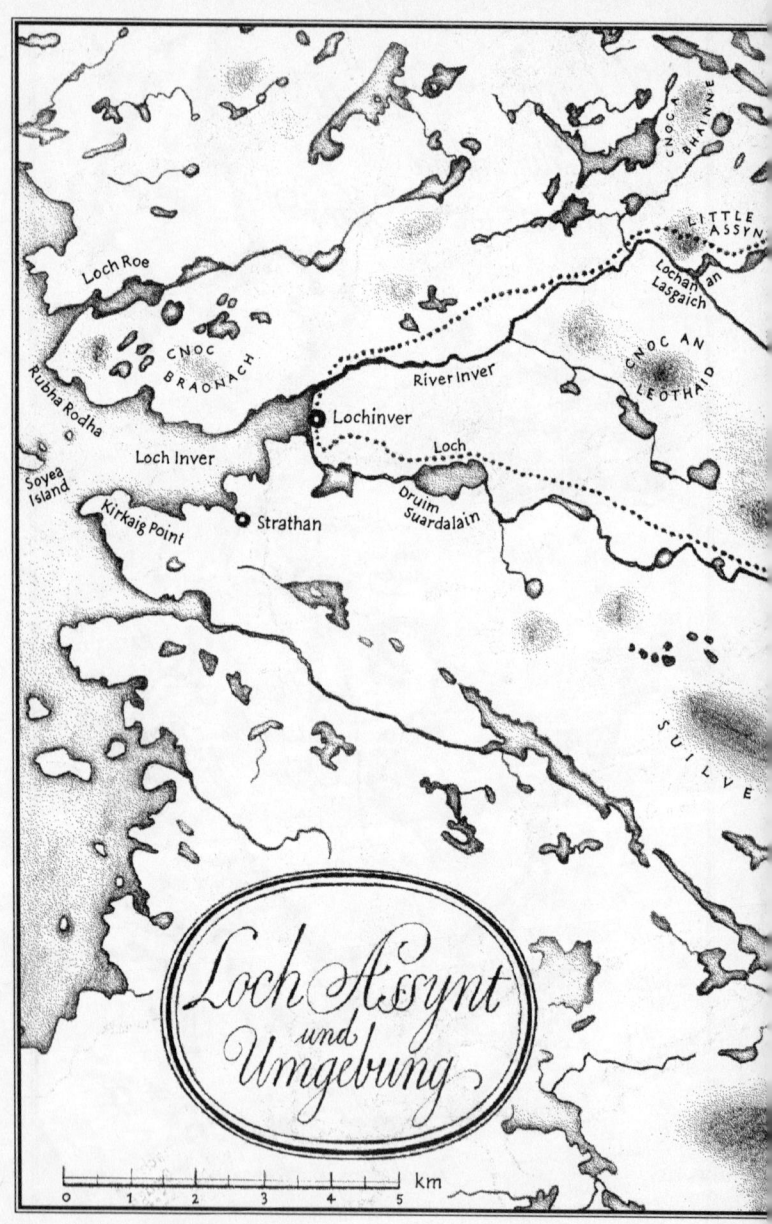

Loch Roe

CNOC BRAONACH

Rubha Rodha

Soyea Island

Loch Inver

Kirkaig Point

○ Strathan

● Lochinver

River Inver

Druim Suardalain

Loch

CNOC A BHAINNE

LITTLE ASSYNT

Lochan an Lasgaich

CNOC AN LEOTHAID

SUILVE

Loch Assynt
und
Umgebung

km

0    1    2    3    4    5

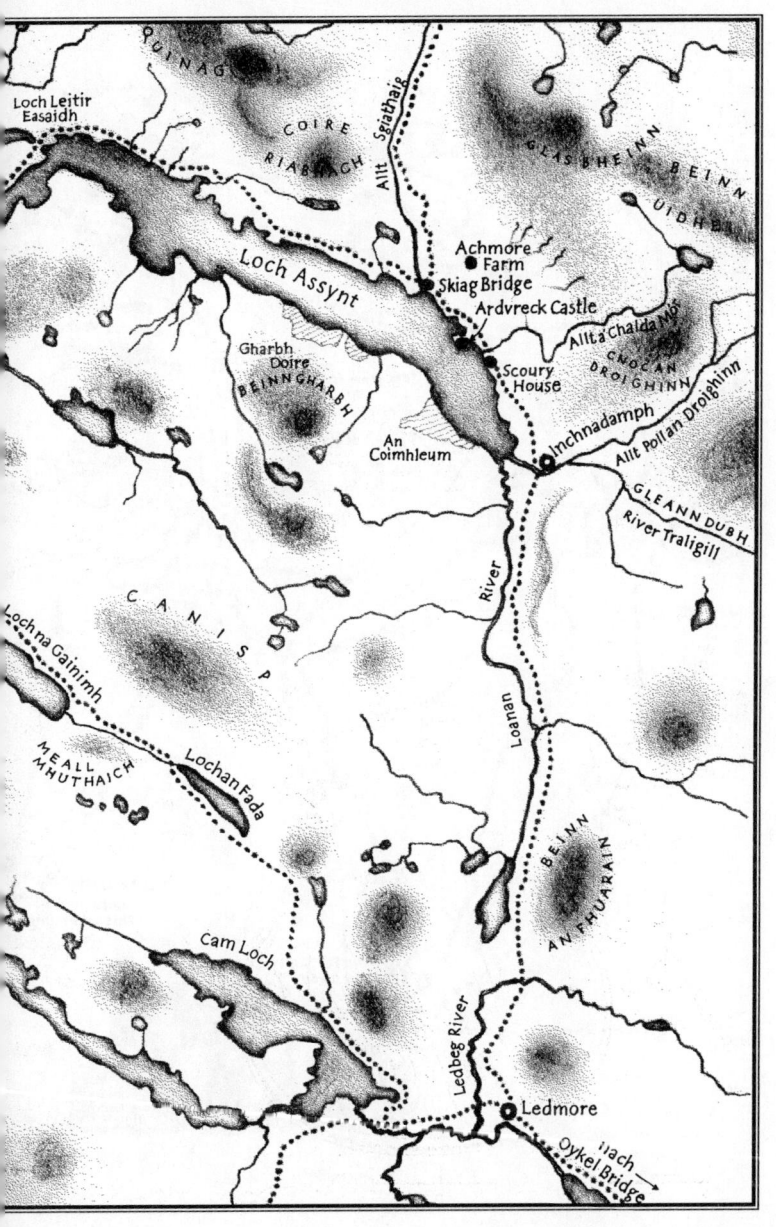

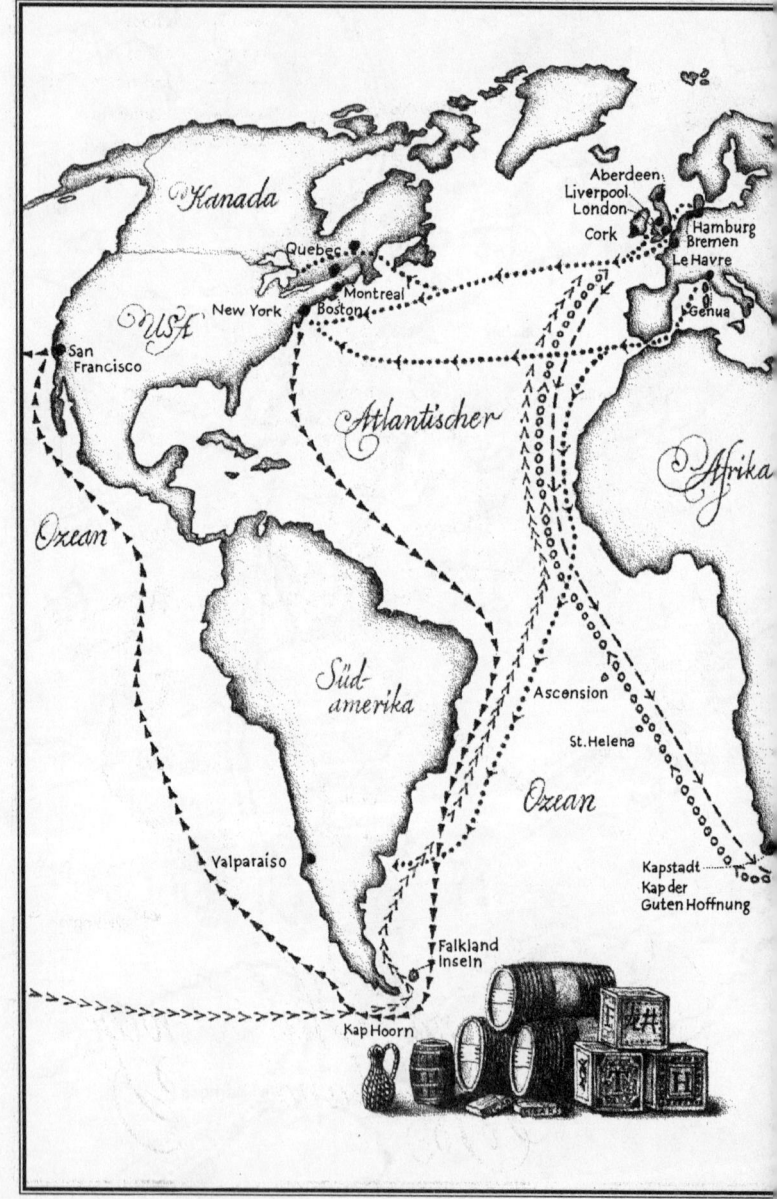

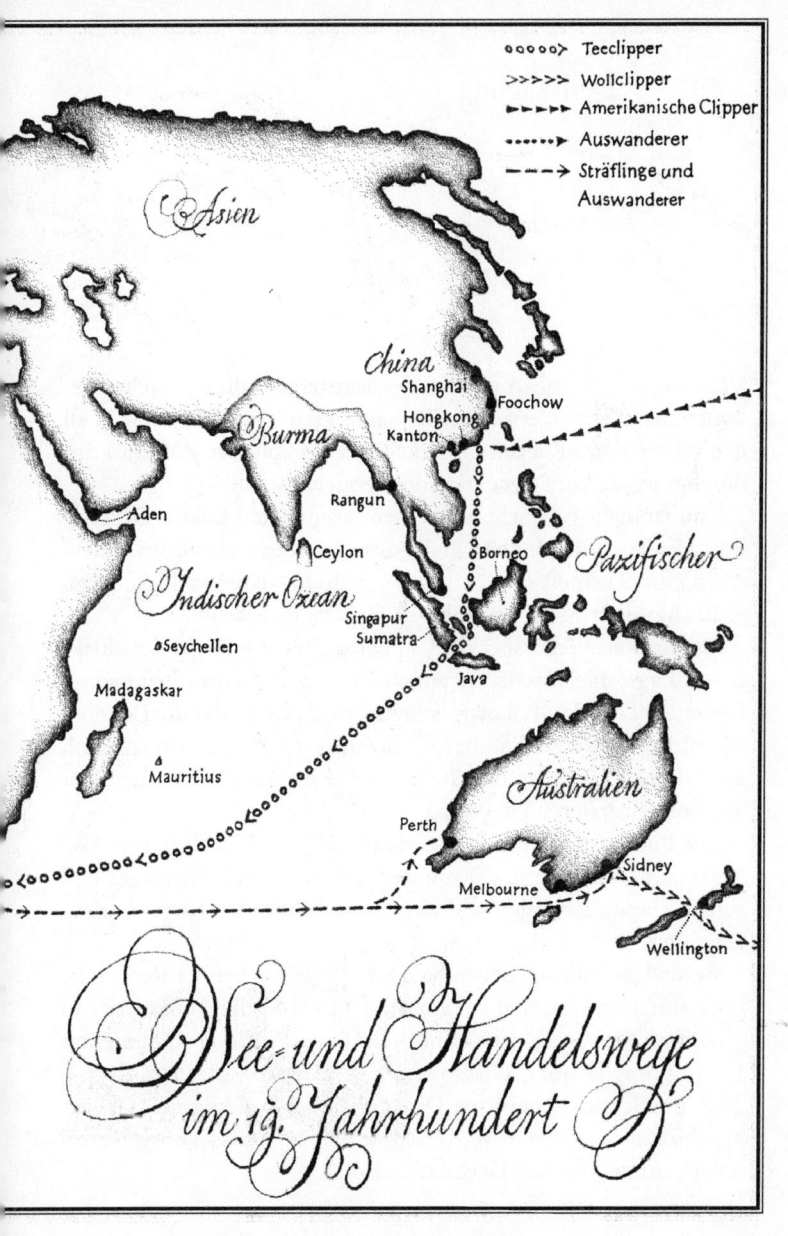

See- und Handelswege im 19. Jahrhundert

# Danksagung

Viele Menschen haben mir bei der Entstehung dieses Buches geholfen, darunter an erster Stelle meine Frau Regina, die mir in all den Jahren den »Rücken« freihielt und das komplette Manuskript durchgesehen, korrigiert und kommentiert hat.

Einmal mehr habe ich mit meinem Freund und Lektor Dr. Helmut W. Pesch um Inhalte und Formulierungen gerungen. Allerdings gibt es keine Worte, um ihm gebührend dafür zu danken, daß er das Manuskript zur endgültigen Druckreife brachte.

Bei der Recherche über die Clipperwerften war ich in der glücklichen Lage, mich wiederum auf die exzellente Archivarbeit meines Freundes Douglas Bokovoy stützen zu können, der in London, Aberdeen, Glasgow, Edinburgh, Inverness sowie in Inchnadamph am Loch Assynt eine unschätzbare Hilfe war und mir zudem über alle Sprachbarrieren hinweghalf.

Die Buchgestaltung hat in bewährter Weise Herr Professor Axel Bertram übernommen, der mit dem Entwurf des Umschlages und seinen Handzeichnungen und Karten die Inhalte künstlerisch glänzend umsetzte.

Besonders habe ich denen zu danken, die uns bei der Recherche unterstützt und beraten haben: Miss Vanna Skelley, University of Glasgow, Business Record Centre; Professor A. Slaven, The Centre for Business History, Glasgow; Mr. J. Edwards, Head of Arts & Museum Service, Aberdeen; Director Julian Spalding, Art Gallery and Museum, Kelvingrove, Glasgow; und Mrs. Lisa Verity, National Maritime Museum Greenwich, London.

# Quellen

Dieses Buch ist zwar als Roman geschrieben, jedoch wie ein wissenschaftliches Werk recherchiert, so daß eine Angabe der Quellen durchaus berechtigt und sinnvoll sein mag.

Anon.: *Das Buch vom Tee*. München 1992.

Adrian, Hans G.: *Das Teebuch*. Wiesbaden 1983.

Agricola, Christiane: *Schottische Sagen*. Berlin 1967.

Bain, Robert: *The Clans an Tartans of Scotland*. Edinburgh 1990.

Barker, Felix und Jackson, Peter: *The History of London in Maps*. London 1990.

Bibra, Ernst, Freiherr von: *Die Narkotischen Genussmittel und der Mensch*. Leipzig 1855.

Boehn, Max von: *Die Mode*. München 1976.

Brennecke, Jochen: *Windjammer*. Hamburg 1996.

Cameron, Nigel: *An Illustrated History of Hong Kong*. Hongkong 1991.

Campbell, George: *China Tea Clippers*. Maine 1974.

Chapelle, Howard, Irving: *The Baltimore Clipper*. New York 1988.

Claviez, Wolfram: *Seemännisches Wörterbuch*. Bielefeld 1994.

Darwen, James: *Das Buch vom Whisky*. München 1992.

Deutsche Seewarte: *Segelhandbuch für den Atlantischen Ozean*. Hamburg 1910.

Deutsche Seewarte: *Segelhandbuch für den Indischen Ozean*. Hamburg 1892.

Ehrenberg, R.: *Die Fondsspekulation und die Gesetzgebung*. Berlin 1883.

Gömmel, Rainer: *Entstehung und Entwicklung der Effektenbörse im 19. Jahrhundert*. Deutsche Börsengeschichte, Frankfurt 1992.

Grindal, Richard: *Das Whisky Brevier*. München 1992.

Haack-Vörsmann, Lore: *Seemannschaft für Großsegler*. Stuttgart 1992.

Hamecher, Horst: *Fünfmast-Vollschiff* PREUSSEN. Kassel 1993.

Heine. B.: *Die Sprachen Afrikas*. Hamburg 1981.

Heise, Ulla: *Kaffee und Kaffeehaus*. Leipzig 1996.

Hölzel, Wolfgang: *Klipperschiffe des 19. Jahrhunderts*. Rostock 1976.

Howe, Octavius T. und Matthews G. Frederick: *American Clipper Ships 1833–1858*. New York 1986.

Jensen, Jens, Kusk: *Handbuch der praktischen Seemannschaft*. Kopenhagen 1924.

Kale, Brigitte: *Bulle und Bär, Abenteuer Wall Street*. Düsseldorf 1993.

Kulturstiftung Ruhr Essen: *Metropole London 1800–1840*. Essen 1992.

Lawrence, Anthony: *The Taipan Traders*. Hongkong 1992.

Leather, John: *Das Gaffelrigg*. London 1970.

Lesseps, Ferdinand von: *Entstehung des Suezkanals*. Berlin 1888.

MacGregor, David, R.: *Schnellsegler 1775–1875*. Bielefeld 1974.

Mackenzie, Alexander: *History of the Highland Clearances*. Inverness 1883.

Marquardt, Karl Heinz: *Schoner in Nord und Süd*. Rostock 1989.

Maury, Matthew Fontaine: *Explanations and Sailing Directions to Accompany the Wind and Current Charts*. New York 1854.

McIans, R.R.: *The Clans of the Scottish Highlands*. London 1980.

McKay, Richard, C.: *Donald McKay and His Famous Sailing Ships*. New York 1995.

Mondfeld, Wolfram zu: *Historische Schiffsmodelle*. München 1990.

Morison, Samuel, E.: *The Maritime History of Massachusetts 1783–1860*. Boston 1921.

Negrelli-Moldelbe, Nikolaus: *Die Lüge von Suez*. Darmstadt 1940.

Nimmergut, Jörg: *Historische Wertpapiere*. Augsburg 1991.

Prebble, John: *The Highland Clearances*. London 1963.

Racinet, Albert: *Weltgeschichte der Kostüme*. London 1995.

Randier, Jean: *Die große Zeit der Windjammer*. Paris 1992.

Samuel, Ludwig: *Die Effektenspekulation im 17. und 18. Jahrhundert*. Berlin 1924.

Setter, Doris: *Whisky*. Gießen 1985.

Shewan, Andrew: *The Great Days of Sail*. London 1927.

Stella, Alain, et al.: *Le Livre du Thé*. Paris 1991.

Stephen, Alexander: Scribbling Diary 1866. Centre for Business History, Glasgow.

Thiele-Dohrmann, Klaus: *Europäische Kaffeehauskultur*. Düsseldorf 1997.

Uffers, Franz: *Handbuch der Seemannschaft*. Hannover 1872.

Weightman, Gavin: *London River, The Thames Story*. London 1990.

Whall, W. B.: *Sea Songs and Shanties*. Glasgow 1927.

Whipple, A.B.C.: *Die Klipper*. Amsterdam 1981.

MARIA REGINA KAISER

# ARSINOË
## KÖNIGIN VON ÄGYPTEN

HISTORISCHER ROMAN

Arsinoë, Geliebte Caesars, Widersacherin Roms – und Kleopatras Schwester. Sie wächst auf im Palast von Alexandria, im Schatten ihrer älteren Schwester Kleopatra. Als Thronanwärterin ist die zarte Arsinoë Schlüsselfigur politischer Intrigen und Heiratspläne. Sie lernt einen Mann kennen, der ganz anders ist als die Römer und Hellenen am Hofe. Mit Achillas, dem dunkelhäutigen Feldherrn, entwickelt sie eine Gegenvision zu Kleopatras römerfreundlicher Politik. Unter ihrer Herrschaft soll ein afrikanisch orientiertes ägyptisches Reich entstehen. Arsinoë ruft zur Rebellion auf, und für kurze Zeit scheint ein freies Ägypten möglich. Doch Kleopatra und ihre römischen Freunde versuchen mit aller Macht, Arsinoës Traum zu zerstören...

»Jeder Leser, der sich wirklich für Ägypten interessiert, sollte zu Arsinoë greifen.«
(Die Welt)

ISBN 3-404-14387-6

Ihre Schönheit war Legende, ihr Reichtum grenzenlos, ihre Macht gefährlich. Man verglich sie mit einer Spinne, die in ihrem Netz jeden römischen General fing, der so tollkühn war, sich in den Orient hinauszuwagen: Kleopatra VII., die letzte Pharaonin Ägyptens, die Geliebte von Julius Caesar und Marcus Antonius.

In ihrem sorgfältig recherchierten Monumentalwerk läßt Margaret George die Geschichte einer klugen Herrscherin erstehen, die mit List auf den Thron gelangt und mit Weitblick regiert, um ihren Untertanen die römische Knechtschaft zu ersparen. Zugleich ist es das Tagebuch einer sinnlichen Frau, die vor Lebensfreude sprüht, aber auch den Tod nicht scheut, um ihre Kinder und ihr Land zu retten.

*»Ein grandioser Roman: Kleopatra als sinnliche Verführerin und knallharte Herrscherin: Spannung pur.«*     Bild Köln

**Schuberausgabe**

ISBN 3-404-14422-8

Im Jahre 1590 steht der Geschützgießer Adam Dreyling vor dem Berggericht. Die Anklage: Anstiftung zum Aufruhr und Verrat von Bergbaugeheimnissen. Doch dies ist nur ein Vorwand; Adam Dreylings wahres »Verbrechen« liegt woanders: Er hat von seinem Oheim, einem Meister des Bronzegeschützgusses, die »sieben Siegel« der Waffenkunst erlernt. Da man ihm keine eigene Werkstatt zugestanden hat, ist er mit diesem Wissen über Venedig nach England geflohen, um dort mit dem Schiffsbauer Matthew Baker in den Dienst der Königin Elizabeth zu treten. Gemeinsam haben sie England zum Sieg über die gefürchtete spanische Armada verholfen. Aber Elizabeths Dankbarkeit währte nicht lange, und Dreyling blieb nur die Flucht. Als die Häscher ihn finden und in der Heimat vor Gericht stellen, beginnt sein gefährlichster Kampf...«

*... ein Buch, das aus dem Rahmen fällt, so abenteuerlich führt dieser hochklassige Historienroman vom Himmel durch die Welt zur Hölle.«*                                              Brigitte

ISBN 3-404-14406-6